Entscheidungen

des

Reichsgerichts.

Herausgegeben

von

den Mitgliedern des Gerichtshofes
und der Reichsanwaltschaft.

Entscheidungen in Zivilsachen.

127. Band.

Berlin und Leipzig 1930

Walter de Gruyter & Co.

vormals G. J. Göschen'sche Verlagshandlung - J. Guttentag, Verlagsbuchhandlung - Georg Reimer - Karl J. Trübner - Veit & Comp.

Entscheidungen

des

Reichsgerichts

in

Zivilsachen.

---

127. Band.

Mit Anhang: Entscheidungen des Staatsgerichtshofs.

Berlin und Leipzig 1930

Walter de Gruyter & Co.

vormals G. J. Göschen'sche Verlagshandlung - J. Guttentag, Verlagsbuchhandlung - Georg Reimer - Karl J. Trübner - Veit & Comp.

Druck von Metzger & Wittig in Leipzig

Inhalt.

I. Bürgerliches Recht.

II. Öffentliches Recht.

III. Gerichtliches Verfahren.

Anhang: Entscheidungen des Staatsgerichtshofs.

1. Ist § 5 Abs. 2 AufwG. entsprechend auf den Fall anzuwenden, daß das belastete Grundstück gegen ein anderes Grundstück eines anderen Eigentümers ausgewechselt worden ist?

AufwG. § 5 Abs. 2.

V. Zivilsenat. Beschl. v. 21. Dezember 1929 in der Grundbuchsache v. F. V B 29/29.

I. Amtsgericht Flensburg.
II. Landgericht daselbst.

Der Sachverhalt und die Entscheidung ergeben sich aus den

Gründen:

Frau S. war Gläubigerin einer auf einem Flensburger Grundstück eingetragenen Darlehenshypothek von 25000 M., die sie im Jahre 1917 als Erbin ihrer Mutter erworben hatte und die am 13. Februar 1918 auf sie umgeschrieben worden war. Grundstückseigentümer als Miteigentümer je zur Hälfte und persönliche Schuldner waren die Kaufleute Brüder H. In notariell beglaubigter Urkunde vom 13. Januar 1920 hat die Gläubigerin bekannt, daß ihr der Betrag ihrer Forderung von den Eigentümern des belasteten Grundstücks ausgezahlt worden sei, und hat Hypothekenlöschung bewilligt; die Löschung ist auf Antrag der Eigentümerin am 9. April 1926 erfolgt. Die Mutter der Brüder H., Witwe H., hat in notariell beglaubigter Urkunde vom 7. Juni 1919 bekannt, von ihren genannten Söhnen ein Darlehen von 25000 M. erhalten zu haben. Sie hat weiter erklärt, sie trete zur Sicherung dieser Schuld eine für sie auf ihrem Grundstück B. Nr. 29 in Flensburg ruhende Eigentümergrundschuld von 25000 M., die für sie durch Auszahlung an die früheren Hypothekengläubiger entstanden war, an ihre Söhne ab unter Umwandlung in eine Darlehenshypothek. Die Brüder H. haben in notariell beglaubigter Urkunde vom 3. Februar 1920 diese Forderung an Frau S. abgetreten. Der Übergang dieser Hypothek als Eigentümergrundschuld auf Witwe H., die Abtretung an die Brüder H. unter Umwandlung in eine Darlehenshypothek und die Abtretung von diesen an Frau S. sind zusammengefaßt am 4. März 1920 im Grundbuch eingetragen worden. Der Hypothekenbrief ist der neuen Gläubigerin ausgehändigt worden. Diese hat den Brief zur Eintragung der Aufwertung beim Grundbuchamt eingereicht, ohne den beanspruchten Aufwertungsbetrag zu beziffern; sie hat aber geltend gemacht, sie habe die Hypothek als Erbin ihrer Mutter im Jahre 1917 erworben. Das Grundbuchamt hat einen Aufwertungsbetrag von 304,38 GM. eingetragen, den es unter Zugrundelegung des 4. März 1920 als Erwerbstag berechnet hat. Die Gläubigerin hat geltend gemacht, die Hypothek sei lediglich eine Fortsetzung der früher auf dem Grundstück der Brüder eingetragen gewesenen Vorkriegshypothek, deswegen sei der Aufwertungsbetrag unter Zugrundelegung des Nennbetrags der Hypothek als Goldmarkbetrag auf 6250 GM. zu berechnen. Das Grundbuchamt hat den Antrag der Gläubigerin auf Eintragung eines höheren Aufwertungsbetrags zurückgewiesen, desgleichen das Landgericht die gegen diesen Beschluß eingelegte Beschwerde. Die Beschwerdeführerin hat behauptet, sie habe im Jahre 1920 auf besonderen Wunsch der Brüder H., weil diese die pfandfreie Abschreibung von Trennstücken von dem ursprünglich belasteten Grundstück S. Nr. 12 beabsichtigt hätten, aus Gefälligkeit in die Auswechslung dieses Grundstücks gegen das jetzt belastete Grundstück gewilligt; sie hält den Fall der Pfandauswechslung (§ 5 Abs. 2 Satz 2 Halbs. 2 AufwG.) für gegeben, und meint, die im Jahre 1920 geschehene Hypothekenänderung sei für die Berechnung des der Aufwertung zugrunde zu legenden Goldmarkbetrags außer acht zu lassen. Das Kammergericht hält die weitere Beschwerde der Gläubigerin, falls ihre tatsächliche Anführung richtig sein sollte, insoweit für begründet, daß dann ein Amtswiderspruch gegen die bisherige Eintragung des Aufwertungsbetrags einzutragen sei. Es teilt — im Gegensatz zum Grundbuchamt und zum Landgericht — die Auffassung der Beschwerdeführerin, daß in solchem Falle § 5 Abs. 2 AufwG. anzuwenden sei. Das Kammergericht würde daher von sich aus den

Beschluß des Landgerichts aufheben und die Sache an das Landgericht zurückverweisen zur Anstellung amtlicher Ermittlungen über die Behauptung der Beschwerdeführerin, daß sie im Jahre 1920 nur aus Gefälligkeit in die Auswechslung der Pfandgrundstücke gewilligt habe. An solcher Entscheidung sieht es sich aber gehindert durch den in einem Aufwertungsverfahren ergangenen Beschluß des Bayerischen Obersten Landesgerichts vom 20. März 1929 (AufwRspr. 1929 S. 491). Dort ist ausgeführt, für die Aufwertung des dinglichen Rechts sei nach dem klaren Wortlaut des § 5 Abs. 2 AufwG. eine Pfandauswechslung auf die Berechnung des Goldmarkbetrags der Hypothek (§ 2 AufwG.) nur dann ohne Einfluß, wenn die Auswechslung des ursprünglich belasteten Grundstücks gegen ein anderes Grundstück desselben Eigentümers vorgenommen worden sei.

Das Kammergericht hat die Sache gemäß § 79 GBO. dem Reichsgericht zur Entscheidung vorgelegt. Im Vorlegungsbeschluß wird ausgeführt: Wenn das Vorbringen der Beschwerdeführerin zutreffen sollte, dann sei zwar eine unmittelbare Anwendung des § 5 Abs. 2 Satz 2 Halbs. 2 AufwG. — Nichtberücksichtigung der im Jahre 1920 geschehenen Hypothekenänderung für die Berechnung des der Aufwertung zugrunde zu legenden Goldmarkbetrags — nicht möglich, weil die Eigentümer der ausgewechselten Grundstücke sowohl rechtlich wie wirtschaftlich verschiedene Personen gewesen seien; aber es sei dann doch eine entsprechende Anwendung dieser Vorschrift geboten. Die Bestimmung sei aus Billigkeitserwägungen zugunsten des Aufwertungsgläubigers getroffen; dieser solle keinen Nachteil dadurch erleiden, daß er sein dingliches Recht, ohne Befriedigung erhalten zu haben, auf dem bisher belasteten Grundstück habe löschen und dann auf einem anderen habe neu eintragen lassen. Vom Standpunkt des Gläubigers aus begründe es keinen Unterschied, ob die ausgewechselten Grundstücke demselben Eigentümer oder, wie hier, verschiedenen Eigentümern gehörten; wesentlich für ihn sei der Wechsel des Pfands, nicht der Wechsel in der Person des Eigentümers; letztere spiele keine entscheidende Rolle; wirtschaftlich handle es sich für den Gläubiger nach wie vor um dasselbe Recht. Der Gesetzeswortlaut schließe eine entsprechende Anwendung der behandelten Vorschrift auf den Fall der Auswechslung von Grundstücken verschiedener Eigentümer nicht aus. Aus der Entstehungsgeschichte des Gesetzes, auch aus den Ausführungen von Harmening in JR. 1925 S. 387 zu diesem Punkt der Regierungsvorlage (dort § 2 Abs. 3), sei nichts dafür ersichtlich, daß der Gesetzgeber die Besserstellung des Gläubigers bewußt auf den Fall der Auswechslung von Grundstücken desselben Eigentümers habe beschränken wollen. Dieser Fall der Auswechslung sei erwähnt als praktisch häufiger Fall der Pfandauswechslung; aber die für ihn berücksichtigten wirtschaftlichen Erwägungen träfen ebenso zu bei einer Pfandauswechslung unter Grundstücken verschiedener Eigentümer. Nach alledem sei anzunehmen, daß der Gesetzgeber bei seiner Bestimmung nur den Regelfall einer Pfandauswechslung im Auge gehabt habe, ohne die entsprechende Anwendung auf einen Fall der vorliegenden Art, die mit dem Zweck dieser Vorschrift im Einklang stehe, ausschließen zu wollen. Mit solcher Anwendung werde dem wirklichen Willen des Gesetzes zum Erfolg verholfen. Ein Bedenken gegen die Annahme einer Pfandauswechslung im Sinne des § 5 Abs. 2 AufwG. könne auch nicht daraus hergeleitet werden, daß die Beschwerdeführerin die aufzuwertende Hypothek nicht im Wege der Neueintragung, sondern durch Abtretung erworben habe; in Schrifttum und Rechtsprechung sei anerkannt, daß eine Pfandauswechslung auch durch Abtretung einer auf einem anderen Grundstück desselben Eigentümers eingetragenen Hypothek erfolgen könne.

Von diesem Standpunkt aus gesehen, habe das Landgericht den § 5 Abs. 2 Satz 2 Halbs. 2 AufwG. durch Nichtanwendung auf einen Sachverhalt, wie den von der Beschwerdeführerin vorgetragenen, verletzt; deshalb sei die Aufhebung des landgerichtlichen Beschlusses zur Herbeiführung amtlicher Ermittlungen über den Sachverhalt geboten. Würde er so, wie von der Beschwerdeführerin behauptet, glaubhaft gemacht werden, dann erscheine die Unrichtigkeit des Grundbuchs durch Eintragung des nach einem falschen Erwerbszeitpunkt berechneten Aufwertungsbetrags glaubhaft und sei ein Widerspruch von Amts wegen nach § 54 GBO. einzutragen, weil das Grundbuchamt die Eintragung unter Verletzung des § 5 Abs. 2 AufwG. vorgenommen habe.

Die Zuständigkeit des Reichsgerichts ist nach § 79 GBO. gegeben (RGZ. Bd. 117 S. 346). Zu entscheiden ist die Frage, ob die in § 5 Abs. 2 AufwG. für die Pfandauswechslung gegebene Vorschrift, daß dieser Vorgang für die Berechnung des Goldmarkbetrags der aufzuwertenden Hypothek außer Betracht zu bleiben habe, nur bei Auswechslung zwischen Grundstücken desselben Eigentümers anzuwenden ist — so das Bayerische Oberste Landesgericht — oder ob sie bei Auswechslung zwischen Grundstücken verschiedener Eigentümer entsprechend gilt — so das Kammergericht.

Der Ansicht des Bayerischen Obersten Landesgerichts ist zuzustimmen: Bei der Pfandauswechslung wird, rechtlich betrachtet, stets dem Gläubiger an Stelle der früheren eine neue Hypothek gegeben. Für die Aufwertung wäre der Goldmarkbetrag der neuen Hypothek gemäß §§ 2, 3 AufwG. nach dem Tag zu berechnen, an dem der Gläubiger sie erworben hat. Der Umstand aber, daß, wirtschaftlich betrachtet, das dem Gläubiger neu gegebene Recht nur die Fortsetzung des früheren aufgehobenen Rechts ist, läßt es gerechtfertigt erscheinen, für die Berechnung des Goldmarkbetrags des neuen Rechts den Erwerbstag des alten Rechts maßgebend sein zu lassen. Sache des Gesetzgebers ist die Bestimmung darüber, ob und in welchem Falle solcher wirtschaftlichen Gestaltung größere Bedeutung für die Berechnung des Goldmarkbetrags als der rein rechtlichen Entstehung des Gläubigerrechts beizumessen ist. Nach dem klaren Gesetzeswortlaut soll das der Fall sein bei Auswechslung des bisherigen Pfandgegenstands mit einem anderen Grundstück desselben Eigentümers. In der Rechtsprechung ist das Erfordernis der Eigentümergleichheit mit Recht weitherzig aufgefaßt worden. So ist es als erfüllt angesehen in einem Falle, wo das früher belastete Grundstück Eheleuten gehörte, das neubelastete nur einem der Ehegatten (KG. in AufwRspr. 1 S. 349). Ferner in einem Falle, wo der Eigentümer-Schuldner sich beim Verkauf des belasteten Grundstücks zur Beseitigung der Hypothek verpflichtet hat und erst nach Übertragung des Eigentums auf den Käufer dem Hypothekengläubiger eine neue Hypothek auf einem anderen, ihm gehörigen Grundstück gegen Löschung der alten Hypothek bestellt hat (OLG. Karlsruhe in AufwRspr. Bd. 2 S. 225). Endlich auch in einem Falle, wo der die Pfandauswechslung vornehmende Neuerwerber des bisher haftenden Grundstücks erst nach Neueintragung der Hypothek auf einem ihm schon früher gehörenden Grundstück als Eigentümer des freigewordenen Pfandgrundstücks eingetragen wird (KG. in AufwRspr. Bd. 2 S. 243). In allen diesen Fällen konnte von Gleichheit des Eigentümers der ausgewechselten Pfandgrundstücke gesprochen werden, wenn auch die Übereinstimmung nicht völlig und nicht genau im Zeitpunkt des Auswechslungsvorgangs vorhanden war.

Entsprechende Anwendung der Vorschrift des § 5 Abs. 2 AufwG. auf einen Fall, wo die Voraussetzung der Eigentümergleichheit völlig fehlt, ist nicht zulässig. Das Gesetz bestimmt, daß im Falle der Pfandauswechslung die wirtschaftliche Gestaltung unter Umständen die Folgen, die an sich aus der Rechtslage zu ziehen wären, beeinflussen soll, und hat dabei der Anwendung des § 5 Abs. 2 Satz 2 — Nichtberücksichtigung der rechtlichen Neugestaltung für Berechnung des Goldmarkbetrags der Hypothek — eine genaue Umgrenzung auf Auswechslung unter Grundstücken desselben Eigentümers gegeben. Die Rechtsprechung kann diese Grenzziehung nicht mit wirtschaftlichen Erwägungen beseitigen, die den Gesetzgeber möglicherweise hätten bestimmen können, die Grenze weiter zu ziehen, ihn aber tatsächlich nicht dazu veranlaßt haben. Anders ist die Lage bei den — ebenfalls eine Änderung der Goldmarkberechnung gegenüber dem Regelfall bezweckenden — Vorschriften des § 3 Nr. 2 bis 11 AufwG., wo entsprechende Anwendung auf ähnlich liegende, dort aber nicht genannte Fälle für zulässig erachtet wurde (RGZ. Bd. 120 S. 331, 334). Dort handelte es sich um listenmäßige Aufzählung bestimmter Fälle, die auf einen einheitlichen Grundgedanken des Gesetzgebers zurückzuführen waren. Weil die Liste ersichtlich nicht alle aus diesem Grundgedanken heraus in Betracht kommenden Möglichkeiten erfaßte, ist eine Ergänzung durch die Rechtsprechung für zulässig erachtet worden. Anders war auch die Sachlage in dem in RGZ. Bd. 115 S. 13 entschiedenen Fall der Berechnung des Goldmarkbetrags beim Auseinanderfallen von Angebot und Annahme, wo ein Versehen des Gesetzgebers anzunehmen war und deswegen eine ergänzende Auslegung der gesetzlichen Bestimmung zugelassen wurde. Im vorliegenden Fall ist aber kein Anhalt für die Annahme vorhanden, dem Gesetzgeber sei entgangen, daß noch andere Fälle der Pfandauswechslung als zwischen Grundstücken desselben Eigentümers vorkommen. Der Wille des Gesetzgebers ist hier bestimmt und lückenlos ausgesprochen; er ist dahin zu verstehen, daß nur in den Fällen der Pfandauswechslung zwischen Grundstücken desselben Eigentümers eine Abweichung von der regelmäßigen Berechnung des Goldmarkbetrags stattfinden soll. Übrigens ist eine solche Begrenzung sachlich begründet, wie gerade der vorliegende Fall zeigt: Die Eigentümerin des neuen

Pfandgrundstücks hatte ihre Eigentümergrundschuld zu einer Zeit abgetreten, wo nach dem Aufwertungsgesetz der Goldmarkbetrag nicht mehr gleich dem Nennbetrag zu berechnen ist; wäre nun nach Abtretung der Hypothek durch deren Gläubiger an die Beschwerdeführerin der Goldmarkbetrag nach dem Erwerb der früheren Hypothek durch die Beschwerdeführerin zu berechnen, so würde die jetzige Pfandschuldnerin, möglicherweise ohne ihr Zutun, mit einer höheren dinglichen Aufwertung belastet werden, als sie infolge ihrer eigenen Hypothekenbestellung bestehen würde. Dann könnte also, da Pfandauswechslung nicht nur durch Neubegründung, sondern auch durch Abtretung einer bestehenden Hypothek möglich ist, durch ein Rechtsgeschäft nur zwischen dem Gläubiger und dem ursprünglichen, durch Pfandauswechslung ausscheidenden Pfandschuldner die Lage des neuen, durch die Auswechslung eintretenden Pfandschuldners verändert werden. Mag im Einzelfall eine unbegründet erscheinende Härte für den Gläubiger entstehen — unbegründet erscheinend namentlich da, wo auch der neue Pfandschuldner an der Pfandauswechslung teilgenommen hat —, so kann deswegen doch nicht die in diesem Falle zweifelsfreie Gesetzesvorschrift außer acht gelassen werden. Übrigens ist, soweit ersichtlich, in Schrifttum und Rechtsprechung der Gedanke einer entsprechenden Anwendung des § 5 Abs. 2 Satz 2 Halbs. 2 AufwG. nirgends vertreten worden.

Hiernach ist die weitere Beschwerde zurückzuweisen. Von einer Pfandauswechslung unter Grundstücken desselben Eigentümers kann trotz der verwandtschaftlichen Beziehungen zwischen den früheren Pfandschuldnern und der neuen Pfandschuldnerin nicht die Rede sein. Der Goldmarkbetrag der aufzuwertenden Hypothek ist deswegen nach dem Tage, wo der Erwerb der neuen Hypothek im Grundbuch eingetragen worden ist, dem 4. März 1920, zu berechnen (§ 5 Abs. 1 AufwG.). Das ist vom Grundbuchamt richtig auf 304,38 GM. geschehen. Eine Unrichtigkeit des Grundbuchs durch Eintragung dieses dinglichen Aufwertungsbetrags ist nicht vorhanden, deswegen kein Raum für die Eintragung eines Widerspruchs von Amts wegen.

2. Kann der Käufer eines Grundstücks, dem dieses übergeben ist, auf Grund seines Besitzes der Zwangsvollstreckung eines Hypothekengläubigers nach § 771 Abs. 1 ZPO. widersprechen?

BGB. § 986 Abs. 1. ZPO. § 771 Abs. 1.

V. Zivilsenat. Urt. v. 15. Januar 1930 i. S. Ehel. Fr. (Kl.) w. Neue Pommersche Landschaft für den Kleingrundbesitz (Bekl.). V 217/29.

I. Landgericht Köslin.
II. Oberlandesgericht Stettin.

Laut Kaufvertrag vom 13. März 1925 haben die Kläger von den Eheleuten E. ein Grundstück gekauft. Im Vertrag war den Verkäufern die Befugnis vorbehalten, das Grundstück vor der Auflassung noch zugunsten der Beklagten mit einer Pfandbriefhypothek zu belasten, die von den Käufern übernommen werden sollte. Am 31. August 1925 haben die Eheleute E. für die Beklagte eine Roggenpfandbriefhypothek von 6620 Zentnern Roggen nebst Zinsen eintragen lassen. Aus dieser Hypothek betreibt die Beklagte wegen rückständiger Zinsbeträge die Zwangsversteigerung des Grundstücks. Die Kläger, die das Grundstück am 1. April 1925 übergeben erhalten haben, widersprechen der Zwangsvollstreckung unter Berufung darauf, daß ihnen als Käufern der Besitz des Grundstücks übertragen sei.

Das Landgericht erklärte die Zwangsversteigerung für unzulässig, das Oberlandesgericht wies dagegen die Klage ab. Die Revision der Kläger blieb ohne Erfolg.

Gründe:

(Es wird zunächst ausgeführt, es liege bisher keine Feststellung darüber vor, daß sich die Verkäufer E. mit der Bestellung der Hypothek im Rahmen dessen gehalten hätten, was ihnen nach dem Kaufvertrag gestattet sein sollte. Dann wird fortgefahren:)

Die Frage, vor deren Entscheidung der vorliegende Fall den Richter stellt, ist zunächst genau zu begrenzen. Sie geht dahin, ob im Liegenschaftsrecht dem Käufer, dem nur der schuldrechtliche Vertragsanspruch auf Verschaffung des Eigentums an einem ihm bisher fremden Grundstück zusteht, dem aber das Grundstück bereits zu Eigenbesitz übergeben ist, das Recht zuerkannt werden kann, nach § 771 ZPO. der Zwangsvollstreckung des Gläubigers einer Hypothek zu widersprechen, die vom Eigentümer nach dem Verkauf und der Übergabe und ohne die Zustimmung des Käufers bestellt worden ist. Um dies zu verneinen, braucht keineswegs dem Besitz überhaupt, insbesondere dem Fahrnisbesitz die Eigenschaft eines die Veräußerung hindernden Rechts am Gegenstande der Zwangsvollstreckung im Sinne des § 771 ZPO. abgesprochen zu werden. Ebensowenig braucht darauf eingegangen zu werden, inwieweit etwa mittelbarem Besitz als solchem, z. B. des Vermieters, Verleihers usw., jene Eigenschaft zuerkannt werden kann. Dagegen bedarf es von vornherein der scharfen Betonung des Unterschiedes, der besteht zwischen der Rechtsstellung des bloß besitzenden Käufers eines Grundstücks einerseits und anderseits der Rechtsstellung solcher Dritter, denen entweder ein Anspruch auf Rückgewähr einer von ihnen dem unmittelbaren Besitz des Vollstreckungsschuldners anvertrauten Sache (also nicht ein bloßer Verschaffungsanspruch) zur Seite steht, oder die in der Lage sind, geltend zu machen, daß der Gegenstand der Vollstreckung sich nur der äußeren Gestaltung nach, etwa infolge eines Auftrags- oder Treuhandverhältnisses, im Vermögen des Vollstreckungsschuldners befinde, der inneren Wahrheit nach aber ihrem Vermögen zugehöre. Zwar hat die Rechtsprechung in Fällen der beiden letztgenannten Arten das Widerspruchsrecht des Dritten nach § 771 ZPO. (wie auch das entsprechende Aussonderungsrecht im Konkurse) anerkannt (RGZ. Bd. 79 S. 121, Bd. 84 S. 214, Bd. 45 S. 80). Aber damit ist noch nichts für das Widerspruchsrecht des Grundstückskäufers gewonnen, der neben seinem Besitz lediglich einen schuldrechtlichen Verschaffungsanspruch wegen eines ihm sonst bisher fremden Grundstücks für sich geltend machen kann (RGZ. Bd. 81 S. 64, Bd. 84 S. 214).

Im geltenden Liegenschaftsrecht kommt dem Besitz des Grundstückskäufers keine Bedeutung für die dingliche Rechtsgestaltung zu. Der Übergang des Eigentums am Grundstück, die Begründung von dinglichen Rechten daran vollziehen sich ohne Rücksicht auf den Besitz und selbst im Gegensatz zu ihm. Der bloße Besitz verleiht auch in Verbindung mit dem Käuferanspruch keine dingliche Rechtsstellung und § 986 Abs. 1 BGB. (Abs. 2 das. kommt nicht in Frage) gewährt einem Besitzer, der, wie der Käufer, nur schuldrechtlich zum Besitz berechtigt ist, lediglich eine Einrede gegenüber dem Herausgabeverlangen des ihm verpflichteten Eigentümers. Demgegenüber handelt es sich, wie das Berufungsgericht mit Recht als entscheidend betont, bei dem Anspruch der Beklagten, der durch die Zwangsvollstreckung verwirklicht werden soll, um einen solchen aus dinglichem Recht. War es für die Entstehung dieses Rechts ohne jede Bedeutung, daß sich das Grundstück bereits im Käuferbesitz der Kläger befand, so besteht ferner das eigentliche Wesen der Dinglichkeit eines Rechts an fremder Sache gerade darin, daß sie die Sache der Herrschaft des Berechtigten nach Maßgabe des Inhalts seines Rechts unterwirft ohne Rücksicht darauf, in wessen Hand sie sich befindet. Auf der Dinglichkeit der Hypothek beruht der Immobiliarkredit, auf den eine Beeinträchtigung der dinglichen Kraft im Bereich der Zwangsvollstreckung, d. i. auf dem Gebiete, wo die Hypothek gerade bestimmungsgemäß zur Durchführung gelangt, nicht ohne schwerste Rückwirkung bleiben könnte.

Es ist unzutreffend, wenn in einer zu der hier streitigen Frage vielfach (z. B. bei Stein-Jonas ZPO. 14. Aufl. § 771 II 1b, Anm. 40) angezogenen Entscheidung vom 21. März 1902 das Oberlandesgericht Stuttgart (OLG. Bd. 4 S. 380, vgl. auch das. Bd. 20 S. 342) ausführt, daß dem Verkäufer nach der Übergabe des Grundstücks an den Käufer nur noch formales (Buch-) Eigentum an dem übergebenen Grundstück verbleibe und daß das Grundstück wegen des daran nunmehr bestehenden Rechts des Erwerbers und Besitzers nicht mehr als zum Vermögen des Verkäufers gehörig angesehen werden könne. Nach der schon hervorgehobenen Ausgestaltung, die das Liegenschaftsrecht im geltenden bürgerlichen Recht gefunden hat, wird der materielle Rechtsstand des Grundstückseigentümers durch die Übertragung des Besitzes an einen Käufer keineswegs derart berührt, daß man von einem Ausscheiden des Grundstücks aus dem Vermögen des Verkäufers, von einer schon damit begründeten materiellen Zugehörigkeit zum Vermögen des Käufers, von einem beim Verkäufer zurückgebliebenen bloß formalen oder Buch-Eigentum sprechen dürfte. Trotz der Besitzübergabe besteht nur erst eine schuldrechtliche Übereignungsverpflichtung des Verkäufers. Ihm verbleibt auch materiell das Eigentum, bis Auflassung und Umschreibung auf den Käufer hinzugetreten sind. Er kann anderweit darüber mit voller Wirkung verfügen und zwar nicht nur, wie das Oberlandesgericht Stuttgart rechtsirrig annimmt, zugunsten eines gutgläubigen, die schuldrechtliche Bindung nicht kennenden, sondern zugunsten jedes Dritten, vorbehaltlich allein der besonderen Folgen, die sich aus unerlaubtem Handeln des Dritten ergeben könnten. Zugunsten eines Widerspruchsrechts des besitzenden Käufers kann deshalb auch nicht geltend gemacht werden, daß der Vollstreckungszugriff nicht weiter gehen könne als die Verfügungsmacht des Schuldners; denn dessen Verfügungsmacht ist durch seine bloße persönliche Bindung selbst bei Hinzutritt der Besitzübertragung nicht dahin beschränkt, daß er nicht Eigentum oder dingliche Rechte zugunsten anderer begründen könnte. Was aber die Stellung des vollstreckenden Hypothekengläubigers im besonderen anlangt, so ist es nicht einmal grundsätzlich richtig, daß er mit seiner Vollstreckungsbefugnis an die Verfügungsmacht eines bestimmten Eigentümers gebunden sei, da ihn ja gerade die Dinglichkeit seines Rechts von solcher Bindung befreit.

Die Anerkennung eines Widerspruchsrechts des besitzenden Käufers würde — worauf schon das Landgericht hingewiesen hat — die auffällige Folge haben, daß trotz des Verkaufs die Zwangsvollstreckung des Hypothekengläubigers zweifellos zulässig wäre, solange der Verkäufer das verkaufte Grundstück dem Käufer noch nicht übergeben hat; daß sie vermöge der Dinglichkeit der Hypothek auch zulässig wäre gegen den Käufer, sobald das Eigentum auf diesen umgeschrieben ist; daß sie dagegen, ungeachtet der Dinglichkeit, wirksamem Widerspruch ausgesetzt sein würde während der Übergangszeit, wo das Grundstück dem Käufer übergeben wäre, ohne schon im Grundbuch auf ihn übertragen zu sein. Dies Ergebnis ist unannehmbar. Es würde den Immobiliarkredit ohne rechtfertigenden Grund zeitweilig entwerten. Es würde den Käufer nach Vollendung seines Eigentumserwerbs ungünstiger stellen als vorher; es müßte ihn geradezu anreizen, zur Hintanhaltung von Vollstreckungsmaßnahmen seine Eintragung als Eigentümer möglichst lange hinauszuschieben, womit ein starker Anreiz zu unlauterem Zusammenspiel zwischen Verkäufer und Käufer auf Kosten der Gläubiger des ersteren gegeben wäre.

Das Landgericht hatte seine der Beklagten gleichwohl ungünstige Entscheidung auf das in RGZ. Bd. 116 S. 363 veröffentlichte Urteil des erkennenden Senats vom 21. März 1927 gestützt. Dort ist allerdings in einem nicht wesentlich verschiedenen Falle, wo es sich namentlich auch um die Vollstreckung aus einem dinglichen Titel handelte, der

Besitz des Käufers am verkauften Grundstück als ein die Veräußerung (durch den Schuldner) hinderndes Recht im Sinne des § 771 ZPO. anerkannt. Soweit die Begründung dieses Erkenntnisses von vorstehenden Ausführungen abweicht, wird die darin ausgesprochene Rechtsmeinung, die inzwischen im Schrifttum beachtlichen Widerspruch gefunden hat (vgl. Oertmann JW. 1927 S. 1639 Note zu 10; Jaeckel-Güthe ZVG. 6. Aufl. §§ 37, 38 Anm. 13 unter 5a Abs. 2 S. 198; Reinhardt-Müller ZVG. 6. Aufl. § 9 V 1 S. 27), nicht aufrechterhalten. Der Umstand, daß in jenem Fall auch die Auflassung an den Käufer bereits erfolgt war, stellt, wie die Entscheidung selbst (S. 367 oben) anerkennt, keinen durchgreifenden Unterschied dar. Der auf S. 366 das. ausgesprochene Satz, daß ein die Veräußerung hinderndes Recht im Sinne des § 771 ZPO. immer schon dann anzunehmen sei, wenn die Veräußerung der den Vollstreckungsgegenstand bildenden Sache durch den Schuldner dem berechtigten Dritten gegenüber sich als rechtswidrig darstellen würde, hält in dieser Allgemeinheit der Nachprüfung nicht stand. Dem dinglichen Vollstreckungsrecht eines Hypothekengläubigers gegenüber kann die nur auf schuldrechtlichem Gebiet liegende Rechtswidrigkeit einer anderweitigen Verfügung dem besitzenden Käufer gegenüber (soweit eine solche im Einzelfall überhaupt vorläge) kein Widerspruchsrecht für diesen begründen.

---

3. Haftet die Reichspost für Unfälle, die sich bei Sonderfahrten mit Postkraftwagen ereignen?

Gesetz über das Postwesen des Deutschen Reichs vom 28. Oktober 1871 §§ 11, 12. Postordnung in der Fassung der Bekanntmachung vom 30. Januar 1929 (RGBl. I S. 33) § 52 (früher § 51 Abs. 3).

VII. Zivilsenat. Beschl. v. 12. März 1929 i. S. Sch. u. Gen. (Kl.) w. Deutsches Reich (Bekl.). VII 104/29.

I. Landgericht Halle a. S.
II. Oberlandesgericht Naumburg.

Das von den Klägerinnen für die Revisionsinstanz nachgesuchte Armenrecht ist ihnen aus den folgenden, den Sachverhalt ergebenden Gründen wegen Aussichtslosigkeit der weiteren Rechtsverfolgung versagt worden. Die Sache ist nicht zur Verhandlung gekommen, die Parteien haben sich verglichen.

Gründe:

Am 4. September 1926 machte eine Schülertanzstunde einen Ausflug von E. nach Th. Die Fahrt wurde mit einem von der Post gestellten und von einem Postangestellten gelenkten Kraftwagen gemacht. Jeder Teilnehmer hatte 2 RM. für die Fahrt zu zahlen. Auf der Rückfahrt erlitt der Wagen einen Unfall; die Klägerinnen, die dabei verletzt wurden, führen ihn auf Trunkenheit des Wagenlenkers und Mängel des Wagens zurück. Ein Teil der Kurkosten wurde den Klägerinnen von der Versicherungsgesellschaft ersetzt, bei welcher der Beklagte die Fahrtteilnehmer versichert hatte. Mit der Klage verlangen sie die Erstattung weiterer Kurkosten und die Zahlung von Renten. Sie stützen die Klage auf den Beförderungsvertrag und auf unerlaubte Handlungen der Angestellten und Beamten des Beklagten. Das Landgericht erklärte die Klagansprüche dem Grunde nach für gerechtfertigt, das Oberlandesgericht wies sie ab.

Dem Antrag der Klägerinnen, ihnen für die Revisionsinstanz das Armenrecht zu bewilligen, kann nicht stattgegeben werden, da die beabsichtigte weitere Rechtsverfolgung aussichtslos ist.

Die Haftung der Post ist durch die §§ 11 und 12 des Reichspostgesetzes geregelt. Eine weitere Haftung, als die dort vorgesehene, findet nicht statt (vgl. RGZ. Bd. 57 S. 153, Bd. 67 S. 182, Bd. 107 S. 42, RG. in LZ. 1916 Sp. 571 Nr. 17). Nach § 11 a. a. O. hat die Post Entschädigung nur zu gewähren bei der Beförderung mit ordentlichen Posten, während bei der Extrapostbeförderung keinerlei Entschädigung zu leisten ist. Das Postgesetz wird ergänzt durch die Postordnung, die nach § 50 Abs. 2 des Postgesetzes als Bestandteil des Vertrags zwischen der Postanstalt und dem Reisenden gilt. In § 51 Abs. 3 der Postordnung — in der Fassung der Bekanntmachung vom 30. Januar 1929 (RGBl. I S. 33) ist es der § 52 — heißt es:

„Die Post führt Sonderfahrten mit Kraftfahrzeugen aus, wenn Bedienstete und Fahrzeuge zur Verfügung stehen und die zu benutzenden Straßen sich in einem zum Befahren mit Kraftfahrzeugen geeigneten Zustand befinden. Die Beförderung mit Sonderfahrten gilt als Extrapostbeförderung im Sinne des Postgesetzes vom 28. Oktober 1871.“

Die Fahrt, bei der die Klägerinnen verunglückt sind, war eine Sonderfahrt im Sinne dieser Vorschrift. Ob die Post die Fahrt aus eigenem Antrieb und für das Publikum im allgemeinen oder auf Anregung einer bestimmten Personenvereinigung und nur für deren Mitglieder veranstaltet, kann keinen rechtlichen Unterschied begründen. In beiden Fällen ist es die Post, die mit ihrem Wagen und ihrem Lenker die Fahrt ausführt. Handelt es sich aber um eine Sonderfahrt im Sinne der Postordnung und gilt diese nach der als Vertragsabrede wirkenden Vorschrift der Postordnung als Extrapostfahrt im Sinne des Postgesetzes, so können die Klägerinnen keine Entschädigungsansprüche erheben.

---

4. Zur Auslegung eines Werkvertrags, bei dem es dem nicht sachkundigen Besteller darauf ankommt, Mißstände beseitigen zu zu lassen, deren Ursache ihm nicht bekannt ist.

BGB. §§ 157, 242, 631, 823.

VI. Zivilsenat. Urt. v. 5. Dezember 1929 i. S. Frau Wr. (Kl.) w. Vereinigte Installationsgeschäfte GmbH. (Bekl.). VI 161/29.

I. Landgericht Frankfurt a. M.
II. Oberlandesgericht daselbst.

Die Tochter der Klägerin war bei den Eheleuten M. in Frankfurt a. M. in Stellung. Sie nahm am 12. Juni 1927 ein Bad im Badezimmer ihrer Arbeitgeber und erstickte hierbei infolge Ausströmens von Gas aus dem Badeofen. Die im Abzugsrohr befindliche Klappe war damals geschlossen. Der Badeofen war etwa 2 bis 3 Wochen vor dem Unfall von der Beklagten abgenommen, in ihrer Werkstatt gereinigt und dann wieder in dem Badezimmer aufgestellt worden. Die Beklagte ist eine Gesellschaft mit beschränkter Haftung — „Vereinigte Installationsgeschäfte" —, deren Gesellschafter die Frankfurter Gasgesellschaft und K. W. sind. Die Klägerin führt den Unfall auf verschiedene Ursachen zurück. Ein Angestellter der Beklagten habe bei der Abnahme des Ofens auch das Abzugsrohr abgenommen. Die Verwendung dieses Rohres habe den baupolizeilichen Vorschriften widersprochen. Deshalb hätte es überhaupt nicht wieder angebracht werden dürfen. Außerdem sei es aber mit geschlossener Klappe angebracht worden, sodaß die Kohlenoxydgase nicht hätten entweichen können. Schließlich sei entgegen dem § 2a der Vorschriften über die Zulassung von Installateuren zur Herstellung von Gaseinrichtungen die Arbeit nicht unter der Leitung eines im Geschäftsbetrieb der Beklagten angestellten Fachmanns ausgeführt worden. Wäre dies geschehen — meint die Klägerin —, so wäre der Unfall vermieden worden. Sie macht einen Schadensersatzanspruch auf Grund des § 844 BGB. geltend. Das Landgericht erklärte den Klaganspruch dem Grunde nach für gerechtfertigt. Das Berufungsgericht wies die Klage ab. Die Revision der Klägerin führte zur Aufhebung und zur Zurückverweisung.

Aus den Gründen:

... Nach der Feststellung des Landgerichts ist der Tod der Tochter der Klägerin darauf zurückzuführen, daß die Klappe des zum Gasbadeofen gehörenden Abzugsrohrs bei Benutzung des Badeofens vollkommen geschlossen war. Das Landgericht hat ferner in Übereinstimmung mit dem Berufungsgericht festgestellt, daß die Klappe dem § 44 Nr. 6 der Bauordnung für den Stadtbezirk Frankfurt a. M. vom 4. Juni 1912 widersprach. Nach dieser Vorschrift sind Rauchrohrklappen zur Zugregulierung nur statthaft, wenn sie den Querschnitt des Abzugsrohrs mindestens zu einem Viertel offen lassen. Dieser Anforderung genügte die Klappe des Abzugsrohrs nicht. Beide Instanzen haben angenommen, daß diese Vorschriften auf Rauchrohrklappen von Gasbadeöfen anzuwenden sind. Das Berufungsgericht hält die Bestimmung des § 44 der Bauordnung für ein Schutzgesetz im Sinne des § 823 Abs. 2 BGB. Es nimmt aber im Gegensatz zum Landgericht an, daß die Beklagte für den Unfall nicht verantwortlich sei, weil sie die Abzugsanlage weder gebaut noch umgebaut habe und weil es Aufgabe nicht der Beklagten, sondern der Gasgesellschaft sei, für die Überwachung der Anlage Sorge zu tragen.

Diese Ausführung würdigt das Sachverhältnis in rechtlicher Beziehung nicht erschöpfend. Wie es zu der Instandsetzung des Badeofens gekommen ist, hat das Berufungsgericht bisher nicht festgestellt. Die Zeugin M., Arbeitgeberin der Verstorbenen und Mitinhaberin der Mietwohnung, hat sich nach ihrer Aussage etwa zwei Wochen vor dem Unfall durch den Fernsprecher an die Gasgesellschaft gewandt und jemand bestellt, der den Gasbadeofen „nachsehen" solle, da er schwarze Gase nach unten werfe und es nach Gas rieche. Nach der

Erinnerung der Zeugin ist dann Ch., ein Angestellter der Beklagten, gekommen, hat den Ofen nachgesehen und der in demselben Hause wohnenden Hauswirtin mitgeteilt, daß der Ofen unbedingt abgenommen und gereinigt werden müsse, da er bis oben hin verstopft sei und seine Benutzung lebensgefährlich sein könne. Der Antrag sei — so bekundet die Zeugin weiter — bewilligt und der Ofen mitgenommen worden. Demnächst sei der Ofen wieder aufgestellt worden und Ch. habe erklärt, wie der Ofen zu handhaben sei; sie — die Zeugin — habe ihn gebeten, die Klappe endgültig so zu stellen, wie sie bei der Benutzung stehen müsse. Das sei auch geschehen. Alsbald sei aber wieder Gasgeruch bemerkt worden und zwar auch dann, wenn der Ofen nicht in Betrieb gewesen sei; sie habe die Gasgesellschaft angerufen, und es sei jemand gekommen, der erklärt habe, er könne nichts finden. Darauf habe sie selbst den Ofen, insbesondere das Gaszuleitungsrohr, abgeleuchtet, und dabei habe sich eine Stichflamme gezeigt. Sie habe der Gasgesellschaft diese Wahrnehmung mitgeteilt und nochmals gebeten, den Ofen nachzusehen. Dann sei jemand erschienen, der an der Dichtung der von ihr festgestellten Stelle gearbeitet und gesagt habe, an der Gasleitung sei nichts; wenn etwas nicht in Ordnung sei, so sei das Sache der Installation; er wolle das weitergeben. Da längere Zeit hindurch niemand gekommen sei, habe man sich unmittelbar an den erwähnten Ch. gewendet, der alsbald erschienen sei, den Ofen untersucht und die von ihm festgestellten Mängel beseitigt habe; er habe dann erklärt, der Ofen sei in Ordnung, er könne weiter nichts machen. Nach einiger Zeit habe ihr — der Zeugin — Ehemann die Badeeinrichtung benutzt und dann einen sehr heftigen Hustenanfall erlitten. Am nächsten Tage habe die Tochter der Klägerin das Bad genommen, das zu ihrem Tode geführt hat, und nunmehr habe sie auch den Hustenanfall ihres Ehemanns auf die aus dem Ofen ausströmenden Gase zurückgeführt.

Der Zeuge Ch. hat bekundet, daß das Abzugsrohr bei der Abnahme des Badeofens zum Zwecke der Instandsetzung des letzteren gleichfalls abgenommen, aber nicht mitgenommen worden sei; vor der Wiederanbringung des Rohrs habe er es daraufhin geprüft, ob die Abzugsklappe richtig arbeite, indem er es gegen das Licht gehalten und hindurchgeblickt habe; er habe es auf den Boden gestoßen, damit der an ihm haftende Schmutz abfalle.

Nach diesen zum Gegenstand der mündlichen Verhandlung gemachten Vorgängen war dringender Anlaß gegeben, zu prüfen, welchen Inhalt der der Beklagten erteilte Auftrag hatte (§§ 157, 242 BGB.). Wer Mißstände an seiner Badeeinrichtung beobachtet, ohne die zur Erkenntnis der Fehlerquelle erforderliche Sachkenntnis zu haben, wird sich naturgemäß darauf beschränken, den der Beseitigung dieser Mißstände dienenden Auftrag an eine sachverständige Firma so zu fassen und ihm einen so weit gezogenen Rahmen zu geben, daß der Beauftragte alles zu tun hat, was zur Beseitigung der Mißstände erforderlich ist. Im vorliegenden Falle hat, wenn die Aussage der Zeugin M. der tatsächlichen Feststellung zugrunde zu legen wäre (worüber der Tatsachenrichter zu befinden hat), der Angestellte der Beklagten auf Grund des Ersuchens der Mieterin den Badeofen „nachgesehen", hat selbst von der Hauseigentümerin den für die erforderlichen Arbeiten notwendigen Auftrag erwirkt und zugleich darauf hingewiesen, daß die Benutzung des Ofens im damaligen Zustand Gefahr für das Leben des Benutzers hervorrufen könne. Nach der Verkehrsauffassung konnte ein solcher Auftrag regelmäßig nur dahin aufgefaßt werden, daß die Beklagte selbst festzustellen habe, was an der Badeeinrichtung zu geschehen habe, um sie in einen für den Benutzer brauchbaren, nicht mit Lebensgefahr verbundenen Zustand zu versetzen. Zum Badeofen gehört dabei unbedenklich das mit ihm zusammenhängende Rohr. Daran kann hier um so weniger ein Zweifel bestehen, als der Angestellte der Beklagten nach seiner Bekundung selbst das Rohr auf seinen Zustand geprüft und es von anhaftendem Schmutz befreit hat. Es gehörte zu den vertraglichen Pflichten der Beklagten, darauf hinzuweisen, daß das Abzugsrohr nicht den baupolizeilichen Vorschriften entspreche, und einen besonderen Auftrag zur Beseitigung dieses Rohrs und zur Ersetzung durch ein sachgemäßes Rohr zu erwirken, falls diese Arbeit nicht ohne weiteres als in den Rahmen des Vertrags fallend angesehen werden konnte. Bedenken können nach dieser Richtung nur dann entstehen, wenn besondere Arbeiten auszuführen sind, mit denen etwa ein besonders hoher Kostenaufwand verbunden ist, und wenn mit Rücksicht hierauf vielleicht nicht ohne weiteres das Einverständnis des Auftraggebers mit allen — ohne Ausnahme — nach dem sachverständigen Ermessen des Beauftragten vorzunehmenden Arbeiten vorauszusetzen ist. Im vorliegenden Falle spricht nichts für das Vorhandensein solcher besonderen Umstände. Etwaige Zweifel nach dieser Richtung wären überdies von der Beklagten mit Rücksicht auf ihre Sachkunde vor Ausführung der Arbeiten aufzuklären gewesen. Nur eine solche, auch der Billigkeit entsprechende Beurteilung wird der Sachlage gerecht, wie sie in solchem Falle durch die Sachkunde des einen Teils und den Mangel der Sachkenntnis des anderen Teils hervorgerufen wird.

Es liegt nichts dafür vor, daß im gegenwärtigen Falle ein etwa notwendiger besonderer Auftrag nicht erteilt worden wäre. Es braucht deshalb nicht geprüft zu werden, ob es im Falle der Nichterteilung des Auftrags bei Beobachtung der im Verkehr erforderlichen Sorgfalt und mit Rücksicht auf die Beziehungen zwischen der Beklagten und der Gasgesellschaft, die alle bei ihr eingehenden Instandsetzungs-Aufträge an jene weitergab, nicht Sache der Beklagten gewesen wäre, die Gasgesellschaft von dem Sachverhalt in Kenntnis zu setzen und sie zur Ausübung der ihr nach den Feststellungen des Berufungsgerichts obliegenden Aufsichtspflicht zu veranlassen. Es braucht deshalb auch nicht darauf eingegangen zu werden, ob nicht beim Bestehen einer solchen Beziehung zwischen beiden Gesellschaften (von denen überdies die Gasgesellschaft Gesellschafterin der Beklagten ist) anzunehmen wäre, daß in den Fällen, in denen die Weitergabe der Aufträge an die Beklagte stattfand, die Ausübung der Aufsichtspflicht der Beklagten mitübertragen wurde, wiewohl die Gasgesellschaft auch dann nicht selbst von der Aufsichtspflicht befreit wurde.

War aber die Beklagte in dem angegebenen Umfang vertraglich verpflichtet, so haftet sie dem Auftraggeber für ein Verschulden des Erfüllungsgehilfen nach § 278 BGB. Dabei ist noch darauf hinzuweisen, daß die Aussagen der Zeugin M. und des Zeugen G. Anhaltspunkte für einen nicht ordnungsmäßigen Zustand des Abzugsrohrs auch nach anderer Richtung als in bezug auf die Rohrklappe ergeben. Wer fahrlässig eine gegenüber einem anderen übernommene Vertragspflicht nicht erfüllt, deren Verletzung geeignet ist, das Leben eines Dritten zu gefährden, macht sich einer unerlaubten Handlung dem Dritten gegenüber schuldig (vgl. RGR. Komm. Bem. 10 zu § 823 und dortige Nachweisungen). Aufgabe der Beklagten wäre es gewesen, ihre Angestellten mit den zur Erfüllung ihrer Vertragspflicht erforderlichen Anweisungen zu versehen. Ist eine unerlaubte Handlung gegenüber der Tochter der Klägerin als Benutzerin der Badeeinrichtung begangen, so haftet die Beklagte nach § 844 BGB. auch der Klägerin. Dieser Anspruch ist in ihrer Person entstanden (RGZ. Bd. 69 S. 186). Dagegen bedarf es keiner Erörterung darüber, wieweit etwa durch die Übertragung der Instandsetzungs-Arbeiten auch ein Vertrag zugunsten eines Dritten — aller Benutzer der Badeeinrichtung — geschlossen wurde (RGZ. Bd. 91 S. 24, Bd. 102 S. 231). Denn die Klägerin gehörte nicht zu diesen.

Auch in einem weiteren Punkt ist das angefochtene Urteil nicht zu billigen. Das Berufungsgericht stellt fest, daß die Beklagte nach § 2a der über die Zulassung von Installateuren zur Herstellung von Gaseinrichtungen geltenden Vorschriften verpflichtet war, die Arbeiten unter Leitung eines in ihrem Geschäftsbetrieb angestellten Fachmanns ausführen zu lassen, und daß sie dieser Verpflichtung nicht nachgekommen ist. Das Berufungsgericht meint jedoch, die Klägerin könne auch hieraus keinen Anspruch herleiten, weil die pflichtwidrige Verabsäumung der Aufsichtspflicht der Beklagten nicht ursächlich für den eingetretenen Schaden gewesen sei; wenn die Benutzer der Badeeinrichtung durch die Vorhaltungen des Ch. nicht veranlaßt worden seien, Abänderung zu schaffen, so hätte die Erklärung eines Aufsichtsführenden ebensowenig Erfolg gehabt; für einen solchen hätte ebensowenig wie für Ch. die Möglichkeit und die Pflicht bestanden, eine Auswechslung des Abzugsrohrs zu erzwingen. Nach dem Tatbestand ist nicht ersichtlich, was für Vorhaltungen des Ch. gemeint sein könnten, welche die Eheleute M. nicht veranlaßt haben sollten, Abänderung zu schaffen. Das Berufungsgericht stellt an anderer Stelle fest, daß Ch. die Benutzer der Abzugsklappe auf deren richtige Handhabung hingewiesen hat. Daß Ch. auf die Notwendigkeit der Ersetzung des Rohrs durch ein anderes hingewiesen habe, ist weder von Ch. bezeugt noch von der Beklagten behauptet. Ch. vertritt den Standpunkt, daß sich der Auftrag auf das Abzugsrohr überhaupt nicht bezogen habe. Der Einfluß des Fachmanns, dessen Zuziehung Pflicht der Beklagten war, wird vom Berufungsgericht ohne jede sachliche Grundlage beurteilt. Ein solcher Fachmann hätte auf die Ordnungswidrigkeit des Abzugsrohrs hingewiesen, und es entspricht der allgemeinen Erfahrung, daß er die Beseitigung des Rohrs herbeigeführt hätte. Zu einer Verfügung über den Badeofen und das Abzugsrohr waren die M.schen Eheleute als Mieter nicht in der

Lage; der Auftrag zur Instandsetzung ist ja, wie oben dargelegt, von der Hauseigentümerin erteilt worden, wenn man die Aussage der Frau M. zugrunde legt. Anscheinend hat das Berufungsgericht die Aussage der Frau M. nicht gewürdigt, die sich wiederholt in eindringlicher Weise um Beseitigung des von ihr geschilderten Mißstands bemüht hat, durch den auch das Leben ihres Ehemanns gefährdet worden sein soll. Zum mindesten wäre zu prüfen, ob nicht die Mieter M. und ihre Hausangestellte von der Benutzung der Badeeinrichtung nach dem Hinweis auf die mit dem damaligen Zustand verbundene Lebensgefahr abgesehen haben würden.

Eine Feststellung insbesondere über den Instandsetzungs-Auftrag ist vom Berufungsgericht bisher nicht getroffen worden. Die danach notwendige Zurückverweisung der Sache und die erneute Verhandlung wird, falls dies noch nötig sein sollte, Gelegenheit bieten, den Sachverhalt auch nach der Richtung zu prüfen, ob der Unfall etwa auch auf unsachgemäße Ausführung der Instandsetzung des Badeofens selbst zurückzuführen ist. Für eine solche Prüfung ist insofern ein Anhaltspunkt gegeben, als nach der Aussage der Zeugin M. auch nach Ausführung der Instandsetzung der Gasgeruch noch weiter wahrgenommen wurde, wenn der Badeofen nicht in Betrieb war, also nicht Kohlenoxydgase als Folge des Verschlusses des Abzugsrohrs in Betracht kamen.

---

5. Wie regelt sich die Aufwertung von Ansprüchen aus Lebensversicherungsverträgen mit ausländischen Versicherungsunternehmungen?

AufwG. §§ 59flg. DurchfVo. v. 29. November 1925 Art. 95flg.

VII. Zivilsenat. Urt. v. 13. Dezember 1929 i. S. F. (Kl.) w. Schw. Lebensversicherungs- und Rentenanstalt (Bekl.). VII 202/29.

I. Landgericht Hamburg.
II. Oberlandesgericht daselbst.

Der Ehemann der Klägerin war bei der Beklagten, einer schweizerischen Versicherungsgesellschaft, seit dem 1. Mai 1901 auf Erleben des 1. Mai 1922 zugunsten der Klägerin mit 100000 M. versichert. Die Versicherungssumme wurde kurz vor ihrer Fälligkeit ausgezahlt. Die Klägerin verlangt Aufwertung und klagt auf Zahlung eines Teilbetrags von 5000 RM., der ihr aber von den beiden Vorinstanzen abgesprochen worden ist. Auch ihre Revision war erfolglos.

Gründe:

Die Annahme des Berufungsgerichts, daß nach Vereinbarung der Vertragsparteien deutsches Recht anzuwenden sei, ist zutreffend (wird näher ausgeführt).

Aus der Unterwerfung des Versicherungsverhältnisses unter deutsches Recht ergibt sich auch die ausschließliche Anwendbarkeit der §§ 59 bis 61 AufwG. und der Art. 95 bis 114 DurchfVo. Denn diese Vorschriften gelten grundsätzlich für alle Ansprüche der Versicherten aus Lebensversicherungsverträgen, die nach deutschem Recht zu beurteilen sind, und zwar an sich auch dann, wenn die Verträge mit einer ausländischen Gesellschaft geschlossen waren, die Ansprüche sich also gegen eine solche richten. Eine Ausnahme greift — abgesehen von der Vorschrift in Art. 103 Abs. 2 S. 4 DurchfVo., für dessen Anwendbarkeit es aber an jedem tatsächlichen Vorbringen der Parteien gebricht — nur insoweit Platz, als der auf der Ermächtigung in § 61 S. 2 AufwG. beruhende Art. 115 DurchfVo. einschlägt. Das ist aber mit Recht vom Berufungsgericht stillschweigend verneint worden. Der 3. Satz des Art. 115 kann allerdings nicht herangezogen werden. Denn die schriftliche Bestätigung des Reichsaufsichtsamts an die Beklagte vom 10. Januar 1929 bedeutet selbst keine Entscheidung dieser Behörde über eine etwa vor dem Schreiben liegende derartige Entscheidung ist nichts festgestellt. Es genügt aber, daß die Beklagte, wie zwischen den Parteien unstreitig ist, als ausländische Versicherungsunternehmung seit 1904 unter Reichsaufsicht steht. Daß der Vertrag schon 1901 geschlossen wurde, als noch keine Reichsaufsicht bestand, ist unerheblich; denn die Ermächtigung im § 61 AufwG. wie auch der Art. 115 DurchfVo. wollen ersichtlich nur maßgebend sein lassen, ob die ausländische Unternehmung gegenwärtig, also zur Zeit der Entscheidung über die Frage der Aufwertung, unter Reichsaufsicht steht, während es belanglos ist, ob die Verträge vor der Unterstellung unter Reichsaufsicht geschlossen wurden. Dafür spricht insbesondere der Ausdruck „nicht unter Reichsaufsicht stehende Unternehmungen" in den beiden Gesetzesstellen. Ferner entspricht auch die Absicht, die fraglichen Lebensversicherungsansprüche nur insoweit von der gesetzlich festgelegten Regelung der Aufwertung auszunehmen, als die Unternehmung gegenwärtig nicht unter Reichsaufsicht steht, dagegen dem Zeitpunkt des Vertragsschlusses keine Bedeutung beizumessen, der Tatsache, daß die bei dieser Regelung als Grundlage angenommene Bildung eines Prämienreservefonds grundsätzlich durch § 99 VersAufsG. auch für Ansprüche aus früheren Versicherungsverträgen gegen eine erst später unter Reichsaufsicht gekommene Versicherungsunternehmung gewährleistet ist. Im übrigen kommt es nach der Fassung des § 59 AufwG., wie die Gegenüberstellung zwischen den Lebensversicherungsverträgen und den drei weiteren Arten von Versicherungsverträgen ergibt, für die ersteren nicht darauf an, daß die einzelne Versicherungsgesellschaft einen Prämienreservefonds zu bilden hatte oder daß er tatsächlich gebildet worden ist oder daß gar festgestellt wird, der Versicherer habe für die einzelne gerade in Betracht kommende Versicherung eine Prämienreserve angelegt. Mit Recht hat das Berufungsgericht das letzte ausdrücklich für belanglos erklärt, während die anderen beiden Tatsachen offenbar gar nicht bestritten waren.

Schlagen aber hiernach die §§ 59, 60 AufwG. und die Art. 95 bis 114 DurchfVo. ein, so kann insbesondere auch nach § 62 AufwG. keine Rede davon sein, daß neben einer Aufwertung nach den erwähnten Vorschriften noch eine solche nach allgemeinen Grundsätzen — namentlich mit Rücksicht auf das nicht durch die Inflation betroffene ausländische Vermögen der Beklagten — beansprucht werden könnte (vgl. noch RGZ. Bd. 113 S. 44).

Der von der Revision herangezogene, vom erkennenden Senat durch Urteil vom 20. September 1929 VII 102/29 entschiedene Fall liegt insofern anders, als es sich dort um eine aus der Reichsaufsicht ausgeschiedene ausländische Versicherungsunternehmung handelte.

Die Klage, die ersichtlich so gemeint war, daß ein Anspruch gegen die Gesellschaft selbst nicht auf Grund der §§ 59flg. AufwG. und der Ausführungsvorschriften dazu, sondern außerhalb dieser Vorschriften geltend gemacht werden sollte, ist deshalb vom Berufungsgericht mit Recht abgewiesen worden.

6. Unter welchen Voraussetzungen ist ein Sicherungsübereignungsvertrag als lästiges Veräußerungsgeschäft im Sinne der Tarifstelle 7 des preußischen Stempelsteuergesetzes anzusehen?

Preuß. Stempelsteuergesetz vom 27. Oktober 1924 Tarifstelle 7; Reichsstempelgesetz § 19; RO. § 15.

VII. Zivilsenat. Urt. v. 13. Dezember 1929 i. S. Preuß. Staat (Bekl.) w. B.er Bankverein (Kl.). VII 234/29.

I. Landgericht Düsseldorf.

Der klagende Bankverein schloß am 12. Juli 1928 mit der Firma T. N. AG. in M. einen Vertrag, wonach ihm diese zur Sicherstellung für gewährte Kredite Waren übereignete, die in einer besonderen Aufstellung verzeichnet waren. Die Übergabe wurde durch die im Vertrag enthaltene Vereinbarung ersetzt, daß die Kreditnehmerin die Waren fortan nur noch als Verwahrerin für den Kläger behalte. Weiter besagt der Vertrag:

> Kommt die Kreditnehmerin ihren Verpflichtungen dem Bankverein gegenüber nicht ordnungsmäßig nach, so ist der Bankverein zum Verkauf der übereigneten Gegenstände nach billigem Ermessen sofort berechtigt, insbesondere darf er die Gegenstände zu einem angemessenen Preise selbst übernehmen. Ein aus dem Erlös etwa über die Ansprüche des Bankvereins hinausgehender Überschuß ist der Kreditnehmerin herauszuzahlen. Letztere ist berechtigt, jederzeit die Schuld dem Bankverein zurückzuzahlen, und erwirbt durch Rückzahlung der Gesamtschuld, für die obige Sicherungsgüter dem Bankverein übereignet wurden, das unbeschränkte Eigentum an diesen.

Zu diesem Vertrag wurde u. a. eine nach der Tarifstelle 7 Preuß. StStG. berechnete Stempelabgabe in Höhe von 2086,50 RM. gefordert und vom Kläger entrichtet. Er ist der Ansicht, daß das Landesfinanzamt diesen Stempel zu Unrecht gefordert habe und nur einen solchen nach Tarifstelle 18 Nr. 2 StStG. in Höhe von 3 RM. hätte berechnen dürfen. Die Klage ist auf Rückzahlung von 2083,50 RM mit Zinsen gerichtet.

Das Landgericht gab der Klage statt. Die vom Beklagten unmittelbar eingelegte Revision blieb erfolglos.

Gründe:

Der Tarifstelle 7 des preußischen Stempelsteuergesetzes, auf die der Beklagte die zu der Vertragsurkunde vom 12. Juli 1928 erhobene Stempelabgabe gründet, unterliegen „Kauf- und Tauschverträge und andere lästige Veräußerungsgeschäfte enthaltende Verträge". Das Landgericht hält diese Tarifstelle nicht für anwendbar, weil als „lästig" (entgeltlich) ein Geschäft nur dann angesehen werden könne, wenn sich auf beiden Seiten Leistungen gegenüberständen, die nach dem Willen der Beteiligten gegeneinander ausgetauscht werden sollten. Als eine solche, den Gegenwert für die zur Sicherung übereigneten Sachen bildende Leistung könne aber nicht die Verpflichtung des Klägers angesehen werden, die übereigneten Sachen nach Beendigung des Sicherungszwecks an die Kreditnehmerin zurückzugeben. Ebensowenig mache die Vereinbarung, wonach der Kläger bei Nichterfüllung der der Kreditnehmerin obliegenden Verpflichtungen zum Verkauf oder zur Übernahme der übereigneten Sachen berechtigt sei, den Sicherungsübereignungsvertrag zu einem bedingten Kauf, wie es beim Vorliegen einer Verfallklausel der Fall wäre. Denn der Kläger habe nicht schon bei Abschluß des Sicherungsübereignungsvertrags den Willen zur Eingehung einer Verpflichtung gehabt; vielmehr sei seine Erklärung im Vertrag dahin aufzufassen, daß er vorerst noch keine Bindung wegen des Kaufes habe eingehen wollen. Eine Bindung liege nur auf seiten der Kreditnehmerin vor; deren Erklärung habe er sich zu einer eigenen Sicherung geben lassen. Es handle sich nur um ein die Kreditnehmerin bindendes Angebot, dessen Annahme ganz ins Belieben des Klägers gestellt sei. Ein bloßes Kaufangebot falle aber nicht unter die Tarifstelle 7. Deshalb hat das Landgericht der Rückzahlungsklage stattgegeben.

Die Revision des Beklagten kann keinen Erfolg haben. Die angefochtene Entscheidung entspricht der Rechtsprechung des Reichsgerichts zu der mit der Tarifst. 7 des Stempelsteuergesetzes vom 27. Oktober 1924 im wesentlichen übereinstimmenden Tarifstelle 32 Abs. 1c des Stempelsteuergesetzes vom 31. Juli 1895 / 30. Juni 1909.

Wie der erkennende Senat im Urteil vom 4. Juli 1913 (RGZ. Bd. 83 S. 50) ausgeführt hat, ist für jene Tarifstelle kein Raum, wenn der beurkundete Vertrag nichts anderes enthält als die Übereignung der veräußerten Sache, weil dann der Urkundeninhalt nichts über eine vom Erwerber übernommene Gegenleistung ergibt, die zur Annahme eines lästigen Veräußerungsgeschäfts unerläßlich ist. Lästig oder entgeltlich ist ein Geschäft nur dann, wenn sich beiderseits Leistungen gegenüberstehen, die nach dem Willen der Parteien gegeneinander ausgetauscht werden sollen, und zwar dergestalt, daß das, was jeder Teil durch die Leistung des anderen erlangt, an die Stelle des durch seine eigene Leistung dem anderen Gewährten tritt. Mit dem erwähnten Urteil ist davon auszugehen, daß die dem Erwerber fiduziarischen Eigentums obliegende Verpflichtung, nach Erledigung des Sicherungszwecks die übereigneten Sachen wieder herauszugeben, nicht den Gegenwert für die Sachen bildet. Zu der Frage, ob etwaige andere Abmachungen den Vertrag zu einem lästigen im Sinne jener Tarifstelle machen, nimmt das vorerwähnte Urteil in der Weise Stellung, daß es in der Vereinbarung einer Verfallklausel für den Fall nicht pünktlicher Zahlung einen bedingten Kauf sieht, auf welchen Tarifstelle 32 des alten Stempelsteuergesetzes Anwendung finde. Es läßt dahingestellt, ob ein lästiges Veräußerungsgeschäft auch dann vorliegt, wenn die Vereinbarung dahin geht, daß der Gläubiger im Falle der Nichtzahlung der Forderung durch Verkauf der übereigneten Sachen Befriedigung zu suchen und einen etwaigen Übererlös dem Schuldner herauszugeben habe. Die Antwort wurde vom erkennenden Senat durch das Urteil vom 26. September 1916 VII 197/16 (Zentralblatt für Zölle 1916 S. 266 = Gruch. Beitr. Bd. 61 S. 158) dahin gegeben, daß in einem solchen Falle kein lästiges Veräußerungsgeschäft anzunehmen sei, weil dem Kreditgeber durch eine derartige Vereinbarung keine Verpflichtung zum Verkauf auferlegt, sondern nur die Befugnis dazu eingeräumt werde. Hieran ist jedenfalls für die Fälle festzuhalten, in denen der Kreditgeber bei Abschluß des Sicherungsvertrags noch keine Bindung wegen Ausübung der Befugnis eingehen will, und ein lästiges Veräußerungsgeschäft ist mit dem Landgericht auch dann zu verneinen, wenn der Gläubiger befugt ist, an Stelle des Verkaufs der übereigneten Sachen diese selbst in Anrechnung auf seine Forderung zu übernehmen. Auch hierin kann in solchen Fällen keine rechtlich selbständige Gegenleistung für die Sicherungsübereignung gefunden werden. Auf diesem Standpunkt steht auch die Mehrzahl der Erläuterungsbücher zum neuen Stempelsteuergesetz, so Weinbach S. 183, Heucke S. 182, Messerschmidt-Kollat S. 153; a. M. (ohne Begründung) nur Loeck-Eiffler S. 151 Nr. 7, S. 246 Nr. 5.

Wenn die Revision im Gegensatz zu der vom Landgericht für seine Entscheidung angeführten Ansicht von **Planck**, Komm. zu BGB. 1. Bd. S. 414 flg., geltend macht, eine auf das bloße Wollen des Verpflichteten gestellte Potestativbedingung sei für wirksam zu erachten und mache den Vertrag in einem Falle wie dem vorliegenden zu einem bedingten Kauf, so kann die Beantwortung dieser Frage dahingestellt bleiben. Denn das Landgericht legt den Vertrag vom 12. Juli 1928 dahin aus, daß der Kläger beim Abschluß noch nicht den Willen gehabt habe, schon eine Bindung, wenn auch nur eine bedingte, einzugehen, daß er sich vielmehr die für die Kreditnehmerin bindende Erklärung nur zu seiner eigenen Sicherung habe geben lassen. Selbst wenn es sich bei dieser Auslegung um einen typischen Vertrag handeln sollte, wäre sie nicht zu beanstanden, vielmehr würde der erkennende Senat den Vertrag in derselben Weise auslegen. Dann ist aber auch die Ansicht des Landgerichts rechtsirrtumfrei, daß nur ein die Kreditnehmerin bindendes Angebot vorliege, dessen Annahme ins Belieben des Klägers gestellt worden sei und auf welches, mangels einer vertraglich übernommenen Gegenleistung des Kreditgebers, die Tarifst. 7 StStG. keine Anwendung finde. Die zu § 19 RStStG. ergangenen Entscheidungen des Reichsfinanzhofs in RFH. Bd. 13 S. 140, Bd. 19 S. 15 stehen dem nicht entgegen. Denn diese Entscheidungen sehen die Voraussetzungen eines bedingten Anschaffungsgeschäfts nur dann als gegeben an, wenn nach dem Parteiwillen eine schuldrechtliche Bindung anzunehmen sei; eine solche wird aber hier verneint.

Auch der schließlich von der Revision noch geäußerten Ansicht, bei der Vertragsauslegung des Landgerichts würde der Vertrag nicht gegen die Konkursgläubiger wirken (§ 15 KO.), kann nicht beigepflichtet werden. Denn auch dann, wenn kein lästiges Veräußerungsgeschäft vorliegt, ist der fiduziarische Eigentumserwerb schon vollendet und der Kreditgeberin würde an den ihr zur Sicherung übereigneten Sachen bei einem etwaigen Konkurs ein Absonderungsrecht zustehen.

---

7. Zur Beweispflicht des Versicherers für die Behauptung, daß der Schaden durch Verschulden des Versicherten verursacht worden sei.

Versicherungsvertragsgesetz § 61.

VII. Zivilsenat. Urt. v. 13. Dezember 1929 i. S. Feuerversicherungsgesellschaft Rh. AG. (Bekl.) w. H. (Kl.). VII 183/29.

I. Landgericht Düsseldorf.
II. Oberlandesgericht daselbst.

Der Kläger war bei der Beklagten mit seiner beweglichen Habe gegen Brandschaden für die Zeit vom 1. Dezember 1921 bis zum 1. Dezember 1931 versichert. Die Versicherungssumme betrug 30000 RM. Am 7. September 1925 brach in der Wohnung des Klägers Feuer aus. Das gegen ihn wegen Brandstiftung eingeleitete Strafverfahren endete damit, daß er außer Verfolgung gesetzt wurde. Nach Ablehnung seines Ersatzanspruchs durch die Beklagte forderte er Zahlung von 6500 RM. samt 8% Zinsen seit Klagezustellung. Das Landgericht verurteilte die Beklagte nach dem Klagantrag. Ihre Berufung wurde vom Oberlandesgericht zurückgewiesen. Auf ihre Revision wurde das Berufungsurteil aufgehoben und die Sache in die Vorinstanz zurückverwiesen.

Aus den Gründen:

. . . Nicht für durchschlagend erachtet der Berufungsrichter den Einwand der Beklagten, der Kläger habe den Brand selbst angelegt oder trotz Wahrnehmung absichtlich oder mindestens grob fahrlässig nicht gelöscht, die Beklagte sei daher nach § 12 Abs. 2 ihrer Allgemeinen Versicherungsbedingungen und nach § 61 VVG. von ihrer Verpflichtung zur Leistung frei. Er führt in dieser Beziehung aus: Nach der gesamten Sachlage sei zwar nicht zu verkennen, daß ein Verdacht gegen den Kläger bestehe. Das Ergebnis der Beweisaufnahme reiche jedoch nicht zur Feststellung aus, daß er sich einer vorsätzlichen oder grob fahrlässigen Brandstiftung schuldig gemacht habe. Die Zeugen F., K. und Sch. hätten zwar übereinstimmend bekundet, daß nach ihrer Meinung das Feuer schon längere Zeit gebrannt haben müsse, ehe es von außen bemerkt worden sei. Auch der im Strafverfahren vernommene Sachverständige V. sei dieser Ansicht und der Überzeugung, daß der Kläger beim Verlassen der Wohnung den Brand an dem ausströmenden Rauch und an den Flammen habe wahrnehmen müssen. Selbst wenn aber V. das bei nochmaliger Vernehmung aufrechterhalten würde und wenn seine Ansicht noch von einem weiteren Sachverständigen bestätigt werden sollte, würde damit doch kein einwandfreier Beweis für die Schuld des Klägers geführt sein. Denn die Ansicht der Zeugen und des Sachverständigen beruhe auf Schlußfolgerungen, die sie aus ihren nach Entdeckung des Brandes oder in einem noch späteren Zeitpunkt gemachten Wahrnehmungen gezogen hätten. Möchten diese Schlußfolgerungen auch der Lebenserfahrung entsprechen, so seien sie doch nicht zwingend, da durch eine ungewöhnliche Verkettung von Umständen der Verlauf der Dinge immerhin ein anderer als gewöhnlich gewesen sein könne. Solange das nicht ausgeräumt sei, was nach Lage der Sache auch durch Gutachten anderer Sachverständigen gar nicht möglich sei, könne der der Beklagten obliegende Nachweis vorsätzlicher oder grob fahrlässiger Brandstiftung durch den Kläger nicht als erbracht angesehen werden; die Beklagte könne auch mit den von ihr sonst noch angebotenen Beweismitteln den Beweis nicht erbringen.

Die Revision ist begründet. Auf anderen Gebieten, namentlich für Ansprüche aus unerlaubten Handlungen, gelten die Grundsätze vom sog. Prima-facie-Beweis, wonach der Beweispflichtige der Beweispflicht zunächst genügt, wenn der festgestellte Sachverhalt nach dem regelmäßigen Zusammenhang der Dinge die Folgerung rechtfertigt, der Schaden sei durch Verschulden des anderen Teils verursacht (vgl. Urteil des VI. Zivilsenats vom 9. Februar 1911, Gruch. Beitr. Bd. 55 S. 966). Diese Grundsätze sind nun zwar nicht auch dann anwendbar, wenn — wie nach § 61 VVG. — der Versicherer einen aus einem Versicherungsfall gegen ihn erhobenen Anspruch zu Fall bringen will (a. M. Bruck Komm. zum VVG. § 61 Anm. 11 S. 295). Aber der Berufungsrichter geht in seinen Anforderungen an die Beweispflicht der Beklagten zu weit. Er kommt nach Erörterung der gegen den Kläger bestehenden Verdachtsgründe, wie erwähnt, zu dem Ergebnis, daß die für das Verschulden des Klägers sprechenden Schlußfolgerungen zwar der Lebenserfahrung entsprächen, daß sie aber doch nicht zwingend seien, da durch eine ungewöhnliche Verkettung von Umständen der Verlauf der Dinge immerhin ein anderer als gewöhnlich gewesen sein könne. Wenn der Berufungsrichter von der Beklagten auch die Ausräumung des Vorliegens einer solchen ungewöhnlichen Verkettung von Umständen, also irgendwelcher theoretischer Möglichkeiten verlangt, so überspannt er die ihr obliegende Beweispflicht und verstößt gegen die Lehre von der sog. adäquaten Verursachung. Er hätte bestimmte, vorstellbare Möglichkeiten, wie es im vorliegenden Falle anders hätte sein können, dartun und der Beklagten überlassen müssen, solche bestimmt bezeichnete Möglichkeiten auszuräumen. Die bloße Erwägung des Vorderrichters, daß immerhin Möglichkeiten — die er sich im einzelnen gar nicht vorstellt — denkbar seien, welche die der Lebenserfahrung entsprechenden Schlußfolgerungen ausnahmsweise als unrichtig erscheinen ließen, kann nicht für genügend erachtet werden, der Beklagten einen weiteren Beweis in der angegebenen Richtung aufzubürden.

---

8. 1. Inwieweit gehören die Aufschüttung und die Abbaggerung von Bergwerkshalden zum Betrieb des Bergwerks im Sinne von § 148 des preußischen Allgemeinen Berggesetzes?

2. Unter welchen Umständen kann aus § 26 der Gewerbeordnung Ersatz für Schäden verlangt werden, die durch Fabrikhaldenbrände den benachbarten Grundstücken zugefügt werden?

3. Welche Voraussetzungen und welchen Inhalt hat der Anspruch auf Beseitigung von Beeinträchtigungen nach § 1004 BGB.?

4. Inwiefern ist es gegenüber den Ansprüchen unter 2 und 3 von Bedeutung, wenn der geschädigte Nachbar der Heranführung der später in Brand geratenen Halden an sein Grundstück zugestimmt hatte?

Preuß. Allg. Berg-Gesetz § 148. GewO. § 26. BGB. §§ 254, 1004.

VI. Zivilsenat. Urt. v. 19. Dezember 1929 i. S. Deutsche Reichsbahn-Ges. (Kl.) w. F. C. A.-G. (Bekl.). VI 95/29.

I. Landgericht Essen.
II. Oberlandesgericht Hamm.

Die Beklagte hat, im wesentlichen bis 1909, auf ihrem Gelände hohe Halden aufgeschüttet, welche Rückstände und Überbleibsel aus ihren Fabrikanlagen sowie Abraum aus Kohlenzechen enthielten. Unmittelbar an diese Halden grenzen die Dämme der der Klägerin gehörigen Eisenbahnstrecken E. N.-A.E. und E.-B. In den Jahren 1909 bis 1914 wurden die Halden auf ihrer westlichen, den Eisenbahndämmen entgegengesetzten Seite abgebaggert und die Massen wurden als Versatzstoffe für eine Zeche der Beklagten verwendet. Im Jahre 1914 zeigten sich Brandstellen auf der westlichen Haldenseite. Später brannte die Halde auch an anderen Stellen. Schließlich griff das Feuer etwa Mitte 1922 auch auf die Bahndämme der Klägerin über und seitdem brennen diese Dämme immer wieder an verschiedenen Stellen. Dabei brannte zunächst eine Telegraphenstange ab, später zeigten sich Senkungen der Dämme. Gleich nach Entdeckung der Haldenbrände hat die Beklagte verschiedene sich bis 1918 erstreckende Versuche unternommen, des Feuers Herr zu werden. Aber alle diese Versuche — Auf- und Abgraben, Berieselung mit Wasser, Ziehen von Gräben, die unter Wasser gesetzt wurden, und schließlich das Ziehen eines breiten und tiefen, mit Lehm gefüllten Einschnittes —, die sehr bedeutende Kosten verursachten, blieben teils ohne Erfolg, teils trugen sie sogar zur Anfachung des Feuers bei. Die Beklagte sah daher seit 1918 von allen weiteren Schutzmaßnahmen ab. Die durch den Brand auf den Bahndämmen entstandenen Schäden hat sie zunächst beseitigt. Seit Mitte 1925 hat sie aber alle Ausbesserungen verweigert und daher hat die Klägerin diese selbst vornehmen lassen. Die Klägerin meint selbst, daß gegen den Brand kaum etwas zu machen sein werde, und hält die Beklagte für verpflichtet, die Folgen des Brandes zu beseitigen, und zwar sowohl aus § 823 Abs. 1 und 2 BGB. in Verbindung mit der preußischen Bergpolizeiverordnung vom 1. Januar 1911 und der Regierungspolizeiordnung vom 8. September 1922, als auch aus § 148 des preußischen Allgem. Berggesetzes und § 1004 BGB. Sie hat geltend gemacht: Die Haldenmassen beständen zum erheblichen Teil aus Zechenabraum. Auch enthielten sie leicht brennbare Stoffe aus den Fabriken. In die Halden seien glühende Massen entladen worden; dadurch sei der Brand entstanden. Die Beklagte habe schuldhaft unzweckmäßige Mittel zur Löschung angewendet; bei zweckentsprechendem Vorgehen wäre der Brand alsbald zu ersticken gewesen. Sie habe bis zur Klagerhebung infolge des Brandes 7900 RM. zur Wiederherstellung der Dämme aufwenden müssen. Diesen Betrag nebst Zinsen hat sie eingeklagt. Die Beklagte hat die Behauptungen der Klägerin und jedes Verschulden bestritten; sie hat völlige Unmöglichkeit, dem Brande beizukommen, sowie Einverständnis der Klägerin mit der Aufschüttung der Halden an den Bahndämmen eingewendet, ferner geltend gemacht, daß die Bahndämme aus gleichem Stoff beständen und daß dadurch deren Brand mitverursacht worden sei. Das Landgericht hat die Klage abgewiesen. Die Klägerin hat Berufung eingelegt, den Zahlungsanspruch erweitert und ferner die Feststellung begehrt, daß die Beklagte verpflichtet sei, die infolge des Haldenbrandes entstehenden weiteren Beeinträchtigungen der Eisenbahndämme auf ihre Kosten zu beseitigen oder der Klägerin die zur Abwendung der Beeinträchtigung und Beseitigung der Störung aufgewendeten notwendigen Kosten zu zahlen; hilfsweise die Verpflichtung der Beklagten festzustellen, ihr allen Schaden zu ersetzen, der an den Eisenbahndämmen infolge des Haldenbrandes weiter entstanden ist und entstehen sollte. Das Oberlandesgericht hat die Berufung zurückgewiesen.

Die Revision der Klägerin führte zur Aufhebung des Berufungsurteils und zur Zurückverweisung.

Gründe:

Der Klaganspruch ist auf mehrere rechtliche Gesichtspunkte gestützt. Das Berufungsgericht hat das Vorliegen der Voraussetzungen aller dieser Gesichtspunkte verneint. Die Nachprüfung seiner Ausführungen ergibt folgendes:

1. § 148 des preuß. Allgemeinen Berggesetzes.

Der Bergwerksbesitzer hat nach dieser Vorschrift allen Schaden zu ersetzen, der dem Grundeigentum oder dessen Zubehörungen durch den .... Betrieb des Bergwerks zugefügt wird. Verschulden und Voraussehbarkeit des Schadens setzt die Vorschrift nicht voraus. Zu dem Bergwerksbetrieb gehören an sich auch die Aufschüttung und das Bestehen der Halden. Für Schäden, die von ihnen ausgehen, wird gehaftet (RGZ. Bd. 98 S. 82; WarnRspr. 1919 Nr. 172; Gruch. Bd. 55 S. 1171). Das Berufungsgericht hat aber festgestellt: Die Halde besteht zum weit überwiegenden Teil aus Fabrikationsabfällen — Ofenschlacke, Kesselasche u. dergl. — und nur zu etwa 1% aus Grubenbestandteilen. Die letzteren haben den Brand weder hervorgerufen noch seine Fortführung unterstützt. Daraus wird ohne Rechtsirrtum gefolgert, daß es insoweit an der Voraussetzung des § 148 Allgem. BergG. fehlt. In Frage konnte ferner kommen, ob etwa das Abbaggern der Halden, das mehrere Jahre hindurch stattgefunden hat, deshalb unter den Bergwerksbetrieb fällt, weil der Haldenstoff als Bergeversatz in einer Grube verwendet worden ist und ob dadurch die Inbrandsetzung der Dämme bedingt war. Ob in dem Abbaggern ein Bergwerks-Betriebsvorgang liegt, hat das Berufungsgericht dahingestellt gelassen. Der Entscheidung dieser Frage bedarf es auch nicht, da den Ausführungen des Berufungsgerichts die Feststellung zu entnehmen ist: Die Brandstellen auf der Halde, von denen das Feuer auf die Dämme übergesprungen ist, sind selbständig und ohne Zusammenhang mit den Brandstellen an der abgebaggerten Seite entstanden.

2. § 823 BGB.

(Es wird ausgeführt, daß das Vorliegen der Voraussetzungen von § 823 Abs. 1 und 2 BGB. vom Berufungsgericht ohne Rechtsirrtum verneint worden ist.)

3. § 26 GewO.

Das Berufungsgericht hat die Frage, ob die Beklagte — abgesehen von § 1004 BGB. und § 148 Allgem. BergG. — für den Brandschaden ohne Nachweis eines Verschuldens haften müsse, wenn die schädigende Einwirkung von einer mit obrigkeitlicher Genehmigung errichteten Anlage ausgehe, lediglich mit der Bemerkung abgelehnt, dieser Grundsatz komme schon mit Rücksicht auf den Vertrag vom 5. März 1887 nicht zur Anwendung. Dieser Hinweis läßt nicht erkennen, ob das Berufungsgericht dabei von zutreffenden rechtlichen Erwägungen ausgegangen ist. Bei seiner Prüfung würde folgendes zu berücksichtigen sein.

Wenn die Halde als notwendiger oder zweckmäßiger Bestandteil der Fabrikationsbetriebe zu betrachten ist und diese Betriebe nach § 16 GewO. genehmigungspflichtig und genehmigt sind, wenn weiter solche Brände auf Halden nicht selten vorkommen und mit ihnen in einem inneren Zusammenhang stehen, so könnte, da nach den Feststellungen der Brand nicht zu beseitigen ist, gemäß § 26 GewO. Schadloshaltung wegen des Brandes der Dämme verlangt werden. Diese Ersatzpflicht würde sich nach der Rechtsprechung des Reichsgerichts (RGZ. Bd. 101 S. 103, Bd. 105 S. 214; WarnRspr. 1919 Nr. 172; Gruch. Bd. 54 S. 640; auch Staudinger § 906 Anm. IV 2 f δ ββ und Meißner Nachbarrecht S. 533) allerdings nur auf den nach Eintritt der Rechtshängigkeit eingetretenen Schaden erstrecken. Der Vertrag vom 5. März 1887, in dessen § 6 sich die Eisenbahn mit der Heranführung der Halde bis an ihre Dämme und mit der Beschüttung der Dämme in gewissem Umfang einverstanden erklärt hat, wird in folgender Hinsicht für diesen Schadensersatzanspruch von Bedeutung sein können. Es ist der Vereinbarung nicht ohne weiteres zu entnehmen, daß die Klägerin auf alle Ansprüche verzichtet hat, die ihr aus einer zwar nicht ausgeschlossenen, aber nach den bisherigen Feststellungen von keiner der Parteien vorausgesehenen und in Rechnung gestellten Gefährdung, dem Überspringen eines Haldenbrandes auf den Bahndamm, entstehen würden. Sache der tatsächlichen Auslegung wird es sein, ob die Klägerin etwa schlechthin alle Beeinträchtigungen, die aus einer solchen Haldenanlage überhaupt für sie entstehen können, mit in Kauf genommen und auf jeden Ersatzanspruch verzichtet hat (vgl. dazu RGRKomm. § 906 Bem. 13; RGZ. Bd. 57 S. 227, Bd. 70 S. 152; JW. 1904 S. 487 Nr. 12). Weiterhin wird aber auch zu erwägen sein, ob der Klägerin etwa durch die Art der Anlage der Dämme oder ihr sonstiges Verhalten ein mitwirkendes Verschulden zur Last fällt und wie dieses zu bewerten ist (§ 254 BGB.). Zu der Frage, ob ihr nach Entstehung des Brandes Abwehrmaßnahmen zuzumuten waren, vgl. JW. 1912 S. 589 Nr. 10.

4. § 1004 BGB.

Das Berufungsgericht hat die Voraussetzungen dieser Vorschrift an sich für gegeben erachtet, ihre Anwendbarkeit aber mit der Begründung abgelehnt: Die Klägerin könne Beseitigung der Beeinträchtigung und Unterlassung weiterer Beeinträchtigungen nicht aus § 1004 BGB. beanspruchen, weil es tatsächlich unmöglich sei, den Brand zu löschen und Maßnahmen zum Schutze der Bahndämme zu treffen. Die Wiederherstellung der Dämme und den Ersatz der dafür aufgewendeten Kosten könne aber die Klägerin nicht verlangen. Denn dabei handle es sich nicht um die Beseitigung des Zustandes der Beeinträchtigung und um das Unterlassen weiterer Beeinträchtigungen, sondern lediglich um die Beseitigung der Wirkung der Beeinträchtigung und um Schadensersatz. Solche Ansprüche seien aber aus § 1004 nicht herzuleiten.

Diesen Ausführungen kann nicht beigetreten werden. Die Anwendbarkeit des § 1004 BGB. ist sowohl für den Zahlungsanspruch als für den Feststellungsanspruch von Bedeutung. Geht der Anspruch aus § 1004, wie die Klägerin geltend macht, soweit, daß er auch die Beseitigung der Beschädigung der Dämme umfaßt, dann könnte die Klägerin, welche diese Mängel selbst beseitigt hat, auch die Erstattung der dafür aufgewendeten Kosten von der Beklagten, die vergeblich dazu aufgefordert worden war, verlangen, wohl nicht nach den Vorschriften über auftraglose Geschäftsführung, aber nach denjenigen über Bereicherung (vgl. LZ. 1924 Sp. 296 Nr. 4). Daß hier, wie die Beklagte will, § 1004 deshalb auszuschalten sei, weil die Entstehung und Ausbreitung des Feuers ein reiner Zufall und nicht auf eine Handlung und den Willen der Beklagten zurückzuführen sei, kann nicht anerkannt werden. Wenn die Entstehung des Brandes auch nicht völlig aufgeklärt ist, so ist er doch nach dem festgestellten Sachverhalt von selbst, ohne äußeres Zutun Dritter, in den von der Beklagten in den Halden gelagerten Stoffen entstanden und auf diese Lagerung in irgendeiner Weise zurückzuführen. Wille und Handlung der Beklagten haben also die Zustände geschaffen, aus denen sich der Brand ergeben hat. Es ist aber anerkannten Rechtes, daß die schädliche Einwirkung ihre Entstehung nicht unmittelbar menschlicher Tätigkeit zu verdanken haben muß, daß sie ihre Grundlage vielmehr auch in Naturereignissen haben kann. Es genügt, wenn nur die Tätigkeit des Störers einen Zustand geschaffen hat, der, wenn auch nur mitwirkend, das die Einwirkung verursachende Wirken der Naturkräfte ermöglicht hat (RGR. Komm. § 906 Bem. 1 und 13; Meißner Nachbarrecht S. 491; Motive z. BGB. Bd. 3 S. 265; RGZ. Bd. 47 S. 164, Bd. 60 S. 140, Bd. 97 S. 26; Gruch. Bd. 54 S. 158 und 1007; Seuff.Arch. Bd. 60 Nr. 55; JW. 1910 S. 654 Nr. 18).

Die Beklagte haftet hiernach im Rahmen des § 1004 für die Beeinträchtigungen, die den Dämmen der Klägerin durch die Brände zugefügt worden sind. Mit ihren Anträgen begehrt die Klägerin, zum mindesten zu einem sehr wesentlichen Teile, auch die Beseitigung der Veränderungen, die durch die Brände an den Dämmen und Bahnanlagen entstanden sind oder entstehen werden, sowie den Ersatz der von ihr dafür aufgewendeten und aufzuwendenden Kosten. Würde man diese Veränderungen nicht als den Vorgang der unzulässigen Einwirkung des Feuers ansehen, sondern nur als die weitere Wirkung dieses Vorganges, so wäre hier die Voraussetzung des § 1004 nur dann gegeben, wenn man unter der „Beeinträchtigung" im Sinne dieser Vorschrift nicht nur den unmittelbaren Vorgang der Einwirkung auf die Sache zu verstehen hätte, sondern auch die dadurch in dieser Sache selbst hervorgerufene Veränderung, also die weiteren Folgen jener Einwirkung für die Sache selbst. Ob der § 1004 in dem engeren, vom Berufungsgericht angenommenen Sinne oder in dem weiteren vorstehend dargelegten Sinne zu verstehen ist, und ob daher auf Grund des § 1004 auch die völlige Wiederherstellung der Sache, so wie sie vor der Einwirkung war, verlangt werden kann, mag zweifelhaft sein (vgl. Motive z. BGB. Bd. 3 S. 125flg., 392flg., 422flg.; Zitelmann, Luftschiffahrtsrecht, in der Zeitschrift für internationales Privat- und öffentliches Recht Bd. 19 S. 458 (bes. S. 488flg.); Niemeyer, Schadenszufügung durch Luftschiffe und Flugmaschinen, in Verhandlungen des 31. Deutschen Juristentags Bd. 2 S. 29 (bes. S. 41/42); Meißner Preußisches Nachbarrecht 2. Aufl. S. 491flg., 496, 498, 507, 528, 533, 560, 583/84, 593 bis 595; Lindelmann in JW. 1908 S. 8; RGR. Komm. § 1004 Bem. 1 und 3; Staudinger § 1004 Anm. 6a; Schmidt Der negative Beseitigungsanspruch S. 41 bis 54, 102 bis 108, 121; Enneccerus-Kipp-Wolff Lehrbuch 27. bis 32. Aufl. S. 299, § 87 Anm. 3; RGZ. Bd. 51 S. 408, Bd. 63 S. 374). Einer grundsätzlichen Stellungnahme zu dieser Frage bedarf es nicht. Denn das Weiterbrennen des Feuers in dem Bahndamm, das in jedem Fall als Beeinträchtigung im Sinne des § 1004 anzusehen ist, hängt mit den Veränderungen, die dadurch in dem Bahndamm und den Bahnanlagen hervorgerufen wurden, so unmittelbar zusammen, daß der eine Vorgang gar nicht von dem anderen zu trennen ist. Das Feuer schreitet nur weiter fort, weil es den Stoff des Bahndammes und der Bahnanlagen immer weiter ergreift, und dadurch tritt unmittelbar die Veränderung ein. Die Beeinträchtigung besteht bis zu ihrer Beseitigung weiter fort. Deshalb fallen diese Veränderungen, die Zerstörungen des Bahndammes und der Anlagen, unter die „Beeinträchtigungen", und deshalb trifft die Beklagte auf Grund des § 1004 an sich auch die Verpflichtung, diese Zerstörungen zu beseitigen. Aber auch bei Anwendung des § 1004 ist vom Tatrichter zu prüfen, ob diese Verpflichtung dadurch beseitigt oder eingeschränkt wird, daß sich die Klägerin im Vertrag vom 5. März 1887 mit der Heranführung der Halde bis an ihre Dämme und mit deren Beschüttung in gewissem Umfang einverstanden erklärt hat. Und ebenso wird zu erwägen sein, ob etwa die Klägerin den Brand, besonders durch die Art der Anlage der Dämme, mitverursacht hat und wie das zu bewerten ist (Meißner a. a. O. S. 507; Schmidt a. a. O. S. 108; JW. 1912 S. 589 Nr. 9).

9. 1. Ist die Versetzung eines preußischen Beamten aus einem Ministerium in eine Provinzialbehörde trotz des damit verbundenen Verlustes der Ministerialzulage zulässig?

2. Ist eine solche Versetzung auch dann zulässig, wenn der Beamte Landtagsabgeordneter ist und seine Versetzung mit Äußerungen zusammenhängt, die er in dieser Eigenschaft getan hat?

RVerf. Art. 36, 118, 129. Preuß. Disziplinargesetz vom 21. Juli 1852 § 87 Nr. 1.

III. Zivilsenat. Urt. v. 20. Dezember 1929 i. S. Preuß. Staat (Bekl.) w. K. (Kl.). III 46/29.

I. Landgericht I Berlin.
II. Kammergericht daselbst.

Der Kläger war Oberjustizrat im Preußischen Justizministerium; seit der Wahl vom 7. Dezember 1924 war er preußischer Landtagsabgeordneter. Er gehörte der deutschvölkischen Freiheitspartei an. Als Abgeordneter unterzeichnete er zwei Anfragen seiner Partei, die sich mit der Amtsführung des damaligen Preußischen Justizministers beschäftigten. Er wurde daraufhin zum Staatssekretär im Preußischen Justizministerium bestellt, der ihm eröffnete, daß sich das Ministerium mit den Anfragen befassen werde. Durch Erlasse des Preußischen Ministers des Innern und des Justizministers wurde er sodann aus dem Justizministerium heraus mit Wirkung vom 1. August 1925 als Oberregierungsrat an das Oberpräsidium für die Provinz Brandenburg und Berlin versetzt. Von diesem Zeitpunkt an ist ihm die Ministerialzulage, die er während seiner Tätigkeit im Ministerium erhalten hatte, nicht mehr gezahlt worden. Der Kläger behauptet, daß seine Versetzung verfassungswidrig sei, und verlangt mit der Klage Ersatz des ihm infolge der Versetzung entstandenen Schadens durch Nachzahlung der Ministerialzulage von monatlich 85 RM. für die Zeit vom 1. August 1925 bis 31. Juli 1926.

Das Landgericht hat die Klage abgewiesen, das Kammergericht hat ihr stattgegeben. Auf die Revision des Beklagten wurde das Berufungsurteil aufgehoben und die Berufung des Klägers gegen das erstinstanzliche Urteil zurückgewiesen.

Gründe:

Der Kläger gründet den Klaganspruch einmal darauf, daß seine Beamtenrechte durch die Versetzung verletzt seien, zum anderen darauf, daß die Verwaltung ihn als Abgeordneten der Verfassung zuwider zur Verantwortung gezogen habe.

Zum ersten Punkte macht er geltend, daß die Versetzung an das Oberpräsidium gegen § 87 Nr. 1 des preuß. Disziplinargesetzes vom 21. Juli 1852 (GS. S. 465) sowie gegen Art. 118 und 129 RVerf. verstoße. Nach § 87 Nr. 1 PrDiszG. ist gegenüber nichtrichterlichen Beamten „die Versetzung in ein anderes Amt von nicht geringerem Range und etatsmäßigem Diensteinkommen" zulässig. Das Berufungsgericht nimmt mit dem Kläger an, daß die Ministerialzulage zum „etatsmäßigen Diensteinkommen" des Klägers als Oberregierungsrat im Preußischen Justizministerium gehört habe und daß demnach in dem Fortfall der Ministerialzulage durch die Versetzung des Klägers an das Oberpräsidium eine nach § 87 PrDiszG. unzulässige Verringerung seines etatsmäßigen Diensteinkommens zu erblicken sei. Das Berufungsgericht legt in dieser Hinsicht entscheidenden Wert darauf, daß im preußischen Staatshaushaltsplan im Gegensatz zu dem des Reichs die „Ministerialzulagen" nicht unter „anderen persönlichen Ausgaben", sondern unter den Titeln „Besoldungen" ausgeworfen sind. Es folgert daraus, daß in Preußen die Ministerialzulage als ein „planmäßiges" Diensteinkommen des Beamten zu betrachten sei. Diese Auffassung ist unzutreffend. Der Umstand, daß die Ministerialzulagen in Preußen unter den Titeln „Besoldungen" eingereiht sind, könnte allerdings ein Anhaltspunkt für die Planmäßigkeit des Diensteinkommens sein. Nach der durch die Besoldungsordnung getroffenen Regelung ist jedoch eine solche Annahme nicht gerechtfertigt. Die „Ministerialzulagen" sind in der hier maßgebenden Besoldungsordnung zum Beamtendiensteinkommengesetz vom 17. Dezember 1920 (PrGS. 1921 S. 135) — übrigens gleichlautend mit dem jetzt geltenden Besoldungsgesetz vom 17. Dezember 1927 (PrGS. 1927 S. 223) — in den Schlußbemerkungen zur Besoldungsordnung unter „B Sondervergütungen" aufgeführt. Die Regelung ist in folgender Weise getroffen:

> Den in einem Ministerium beschäftigten Beamten können nach näherer Bestimmung des Staatsministeriums Sonder-

vergütungen (Ministerialzulagen) aus den dafür im Staatshaushaltsplan vorgesehenen Mitteln gewährt werden. . . .

Aus dieser Fassung ergibt sich, daß es in der Hand des Staatsministeriums liegt, ob und inwieweit es den in den Ministerien beschäftigten Beamten Ministerialzulagen bewilligen will. Es werden im Haushaltsplan nur allgemein Mittel für die Auszahlung von Ministerialzulagen ausgeworfen, es werden nicht die einzelnen Beamtenklassen aufgeführt, denen eine Ministerialzulage zusteht (Regierungsräte, Oberregierungsräte, Ministerialräte). Damit erwirbt aber der einzelne Beamte keinen Anspruch auf die Gewährung der Zulage, sie gehört nicht zu seinem „planmäßigen Einkommen" als Oberregierungsrat, sondern ist von der jederzeit widerruflichen Bewilligung durch das Ministerium abhängig. Der Fortfall der Ministerialzulage ist demnach nicht als eine Kürzung des etatsmäßigen Diensteinkommens anzusehen.

Die Verletzung der Vorschrift des Art. 118 Abs. 1 RVerf. sieht der Kläger darin, daß er durch seine Beteiligung an den kleinen Anfragen seiner Partei nur von seinem Rechte der freien Meinungsäußerung Gebrauch gemacht habe und deshalb nicht benachteiligt werden dürfe. Dieser Auffassung steht entgegen, daß nach dem oben Ausgeführten im beamtenrechtlichen Sinne eine „Benachteiligung" des Klägers nicht eingetreten ist, Art. 118 RVerf. daher schon aus diesem Grunde nicht herangezogen werden kann.

Der Kläger behauptet ferner, daß die Versetzung an das Oberpräsidium auch um deswillen eine Verfassungsverletzung enthalte, weil er als Mitglied des Preußischen Landtags durch diese Maßnahme entgegen der Vorschrift des Art. 36 RVerf. „wegen der in Ausübung seines Berufs getanen Äußerungen" „zur Verantwortung gezogen" worden sei. Das Berufungsgericht stellt zu diesem Punkte fest: Durch die Anfragen, deren Inhalt der Justizminister als kränkend habe empfinden müssen, sei die dienstliche Stellung des Klägers als Referent des Justizministeriums in Mitleidenschaft gezogen und ein ersprießliches Zusammenarbeiten mit dem Minister und den vorgesetzten Dienststellen erschwert worden. Nach Lage der Verhältnisse müsse deshalb davon ausgegangen werden, daß das dienstliche Interesse des Geschäftsbetriebs im Justizministerium einen Wechsel der Beschäftigungsbehörde des Klägers habe wünschenswert erscheinen lassen. Diese Auffassung des Berufungsgerichts entspricht der Sachlage, ist übrigens tatsächlicher Art und schon deshalb dem Revisionsurteil zugrunde zu legen. Wenn das Berufungsgericht aber dann seine tatsächliche Würdigung des Vorgangs rechtlich dahin auswertet, daß die Versetzung des Klägers an eine Provinzialbehörde unter Fortfall der ihm bis dahin zustehenden Ministerialzulage einen Strafcharakter trage, deshalb „ein sonstiges zur Verantwortung Ziehen" darstelle und infolgedessen mit Art. 36 RVerf. in Widerspruch stehe, so kann diese Rechtsansicht nicht als zutreffend anerkannt werden.

Der Begriff des „zur Verantwortung Ziehens" erfordert nach dem Wortlaute der Vorschrift und unter Berücksichtigung des Zusammenhangs, der sich aus der Zusammenstellung des Begriffs in der Verfassungsvorschrift mit der „gerichtlichen oder dienstlichen Verfolgung" ergibt, daß dem Abgeordneten, der Beamter ist, eine Äußerung, die er in Ausübung seines Berufes als Abgeordneter getan hat, zur Schuld angerechnet und ihm deswegen ein Nachteil zugefügt wird. Daran fehlt es hier.

Gerade deshalb, weil die Verwaltung den Beamten wegen seiner als Abgeordneter gemachten Äußerungen nicht zur Verantwortung ziehen wollte und durfte, hat sie, wie nach dem in der Vorinstanz festgestellten Sachverhalt anzunehmen ist, von dem ihr allen nichtrichterlichen Beamten gegenüber gesetzlich zustehenden Mittel der Versetzung in ein anderes Amt von nicht geringerem Range und etatsmäßigen Diensteinkommen Gebrauch gemacht. Nach den Feststellungen des Berufungsgerichts hatte sich durch das Verhalten des Klägers die Sachlage objektiv so gestaltet, daß sein Verbleiben im Ministerium im Interesse einer reibungslosen Erledigung der Dienstgeschäfte unmöglich war. Aus diesem objektiven Zustande hat die Verwaltung die einzig mögliche und im Interesse des Dienstes gebotene Folge gezogen, daß sie den Beamten auf Grund des § 87 Nr. 1 PrDiszG. aus dem Ministerium heraus versetzt hat. Dafür, daß die Verwaltung mit dieser Maßnahme den Beamten wegen seiner Betätigung als Abgeordneter hätte zur Rechenschaft ziehen, ihm einen Nachteil hätte zufügen wollen, fehlt es an jedem Anhaltspunkt. Für die Annahme eines solchen Willens genügt es nicht, wie das Berufungsgericht angenommen hat, daß die Versetzung etwa dem Willen des betroffenen Abgeordneten zuwiderläuft. Entscheidend ist vielmehr, ob nach den Umständen des Falles der Beamte wegen seines Verhaltens als Abgeordneter zur Verantwortung gezogen werden soll, oder ob die

Verwaltung nur im Staatsinteresse die ihr gesetzlich zustehenden Befugnisse zur Versetzung eines Beamten ausübt. Nach dem festgestellten Sachverhalt trifft letzteres zu. Ein „zur Verantwortung Ziehen" kann auch nicht daraus gefolgert werden, daß dem Kläger durch die Versetzung an das Oberpräsidium die Ministerialzulage entzogen worden ist. Die Ministerialzulage wird den in einer Zentralbehörde beschäftigten Beamten gezahlt, um ihnen einen Ausgleich für die erhöhten Anforderungen an ihre Arbeitskräfte und die ihnen aus ihrer Tätigkeit erwachsenden besonderen Aufwendungen zu gewähren. Dieser Anlaß für die Gewährung der Zulage fällt mit der Versetzung an eine Provinzialbehörde fort. Ein zur Verantwortung Ziehen könnte nur dann in Betracht kommen, wenn die Versetzung mit der Absicht erfolgt wäre, dem Kläger die Ministerialzulage zu entziehen und ihm damit einen Nachteil zuzufügen. Das ist hier nicht der Fall. Der Beklagte hat vielmehr unwidersprochen behauptet, daß seine Versuche, den Kläger in einem anderen Ministerium unterzubringen, vergeblich gewesen seien.

---

10. 1. Findet auf die Pfandbriefe öffentlichrechtlicher Grundkreditanstalten der § 46 AnlAblG. Anwendung oder sind sie nach §§ 47 flg. AufwG. aufzuwerten?

2. Wie ist im Falle des § 48 AufwG. die Teilungsmasse zu bilden? Wann liegt eine Deckungszusage vor?

AufwG. §§ 47 bis 50. AnlAblG. §§ 40 bis 46. Zweite und fünfte DurchfVo. z. AnlAblG. vom 2. Juli 1926 und vom 18. November 1927.

IV. Zivilsenat. Urt. v. 23. Dezember 1929 i. S. Braunschweiger Staatsbank (Bekl.) w. Dr. Br. (Kl.). IV 153/29.

I. Landgericht Braunschweig.
II. Oberlandesgericht daselbst.

Die ehemalige Herzogliche Leihhausanstalt in Braunschweig, jetzige Braunschweigische Staatsbank, hat auf Grund des Leihhausgesetzes vom 20. August 1867 (G. u. V. S. S. 537) sogenannte Leihhauslandesschuldverschreibungen und Leihhausschuldverschreibungen ausgegeben. Für die ersteren schrieb der § 4 Abs. 2 des Leihhausgesetzes vor, daß sie in Serien oder Appoints zu 1000, 100 und 50 Talern ausgefertigt würden und daß für sie alle hypothekarischen Forderungen des Leihhauses gleichmäßig hafteten. Von diesen Leihhauslandesschuldverschreibungen sind noch die in den Jahren 1895 bis 1900 ausgegebenen Reihen VI, VII und VIII in Umlauf.

Der Kläger ist im Besitz einer Anzahl von Leihhauslandesschuldverschreibungen. Er verlangt ihre Aufwertung nach § 47 AufwG. mit Leistungsklage, hilfsweise mit Feststellungsklage. Das Landgericht gab der Feststellungsklage statt. Beide Parteien legten Berufung ein, die Beklagte mit dem Antrag auf Klagabweisung, der Kläger mit dem Antrag auf Verurteilung der Beklagten, die Aufwertung der Leihhauslandesschuldverschreibungen des Klägers nach § 47 AufwG. vorzunehmen unter Bildung einer Teilungsmasse, in welche die sämtlichen nach § 48 Nr. 1 und 2 AufwG. in Betracht kommenden Hypotheken der Beklagten einzufließen hätten; hilfsweise festzustellen, daß die Beklagte verpflichtet sei, die Papiere des Klägers in der angegebenen Weise aufzuwerten.

Der Kläger ist der Auffassung, daß die Leihhauslandesschuldverschreibungen Pfandbriefe einer öffentlichrechtlichen Grundkreditanstalt seien und daher der Aufwertung nach §§ 47 bis 50 AufwG. unterlägen. Nach seiner Auffassung haben Anspruch auf Befriedigung aus der durch sämtliche Hypotheken der Beklagten zu bildenden Teilungsmasse nur die Landesschuldverschreibungen, weil nur ihnen insoweit eine Deckungszusage gegeben sei.

Die Beklagte ist dagegen der Auffassung, daß nach der 5. Durchführungsverordnung zum Anleiheablösungsgesetz vom 18. November 1927 und nach der 7. Durchführungsverordnung der Braunschweigischen Regierung zum Anleiheablösungsgesetz die Landesschuldverschreibungen wie Markanleihen der Gemeinden und Gemeindeverbände abzulösen, aber nicht nach §§ 47 flg. AufwG. aufzuwerten seien. Hilfsweise vertritt sie die Meinung, daß ihre Hypotheken auch zur Deckung der Leihhausschuldverschreibungen und der Spar- und Depositengelder bestimmt seien. Der Kläger hält die bezeichneten Verordnungen für rechtsunwirksam. Das Oberlandesgericht hat die Berufung der Beklagten zurückgewiesen und auf die Berufung des Klägers festgestellt, daß die Beklagte verpflichtet sei, die Leihhauslandesschuldverschreibungen nach § 47 AufwG. aufzuwerten unter Bildung einer Teilungsmasse, in welche die sämtlichen nach

§ 48 Nr. 1 und 2 AufwG. in Betracht kommenden Hypotheken der Beklagten einzuschließen hätten. Die Revision der Beklagten hatte keinen Erfolg.

Gründe:

Die Entscheidung des Rechtsstreits hängt in erster Linie von der Frage ab, ob die im Besitz des Klägers befindlichen Leihhauslandesschuldverschreibungen der Pfandbriefaufwertung nach §§ 47 flg. AufwG. unterliegen, wie der Kläger behauptet, oder ob sie, wie die Beklagte geltend macht, nach §§ 40 flg. AnlAblG. und der 5. DurchfVo. z. AnlAblG. (RGBl. 1927 I S. 330) als Markanleihen in Ablösungsanleihen umzutauschen sind.

Daß für die auf Feststellung der Aufwertungspflicht gerichtete Klage der Rechtsweg zulässig ist, ist anerkannten Rechts und wird auch von der Revision nicht in Zweifel gezogen.

Nach § 47 AufwG. unterliegen Pfandbriefe und verwandte Schuldverschreibungen von Grundkreditanstalten einer besonders gearteten Aufwertung dergestalt, daß sie ähnlich wie die Spargutbaben einer öffentlichen oder unter Staatsaufsicht stehenden Sparkasse und wie die Versicherungsansprüche (§§ 55 flg. AufwG.) nicht zu einem festen Aufwertungssatz, sondern in einem konkursähnlichen Verfahren durch Verteilung einer Masse aufgewertet werden, wobei es bei der Bildung der Teilungsmasse unter den in § 48 aufgestellten Voraussetzungen in erster Linie darauf ankommt, welche Werte für die aufgewerteten Pfandbriefe und sonstigen Schuldverschreibungen als Deckung bestimmt waren.

Der Berufungsrichter nimmt zutreffend an, daß unter die §§ 47 flg. AufwG. nicht nur die privatrechtlichen, sondern auch die öffentlichrechtlichen Grundkreditanstalten fallen (Mügel 5. Aufl. zu § 47 Abs. 4; Neukirch zu § 47 Anm. 2; Quassowski 5. Aufl. § 47 B; Schlegelberger-Harmening 5. Aufl. zu § 47 Anm. 2a). Damit steht es im Einklang, daß nach § 39 Nr. 3, § 45 Nr. 2 AnlAblG. die Anwendung dieses Gesetzes ausgeschlossen wird bei solchen Schuldverpflichtungen der Länder, Gemeinden und Gemeindeverbände, die sie als Inhaber von Grundkreditanstalten begründet haben. Auf der gleichen Annahme beruht auch der Art. 94 der DurchfVo. z. AufwG. vom 29. November 1925 (RGBl. I S. 392), der für Pfandbriefe usw., die von öffentlichrechtlichen Grundkreditanstalten und Ablösungsanstalten ausgegeben sind, Gebrauch von der in § 49 Abs. 3

Satz 4, § 50 AufwG. der Reichsregierung erteilten Ermächtigung zur Durchführung der Aufwertung macht.

Nach Auffassung des Berufungsrichters ist aber die Beklagte — die in dem braunschweigischen Leihhausgesetz vom 20. August 1867 als Herzogliche Leihhausanstalt bezeichnet ist und seit dem Gesetz vom 30. September 1919 den Namen „Braunschweigische Staatsbank (Leihhausanstalt)" führt — eine selbständige juristische Person des öffentlichen Rechts mit eigenem, vom Staatsvermögen innerlich und äußerlich gesondertem Vermögen, und ein unter der Gewähr des Staates stehendes Landeskreditinstitut. Insbesondere ist sie, wie der Berufungsrichter dargelegt hat, schon als Herzogliche Leihhausanstalt eine Grundkreditanstalt gewesen, weil ihre Hauptaufgabe von jeher das Grundstückbeleihungsgeschäft gebildet hat, und sie ist dies auch als Braunschweigische Staatsbank geblieben.

Die Feststellung, daß die Beklagte eine juristische Person des öffentlichen Rechts sei und ihre Hauptaufgabe immer das Grundstückbeleihungsgeschäft gebildet habe, beruht auf Anwendung irrevisiblen Rechts und ist für das Revisionsgericht bindend. Damit sind aber zugleich die Voraussetzungen erfüllt, unter denen das Aufwertungsgesetz eine Kreditanstalt als Grundkreditanstalt betrachtet, nämlich daß das Grundstückbeleihungsgeschäft satzungsgemäß im Vordergrund ihrer Tätigkeit steht (JW. 1929 S. 2337 Nr. 9).

Daß die hier fraglichen Landesschuldverschreibungen Pfandbriefe sind, hat die Beklagte in den Vorinstanzen nicht bestritten. Auch der Berufungsrichter nimmt dies an, und zwar bezeichnet er die Briefe als Inhaberpapiere mit Pfandbriefcharakter. Er verweist zum Vergleich auf § 28 Abs. 1 des Staatsbankgesetzes vom 20. Dezember 1919, wonach die Beklagte „für den Gläubiger unkündbare Landesschuldverschreibungen (Pfandbriefe)" ausgeben kann, und bezieht sich für die Pfandbriefeigenschaft der hier fraglichen Stücke, die vor Erlaß des Staatsbankgesetzes ausgegeben sind, auf § 4 Abs. 2, § 5 des Leihhausgesetzes, wonach für die unkündbaren Landesschuldverschreibungen alle hypothekarischen Forderungen der Leihhausanstalt gleichmäßig haften und wonach die Anstalt dergleichen Landesschuldverschreibungen zu keinem höheren Betrag im Umlauf haben darf, als zum Gesamtbetrag ihrer hypothekarischen Kapitalausstände. Auch in der Begründung des Regierungsentwurfs zum Leihhausgesetz seien, so führt der Berufungsrichter aus, die Landesschuldverschreibungen ausdrücklich als Pfandbriefe bezeichnet worden. Erst auf Vorschlag der Landtagskommission sei der Ausdruck „Pfandbriefe" ersetzt worden durch „Leihhauslandesschuldverschreibungen", weil, wie der Kommissionsbericht vom 8. August 1867 sage, unter Pfandbriefen nach dem gewöhnlichen Sprachgebrauch auch ein Papier ohne Staatsgarantie verstanden werde, diese Garantie aber im Interesse des Absatzes der Papiere unerläßlich und deshalb die Bezeichnung „Landesschuldverschreibungen" gewählt sei, um schon durch den Namen festzulegen, daß es sich nicht um gewöhnliche Pfandbriefe, sondern um solche mit ausdrücklicher Staatsgarantie handle. Auf Grund des § 4 Abs. 2 des Leihhausgesetzes habe den Gläubigern der Landesschuldverschreibungen sogar ein gesetzliches Pfandrecht am gesamten Hypothekenbestand der Leihhausanstalt zugestanden. Dieses Pfandrecht sei freilich durch die spätere braunschweigische Landesgesetzgebung mit Wirkung vom 1. Oktober 1879 fortgefallen. Gleichwohl seien die Landesschuldverschreibungen Pfandbriefe geblieben, weil den Verpflichtungen der Beklagten aus ihnen stets eine besondere Deckung in Gestalt der hypothekarisch gesicherten Darlehensforderungen der Beklagten gegenübergestanden habe.

Die Revision stellt zur Nachprüfung, ob hiernach der Begriff des Pfandbriefes im Sinne des § 47 AufwG. gegeben sei. Das Bedenken ist unbegründet. Die Feststellungen, die der Berufungsrichter auf Grund des irrevisiblen Landesrechts trifft, decken sich mit dem Pfandbriefbegriff, wie ihn das Aufwertungsgesetz verwendet. Danach sind Pfandbriefe Schuldverschreibungen, die von einer Hypothekenbank im Sinne von § 1 des Hypothekenbankgesetzes vom 13. Juli 1899 (RGBl. S. 375) oder von einer anderen Grundkreditanstalt auf Grund der von ihr erworbenen Hypotheken oder Grundschulden ausgegeben werden (Michaelis Aufwertungsrecht § 47 A. 3). Pfandbriefe im Sinne des Aufwertungsgesetzes sind daher nicht nur die von einer in den Formen des Privatrechts organisierten Kapitalsgesellschaft im Sinne des § 1 des Hypothekenbankgesetzes ausgegebenen Wertpapiere, sondern auch diejenigen mit Pfandbriefdeckung ausgestatteten Schuldverschreibungen, die von einer auf öffentlichrechtlicher Grundlage eingerichteten Grundkreditanstalt ausgegeben sind.

Das wesentliche ist also einmal, daß es sich um Wertpapiere handelt, die von einer Grundkreditanstalt ausgegeben sind, sei sie ein privatrechtliches oder ein öffentlichrechtliches Gebilde, und dann, daß nach Gesetz, Satzung oder besonderer Deckungszusage zur Deckung der Papiere bestimmte Werte vorgesehen sind (Quassowski 5. Aufl. § 33 A I, § 47 C I; Schlegelberger § 33 Anm. 6, Mügel Anm. zu §§ 47, 48).

Im Gegensatz zur Dritten Steuernotverordnung, die in § 1 zwischen Schuldverschreibungen mit Vorrecht an der Deckung (Pfandrecht oder Recht auf vorzugsweise Befriedigung im Konkurs), solchen mit Deckung, aber ohne Vorrecht, und solchen ohne Deckung unterschieden hat, kommt es jetzt nicht mehr darauf an, ob den Gläubigern an der Deckung ein Pfandrecht oder ein Recht auf vorzugsweise Befriedigung im Konkurs zusteht (§ 47 Satz 2 AufwG.).

Die Beklagte bestreitet jedoch unter Berufung auf die 5. DurchfVo. zum AnlAblG. vom 18. November 1927 und auf die 7. DurchfVo. der braunschweigischen Regierung vom 12. Dezember 1927 zum AnlAblG. die Anwendbarkeit des Aufwertungsgesetzes.

Die Verordnung vom 18. November 1927 stützt sich auf § 46 AnlAblG., wonach die Reichsregierung mit Zustimmung des Reichsrats die Vorschriften dieses Gesetzes über die Markanleihen der Gemeinden und Gemeindeverbände auf Markanleihen „anderer öffentlichrechtlicher Körperschaften" für anwendbar erklären kann.

Nach der Verordnung vom 18. November 1927 soll in § 16 Abs. 1 Nr. 4 der 2. DurchfVo. zum AnlAblG. vor den Worten „der Bankanstalten" eingefügt werden „der Braunschweigischen Staatsbank (Leihhausanstalt)". Nach der in dieser Weise ergänzten Vorschrift hat nunmehr der § 16 Abs. 1 Nr. 4 der 2. DurchfVo. zum AnlAblG. folgenden Inhalt:

> Die Vorschriften der §§ 40 bis 45 AnlAblG. werden, soweit sie nicht bereits auf Grund dieses Gesetzes Anwendung finden, auf die Markanleihen der Braunschweigischen Staatsbank (Leihhausanstalt), der Bankanstalten der preußischen Provinzen, des Kommunalverbandes der Hohenzollernschen Lande, des Landeskommunalverbandes Lauenburg und der preußischen Kommunalständischen Verbände — mit Ausnahme der Anleihen der Nassauischen Landesbank in Wiesbaden, der Landeskreditkasse in Cassel und der Hannoverschen Landeskreditanstalt in Hannover — für anwendbar erklärt, sofern diese Schuldner Körperschaften des öffentlichen Rechts sind.

Hierbei wird vorweg bemerkt, daß die drei zuletzt genannten Anstalten, welche die Verordnung von der Anleiheablösung durch Umtausch ausdrücklich ausnimmt, für welche demnach die §§ 47 flg. AufwG. gelten, öffentlichrechtliche Grundkreditanstalten sind (vgl. die erste [preußische] Verordnung über die Aufwertung der Ansprüche aus Pfandbriefen, anderen Schuldverschreibungen und aufgenommenen verbrieften Darlehen von öffentlichrechtlichen Grundkreditanstalten der Provinz-[Bezirks-]verbände vom 15. September 1926 [GS. S. 255], die sich auf die Landeskreditanstalt in Hannover, die Landeskreditkasse in Kassel und die Nassauische Landesbank in Wiesbaden bezieht).

Der Kläger ist nun der Auffassung, und darin ist ihm der Berufungsrichter gefolgt, daß sowohl der § 46 AnlAblG., wie die 2. DurchfVo. zu diesem Gesetz sich nur auf öffentlichrechtliche Körperschaften, nicht auf Anstalten beziehe, und daß daher die 2. DurchfVo. auf die Beklagte, welche eine Anstalt, nicht eine Körperschaft sei, nicht angewendet werden könne. Diese Auffassung ist rechtsirrtümlich.

Die Fassung des § 46 AnlAblG. entspricht derjenigen des ursprünglichen Regierungsentwurfs. In der amtlichen Begründung zu diesem Entwurf (vgl. Bd. 400 der Verhandlungen des Reichstags Nr. 805) ist zu § 46 (damals 49) bemerkt:

„Die Vorschrift nimmt den § 16 Abs. 6 der Dritten Steuernotverordnung auf. Körperschaften im Sinne dieser Bestimmung sind auch solche öffentlichrechtlichen Anstalten, die eigene Rechtspersönlichkeit haben."

In Abs. 6 des § 16 der Dritten Steuernotverordnung heißt es, daß die Reichsregierung mit Zustimmung des Reichsrats die für die Gemeinden geltenden Vorschriften der Abs. 1 bis 5 (Moratorium) auf die Anleihen anderer öffentlichrechtlicher Körperschaften und Anstalten, sowie auf die im § 41 des Hypothekenbankgesetzes bezeichneten Schuldverschreibungen für anwendbar erklären kann.

Die amtliche Begründung ist also ohne weiteres dahin zu verstehen, daß der in § 46 AnlAblG. aufgestellte Begriff der anderen öffentlichrechtlichen Körperschaften auch die sogenannten öffentlichrechtlichen Anstalten decken soll, mithin als gemeinsamer Oberbegriff für beide Arten von juristischen Personen des öffentlichen Rechts verwendet wird. Durch alle Kommissionsberatungen und

Reichstagsverhandlungen hindurch ist die ursprüngliche Fassung des Entwurfs des § 46 unverändert geblieben. Von keiner Seite sind Stimmen für die engere oder gegen die beabsichtigte erweiterte Bedeutung des Begriffs laut geworden. Es kann sich daher nicht, wie der Berufungsrichter für möglich hält, darum handeln, daß der Gesetzgeber mit der endgültigen Fassung des Gesetzes seine ursprüngliche Absicht, auch die Anstalten zu treffen, wieder aufgegeben habe. Das könnte nur erwogen werden, wenn die Fassung des Entwurfs die Anstalten mit aufgezählt, die endgültige Fassung sie weggelassen hätte.

Die Frage ist daher nur, ob im Widerspruch zu der amtlichen Begründung die Gesetzesfassung dahin verstanden werden muß, daß nur andere öffentlichrechtliche Körperschaften im engeren Sinne — unter Ausschluß der Anstalten — davon getroffen werden. Das ist mit der Revision zu verneinen. Die Organisation der juristischen Personen des öffentlichen Rechts bestimmt sich nach dem öffentlichen Recht der Länder (RGZ. Bd. 64 S. 413). In jedem Lande kann daher die Begriffsbestimmung verschieden sein und zwar können die Gesetze Körperschaften des öffentlichen Rechts auch durch bloße Bezeichnung schaffen. So sagt z. B. der § 3 des preuß. Gesetzes vom 25. Juli 1910: „die öffentlichrechtlichen Feuerversicherungs**anstalten** sind **Körperschaften** des öffentlichen Rechts." Hat ein Gesetz innerhalb seines Bereichs sich so entschieden, so kann nicht mehr untersucht werden, ob die Bezeichnung auch sachlich gerechtfertigt ist.

Das Bürgerliche Gesetzbuch, das in § 89 einzelne Vorschriften des II. Titels über juristische Personen (§§ 31, 42 Abs. 2) als auch für die juristischen Personen des öffentlichen Rechts geltend bezeichnet, nennt als solche den Fiskus sowie Körperschaften, Stiftungen und Anstalten des öffentlichen Rechts. Die Anstalten sind dort neben den Körperschaften und Stiftungen genannt, weil es unter Umständen zweifelhaft sein kann, welcher Gruppe ein bestimmtes Gebilde zuzurechnen ist. Daher stellt das Bürgerliche Gesetzbuch beide als gleichwertig nebeneinander (RGR. Komm. zu § 89 A. 1).

Da es also reichsgesetzlich an einer allgemeingültigen Begriffsbestimmung der öffentlichrechtlichen Körperschaften fehlt, so muß darauf zurückgegangen werden, welche Gebilde das Anleiheablösungsgesetz zu den anderen öffentlichrechtlichen Körperschaften zählen will. Denn wie andere Reichsgesetze, z. B. das Körperschaftssteuergesetz, den

Begriff verwenden, ist für das Anleiheablösungsgesetz nicht maßgebend und braucht daher nicht untersucht zu werden.

Da nun das Anleiheablösungsgesetz den Begriff nicht umgrenzt und auch zu seiner Ermittlung weder auf die Landesgesetze verweist noch sonstige Richtlinien gibt, so kann nur aus der Entstehungsgeschichte des Gesetzes heraus verstanden werden, ob darunter auch solche Gebilde fallen sollen, die als Anstalten bezeichnet zu werden pflegen. Die Entstehungsgeschichte aber spricht eindeutig gegen die Auffassung, daß unter den anderen öffentlichrechtlichen Körperschaften nur rein korporative Gebilde, unter Ausschluß der Anstalten, zu verstehen seien.

Nicht beizustimmen ist der Anschauung des Berufungsrichters, daß die gesetzgeberische Absicht, die bei Schaffung des § 46 verfolgt worden sei, im Gesetz selbst keinen hinreichend bestimmten Ausdruck gefunden habe. Es steht in der Rechtsprechung des Reichsgerichts fest, daß die im § 133 BGB. für die Auslegung von Willenserklärungen aufgestellten Grundsätze auch für die Auslegung von Gesetzen gelten. Es kommt daher auf den wirklichen Willen des Gesetzgebers an. Der Begriff der öffentlichrechtlichen Körperschaften ist aber, entgegen der Annahme des Berufungsrichters, weder feststehend noch zweifelfrei; seine Bedeutung für das Anleiheablösungsgesetz ist deshalb durch Auslegung zu ermitteln. Dabei ist nicht von ausschlaggebender Bedeutung, daß die Begründung zum Entwurf des Anleiheablösungsgesetzes auf Reich, Länder, Gemeinden und Gemeindeverbände, also auf korporative Gebilde, zugeschnitten ist.

Es mag sein, daß bei Schaffung der Ermächtigung des § 46 hauptsächlich an Markanleihen solcher juristischen Personen des öffentlichen Rechts gedacht wurde, die ähnliche öffentlichrechtliche Aufgaben zu erfüllen haben wie die Gemeinden und welche die hierzu erforderlichen Mittel auch ähnlich wie die Gemeinden im wesentlichen durch Steuern oder sonstige allgemeine Umlagen von ihren Mitgliedern erheben, sodaß auf diesem Wege auch die Aufwertungslasten aufgebracht werden müßten (Wagemann AnlAblG. § 46 A. 1 d; Neufeld S. 173; Simon-Marquardt S. 14). Das schließt nicht aus, daß ein gleiches Schutzbedürfnis auch bei öffentlichrechtlichen Anstalten vorlag und im Grundsatz durch § 46 anerkannt worden ist. Dieses Schutzbedürfnis bestand z. B. für die Bankanstalten der Provinzen, für deren Verbindlichkeiten die betreffenden Provinzialverbände haften und die von diesen vielfach dazu benutzt worden sind, Anleihen für den Provinzialverband, wenn auch im eigenen Namen, aufzunehmen (Wagemann S. 174 unter Nr. 4).

Wenn in der Entscheidung des erkennenden Senats vom 5. Juli 1928 IV 829/27 (JW. 1928 S. 2632 Nr. 17) bei Erörterung des Begriffs des Darlehensschuldscheins verlangt wird, daß der Gesetzgeber, soweit er die Rechte der Gläubiger einschränkt, sich deutlich darüber aussprechen müsse, unter welchen Voraussetzungen und in welchem Umfang der Rechtsverlust eintrete, so standen der dort verlangten Erweiterung des Schuldscheinbegriffs die Gesetzesmaterialien nicht zur Seite; es war sogar an maßgebender Stelle eine Gesetzesänderung erwogen, aber abgelehnt worden, um die Rechtslage der Gläubiger nicht zu verschlechtern. Im Gegensatz dazu ist hier die Absicht des Gesetzgebers aus der amtlichen Begründung mit voller Klarheit zu erkennen.

Dem könnte entscheidende Bedeutung für die Auslegung des Gesetzes nur dann versagt werden, wenn der schon in der Dritten Steuernotverordnung verwirklichte Grundgedanke, daß nach Ermessen der Reichsregierung auch Anstalten den Gemeinden gleichgestellt werden können, sich bei der gesetzlich zu regelnden Anleiheablösung gewandelt hätte oder im Laufe der Gesetzgebungsverhandlungen irgendwie ersichtlich preisgegeben worden wäre. Das ist nicht der Fall.

Es ist daher nur die Frage, ob sich § 46 AnlAblG. schlechthin auf alle Markanleihen jedweder Art von öffentlichrechtlichen Körperschaften und Anstalten bezieht, oder ob er die Pfandbriefaufwertung der §§ 47 flg. AufwG. unberührt läßt, sich also nicht auf öffentlichrechtliche Grundkreditanstalten bezieht.

Der Anschauung des Klägers, daß sich § 46 nicht auf Pfandbriefe beziehe, weil sie nicht zu den Markanleihen im Sinne des Anleiheablösungsgesetzes zu zählen seien, ist der Berufungsrichter mit zutreffender Begründung entgegengetreten (wird näher ausgeführt).

Nicht die rechtliche Natur der Pfandbriefe, welche Markanleihen sind, ist daher hindernd für die Anwendung des Anleiheablösungsgesetzes, sondern die Frage ist dahin zu stellen: Gehen die §§ 47 flg. AufwG. dem Anleiheablösungsgesetz vor oder ergibt sich, wenn letzteres Gesetz als Sondergesetz Anwendung findet, aus ihm die Schlußfolgerung, daß — ebenso wie die Gemeinden und Gemeindeverbände als Inhaber öffentlichrechtlicher Grundkreditanstalten und der ihnen in § 45 Nr. 2 AnlAblG. gleichgestellten Kreditanstalten der Pfandbriefaufwertung nach dem Aufwertungsgesetz unterliegen — auch die Schuldverpflichtungen selbständiger anderer öffentlich-rechtlicher Grundkreditanstalten nicht unter das Recht der Anleiheablösung gestellt werden sollten?

Zunächst geht der Berufungsrichter zutreffend davon aus, daß Ansprüche aus Pfandbriefen der Grundkreditanstalten nach Aufwertungsrecht auf Grund der §§ 47 flg. AufwG. aufzuwerten sind und daß im Aufwertungsgesetz keine Ausnahmen von diesem Grundsatz gemacht sind.

Zwar sagt — im Abschnitt 6 — der § 51 Abs. 1 AufwG., daß Ansprüche aus verzinslichen oder an Stelle der Verzinsung mit einem Aufgeld rückzahlbaren, auf den Inhaber lautenden oder durch Indossament übertragbaren Schuldverschreibungen, die von juristischen Personen des öffentlichen Rechts als Unternehmern wirtschaftlicher Betriebe ausgegeben sind, auf 15% des Goldmarkbetrags aufgewertet werden. Der Abschnitt 5 (Pfandbriefe) enthält jedoch eine Sonderregelung für eine besondere Art wirtschaftlicher Betriebe (Kreditbeschaffung auf Grund einer Deckung), welche im Falle eines Widerstreits die §§ 51 flg. ausschaltet (vgl. Mügel § 51 S. 891, Quassowski S. 461 unter II 2). Der innere Grund dieser Regelung liegt darin, daß die Aufwertung nach dem Teilungsmassenprinzip einen gerechteren Ausgleich der Interessen der Beteiligten gewährleistet als die schematische Aufwertung zu einem festen Satz (Quassowski S. 461).

Der Berufungsrichter führt dann aus, daß das Anleiheablösungsgesetz keinen Gebrauch von der Möglichkeit gemacht habe, für Pfandbriefe öffentlicher Grundkreditanstalten Ausnahmebestimmungen gegenüber den §§ 47 flg. AufwG. zu treffen oder zuzulassen. Denn die Ermächtigung des § 46 beziehe sich nicht auf die Pfandbriefe öffentlich-rechtlicher Grundkreditanstalten, vielmehr schließe die gesetzliche Regelung im Anleiheablösungsgesetz für Ansprüche aus Pfandbriefen die Ablösung unter allen Umständen aus und belasse es bei der Aufwertung nach §§ 47 flg. AufwG.

Das soll sich nach Meinung des Berufungsrichters auch aus § 54 AnlAblG. ergeben. Nach diesem Paragraphen finden die §§ 51 flg. AufwG. keine Anwendung auf die Markanleihen, die auf Grund des Anleiheablösungsgesetzes in Ablösungsanleihen umzutauschen sind. Aus dem Fehlen einer gleichen oder ähnlichen Bestimmung für die

Pfandbriefaufwertung folgert der Berufungsrichter, damit bringe das Anleiheablösungsgesetz selbst zum Ausdruck, daß die Vorschriften der §§ 47 flg. des Aufwertungsgesetzes unberührt bleiben sollten. Dieser Schluß ist freilich, wie die Revision mit Recht geltend macht, nicht zwingend. Was der § 54 AnlAblG. vorschreibt, ergibt sich schon aus § 1 Abs. 2 AufwG., wonach dessen Vorschriften keine Anwendung finden, wenn die Aufwertung durch ein Sondergesetz geregelt ist.

Daß das Anleiheablösungsgesetz gegenüber dem Aufwertungsgesetz ein Sondergesetz ist, insbesondere gegenüber den §§ 51 bis 54 AufwG., ist in der Rechtsprechung des Reichsgerichts anerkannt (RGZ. Bd. 116 S. 172, Bd. 124 S. 368). Dies in § 54 AnlAblG. zu verdeutlichen, und zwar neben der Vorschrift des § 1 Abs. 2 AufwG., bestand ein besonderer Anlaß, weil nach § 1 Nr. 8 der Dritten Steuernotverordnung die von juristischen Personen des öffentlichen Rechts als Unternehmern wirtschaftlicher Betriebe ausgegebenen Schuldverschreibungen als Vermögensanlagen auf 15 % aufzuwerten waren und von dem für Staats- und Gemeindeanleihen nach § 16 geltenden Moratorium nicht betroffen wurden (Michaelis Dritte Steuernotverordnung Art. II Anm. 5 S. 172).

Gegenüber aufgetauchten Zweifeln erklärten bei der zweiten Lesung des Aufwertungsgesetzes im Plenum die Vertreter der Regierung, die Bestimmung des § 51 AufwG. sei „korrigiert" durch die Bestimmung des § 54 AnlAblG., wonach sämtliche Markanleihen, welche die Gemeinden aufgenommen hätten, in Ablösungsanleihen umgetauscht würden, was auch für diejenigen Anleihen gelten müsse, die für die Zwecke ihrer werbenden Betriebe aufgenommen seien. Der § 51 AufwG. könne daher nur Anwendung finden auf die Schuldverschreibungen solcher juristischer Personen des öffentlichen Rechts, die nicht mit den Gemeinden oder Gemeindeverbänden wesensgleich seien. Die Aufnahme einer diese Rechtslage klar stellenden Bestimmung in das Aufwertungsgesetz ist unterblieben; es wurde nur die Überschrift des 6. Abschnitts dahin geändert: „Aufwertung von Schuldverschreibungen der Genossenschaften des öffentlichen Rechts und verwandter Körperschaften als Unternehmer wirtschaftlicher Betriebe", während im Text „juristische Personen des öffentlichen Rechts" stehen geblieben ist (vgl. Michaelis Aufwertungsrecht Bem. 2 vor § 51). Damit wird aber nichts für die hier zu entscheidende Frage gewonnen, ob die Pfandbriefaufwertung durch das

Anleiheablösungsgesetz nicht berührt wird. Denn der § 54 AnlAblG. stellt nur klar, daß, wenn nach diesem Gesetz Markanleihen in Ablösungsanleihen umzutauschen sind, es unerheblich ist, ob die Anleihe von dem Verband als Inhaber eines wirtschaftlichen Betriebes aufgenommen ist.

Nicht in Ablösungsanleihen umzutauschen sind dagegen nach § 39 Nr. 3, § 45 Nr. 2 AnlAblG. diejenigen Schuldverpflichtungen, welche die Länder, Gemeinden und Gemeindeverbände als Inhaber staatlicher und kommunaler Grundkreditanstalten oder als Inhaber solcher öffentlichrechtlicher Kreditanstalten begründet haben, deren Schuldverschreibungen nach § 51 Abs. 1 AufwG. auf der Grundlage der §§ 47 flg. das. aufgewertet werden.

Hiernach wird im Gegensatz zu der Regelung des § 54 AnlAblG., der diese Verbände auch als Inhaber wirtschaftlicher Betriebe dem Anleiheablösungsgesetz unterwirft, hier das Anleiheablösungsrecht ausgeschlossen. Damit läßt aber das Anleiheablösungsgesetz die Pfandbriefaufwertung unberührt, die ohne die Vorschriften der § 39 Nr. 3, § 45 Nr. 2 für Länder, Gemeinden und Gemeindeverbände, auch soweit sie Inhaber von Grundkreditanstalten sind, nicht gelten würde. Es wird also hier das Teilungsmassenprinzip angewendet, das ohne weiteres auch für andere öffentlichrechtliche Grundkreditanstalten gilt, sofern nicht für diese nach § 46 AnlAblG. Ausnahmen gemacht werden können.

Im Schrifttum wird von Mügel 5. Aufl. S. 885, der im allgemeinen dem Anleiheablösungsgesetz als Sondergesetz den Vorrang vor dem Aufwertungsgesetz zugesteht, der Standpunkt vertreten, daß man fragen müsse, ob nicht, da beide Gesetze gleichzeitig erlassen seien, nach der Absicht des Gesetzgebers trotz des § 1 Abs. 2 AufwG. die eine oder andere Vorschrift des Aufwertungsgesetzes vorgehe. Das sei für die öffentlichrechtlichen Grundkreditanstalten, die unter § 47 AufwG. fielen, zu bejahen. Die zweite Durchführungsverordnung zum Anleiheablösungsgesetz müsse daher, sofern einzelne der dort aufgezählten der Anleiheablösung unterstellten Bankanstalten Grundkreditanstalten seien, für unwirksam erachtet werden.

Diese letztere Auffassung teilen auch — mit verschiedener Begründung — die Vorinstanzen, nur leiten sie aus dem Anleiheablösungsgesetz selbst her, daß der § 46 die Pfandbriefaufwertung unberührt lasse. Dem ist beizutreten. In § 40 Abs. 2 AnlAblG. heißt es, daß

Ansprüche aus Markanleihen der Gemeinden und Gemeindeverbände — unbeschadet einer weitergehenden landesgesetzlichen Regelung — nur nach Maßgabe dieses Gesetzes bestehen. Ansprüche aus Markanleihen anderer öffentlichrechtlicher Körperschaften werden durch diese Vorschrift nicht betroffen. Sie können also auch nach Maßgabe anderer Gesetze bestehen. Soweit nach § 46 AnlAblG. die Vorschriften über die Anleiheablösung (§§ 40 bis 44) auf die Markanleihen anderer öffentlichrechtlicher Körperschaften für anwendbar erklärt werden können, ist Voraussetzung, daß sie für die Gemeinden selbst gelten. Der § 45 Nr. 2 schließt aber die Schuldverpflichtungen, welche Gemeinden als Inhaber von Grundkreditanstalten begründet haben, von der Anleiheablösung aus, berührt daher die für öffentlich-rechtliche Grundkreditanstalten geltende Pfandbriefaufwertung nach §§ 47 bis 50 AufwG. nicht. Damit wird das Anwendungsgebiet des Aufwertungsgesetzes von dem des Anleiheablösungsgesetzes abgegrenzt.

Hat sich also für die Markanleihen der Gemeinden, sofern diese Inhaber von Grundkreditanstalten sind, der Teilungsmassen-Grundsatz des Aufwertungsgesetzes durchgesetzt, so kann § 46 nicht anders verstanden werden als dahin, daß das Anleiheablösungsrecht, soweit es für Gemeinden gilt, auf andere öffentlichrechtliche Körperschaften für anwendbar erklärt werden kann, also nur soweit diese nicht Grundkreditanstalten sind.[1])

Die abweichende Meinung, die Quassowski in seiner 5. Auflage vertritt, begründet er lediglich mit der allgemein gehaltenen Fassung des § 46 AnlAblG. Es ist richtig, daß der Wortlaut des § 46 insofern allgemein gehalten ist, als er von den öffentlichrechtlichen Körperschaften, für welche die Ermächtigung der Reichsregierung gilt, keine mit ausdrücklichen Worten ausnimmt. Allein der nicht zu verkennende Sinn ist doch, daß die öffentlichrechtlichen Körperschaften nach dem Ermessen der Reichsregierung rechtlich so gestellt werden können, wie die Gemeinden nach dem Anleiheablösungsgesetz stehen. Ihnen kann

---

[1]) Auf diesem Standpunkt stehen im Schrifttum Lehmann-Böseb eck S. 260 unter A. 2 Nr. 2, Simon-Marquardt S. 45, 46, Mügel S. 885, Quassowski 4. Aufl. S. 400, Schlegelberger-Harmening S. 412 unter 2a, Neufeld Die Ablösung der Markanleihen S. 14 unter 4a und c, Michaelis zu § 51 Anm. 6, vgl. auch Wagemann Die neuen Aufwertungsgesetze S. 183 unten und Wagemann Anleiheablösungsgesetz zu § 46 Anm. d; anders Quassowski 5. Aufl. S. 463 unter B 1 c, S. 464; zweifelnd Neukirch S. 420.

also kein Vorrecht gewährt werden, das die Gemeinden nicht haben (Mügel S. 886; Wagemann § 64 A. 1 d).

Nun meint die Beklagte, der § 45 Nr. 2 bezwecke nicht die Besserstellung der Gläubiger, sondern den Schutz der Gemeinden, da diese oft bei Geringfügigkeit der Teilungsmassen bessere Aussichten gehabt hätten als bei der Anleiheablösung. Daraus will sie gefolgert wissen, daß § 45 Nr. 2 nur in dem begrenzten Umfang, den er angebe — Gemeinden als Inhaber einer unselbständigen Grundkreditanstalt —, die Geltung der §§ 47 bis 50 AufwG. zulasse, daß aber außerhalb dieser Grenze das Anleiheablösungsgesetz vorgehe.

Wenn es richtig ist, daß mit dem Teilungsmassengrundsatz ein Schutzgedanke für die Gemeinden hat verwirklicht werden sollen, so müssen diese, wenn im Einzelfall die Durchführung dieses Grundsatzes für sie ungünstiger ist als die Anleiheablösung, dies angesichts der ausnahmslosen gesetzlichen Regelung hinnehmen.

Es ist aber kein gesetzgeberischer Grund ersichtlich, warum die anderen öffentlichrechtlichen Grundkreditanstalten, denen schon das Aufwertungsgesetz durch Ausschaltung des schematischen Aufwertungssatzes von 15% mittels des Teilungsmassengrundsatzes einen gerechteren Ausgleich hat zugestehen wollen, im Gegensatz zu den Gemeinden dieses Vorteils durch Anwendung des Anleiheablösungsrechts je nach dem Ermessen der Reichsregierung wieder hätten beraubt werden sollen. Hätte man ihnen einräumen wollen, je nach ihrer Vermögenslage von der Reichsregierung der einen oder der anderen Regelung unterworfen zu werden, so wäre nicht einzusehen, warum man den Gemeinden dieses Vorrecht nicht hätte zugestehen sollen.

Im übrigen ließ sich bei Erlaß der Aufwertungsgesetze wohl kaum bei allen Grundkreditanstalten mit Sicherheit übersehen, zu welchen Ergebnissen der Teilungsmassengrundsatz führen würde. Denn das hing einmal von der Größe der Teilungsmasse ab, deren Bildung der näheren Bestimmung einer Durchführungsverordnung überlassen wurde (§ 50 AufwG.), ferner davon, ob aus dem sonstigen Vermögen des Schuldners ein Beitrag zu leisten war, dessen Höhe zu bestimmen in die Hand der Aufsichtsbehörde gelegt wurde (Art. 76 DurchfVo. zum AufwG. vom 29. November 1925) und von dem Verwaltungskostenbeitrag, der nach näherer Bestimmung der Reichsregierung bis auf 10% der Teilungsmasse festgesetzt werden durfte (§ 48 Nr. 2 AufwG.).

Wie das von den Parteien vorgetragene Ergebnis der Durchführung des Teilungsmassengrundsatzes bei Banken gezeigt hat, war denn auch das Ergebnis der Aufwertung aus einer Teilungsmasse durchaus verschieden. Es schwankt nach den Angaben der Beklagten für die von ihr aufgeführten Banken zwischen 10 und 25 %, nach Angabe des Klägers erreicht es bei der Hannoverschen Bodenkreditbank 43 %, bei der Hannoverschen Privatrentenbank und der Rheinisch-Westfälischen Provinzialrentenbank je etwa 30 %. Diese Ergebnisse zeigen, daß der Teilungsmassengrundsatz keineswegs allgemein eine Besserstellung der Schuldner gegenüber der Anleiheablösung bewirkt hat.

Für die gesetzgeberische Betrachtung kann daher, wo dem Teilungsmassengrundsatz der Vorzug gegeben ist, nur der Grundgedanke maßgebend gewesen sein, daß da, wo zur Deckung bestimmte Werte vorhanden sind, also bei den öffentlichrechtlichen Grundkreditanstalten, der gerechteste Ausgleich zwischen Gläubiger- und Schuldnerinteressen durch konkursähnliche Verteilung der Deckungsmasse gewährleistet werde. Dadurch wurde nämlich der Vorteil erzielt, daß insbesondere leistungsschwache Gemeinden bei geringer Deckung, anders als bei festen Sätzen, keinen Zuschuß zu leisten haben. Anderseits wurden die infolge einer größeren Deckung leistungsfähigeren Grundkreditanstalten nicht in unzumutbarer Weise geschädigt, wenn sich aus der Masse mehr ergab als bei Anwendung des Anleiheablösungsrechts. Dieser Gedanke kommt ja auch darin zum Ausdruck, daß solchen Anstalten, die nach ihren ganzen Vermögensverhältnissen in der Lage waren, trotz geringer Masse mehr zu leisten, ein Beitrag aus ihrem sonstigen Vermögen auferlegt werden konnte. Dann aber ist es auch eine unabweisliche Folgerung, daß da, wo der Teilungsmassengrundsatz gilt, die Schuldner es hinnehmen müssen, wenn die Deckung für die Gläubiger verwendet wird, auch wenn sie hoch ist und erheblich mehr ergibt als die sonst anzuwendenden festen Sätze, wie dies hier voraussichtlich der Fall sein wird. Die Einwendungen der Revision rechtfertigen daher kein anderes Ergebnis.

Hiernach ist das Oberlandesgericht mit Recht davon ausgegangen, daß die 5. Durchführungsverordnung zum Anleiheablösungsgesetz und die 7. Durchführungsverordnung der braunschweigischen Regierung, die auf dieser Verordnung beruht, unwirksam sind, soweit davon die Pfandbriefe der Beklagten getroffen werden.

Der Antrag des Klägers geht nun nicht nur dahin, daß die Aufwertungspflicht der Beklagten für die Landesschuldverschreibungen nach § 47 festgestellt werde, sondern auch dahin, daß diese Aufwertung unter Bildung einer Teilungsmasse zu erfolgen habe, in welche die sämtlichen nach § 48 Nr. 1 und 2 AufwG. in Betracht kommenden Hypotheken einzufließen hätten.

Über die Tragweite dieses Antrags sind sich die Parteien in der Revisionsinstanz nicht einig. Während die Beklagte meint, der Kläger wolle damit festgestellt sehen, daß ihr Hypothekenbestand ausschließlich als Deckung für die Landesschuldverschreibungen bestimmt sei, sagt der Kläger, er vertrete auch heute noch die Auffassung, daß die sämtlichen Hypotheken der Beklagten ausschließlich zur Deckung der Landesschuldverschreibungen bestimmt seien; er habe jedoch in der Berufungsinstanz keinen dahingehenden Antrag gestellt, sondern sich darauf beschränkt, den Ausspruch zu verlangen, daß die Landesschuldverschreibungen an der aus sämtlichen Hypotheken zu bildenden Deckungsmasse beteiligt seien. Diese Kennzeichnung des in der Berufungsinstanz gestellten Antrags ist jedoch nicht richtig.

Wie das Oberlandesgericht darlegt, hat sich der Streit in der Berufungsinstanz darum gedreht, ob, wie der Kläger vorgetragen hat, der nach § 48 AufwG. in Betracht kommende Hypothekenbestand in eine ausschließlich für die Landesschuldverschreibungen zu bildende Teilungsmasse einzubringen ist, oder ob er, wie die Beklagte geltend macht, auch für die Aufwertung der Leihhausschuldverschreibungen und der Guthaben der Spar- und Depositengläubiger mitverwendet werden darf. Über diesen Streit hat das Oberlandesgericht ausdrücklich entschieden. Es hat in der Begründung der Auffassung des Klägers recht gegeben und den Standpunkt der Beklagten abgelehnt. Der entscheidende Teil des Urteils kann daher weder dahin verstanden werden, daß an der Deckungsmasse außer den Landesschuldverschreibungen auch andere Schuldverschreibungen mitbeteiligt seien, noch dahin, daß die Frage dieser Mitbeteiligung hätte offen bleiben sollen. Es bedarf deshalb, wenn dem Standpunkt des Klägers beizutreten ist, auch keiner Richtigstellung des entscheidenden Teils des angefochtenen Urteils, wie sie die Beklagte in der mündlichen Verhandlung angeregt hat.

Die erste Frage ist, ob über die Bildung der Masse die Reichsregierung zu befinden hat (§ 50 AufwG.). Sie ist zu verneinen (wird näher ausgeführt).

Der Berufungsrichter ist nun der Auffassung, daß der nach § 48 Abs. 1 Nr. 1 und 2 für Aufwertungszwecke verfügbare Hypothekenbestand der Beklagten ausschließlich zur Deckung für die Landesschuldverschreibungen bestimmt sei. Er nimmt an, trotz der Beseitigung des Pfandrechts der Gläubiger sei die in § 4 Abs. 2, § 5 des Leihhausgesetzes gegebene Deckungszusage bestehen geblieben, die für die Landesschuldverschreibungen den gesamten Hypothekenbestand erfasse, und diese bis zum Erlaß des Aufwertungsgesetzes bedeutungslose Zusage — die bis dahin keinerlei Vorrechte begründet haben soll — habe mit dem Erlaß dieses Gesetzes die aus § 48 AufwG. ersichtliche Bedeutung erlangt.

Gegen diese Feststellung, soweit sie den gesamten Hypothekenbestand als zur Deckung der Landesschuldverschreibungen bestimmt bezeichnet, hat die Revision nichts erinnert. Sie unterliegt auch, weil auf Landesrecht beruhend, nicht der Nachprüfung des Revisionsgerichts. Und vom Standpunkt des Aufwertungsgesetzes aus ist es nicht zu beanstanden, wenn der Berufungsrichter in dem gesamten Hypothekenbestand die nach § 48 zu bildende Deckungsmasse sieht. Denn es wird in § 48 nicht gefordert, daß die Deckungswerte gerade aus dem Erlös der Schuldverschreibungen stammen. Auch ob Überdeckung vorliegt, ist unerheblich (Quassowski 5. Aufl. S. 452, 455; Lehmann-Bösebeck § 48 Anm. 2).

Auch das Hypothekenbankgesetz rechnet mit der Möglichkeit einer Überdeckung. Dort ist aber gegen eine Überdeckung Vorsorge getroffen, da § 31 Abs. 2 bestimmt, daß der Treuhänder, der die Deckungswerte unter dem Mitverschluß der Bank verwahrt, unter den dort bestimmten Voraussetzungen Hypothekenurkunden, Wertpapiere und Geld herausgeben muß, sei es daß eine Überdeckung vorhanden war, sei es daß die Einziehung eines entsprechenden Betrags von Pfandbriefen nachgewiesen wird (Dannebaum Hypothekenbankgesetz S. 223).

Dagegen ist nach den Feststellungen des Berufungsrichters weder im Leihhausgesetz noch im Staatsbankgesetz Vorsorge dagegen getroffen, daß die umlaufenden Landesschuldverschreibungen überdeckt sind; es ist vielmehr die Kongruenz der Deckung nur insofern bestimmt, als die Leihhausanstalt dergleichen Landesschuldverschreibungen zu keinem höheren Betrag im Umlauf haben darf, als zum Gesamtbetrag ihrer hypothekarischen Kapitalausstände. Dadurch wird nur eine Unterdeckung verhütet, während gegen eine Überschreitung der in diesem Sinne notwendigen Deckung nirgends Maßnahmen vorgesehen sind.

Die Rüge der Revision richtet sich denn auch nur dagegen, daß der Hypothekenbestand ausschließlich den Landesschuldverschreibungen als Deckung dienen soll. Sie ist der Auffassung, daß an dieser Deckungsmasse auch die Leihhausschuldverschreibungen beteiligt werden müßten, welche die Beklagte neben den Landesschuldverschreibungen ausgegeben hat und welche der Berufungsrichter als Ansprüche aus verbrieften, für Grundkreditzwecke aufgenommenen Darlehen ansieht.

Insoweit hat der Berufungsrichter erwogen: Eine Deckungszusage brauche zwar nicht mit ausdrücklichen Worten erteilt zu sein und für die von den Grundkreditanstalten aufgenommenen verbrieften Darlehen werde regelmäßig eine Deckungszusage in keiner Form erteilt sein. Trotzdem nimmt er an, daß solchen Falles die Gläubiger aus derartigen Darlehensurkunden konkursmäßige Befriedigung nach § 47 AufwG. verlangen könnten. Er meint aber, da den Landesschuldverschreibungen eine ausdrückliche Deckungszusage am gesamten Hypothekenbestand erteilt sei, während den Leihhausschuldverschreibungen eine solche Zusage in keiner Form erteilt sei, müsse die Teilungsmasse auch allein der Aufwertung der Landesschuldverschreibungen dienen.

Die Revision sieht eine wirtschaftliche Ungerechtigkeit darin, daß den Inhabern der Landesschuldverschreibungen das Recht auf eine abgesonderte Befriedigung aus einer Vermögensmasse eingeräumt werde, an deren Aufbau sie nur zu einem geringen Teil (25%) mitgewirkt hätten, während von der Befriedigung die Schuldverschreibungen ausgeschlossen würden, die diese Vermögenssubstanz zu weit überwiegendem Teil gespeist hätten. Rein rechtlich meint sie, es könne nach den Feststellungen des Berufungsrichters nicht darauf ankommen, ob eine Deckungszusage ausdrücklich erteilt sei. Wären keine Landesschuldverschreibungen vorhanden, so würden die Schuldverschreibungen nach den eigenen Ausführungen des Berufungsrichters bei der Aufwertungsmasse zu berücksichtigen sein. Daß nun im vorliegenden Falle neben den an der Aufwertungsmasse berechtigten Schuldverschreibungen noch Landesschuldverschreibungen bestünden, die eine besondere Deckungszusage hätten, könne das Recht der Schuldverschreibungen nicht beeinträchtigen. Auch diese Rügen können der Revision nicht zum Erfolg verhelfen.

Die Frage, ob an der aus sämtlichen Hypotheken der Beklagten zu bildenden Teilungsmasse nur die Landesschuldverschreibungen oder welche anderen Schuldverschreibungen der im § 47 AufwG. bezeichneten Art sonst zu beteiligen sind, beantwortet sich nach § 48 AufwG. dahin, daß an einer Teilungsmasse nur diejenigen Schuldverschreibungen teilnehmen, für welche die in der Masse liegenden Werte als Deckung bestimmt worden sind. Zur Deckung bestimmt sind die in § 48 AufwG. genannten Werte dann, wenn mit ihnen den Schuldverschreibungen, die an der Masse teilnehmen wollen, durch Gesetz, Satzung oder besondere Vereinbarung eine Deckungszusage erteilt worden ist. Der § 48 AufwG. ist nicht dahin zu verstehen, daß zur Deckung von Schuldverschreibungen vorhandene Werte gleichmäßig allen in § 47 genannten Schuldverschreibungen zufallen müßten, gleichviel ob ihnen eine Deckungszusage gegeben ist oder nicht. Denn eine Grundkreditanstalt kann auch Schuldverschreibungen ausgeben, denen keine Deckungszusage gegenübersteht. Dann sind für solche Schuldverschreibungen keine zur Deckung bestimmten Werte vorhanden. Möglich ist auch, daß verschiedene Arten von Schuldverschreibungen die gleiche, also eine einheitliche Deckung haben oder daß für die verschiedenen Arten von Schuldverschreibungen besondere Deckungsmassen gebildet werden müssen; dann nämlich, wenn für jede Art eine besondere Deckung bestimmt war (Schlegelberger-Harmening § 48 A. 2). Es kann also nach Aufwertungsrecht kein Gewicht darauf gelegt werden, ob die Aufwertungsmasse nur aus denjenigen Schuldverschreibungen gespeist worden ist, denen eine Deckungszusage gegeben ist, oder auch aus anderen Schuldverschreibungen, denen keine Deckungszusage gegenübersteht. Denn wenn die durch die Ausgabe von Schuldverschreibungen erzielten Mittel im Betrieb der Anstalt verwendet werden, ohne daß für sie Vermögenswerte zur Sicherung der Gläubiger bestimmt worden sind, so kann von einer Deckung nicht gesprochen werden, selbst wenn ermittelt werden könnte, welche Teile des Betriebsvermögens aus dem Erlös herrühren (Quassowski 5. Aufl. S. 452).

Die Annahme des Berufungsrichters, daß den Landesschuldverschreibungen durch Landesgesetz eine ausdrückliche Deckungszusage wegen des gesamten Hypothekenbestandes erteilt sei, dagegen den Schuldverschreibungen eine solche Zusage in keiner Form gegeben sei, beruht auf der Anwendung irrevisiblen Landesrechts und ist daher für das Revisionsgericht bindend. Die daraus gezogene Schlußfolgerung, daß die Hypothekenmasse ausschließlich den Landesschuldverschreibungen als Aufwertungsmasse zu dienen habe, andere Schuldverschreibungen aber an ihr nicht beteiligt werden könnten, entspricht dem § 48 AufwG. und ist daher rechtlich nicht zu beanstanden.

Nur in scheinbarem Gegensatz zu dieser Auffassung steht es, wenn der Berufungsrichter auch eine stillschweigende Deckungszusage genügen läßt und die Meinung vertritt, aus einer tatsächlich vorhandenen Deckung könnten konkursmäßige Befriedigung auch verbriefte Darlehen verlangen, denen eine Deckungszusage in keiner Form erteilt sei. Denn als Voraussetzung dieses Rechts sieht der Berufungsrichter an, daß die tatsächlich vorhandene Deckung nicht durch besondere Deckungszusage ausschließlich für bestimmte andere Schuldverschreibungen gebunden ist. An diese Auffassung knüpft die Revision an, indem sie meint, daß die Leihhausschuldverschreibungen doch dann bei der Aufwertungsmasse zu berücksichtigen seien, wenn Landesschuldverschreibungen (Pfandbriefe) nicht vorhanden wären, sodaß sie auch im gegenteiligen Falle mitberücksichtigt werden müßten.

Ob der § 47 AufwG. unmittelbar Anwendung finden könnte, wenn die Beklagte nur eine Art von Schuldverschreibungen, nämlich Leihhausschuldverschreibungen, ausgegeben hätte, würde davon abhängen, ob anzunehmen wäre, daß die tatsächlich vorhandene Teilungsmasse nicht zumindest stillschweigend den Leihhausschuldverschreibungen als Deckung zugesagt worden wäre. Das ist aber nicht der Fall. Es sind zwei Arten von Schuldverschreibungen ausgegeben; der einen ist eine ausdrückliche Deckungszusage gegeben, der anderen eine solche in keiner Form erteilt.

Die Teilungsmasse, soweit sie aus den Hypotheken zu bilden ist, kann daher nur denjenigen Gläubigern zugute kommen, die für sie eine Deckungszusage empfangen haben. An ihr können also andere Gläubiger nicht beteiligt werden, denen die Hypotheken in keiner Form als Deckung zugesagt sind. Ob für diese Gläubiger aus einer etwaigen sonstigen, tatsächlich vorhandenen Deckung unter Hinzunahme eines Beitrags aus dem Vermögen des Schuldners gemäß § 48 Abs. 1 Nr. 3 AufwG. eine Teilungsmasse gebildet werden kann, aus welcher die Aufwertung dieser Ansprüche bestritten wird, darüber wird auch hier die Landesgesetzgebung nach § 51 Abs. 3 AufwG. allein zu befinden haben.

11. Welchen Einfluß hat das Geschäftsaufsichtsverfahren nach der Verordnung vom 14. Dezember 1916 auf die Anfechtbarkeit von Rechtshandlungen nach § 30 Nr. 1 der Konkursordnung?

VII. Zivilsenat. Urt. v. 7. Januar 1930 i. S. S. als Verwalter im Konkurse K. (Kl.) w. E. (Bekl.). VII 273/29.

I. Landgericht Dresden.
II. Oberlandesgericht daselbst.

Der klagende Konkursverwalter hat u. a. mehrere Zahlungen auf Grund des § 30 KO. angefochten, die der Beklagte, Prokurist des in Konkurs verfallenen K., in der letzten Zeit vor der Konkurseröffnung erhalten hatte. Beide Vorinstanzen hielten diese Anfechtung nach § 30 Nr. 1 KO. für gerechtfertigt. Der Kläger legte zu anderen Punkten des Berufungsurteils Revision ein, der Beklagte schloß sich ihr an, soweit eine Zahlung von 2000 RM. an ihn für anfechtbar erklärt worden war. Die Anschlußrevision wurde zurückgewiesen.

Aus den Gründen:

. . . Bei der Anschlußrevision handelt es sich um die Zahlung der 2000 RM., die der Beklagte aus Firmenmitteln unstreitig am 22. Februar 1926, während Bestehens der Geschäftsaufsicht, und zwar mit Zustimmung der Aufsichtsperson, erhalten hat, und die das Berufungsurteil für anfechtbar nach § 30 Nr. 1 KO. erachtet. Daß der Zustand der Zahlungseinstellung zur Zeit der Anordnung der Geschäftsaufsicht bestand und dem Beklagten bekannt war, nimmt das Berufungsgericht rechtlich einwandfrei an und bemängelt auch die Revision nicht. Hieran hat auch die Anordnung der Geschäftsaufsicht selbst nichts geändert. Denn in ihrer Einleitung und Durchführung kann namentlich keine Stundung der bestehenden Verbindlichkeiten gefunden werden (vgl. Mentzel KO. 3. Aufl. S. 164/65 und die dort angef. Entscheidungen). Die Geschäftsaufsicht kann zwar die Zahlungseinstellung beseitigen, wenn nämlich die fälligen Verbindlichkeiten infolge Wiederaufstiegs des Geschäfts wieder in ihrer Allgemeinheit erfüllt werden; das ist aber dann die Wirkung eben dieser Tatsache, nicht des Eintritts oder des Bestehens der Geschäftsaufsicht als solcher. Wenn es sich dagegen wie hier durch die sehr bald nachfolgende Konkurseröffnung zeigt, daß die Geschäftsaufsicht nur ein mißlungener Versuch war, den Schuldner wieder zahlungsfähig zu machen, so kommt ein Wegfall der Zahlungseinstellung und ihrer Wirkungen nicht in Frage. Aber auch die Tatsache, daß die Aufsichtsperson der Zahlung der 2000 RM. zugestimmt hat, kann nicht zugunsten des Beklagten ausschlagen. Die Verordnung vom 14. Dezember 1916, wie auch die beiden Abänderungsverordnungen dazu vom 8. Februar und 14. Juni 1924 enthalten keine die Anfechtung ausschließende oder einschränkende Bestimmung, obgleich, wenn dies gewollt gewesen wäre, zur Aufnahme einer ausdrücklichen Vorschrift bei der schon vor der Verordnung vom 14. Dezember 1916 aufgetauchten und später noch in stärkerem Maße hervorgetretenen Streitfrage[1]) erheblicher Anlaß vorgelegen hätte. Das Fehlen einer solchen Bestimmung spricht also dafür, daß die Anfechtung auch bei einer mit Zustimmung der Aufsichtsperson vom Schuldner vorgenommenen Rechtshandlung nicht ausgeschlossen sein sollte. Es kann auch nicht zugegeben werden, daß diese Ansicht zu unerträglichen Ergebnissen führe; vielmehr läßt sich das mit mehr Recht von der gegenteiligen Ansicht sagen (vgl. zu den letzten beiden Punkten Mentzel a. a. O. S. 165). Überdies hat sich aber der erkennende Senat bereits in RGZ. Bd. 106 S. 165, allerdings zu § 31 Nr. 2 KO., dahin ausgesprochen: Dadurch, daß die Aufsichtsperson einer Verfügung des Schuldners ihre Zustimmung erteile, werde die Anfechtung wegen Gläubigerbenachteiligung grundsätzlich keineswegs ausgeschlossen, und zwar nicht nur dann, wenn die Aufsichtsperson durch arglistige Täuschung zur Zustimmung bestimmt worden sei oder in unlauterem Einverständnis mit dem Schuldner gehandelt habe; denn es könne auch eine irrtümliche Beurteilung der Sachlage durch die Aufsichtsperson vorliegen. Wenn das Geschäft trotz gegenteiliger Annahme der Aufsichtsperson in Wirklichkeit gläubigerbenachteiligend sei und auch die übrigen gesetzlichen Voraussetzungen der Anfechtbarkeit gegeben seien, so stehe die Zustimmung der Aufsichtsperson der Anfechtung rechtlich nicht im Wege. Nur für die Beweisfrage der objektiven und subjektiven Gläubigerbenachteiligung werde selbstverständlich die Tatsache der Zustimmung der Aufsichtsperson von

[1]) Vgl. Breit JW. 1915 S. 173; Jaeger Geschäftsaufsicht neuer Ordnung S. 78, 79; Cahn Geschäftsaufsicht und Zwangsvergleich S. 84, 85; Wassermann und Erlanger Kriegsgesetze 3. Aufl. S. 255; anderseits Levy Geschäftsaufsicht 2. Aufl. S. 128; Klimmer Geschäftsaufsicht zur Abwendung des Konkurses S. 52, 203; Tremblau JW. 1919 S. 373.

erheblichem Gewicht sein. An dieser Entscheidung ist festzuhalten; ihre Gedankengänge treffen aber — unter Mitberücksichtigung der oben dargelegten Gründe — auch auf eine Anfechtung nach § 30 Nr. 1 KO. zu. Die tatsächliche Würdigung des Berufungsurteils, daß die Voraussetzungen einer Anfechtung nach § 30 Nr. 1 KO. — und zwar des Falles in Halbsatz 2 — in objektiver und subjektiver Beziehung vorliegen, ist rechtlich nicht zu beanstanden. Deshalb ist die Anfechtbarkeit der Zahlung der 2000 RM. trotz der Zustimmung der Aufsichtsperson vom Berufungsgericht mit Recht angenommen worden.

12. Über die Frage, wann die Kosten der Berufungsinstanz der Partei aufzuerlegen sind, die auf Grund neuen Vorbringens obgesiegt hat.

ZPO. § 97 Abs. 2.

VII. Zivilsenat. Urt. v. 3. Januar 1930 i. S. St. (Kl.) w. F. (Bekl.). VII 249/29.

I. Landgericht I Berlin.
II. Kammergericht daselbst.

Der Kläger hatte dem Beklagten ein Hausgrundstück verkauft und aufgelassen. Wegen der Aufwertung der auf dem Grundstück haftenden Hypothek eines Dritten und der ihr zugrunde liegenden persönlichen Forderung schwebten damals Verhandlungen. Die Parteien vereinbarten, daß der Kläger einen Antrag auf Abwertung stellen und daß dann der Betrag, um den die Aufwertung der persönlichen Forderung unter 100% festgesetzt würde, zwischen ihnen geteilt werden sollte. Mit der Klage verlangte der Kläger Zahlung der Summe, die er nach seiner Sachdarstellung auf Grund dieses Abkommens zu beanspruchen habe.

Das Landgericht wies die Klage ab, weil die Vereinbarung gegen § 138 BGB. verstoße. Die Berufung des Klägers wurde zurückgewiesen. Das Kammergericht mißbilligte den Entscheidungsgrund des ersten Richters, hielt jedoch die Klagabweisung deshalb aufrecht, weil es die Gegendarstellung des Beklagten für erwiesen ansah, daß sich bei der Durchführung der Aufwertung kein Vorteil ergeben habe. Die Revision des Klägers blieb ohne Erfolg.

Aus den Gründen:

(Nach Zurückweisung mehrerer Revisionsangriffe zur Hauptsache wird fortgefahren:)

Schließlich wendet sich die Revision gegen die Entscheidung über die Kosten der Berufungsinstanz, die das Kammergericht dem Kläger auferlegt hat.

Der Beklagte hatte im ersten Rechtsgang nur einen Schriftsatz (vom 14. April 1927) eingereicht, in dem er das Zustandekommen eines Vertrags mit dem Kläger und die Stellung eines Abwertungsantrags durch diesen bestritt und bemerkte, daß weitere Ausführungen einem besonderen Schriftsatz vorbehalten blieben. Alsbald nach der ersten mündlichen Verhandlung erging das Urteil des Landgerichts vom 27. Mai 1927. Erst in der vom Kläger beschrittenen Berufungsinstanz trug dann der Beklagte mit Schriftsätzen vom 16. und 18. Januar 1928 diejenigen Behauptungen vor, die das Kammergericht nach Beweiserhebungen zur Grundlage seiner Entscheidung gemacht hat. Die Revision meint, daß bei dieser Sachlage § 97 Abs. 2 ZPO. zum Nachteil des Beklagten hätte angewendet werden müssen. Das Berufungsgericht hat dies abgelehnt und dazu ausgeführt: Der Vorbehalt im Schriftsatz des Beklagten vom 14. April 1927 ergebe, daß er schon im ersten Rechtsgang habe vorbringen wollen, was er für die Löschung der Hypothek habe aufwenden müssen. Er habe nicht annehmen können, daß er auf Grund des — von ihm damals gar nicht vorgeschützten — § 138 BGB. schon im Termin vom 27. Mai 1927 obsiegen werde, sondern er habe damit rechnen dürfen, daß ihm mit Rücksicht auf seinen Vorbehalt noch Gelegenheit zu weiteren Ausführungen gegeben würde. Er habe es daher nicht zu vertreten, wenn er die vorbehaltenen Ausführungen erst in zweiter Instanz gebracht habe.

Die Revision meint, jener Vorbehalt sei als wertlos anzusehen; der Beklagte hätte alles, was er vorbringen wollte, sofort vorbringen müssen, da die Zivilprozeßordnung keine Prozeßabschnitte im Sinne der Eventualmaxime des gemeinen Zivilprozeßrechts kenne.

Die Rüge ist abzulehnen. § 97 Abs. 2 ZPO. ist zwar durch die Verordnung vom 13. Februar 1924 zur Beschleunigung des

Verfahrens als Mußvorschrift gestaltet worden; es kann aber zweifelhaft sein, ob die Gesetzesstelle überhaupt auf Fälle anwendbar ist, in denen — wie hier — die Partei, welcher Kosten auferlegt werden sollen, bereits im ersten Rechtsgang obgesiegt hatte. Auch wenn man dies bejahen wollte, liegt kein rechtlicher Verstoß des Berufungsgerichts vor. Die in Rede stehende Vorschrift verpflichtet den Richter nur dann, die Kosten des zweiten Rechtsgangs ganz oder teilweise der obsiegenden Partei aufzuerlegen, wenn sie nach seinem freien Ermessen imstande war, das neue Vorbringen schon im ersten Rechtsgang geltend zu machen. Dieses freie Ermessen hat das Kammergericht hier walten lassen, und es ist nicht ersichtlich, daß es sich dabei von rechtsirrigen Erwägungen, etwa über die Gestaltung des Verfahrens in bürgerlichen Rechtsstreitigkeiten, hätte leiten lassen. In Übereinstimmung mit Stein-Jonas ZPO. 13. Aufl. Anm. III zu § 97 (Bd. 1 S. 300/301) ist bei Anwendung der Vorschrift darauf abzustellen, ob die Partei zur Geltendmachung des Vorbringens im ersten Rechtsgang in der Lage und vom Standpunkt einer vernünftigen, gewissenhaften Prozeßführung auch verpflichtet war, und demgemäß anzunehmen, daß der im ersten Rechtsgang siegreich gewesenen Partei aus der Zurückhaltung von Rechtsbehelfen in der Regel kein Vorwurf gemacht werden kann. Diesen Grundsätzen entspricht die Stellungnahme des Vorderrichters durchaus.

---

13. Gilt die Formvorschrift des § 15 Abs. 4 GmbHG. auch dann, wenn sich jemand der Gesellschaft gegenüber zur Erwerbung eines Geschäftsanteils verpflichtet, der ihm dadurch verschafft werden soll, daß auf Veranlassung der Gesellschaft ein Gesellschafter seinen Geschäftsanteil ganz oder zum Teil an ihn abtritt?

II. Zivilsenat. Urt. v. 7. Januar 1930 i. S. Verkaufsgesellschaft D. St. mbH. (Bekl.) w. Br.er Tonröhrenwerk B., H. & Sch. GmbH. (Kl.). II 185/29.

I. Landgericht I Berlin.
II. Kammergericht daselbst.

Die Beklagte ist ein Verkaufssyndikat in der Rechtsform einer Gesellschaft mbH. mit dem Zweck, die von ihren Gesellschaftern hergestellten Kanalisationsröhren und anderen Waren aus glasiertem Ton und Steinzeug für Rechnung der Gesellschafter zu verkaufen. In einer notariellen Urkunde vom 18. Januar 1927 erklärte die Klägerin, daß sie der Beklagten mit Wirkung vom 1. Januar 1928 an als Gesellschafterin beitrete und sich verpflichte, „einen Stammanteil dieser Gesellschaft im Falle einer Erhöhung des Grundkapitals der Gesellschaft im Betrage von 220 RM. zu übernehmen bzw. nach Wahl der Gesellschaftsorgane einen bereits bestehenden Geschäftsanteil in gleicher Höhe im Wege der Abtretung zu erwerben". Des weiteren erklärte die Klägerin in jener Urkunde, daß ihr der Gesellschaftsvertrag und die Geschäftsordnung der Beklagten, beides in der gegenwärtigen Gestalt, bekannt seien. Endlich heißt es darin noch: Voraussetzung des Beitritts sei, daß die Verlängerung des an sich am 31. Dezember 1927 ablaufenden Gesellschaftsvertrags der Beklagten beschlossen werde, und ferner, daß auch die Firma Steinzeugröhren- und Dachziegelwerke GmbH. in B. ab 1. Januar 1928 der Beklagten beitrete. In einer Gesellschafterversammlung der Beklagten vom 14. September 1927 wurde u. a. beschlossen, den Gesellschaftsvertrag bis Ende 1937 zu verlängern und der Aufnahme der Klägerin in die Gesellschaft zuzustimmen. Am 29. Dezember 1927 erklärte sodann die Deutsche Steinzeugwarenfabrik für Kanalisation und Chemische Industrie-AG. in F. (im folgenden AG. F. genannt), eine Gesellschafterin der Beklagten, in notarieller Urkunde, daß sie von ihrem Geschäftsanteil in Höhe von 2920 RM. den Teilbetrag von 220 RM. an die Klägerin abtrete. Von jener Firma ist im Anhang zur Geschäftsordnung der verklagten Gesellschaft die Rede; es heißt dort: die AG. F. verzichte in Höhe von 790 GM. auf jedes Stimmrecht und verpflichte sich, „davon an etwa später hinzukommende Gesellschafter entsprechende Anteile abzutreten". Unbestritten ist endlich noch, daß die in der notariellen Erklärung der Klägerin vom 18. Januar 1927 erwähnte Firma Steinzeugröhren- und Dachziegelwerke GmbH. Ende Dezember 1928 von der Beklagten als Gesellschafterin aufgenommen worden ist.

Die Beklagte vertritt die Ansicht, die Klägerin sei mit Wirkung vom 1. Januar 1928 an Gesellschafterin geworden, zum mindesten sei sie aber verpflichtet, durch Annahme der Abtretung der AG. F. Gesellschafterin bei ihr zu werden. Die Klägerin bestreitet die Richtigkeit dieser Auffassung und verlangt mit der Klage Feststellung dahin, daß sie nicht verpflichtet sei, auf Grund der notariellen Urkunde vom 18. Januar 1927 der Beklagten als Gesellschafterin beizutreten und die Pflichten einer solchen zu erfüllen. Sie macht geltend: Aus der notariellen Erklärung vom 18. Januar 1927 sei für sie keine Verpflichtung erwachsen, weil es an einer gerichtlichen oder notariellen Annahme dieses ihres Vertragsangebots fehle. Die Abtretung der AG. F. vom 29. Dezember 1927 sei von ihr, Klägerin, nicht in der gesetzlichen Form (§ 15 GmbHG.) angenommen worden und deshalb nicht wirksam. Sie, Klägerin, sei aber auch deshalb nicht zum Beitritt verpflichtet, weil die Beklagte nach dem 18. Januar 1927 ihren Gesellschaftsvertrag abgeändert und den Beitritt der B.er Gesellschaft wider Treu und Glauben durch Gewährung von Sondervorteilen herbeigeführt habe. Die Beklagte beantragte widerklagend festzustellen, daß die Klägerin durch rechtsgültigen Erwerb eines Geschäftsanteils von 220 RM. seit dem 1. Januar 1928 ihre Gesellschafterin sei. Hilfsweise begehrt die Beklagte Verurteilung der Klägerin zur Annahme des Abtretungsangebots der AG. F. vom 29. Dezember 1927. Sie ist der Meinung, der dingliche Akt der Abtretung eines Geschäftsanteils von 220 RM. an die Klägerin sei schon vollzogen, und zwar dadurch, daß die AG. F., von deren Geschäftsanteil die 220 RM. für die Klägerin abgezweigt worden seien, das Angebot der Klägerin vom 18. Januar 1927 am 29. Dezember desselben Jahres angenommen habe. Von den Änderungen am Gesellschaftsvertrag — behauptet die Beklagte — habe die Klägerin im September 1927 Kenntnis erhalten; sie habe aber trotzdem ihre Beitrittserklärung nicht zurückgezogen. Der B.er Gesellschaft seien von der Beklagten keinerlei Sondervorteile gewährt worden.

Der erste Richter gab der Klage statt und wies die Widerklage ab. Berufung und Revision der Beklagten blieben ohne Erfolg.

Gründe:

Das angefochtene Urteil befaßt sich zunächst mit der den Gegenstand des Hauptantrags der Widerklage bildenden Frage, ob nicht — wie die Beklagte meint — in der notariellen Erklärung der Klägerin vom 18. Januar 1927 in Verbindung mit der notariellen Erklärung der AG. F. vom 29. Dezember 1927 der Abschluß eines dinglichen Abtretungsvertrags über einen Geschäftsanteil von 220 RM. zu finden sei. Der Hergang bei dieser Abtretung soll nach dem Vorbringen der Beklagten der gewesen sein, daß die Erklärung der Klägerin ein auf Abschluß des Abtretungsvertrags gerichtetes Angebot und die Abtretungserklärung der AG. F. die Annahme dieses Angebots enthalten habe. Mit Recht weist das Berufungsgericht diese Auffassung zurück. Sie verbietet sich schon deshalb, weil sich die Erklärung der Klägerin an die verklagte Gesellschaft richtet, die notarielle Urkunde vom 29. Dezember 1927 aber nur eine einseitige Abtretungserklärung der AG. F. gegenüber der Klägerin darstellt. Durch die beiden Erklärungen ist also kein Abtretungsvertrag zwischen der AG. F. und der Klägerin zustande gekommen. Zu einem solchen wäre die notarielle oder gerichtliche Annahme der Erklärung vom 29. Dezember 1927 durch die Klägerin erforderlich gewesen; diese hat aber niemals stattgefunden. Hieran vermag auch die Tatsache nichts zu ändern, daß für die verklagte Gesellschaft, wenn sie zur Bildung des von der Klägerin zu übernehmenden Geschäftsanteils den Weg der Abzweigung von einem schon bestehenden Geschäftsanteil wählte, als abtretender Gesellschafter nach ihrer Geschäftsordnung von vornherein nur die AG. F. in Frage kam. Denn die Urkunde vom 18. Januar 1927 enthält kein Vertragsangebot gegenüber dieser Gesellschaft (die dort überhaupt nicht erwähnt ist), und ein solches könnte darin auch dann nicht gefunden werden, wenn der Klägerin am 18. Januar 1927 die erwähnte Bestimmung der Geschäftsordnung der Beklagten bekannt gewesen sein sollte. Nach der Fassung jener Urkunde kann dem Berufungsgericht nur beigetreten werden, wenn es sagt: es sei nichts darin enthalten, was darauf hindeuten würde, daß die Klägerin, abgesehen von der Verpflichtungserklärung gegenüber der Beklagten, auch noch der AG. F. ein Angebot auf Abschluß eines dinglichen Abtretungsvertrags gemacht habe.

Das Berufungsgericht verneint dann auch die weitere Frage, ob sich die Klägerin persönlich (schuldrechtlich) wirksam verpflichtet habe, die von der AG. F. am 29. Dezember 1927 erklärte Abtretung anzunehmen und auf diesem Weg Gesellschafter der Beklagten zu werden. Ein Vertrag des Inhalts, daß die Klägerin den Geschäftsanteil durch Abtretung zu erwerben habe, sei — so führt das Berufungsgericht aus — zwischen ihr und der verklagten Gesellschaft nicht zustande gekommen. Denn zu einer wirksamen Annahme des Vertragsangebots der Klägerin durch die Beklagte habe es der Wahrung der Form des § 15 Abs. 4 GmbHG. bedurft. Der persönliche Verpflichtungsvertrag habe nach Lage der Umstände zwischen der Klägerin und der Beklagten geschlossen werden müssen. Nur diese habe sonach das Angebot der Klägerin vom 18. Januar 1927 annehmen können. Deshalb komme die Abtretungserklärung der AG. F. hierfür nicht in Betracht, auch dann nicht, wenn diese, was allerdings anzunehmen sei, im Auftrag der Beklagten gehandelt habe. Denn die Urkunde vom 29. Dezember 1927 enthalte nur eine abstrakte Abtretungserklärung, lasse aber nicht erkennen, daß die AG. F. noch etwas weiteres habe erklären wollen, nämlich die Annahme des Angebots vom 18. Januar 1927, sei es als Vertreter oder gar als Zessionar der Beklagten. Wohl habe die Beklagte, indem sie die AG. F. zur Abgabe ihrer Abtretungserklärung veranlaßt habe, den Willen zur Annahme des Vertragsangebots der Klägerin schlüssig bekundet; aber eine notarielle Annahmeerklärung liege eben nicht vor. Eine formgerechte Annahmeerklärung der Beklagten könne auch nicht darin gefunden werden, daß ihre Gesellschafterversammlung vom 14. September 1927 die Aufnahme der Klägerin zu notariellem Protokoll beschlossen habe. Denn hierbei habe es sich nicht um eine an die Klägerin gerichtete Willenserklärung gehandelt, sondern um eine innere Angelegenheit der Gesellschaft. Wenn der Geschäftsführer der Beklagten, wie diese behaupte, der Klägerin von jenem Beschluß der Gesellschafterversammlung Mitteilung gemacht habe, so sei dies allerdings eine auf Annahme des Vertragsangebots der Klägerin gerichtete schlüssige Handlung, mangels der erforderlichen Form sei sie aber ohne Bedeutung.

Die Revision meint demgegenüber, der Verpflichtungsvertrag, um den es sich hier handle, habe überhaupt nicht der gerichtlichen oder notariellen Form bedurft. Soweit die Erklärung der Klägerin vom 18. Januar 1927 auf die Verpflichtung gerichtet sei, im Falle der Erhöhung des Stammkapitals einen Geschäftsanteil in Höhe von 220 RM. zu übernehmen, komme von vornherein nur die Formvorschrift des § 55 Abs. 1 GmbHG. in Betracht, nämlich eine gerichtlich oder notariell aufgenommene oder beglaubigte einseitige Erklärung des Übernehmers ohne das Erfordernis der Annahme. Soweit es sich aber um die zweite Möglichkeit — Erwerb durch Abtretung eines bestehenden Geschäftsanteils — handle, sei § 15 Abs. 4 GmbHG. deshalb nicht anwendbar, weil die Erklärung vom 18. Januar 1927 nicht an einen ihrer Gesellschafter, sondern an die Gesellschaft selbst gerichtet sei und weil deren Verpflichtung, wenn man jene Erklärung zugrunde lege, nur dahin gehe, daß sie der Klägerin den Geschäftsanteil eines Gesellschafters oder einen Teil davon zu beschaffen habe. Es liege also nur eine Verpflichtung der Gesellschaft zur Herbeiführung der Handlung eines Dritten (eines der Gesellschafter) vor. Eine solche Verpflichtung unterliege aber nicht der Formvorschrift des § 15 Abs. 4 a. a. O. Überhaupt gelte diese Vorschrift nicht für Verträge, die nicht unmittelbar die Begründung einer Verpflichtung zur Abtretung zum Gegenstand hätten. Hier könne von solcher Unmittelbarkeit keine Rede sein; es handle sich vielmehr um die Verpflichtung zu einem vermittelten Erwerb, weil kein Vertragsabschluß mit einem (abtretenden) Gesellschafter, sondern nur ein solcher mit der Gesellschaft in Frage komme, von welcher der Erwerber den Geschäftsanteil bloß mittelbar, durch Herbeiführung der Handlung eines Gesellschafters, erhalten könne.

Die Rüge kann keinen Erfolg haben.

Der Gedanke der Revision ist der, daß dann, wenn ein Vertragsabschluß zwischen der verklagten Gesellschaft mbH. und der Klägerin mit dem aus der Erklärung vom 18. Januar 1927 ersichtlichen Inhalt ohne Einhaltung der Form des § 15 Abs. 4 habe erfolgen können, dieser Vertrag auch zustande gekommen sei, und zwar dadurch, daß der Geschäftsführer der Beklagten der Klägerin von dem auf ihre Aufnahme gerichteten Beschluß der Gesellschafterversammlung Mitteilung gemacht habe. Darin wäre in der Tat eine als formlose Annahme des Vertragsangebots der Klägerin zu deutende Handlung der Beklagten zu erblicken, wovon auch der Berufungsrichter ausgeht. Vom Vertragsangebot der Klägerin wäre damit ausgeschieden die Möglichkeit, daß ihr Eintritt in die verklagte Gesellschaft durch Übernahme eines Stammanteils im Falle einer Kapitalserhöhung erfolgen könnte. Denn dies kam nicht mehr in Betracht, nachdem die Beklagte ihr Wahlrecht dahin ausgeübt hatte, daß die Klägerin im Wege der Abtretung eines Geschäftsanteils von 220 RM. durch die AG. F. aufgenommen werden solle. Darauf, was zum Eintritt der Klägerin erforderlich gewesen wäre, wenn die Beklagte den in der Erklärung vom 18. Januar 1927 zuerst genannten Weg gewählt hätte, braucht demnach nicht eingegangen zu werden.

Nach dem Wortlaut des § 15 Abs. 4 GmbHG. gilt der Formzwang allerdings nur dann, wenn durch eine Vereinbarung die Verpflichtung eines Gesellschafters zur Abtretung eines Geschäftsanteils (oder eines Teils davon) begründet werden soll. Es ist also an eine Vereinbarung zwischen einem Gesellschafter als Abtretendem und einem andern (Gesellschafter oder Nichtgesellschafter) als künftigem Abtretungsempfänger gedacht. Die Vorschrift findet aber nach der Rechtsprechung des Reichsgerichts (vgl. RGZ. Bd. 102 S. 63 und die dort angeführten Entscheidungen) auch dann Anwendung, wenn sich jemand gegenüber einem Gesellschafter zur Abnahme eines Geschäftsanteils verpflichtet, gleichviel, ob dieser Gesellschafter seinerseits die Verpflichtung zur Abtretung des Geschäftsanteils übernimmt. Diese erweiternde Auslegung des § 15 Abs. 4 wird mit dem Hinweis auf den Zweck der Vorschrift begründet, wonach durch den Formzwang der spekulative Handel mit Geschäftsanteilen von Gesellschaften mbH. verhindert werden soll. Aus der bezeichneten Rechtsprechung ergibt sich nun allerdings nicht ohne weiteres die Notwendigkeit, auch die Vereinbarung einer schuldrechtlichen Verpflichtung wie der hier fraglichen unter den Formzwang des § 15 Abs. 4 zu stellen. Denn die Erklärung der Klägerin vom 18. Januar 1927 sollte, zur Vereinbarung gediehen, lediglich gegenüber der verklagten Gesellschaft eine Verpflichtung zum „Eintritt" in die Gesellschaft begründen.

Es fragt sich daher, ob die Formvorschrift des § 15 Abs. 4 auch dann gilt, wenn sich jemand gegenüber der Gesellschaft mbH. verpflichtet, einen Geschäftsanteil zu erwerben, also abzunehmen, der ihm durch die Gesellschaft in der Weise verschafft werden soll, daß auf ihre Veranlassung einer der Gesellschafter seinen Stammanteil oder einen Teil davon an ihn abtritt. Die Frage ist zu bejahen. Dabei hat die Möglichkeit hier auszuscheiden, daß die Beklagte selbst Inhaberin eines oder mehrerer Geschäftsanteile gewesen wäre und deshalb im Sinne der Erklärung vom 18. Januar 1927 als Abtretende hätte in Aussicht genommen werden können. Denn nirgends ist davon die Rede, daß sie als Gesellschaft eigene Geschäftsanteile besessen hätte. Hier kam vielmehr, wie schon erwähnt, als Abtretende von vornherein nur die Gesellschafterin AG. F. in Betracht. Würde man die gegenüber der Gesellschaft erklärte Verpflichtung zur Abnahme eines von Gesellschafterseite abzutretenden Geschäftsanteils von der Form des § 15 Abs. 4 freistellen, so wäre der Umgehung dieser Vorschrift Tür und Tor geöffnet. Die Verpflichtung zur Abnahme eines von Gesellschafterseite abzutretenden Geschäftsanteils könnte dann einfach dadurch begründet werden, daß der in eine Gesellschaft mbH.

Aufzunehmende seine Verpflichtungserklärung nicht dem abtretenden Gesellschafter, sondern der Gesellschaft gegenüber abgeben würde, und zwar formlos. Auf Grund einer solchen — von der Gesellschaft angenommenen — Erklärung könnte der Aufzunehmende zur Annahme des Abtretungsangebots gezwungen werden, das ihm in inhaltlicher Übereinstimmung mit seiner Verpflichtungserklärung von einem Gesellschafter auf Veranlassung der Gesellschaft gemacht wurde. Damit wäre aber die Vorschrift des § 15 Abs. 3, wonach es zur Abtretung von Geschäftsanteilen durch Gesellschafter eines in gerichtlicher oder notarieller Form geschlossenen Vertrags bedarf, so gut wie außer Kraft gesetzt.

Die Revision sucht die Ansicht, daß die von der Klägerin durch die Erklärung vom 18. Januar 1927 angebahnte Vereinbarung nicht der Form des § 15 Abs. 4 bedurft habe, auch mit dem Hinweis darauf zu begründen, daß die hier beabsichtigte Vereinbarung eine Verpflichtung zur Abtretung nicht zum unmittelbaren Inhalt gehabt habe. Denn jene Erklärung habe nur bezweckt, die Gesellschaft zur Beschaffung eines Geschäftsanteils für die Klägerin zu verpflichten. Daß dies beabsichtigt war, ist ganz richtig. Außerdem verpflichtete sich aber damals die Klägerin, und zwar endgültig, zum Erwerb, also auch zur Abnahme des ihr von der Beklagten zu verschaffenden Geschäftsanteils im Betrage von 220 RM. Insofern war zwar nicht eine Verpflichtung zur Abtretung, wohl aber — was dem in Ansehung des Formzwangs gleichsteht — die Verpflichtung der Klägerin zur Entgegennahme des für sie zu beschaffenden Geschäftsanteils unmittelbarer Inhalt ihrer Erklärung und der durch sie vorbereiteten Vereinbarung mit der verklagten Gesellschaft.

Nach alledem konnte auch ein wirksamer Verpflichtungsvertrag zwischen der Klägerin und der Beklagten mit dem in der Erklärung vom 18. Januar 1927 niedergelegten Inhalt nicht ohne Wahrung der Form des § 15 Abs. 4 GmbHG. zustande kommen.

---

14. Finden die Verjährungsvorschriften in § 117 Nr. 7, § 118 des Binnenschiffahrtsgesetzes auch Anwendung auf den dinglichen Anspruch aus nautischem Verschulden eines Schiffs-

eigner-Schiffers, sowie auf den persönlichen Anspruch aus solchem Verschulden und aus einem Verschulden der Schiffsbesatzung nach § 114 das.?

I. Zivilsenat. Urt. v. 8. Januar 1930 i. S. N. D.-B. Elbeschiffahrt A.-G. (Kl.) w. W. (Bekl.). I 211/29.

I. Landgericht Magdeburg.
II. Oberlandesgericht Naumburg.

Am 2. September 1926 stieß ein Kahn der Klägerin auf der Elbe mit einem dem Beklagten gehörigen und von diesem geführten Kahn zusammen, der von einem Dampfer geschleppt wurde. Die Klägerin behauptet, das Verschulden an dem Zusammenstoß treffe den Beklagten oder die Besatzung seines Kahns, und fordert von ihm Schadensersatz. Sie hat zunächst, im Jahre 1927, von dem auf 20740,85 RM. berechneten Schaden als Teilbetrag 4000 RM. eingeklagt und dann im Schriftsatz vom 6. Januar 1928 den Betrag auf 4001 RM. erhöht. Der Beklagte bestritt die Klagforderung nach Grund und Höhe. Das Landgericht erklärte den Klaganspruch dem Grunde nach für berechtigt. Der hiergegen gerichteten Berufung des Beklagten schloß sich die Klägerin an; sie erweiterte die Klagforderung dahin, daß der Klaganspruch in Höhe von 20740,85 RM. dem Grunde nach für berechtigt erklärt werden solle. Dem 4000 RM. übersteigenden Anspruch setzte der Beklagte die Einrede der Verjährung gemäß §§ 117, 118 BinnSchG. entgegen. Das Oberlandesgericht wies die Berufung und die Anschlußberufung mit der Maßgabe zurück, daß der Anspruch in Höhe von 4000 RM. dem Grunde nach für gerechtfertigt erklärt werde. Die Revision der Klägerin blieb erfolglos.

Gründe:

(Es wird zunächst berichtet, daß das Berufungsgericht angenommen hat, der die Summe von 4000 RM. übersteigende Klaganspruch sei gleichermaßen verjährt, möge er nun aus Verschulden des Bootsmanns oder aus alleinigem oder mitwirkendem eigenem nautischen Verschulden des Schiffseigner-Schiffers herzuleiten sein. Dann heißt es weiter:)

Dem Berufungsgericht ist beizutreten. Nach § 117 Nr. 7, § 118 BinnSchG. verjähren mit dem Ablauf eines Jahres vom Schluß des Jahres ab, in dem die Forderung fällig geworden ist, die Forderungen aus dem Verschulden einer Person der Schiffsbesatzung. Das Berufungsgericht nimmt an, daß die Voraussetzungen des § 114 BinnSchG. ebenfalls gegeben seien. Danach ist der Haftung des Beklagten mit dem Schiffsvermögen auch seine persönliche Haftung zur Seite getreten. Dieser persönliche Anspruch ist mit der Klage geltend gemacht worden. Die Erfüllung der nach §§ 117, 118 BinnSchG. maßgebenden zeitlichen Voraussetzungen der Verjährung ergibt sich für die erst nach Schluß des Jahres 1927 rechtshängig gewordene Forderung aus der Sachlage.

Einer Erörterung bedarf daher mit Rücksicht auf die nicht ganz klare Stellungnahme eines Teiles des Schrifttums (Förtsch Binnenschiffahrtsgesetz 2. Aufl. S. 333) zunächst, ob § 117 Nr. 7 BinnSchG. auch den persönlichen Anspruch gemäß § 114 das. erfaßt. Das ist im wesentlichen aus den von Mittelstein (Ehrenbergs Handbuch Bd. VII 1 § 95 unter 2) entwickelten Gründen zu bejahen. Die Erwägungen, die zur Einführung der kurzen Verjährungsfrist des § 117 BinnSchG. geführt haben, sprechen gleichermaßen für die kurze Verjährung auch dieses neben den dinglichen getretenen persönlichen Anspruchs. Bei beiden Ansprüchen erfordern die Verhältnisse der Binnenschiffahrt in gleicher Weise eine schleunige Abwicklung, weil eine zuverlässige Prüfung der tatsächlichen Vorgänge nach längerer Zeit häufig nicht mehr möglich ist (Begründung S. 126). Der Wortlaut des Gesetzes deckt diese Auffassung vollkommen. Die Begründung des Gesetzes erklärt als selbstverständlich, daß die Verjährung der dinglichen Ansprüche, wie in § 902 HGB., die der persönlichen erfasse. Hieraus den Schluß zu ziehen, daß § 117 BinnSchG. in Angleichung an die seerechtliche Regelung, wie der in § 902 HGB. angezogene § 901 HGB. (RGZ. Bd. 36 S. 116), nur auf dingliche Forderungen zu beziehen sei, wäre schon wegen des abweichenden Wortlauts von § 117 BinnSchG. und § 901 HGB. verfehlt.

Die fernere Frage, ob der aus einem nautischen Versehen des Schiffseigner-Schiffers abzuleitende Anspruch ebenfalls verjährt sei, hat der Berufungsrichter ausführlich erörtert. Beizutreten ist seiner Ansicht, daß die Vorschrift des § 117 Nr. 7 BinnSchG. auf die Forderungen aus nautischem Verschulden des Schiffseigner-Schiffers auszudehnen sei, soweit dieser gemäß § 4 Abs. 2 Satz 2 BinnSchG. nur mit dem Schiffsvermögen haftet. Zur Begründung hierfür hat das Berufungsgericht ausgeführt: Es müsse in § 117 Nr. 7 mit Rücksicht darauf, daß dort nur § 4 Abs. 1 Nr. 3, nicht aber § 4 Abs. 2 BinnSchG. angeführt sei, die Frage als offengelassen betrachtet werden, ob diese Vorschrift auch auf den Schiffseigner-Schiffer anzuwenden sei. Diese Frage sei aber im Anschluß an eine Entscheidung des Kammergerichts (Rspr. OLG. 32 S. 190) mit Rücksicht auf die durch eine längere Verjährungsfrist eintretende Gefährdung des Verkehrs zu bejahen.

Die Revision will aus der Nichtanführung des § 4 Abs. 2 in § 117 Nr. 7 BinnSchG. in Verbindung mit dem Wortlaut dieser Vorschrift schließen, daß die in Rede stehende binnenschiffahrtsrechtliche Verjährungsfrist nicht für Ansprüche aus Verschulden des Schiffseigner-Schiffers bestimmt sei. Sie sucht dies durch den Hinweis darauf zu stützen, daß in der die Haftung des Schiffseigner-Schiffers grundsätzlich regelnden Vorschrift des § 4 Abs. 2 Satz 1 BinnSchG. auf die allgemeinen Grundsätze für die Haftung aus eigenem Verschulden verwiesen und von dieser Regelung in dem folgenden Satz 2 ein nur unter gewissen Bedingungen eintretender Ausnahmefall festgesetzt worden sei. Sie bestreitet auch, daß auf die Verjährung von Ansprüchen gegen den Schiffseigner-Schiffer die Erwägungen über die Verkehrsbedürfnisse zuträfen, die für die Einführung der kurzen Verjährungsfrist des § 117 maßgebend gewesen sind.

Zunächst kann schon im letzteren Punkte der Revision nicht beigepflichtet werden. Mit Rücksicht auf die pfandrechtliche Erfassung des Schiffsvermögens im Falle eines Verschuldens des Schiffseigner-Schiffers (§ 102 Nr. 5 Abs. 2 BinnSchG.) liegt schon an sich auch bei Ansprüchen gegen ihn eine schleunige Klärung über die Begründetheit solcher Ansprüche im Interesse der Verkehrssicherheit. Hinzu kommt weiter folgendes. Die Erfahrung lehrt, daß bei den Verhältnissen der Schiffahrt auch in lediglich binnenschiffahrtsrechtlichen Streitigkeiten die Heranschaffung der Zeugen für die auf der einen und der anderen Seite gegeben gewesene tatsächliche Lage häufig mit den größten Schwierigkeiten verbunden ist, die sich mit längerem Zeitablauf ständig erhöhen. Dies ist auch bei Ansprüchen aus eigenem Verschulden des Schiffseigner-Schiffers der Fall und läßt auch bei ihnen eine schleunige Abwicklung des Anspruchs geboten erscheinen. Es treffen somit die Erwägungen, die für die Einführung der kurzen Verjährungsfrist bestimmend waren, auch bei Ansprüchen aus dem

Verschulden eines Schiffseigner-Schiffers zu. Aus dem Wortlaut des § 117 Nr. 7 und der Nichtanführung des § 4 Abs. 2 BinnSchG. kann in dieser Hinsicht nichts Entscheidendes gefolgert werden. Die in Klammern angeführten Gesetzesstellen, §§ 3, 4 Nr. 3, §§ 7, 9 BinnSchG., sind — das ist neuerdings in Rechtsprechung und Schrifttum anerkannt (Mittelstein in Ehrenbergs Handbuch Bd. VII 1 § 95 unter 9, S. 426; RGZ. Bd. 105 S. 199) — nur beispielsweise angeführt. Die Nichtanführung von § 4 Abs. 2 kann daher nicht dazu verwandt werden, der Vorschrift einschränkende Bedeutung beizulegen. Es kommt weiter hinzu, daß eine Bestimmung dieses Inhalts, welche die Haftung der kleinen Eigenschiffer einschränkt, erst auf Veranlassung der Reichstagskommission in das Gesetz aufgenommen, von der Redaktionskommission in die jetzige Fassung gebracht und vom Reichstag in dieser Fassung angenommen worden ist. An der Fassung des § 117 Nr. 7 wurde jedoch nichts geändert (vgl. Mittelstein in Ehrenbergs Handbuch Bd. VII 1 § 12 unter 4; Mittelstein Das deutsche Binnenschiffahrtsrecht Bd. 1 S. 11, 17). Daß in ihm auf die neueingefügte Vorschrift des § 4 Abs. 2 nicht Rücksicht genommen ist, kann danach sehr wohl auf einem Redaktionsversehen beruhen. Aus diesem Grunde kann daher auch dem Wortlaut des § 117 Nr. 7, der allerdings nur von einem Verschulden der Besatzung spricht, kein ausschlaggebendes Gewicht für den der Vorschrift zu erteilenden Umfang beigelegt werden. Auch die besondere Erwähnung des Schiffseigner-Schiffers in § 102 Nr. 5 BinnSchG. besagt in dieser Richtung nichts. Ihr Wortlaut gibt vielmehr einen Anhaltspunkt dafür, daß der Schiffseigner-Schiffer im allgemeinen zu den Mitgliedern der Besatzung zu rechnen ist. Man muß hier berücksichtigen, daß der Sache nach das nautische Verschulden des Schiffseigner-Schiffers durch § 4 Abs. 2 BinnSchG. demjenigen eines Besatzungsmitglieds in seinen Folgen — abgesehen von dem Ausnahmefall böswilliger Handlungsweise — gleichgestellt worden ist, daß ferner die Erwägungen, die für die Einführung der kurzen Verjährungsfrist für Ansprüche aus Verschulden der Schiffsbesatzung maßgebend waren, auch für die Ansprüche aus Verschulden des Schiffseigner-Schiffers zutreffen. Dann ist es aber nach Zweck und Bedeutung der Vorschrift des § 117 Nr. 7 geboten, sie auch auf das nautische Verschulden des Schiffseigner-Schiffers auszudehnen, das nicht in Böswilligkeit seinen Ursprung hat. Böswilligkeit hat das Berufungsgericht verneint. Daß der gemäß § 114 BinnSchG. entstandene persönliche Anspruch der gleichen Verjährungsfrist unterliegt, ist schon dargelegt worden. Mit Recht ist daher die Klagforderung, soweit sie nicht vor Ende des Jahres 1927 rechtshängig gemacht war, als verjährt betrachtet worden.

---

15. Kommt bei der Firma einer Gesellschaft mbH., die allein dem Gegenstand des Unternehmens entnommen ist, für die Frage, ob sie geeignet ist, eine Täuschung über die Art oder den Umfang des Geschäfts herbeizuführen, nur ein etwaiger Zusatz (HGB. § 18 Abs. 2) oder die ganze Firma in ihrem Gesamteindruck in Betracht?

HGB. § 18 Abs. 2. GmbHG. § 4. FGG. § 28.

II. Zivilsenat. Beschl. v. 10. Januar 1930 i. d. Handelsregistersache der Firma Vereinigte Weingutsbesitzer Weingroßhandlung Sektkellerei GmbH. II B 16/29.

I. Amtsgericht Koblenz.
II. Landgericht daselbst.

Der Sachverhalt und die Entscheidung ergeben sich aus den

Gründen:

Der vorliegende Antrag der Beschwerdeführerin auf Löschung der Firma „Vereinigte Weingutsbesitzer Weingroßhandlung Sektkellerei GmbH." in Koblenz ist am 18. Januar 1928 gestellt worden, als diese Firma lautete „Vereinigte Weingutsbesitzer Wein- und Sektkellereien GmbH." in Koblenz. Die Beschwerdeführerin hat ihren Antrag aufrechterhalten, auch nachdem die Gesellschaft durch Gesellschafterbeschluß vom 20. Juni 1928 ihre Firma in „Vereinigte Weingutsbesitzer Weingroßhandlung Sektkellerei GmbH." abgeändert hatte und diese Änderung am 19. Juli 1928 in das Handelsregister eingetragen worden war. Zur Begründung ihres Löschungsantrags macht die Beschwerdeführerin (soweit ihr Vorbringen nach dieser Firmenänderung noch in Betracht kommt) geltend: Die Firma rufe durch die Worte „Vereinigte Weingutsbesitzer" den Eindruck hervor, als sei das unter dieser Bezeichnung betriebene Unternehmen eine Vereinigung von Weingutsbesitzern, die unter Ausschaltung des Zwischenhandels lediglich eigene Gewächse vertreibe. Das sei aber nicht der Fall. Das Unternehmen treibe vielmehr in größerem Umfang Zwischenhandel mit zugekauften Weinen und sei daher eine Weinhandlung. Die Gesellschafter seien nach dem Gesellschaftsvertrag nicht einmal verpflichtet, ihren Wein der Gesellschaft zur Weiterveräußerung zu überlassen, und die Gesellschaft sei nicht verpflichtet, den von den Gesellschaftern erzeugten Wein zu vertreiben. Auch durch den in Abänderung der bisherigen Firma aufgenommenen Firmenbestandteil „Weingroßhandlung" werde dieser falsche Eindruck nicht beseitigt; denn die Worte „Vereinigte Weingutsbesitzer" seien der beherrschende Teil der Firma. Das Registergericht wies nun, nachdem die oben erwähnte Firmenänderung erfolgt, d. h. das Wort „Weingroßhandlung" an die Stelle des bisherigen Firmenbestandteils „Weinkellereien" getreten war, durch Beschluß vom 12. September 1928 den Löschungsantrag ab, weil die nunmehrige Firma weder gegen § 4 GmbHG. noch gegen § 18 Abs. 2 HGB. verstoße.

Die von der Antragstellerin hiergegen eingelegte Beschwerde wurde vom Landgericht zurückgewiesen. Es erblickt in dem nur noch aus § 18 Abs. 2 HGB. beanstandeten Firmenbestandteil „Vereinigte Weingutsbesitzer" in Übereinstimmung mit dem Registerrichter nicht einen Zusatz zur Firma, sondern einen Teil des eigentlichen Firmenkerns, der früher nur aus den Worten „Vereinigte Weingutsbesitzer GmbH." bestanden, in dieser Form aber der Vorschrift des § 4 GmbHG. nicht genügt habe, weil eine solche Firma nicht dem Gegenstand des Unternehmens entlehnt sei. Seien jedoch jene Worte nicht als Zusatz zur Firma anzusehen, so sei § 18 Abs. 2 HGB. auf sie nicht anwendbar, selbst wenn die Worte die Gefahr einer Täuschung hervorzurufen geeignet seien. Eine solche Gefahr sei aber (wie hilfsweise bemerkt wird) zu verneinen. Endlich verneint das Landgericht anscheinend auch ein öffentliches Interesse, das den Registerrichter nach § 144 Abs. 2 FGG. zum Einschreiten veranlassen könnte.

Der weiteren Beschwerde der Antragstellerin möchte das Kammergericht stattgeben. Es sieht sich aber hieran gehindert durch den Beschluß des Oberlandesgerichts Braunschweig vom 17. November 1911 (ROLG. Bd. 24 S. 113), der den § 18 Abs. 2 HGB. nur auf Zusätze, die eine Firma haben k ö n n e, nicht aber auf wesentliche Bestandteile einer Firma für anwendbar erklärt. Das Kammergericht hat daher die weitere Beschwerde gemäß § 28 Abs. 2 FGG. dem Reichsgericht zur Entscheidung vorgelegt. Es ist grundsätzlich der Ansicht, daß dieser Unterschied für die Behandlung der hier zu entscheidenden Frage nicht gerechtfertigt sei, wenn — wie hier — die Firma der Gesellschaft mbH. dem Gegenstand des Unternehmens entnommen sei. Es nimmt an, daß eine solche Firma nach der auf Firmen von Gesellschaften mbH. nur sinngemäß anzuwendenden Vorschrift des § 18 Abs. 2 HGB. in ihrem Gesamtbild nicht geeignet sein dürfe, über Art und Umfang des Geschäfts zu täuschen, gleichgültig ob es sich um den Firmenkern, d. h. um den gesetzlich schlechthin notwendigen Firmenteil (RGZ. Bd. 96 S. 197), oder nur um einen Firmenzusatz, d. h. einen nicht notwendigen Firmenteil, handle. Trotzdem nimmt das Kammergericht Stellung zu der Frage, was hier Firmenkern und was Firmenzusatz sei, und gelangt in erster Linie zu der Ansicht, daß der hier beanstandete Firmenbestandteil „Vereinigte Weingutsbesitzer" als Hinweis auf den Gegenstand des Unternehmens nach § 3 des Gesellschaftsvertrags vom 9. Juli 1908 (Vertrieb der Weine eigenen Wachstums der Gesellschafter) und nach der Entstehungsgeschichte der Firma den Firmenkern, dagegen die Worte „Weingroßhandlung Sektkellerei" einen Firmenzusatz darstellten. Endlich meint das Kammergericht, die jetzige Firma „Vereinigte Weingutsbesitzer Weingroßhandlung Sektkellerei" sei in ihrer Gesamtheit geeignet, über die Art des Geschäfts zu täuschen. Denn durch die Worte „Vereinigte Weingutsbesitzer" in der Firma einer den Handel mit Wein betreibenden Gesellschaft werde in der breiten Masse des Publikums die Anschauung erweckt, daß es sich um die Firma eines aus Weingutsbesitzern gebildeten Unternehmens handle, das jedenfalls überwiegend deren Erzeugnisse in den Handel bringe und daher wegen der Vermeidung des Zwischenhandels in der Lage sei, Weine billiger zu liefern als auf dem Umweg über den Zwischenhandel. Bringe aber die Vereinigung, wie unstreitig sei, in großem Umfang auch angekaufte fremde Gewächse in den Handel, so liege in den Worten „Vereinigte Weingutsbesitzer" eben die Möglichkeit einer Täuschung des Publikums über die Art des Geschäfts im Sinne des § 18 Abs. 2 HGB. Das Kammergericht bejaht schließlich auch — im Gegensatz zur Hilfsbegründung des Landgerichts — das Erfordernis des öffentlichen Interesses an der Löschung (§ 144 Abs. 2 FGG.).

Zunächst war zu prüfen, ob überhaupt ein Fall des § 28 FGG. vorliegt. Das war zu bejahen. Denn jedenfalls hat das Oberlandesgericht Braunschweig in dem oben erwähnten, ebenfalls die Firma einer Gesellschaft mbH. betreffenden Fall dem § 18 Abs. 2 HGB. eine Auslegung gegeben, von der das Kammergericht abweichen will. Die Art der Auslegung ist aber mindestens in gewissem Umfang für die Entscheidung des vorliegenden Falles von Erheblichkeit. Daß die Entscheidung ausschließlich auf der Art der Auslegung der fraglichen Vorschrift beruhe, ist nicht erforderlich (RGZ. Bd. 76 S. 171; Schlegelberger Anm. 11 zu § 28 FGG.).

Bei Auslegung des § 18 HGB. ist davon auszugehen, daß die darin enthaltenen Einzelbestimmungen im Interesse der öffentlichen Ordnung gegeben sind, ihre Beobachtung deshalb dem Registerrichter von Amts wegen obliegt. Während in Abs. 1 der Grundsatz der Firmenwahrheit für die neue Firma des Einzelkaufmanns ausgesprochen wird, werden in Abs. 2 wahrheitswidrige oder irreführende, insbesondere zur Täuschung über Art und Umfang des Geschäfts oder über die Verhältnisse des Geschäftsinhabers geeignete „Zusätze" verboten. Wie allgemein anerkannt ist, bezieht sich dieses Verbot, obgleich es sich an die Vorschrift über die Firma des Einzelkaufmanns anschließt, auf alle Firmen (vgl. Staub-Bondi HGB. Anm. 7 zu § 18; Düringer-Hachenburg Anm. 6 zu § 18; Hachenburg GmbHG. Anm. 8 zu § 4). Da auch die Gesellschaft mbH. eine Handelsgesellschaft ist und da für die Handelsgesellschaften nach § 6 HGB. die Vorschriften über die Kaufleute gelten, so gilt die Vorschrift des § 18 Abs. 2 HGB. auch für die Gesellschaft mbH. (JW. 1910 S. 120 Nr. 31; Hachenburg a. a. O. Anm. 8 zu § 4; Brodmann GmbHG. Anm. 2, 4, 5, 6 zu § 4). Dadurch, daß der Abs. 1 des § 18 nur von der Firma des Einzelkaufmanns handelt und für diesen die Personenfirma vorschreibt und daß das in Abs. 2 enthaltene Verbot der Hinzufügung eines ein Gesellschaftsverhältnis andeutenden Zusatzes sich ebenfalls nur auf die Firma des Einzelkaufmanns beziehen soll, erklärt sich der Ausdruck „Zusatz" in Abs. 2. Er bedeutet die Beifügung eines weiteren Firmenbestandteils, der nicht notwendig ist, in erster Linie zu der gebotenen Personenfirma des Einzelkaufmanns, die in der Entscheidung des erkennenden Senats RGZ. Bd. 96 S. 197 (in einem Falle, der mit dem vorliegenden tatsächlich und rechtlich nichts zu tun hat) als „Firmenkern" bezeichnet wird. Die Firma des Einzelkaufmanns, die gesetzlich aus seinem Familiennamen bestehen soll, kann, wenn dieser wahrheitsgemäß angegeben ist, keinen Anlaß zu Täuschungen im Sinne des § 18 Abs. 2 HGB. geben. Die Frage, ob es etwa bei Begründung der Firma in der Absicht des Alleininhabers gelegen hat, Verwechslungen mit der gleich oder ähnlich lautenden Firma eines älteren bekannten Geschäftsunternehmens herbeizuführen und auf diese Weise Nutzen aus dem gleichen oder ähnlichen Firmennamen eines andern zu ziehen, hat hier außer Betracht zu bleiben. Sie gehört in das Gebiet des unlauteren Wettbewerbs, womit der vorliegende Fall nichts zu tun hat, da es sich hier allein um die registerrichterlichen Firmenvorschriften handelt. In der Firma eines Einzelkaufmanns können also zur Täuschung über Art und Umfang des Geschäfts nur etwaige Zusätze zu der gebotenen Personenfirma geeignet sein.

Das gleiche gilt entsprechend von der Firma einer Gesellschaft mbH., falls diese gemäß § 4 GmbHG. allein oder neben dem Bestandteil einer Sachfirma den oder die Namen eines oder mehrerer ihrer Gesellschafter in ihre Firma aufgenommen hat. Dagegen liegt kein Anlaß vor anzunehmen, daß dann, wenn die Firma allein dem Gegenstand des Unternehmens entnommen ist, nur ein Zusatz als irreführend in Betracht kommen könne. In solchem Falle wird vielmehr die ganze Firma in ihrem Gesamteindruck nach dieser Richtung zu prüfen sein, wie auch das Kammergericht zutreffend annimmt, ohne daß eine Unterscheidung nach „Firmenkern" und „Firmenzusatz" zu machen ist. Der gegenteiligen Auffassung des Oberlandesgerichts Braunschweig und des Landgerichts Koblenz kann daher nicht beigetreten werden. Sie beruht auf buchstabenmäßiger Auslegung des Gesetzes („Zusatz"), ohne dessen Sinn und Zweck zu berücksichtigen und den sich daraus klar ergebenden, allein möglichen Willen des Gesetzgebers zu erkennen. So dürfte nach der Auffassung des Oberlandesgerichts Braunschweig mangels eines Firmenzusatzes z. B. die Firma „Mineralquell GmbH." vom Registerrichter aus § 18 Abs. 2 HGB. nicht gelöscht werden, obgleich die Gesellschaft nicht natürliches Mineralwasser, sondern nur Brunnenwasser, mit künstlicher Kohlensäure versetzt, in den Handel bringt. Anregungen auf Firmenlöschung wären in solchen Fällen auf Klagerhebung aus dem Wettbewerbsgesetz zu verweisen. Für die Annahme einer derartig begünstigten Stellung fehlt es an jedem verständigen Grunde. Die Ansicht des Oberlandesgerichts Braunschweig ist daher mit dem Kammergericht abzulehnen. Dann bedarf es aber überhaupt keiner Stellungnahme zu der Frage, ob der Firmenbestandteil „Vereinigte Weingutsbesitzer" den Firmenkern oder, wie die Beschwerdeführerin meint, einen Firmenzusatz darstellt.

Gemäß § 28 Abs. 3 FGG. hatte das Reichsgericht über die weitere Beschwerde zu entscheiden und zwar in der Sache selbst, da es keiner weiteren Ermittlungen mehr bedurfte.

Es fragt sich allein, ob in der Firma „Vereinigte Weingutsbesitzer Weingroßhandlung Sektkellerei GmbH." die beanstandeten beiden ersten Wörter nach § 18 Abs. 2 HGB. geeignet sind, eine Täuschung über die Art des Geschäfts herbeizuführen. Denn daß diese Firma eine Verletzung des § 4 GmbHG. darstelle, behauptet die Beschwerdeführerin selbst — nach der auf ihren Antrag vom 18. Januar 1928 erfolgten Änderung des Firmenbestandteils „Weinkellereien" in „Weingroßhandlung" — nicht mehr. Bei Prüfung der Frage, ob die beanstandeten beiden Firmenwörter irreführend seien in bezug auf die Art des Geschäfts, ist davon auszugehen, daß die Firma, die keinen Personennamen enthält, eine Sachfirma ist; sie ist dem Gegenstand des Unternehmens entlehnt (§ 4 a. a. O.). Gegenstand des Unternehmens, wie er in § 3 des Gesellschaftsvertrags in der Fassung des Gesellschafterbeschlusses vom 9. Juli 1908 festgestellt wurde, ist u. a. der Vertrieb von Weinen eigenen Wachstums der Gesellschafter. Wie das Kammergericht mit Recht sagt, ist damit deutlich zum Ausdruck gebracht, daß die Gesellschafter Weine eigenen Wachstums besitzen, also Weingutsbesitzer sind. Dagegen, daß die Gesellschafter diese ihre persönliche Eigenschaft in der Firma durch die Worte „Vereinigte Weingutsbesitzer" hervorheben, bestehen keine rechtlichen Bedenken. Für sich allein genügten diese Worte mit der Angabe der Gesellschaftsform nicht zur Firmenbildung im Sinne des § 4 GmbHG.; sie wären aber auch irreführend, da man bei ihnen als einzigem Firmenwort an den Verkauf nur eigenen Wachstums der Gesellschafter denken würde. Diese Auffassung veranlaßte auch den Registerrichter, entsprechend dem früheren, auf Löschung der Firma gerichteten Antrag der jetzigen Beschwerdeführerin im Jahre 1907, das Löschungsverfahren mit dem Ziel der Löschung der bei der Gründung im Jahre 1901 angenommenen Firma der Gesellschaft einzuleiten. Daraufhin wurde laut Handelsregister die Firma durch Gesellschafterbeschluß vom 9. Juli 1908 abgeändert in: „Vereinigte Weingutsbesitzer Weinhandlung Sektkellerei GmbH. Koblenz an Rhein und Mosel". Gleichzeitig erhielt § 3 des Gesellschaftsvertrags folgende Fassung:

a) Vertrieb der Weine eigenen Wachstums der Gesellschafter,
b) Vertrieb von Weinen fremden Wachstums in- und ausländischen Ursprungs,
c) Herstellung und Vertrieb von Schaumweinen,
d) Betrieb der damit zusammenhängenden Geschäfte.

Auf Grund dessen erklärte sich die Antragstellerin (d. i. die jetzige Beschwerdeführerin) damals ausdrücklich für befriedigt und nahm ihren Löschungsantrag am 25. August 1908 zurück. Die Aufnahme der Bezeichnung „Weinhandlung" in die Firma genügte ihr als ausreichender Hinweis auf den Gegenstand des Unternehmens, das hiernach über den Vertrieb der eigenen Gewächse der Gesellschafter hinaus, der Allgemeinheit erkennbar, dem Weinhandel gewidmet war.

In den folgenden fast 20 Jahren hat weder die Beschwerdeführerin noch irgendein anderer die jetzt bemängelten Firmenworte „Vereinigte Weingutsbesitzer" als irreführend beanstandet. Vielmehr blieb die Firma — abgesehen von ganz unbedeutenden, von der Gesellschaft selbst ohne jede äußere Einwirkung veranlaßten, zum Teil auch alsbald wieder beseitigten Abänderungen, die aber niemals die Worte „Vereinigte Weingutsbesitzer" betrafen — die gleiche bis zur Einreichung des der weiteren Beschwerde zugrunde liegenden Antrags vom 18. Januar 1928. Auf diesen Löschungsantrag hin wurde, entsprechend dem eingangs erwähnten Gesellschafterbeschluß, durch Wiederaufnahme der Worte „Weingroßhandlung Sektkellerei" die Firma so gestaltet, wie sie jetzt besteht. Die Behauptung, daß die mit dem vorliegenden Antrag beanstandeten Worte „Vereinigte Weingutsbesitzer" zur Täuschung über die Art des Geschäfts geeignet seien, wird während des rund 20 Jahre langen Nebeneinanderbestehens dieser beiden und der Worte „Weingroßhandlung (Weinhandlung) Sektkellerei" jetzt zum erstenmal aufgestellt. Das Landgericht hat mit der Hilfserwägung seines Beschlusses die Täuschungsgefahr verneint. Es erwägt, vom kaufmännischen Standpunkt aus sei es nicht ganz unbedenklich, wenn die Gesellschaft die Worte „Vereinigte

Weingutsbesitzer" bewußt derartig in den Vordergrund treten lasse, daß sie bei der großen Masse fast nur unter dieser Bezeichnung bekannt sei. Aber dieser Umstand rechtfertigt nach der weiteren Ausführung des Landgerichts nicht die Annahme, daß dadurch eine Täuschung des Publikums über die Art des Geschäftsbetriebs herbeigeführt werden könnte, denn die Firmenbezeichnung enthalte auch die Bezeichnung „Weingroßhandlung — Sektkellerei" und jeder wisse, daß Weinhandel und Weinbau einen Gegensatz bildeten. Diese Ausführungen liegen auf rein tatsächlichem Gebiet und gehen von dem richtigen Grundsatz aus, daß für die Frage, ob eine Firma im Sinne des § 18 Abs. 2 HGB. zur Täuschung geeignet sei, die Verkehrsauffassung maßgebend ist, ferner, daß die ganze Firma, so wie sie in das Handelsregister eingetragen ist, für die registerrechtliche Frage in Betracht kommt, die hier allein zu entscheiden ist. Abweichende wettbewerbsrechtliche Grundsätze spielen hier keine Rolle. Deshalb stellt das Landgericht dem Umstand, daß — wie es feststellt — die Firma der Gesellschaft bei der großen Menge des Publikums fast nur unter den beiden ersten Firmenwörtern bekannt ist, mit Recht die Tatsache gegenüber, daß die Firma auch noch die Wörter „Weingroßhandlung" und „Sektkellerei" enthält. Dadurch sieht es die Gefahr einer durch die beiden ersten Wörter etwa möglichen Irreführung dahin, daß es sich nur um den Verkauf eigener Gewächse der Gesellschafter handle, als beseitigt an.

Das Kammergericht würde, wie es erklärt, diesen Ausführungen nicht beitreten, wenn es in der Sache zu entscheiden hätte, sondern würde die Frage der Täuschungsgefahr bejahen, da schon der Umstand, daß eine den Handel mit Wein betreibende Gesellschaft in ihrer Firma die Worte „Vereinigte Weingutsbesitzer" führe, bei der großen Menge des Publikums die Anschauung erwecke, es handle sich um ein Unternehmen, das von Weingutsbesitzern gebildet werde, die jedenfalls überwiegend ihre eigenen Erzeugnisse in den Handel brächten und daher billiger lieferten als der Zwischenhandel. Auf die weitere Firmenbezeichnung „Weingroßhandlung Sektkellerei" will das Kammergericht — gegenüber dem auf Grund der beiden ersten gewonnenen Eindruck — kein Gewicht legen. Die Ausführungen des Kammergerichts stellen nur eine andere tatsächliche Beurteilung dar, als das Landgericht sie gibt. Daß dessen Auffassung einen Rechtsirrtum enthalte, sagt das Kammergericht nicht. Das ist auch nicht der Fall. Die Beurteilung, die das Landgericht dem Wortlaut und den Wirkungen der jetzigen Firmierung „Vereinigte Weingutsbesitzer Weingroßhandlung Sektkellerei" zuteil werden läßt, entspricht vielmehr eher der Lebenserfahrung als die Auffassung des Kammergerichts. Die Voraussetzung, daß die Begründung des Landgerichts einen Rechtsirrtum enthalte, wäre aber nach § 27 FGG. in Verbindung mit den dort angegebenen Vorschriften der Zivilprozeßordnung für die Abänderung des landgerichtlichen Beschlusses erforderlich.

Danach hat das Landgericht ohne Rechtsirrtum und daher bindend für diese Instanz festgestellt, daß die fragliche Firmenbezeichnung durch die beiden beanstandeten Firmenwörter „Vereinigte Weingutsbesitzer" nicht geeignet sei, die Gefahr einer Täuschung über die Art des Geschäfts der Gesellschaft herbeizuführen.

Endlich weist aber das Landgericht zutreffend noch hilfsweise darauf hin, daß für den Registerrichter kein Anlaß zu einem Einschreiten von Amts wegen bestehe. Das Kammergericht erblickt hierin — und dieser Annahme ist beizutreten — einen Hinweis auf die Vorschrift des § 144 Abs. 2 FGG. Dieser Standpunkt des Landgerichts, der sich völlig deckt mit der Erwägung des Registerrichters in seinem Beschluß vom 12. September 1928 (Schlußsatz), ist in der Tat nach Lage der Sache durchaus begründet. Denn es ist nicht erkennbar, „welches überwiegende öffentliche Interesse es erheischen sollte, von der scharfen Bestimmung des § 144 Abs. 2 FGG. gegen eine seit 27 Jahren bestehende Gesellschaft jetzt plötzlich Gebrauch zu machen." Eine Firma, die unbeanstandet während eines so langen Zeitraums bestanden hat, stellt einen hohen Vermögenswert dar. Es ist nicht ersichtlich, warum das Kammergericht diese Ansicht des Landgerichts deshalb, weil sie „im Rahmen einer Hilfswägung" ausgesprochen ist, nicht als bindend betrachten will.

Nach alledem war die weitere Beschwerde als unbegründet zurückzuweisen.

16. Ist ein hypothekarisch gesichertes Pfandbriefdarlehen, das eine Gemeinde bei einer landschaftlichen Kreditanstalt aufgenommen hat, nach dem Anleiheablösungsgesetz zu behandeln?

AufwG. § 1. AnlAblG. §§ 30, 40.

V. Zivilsenat. Urt. v. 11. Januar 1930 i. S. Schles. Landschaft (Kl.) w. Stadtgemeinde L. (Bekl.). V 97/29.

I. Landgericht Ratibor.
II. Oberlandesgericht Breslau.

Die Beklagte ist mit ihren im Grundbuch von L. verzeichneten Kämmereigütern bei der Klägerin inkorporiert. Sie hat bei dieser am 15. August 1889 einen Kredit von 155400 M. in Pfandbriefen der Gattung Lit. C aufgenommen. Zur Sicherheit hierfür steht zugunsten der Klägerin im Grundbuch eine Hypothek für „155400 M. Landschaftliches Darlehen .... auf Grund der Schuldurkunde vom 15. August 1889" eingetragen. Die Parteien streiten darüber, ob die Hypothekenschuld nach dem Aufwertungsgesetz aufzuwerten oder nach dem Anleiheablösungsgesetz abzulösen ist. Die Klägerin hat die Feststellung begehrt, daß die Aufwertung der Schuld, dinglich wie persönlich, nach den Grundsätzen des Aufwertungsgesetzes in Verbindung mit der preußischen Verordnung vom 10. Dezember 1925 über Aufwertung der Ansprüche aus Pfandbriefen landschaftlicher Kreditanstalten zu erfolgen habe. Die Beklagte hat in erster Linie beantragt, den Rechtsweg für unzulässig zu erklären, in zweiter Linie die Klage abzuweisen. Sie meint, die Fragen der Ablösung von Gemeindedarlehen, über welche Schuldscheine ausgestellt sind, seien nach § 1 der preußischen Verordnung vom 10. Juni 1926 (GS. S. 200) den ordentlichen Gerichten entzogen. Sachlich hält die Beklagte die Anwendung des Aufwertungsgesetzes für ausgeschlossen, weil dieses Schuldscheindarlehen im Sinne der § 40 Abs. 3, § 30 Abs. 3 AnlAblG. unter die Vorschriften dieses Gesetzes falle. Dagegen macht die Klägerin geltend, es liege in Wahrheit kein Darlehen vor, sondern eine Verpflichtung der Beklagten aus ihrer korporativen Beteiligung bei der Klägerin; die Urkunde vom 15. August 1889 sei kein Schuldschein im Sinne der angeführten Vorschriften des Anleiheablösungsgesetzes. Übrigens sei die Aufwertung landschaftlicher Darlehen der landesgesetzlichen Regelung vorbehalten; demgemäß sehe die preußische Verordnung vom 10. Dezember 1925 die Aufwertung landschaftlicher Hypothekenforderungen nach dem Aufwertungsgesetz vor.

Die Klägerin ist in allen drei Rechtszügen unterlegen.

Gründe:

Das Berufungsgericht hat mit Recht die Zulässigkeit des Rechtswegs bejaht, weil ein privatrechtlicher Anspruch aus dem Aufwertungsgesetz erhoben ist, für dessen Beurteilung nirgends der Rechtsweg ausgeschlossen ist (RGZ. Bd. 116 S. 168).

In sachlicher Hinsicht nimmt das Berufungsgericht an, es liege zwar ein vom Währungsverfall betroffener Anspruch auf Zahlung einer bestimmten in Mark ausgedrückten Geldsumme vor, aber es treffe § 1 Abs. 2 AufwG. zu, wonach die Aufwertung dieses Anspruchs durch ein Sondergesetz, nämlich das Anleiheablösungsgesetz, geregelt sei; somit finde das Aufwertungsgesetz keine Anwendung. Das Berufungsgericht sieht die hypothekarisch gesicherte Forderung der Klägerin als Schuldscheindarlehen einer Gemeinde (§ 40 Abs. 3, § 30 Abs. 3 AnlAblG.) und daher als unter das Anleiheablösungsgesetz fallend an, indem es die oben wiedergegebenen gegenteiligen Ausführungen der Klägerin mißbilligt.

Die Revision, die Aufwertung nach dem Aufwertungsgesetz verlangt, ist nicht begründet. Für die Frage, ob die Aufwertung der in Streit befindlichen Hypothek nach dem Aufwertungsgesetz stattzufinden hat, ist die Rechtsnatur der ihr zugrunde liegenden Forderung entscheidend. In der Urkunde vom 15. August 1889 bekennt die Beklagte als Eigentümerin der dem Schlesischen Landschaftlichen Kreditverband inkorporierten L.er Kämmereigüter, „von der Oberschlesischen Fürstentumslandschaft zu R. auf Grund und nach Maßgabe des Regulativs vom 22. November 1858 und der Nachträge dazu vom 6. Oktober 1868, 26. August 1885 und 10. August 1888 ein Darlehen von 155400 M. erhalten zu haben." Unter Verpfändung des Kämmereigutes wird die Eintragung „des vorstehend verbrieften Darlehens" bewilligt und beantragt. Die Klägerin ist eine Körperschaft öffentlichen Rechts, deren Verfassung sich aus dem schlesischen Landschaftsreglement vom 9. und 15. Juli 1770 ergibt. Die Beklagte ist Mitglied dieser Korporation und hat auf Grund dessen Anspruch auf Kreditgewährung nach Maßgabe der für die

Beleihung bestehenden Regulative, denen Gesetzeskraft zukommt. Die Mitgliedschaft der Beklagten hat unabhängig davon bestanden, ob sie Kredit in Anspruch genommen hatte. Der auf Ansuchen bewilligte Kredit wurde nach dem älteren Pfandbriefsystem so gewährt, daß die Landschaft einen von ihr als Schuldnerin ausgestellten Pfandbrief ausgab, der durch Hypothek auf einem bestimmten Grundstück des Kreditnehmers gesichert war. Der durch die Veräußerung dieses Wertpapiers erzielte Erlös floß dem hypothekarisch verpflichteten Eigentümer zu. Nach dem neueren Pfandbriefsystem, auf dem sich das hier maßgebende Regulativ vom 22. November 1858 (GS. S. 584) aufbaut, haftet dem Pfandbriefinhaber nicht mehr ein bestimmter, gerade für diesen Pfandbrief belasteter Grundbesitz, sondern die Gesamtheit der der Landschaft zustehenden Hypotheken. Für den zu gewährenden Kredit gibt hier der Kreditnehmer der Landschaft eine Hypothek ohne Beziehung auf einzelne bestimmte Pfandbriefe.

Wesentlich ist, ob ein „Darlehen" der beklagten Gemeinde, über das ein „Schuldschein" ausgestellt ist, (§ 40 Abs. 3, § 30 Abs. 3 AnlAblG.) vorliegt. Für die Begriffe „Darlehen" und „Schuldschein" sind nach ständiger Rechtsprechung des Reichsgerichts lediglich die allgemeinen bürgerlichrechtlichen Gesichtspunkte maßgebend (RGZ. Bd. 116 S. 60 und 167, Bd. 117 S. 59; JW. 1928 S. 263 Nr. 17). Es kommt insbesondere nicht auf den Zweck an, für den das Darlehen aufgenommen ist. Den Kredit, welcher der Beklagten laut Schuldurkunde vom 15. August 1889 gewährt worden ist, bezeichnen diese Urkunde und die Grundbucheintragung als Darlehen. Die gleiche Benennung ist in dem Regulativ vom 22. November 1858 (dort §§ 6, 7, 8 und weitere) enthalten, das die Grundlage der hier zu beurteilenden Beleihung bildet. Der Darlehensbegriff des Preußischen Allgemeinen Landrechts, unter dessen Herrschaft der Kredit aufgenommen worden ist, weist keinen wesentlichen Unterschied gegenüber dem des Bürgerlichen Gesetzbuchs auf. Hiernach spricht eine starke Vermutung dafür, daß auch wirklich ein Darlehen vorliegt; insbesondere muß zunächst angenommen werden, daß die Parteien selbst ihre Kreditbeziehung den für das Darlehen gegebenen Vorschriften haben unterstellen wollen. Schlechthin entscheidend ist dies aber nicht, sondern es kommt auf den sachlichen Inhalt der Kreditbeziehung an. Es wäre denkbar, daß nach diesem doch ein anderes Rechtsverhältnis als Darlehen anzunehmen wäre und dann die Anwendung des Anleiheablösungsgesetzes auszuscheiden hätte. Dies sucht die Klägerin in Anlehnung an das beigebrachte Heinrici'sche Gutachten (auch Gruch. Bd. 70 S. 353) darzulegen. Ihre Ausführungen sind jedoch nicht überzeugend.

Nach der Bestimmung des Regulativs (§ 8) wird die „Darlehensvaluta" dem „Darlehensnehmer" in Pfandbriefen unter Anrechnung zum Nennwert gegeben. Ihm bleibt das Umsetzen der Pfandbriefe überlassen. Die Verpflichtung des Kreditnehmers geht auf den Nennwert der Pfandbriefe in Geld. Die Schuldtilgung geschieht durch Amortisationszahlung in Bargeld (§§ 9, 12 des Regulativs) oder durch Rückzahlung nach Kündigung in Bargeld, wobei dem Schuldner regelmäßig das Recht zusteht, anstatt Barzahlung Pfandbriefe zum Nennwert als Ablösungsvaluta einzuliefern (§ 6 des Regulativs). Der Umstand, daß dem Kreditnehmer anstatt Geld Inhaberpapiere zur eigenen Verwertung hingegeben worden sind, hindert nicht, ein Darlehen anzunehmen (JW. 1928 S. 2834 Nr. 23, S. 2836 Nr. 24). Es genügt für Gelddarlehen, daß der Wert des Darlehensgegenstands in das Vermögen des Empfängers übertragen wird. Die dem Schuldner offengelassene Möglichkeit, die Schuld durch Rückgabe von Pfandbriefen zu tilgen, ändert nichts an ihrem Charakter als Geldschuld.

Wenn auch die Möglichkeit der Kreditaufnahme für die Beklagte von ihrer Mitgliedschaft bei der Klägerin abhing, so führt das doch keineswegs zwingend zu der von der Klägerin vertretenen Annahme — oder läßt sie auch nur als naheliegend erscheinen —, daß es sich beim Empfang der zu verwertenden Pfandbriefe auf seiten der Beklagten um Ausübung eines Mitgliedschaftsrechts und bei der Rückzahlungspflicht um eine Pflicht aus der Mitgliedschaft handle. Mit der korporativen Gestaltung der Landschaften und ihrer Rechtsbeziehungen zu den Mitgliedern ist das Bestehen von Sonderverträgen zwischen Landschaft und Mitgliedern sehr wohl vereinbar, die nicht nach Gesellschaftsrecht, sondern nach den sonstigen jeweils darauf passenden bürgerlichrechtlichen Vorschriften zu beurteilen sind. Bei Erwerbs- und Wirtschaftsgenossenschaften, die der Förderung des Erwerbs oder der Wirtschaft ihrer Mitglieder dienen, wird nicht bezweifelt, daß bei Kreditgewährung an die Mitglieder besondere Darlehensverträge, bei Absatz von Rohstoffen und dgl. an die Mitglieder besondere Kaufverträge vorliegen; anders nur da, wo das Statut selbst eine besondere Leistungspflicht der Genossen regelt. Die Annahme von Sonderverträgen bei solchen Fällen nicht statutarisch bestimmter Leistungen ist nicht, wie Heinrici meint, eine unzulässige Hilfskonstruktion, sondern sie entspricht der natürlichen Anschauung, wie sie hier auch vom Gesetzgeber und den Parteien zum Ausdruck gebracht worden ist, wenn im Regulativ von 1858 und in der Schuldurkunde vom 15. August 1889 durchweg von „Darlehen" gesprochen wird. Anders liegt die Sache bei der von der Revision als Beleg für ihre Auffassung herangezogenen, in § 212 HGB. geregelten Rübenlieferungspflicht, wo den Aktionären diese Verpflichtung im Gesellschaftsvertrag auferlegt und dort in ihrem Umfang genau bestimmt wird. Da handelt es sich allerdings um rein gesellschaftliche Verpflichtungen. Hier aber bestand die Mitgliedschaft der Beklagten bei der Klägerin unabhängig davon, ob sie Kredit in Anspruch nahm. Auch bei den neuen Landschaften, denen als Mitglieder nur die Grundbesitzer angehören, deren Güter beliehen sind, wird doch die Kreditgewährung im einzelnen in einem Schuldvertrag geregelt; denn der Umfang und die Art des Kredits sind nicht mit der Mitgliedschaft als solcher festgelegt.

Die Klägerin hebt einige Besonderheiten ihres Pfandbrief-Kreditgeschäfts hervor, die nach ihrer Ansicht eine Beurteilung dieses Geschäfts als Darlehen ausschließen: die Hingabe der Valuta in Pfandbriefen, aber Tilgung grundsätzlich in Geld; besondere Regelung der Verzinsung in den Beleihungsordnungen; regelmäßig Unkündbarkeit auf seiten der Landschaft; Tilgung durch besondere Verrechnung mit dem Amortisationsfonds; Beiträge zu einem besonderen Sicherheitsfonds; Anspruch der Landschaftsmitglieder auf Beleihung. Daß die Besonderheiten der Valutahingabe und der Rückzahlung nicht gegen die Einordnung als Darlehen sprechen, ist bereits dargelegt. Die Zinsregelung und die Kündigungsbeschränkung können in gleicher Weise bei jedem, auch nicht landschaftlichen Darlehen vorkommen. Die Einrichtung eines Tilgungsfonds und eines Sicherheitsfonds, sowie der Anspruch auf Beleihung sind Ausflüsse der korporativen Verbundenheit und Besonderheiten des landschaftlichen Kreditgeschäfts, die aber dem ganzen Geschäft keineswegs die ihm sonst innewohnenden Merkmale eines Darlehens nehmen. Die Bezeichnung „Darlehen", die der Gesetzgeber und die Parteien auf dies Geschäft angewandt haben, entspricht seiner Wesensart und seinem Inhalt.

Im Schrifttum ist das Kreditverhältnis des Landschaftsmitgliedes zur Landschaft, namentlich beim neueren Pfandbriefsystem, das hier in Betracht kommt, weit überwiegend als Darlehen gekennzeichnet worden, wenn auch dabei die Besonderheiten dieses Geschäfts hervorzuheben waren (so Fischer Die Lehre von den Schlesischen Pfandbriefen S. XIII flg.; von Brünneck Pfandbriefsysteme S. 185 flg.; von Goertz Verfassung und Verwaltung der Schlesischen Landschaft, 4. Aufl. S. 85; Nußbaum Deutsches Hypothekenwesen 2. Aufl. S. 233; Enneccerus-Wolff Sachenrecht § 157a). Gadow (Gruch. Bd. 66 S. 530 und Recht 1922 S. 17) behandelt wesentlich die Frage, ob die Verwaltungskostenbeiträge der Landschaftsmitglieder ohne ihre Zustimmung erhöht werden dürfen; er vertritt dabei die Auffassung, daß der Kreditgewährung kein besonderer Darlehensvertrag zugrunde liege, sondern daß es sich bei ihr nur um Ausführung eines Mitgliedschaftsrechts handle. Seine Ansicht kann jedoch nicht gebilligt werden. Wenn die Parteien in solchem Fall den Abschluß eines Darlehens aussprechen, so deckt sich das nach der Überzeugung des erkennenden Senats mit ihrem Willen und man kann gegenüber der rechtlichen Wertung dieses Geschäfts als Darlehen nicht von einer ungerechtfertigten Fiktion reden.

In der Rechtsprechung des Reichsgerichts ist die landschaftliche Kreditgewährung an ein Korporationsmitglied mehrfach als Darlehen bezeichnet und behandelt worden. So in RGZ. Bd. 24 S. 108, wo es sich, wie hier, um Hingabe von Pfandbriefen neueren Systems durch die Schlesische Landschaft handelte und wo dargelegt ist, die Pfandbriefhingabe sei ein Darlehen, an dessen rechtlichem Charakter durch die korporativen Beziehungen zwischen Darlehensgeber und -nehmer nichts geändert werde. In V B 10/25 (IFG. Bd. 3 S. 21) ist das Geschäft als ein „sich aus dem Darlehen und der Hypothekenbestellung zusammensetzendes Beleihungsverhältnis" bezeichnet worden. Ebenso ist in V 399/27, V 486/27 (JW. 1928 S. 2834 flg. Nr. 23, 24) und in V 307/28 (JW. 1929 S. 750 Nr. 21) ein solches Verhältnis überall als Darlehen aufgefaßt worden. Hieran ist nach erneuter Prüfung aus den oben angeführten Gründen festzuhalten.

Mit Recht hat das Berufungsgericht weiter angenommen, daß die Urkunde vom 15. August 1889 ein über das Darlehen ausgestellter

Schuldschein im Sinne der § 40 Abs. 3, § 30 Abs. 3 AnlAblG. sei. Sie gibt den Inhalt der Schuldverpflichtung im wesentlichen wieder und ist geeignet, für sich allein den Beweis des wesentlichen Inhalts der Verpflichtung zu erbringen. Der Umstand, daß der Darlehensbetrag erst nach der Ausstellung der Urkunde gegeben sein mag, steht nicht entgegen; denn es ändert nichts für die Anwendung des Anleiheablösungsgesetzes, wenn der Schein in Erwartung der Darlehenshingabe ausgestellt worden ist (RGZ. Bd. 123 S. 397). Genügend, aber auch erforderlich ist, daß der Schuldschein seinem Inhalt nach den Darlehensempfang und damit die Entstehung der Darlehensverpflichtung beweist (Urt. des Reichsgerichts IV 879/28 vom 21. Oktober 1929 AufwRspr. 1930 S. 99). Zu Unrecht meint die Revision, es mangle hier an diesem Erfordernis, weil die Schuldurkunde auf das Beleihungsregulativ Bezug nehme und sich aus diesem der Hergang der Beleihung derart ergebe, daß zuerst die Ausstellung des Schuldscheins, dann die Eintragung der Hypothek und erst danach die Aushändigung der Valuta stattfinde. Die Revision möchte diesen Fall dem in der oben angeführten Entscheidung vom 21. Oktober 1929 behandelten gleichstellen, wo die Stadtgemeinde in einer am 7. Oktober 1916 ausgestellten Hypothekenbewilligung bekennt, daß sie das Darlehen am 20. Oktober 1916 erhalten habe, und wo das Vorliegen eines Schuldscheins im Sinne des Anleiheablösungsgesetzes verneint worden ist. Die beiden Fälle liegen keineswegs gleich. In dem Fall, auf den sich die Revision beruft, war der Inhalt der Schuldurkunde in sich widerspruchsvoll; deswegen konnte die Urkunde, für sich allein betrachtet, den Beweis der Darlehenszahlung nicht erbringen. Hier aber ist in der Urkunde selbst der Darlehensempfang zweifelsfrei bestätigt, sodaß sie für sich allein zum Beweis dafür ausreicht. Die Bezugnahme auf das Beleihungsregulativ, aus dem sich ein anderer Hergang ergeben mag, als in der Urkunde bezeugt, ändert daran nichts; denn die Bezugnahme sollte ersichtlich der Festlegung der Vertragsbedingungen in allen Einzelheiten, nicht aber einer Darlegung des Beleihungsvorgangs in seiner zeitlichen Abwicklung dienen. Hierfür ist allein das in der Urkunde enthaltene Bekenntnis des vollendeten Darlehensempfangs maßgebend.

Daß dem landschaftlichen Darlehen gewisse Besonderheiten innewohnen, die wesentlich aus den Mitgliedschaftsbeziehungen des

Kreditnehmers zum Kreditgeber herrühren, ist nicht zu verkennen; so namentlich das Recht auf Kreditgewährung, die Tilgungsweise, die regelmäßige Unkündbarkeit. Wie aber diese Besonderheiten das Kreditverhältnis nicht dem allgemeinen Rechtsbegriff „Darlehen" entziehen, so bleibt mit ihnen auch die Anwendung des Anleiheablösungsgesetzes vereinbar, dessen Voraussetzungen hier gegeben sind. Allerdings tritt auf diese Weise eine ungleichmäßige Behandlung der verschiedenen Schuldner der Landschaften ein. Das ist aber nicht, wie die Klägerin meint, mit dem Grundgedanken des landschaftlichen Kredits unvereinbar; auch bei Anwendung des Aufwertungsgesetzes können infolge der Härtevorschriften (§§ 8, 15 AufwG.) gleichartige Forderungen gegen verschiedene Schuldner verschieden aufgewertet werden. Findet somit die Aufwertung des der Beklagten gewährten Hypothekendarlehens ihre Regelung im Anleiheablösungsgesetz, so steht die Anwendbarkeit dieses Sondergesetzes der des Aufwertungsgesetzes entgegen (§ 1 Abs. 2 AufwG., dazu RGZ. Bd. 116 S. 172).

Schließlich hat das Berufungsgericht mit Recht die Meinung der Klägerin verworfen, aus landesrechtlichen Bestimmungen ergebe sich die Nichtanwendbarkeit des Anleiheablösungsgesetzes auf die Hypothekenforderungen der Landschaften, auch wenn es sich dabei um Darlehensforderungen mit Schuldschein gegen Gemeinden handeln sollte. Die Klägerin hat ausgeführt, durch § 51 Abs. 3, § 50 AufwG., Art. 94 Abs. 2 DurchfVo. vom 29. November 1925 sei den obersten Landesbehörden die nähere Regelung für die Aufwertung landschaftlicher Pfandbriefe und dabei auch für die Bildung der Teilungsmassen überlassen worden. Auch nach Art. 167, 218 EG. z. BGB. sei die gesetzliche Regelung der Rechtsverhältnisse landschaftlicher Kreditanstalten der Landesgesetzgebung überlassen geblieben; Preußen habe die Aufwertung durch die Verordnungen vom 10. Dezember 1925 (GS. S. 169), vom 16. November 1926 (GS. S. 301) und vom 22. März 1928 (GS. S. 40) geregelt; dabei sei es von dem Grundgedanken ausgegangen, daß alle Landschaftshypotheken nach dem Aufwertungsgesetz aufzuwerten seien. Diese Verordnungen, die sich lediglich auf eine im Aufwertungsgesetz gegebene Ermächtigung stützen, können und wollen nur Bestimmung treffen über Rechtsverhältnisse, die schon an sich unter das Aufwertungsgesetz fallen; sie können aber das Anwendungsgebiet des Aufwertungsgesetzes nicht erweitern. Da die Aufwertung des hier in Rede stehenden Schuldscheindarlehens, wie oben ausgeführt, durch das Anleiheablösungsgesetz als Sondergesetz im Sinne des § 1 Abs. 2 AufwG. geregelt ist, so ist es nach dieser Vorschrift dem Wirkungsbereich des Aufwertungsgesetzes und damit auch der sich auf dieses gründenden preußischen Verordnungen entzogen. Unter den nach Art. 167, 218 EG. z. BGB. zugunsten der Landesgesetzgebung getroffenen Vorbehalt fallen die Verordnungen nicht, weil dort Abänderung bestehender Landesgesetze nur im Wege ordentlicher Gesetzgebung, nicht aber im Verordnungsweg vorgesehen ist und es sich bei der Aufwertungsregelung überhaupt nicht um eine Abänderung bestehender Landesgesetze handelt. Übrigens enthalten die preußischen Verordnungen, auf die sich die Klägerin beruft, keinerlei positive Bestimmungen über den Ausschluß des Anleiheablösungsgesetzes und über eine nur nach dem Aufwertungsgesetz vorzunehmende Aufwertung. Der Umstand, daß in § 2 Abs. 2b der Verordnung vom 10. Dezember 1925 (im Gegensatz zu § 2 Abs. 2b der Verordnung vom 15. September 1926, GS. S. 255) nur von Aufwertungsrechten aus dem Aufwertungsgesetz, nicht aber von solchen nach dem Anleiheablösungsgesetz als zur Teilungsmasse gehörig die Rede ist, mag darauf hindeuten, daß die preußischen Ministerien bei Erlaß der Verordnung vom 10. Dezember 1925 nicht an solche Rechte aus dem Anleiheablösungsgesetz gedacht haben; das ist aber für die Rechtsanwendung bedeutungslos. Gleiches gilt davon, daß § 12 der vom Preußischen Staatsministerium genehmigten Satzung der Schlesischen Landschaft vom 26. August 1928 besagt, die Rechtsverhältnisse der schlesischen landschaftlichen Aufwertungshypotheken richteten sich nach dem Aufwertungsgesetz. An der durch das Anleiheablösungsgesetz und § 1 Abs. 2 AufwG. erfolgten gesetzlichen Regelung kann diese Satzung nichts ändern.

Nach alledem ist das Feststellungsbegehren der Klägerin, daß die im Streit befindliche Hypothekenforderung nach dem Aufwertungsgesetz aufzuwerten sei, mit Recht abgewiesen worden, weil die Anwendbarkeit des Anleiheablösungsgesetzes die Hypothek dem Bereich des Aufwertungsgesetzes entzieht.

17. 1. Zur Abgrenzung des nichtrevisiblen Landesrechts vom Reichsrecht.

2. Ist dem Art. 153 der Reichsverfassung zu entnehmen, daß auch für Angriffe gegen die Rechtswirksamkeit eines über die Enteignungsentschädigung geschlossenen Vergleichs der Rechtsweg bei den ordentlichen Gerichten offengehalten werden muß?

ZPO. §§ 549, 562. Sächsisches Enteignungsgesetz vom 24. Juni 1902 §§ 33, 78. RVerf. Art. 153.

VII. Zivilsenat. Urt. v. 14. Januar 1930 i. S. R. u. Gen. (Kl.) w. Deutsche Reichsbahn-Gesellschaft (Bekl.). VII 277/29.

I. Landgericht Bautzen.
II. Oberlandesgericht Dresden.

Die beiden Kläger hatten als Inhaber der offenen Handelsgesellschaft R. & H. im März 1914 von den Erben des Richard He. ein in B. gelegenes Grundstück zum Preise von 80000 M. gekauft. Auf den Kaufpreis wurden 20000 M. gezahlt, während 60000 M. für einen der Miterben, den Bäckermeister Ri., als Restkaufschuld auf dem Grundstück hypothekarisch eingetragen wurden. Auf diese Hypothek wurden im Juli 1919 17600 M. zurückgezahlt, sodaß sie nur noch in Höhe von 42400 M. bestand, als der Währungsverfall ernster einsetzte.

Im Jahre 1923 wurde auf Antrag der Deutschen Reichsbahn das Enteignungsverfahren wegen des von den Klägern gekauften Grundstücks eingeleitet. In diesem Verfahren schlossen die Kläger namens ihrer Gesellschaft am 11. März 1924 mit der Beklagten über die Höhe der Entschädigung einen Vergleich, worin sich diese verpflichtete, an die Firma der Kläger zur Abgeltung aller aus der Enteignung entstehenden Ansprüche 25000 GM. zu zahlen. Die Amtshauptmannschaft in Bautzen stimmte dem Vergleich zu. Von den 25000 GM. zahlte die Beklagte vereinbarungsgemäß nur 18000 GM. an die Gesellschaft R. & H., während der restliche Betrag von 7000 GM. zur Befriedigung der Aufwertungsansprüche zurückbehalten wurde, die der Witwe des verstorbenen Bäckermeisters Ri. aus der für diesen eingetragenen Hypothek zustanden. Die Beklagte zahlte dann nach Anweisung der Enteignungsbehörde am 1. Mai 1924 15% des Hypothekenbetrags (6360 GM.) als Aufwertung an die Witwe Ri. und den Rest von 640 GM. an die Firma der Kläger. Die Hypothekengläubigerin erhob aber später bei der Aufwertungsstelle höhere Aufwertungsansprüche. Am 31. Januar 1928 kam es zwischen ihr und den Klägern, deren Firma inzwischen gelöscht worden war, vor dieser Amtsstelle zu einem Teilvergleich, nach dem die zur Aufwertung angemeldete Forderung vorläufig auf 25% aufgewertet werden sollte; das Verfahren wegen der weitergehenden Aufwertungsansprüche wurde auf Antrag der Aufwertungsparteien bis zur rechtskräftigen Entscheidung des vorliegenden Rechtsstreits ausgesetzt.

Die Kläger wollen den mit der Reichsbahn geschlossenen Vergleich vom 11. März 1924 nicht gelten lassen, weil sie sich bei seinem Abschluß über die Aufwertungsansprüche der Witwe Ri. geirrt hätten und weil die beiderseits unrichtige Vorstellung über die Höhe des nach der späteren Aufwertungsgesetzgebung zu zahlenden Aufwertungsbetrags die Unwirksamkeit des Vergleichs nach § 779 BGB. zur Folge haben müsse. Durch Schreiben vom 8. August 1925 fochten sie den Vergleich wegen Irrtums an und verlangten dann bei der Enteignungsbehörde mit Antrag vom 2. Oktober 1925 die anderweitige Festsetzung der Enteignungsentschädigung auf 50000 RM. Die Behörde wies diese Forderung durch Beschluß vom 25. November 1927 zurück, weil durch den Vergleich vom 11. März 1924 die Enteignungsentschädigung endgültig auf 25000 GM. festgesetzt sei. Zur Frage der Gültigkeit des Vergleichs wurde in dem Beschluß nicht Stellung genommen.

Die Klage ist auf Feststellung der Nichtigkeit des Vergleichs und auf Zahlung weiterer 39886 RM. nebst Zinsen gerichtet. Das Landgericht gab dem Feststellungsanspruch statt und wies den Zahlungsanspruch ab. Auf die Berufung der Beklagten wies das Oberlandesgericht auch die Feststellungsklage wegen Unzulässigkeit des Rechtswegs ab. Die Revision der Kläger blieb ohne Erfolg.

Gründe:

Hat das Berufungsgericht eine nicht revisible Rechtsnorm angewendet, so unterliegt die Frage, ob nicht statt des angewendeten irrevisiblen Rechts eine revisible Rechtsnorm hätte angewendet werden müssen, der Prüfung des Revisionsgerichts. Offenbar meint das auch die Revision, wenn sie ausführt, daß die Verletzung von Bestimmungen des sächsischen Enteignungsgesetzes vom 24. Juni 1902 zwar nicht der Nachprüfung in der Revisionsinstanz unterliege, daß aber die Feststellung, ob ein

Rechtsgeschäft des vom Enteignungsgesetz betroffenen öffentlichen Rechts vorliegt, dem Revisionsgericht zustehe.

Da das Enteignungsrecht der Landesgesetzgebung vorbehalten geblieben ist (Art. 109 EG. z. BGB.), so sind die die Enteignung betreffenden Rechtsverhältnisse hier nach dem sächsischen Enteignungsgesetz zu beurteilen. Der Senat nimmt an, daß dies auch für den zwischen den Parteien geschlossenen Vergleich vom 11. März 1924 zutrifft, weil derartige Vergleiche im § 78 des sächsischen Enteignungsgesetzes zugelassen sind und daraus zu entnehmen ist, daß sie nach diesem Gesetz behandelt werden sollen. Wenn sich dann aber der Vorderrichter auf den Standpunkt stellt, daß über die Angriffe gegen die Rechtsbeständigkeit des Vergleichs, nämlich über seine Anfechtung wegen Irrtums und seine etwaige Unwirksamkeit nach § 779 BGB., die Enteignungsbehörde im Verwaltungsweg zu entscheiden habe und daß erst gegen deren Entscheidung der Rechtsweg gegeben sei, so ist das Revisionsgericht nach § 562 ZPO. an diese Rechtsauffassung des Berufungsgerichts gebunden. Es kommt deshalb auch nicht darauf an, ob der streitige Vergleich als ein privatrechtlicher oder als ein öffentlichrechtlicher Vertrag anzusehen wäre.

Ob die Auffassung des Berufungsgerichts auch dann als maßgebend zu gelten hätte, wenn bei ihrer Zugrundelegung das sächsische Enteignungsgesetz dem Art. 153 RVerf. zuwiderlaufen würde, kann dahingestellt bleiben. Denn tatsächlich liegt ein solcher Widerspruch nicht vor, da Art. 153 nur bestimmt, daß wegen der Höhe der Enteignungsentschädigung im Streitfall der Rechtsweg bei den ordentlichen Gerichten offenzuhalten ist, soweit reichsgesetzlich nichts anderes verordnet ist. Die Reichsverfassung sagt aber nicht, daß auch für Angriffe gegen die Rechtswirksamkeit eines im Enteignungsverfahren geschlossenen Vergleichs über die Enteigungsentschädigung der Rechtsweg nicht ausgeschlossen werden dürfe. Sollte jedoch davon auszugehen sein, daß mit der Geltendmachung der Ungültigkeit eines solchen Vergleichs auch die Entschädigungsfrage mittelbar betroffen werde und deshalb auch für sie der Rechtsweg offengehalten werden müsse, so würde der Standpunkt des Berufungsgerichts auch keinen Ausschluß des Rechtswegs bedeuten. Denn er bleibt hier ebenso offen wie im Falle des § 33 des sächsischen Enteignungsgesetzes für den Angriff gegen den Beschluß der Enteignungsbehörde über die Feststellung der Entschädigung.

---

18. Über die Zulässigkeit einer Klage gegen eine nicht handelsgerichtlich eingetragene, vor Klagerhebung aufgelöste offene Handelsgesellschaft.

HGB. §§ 15, 143.

VI. Zivilsenat. Urt. v. 13. Januar 1930 i. S. B. u. Gen. (Bekl.) w. R. (Kl.). VI 242/29.

I. Landgericht Duisburg.
II. Oberlandesgericht Düsseldorf.

Die beiden Beklagten betrieben vom Mai 1925 bis zum 1. Januar 1927 unter der nicht im Handelsregister eingetragenen Firma „B. & im B." ein Handelsgewerbe. Am 22. Juni 1926 stieß der vom Beklagten im B. geführte Lieferkraftwagen der Firma mit dem Motorrad des Klägers zusammen. Der Kläger erhob wegen der durch den Unfall erlittenen körperlichen Verletzungen Ende März 1927 Schadensersatzklage gegen die Firma. Das Landgericht wies die Klage wegen alleinigen Verschuldens des Klägers an dem Unfall ab. Der Kläger legte Berufung ein und nahm nunmehr die Beklagten als die Inhaber der beklagten Firma als Gesamtschuldner in Anspruch, da ihm jetzt erst bekannt wurde, daß die Gesellschaft am 1. Januar 1927 aufgelöst worden war. Das Oberlandesgericht berichtigte die Parteibezeichnung der Beklagten und erklärte den Klaganspruch gegen beide Beklagte dem Grunde nach für gerechtfertigt. Die Revision der Beklagten hatte keinen Erfolg.

Aus den Gründen:

Das Berufungsgericht begründet die Berichtigung der Parteibezeichnung wie folgt: wenn auch die nicht handelsgerichtlich eingetragene Firma B. & im B. am 1. Januar 1927 — vor Anstrengung der Klage — aufgelöst worden sei und die beiden Beklagten, deren frühere Gesellschafter, von da an selbständig Handelsgeschäfte betrieben hätten, so habe doch die Firma insoweit als fortbestehend zu gelten gehabt, als die Befriedigung der Gläubiger noch nicht erfolgt sei, und sei nach der Auflösung von beiden Beklagten als Liquidatoren weiter vertreten worden. Könne auch die offene Handelsgesellschaft unter ihrer Firma verklagt werden, so sei sie doch keine juristische Persönlichkeit, die von ihren Gesellschaftern rechtlich zu unterscheiden sei. In Wirklichkeit seien daher nur die Gesellschafter Prozeßpartei sowohl während des Bestehens der Gesellschaft als nach ihrer Auflösung, welche gesetzlich die Liquidation des Gesellschaftsvermögens zur Folge habe. ...

... Unbegründet ist die verfahrensrechtliche Rüge der Revision, daß auf die gegen die offene Handelsgesellschaft erhobene Klage ein Urteil gegen die beiden Beklagten persönlich nicht habe ergehen dürfen. Die Beklagten waren die Mitgesellschafter der offenen Handelsgesellschaft in Firma B. & im B. War die Gesellschaft auch nicht in das Handelsregister eingetragen, so war doch, wie unstreitig ist, ihre Wirksamkeit mit dem vor Erhebung der Klage liegenden Zeitpunkt ihres Geschäftsbeginns eingetreten (§ 123 Abs. 2 HGB.). Ihre Auflösung war nach der Behauptung der Beklagten nicht durch Liquidation, sondern zulässigerweise nach § 145 Abs. 1 HGB. dadurch erfolgt, daß der Beklagte im B. das Geschäft mit Aktiven und Passiven übernahm. Jeder der beiden Beklagten betrieb dann einen Handel unter seinem Namen. Eine Eintragung in das Handelsregister, daß die Firma erloschen sei, ist nicht erfolgt. Wenn das Berufungsgericht annimmt, daß die Firma trotz des Auflösungsbeschlusses insofern noch als fortbestehend zu gelten gehabt habe, als die Gläubiger noch nicht befriedigt gewesen seien, und daß daher die nach der Auflösung erfolgte Zustellung der Klageschrift an die Firma zu Händen ihres früheren Gesellschafters im B. keinem Bedenken begegne, so ist das rechtlich nicht zu beanstanden (JW. 1901 S. 653 Nr. 13, 1906 S. 477 Nr. 41). Aber auch dann, wenn das gemeinschaftliche Verhältnis damals schon beendigt gewesen wäre, würde die Klagerhebung gegen die Firma nicht zu beanstanden sein. Denn da die Beklagten nicht behauptet und bewiesen haben, daß dem Kläger bei Erhebung der Klage die Auflösung der Firma bekannt gewesen sei, galt ihm gegenüber die Gesellschaft als noch bestehend, da die Vorschrift des § 15 HGB. auch auf nicht eingetragene Gesellschaften Anwendung findet (Staub Komm. z. HGB. 12/13. Aufl. § 15 Anm. 8 und § 143 Anm. 7 Abs. 2; vgl. auch RGZ. Bd. 15 S. 35 und JW. 1889 S. 516 Nr. 10 zu der entsprechenden Vorschrift in Art. 25 Abs. 2 des alten Handelsgesetzbuchs). Der Unfall, auf den der Kläger seinen Anspruch stützt, hatte sich unstreitig zu einer Zeit ereignet, als die Gesellschaft noch bestand. Ein Fall wie der in RGZ. Bd. 93 S. 238 behandelte, in welchem der Anspruch aus unerlaubter Handlung erst nach Auflösung der Gesellschaft entstanden war und auf welchen demzufolge der § 15 Abs. 1 HGB. für unanwendbar erklärt wurde, liegt nicht vor. Hier handelt es sich bei der Anwendung des § 15 Abs. 1 nur um die verfahrensrechtliche Wirkung der Tatsache, daß die Auflösung der Gesellschaft nicht in das Handelsregister eingetragen war (vgl. Staub a. a. O. § 15 Anm. 3). Im zweiten Rechtszug wurde dann der Rechtsstreit gegen die Beklagten als die früheren Gesellschafter der offenen Handelsgesellschaft fortgeführt. Die Zulässigkeit dieses Verfahrens entspricht der ständigen Rechtsprechung des Reichsgerichts, da die Gesellschafter als Gesamtheit in ihrer Zusammenfassung unter der Firma der Gesellschaft bereits Prozeßpartei waren und da diese Prozeßpartei durch das Aufhören der Gesellschaft nicht wegfiel, vielmehr dem Kläger die Gesellschafter nach wie vor als Prozeßgegner gegenüberstanden; allerdings nicht mehr in ihrer früheren, durch das Gesellschaftsband hergestellten Verbindung als geschlossene Gesamtheit, sondern als gewöhnliche Streitgenossen (RGZ. Bd. 46 S. 40, Bd. 64 S. 78).

19. Unter welchen Umständen ist der ordentliche Vorsitzende eines Senats als dauernd an der Führung des Vorsitzes verhindert anzusehen?[1])

GVG. §§ 62, 66, 117. ZPO. § 551 Nr. 1.

VI. Zivilsenat. Urt. v. 13. Januar 1930 i. S. T. (Kl.) w. H. (Bekl.). VI 275/29.

I. Landgericht Osnabrück.
II. Oberlandesgericht Celle.

Der Sachverhalt und die Entscheidung ergeben sich aus den Gründen:

Der Beklagte stützt die Revision in erster Linie auf die Rüge, daß der 8. Zivilsenat des Berufungsgerichts bei Erlaß des angefochtenen Urteils nicht vorschriftsmäßig besetzt gewesen sei (§ 551 Nr. 1

[1]) Das Urteil des VII. Zivilsenats vom 26. November 1929 VII 256/29, inzwischen abgedruckt RGZ. Bd. 126 S. 245, ist erst nach Erlaß des vorliegenden Urteils bekannt geworden, sodaß nicht in eine Prüfung der Frage eingetreten werden konnte, ob es einer Anrufung der Vereinigten Zivilsenate bedürfe.

ZPO.). Vorsitzender des 8. Zivilsenats sei nach der Geschäftsverteilung der Senatspräsident H. gewesen. Dieser sei aber an der Führung des Vorsitzes dauernd verhindert gewesen. Die Rüge ist begründet. Das angefochtene Urteil ist am 12. Januar 1929 auf Grund der Verhandlung vom 19. Dezember 1928 gefällt. Nach der vom Oberlandesgerichtspräsidenten in Celle unter dem 26. März 1929 mitgeteilten Äußerung des Senatspräsidenten H. ist diesem zu Anfang des Jahres 1928 neben dem Vorsitz im 7. Senat auch der Vorsitz im 8. Senat übertragen worden. Senatspräsident H. erklärte, er habe darauf eine Zeitlang monatlich einmal den Vorsitz im 8. Senat geführt; späterhin sei ihm das bei der zunehmenden Geschäftslast des 7. Senats nicht mehr möglich gewesen; seit einiger Zeit seien die neuen Eingänge im 7. Senat geringer geworden; wenn dieser Zustand andauere, würde er wieder in der Lage sein, einen Teil der Geschäfte des 8. Senats zu übernehmen. Danach ist anzunehmen, daß der Senatspräsident H. schon zu Anfang des Jahres 1928 und erst recht im Laufe dieses Jahres, sowie zu Beginn des Jahres 1929 in Wirklichkeit durch Überlastung mit anderen Dienstgeschäften nicht nur vorübergehend verhindert war, den Vorsitz zu führen, und daß aus diesem Grunde das dienstälteste Mitglied des Senats den Vorsitz ständig geführt hat. Die Stellvertretung geschah nicht nur aushilfsweise, sondern sie wurde zu einer dauernden Einrichtung für die völlig unbestimmte Zeit der Überlastung des Vorsitzenden durch andere Dienstgeschäfte. Schon lange Zeit vor Schluß des Jahres 1928 und auch zu Anfang des Jahres 1929 ist die dauernde Verhinderung des Vorsitzenden erkennbar gewesen. Irgendein Anhaltspunkt dafür, daß die Belastung des Vorsitzenden mit anderen Dienstgeschäften und damit seine Stellvertretung durch das dienstälteste Senatsmitglied nur vorübergehend sein würde, ist nicht vorhanden. Noch im März 1929 konnte nach der amtlichen Auskunft nur damit gerechnet werden, daß der Vorsitzende einen Teil der Geschäfte des 8. Zivilsenats erst dann werde übernehmen können, wenn die seit einiger Zeit eingetretene Abnahme der Geschäfte im 7. Senat andauern würde; also auch die Wiederaufnahme der Geschäfte durch den Vorsitzenden im 8. Senat hing damals noch von einer völlig ungewissen Entwicklung ab. Danach widersprach die von der Revision gerügte Regelung der Führung des Vorsitzes im 8. Zivilsenat zur Zeit des Erlasses des Berufungsurteils den Vorschriften der §§ 117, 115, 62 GVG. Der Fall liegt demnach hier nicht so, wie in der Entscheidung des erkennenden Senats RGZ. Bd. 126 S. 97, wo ein Senat des Oberlandesgerichts vorübergehend mit Angelegenheiten belastet war, deren Wegfall feststand und nur dem genauen Zeitpunkt nach noch ungewiß war. Vielmehr war im vorliegenden Falle in Übereinstimmung mit der Entscheidung in RGZ. Bd. 119 S. 280 gemäß § 551 Nr. 1 ZPO. das Urteil wegen unvorschriftsmäßiger Besetzung des Gerichts aufzuheben.

---

20. 1. Müssen im Falle des § 1573 BGB. die „anderen Tatsachen", auf welche die Scheidungsklage gegründet wird, schon für sich allein betrachtet eine schwere Eheverfehlung darstellen?
2. Ist die Frage, ob eine Eheverfehlung eine schwere ist, eine Rechts- oder eine Tatfrage?

BGB. §§ 1568, 1573.

VII. Zivilsenat. Urt. v. 17. Januar 1930 i. S. Ehem. K. (Bekl.) w. Ehefr. K. (Kl.). VII 583/29.

I. Landgericht Erfurt.
II. Oberlandesgericht Naumburg.

Die Parteien haben am 20. Dezember 1918 die Ehe geschlossen. Seit dem 26. März 1928 leben sie getrennt. Die Klägerin erhob Scheidungsklage, der Beklagte Widerklage auf Scheidung. Das Landgericht gab der Klage statt und wies die Widerklage ab. Das Oberlandesgericht wies die Berufung des Beklagten zurück. Seine Revision hatte Erfolg.

Gründe:

Der Berufungsrichter hält eine Anzahl der behaupteten Eheverfehlungen der Klägerin für verziehen oder wegen Ablaufs der Sechsmonatsfrist im § 1571 Abs. 1 BGB. für nicht mehr geeignet, einen selbständigen Scheidungsgrund zu bilden. Er verkennt nicht, daß nach § 1573 BGB. Tatsachen, auf die eine Scheidungsklage nicht mehr gegründet werden kann, zur Unterstützung einer auf andere Tatsachen gegründeten Scheidungsklage geltend gemacht werden dürfen, aber er nimmt an, daß diese anderen Tatsachen, schon für sich allein betrachtet, eine schwere Eheverfehlung darstellen müssen.

Diese Auffassung beruht aber auf Rechtsirrtum. Nach der feststehenden Rechtsprechung des Reichsgerichts genügt es, wenn überhaupt eine von der Verzeihung oder dem Zeitablauf nicht betroffene Eheverfehlung vorliegt und sie im Zusammenhalt mit den verziehenen oder nicht fristgemäß geltend gemachten Verfehlungen als eine schwere Eheverfehlung anzusehen ist (Gruch. Bd. 50 S. 1104; JW. 1912 S. 39 Nr. 32; Urt. vom 20. März 1928 VII 609/27).

Die Revisionsbeklagte hat den festgestellten Rechtsfehler des Berufungsurteils nicht zu leugnen vermocht; sie hat aber gemeint, daß das Reichsgericht von sich aus in der Lage sei, die Frage zu beantworten, ob das in Betracht kommende Gesamtverhalten der Klägerin sich als eine schwere Eheverfehlung darstelle. Mit Recht hat indessen die Revision erwidert, daß es wesentlich Sache tatrichterlicher Beurteilung ist, darüber zu entscheiden, ob eine schwere Verletzung der durch die Ehe begründeten Pflichten vorliegt (JW. 1900 S. 726, 1904 S. 470 Nr. 9, 1905 S. 24 Nr. 25; WarnRspr. 1914 Nr. 219 u. 336).

Deshalb muß das angefochtene Urteil, und zwar bei der gebotenen Einheitlichkeit der Entscheidung in Ehesachen in vollem Umfang, aufgehoben und die Sache zur anderweitigen Verhandlung und Entscheidung an das Berufungsgericht zurückverwiesen werden.

---

21. Ist der Beschluß, durch den das Vormundschaftsgericht dem Pfleger eine Vergütung von bestimmter Höhe zubilligt, für den Prozeßrichter auch dann bindend, wenn an Stelle des Pflegebefohlenen ein Dritter durch Schuldübernahmevertrag die Kosten der Pflegschaft übernommen hat?

BGB. § 1836.

III. Zivilsenat. Urt. v. 17. Januar 1930 i. S. Hu. (Kl.) w. Ha. u. Gen. (Bekl.). III 160/29.

I. Landgericht Braunschweig.
II. Oberlandesgericht daselbst.

Im Januar 1926 war der Kaufmann L., Inhaber einer Düngerfabrik, entwichen. Er hinterließ Schulden; u. a. hatte er, wie sich jetzt herausstellte, den fünf verklagten Firmen für beträchtliche Kredite

Vermögensgegenstände, und zwar großenteils die nämlichen, verpfändet oder übereignet. Das Vormundschaftsgericht ordnete die Abwesenheitspflegschaft über L. an und bestellte den Kläger zum Pfleger. Mit diesem schlossen die fünf Beklagten zur Abwicklung der Angelegenheit den Vertrag vom 21. März 1926. Nach der Schlußbemerkung des Vertrags haben die Beklagten „die Kosten der Pflegschaft übernommen". Das Vormundschaftsgericht genehmigte den Vertrag. Mit Beschluß vom 2. Juni 1926 setzte das Vormundschaftsgericht die Vergütung des Klägers, einschließlich gewisser Auslagen, auf 30000 RM. fest; dem lag eine Schätzung des Aktivvermögens des L. auf rund 712000 RM. zugrunde. Eine Beschwerde der Beklagten gegen den Beschluß wurde als unzulässig verworfen. Ein vom Vormundschaftsgericht bestellter Gegenpfleger erhob nun die Beschwerde. In diesem Verfahren schätzte ein anderer Sachverständiger den Wert des Aktivvermögens auf rund 637000 RM. Mit Rücksicht hierauf ermäßigte der Kläger seine Vergütungsforderung auf 25000 RM. Zu einer Entscheidung über die Beschwerde des Gegenpflegers kam es nicht, nachdem inzwischen L. zurückgekehrt war und erklärt hatte, daß er die Verfolgung des Rechtsmittels nicht wünsche. Dem Antrag des L. entsprechend hob das Vormundschaftsgericht die Abwesenheitspflegschaft auf und erklärte die Beschwerde des Gegenpflegers für erledigt.

Im Rechtsstreit verfolgt der Kläger seinen Vergütungsanspruch gegen die Beklagten auf Grund der Vertrags vom 21. März 1926. Von der ermäßigten Summe von 25000 RM. zieht er noch 5743,76 RM. ab, die er einbehalten hatte. Auf Zahlung des Restes von 19256 RM. ist die Klage gerichtet. Das Landgericht verurteilte die Beklagten zur Zahlung von 12786,51 RM. und wies im übrigen die Klage ab. Das Oberlandesgericht wies die Berufung des Klägers und die Anschlußberufung der Beklagten zurück. Auf die Revision des Klägers wurde das Berufungsurteil, soweit es dem Kläger ungünstig war, aufgehoben und die Beklagten zur Zahlung weiterer 6469,49 RM. verurteilt.

Gründe:

Die Revision, die das Berufungsurteil nur in einem Punkte angreift, ist begründet.

Im Vertrag vom 21. März 1926 haben die Beklagten, Gläubiger des entwichenen L., die Kosten der Pflegschaft übernommen. Zu den

Kosten der Pflegschaft gehörte auch die Vergütung, die das Vormundschaftsgericht dem Pfleger bewilligen würde und in der Folge bewilligt hat. Darüber waren sich die Vertragschließenden auch klar; denn nach den Feststellungen des Berufungsrichters hatten die Beklagten bei den Vertragsverhandlungen eine Erklärung des Klägers über die Höhe seiner Vergütung zu erhalten gewünscht und der Kläger hat darauf hingewiesen, daß für seinen Vergütungsanspruch die Bestimmung des Vormundschaftsgerichts maßgebend sein werde.

Dem Kläger als Pfleger standen die Ansprüche auf Auslagenersatz (§ 1835 BGB.) und die durch Bewilligung des Vormundschaftsgerichts bedingten Vergütungsansprüche (§ 1836 BGB.) rechtlich gegen den Pflegebefohlenen L. zu. Den Vertrag vom 21. März 1926 hat der Kläger nicht in seinem eigenen Namen und im eigenen Rechtskreis, sondern in seiner Eigenschaft als gesetzlicher Vertreter des L. geschlossen; die aus dem Vertrag entspringenden Rechte wurden deshalb dem L. erworben. Gleichwohl ist die Sachbefugnis des Klägers — seine Befugnis, den Klaganspruch für sich selbst und unmittelbar gegen die Beklagten geltendzumachen — nicht zu beanstanden. Dem haben die Beklagten schon dadurch Rechnung getragen, daß sie das Berufungsurteil, das dem Kläger einen Teil des Anspruchs zuerkannt hat, ihrerseits nicht angegriffen haben. Es bedürfte daher im gegenwärtigen Rechtszug keines Eingehens auf die Frage der Sachbefugnis. Doch mag zur Klarstellung der Rechtslage folgendes bemerkt werden. Als die Beklagten im Vertrag vom 21. März 1926 die Verpflichtung zur Tragung der Kosten der Pflegschaft zunächst gegenüber dem L. — dieser gesetzlich vertreten durch den Kläger — übernahmen, handelte es sich um eine Erfüllungsübernahme, § 415 Abs. 3, § 328 BGB. Aber es ist unbedenklich anzunehmen, daß der Kläger, indem er das Vertragsangebot der Beklagten auf Übernahme der Pflegschaftskosten als Vertragsgegner annahm (§§ 145 flg. BGB.), zugleich im Namen des L. und in seinem, des Klägers, eigenem Namen gehandelt hat. Es ist in der Rechtsprechung als durchaus möglich anerkannt, daß jemand eine Willenserklärung zugleich in eigenem und in fremdem Namen abgibt (RGZ. Bd. 61 S. 347, Bd. 75 S. 3; WarnRspr. 1927 Nr. 42). Ein Fall des § 181 BGB. ist nicht gegeben; der Kläger hat nicht mit sich selbst einen Vertrag abgeschlossen, sondern er hat mit den Beklagten als Vertragsgegnern abgeschlossen und dabei in doppelter Eigenschaft, einmal für

L., sodann für sich selbst seine Vertragserklärung abgegeben (RGZ. Bd. 71 S. 219, Bd. 85 S. 363; WarnRspr. 1909 Nr. 189). So verstanden, enthält die Vertragsklausel nicht bloß eine Erfüllungsübernahme im Verhältnis zwischen den Beklagten und dem L., sondern gleichzeitig einen Schuldübernahmevertrag (§ 414 BGB.) zwischen den Beklagten und dem Kläger, oder mindestens die Genehmigungserklärung des Klägers als Gläubigers der übernommenen Forderung gemäß § 415 BGB. Wie aus alledem erhellt, bedeutet die in Rede stehende Vertragsklausel nichts anderes als die vertragsmäßige Übernahme derjenigen Kosten, die sich nach den Grundsätzen des Vormundschaftsrechts als Forderung des Klägers gegen den Pflegebefohlenen L. und sein Vermögen ergaben.

Der Berufungsrichter legt nun dar, daß das Vormundschaftsgericht mit Recht dem Kläger eine Vergütung zugebilligt habe. Diese Ausführungen beschweren den Kläger nicht; es würde aber auch nicht auf sie ankommen, wie auch hier zur Klarstellung der Rechtslage bemerkt werden mag. Wie die Vormundschaft (§ 1836 BGB.), so ist auch die Pflegschaft (§ 1915 BGB.) unentgeltlich zu führen; das entspricht der allgemeinen staatsbürgerlichen Pflicht des § 1785 BGB. Nur ihre Aufwendungen können der Vormund und der Pfleger ohne weiteres erstattet verlangen, § 1835 Abs. 1 BGB. Dagegen hat der Pfleger an sich keine Vergütung zu beanspruchen; eine solche kann ihm nur das Vormundschaftsgericht bewilligen, § 1836 BGB. Wie sich hieraus ergibt und wie auch in Rechtslehre und Rechtsprechung einhellig anerkannt ist, kommt dem Beschluß, durch den das Gericht dem Vormund oder Pfleger eine Vergütung bewilligt, rechtsbegründende Bedeutung zu; nur dieser Beschluß erzeugt den Vergütungsanspruch, ohne den Beschluß besteht ein solcher Anspruch nicht. Allerdings ist der Beschluß nicht vollstreckbar. Es ist Sache des Vormunds oder Pflegers, für seine Durchführung zu sorgen. Er kann den Betrag der Vergütung, wie schon den Betrag seiner Aufwendungen, unmittelbar dem Mündelvermögen entnehmen, ohne durch § 181 BGB. hieran gehindert zu sein (reines Erfüllungsgeschäft), wie dies der Kläger hier auch zu einem Teil getan hat. Kommt der Pfleger auf diesem Wege nicht zum Ziel, so muß er den Rechtsweg beschreiten. Für den Prozeß hat der Bewilligungsbeschluß die Bedeutung einer Vorentscheidung und zwar, wie sich aus den Ausführungen über die rechtsgestaltende Kraft des Beschlusses ergibt, einer den Prozeßrichter bindenden Vorentscheidung; nur über sonstige Einwendungen, wie die einer Tilgung oder Verrechnung, hat der Prozeßrichter zu entscheiden (vgl. z. B. aus neuester Zeit BayObLG. in JFG. Bd. 6 S. 131). Für Grund und Höhe des Vergütungsanspruchs bleibt dagegen der Beschluß des Vormundschaftsgerichts maßgebend. Was insbesondere die Höhe der bewilligten Vergütung anlangt, so haben die Beteiligten etwaige Meinungsverschiedenheiten über den Betrag im Verfahren der freiwilligen Gerichtsbarkeit, im Wege der Beschwerde gegen den vormundschaftsgerichtlichen Beschluß auszutragen. So ist auch im gegenwärtigen Falle verfahren worden. Gegen die Höhe der bewilligten Vergütung hatten erst die Beklagten selbst, und nachdem ihre Beschwerde als unzulässig verworfen worden war, der eigens zu diesem Zweck bestellte Gegenpfleger die Beschwerde eingelegt. Das Beschwerdeverfahren hat nicht zum Ziel geführt. Der Abwesende ist inzwischen zurückgekehrt, und seinem Verlangen entsprechend hat das Gericht nunmehr die Abwesenheitspflegschaft aufgehoben. L. hat dem Gericht gegenüber erklärt, daß er die dem Kläger bewilligte Vergütung für angemessen halte und eine weitere Verfolgung der Beschwerde des Gegenpflegers nicht wünsche, sondern sogar untersage. Hierauf hat das Gericht die Beschwerde des Gegenpflegers für erledigt erklärt. Bei dieser Sachlage bedarf es keines Eingehens auf die Frage, ob auch nach aufgehobener Pflegschaft noch Raum wäre für die Abänderung des Bewilligungsbeschlusses im Beschwerdeweg, wie allgemein und mit Recht angenommen wird. Jedenfalls war nunmehr eine etwaige Weiterverfolgung der Angelegenheit ausschließlich Sache des L. Nachdem dieser sich der Weiterverfolgung versagt, im Gegenteil die Vergütung als angemessen bezeichnet hatte, war in der Tat im Rahmen des vormundschaftsgerichtlichen Verfahrens kein Raum mehr für eine Weiterverfolgung der streitigen Frage. Damit steht als Endergebnis des vormundschaftsgerichtlichen Verfahrens fest, daß es bei dem bewilligten (und freiwillig ermäßigten) Betrag von 25000 RM. bewendet.

Für die Rechtsbeziehungen zwischen dem Kläger und dem vormaligen Pflegebefohlenen L. steht auch der Berufungsrichter auf dem hier entwickelten Standpunkt. Dagegen will er dieses Ergebnis nicht als maßgebend anerkennen für die Rechtsbeziehungen zwischen dem Kläger und den Beklagten. Er führt aus: Ob die Festsetzung durch das

Vormundschaftsgericht auch für die Parteien maßgebend sei, hänge davon ab, wie das Abkommen vom 21. März 1926 zu verstehen sei. Habe ein Dritter die Kosten der Pflegschaft übernommen, so bedeute das zwar regelmäßig, daß die Vergütung in der Höhe übernommen sei, in der das Gericht als die gesetzlich zuständige Stelle sie festgesetzt habe. Aber unter den hier obwaltenden Umständen könne nicht angenommen werden, daß sich die Beklagten schlechthin der Festsetzung des Gerichts unterworfen hätten. Sie hätten offenbar nicht daran gedacht, auf die Erschöpfung des Rechtswegs für den Fall zu verzichten, daß ihnen die gerichtlich festgesetzte Vergütung zu hoch erscheinen würde. Im Vertrag vom 21. März 1926 könne daher eine Unterwerfung der Beklagten unter die Festsetzung des Vormundschaftsgerichts nur mit der Einschränkung gefunden werden, daß das gesetzliche Rechtsmittelverfahren durchführbar sei. Die Beklagten hätten zweifellos nicht daran gedacht, daß ihnen selbst kein Beschwerderecht zustehe und daß die Beschwerde des Gegenpflegers an der Aufhebung der Pflegschaft scheitern würde; es habe sicher nicht dem Willen der Beklagten entsprochen, sich einer Einigung zwischen dem Kläger und L. zu unterwerfen. Der Möglichkeit, im Beschwerdeweg Einfluß auf die Festsetzung der Vergütung zu gewinnen, hätten sie sich nicht begeben wollen. Nachdem sich nun die Herbeiführung einer Entscheidung des Beschwerdegerichts als unmöglich ergeben habe, fehle es an einer Einigung der Parteien über den Weg, auf dem die Vergütung festzusetzen sei. Daher sei dem Landgericht darin beizutreten, daß die vormundschaftsgerichtliche Festsetzung für den Klaganspruch nicht maßgebend und nunmehr die Höhe des Anspruchs im Prozeßweg festzusetzen sei.

Die Revision rügt, daß diese Vertragsauslegung die Rechtsnormen über die Auslegung, namentlich den § 157 BGB., verletze. Sie räumt ein, daß die Beklagten den Vertrag nicht so, wie geschehen, abgeschlossen haben würden, wenn sie sich schon damals darüber klar gewesen wären, daß sie selbst kein Beschwerderecht hätten und daß die Beschwerde eines Gegenpflegers an der Aufhebung der Pflegschaft scheitern könne. Aber die Revision vermißt mit Recht eine Feststellung des Berufungsrichters dahin, daß die Beklagten beim Vertragsschluß einen so beschränkten Willen irgendwie kundgegeben, ja daß sie ihn auch nur gehabt hätten. Denn in Wahrheit hätten die Beklagten an jene Möglichkeit eben nicht gedacht; das würde nicht einmal zu der Feststellung eines Irrtums im Beweggrund ausreichen. Schon damit seien die Auslegungsregeln verletzt; nicht minder seien sie aber auch verletzt, insofern der Berufungsrichter einseitig nur auf die Willensrichtung der Beklagten abgestellt, die Willensrichtung des Klägers aber gar nicht in Betracht gezogen habe. Der Kläger habe bei den Vertragsverhandlungen — wie er behaupte und wie daher mindestens jetzt zu unterstellen sei — ausdrücklich darauf hingewiesen, daß seine Vergütung vom Vormundschaftsgericht festzusetzen sei, und er habe sich im Hinblick auf den abgeschlossenen Vertrag des Pflegschaftsvermögens in solchem Umfang entäußert, daß er keine ausreichende Deckung für seine Vergütung mehr in Händen gehabt habe. Den Beklagten sei schon beim Vertragsschluß erkennbar gewesen, daß der Kläger auf der Maßgeblichkeit der gerichtlichen Festsetzung bestehe.

Diese Rügen der Revision sind begründet. Angefügt kann werden, daß das vormundschaftsgerichtliche Verfahren genügend Möglichkeit ließ, die Frage der Angemessenheit der bewilligten Vergütung im geordneten Rechtszug auszutragen. Insbesondere hätte, wie schon bemerkt, nach der nahezu einhelligen Meinung der Rechtsprechung und des Schrifttums die Aufhebung der Pflegschaft nach Rückkehr des L. der Weiterverfolgung der Frage nicht im Wege gestanden. L. selbst hätte auch nach Aufhebung der Pflegschaft die Frage der Angemessenheit der Vergütung des Pflegers im Beschwerdeweg weiter verfolgen können. Nun hat er sich aber auf die Seite des Pflegers geschlagen und sich mit der Höhe der bewilligten Vergütung einverstanden erklärt. Nur dieser nicht ohne weiteres vorauszusehende Umstand hat die Frage abgeschnitten; dieser Umstand liegt aber auf tatsächlichem Gebiet und darf nicht dazu verleiten, die Ordnung, die auf dem Gebiet des Vormundschaftswesens getroffen ist, für rechtlich ungenügend zu halten.

Übrigens hätte es der von der Revision erhobenen Angriffe nicht einmal bedurft. Die Annahmen des Berufungsrichters führen zu einem auch sonst rechtlich unhaltbaren Ergebnis. Wie aus dem erhellt, was oben über die Sachbefugnis des Klägers dargelegt wurde, haben die Beklagten die Schuld, die an sich den L. und sein Vermögen betraf, übernommen; der Unterschied, den das Berufungsgericht zwischen den Rechtsbeziehungen zwischen Pfleger und Pflegbefohlenem und denjenigen zwischen dem Kläger und den Beklagten machen will, ist rechtlich nicht begründet. Die Beklagten haben die Rechtslage hinzunehmen, die im Verhältnis zwischen dem Kläger und L. bestand. Auch dieses Rechtsverhältnis ist schon oben gekennzeichnet worden. Der Vergütungsanspruch entsteht erst mit der Bewilligung des Vormundschaftsgerichts; außerhalb einer solchen Bewilligung gibt es keinen Vergütungsanspruch. Was vom Grunde des Anspruchs gilt, muß auch von der Höhe gelten; eine vertragsmäßige Unterwerfung unter einen Vergütungsanspruch mit dem Vorbehalt der Nachprüfung der Höhe durch den Prozeßrichter widerspräche dieser Rechtslage und kann daher nicht als wirksam anerkannt werden. Sonst müßte umgekehrt auch dem Vormund und Pfleger gestattet werden, einem Dritten gegenüber, der die Kosten der Pflegschaft durch Vertrag übernommen hat, Vergütungsansprüche zu erheben, die das Gericht gar nicht festgesetzt hat. Ein solches Verfahren ist zwar möglich wegen der Aufwendungen des Pflegers, § 1835 BGB.; aber hinsichtlich der Vergütung geht jenes Verfahren nicht an. Darin, daß der Vormundschaftsrichter mindestens einen Teil der Aufwendungen des Klägers einheitlich mit der Vergütung in einem Beschluß festgesetzt hat, liegt ein rechtlicher Verstoß, der aber jetzt nicht mehr richtig gestellt werden kann. Selbst wenn sich also die Beklagten erkennbar dem Vergütungsbeschluß nur unter Vorbehalt einer Nachprüfung hätten unterwerfen wollen, wie der Berufungsrichter annimmt, hätten sie nicht das Ergebnis herbeiführen können, daß an Stelle des Vormundschaftsgerichts der Prozeßrichter zur Nachprüfung befugt gewesen wäre.

---

22. 1. Betreibt die Ehefrau auch dann ein selbständiges Erwerbsgeschäft, wenn sie Teilhaberin einer offenen Handelsgesellschaft ist?

2. Gehören zum Vorbehaltsgut nur die Erträgnisse des Erwerbsgeschäfts oder auch das Stammvermögen der Frau, soweit es im Geschäft angelegt ist?

3. Bedarf die Frau der ehemännlichen Zustimmung zu einem Vertrag, durch den sie der Auflösung der offenen Handelsgesellschaft und dem Übergang des Geschäfts auf den bisherigen anderen Teilhaber zustimmt?

BGB. §§ 1367, 1395, 1396, 1403.

III. Zivilsenat. Urt. v. 17. Januar 1930 i. S. R. (Bekl.) w. Frau Go. (Kl.). III 134/29.

I. Landgericht Breslau.
II. Oberlandesgericht daselbst.

Anfang 1925 war die offene Handelsgesellschaft in Firma J. Tr. in Br. in Schwierigkeiten geraten. Teilhaber der Firma waren der Kaufmann Kr. und Frau Erna Ge., Tochter des nachmaligen Klägers Ernst Go., der Geldansprüche an die Firma hatte. Kr. war Mitglied einer Loge in Br.; um ihn zu stützen, hatte sein Logenbruder Kaufmann M. ein Abkommen vorbereitet, wonach Kr. das Geschäft allein übernehmen, Frau Ge. ausscheiden und diese sowie ihr Vater abgefunden werden sollten; sechs andere Logenmitglieder hatten sich bereit gefunden, zur Sicherung der Abfindungsansprüche des Go. und der Frau Ge. die Bürgschaft für Kr. zu übernehmen. Die rechtliche Festlegung und Fassung dieses Abkommens übertrug M. dem Beklagten, der Rechtsanwalt und Notar in Br. ist und gleichfalls Logenmitglied war.

Am 20. Februar 1925 beurkundete der Beklagte einen Vertrag zwischen Kr., Frau Ge. und Ernst Go. Hierin wurde zunächst festgestellt, daß die Jahresbilanz der Firma für den 31. Dezember 1924 eine gewisse Unterbilanz ergeben habe, wovon auf Frau Ge. 12693,93 RM. entfielen; ferner, daß Ernst Go. von der Firma 28542,47 RM. zu fordern habe. Die Beteiligten erklärten nun ihren Willen dahin, daß Frau Ge. aus der Gesellschaft ausscheiden und Kr. das Geschäft nebst Firma übernehmen sollte, wofür sich Kr. zu gewissen Rentenzahlungen an Frau Ge. verpflichtete. Ernst Go. ließ sich den Verlustanteil seiner Tochter auf seine Forderung anrechnen und stundete der Firma den Restbetrag von 15848,54 RM. bis Ende 1931 gegen Verzinsung mit 10%. Unter IV des notariellen Vertrags ist gesagt: „Dieses Abkommen wird wirksam, sobald der Ehemann der Frau Ge., Siegfried Ge., die ehemännliche Zustimmung zu vorstehenden Erklärungen seiner Ehefrau erteilt". Siegfried Ge. befand sich damals in einem Sanatorium und lag mit seiner Frau in Scheidung; die Scheidung wurde etwa ein Jahr später ausgesprochen. Der Beklagte hatte die Zustimmung des Siegfried Ge. nicht für nötig gehalten; aber dessen Vertreter, Justizrat E., hatte den gegenteiligen Standpunkt vertreten. Mit Rücksicht hierauf wurde die Bestimmung unter IV in den Vertrag aufgenommen. Kurz nach Abschluß des Vertrags ging der Beklagte den Siegfried Ge. um seine Zustimmung an, der sie aber verweigerte. Zu der Übernahme der Bürgschaft durch die Logenmitglieder, die sich hierzu bereit gefunden hatten, kam es nicht. Wohl aber meldeten Kr. und Frau Ge. trotz der verweigerten Zustimmung des Siegfried Ge. die Auflösung der offenen Handelsgesellschaft und den Übergang des Geschäfts auf Kr. zum Handelsregister an. Der Beklagte entwarf und beglaubigte ihre Erklärungen. Das Registergericht vollzog die beantragten Eintragungen.

Im Laufe des Jahres 1926 ging die Firma J. Tr. unter Geschäftsaufsicht. Das Verfahren endigte mit einem Zwangsvergleich, wonach die Gläubiger 30% ihrer Forderungen und einen Besserungsschein über weitere 10% erhielten. Ernst Go. meldete seine Forderung in Höhe von 15839,20 RM. an und erhielt Befriedigung in Höhe von $^{3}/_{10}$ mit 4791,33 RM. Als er an die Bürgen herantrat, ergab sich, daß diese sich gar nicht verbürgt hatten. Wegen seines Ausfalls im Betrag von 11048 RM. wollte er sich an den Beklagten halten, dessen schuldhaftes Verhalten den Schaden herbeigeführt habe. Nach der Klagerhebung verstarb Ernst Go.; an seiner Stelle trat die Witwe und Erbin in den Rechtsstreit ein. Das Landgericht wies die Klage ab. Das Oberlandesgericht verurteilte den Beklagten zur Zahlung von 7365,20 RM. gegen Abtretung von $^{1}/_{3}$ (richtig wohl $^{2}/_{3}$) der Rechte aus dem Besserungsschein. Die Revision des Beklagten führte zur Aufhebung des Berufungsurteils und zur Zurückweisung der Berufung der Klägerin gegen das landgerichtliche Urteil.

Gründe:

Unstreitig hat der Beklagte den Vertrag am 20. Februar 1925 als Notar beurkundet. Daß er die ihm in seiner amtlichen Eigenschaft obliegenden Pflichten gegenüber dem Erblasser der Klägerin schuldhaft verletzt habe, hat der Berufungsrichter nicht festgestellt. Das beschwert den Beklagten nicht.

Dagegen habe der Beklagte, so nimmt der Berufungsrichter an, Vertragspflichten schuldhaft verletzt, die ihm dem Erblasser der Klägerin gegenüber obgelegen hätten. Da die Erfüllung der dem Notar obliegenden Amtspflichten nicht Gegenstand vertragsmäßiger Bindung sein kann, so kann es sich bei der vom Berufungsrichter angenommenen Vertragspflicht nur um einen selbständig neben der Beurkundungstätigkeit des Beklagten einhergehenden (Anwalts-) Dienstvertrag oder Auftrag handeln. Es ist in der Tat nicht selten, daß die Beteiligten den von ihnen zugezogenen Notar über die Grenzen seiner Beurkundungstätigkeit hinaus um Rat und Hilfe angehen und daß der Notar, zumal wenn er zugleich Anwalt ist, ihnen Rat und Hilfe gewährt. Das ist rechtlich nicht zu beanstanden. Im Ausgangspunkt des Berufungsrichters findet sich mithin kein Rechtsirrtum. Im übrigen liegen seine Ausführungen großenteils auf dem Gebiete tatsächlicher Würdigung und sind insoweit den Angriffen der Revision entzogen. Nur ein Bedenken läßt sich gegen die Annahme des Berufungsrichters erheben. Wie die Klägerin selbst nachdrücklich vorträgt, war es M., der Vertreter der Belange des Kr., gewesen, der dem Beklagten den Auftrag zur Behandlung der Angelegenheit erteilt hat. Es könnte deshalb unbedenklich ein Anwaltsdienstvertrag oder -auftrag als zwischen dem Beklagten und dem M. oder dem Kr. abgeschlossen angesehen werden. Ernst Go., der Erblasser der Klägerin, stand aber, neben seiner Tochter, dem Kr. als Vertragsgegner gegenüber; es war daher nicht ohne weiteres anzunehmen, und war, wenigstens im Falle eines Interessenwiderstreits zwischen den beiden Vertragsteilen, gar nicht zulässig, daß der Beklagte zugleich dem Ernst Go. als Rechtsberater zur Seite stand. Ob sich der Berufungsrichter mit diesem rechtlichen Gesichtspunkt hinreichend auseinandergesetzt hat, mag zweifelhaft sein. Diese Frage bedarf jedoch keiner Entscheidung; denn das Berufungsurteil erweist sich aus anderen Gründen als nicht haltbar.

Nach der Annahme des Berufungsrichters soll der Beklagte dem Ernst Go. gegenüber vertragsmäßig verpflichtet gewesen sein, für das Zustandekommen der in Aussicht genommenen Bürgschaft zu sorgen. Durch ihr Nichtzustandekommen hat Ernst Go. Schaden erlitten, und die Klage verlangt Vergütung dieses Schadens vom Beklagten, weil er seine Verpflichtung schuldhaft verabsäumt habe. Diesem Vorwurf hält der Beklagte entgegen, daß festgestelltermaßen der Ehemann Ge. seine ehemännliche Genehmigung zu den Erklärungen seiner Frau verweigert hat, eine Genehmigung, die im Vertrag ausdrücklich als Bedingung für die Wirksamkeit des Abkommens vorgesehen war. Der Berufungsrichter hat den Einwand verworfen; dieses Ergebnis ist von Rechtsirrtum beeinflußt.

Der Berufungsrichter nimmt an: Gesetzlich, von Rechts wegen, sei die Zustimmung des Ehemanns Ge. nicht nötig gewesen; mit der Aufnahme des Vorbehalts unter IV des Vertrags hätten die Beteiligten etwas Überflüssiges getan; daher hätten denn auch nach verweigerter Genehmigung die Nächstbeteiligten, Kr. und Frau Ge., mit Unterstützung des Beklagten gleichwohl die bei der Firma eingetretenen Veränderungen zum Handelsregister angemeldet und habe der Registerrichter diese Veränderungen eingetragen. Damit sei die Entbehrlichkeit der ehemännlichen Zustimmung klargestellt gewesen, und es hätte auch der Beklagte leicht die Bürgen von der Entbehrlichkeit überzeugen können; die vermeintliche Hinfälligkeit des Vertrags infolge verweigerter Genehmigung des Siegfried Ge. entlaste daher den Beklagten nicht von dem Vorwurf, daß er vertragswidrig gehandelt habe, indem er fortan nichts mehr zur Herbeiführung der Unterschrift der Bürgen getan habe.

Daß es von Rechts wegen der Zustimmung des Ehemanns Ge. nicht bedurft habe, bezeichnet der Berufungsrichter ohne nähere Begründung als unzweifelhaft und unstreitig. Der Beklagte hatte auch selbst anfänglich die Meinung vertreten, daß die Genehmigung nicht erforderlich gewesen sei. Das enthob den Berufungsrichter jedoch nicht der Aufgabe der rechtlichen Nachprüfung; die Frage liegt auf rechtlichem Gebiet. In der Tat ist die Annahme unzutreffend, jedenfalls vom Standpunkt des gesetzlichen Güterstandes aus, von dessen Maßgeblichkeit für die Ge.sche Ehe der Berufungsrichter ausgehen durfte und mußte, da keiner der Beteiligten Abweichendes behauptet hatte. Bei der Beurteilung der Rechtslage nach dem gesetzlichen Güterstand hat sich der Berufungsrichter, wie anzunehmen, von § 1367 BGB. leiten lassen, wonach Vorbehaltsgut der Frau ist, was sie . . . durch den selbständigen Betrieb eines Erwerbsgeschäfts erwirbt. Als Teilhaberin der offenen Handelsgesellschaft hat in der Tat die Ehefrau Ge. ein selbständiges Erwerbsgeschäft — ersichtlich mit der Zustimmung ihres Mannes — betrieben, und zwar selbst dann, wenn sie von der Geschäftsführung ausgeschlossen gewesen sein sollte (RGZ. Bd. 87 S. 102). Was sie hierdurch erwarb, war gemäß § 1367 BGB. den Einwirkungen des Güterstands, dem Nutznießungs- und Verwaltungsrecht ihres Ehemanns entzogen. Aber das rechtfertigt nicht den Schluß, daß nun auch die Erklärungen der Frau Ge. im Vertrag vom 20. Februar 1925 nicht der Zustimmung ihres Ehemanns bedurft hätten. Zu der Auslegung des § 1367 BGB. hat das Reichsgericht im genannten Urteil Bd. 87 S. 100 dahin Stellung genommen, daß Vorbehaltsgut nur der Erwerb der Frau aus dem Betrieb des selbständigen Erwerbsgeschäfts wird, nicht aber auch das Geschäft selbst und das darin angelegte Stammvermögen der Frau. Von dieser, auch im Schrifttum überwiegend gebilligten Rechtsansicht abzugehen, besteht keine Veranlassung. Allerdings begibt sich der Ehemann mit seiner Einwilligung zum Geschäftsbetrieb der Frau seines Nutznießungs- und Verwaltungsrechts (RGZ. Bd. 59 S. 25, Bd. 84 S. 45). Aber das gilt nur für die Dauer des Geschäftsbetriebs. Die Veräußerung des Geschäfts selbst bezieht sich, wie in Bd. 87 S. 104 ausgesprochen ist, nicht auf Vorbehaltsgut, sondern auf das Stammvermögen und damit auf eingebrachtes Gut. Diese Folgerung aus der Annahme, daß Vorbehaltsgut nur die Erträgnisse des Geschäfts sind, aber nicht auch das Stammvermögen, ist unabweislich; sie muß auch für den vorliegenden Fall gezogen werden, da hier die Ehefrau Ge. vertragsmäßig in die Auflösung der offenen Handelsgesellschaft eingewilligt und das Geschäft, soweit sie bis dahin daran beteiligt war, auf Kr. übertragen hat. Die vertragsmäßige Erklärung des Einverständnisses der Ehefrau Ge. mit der Auflösung der Gesellschaft war zudem eine Rechtshandlung, die unmittelbar auf den Rechtsbestand der Gesellschaft einwirkte, und bedeutete daher eine „Verfügung"; zu ihr bedurfte sie der Einwilligung des Mannes, und, nachdem sie das Abkommen ohne vorgängige Einwilligung ihres Ehemanns getroffen hatte, dessen nachträglicher Genehmigung (§§ 1395, 1396 BGB.). Dadurch, daß Siegfried Ge. die Genehmigung verweigert hat, ist das Abkommen hinfällig geworden. Insbesondere hat es auch nicht dadurch Rechtswirksamkeit erlangt, daß später die Ehe geschieden und damit der gesetzliche Güterstand beendigt worden ist. Ebenso haben die Beteiligten und das Gericht mit Recht dem Umstand keine Bedeutung beigemessen, daß Siegfried Ge. die anfänglich ausdrücklich verweigerte Genehmigung ein volles Jahr später, im April 1926, von sich aus erteilt hat.

Nach alledem war die Genehmigung des Ehemanns Ge. zu den

Erklärungen seiner Ehefrau im Abkommen vom 20. Februar 1925 schon von Rechts wegen nötig. Mit der Verweigerung dieser Genehmigung durch Ge. ist das ganze Abkommen hinfällig geworden. Folglich war nicht bloß der Beklagte fortan nicht mehr verpflichtet, für die Herbeiführung der Unterschrift der als Bürgen in Aussicht genommenen Personen zu sorgen, sondern es bestand auch das aus dem Abkommen hergeleitete Forderungsrecht des Ernst Go. nicht zu Recht, für das die Bürgen eintreten sollten. Der entgegengesetzte Standpunkt des Berufungsrichters ist rechtsirrig. Damit erweist sich die Klage als unbegründet.

Eines Eingehens auf das weitere Parteivorbringen und auf den weiteren Inhalt des Berufungsurteils bedarf es nicht. Doch möge bemerkt werden, daß das Berufungsurteil auch von seinem eigenen Standpunkt aus, wonach es der Genehmigung des Siegfried Ge. von Rechts wegen nicht bedurft hätte, nicht haltbar gewesen wäre. Denn auch von diesem Standpunkt aus bleibt es dabei, daß die Beteiligten die Genehmigung des Ehemanns Ge. als vertragsmäßige Bedingung gesetzt haben. Auch dann trifft aber der Einwand des Beklagten zu, die Bedingung sei ausgefallen und demzufolge das Abkommen im ganzen hinfällig geworden. ...

---

23. Findet auf Vermietung und Veräußerung eines zu einer Konkursmasse gehörigen Grundstücks neben § 21 Abs. 3 KO. auch Abs. 2 das. Anwendung?

VIII. Zivilsenat. Urt. v. 20. Januar 1930 i. S. H. K. (Bekl.) w. Verwalter im Konkurs über das Vermögen des K. (Kl.). VIII 386/29.

I. Landgericht Hannover.
II. Oberlandesgericht Celle.

Im Oktober 1925 ist über das Vermögen des K. Konkurs eröffnet, der Kläger ist zum Konkursverwalter bestellt worden. Am 16. Juli 1924 hatte K. der Beklagten einen Laden mit Zubehör für fünf Jahre vermietet. In § 13 des Mietvertrags ist bestimmt:

Der Mietzins beträgt 5000 RM. pro anno, für 5 Jahre demnach 25000 RM. Durch Zahlung bei Abschluß des Vertrages von

9000 RM. und weitere Zahlung von 5000 RM. am 1. Oktober 1924, wodurch die Miete auf 3 Jahre abgegolten ist, verringert sich die Miete auf 24000 RM. für 5 Jahre. Es verbleibt demnach ein zu zahlender Rest von 10000 RM. und dieser wird dahin umgelegt, daß ab 1. Oktober 1924 vierteljährlich im voraus 500 RM. zu zahlen sind.

Die Beklagte hat die 14000 RM. gezahlt. Der deshalb vertragsgemäß mit nur 10000 (statt 11000) RM. berechnete Mietzinsrest war in Vierteljahrszahlungen von je 500 RM. abzutragen. Demgemäß ist auch zunächst verfahren worden. Nach Eröffnung des Konkurses zahlte jedoch die Beklagte entsprechend dem Verlangen des Klägers für das erste Halbjahr 1926 zwei Vierteljahrsmieten von je 1250 RM. Ihre nach dem 1. Oktober 1925 angefallenen und an den Gemeinschuldner entrichteten Vierteljahrszahlungen meldete sie als Konkursforderung an, die der Kläger anerkannte. Im Mai 1926 verkaufte der Konkursverwalter das Mietgrundstück. Der Käuferin zahlte die Beklagte fortan den Mietzins, jedoch nur in Höhe von vierteljährlich 500 RM. Den diesen Betrag übersteigenden Mietzinsanspruch der Käuferin hat der Kläger in seiner Eigenschaft als Konkursverwalter sich abtreten lassen und hat ihn eingeklagt. Im zweiten Rechtszug ist die Beklagte verurteilt worden, 6350 RM. nebst Zinsen nach besonderer Berechnung zu zahlen. Sie hat Revision eingelegt, die zur Aufhebung des Berufungsurteils führte.

Gründe:

Nach § 13 des Mietvertrags beträgt die jährliche Miete 5000 RM. und ist durch die von der Beklagten geleistete Zahlung von 14000 RM. für drei Jahre abgegolten. Hätte der ursprüngliche Vermieter das Grundstück veräußert, so müßte der Neuerwerber diese Anzahlung und die an sie vertraglich geknüpfte Rechtsfolge gegen sich gelten lassen, weil sie schon im Mietvertrag vorgesehen, nicht etwa nachträglich herbeigeführt worden ist (RGZ. Bd. 94 S. 281, 282; vgl. auch RG. in SeuffArch. Bd. 79 S. 42). Das ergibt sich aus § 571 BGB.

Nach Ansicht des Berufungsgerichts soll aber die Rechtslage hier deshalb eine andere sein, weil nicht der Vermieter selbst, sondern der Kläger als Konkursverwalter das Grundstück freiwillig veräußert hat. Dieser Ansicht kann nicht zugestimmt werden.

Auf den vom Berufungsgericht festgestellten Sachverhalt findet § 21 Abs. 3 KO. Anwendung. Demgemäß wirkt die vorliegende, vom Konkursverwalter freiwillig vorgenommene Veräußerung wie eine Zwangsvollstreckung; es greifen also die §§ 57 und 57a des Zwangsversteigerungsgesetzes ein, nicht jedoch § 57b, da dessen Vorschriften nach der vorgenannten konkursrechtlichen Bestimmung außer Betracht bleiben. Im vorliegenden Falle scheidet auch § 57a ZwangsverstG. aus; denn eine Kündigung, wie sie diese Gesetzesstelle vorsieht, ist hier nicht erfolgt. Somit kommt allein § 57 ZwangsverstG. zur Geltung, der vorab den § 571 BGB. Anwendung finden läßt. Wie sich aber gemäß § 571 die Rechtslage gestaltet, ist schon eingangs gesagt, nämlich dahin, daß der Kläger die Anzahlung und die an sie vertraglich geknüpfte Rechtsfolge gegen sich gelten lassen muß.

Das Berufungsgericht ist zu seiner hiernach nicht zutreffenden Rechtsansicht dadurch gelangt, daß es auch den Abs. 2 des § 21 KO. als einwirkend angesehen hat. Dieser bestimmt, daß eine Verfügung, die der Gemeinschuldner vor der Eröffnung des Verfahrens über den auf die spätere Zeit entfallenden Miet- oder Pachtzins getroffen hat, der Konkursmasse gegenüber nur insoweit wirksam ist, als sich die Verfügung auf den Miet- oder Pachtzins für das zur Zeit der Eröffnung des Verfahrens laufende Kalendervierteljahr bezieht. Diese Vorschrift gleicht die Rechtsstellung der Konkursgläubiger insoweit derjenigen der Hypothekengläubiger an. An der hier einschlägigen Stelle der Begründung der Novelle zur Konkursordnung (Drucks. Nr. 100 des Reichstags 9. Legislaturperiode 5. Session S. 30) ist ausgesprochen, daß den Konkursgläubigern derselbe Schutz zuteil werden solle, wie ihn die Hypothekengläubiger nach § 1124 BGB. genießen. Die letztgenannte Gesetzesstelle besagt, soweit hier von Belang, in Abs. 2, daß eine Verfügung über den Miet- oder Pachtzins dem Hypothekengläubiger gegenüber unwirksam sein soll, soweit sie sich auf den Miet- oder Pachtzins für eine spätere Zeit als das zur Zeit der Beschlagnahme laufende Kalendervierteljahr bezieht. Wortlaut, Sinn und Begründung des § 21 Abs. 2 KO. ergeben hiernach übereinstimmend, daß er gegen Handlungen des Gemeinschuldners gerichtet ist und den Konkursgläubigern eine Rechtsstellung gewähren soll, welche der den Hypothekengläubigern nach § 1124 BGB. zustehenden angenähert ist. Daß die Vorschrift eine weitergehende Bedeutung haben, namentlich irgendwie auf eine Rechtshandlung des Konkursverwalters, insbesondere auf die von ihm vorgenommene Grundstücksveräußerung einwirken soll, ist gesetzlich nicht vorgesehen. Es wäre auch nicht damit vereinbar, daß sich die Regelung des Abs. 2 auf eine vom Gemeinschuldner vorgenommene die Masse beeinträchtigende, das Grundstückseigentum nicht berührende Handlung bezieht. Der hier vorliegende, in Abs. 3 des § 21 KO. geregelte Fall betrifft dagegen die Veräußerung eines Grundstücks, die nicht der Gemeinschuldner, sondern der Konkursverwalter vornimmt und die nicht als eine Beeinträchtigung der Masse anzusehen ist. Beide Fälle sind also durchaus verschieden. Auch die Begründung (a. a. O. S. 31) führt zu keiner anderen Beurteilung beider Gesetzesstellen. Demnach kann hier auch nicht von einer mittelbaren oder entsprechenden Anwendung oder einer sonstigen Berücksichtigung des Abs. 2 die Rede sein; der festgestellte Sachverhalt ist vielmehr lediglich nach Abs. 3 des § 21 KO. zu beurteilen, sodaß dahingestellt bleiben kann, welche Bedeutung in der hier fraglichen Richtung dem Abs. 2 beizumessen sein möchte.

24. Zur Frage der Stempelfreiheit von Auflassungsvollmachten.

GBO. § 31. Preuß. Stempelsteuergesetz vom 27. Oktober 1924 Tarifst. 19 Abs. 7b.

VII. Zivilsenat. Urt. v. 24. Januar 1930 i. S. Preuß. Staat (Bekl.) w. Witwe S. (Kl.). VII 306/29.

I. Landgericht Kiel.
II. Oberlandesgericht daselbst.

Die Klägerin ließ am 18. Oktober 1927 durch den Notar H. in B. das Angebot eines Grundstückskaufes beurkunden, wobei sie einem Dritten Auflassungsvollmacht erteilte. Vor Ablauf von zwei Wochen nach dieser Beurkundung nahm der Verkäufer zu Protokoll desselben Notars das Angebot an und bestätigte die Erteilung der Auflassungsvollmacht auch für seine Person. Das Angebot vom 18. Oktober 1927 wurde mit dem Vertragsstempel von 3 RM. versteuert. Das Finanzamt erklärte jedoch, es werde nach Tarifstelle 19

Abs. 1 StStG. ein Vollmachtstempel von 9 RM. geschuldet, und forderte demgemäß 6 RM. nach. Die Klägerin entrichtete diesen Betrag, verlangt aber seine Rückzahlung. Sie nimmt die im Abs. 7b der Tarifst. 19 geordnete Steuerbefreiung für sich in Anspruch. Der Beklagte bestreitet, daß diese Vorschrift eingreife, wenn die Auflassungsvollmacht in einem Kaufangebot erteilt sei.

Das Landgericht verurteilte den Beklagten nach dem Klagantrag, das Oberlandesgericht wies seine Berufung zurück. Auf die Revision des Beklagten hat das Reichsgericht die Klage abgewiesen.

Gründe:

Es handelt sich um die Entscheidung der Frage, ob die Voraussetzungen der Befreiungsvorschrift im Absatz 7b der Tarifst. 19 des preußischen Stempelsteuergesetzes vom 27. Oktober 1924 („Befreit sind: Auflassungsvollmachten, wenn das der Einigung zugrunde liegende Rechtsgeschäft von einem Notar oder einer Behörde beurkundet und die Vollmacht in der Urkunde erteilt ist") auch dann gegeben sind, wenn die Auflassungsvollmacht nicht in einer Vertragsurkunde, sondern in einer Urkunde über ein — vom anderen Teile später angenommenes — Vertragsangebot unter der Bedingung dieser Annahme erteilt worden ist. Das Oberlandesgericht hat die Frage bejaht und sich bei der Begründung hauptsächlich auf das Urteil des erkennenden Senats vom 25. November 1927 RGZ. Bd. 119 S. 111 gestützt, dem ein gleichartiger Sachverhalt zugrunde liegt. Die Revision bekämpft die Richtigkeit dieses Erkenntnisses. Ihre Ausführungen haben dem Senat Anlaß gegeben, die Erwägungen nachzuprüfen, die ihn bei jenem Urteil geleitet hatten. Er ist hierbei zu dem Ergebnis gelangt, daß sich der damals eingenommene Standpunkt nicht aufrechterhalten läßt.

Die in Rede stehende Befreiungsvorschrift fehlte in den früheren Fassungen des Stempelsteuergesetzes. Jedoch galt früher bereits § 31 der Reichsgrundbuchordnung („Wird im Falle der Auflassung eines Grundstücks . . . die erforderliche Einigung des Berechtigten und des anderen Teils durch Bevollmächtigte vor dem Grundbuchamt erklärt, so ist die Vollmacht stempelfrei, wenn das der Einigung zugrunde liegende Rechtsgeschäft von einem Notar beurkundet und die Vollmacht in der Urkunde erteilt ist"). Auf Antrag der Staatsregierung wurde in die seit dem 1. November 1924 geltende Fassung des Stempelsteuergesetzes vom 27. Oktober 1924 die Vorschrift des Abs. 7b der Tariffst. 19 (früher Tariffst. 73) eingestellt. Die amtliche Begründung des Gesetzentwurfs vom 2. Juli 1924 (Drucks. des preuß. Landtags, 1. Wahlperiode, 14. Band Nr. 7931 S. 8820flg.) führt hierzu auf S. 8828 folgendes aus:

„Auflassungsvollmachten (Befreiung b) sind bisher gemäß § 31 der Grundbuchordnung nur dann stempelfrei, wenn sie von Notaren im Zusammenhang mit der Beurkundung des Veräußerungsgeschäfts beurkundet werden und auf die Ermächtigung zur Erklärung der Auflassung vor dem Grundbuchamt beschränkt sind. Mit Rücksicht darauf, daß Auflassungen jetzt nicht nur vom Gericht, sondern auch von Notaren beurkundet werden können, anderseits aber auch eine Gleichstellung der die Vollmacht enthaltenden Urkunden, mögen sie von einem Notar oder einem Gericht oder einer sonstigen Behörde aufgenommen sein, gerechtfertigt erscheint, empfiehlt es sich, Auflassungsvollmachten in Zukunft unter den im Entwurf angegebenen Voraussetzungen allgemein von der Stempelpflicht zu befreien."

Hiernach hat der preußische Gesetzgeber durch die demnächst Gesetz gewordene Vorschrift im Abs. 7b der Tariffst. 19 StStG. die im § 31 GBO. zugebilligte Stempelfreiheit insofern erweitern wollen, als die bisherige Beschränkung auf die Beurkundung des Rechtsgeschäfts durch einen Notar und auf die Erklärung der Auflassung vor dem Grundbuchamt beseitigt werden sollte. Mithin sollte es in Zukunft ohne Bedeutung sein, ob das Rechtsgeschäft durch einen Notar oder durch eine Behörde beurkundet und ob die Auflassung vor dem Grundbuchamt oder vor einer anderen zuständigen Stelle — namentlich vor einem Notar — erklärt worden war. Hingegen muß es nach der mitgeteilten Entstehungsgeschichte der neuen Vorschrift als ausgeschlossen gelten, daß sonst etwas an den rechtlichen Grundlagen der in Frage stehenden Stempelbefreiung hätte geändert werden sollen. Es sollte im übrigen offenbar der Rechtszustand erhalten bleiben, wie er sich auf Grund des § 31 GBO. entwickelt hatte, an den sich der preußische Gesetzgeber anschloß. Dieser Rechtszustand war aber, wie die Revision zutreffend hervorhebt, schon vor dem Jahre 1924 durch oberstrichterliche Entscheidung dahin festgestellt, daß eine Auflassungsvollmacht dann nicht stempelfrei war, wenn sie — in bedingter Form — in einer Urkunde erteilt war, die nur das Angebot zum Abschluß des der

Auflassung zugrunde zu legenden Rechtsgeschäfts enthielt. Dies war geschehen durch das Erkenntnis vom 28. Juni 1921 (RGZ. Bd. 102 S. 299), in dem der erkennende Senat diesen Standpunkt unter Ausschluß jedes Zweifels kundgegeben hatte. Auch die Erwägungen seines Urteils vom 19. Dezember 1911 (RGZ. Bd. 78 S. 156) bewegten sich schon in derselben Bahn, wenngleich die streitige Frage damals noch unentschieden gelassen wurde. Sonach ist als Wille des Gesetzgebers anzunehmen, daß auch nach Tarifst. 19 Abs. 7b StStG. Auflassungsvollmachten, die in beurkundeten Vertragsangeboten erteilt werden, der Stempelbefreiung nicht teilhaftig sein sollen. Die Fassung der Vorschrift ergibt keine Bedenken gegen diese Auslegung, vielmehr weisen die Schlußworte: „und die Vollmacht in der Urkunde erteilt ist" gerade darauf hin, daß an eine einheitliche Urkunde, nämlich eine Vertragsurkunde gedacht wird.

Nur dieses Ergebnis läßt sich auch mit der grundsätzlichen Regelung in Einklang bringen, welche die Verstempelung der Urkunden in der preußischen Stempelsteuergesetzgebung erfahren hat. Wird ein Vertragsangebot und zugleich die bedingte Erteilung einer Auflassungsvollmacht beurkundet, so ist damit eine Urkunde errichtet, wie sie die grundlegenden Vorschriften des § 1 Abs. 1, 2 und des § 3 StStG. im Auge haben. In dem maßgebenden Zeitpunkt der Vollendung der Beurkundung ist also zu fragen, ob eine Stempelpflichtigkeit der abgeschlossen vorliegenden Urkunde begründet ist (vgl. RGZ. Bd. 82 S. 321, Bd. 87 S. 208/209; RG.-Urteile vom 29. Juni 1915 VII 113/15 und vom 4. Juni 1929 VII 552/28). Für die Erhebung des Vollmachtstempels nach Tarifst. 19 Abs. 1 StStG. wäre das ohne weiteres zu bejahen; denn von einer Anwendung der Befreiungsvorschrift im Abs. 7b das. könnte nicht die Rede sein, weil in jenem maßgebenden Zeitpunkt eine Beurkundung des „der Einigung zugrunde liegenden Rechtsgeschäfts" noch nicht vorliegt und die Vollmacht nicht in einer dieses Rechtsgeschäft enthaltenden Urkunde erteilt ist. Da der Inhalt der Angebotsurkunde für sich allein den Charakter des beurkundeten Geschäfts erkennen läßt, dürfen gemäß § 3 Abs. 1 StStG. außerhalb der Urkunde liegende Umstände nicht zu ihrer Beurteilung herangezogen werden. Als ein demnach unbeachtlicher Umstand stellt sich die etwaige spätere Annahme des Angebots durch den Vertragsgegner in einer neuen Urkunde dar. Für die Stempelpflichtigkeit der in der Angebotsurkunde niedergelegten

Erklärungen ist es somit unerheblich, ob und wann das Angebot angenommen wird.

Diese aus dem Wesen des preußischen Urkundenstempels herzuleitenden Grundsätze könnten nur dann eine Durchbrechung erfahren, wenn derartiges aus Einzelbestimmungen des Stempelsteuergesetzes für den besonderen Fall zu entnehmen wäre (vgl. RGZ. Bd. 117 S. 91/92). Hier ist aber keine Ausnahme vorgesehen. Es handelt sich auch nicht um einen Fall, für den das Gesetz die Steuerbefreiung von Umständen abhängig machte, die außerhalb der Urkunde liegen und erst nach ihrer Errichtung eintreten können. Befreiungsvorschriften von solcher Art — wie z. B. Tarifst. 14 I Nr. 3d StStG. — würden allerdings eine andere Beurteilung erfordern (vgl. das Urteil des erkennenden Senats vom 30. Dezember 1901 VII 343/01).

Nach alledem muß die vom Senat in RGZ. Bd. 119 S. 111 vertretene Ansicht aufgegeben werden. Es ist auf dem hier in Rede stehenden Rechtsgebiet nicht angängig, den wirtschaftlichen Zweck des beurkundeten Geschäfts dem rechtlichen Inhalt der Urkunde voranzustellen, wie dies der Senat schon in seinem Urteil vom 12. Dezember 1911 VII 185/11 ausgesprochen hat.

Für den vorliegenden Rechtsstreit ergibt sich sonach, daß der Beklagte für die Urkunde vom 18. Oktober 1927 mit Recht von der Klägerin einen Vollmachtstempel von 9 RM. gefordert hat. Daher ist der Revision stattzugeben und die Klage abzuweisen.

---

25. Sind Beurkundungen über die Sicherstellung von Rechten aus Wechseln und Schecken in Preußen einem Landesstempel unterworfen?

Preuß. Stempelsteuergesetz vom 27. Oktober 1924 Tarifst. 15.

VII. Zivilsenat. Urt. v. 24. Januar 1930 i. S. Preuß. Staat (Bekl.) w. Firma A.-M. L. (Kl.). VII 303/29.

I. Landgericht Magdeburg.
II. Oberlandesgericht Naumburg.

Am 18. Mai 1928 stellte die Klägerin der Reichsbankstelle in H. eine „Verpfändungserklärung" aus, in deren Absatz 1 es heißt:

„Für alle der Reichsbank gegen uns aus Wechseln und aus Schecks mit unserer Unterschrift künftighin erwachsenden Forderungen an Kapital, Zinsen, Provisionen und Kosten bestellen wir der Reichsbankstelle in H. hiermit Sicherheit, indem wir die umseitig verzeichneten Wertpapiere gemäß § 1205 BGB. als Faustpfand übergeben und verpfänden."

Der Abs. 2 befaßt sich mit der etwaigen Pfandverwertung, der Abs. 3 mit der Überwachung der verpfändeten Wertpapiere. Die Klägerin entrichtete für diese Urkunde einen Stempel von 1,50 RM. Sie verlangt Zurückzahlung des Betrags nebst Zinsen. Das Landgericht gab der Klage statt, das Oberlandesgericht wies die Berufung des Beklagten zurück. Seine Revision blieb erfolglos.

Gründe:

Die Verpfändungserklärung vom 18. Mai 1928 fällt an sich als „Beurkundung über die Sicherstellung von Rechten" unter die Tarifst. 15 des preußischen Stempelsteuergesetzes vom 27. Oktober 1924 und ist nach Abs. 4 das., weil der Wert der sichergestellten Rechte nicht schätzbar ist, mit 1,50 RM. verstempelt. Der Streit der Parteien knüpft an Abs. 3 a. a. O. an, wo es heißt:

„Der Stempel darf in keinem Falle den für die Beurkundung des sicherzustellenden Rechts zur Erhebung gelangenden Stempel übersteigen."

Die Rechte, um deren Sicherstellung es sich am 18. Mai 1928 handelte, waren die künftigen Ansprüche der Reichsbank gegen die Klägerin, die sich aus den von dieser unterzeichneten Wechseln und Schecken ergeben würden. Diese Ansprüche waren zwar am 18. Mai 1928 noch nicht beurkundet; das geschah aber später, wenn die Klägerin ihre Unterschrift auf einen Wechsel oder Scheck setzte, der an die Reichsbank gelangte. Für die Beurkundung von Wechseln und Schecken ist kein Landesstempel zu erheben; denn nach § 25 des Wechselsteuergesetzes in der Fassung der Bekanntmachung vom 10. August 1923 (RGBl. I S. 778) sind Urkunden, die nach diesem Gesetz steuerpflichtig sind — das sind nach § 1 das. die Wechsel — oder auf welche die in diesem Gesetz vorgesehenen Steuerbefreiungen Anwendung finden — dazu gehören nach § 4 Abs. 1c das. die Schecke — in den einzelnen Ländern keiner Steuer unterworfen. Deshalb darf auch für die Sicherstellung der Rechte aus Wechseln und Schecken kein Landesstempel erhoben werden.

Die Revision will dieses Ergebnis nicht gelten lassen, weil der Urkunde vom 18. Mai 1928 nach allgemeiner und bei ihrer Auslegung zu berücksichtigender Erfahrung eine beiderseits bindende kausale Vereinbarung zugrunde liege, möge man nun insoweit einen Diskontierungsvertrag oder einen Akzeptkreditvertrag annehmen. Indessen reichen die sichergestellten Ansprüche der Reichsbank weiter als die Ansprüche, die sich aus den von der Revision genannten Verträgen ergeben könnten. Die Klägerin haftet aus den von ihr unterzeichneten Wechseln und Schecken der Reichsbank auch dann, wenn sie nicht von der Klägerin, sondern von anderer Seite diskontiert werden, und auch dann, wenn die Reichsbank bei der Hereinnahme der Wechsel oder Schecke nicht gerade der Klägerin — und vielleicht überhaupt niemandem — einen Kredit gewährt hat.

Die sämtlichen Ansprüche der Reichsbank, die durch die Urkunde vom 18. Mai 1928 gesichert wurden, ergeben sich aber aus den Wechsel- und Scheckurkunden selbst. Auch das leugnet die Revision, indem sie auf § 223 Abs. 1, §§ 439, 607 Abs. 1 und 2, § 610 BGB. hinweist; die nach diesen Vorschriften begründete Haftung gehe über die wechsel- oder scheckrechtliche Verbindlichkeit hinaus. Aber § 223 Abs. 1 BGB. besagt für den vorliegenden Fall nur, daß auch die Verjährung eines wechsel- oder scheckrechtlichen Anspruchs den Berechtigten nicht hindert, seine Befriedigung aus dem verpfändeten Gegenstand zu suchen. Das Heranziehen des § 439 BGB., der die Haftung des Verkäufers für einen Mangel im Recht unter gewissen Umständen ausschließt, ist nicht verständlich. In dem von der Revision dazu angeführten Schriftsatz war gesagt, daß der Verkäufer eines Wechsels oder Schecks über § 437 BGB. hinaus, nicht nur für den Bestand der Forderung hafte. Das ist an sich richtig, aber diese weitergehende Haftung ist doch nur eine Folge der durch die Unterschrift herbeigeführten wechsel- oder scheckrechtlichen Bindung. § 607 Abs. 1 und 2 und § 610 BGB. beziehen sich auf Darlehensgeschäfte; von solchen ist in der Urkunde vom 18. Mai 1928 überhaupt nicht die Rede.

26. Ist eine Vereinbarung zwischen dem Gläubiger und einem Dritten, wonach der Gläubiger gegen eine von dem Dritten gezahlte Abfindung auf Aufwertungsansprüche gegen den Schuldner verzichtet, als Aufwertungsvergleich oder als eine Vereinbarung anderer Art zu beurteilen?

AufwG. § 67. BGB. § 779.

VI. Zivilsenat. Urt. v. 27. Januar 1930 i. S. G. Grundstücksges. mbH. (Bekl.) w. M. Grunderwerbs- u. Verwertungsges. mbH. (Kl.). VI 267/29.

I. Landgericht I Berlin.
II. Kammergericht daselbst.

Die Klägerin verkaufte Grundstücke in Berlin durch Vertrag vom 30. Januar 1922 für 1425000 M. an die Beklagte. Vom Kaufpreis wurden 405000 M. bis zum 31. März 1927 hypothekarisch gestundet. Im November 1923 fragte Dr. C., der Berater der Firma S. B. AG. in Kopenhagen, die 18 von den 20 Geschäftsanteilen der Beklagten besaß, bei der Klägerin an, gegen welchen Betrag sie die Löschung der Gesamthypothek bewilligen wolle. Die Klägerin verlangte 1000 Dollars. Dieser Betrag wurde ihr am 14. November 1923 in Dollarschatzanweisungen von der Kopenhagener Firma überwiesen. Die Klägerin bekannte in ihrer löschungsfähigen Quittung vom 12. Dezember 1923 wegen der Restkaufgeldhypothek von 405000 M. nebst Zinsen „von der Aktiengesellschaft in Firma S. B. AG. Kopenhagen, befriedigt zu sein", und bewilligte die Löschung. In einer Urkunde vom 29. Januar 1924 bewilligte auch die Kopenhagener Firma die Löschung, und endlich beantragte die Beklagte die Löschung mit Urkunde vom 19. Februar 1924, worin sie erklärte, die Klägerin habe am 12. Dezember 1923 der S. B. AG. über den Empfang von Kapital und Zinsen quittiert. Die Gesamthypothek wurde demnächst gelöscht.

Am 28. Dezember 1925 meldete die Klägerin bei der Aufwertungsstelle den Anspruch auf Aufwertung des persönlichen und dinglichen Rechts an und beantragte Aufwertung der persönlichen Forderung über den gewöhnlichen Höchstsatz hinaus. Auf Einspruch der Beklagten wurde das Aufwertungsverfahren bis zur Entscheidung des Prozeßgerichts ausgesetzt.

Im gegenwärtigen Rechtsstreit klagt die Klägerin auf Feststellung der persönlichen Aufwertungspflicht der Beklagten. Die Beklagte sieht in den Vorgängen vom November 1923 einen Vergleich. Die Klägerin hält einen Vergleich schon darum nicht für vorliegend, weil sie damals nicht mit der Beklagten, sondern nur mit der Firma S. B. zu tun gehabt habe; im übrigen macht sie geltend, daß sie lediglich für die vorzeitige Löschungsbewilligung ein Aufgeld verlangt und den geforderten Betrag mit 1% des Nennbetrags in wertbeständiger Form berechnet habe, wie es nach ihrer damaligen Meinung in Bankkreisen üblich gewesen sei; nachträglich habe sie gehört, daß die Aufgelder durchschnittlich sogar zwischen $2^1/_2$ und 8% des Nennbetrags geschwankt hätten.

Das Landgericht hielt einen Vergleich für vorliegend und wies die Klage ab. Das Berufungsgericht entschied entgegengesetzt. Die Revision der Beklagten blieb, abgesehen von einer Fassungsänderung der Formel des Berufungsurteils, erfolglos.

Gründe:

Das Berufungsgericht lehnt die Annahme eines Aufwertungsvergleichs im Sinne des § 67 AufwG. schon darum ab, weil das Abkommen vom November 1923 nicht zwischen den Parteien, sondern zwischen der Klägerin und der Firma S. B. AG. in Kopenhagen getroffen worden sei. Nach der Feststellung des Berufungsgerichts hat die genannte Firma das Abkommen im eigenen Interesse geschlossen, nämlich weil sie die Geschäftsanteile, die sie an der verklagten Gesellschaft hatte, veräußern und zur Erzielung eines höheren Preises vorher die Grundstücke der Beklagten lastenfrei machen wollte. Sie hat nach der getroffenen Feststellung das Abkommen aber auch im eigenen Namen geschlossen, nicht als Vertreterin der Beklagten, und war von dieser weder zum Abschluß bevollmächtigt, noch ist das Abkommen von der Beklagten genehmigt worden. Die Zahlung der 1000 Dollar-Schatzanweisungen ist nicht durch die Bücher der Beklagten gegangen, Quittung und Hypothekenbrief hat die Beklagte von der Klägerin nicht erhalten. Nach Ansicht des Berufungsgerichts liegt daher lediglich die Zahlung eines Dritten im Sinne des § 267 BGB. vor. Diese Ansicht findet das Berufungsgericht durch den Wortlaut der Quittung und des Löschungsantrags bestätigt. Hilfsweise hat das Berufungsgericht weiter erwogen, daß ein Aufwertungsvergleich auch dann nicht anzunehmen wäre, wenn entgegen der getroffenen

Feststellung die Firma S. B. nicht für sich, sondern für die Beklagte gehandelt und diese die Verhandlungen genehmigt hätte.

Die Revision meint, auf den ersten Entscheidungsgrund komme nichts an, denn gleich der Zahlung des Dritten wirke auch ein von ihm mit dem Gläubiger geschlossener Vergleich unmittelbar zugunsten des Schuldners. Der Revision kann aber nicht zugegeben werden, daß ein Vergleich zwischen anderen Personen als dem Berechtigten und dem Verpflichteten geschlossen werden könnte, es sei denn mit ihrer Ermächtigung oder Genehmigung (RGU. vom 11. Juni 1929 VII 475/28). Die für die Erfüllung in § 267 BGB. getroffene Vorschrift ist eine Sonderbestimmung. Zwar behauptet Oertmann die Möglichkeit eines „Vergleichs zugunsten eines Dritten" gerade auch im Sinne eines Vergleichs einer Partei mit einem andern zugunsten der Gegenpartei, wie er sie in „Der Vergleich im gemeinen Civilrecht" 1895 S. 107 flg., für das gemeine Recht angenommen hatte, auch für das Recht des Bürgerlichen Gesetzbuchs (Komm. 5. Aufl. Vorbemerkung 4 vor § 779). Aber diese Ansicht ist abzulehnen. Denn der Vergleich setzt nach § 779 BGB. — und ebenso nach § 67 AufwG. (RGZ. Bd. 116 S. 145) — ein gegenseitiges Nachgeben voraus, wirkt daher niemals ausschließlich zugunsten einer Partei, sondern belastet zugleich beide. Ein Vergleich zugunsten eines Dritten in diesem Sinne ist daher ein Widerspruch in sich. Damit soll jedoch nicht gesagt sein, daß ein Abkommen zwischen dem Gläubiger und einem andern unwirksam wäre, wodurch sich der Gläubiger gegen eine von dem andern gewährte Abfindung verpflichtet, keine Ansprüche mehr gegen den Schuldner zu erheben. Solche Fälle hat Oertmann vorzugsweise im Auge (a. a. O. S. 109 unter b). Die Wirksamkeit solcher Abkommen wird bei der das Schuldrecht beherrschenden Vertragsfreiheit nicht in Abrede zu stellen und es wird nach § 328 BGB. auch nicht zu bezweifeln sein, daß dadurch für den Schuldner unmittelbar ein Unterlassungsanspruch gegen den Gläubiger begründet werden kann. Aber solche Abkommen sind, worauf es hier allein ankommt, keine Vergleiche. Wie sie rechtlich zu kennzeichnen sind, darüber mag das folgende genügen. Auch Erlaßverträge können es nicht sein, denn auch der das Schuldverhältnis unmittelbar zum Erlöschen bringende Erlaßvertrag verlangt Abschluß zwischen Gläubiger und Schuldner oder doch ihre Ermächtigung oder Genehmigung (Beschl. des RG. vom 24. Februar 1902 VI B 32/02; RGRKomm. 6. Aufl. § 397

Anm. 1). Das gemeine Recht faßte Abkommen, durch die sich der Gläubiger verpflichtet, sei es befristet, sei es für immer, von einem Anspruch gegen den Schuldner keinen Gebrauch zu machen, unter dem Namen der pacta de non petendo zusammen. Die Möglichkeit solcher Abkommen, die dem Schuldner eine Einrede gewähren, wird auch für das heutige Recht anzunehmen sein (Planck-Sieber 4. Aufl. § 397 Anm. 1b). Zwischen den Parteien selbst werden sie kaum anders vorkommen als mit Befristung, also im Sinne einer Stundungsabrede. Dagegen ist durchaus nichts Fernliegendes der Abschluß zwischen dem Gläubiger und einem ihn abfindenden Andern mit der Wirkung, daß der Schuldner dadurch unmittelbar einen dauernden Unterlassungsanspruch erwerben soll, der ihn zu einer Einrede gegen den Gläubiger berechtigt, wenn dieser dennoch Klage erhebt. Es ist daher wohl denkbar, daß sich die Klägerin im November 1923 gegenüber der Firma S. B. gegen Zahlung der 1000 Dollar-Schatzanweisungen verpflichtet hat, keine Aufwertungsansprüche mehr gegen die Beklagte zu erheben; es ist auch denkbar, daß damit der Beklagten unmittelbar ein Recht gegen die Klägerin auf Unterlassung solcher Ansprüche hat gegeben werden sollen. Alles das würde der Beklagten aber nichts nützen.

Denn hier greift das Aufwertungsgesetz ein. Dessen Vorschrift in § 67 ist dahin aufzufassen, daß zwar Aufwertungs**vergleiche** unberührt bleiben (in der Rückwirkungszeit unter den in Abs. 2 Satz 2 genannten Voraussetzungen), daß aber Aufwertungsvereinbarungen **anderer** Art die Geltendmachung der gesetzlichen Aufwertungsansprüche nicht hindern, sondern nur insoweit Geltung behalten, als sie den Anforderungen des Gesetzes genügen, d. h. insoweit als der vereinbarte Betrag den gesetzlichen erreicht oder übersteigt (RGZ. Bd. 117 S. 300). Denn die Vorschrift über Vergleiche ist als Ausnahme gemeint. Selbst wenn man daher den von der Revision angegriffenen, von Widerspruch nicht freien Hilfsausführungen des Berufungsgerichts nicht folgt, wonach bei dem Abkommen vom November 1923 an **Ansprüche** auf Aufwertung nicht gedacht und ihre Beseitigung nicht beabsichtigt worden sei, so wäre doch in dem für die Beklagte günstigsten Falle nur eine Aufwertungsvereinbarung geschlossen worden, die nicht unter den Begriff des Vergleichs fiele und daher gegen Ansprüche der Klägerin aus dem Aufwertungsgesetz keinen Schutz gewähren könnte.

Was die Revision sonst noch bemängelt, erledigt sich durch die tatsächlichen Feststellungen des Berufungsgerichts. Die Behauptung der Beklagten, daß die Firma S. B. allgemein ermächtigt gewesen sei, namens der Beklagten wichtigere Geschäfte abzuschließen, ist nicht, wie die Revision meint, übergangen, sondern durch die Feststellung getroffen, daß die genannte Firma ohne Vollmacht der Beklagten gehandelt hat. Es kann daher unerörtert bleiben, ob eine so weitgehende Ermächtigung überhaupt mit § 35 GmbHG. vereinbar gewesen wäre (vgl. RGZ. Bd. 86 S. 262; Staub-Hachenburg 5. Aufl. Anm. 4 zu § 35). Ob die Beklagte die Löschungsbewilligung der Klägerin durch die Firma S. B. erhalten und davon Gebrauch gemacht und ob sie dadurch oder sonstwie — etwa durch ihr Verhalten im Aufwertungsverfahren oder im gegenwärtigen Rechtsstreit — das Abkommen genehmigt hat, ist unerheblich, weil nach der Feststellung des Berufungsgerichts die genannte Firma das Abkommen nicht im Namen der Beklagten — weder mit noch ohne Vertretungsmacht — abgeschlossen hat, sondern im eigenen Namen. Eine Genehmigung nach § 177 BGB. kann daher nicht in Betracht kommen. Ebensowenig kommt eine Genehmigung nach § 185 BGB. in Frage, weil die Firma S. B. in kein Verfügungsrecht der Beklagten eingegriffen hat (Planck-Flad 4. Aufl. Vorbem. VII 4 vor §§ 104flg. BGB.).

Danach war die Revision zurückzuweisen. Die dem Klagantrag entsprechende Fassung der vom Berufungsgericht getroffenen Feststellung könnte aber das Mißverständnis hervorrufen, als ob der Klägerin unter allen Umständen noch ein Betrag zugesprochen werden müßte, obwohl sie einen nicht unerheblichen Wert (Art. 18 DurchfV. vom 29. November 1925) bereits empfangen hat. Durch eine beschränktere Fassung war daher klarzustellen, daß dem Ermessen der Aufwertungsstelle nicht vorgegriffen werden soll.

---

27. Ist die öffentliche Last des Industriebelastungsgesetzes eine Last im Sinne des § 436 BGB.?

BGB. §§ 434, 436. Industriebelastungsgesetz vom 30. August 1924 (RGBl. II S. 257) §§ 41flg.

VI. Zivilsenat. Urt. v. 13. Januar 1930 i. S. A. D. M. GmbH. (Bekl.) w. R.er A. Z. AG. und Firma B. & B. (Kl.). VI 290/29.

I. Landgericht Rostock.

Die Beklagte verkaufte durch notariellen Vertrag vom 10. Februar 1927 ihr in Rostock gelegenes Grundstück zu einem Teil an die Klägerin zu 1, zum anderen Teil an die Klägerin zu 2. Der Kaufpreis sollte bar gezahlt werden und wurde auf 125000 RM. vereinbart; von dieser Summe entfielen $^3/_{10}$ auf die Klägerin zu 1, $^7/_{10}$ auf die Klägerin zu 2. Nach § 2 des Vertrags verpflichtete sich die Klägerin zu 2, bei der Auflassung des an sie verkauften Grundstücks für die Klägerin zu 1 Grundschulden zum Gesamtbetrag von 90000 RM. in noch näher zu vereinbarenden Posten an erster Stelle eintragen zu lassen. In § 3 des Vertrags wurde bestimmt, daß die Grundstücke frei von Lasten der III. Abteilung des Grundbuchs verkauft werden. Die Grundschulden, die noch eingetragen waren und sämtlich der Beklagten zustanden, sollten vor Eintragung der neuen Eigentümerinnen gelöscht werden. Nach § 4 des Vertrags sollten Nutzungen und Lasten, insbesondere Steuern und alle auf dem Grundstück ruhenden öffentlichen Lasten vom Tage des Vertragsschlusses ab auf die Klägerinnen übergehen. Das Grundstück unterliegt der Industriebelastung aus dem Reichsgesetz vom 30. August 1924 in Höhe der Verzinsung und Tilgung von 82340 GM. Im Grundbuch wurde die Last nicht eingetragen. Bei den Kaufverhandlungen wurde über diese Belastung nicht gesprochen; auch vom beurkundenden Notar wurde die Frage nicht erörtert. Die Auflassung erfolgte am 10. März 1927. Die Klägerinnen verlangen im vorliegenden Rechtsstreit Befreiung des Grundstücks von der Industrielast.

Vom Landgericht wurde die Beklagte verurteilt, die Befreiung des Grundstücks von der auf ihm ruhenden dinglichen Industrielast zur Sicherung der der Beklagten auf Grund des Industriebelastungsgesetzes obliegenden Last der Verzinsung und Tilgung von 82340 GM. herbeizuführen, diese Befreiung von der dinglichen Last dem Grundbuchamt der Stadt Rostock nachzuweisen und die Eintragung der Befreiung dort zu beantragen. Die von der Beklagten unmittelbar eingelegte Revision hatte keinen Erfolg.

Gründe:

Die Klägerinnen stützen ihr Verlangen zunächst auf § 434 BGB., während die Beklagte die Auffassung vertritt, daß die sich aus dem

Industriebelastungsgesetz ergebende Last als eine öffentliche Last im Sinne des § 436 BGB. anzusehen sei. Während nach § 434 der Verkäufer verpflichtet ist, dem Käufer den verkauften Gegenstand frei von Rechten zu verschaffen, die von Dritten gegen den Käufer geltend gemacht werden können, macht § 436 die Einschränkung, daß der Verkäufer nicht für die Freiheit von öffentlichen Abgaben und von anderen Lasten haftet, die zur Eintragung in das Grundbuch nicht geeignet sind. Die Prüfung der Frage, ob die Industriebelastung aus dem erwähnten Gesetz unter § 434 oder unter die Ausnahmebestimmung des § 436 BGB. fällt, erfordert ein Eingehen auf die Vorschriften des Industriebelastungsgesetzes, aus denen sich das rechtliche Wesen dieser Last ergibt.

In dem Bericht des ersten Sachverständigenkomitees vom 9. April 1924 drückte das Komitee im Abschnitt „Industrieobligationen" die Überzeugung aus, daß es billig und wünschenswert erscheine, von der deutschen Industrie als Beitrag zu den Reparationszahlungen eine Summe von mindestens 5 Milliarden Goldmark zu fordern, dargestellt durch erststellige, hypothekarisch sichergestellte Obligationen, die jährlich mit 5% zu verzinsen und mit 1% zu tilgen seien. Es wurde darauf hingewiesen, daß der Betrag dieser Obligationen niedriger sei als die Gesamtschuld der deutschen Industrieunternehmungen vor dem Kriege und daß diese Schuld zum größten Teil durch Zahlungen zum Nennwert mit entwertetem Papiergeld abgetragen worden oder tatsächlich verschwunden sei. Auf dieser Grundlage bestimmt Abschnitt 1 des Gesetzes, der die Überschrift trägt „die Belastung der industriellen Unternehmer", in § 1, daß den Unternehmern der industriellen und gewerblichen Betriebe die Last der Verzinsung und Tilgung eines Betrags von insgesamt 5 Milliarden Goldmark auferlegt und daß diese Last durch eine Hypothek des öffentlichen Rechts (eine öffentliche Last) an erster Stelle gesichert und mit bestimmten im Gesetz vorgesehenen Vorzugsrechten ausgestattet wird. Dem Unternehmer steht nach dem Gesetz der Eigentümer eines verpachteten oder mit einem Nießbrauch belasteten Betriebes gleich; neben dem Eigentümer haftet der Pächter oder der Nießbraucher für die Zins- und Tilgungsbeträge als Gesamtschuldner. Die Umlegung der Last findet nach § 5 in der Weise statt, daß der auf die einzelnen Unternehmer fallende Betrag auf Grund seines zur Vermögensteuer veranlagten Betriebsvermögens festgestellt wird. Gemäß § 6 wird nach Maßgabe der Veranlagung zu späteren Vermögenssteuern die auf den einzelnen Unternehmer entfallende Belastung neu umgelegt. In § 7 wird der Fall geregelt, daß in der Zeit zwischen zwei Umlegungen ein Unternehmer einen Betrieb eröffnet oder das dem Betrieb gewidmete Vermögen durch Erweiterung seines Kapitals vergrößert. In § 4 ist vorgesehen, daß Unternehmer von der Belastung befreit bleiben, solange ihr zu Vermögensteuern heranzuziehendes Betriebsvermögen den Betrag von 50000 GM. nicht übersteigt. Die Form der Belastung ergibt sich aus § 9 des Gesetzes, wonach die Unternehmer in Höhe der auf sie entfallenden Belastung Einzelobligationen auszustellen und — durch Vermittlung der Finanzämter — der Bank für deutsche Industrieobligationen zu übergeben haben, die ihrerseits nach § 32 auf Grund dieser Einzelobligationen und der zu ihrer Sicherung begründeten öffentlichen Lasten Industriebonds ausstellt. Aus diesen Bestimmungen ergibt sich, daß es sich bei der Industriebelastung um eine persönliche Belastung des Unternehmers handelt, die ganz von seinem Betriebsvermögen abhängig und mit den Vorschriften des eine persönliche Belastung enthaltenden Vermögensteuergesetzes eng verknüpft ist; sie ist den Schwankungen unterworfen, denen das Betriebsvermögen selbst unterliegt.

Der Sicherung der Einzelobligationen des Unternehmers dient die in § 1 des Gesetzes bezeichnete „Hypothek des öffentlichen Rechts (öffentliche Last)". Diese Sicherung ist in den §§ 41 flg. des Gesetzes geregelt. Gehört zum Betriebsvermögen eines belasteten Unternehmens ein inländisches Grundstück, so entsteht auf ihm im Zeitpunkt des Inkrafttretens dieses Gesetzes — nach der Verordnung vom 30. August 1924 am 1. September 1924 — zur Sicherung der Ansprüche auf die Jahresleistungen an Zinsen und Tilgungsbeträgen die öffentliche Last. Diese Last ist keine Hypothek des Privatrechts. Ihr liegt keine Kapitalschuld zugrunde, sondern die Haftung besteht nur für laufende Jahresleistungen, die, wie die amtliche Begründung zum Industriebelastungsgesetz sagt, „mehr öffentlichrechtlichen Charakter" haben. Die Vorschriften des Bürgerlichen Gesetzbuchs über die Hypothek finden aber in weitem Maße entsprechende Anwendung auf diese Last (§ 41 Abs. 1 Satz 2 IBG.). Die Last geht allen anderen Rechten im Range vor, mit Ausnahme der schweizerischen Goldhypotheken; sie bedarf zu ihrer Entstehung und Wirksamkeit gegenüber dem öffentlichen Glauben nicht der Eintragung in das Grundbuch. Im Falle der Zwangsversteigerung erlischt die Last nicht; sie wird auch nicht fällig, sondern geht auf den Ersteher über; die rückständigen und in beschränktem Umfang die künftigen Ansprüche nehment teil an dem in § 10 Nr. 3 des Zwangsversteigerungsgesetzes festgesetzten Range. Es handelt sich hiernach um ein besonderes Rechtsinstitut, das den Namen einer Hypothek des öffentlichen Rechts erhalten hat. Zu seiner Beurteilung kann man aus den in der vorausgegangenen Zeit geschaffenen reichsgesetzlichen Bestimmungen über die Rentenbankgrundschuld und das Reichsnotopfer keinen wesentlichen Anhaltspunkt für die hier zu entscheidende Frage gewinnen. Aus der Besonderheit dieses Rechtsinstituts ergab sich die Notwendigkeit, die Sicherung im Falle einer Veräußerung des Grundstücks in einer Art zu regeln, daß einerseits der Zweck der Sicherung nicht vereitelt wird, anderseits die wirtschaftliche Möglichkeit einer Veräußerung bestehen und der Schutz der Gläubiger der eingetragenen Rechte gewahrt bleibt. Deshalb ist grundsätzlich für den Fall der Veräußerung eines Grundstücks in § 43 JBG. bestimmt, daß die öffentliche Last in der Höhe auf den Erwerber übergeht, die sich aus der im Zeitpunkt der Veräußerung maßgebenden Umlegung ergibt. Damit ist verhütet, daß das Wachsen der Industriebelastung die Rechtslage des Erwerbers für die Zukunft verschlechtert. Da aber auch die Möglichkeit besteht, daß der Wert des zum Betriebsvermögen gehörenden Grundstücks im Verhältnis zu dem Wert des Gesamtbetriebsvermögens gering ist, kann nach § 41 Abs. 2 — auch abgesehen von dem Fall der Veräußerung — der Treuhänder auf Verlangen des Grundstückseigentümers oder eines benachteiligten Gläubigers die Haftung auf den Bruchteil des Wertes des Grundstücks beschränken, der dem Wertverhältnis zwischen dem Grundstück einerseits und dem Gesamtbetriebsvermögen anderseits entspricht. Ferner kann nach § 42 c und d der belastete Unternehmer an Stelle der Sicherung durch die öffentliche Last die Sicherung durch ein anderes Pfand oder durch eine andere Garantie beantragen.

Aus dem Zusammenhang dieser Vorschriften ergibt sich, daß die Industriebelastung nicht zu den öffentlichen Abgaben und anderen öffentlichen Lasten im Sinne des § 436 BGB. gehört. Da die Last durch ein Reichsgesetz begründet ist, bieten für die Frage, ob sie als Last im Sinne des § 436 BGB. anzusehen ist, die Vorschriften des Bürgerlichen Gesetzbuchs den maßgebenden Anhaltspunkt. Es kommt nicht darauf an, ob die persönliche Last des Industriebelastungsgesetzes eine öffentliche Last im Sinne der Theorie des Verwaltungsrechts ist (vgl. Sertürner in der Vierteljahrsschrift für Finanz- und Steuerrecht Bd. 1 S. 730). Das Bürgerliche Gesetzbuch versteht unter Lasten nur Leistungen, die aus dem Grundstück zu entrichten sind und insofern im Gegensatz zu den Nutzungen stehen, als der Nutzungswert des Grundstücks durch sie gemindert wird (RGZ. Bd. 66 S. 318). Die Verbindung der Last mit dem Grundstück ist also derart, daß dieses selbst gleichsam als Träger der Last angesehen wird und daß regelmäßig ein innerer Zusammenhang zwischen der Last und dem Grundstück besteht. Daraus erklärt sich einmal der Ausschluß der Haftung des Verkäufers für diese Lasten insofern, als damit gerechnet werden kann, daß sie allgemein bekannt sind oder daß es zum mindesten dem Käufer nicht schwer fallen kann, sich über sie zu unterrichten. Daraus ergibt sich ferner vom Standpunkt des Bürgerlichen Gesetzbuchs im Falle der Veräußerung des Grundstücks die Scheidung der Last für die Vergangenheit einerseits und für die Zukunft anderseits. Der Erwerber trägt nach § 446 BGB. die Last von der Übergabe des Grundstücks an, im Falle früherer Eintragung von dieser an. Von diesem Zeitpunkt an scheidet der Veräußerer aus der Haftung aus, während für die Rückstände der Last er allein haftet. Mit dieser Regelung sind die dargelegten Bestimmungen des Industriebelastungsgesetzes unvereinbar. Die Industriebelastung stellt nur eine persönliche Verbindlichkeit des mit ihr Belasteten — nicht des Unternehmens — dar, für die er nicht nur mit seinem Betriebsvermögen, sondern mit seinem ganzen Vermögen haftet (vgl. Ball und Koppe Die Industriebelastung 3. Aufl. S. 28). Einerseits haftet deshalb das Grundstück grundsätzlich für die gesamte Last, unabhängig davon, ob diese den Wert des Grundstücks um ein Vielfaches überschreitet; anderseits fällt die Verbindlichkeit des Industrielastpflichtigen mit der Veräußerung des Grundstücks nicht fort; sie geht auch nicht auf den Erwerber über (Sertürner a. a. O. S. 734; Heinrich in Heft 27 der Veröffentlichungen des Reichsverbands der deutschen Industrie S. 44; Reichardt Die Gesetze über die Industriebelastung S. 115. A. M. Apelt in Heft 11 der Leipziger rechtswissenschaftlichen Studien S. 136). Nur für den Fall des Übergangs des Betriebsvermögens im ganzen oder zu einem Bruchteil, sowie für den Fall der Übertragung der zum Betriebsvermögen gehörenden Gegenstände zum Zweck der Veräußerung des Unternehmens findet nach § 49 IBG. eine teilweise Haftung des Erwerbers statt. Die Bedeutung der öffentlichrechtlichen Hypothek besteht darin, daß sie die Erfüllung der persönlichen Verbindlichkeit des Leistungspflichtigen „akzessorisch" sichern soll; neben dieser Art der Sicherung steht die andere, die im Falle des Konkurses des belasteten Unternehmens durch Einräumung eines Vorrangs zugunsten der Ansprüche der Bank und des Treuhänders geschaffen ist. Grundsätzlich bewirkt die Änderung der Industriebelastung auch eine Änderung der öffentlichen Last, soweit nichts besonderes bestimmt ist (vgl. Lion Die Industriebelastungsgesetze S. 49). Im Sinne dieser Sicherung liegt die Vorschrift des § 64 IBG., daß Rechte, die nach der Entstehung der öffentlichen Last am Grundstück entstanden sind, durch den Wegfall der Last nicht im Range verändert werden, sondern daß beim Wegfall der Last für den Schuldner der Industriebelastung die Möglichkeit besteht, eine Eigentümergrundschuld eintragen zu lassen. Gerade weil die Industriebelastung eine persönliche, an sich mit dem Grundstück nicht im Zusammenhang stehende Verbindlichkeit darstellt, während sonst die öffentliche Last des Grundstücks regelmäßig nach einem das Grundstück selbst betreffenden Maßstab — Größe oder Wert — erhoben wird und einen Bruchteil des Grundstückswerts darstellt, bedurfte es der angegebenen Bestimmungen über die Regelung der Last im Falle der Veräußerung. Auch wird bei dieser Gegenüberstellung deutlich, daß die Anwendung der Vorschriften des § 10 Nr. 3 des Zwangsversteigerungsgesetzes, der die „öffentlichen Lasten des Grundstücks" betrifft, für die hier in Rede stehende Hypothek des öffentlichen Rechts als ein besonderes Rechtsinstitut besonders vorgeschrieben werden mußte (Vgl. aus dem Landesrecht etwa Art. 1 Nr. 2 des preußischen Ausführungsgesetzes: „gemeine Lasten", die auf allen Grundstücken derselben Art im Bereiche der Verfassung haften, aus der sie stammen, RGZ. Bd. 59 S. 402; für den Begriff der öffentlichen Lasten nach mecklenburgischem Landesrecht gilt nichts anderes, vgl. v. Buchka Landesprivatrecht der Großherzogtümer Mecklenburg-Schwerin und Mecklenburg-Strelitz S. 96).

Gegen die Natur der Industriebelastung als Abgabe im Sinne des § 436 BGB. spricht ferner der Umstand, daß die Verbindlichkeit aus der Industriebelastung der Bank für deutsche Industrieobligationen sowie den Privatpersonen geschuldet wird, die im Besitz der veräußerlichen Schuldverschreibungen sind, wobei es nicht darauf ankommt, ob sich der Zahlungsvorgang selbst immer gegenüber der Bank abzuspielen hat. Damit steht im Einklang, daß die Eintragung der öffentlichen Last zugunsten der jeweiligen Gläubiger der darüber ausgestellten Obligationen erfolgt, wie sie in § 41 Abs. 5 JBG. und in § 2 der zweiten Verordnung zur Durchführung des Gesetzes über die Industriebelastung vom 5. Dezember 1924 (RGBl. II S. 427) angeordnet und geregelt und in § 1 der 13. DurchfVo. vom 20. Juli 1928 (RGBl. II S. 533) aufrecht erhalten ist. Daraus ergibt sich zugleich, daß die Last sehr wohl unter die Rechte fallen kann, die nach § 434 BGB. von einem Dritten gegen den Käufer geltend gemacht werden können. Es steht der Anwendung des § 434 auch nicht entgegen, daß die Grundlage des hier in Rede stehenden Rechts öffentlichrechtlicher Natur ist. Die Rechtslage ist wesentlich anders als beispielsweise bei öffentlichrechtlichen Baubeschränkungen und bei allen gesetzlichen Beschränkungen, die der Verkäufer nicht beseitigen kann, weil sie auf einem Gesetz beruhen, das die Möglichkeit einer solchen Beseitigung — anders als im vorliegenden Fall — nicht zuläßt (RGRKomm. Bem. 3a zu § 434; JW. 1907 S. 478 Nr. 9). Anderseits erscheint die entsprechende Anwendung der Vorschrift des § 436 über öffentliche Abgaben auf höchstens steuerähnliche Verbindlichkeiten, die an die Vermögenssteuer angelehnt sind, mit Rücksicht auf die ausdrücklichen Vorschriften des Industriebelastungsgesetzes ausgeschlossen (Lion a. a. O. S. 3 und 54), wenn sie auch im Sinne der oben wiedergegebenen amtlichen Begründung „mehr öffentlichrechtlichen Charakter" haben. Auch eine Last, die nicht zur Eintragung geeignet ist, kommt im Sinne des § 436 nicht in Betracht. Wenn auch die Eintragung, wie dargelegt, regelmäßig nicht erforderlich ist, so kann die öffentliche Last doch nach § 41 Abs. 5 auf den dort vorgesehenen Antrag eingetragen werden. Darüber hinaus ist aber darauf hinzuweisen, daß die Höhe der Zinsen und Tilgungsbeträge, für die das Grundstück haftet, nach § 43 Abs. 1 JBG. in Verb. mit § 1 der 8. DurchfVo. vom 27. April 1926 (RGBl. II S. 251) im Falle einer nach dem 30. April 1926 erfolgenden Veräußerung eines Grundstücks, auf dem die öffentliche Last ruht, vom 1. Mai 1926 an vor der Eintragung des Eigentumswechsels in das Grundbuch einzutragen ist.

Die Nichtanwendbarkeit des § 436 BGB. auf die Industriebelastung wird im Schrifttum von Lion a. a. O. S. 54 vertreten. (Vgl. auch die Anmerkung zu der Entscheidung des Oberlandesgerichts Darmstadt in JW. 1929 S. 2621.) Auf die vertragliche Vereinbarung der Freiheit des Grundstücks von Lasten, nicht auf die grundsätzliche Beurteilung des § 436, bezieht sich die Äußerung von Ball, Lastenfreiheit und Industriebelastung in der deutschen Steuerzeitung, Septemberheft 1928 S. 795. Eine entgegenstehende Ansicht vertritt im Schrifttum, soweit ersichtlich, nur Oberneck, Notariatsrecht der deutschen Länder, 8. bis 10. Aufl. S. 87. Indessen gibt er keine Begründung dafür; auch geht er auf die rechtliche Natur der Industrielast nicht ein. Der Annahme des Oberlandesgerichts Darmstadt a. a. O., daß die Industrielast als öffentliche Last besonderer Prägung den öffentlichen Lasten des § 436 BGB. gleich zu behandeln sei, weil sie diesen am nächsten stehe, kann aus den dargelegten Gründen nicht beigetreten werden.

Hiernach kann es im vorliegenden Fall nur darauf ankommen, ob die Parteien im Kaufvertrag eine von der Regel des § 434 BGB. abweichende, den Verkäufer von seiner Haftung befreiende Vereinbarung getroffen haben. Das wird vom Landgericht ohne Rechtsirrtum verneint. Das Landgericht erwägt, daß die Parteien bei der Vereinbarung in § 4 des Kaufvertrags nicht an die Industriebelastung gedacht haben; sie würden nach der Annahme des Landgerichts eine so wichtige Angelegenheit nicht in einem so kurzen Satze ausgesprochen, sondern sie besonders geregelt haben; § 4 trage nur der gesetzlichen Regelung Rechnung. Auch bei einer ergänzenden Auslegung könne nicht angenommen werden, daß bei vernünftiger Auslegung des Parteiwillens die in § 4 ausgesprochene Übernahme aller öffentlichen, auf dem Grundstück ruhenden Lasten die Industrielast mitumfasse. Das Landgericht kommt sodann zu der bestimmten Auslegung, daß die Klägerinnen die Industriebelastung nicht übernehmen sollten. Die Annahme, daß bei einem Kaufpreise von 125000 RM. die beiden Klägerinnen die Last einer Tilgung und Verzinsung von 82340 RM. — bei Zugrundelegung eines Betriebsvermögens von etwa 500000 RM. — nicht übernommen haben würden, läßt keinen Rechtsirrtum erkennen. Dabei konnte noch besonders der Umstand verwertet werden, daß nach § 2 des Vertrags die Klägerin zu 2 für die Klägerin zu 1 bei der Auflassung Grundschulden von 90000 RM. an erster Stelle auf dem von der Klägerin zu 2 gekauften Grundstücksteil eintragen lassen sollte; wie diese im Verhältnis zum Kaufpreis sehr hohe Belastung des Grundstücksteils mit der Übernahme der Industriebelastung vereinbart werden könnte, ist nicht ersichtlich. Überdies hätten die Klägerinnen bei vertraglicher Übernahme der Last wohl nicht unterlassen, eine Bestimmung über den Anteil jeder Klägerin an der Last zu vereinbaren. Das Landgericht läßt bei seiner Auslegung die wirtschaftliche Tragweite der Last nicht außer acht; es erwägt vielmehr, daß es sich nur um die dingliche Haftung für eine fremde Verbindlichkeit handle, die nicht notwendig zum Zug zu kommen brauche. In diesem Zusammenhang konnte auch der Umstand verwertet werden, daß die Verkäuferin nach den ihr zur Verfügung stehenden Unterlagen den nach der Größe ihres Betriebsunternehmens bemessenen Umfang der Last kannte, während den Käufern hierüber regelmäßig nichts Sicheres bekannt sein wird. Eine solche Erwägung ist auch schon früher bei Erörterung der Frage angestellt worden, ob eine die Person des Verkäufers belastende Wertzuwachssteuer als vertraglich vom Käufer übernommen anzusehen sei (RGZ. Bd. 72 S. 397, 400). Die Beklagte verkennt die Rechtslage, wenn sie meint, es sei Sache der Käuferinnen gewesen, sich nach der Höhe der Industrielast zu erkundigen. Aufgabe der Beklagten war es, die Übernahme der öffentlichen Last durch die Käuferinnen anzuregen, wenn sie diese herbeiführen wollte. Es bedarf daher nicht mehr des Eingehens darauf, daß auch dem Notar in § 3 der 8. DurchfVo. vom 27. April 1926 (RGBl. II S. 251) im öffentlichen Interesse die Verpflichtung auferlegt ist, eine in die Urkunde aufzunehmende Erklärung des Veräußerers zu veranlassen, ob er zur Industriebelastung herangezogen worden ist.

Es ist auch rechtlich nicht zu beanstanden, wenn das Landgericht bei der Auslegung des § 3 des Vertrags aus der Bestimmung, daß die Grundstücke frei von Lasten der III. Abteilung verkauft werden, einen Umkehrschluß des Inhalts ablehnt, daß alle anderen Lasten auf die Klägerinnen übergehen sollten. Da die Parteien bei der Vertragsschließung an die Industriebelastung überhaupt nicht gedacht haben, konnten sie schon aus diesem Grunde dem Umstand kein Gewicht beilegen, daß die Industriebelastung in der II. Abteilung des Grundbuchs eingetragen wird.

Mit Recht hat das Landgericht auch den Einwand der Beklagten verworfen, der sich auf die Unmöglichkeit der Erfüllung des Klaganspruchs bezieht. Wenn auch die Befreiung von einer öffentlichen Last regelmäßig nicht von einer Vertragspartei herbeigeführt werden kann, so übersieht doch die Beklagte, daß es sich bei der hier vorliegenden öffentlichen Last um eine besonders geregelte rechtliche Einrichtung handelt, und daß die Befreiung von einer solchen Last — auch im Falle der Veräußerung, § 43 Abs. 1 bis 5 — im Gesetz selbst vorgesehen ist. Es war Sache der Beklagten, von vornherein die Beschaffung einer anderweitigen Sicherheit für die Industrielast zu regeln, bevor sie den Verkauf des Grundstücks vornahm, das nach ihrer Erklärung damals das einzige zu ihrem Betriebsunternehmen gehörende war (der Betrieb fand auf gemietetem Gelände statt). Der Weg zur Beschaffung einer anderweitigen Sicherheit bot sich zunächst in § 42 c und d JBG., insofern sie ein anderes Pfand zur Verfügung stellen oder eine andere dem Treuhänder und dem Gläubigervertreter genehme Garantie beschaffen konnte. Dieser Weg ist ihr auch jetzt nicht verschlossen, § 43 Abs. 5 JBG. Die Beklagte trägt selbst vor, daß sie nach dem Abschluß des Kaufvertrags neue Grundstücke erworben habe. Anderseits tragen die Klägerinnen vor, die Bank für deutsche Industrieobligationen habe ihnen mitgeteilt, daß nach den ihr vorliegenden Wertangaben über den Rostocker Grundbesitz der Beklagten mit Rücksicht auf die inzwischen erfolgte Vergrößerung dieses Grundbesitzes das verkaufte Grundstück auf Antrag der Beklagten, vorbehaltlich der Entscheidung des Treuhänders, aus der Haftung für die dingliche öffentliche Last freigegeben werden könne. Steht also bisher nicht fest, daß die Erfüllung des Klaganspruchs unmöglich ist, so kann auf Befreiung von der Last geklagt werden. Eine etwaige künftige Weigerung der beteiligten Stellen, eine andere Sicherheit anzunehmen, würde ein nachträglich eintretendes und der Beklagten zur Last fallendes Unvermögen der Schuldnerin bedeuten und dem Klaganspruch nicht entgegenstehen (RGRKomm. Bem. 1 zu § 275 BGB. mit Nachweisungen). Es bedarf deshalb keiner Entscheidung der Frage, ob der Beklagten nach Treu und Glauben mit Rücksicht auf die Höhe des damit verbundenen Kostenaufwandes zugemutet werden könnte, durch Rückkauf der Einzelobligationen (§§ 57 flg. JBG.) die Befreiung des Grundstücks von der Last herbeizuführen. Jedenfalls wäre die Beklagte für das sich dann etwa ergebende Unvermögen zur Erfüllung des Befreiungsanspruchs auf Grund des Vertrags zum Schadensersatz verpflichtet. Die Beklagte kann sich auch nicht darauf berufen, daß die Klägerinnen an der Erfüllung der Befreiungspflicht insofern kein Interesse hätten als das Grundstück, wenn es von der jetzt in Rede stehenden Belastung befreit würde, auf Grund der mit dem eigenen Unternehmen der Klägerinnen verbundenen Industriebelastung von der öffentlichen Last getroffen würde. Es mag sein, daß diese Wirkung eintreten könnte, (vgl. den auf Grund des § 69 JBG. ergangenen Schiedsspruch vom 28. Dezember 1925, RGBl. 1926 II S. 148 und § 3 der 10. DurchfVo. vom 15. Oktober 1927, RGBl. II S. 902). Unter welchem rechtlichen Gesichtspunkt die Beklagte sich hierauf berufen will, ist nicht ersichtlich. Ein Verstoß gegen § 226 BGB. würde nicht vorliegen. Es bedeutet für die Klägerinnen offensichtlich einen wesentlichen Unterschied, ob ihr Grundstück für die mit ihrem eigenen Unternehmen verknüpfte Verbindlichkeit haftet oder für eine fremde Schuld, die ihrem Einfluß nicht untersteht und die sie insbesondere nicht mindern können.

---

28. Wie ist das Auseinandersetzungsguthaben der Gesellschafter einer Kommanditgesellschaft zu berechnen, wenn sie in Zeiten der Geldentwertung wegen Veränderungen in der Zusammensetzung der Gesellschaft eine Papiermarkbilanz als Grundlage für die Neuordnung der gesellschaftlichen Verhältnisse und namentlich auch für die Höhe ihrer Kapitalbeteiligung angenommen haben?

HGB. § 155. BGB. § 242.

II. Zivilsenat. Urt. v. 21. Januar 1930 i. S. M. u. Gen. (Bekl.) w. R. (Kl.). II 313/29.

I. Landgericht I Berlin, Kammer für Handelssachen.
II. Kammergericht daselbst.

Die Klägerin war Kommanditistin der P.schen Asphalt- und Steinpappenfabrik W. M., Kommanditgesellschaft in St. Die gesellschaftsrechtlichen Beziehungen waren in der Vorkriegszeit zuletzt durch den Gesellschaftsvertrag vom 16. Dezember 1910 geregelt worden. Nach diesem Vertrag zählte die Gesellschaft neben den beiden

Beklagten als persönlich haftenden Gesellschaftern 7 Kommanditisten. Nach § 4 waren die Beklagten mit Einlagen von je 10000 M., die Klägerin mit einer solchen von 30000 M. bei einem Gesamteinlagekapital von 320000 M. beteiligt. In der Zeit vom November 1920 bis zum 4. August 1922 ist das „Gesellschaftskapital" auf Grund von Beschlüssen der Gesellschafterversammlungen vom 23./29. November 1920, 6. April 1921 und 4. August 1922 erhöht worden, und zwar unter ungleichmäßiger Beteiligung der Gesellschafter. Am 4. August 1922 wurden die R.-Werke AG. in B. mit einer Einlage von 1600000 M. als weitere Kommanditistin in die Gesellschaft aufgenommen. Im Anschluß daran wurde unter dem 15. August 1922 ein neuer Gesellschaftsvertrag abgeschlossen, in dessen Eingang es heißt, daß der im Jahre 1910 errichtete Gesellschaftsvertrag abgeändert werde und „folgende Fassung" erhalten solle. In § 1 werden sodann die nunmehrigen Gesellschafter der Kommanditgesellschaft aufgezählt, darunter die beiden Beklagten als persönlich haftende Gesellschafter neben 8 Kommanditisten einschließlich der Klägerin und der R.-Werke. § 2 führt sodann die Einlagen der einzelnen Gesellschafter auf.

Das Gesamteinlagekapital betrug danach 3100000 M., wovon auf die R.-Werke 1600000 M., auf alle anderen Gesellschafter zusammen 1500000 M. entfielen. Aus den sonstigen Bestimmungen des Vertrags ist hervorzuheben, daß sich die Gewinn- und Verlustanteile, abgesehen von einer gewissen Vorwegbeteiligung der beiden Beklagten als persönlich haftender Gesellschafter am Gewinn, nach den Kapitalanteilen der Gesellschafter und nach deren Verhältnis bemessen sollten, daß über gewisse Gegenstände (darunter die Aufnahme neuer Gesellschafter und die Erhöhung der Kapitalanteile einzelner Gesellschafter) die Gesellschafterversammlung zu beschließen hatte, daß deren Beschlüsse mit einfacher Stimmenmehrheit gefaßt werden und „je 100 M. Geschäftsanteile" eine Stimme gewähren sollten. Die den Gesellschaftern „nach § 716 BGB." zustehenden Befugnisse sollten „durch eine oder mehrere von der Gesellschafterversammlung bestellte Personen ausgeübt" werden. Soweit der Gesellschaftsvertrag nichts anderes bestimmte, sollte sich das Rechtsverhältnis der Gesellschafter zueinander nach den Vorschriften des Handelsgesetzbuchs richten. Bei Aufnahme der R.-Werke waren gewisse Werte und Bestandteile des seitherigen Gesellschaftsvermögens aus diesem ausgeschieden und unter die „alten" Gesellschafter verteilt worden. Bei der Goldmark-Eröffnungsbilanz hatte sich ein Reinvermögen von 300000 GM. ergeben. Über dessen Aufteilung auf die Kapitalkonten der Gesellschafter kam es zunächst zwischen den „alten" Gesellschaftern und den R.-Werken zu Meinungsverschiedenheiten. Die Beklagten riefen das Goldbilanz-Schiedsgericht an und vertraten in diesem Verfahren gegenüber den R.-Werken den Standpunkt, daß eine Umrechnung der Kapitalkonten nach dem Goldmarkwert der geleisteten Einlagen erfolgen müsse und erst die so berichtigten Kapitalkonten die Schlüsselzahlen für die Verteilung des Reinvermögens in Goldmark bilden könnten. Der Vorsitzende des Goldbilanz-Schiedsgerichts machte einen Vergleichsvorschlag, wonach u. a. die Beteiligung der R.-Werke am Reinvermögen der Goldmark-Eröffnungsbilanz auf $33^1/_3$%, die der übrigen Gesellschafter zusammen auf $66^2/_3$% festgesetzt werden sollte. Ein Vergleich auf dieser Grundlage kam jedoch nicht zustande. Die R.-Werke erboten sich schließlich zur Ablösung der Beteiligungsrechte aller anderen Gesellschafter nach dem Verhältnis der im Vertrag vom 15. August 1922 festgelegten Kapitalkonten, also im Verhältnis von $^{15}/_{31}$ zu $^{16}/_{31}$, d. h. mit 145170 RM. zuzüglich eines Aufgelds von 15% sowie der Dividenden für die Jahre 1924, 1925 und 1926. Dieses Anerbieten wurde in der Folge von allen übrigen Gesellschaftern einschließlich der Klägerin angenommen. Demgemäß wurde durch Vertrag vom 26. Januar 1927 die von den R.-Werken zur Abgeltung aller Ansprüche der „alten" Gesellschafter zu entrichtende Summe — ausschließlich der Dividenden und Tantiemen für 1924 bis 1926 — auf 166945,50 RM. festgesetzt und weiter bestimmt, daß dieser Betrag bei der Stadtbank in St. zur gemeinsamen Verfügung des als Treuhänder bestellten Ehemanns der Klägerin und des Beklagten M. eingezahlt werden sollte. Dies ist dann geschehen. Nach dem Abkommen vom 26. Januar 1927 sollte die Verteilung der Abschichtungssumme unter die „alten" Gesellschafter besonderer Vereinbarung zwischen ihnen vorbehalten bleiben. Es gelang jedoch nicht, eine solche allseitige Einigung herbeizuführen, weil namentlich zwischen der Klägerin und den beiden Beklagten Streit über den Verteilungsschlüssel bestand. Die Beklagten gehen von den im Vertrag vom 15. August 1922 festgelegten Kapitalkonten aus. Die Klägerin dagegen verlangt vorab eine Neuberechnung der Kapitalkonten auf Festmarkgrundlage unter Einbeziehung der vor dem 15. August 1922 liegenden Vorgänge auf diesen Konten und will die sich dann ergebenden „berichtigten" Kapitalkonten der Verteilung unter den Parteien zugrunde gelegt wissen. Sie errechnet sich demgemäß schließlich an Hand der Tabelle des Aufwertungsgesetzes einen Kapitalanteil von 12915 RM., zählt den Aufschlag von 15% sowie die Dividenden für 1924 und 1925 hinzu und fordert abzüglich des ihr schon ausgezahlten Dividendenbetrags von 2610 RM. noch insgesamt 16143 RM. Ihr Klagantrag ging demgemäß dahin:

unter Feststellung ihres — der Klägerin — Kommanditanteils auf 12915 RM. die Beklagten als Gesamtschuldner zu verurteilen, darein zuwilligen, daß von der hinterlegten Summe von 166945,50 RM. an die Klägerin 16143 RM. nebst etwa aufgelaufenen Zinsen ausgezahlt würden.

Die Beklagten beantragten in erster Linie, sie zu verurteilen, in die Auszahlung von 10005 RM. nebst etwa aufgelaufenen Zinsen an die Klägerin einzuwilligen, Zug um Zug gegen deren Einwilligung in die Ausfolgung von 33396 RM. an den Beklagten M. und von 23356 RM. an den Beklagten Sch. je nebst zugewachsenen Zinsen. Hilfsweise baten sie um kostenpflichtige Klagabweisung.

Der erste Richter stellte den Kommanditanteil der Klägerin auf 12875,55 RM. fest und verurteilte die Beklagten demgemäß zur Einwilligung in die Auszahlung von 16098,17 RM. nebst den aufgelaufenen Zinsen. Die Berufung der Beklagten hatte keinen Erfolg. Ihre Revision führte zur Aufhebung und Zurückverweisung.

Gründe:

Einigkeit herrscht zwischen den Parteien darüber, daß die zur Abgeltung der Rechte der sog. alten Gesellschafter von den R.-Werken gezahlte Abfindungssumme unter die beteiligten Gesellschafter nach dem Verhältnis ihrer Kapitalanteile aufzuteilen ist. Streitig ist aber, ob hierbei ein für allemal von den im Gesellschaftsvertrag vom 15. August 1922 festgelegten Zahlen der Einlagekonten auszugehen ist oder ob diese — zur Ausschaltung der Einflüsse der Geldentwertung — unter Umwertung der hierdurch beeinflußten Bilanzen der früheren Jahre und unter Umrechnung der Kapitalkonten auf Festmarkgrundlage vorab neu ermittelt und erst die sich hiernach ergebenden „berichtigten" Kapitalkonten die Grundlage für die Verteilung bilden können. Es handelt sich dabei zunächst um die grundsätzliche Frage, ob zu diesem Zweck überhaupt auf die Zeit vor dem 15. August 1922 zurückgegangen werden kann.

Das Landgericht und das Kammergericht haben dies bejaht.

Mit Recht wendet sich hiergegen die Revision. Der erkennende Senat hat zwar in einer Reihe von Urteilen die Auffassung vertreten, daß bei den handelsrechtlichen Personalgesellschaften für die Auseinandersetzung zur Berechnung der Kapitalanteile der Gesellschafter die Bilanzen der Geldentwertungszeit auf Festmarkgrundlage umgewertet werden müßten, um die verwirrenden Einflüsse des Währungsverfalls nach Möglichkeit auszuschalten (z. B. RGZ. Bd. 117 S. 238, Bd. 126 S. 386; WarnRspr. 1925 Nr. 184, 1928 Nr. 65). Daran ist festzuhalten. Wie weit dabei nach den Umständen des Einzelfalls zurückzugehen und welcher Umwertungsmaßstab anzuwenden ist, hat in erster Linie der Tatrichter zu entscheiden. Allein schon im Urteil RGZ. Bd. 117 S. 238 ist dargelegt, daß ein solches Zurückgehen auf frühere Bilanzen überall da ausgeschlossen ist, wo die Gesellschafter wegen Veränderung in der Zusammensetzung der Gesellschaft (Ausscheiden oder Neueintritt eines Gesellschafters) eine spätere Bilanz als Grundlage für ihre weiteren Rechtsbeziehungen, insbesondere auch für die Höhe der Kapitalbeteiligung angenommen haben. Dann muß, wie in jenem Urteil ausgeführt ist, diese Neuordnung der gesellschaftlichen Verhältnisse als Ausgangspunkt für die Berechnung der Kapitalkonten gewählt werden. Denn in diesem Fall handelt es sich nicht mehr nur um die Ausschaltung der Einflüsse der Geldentwertung im Rahmen eines unverändert oder wenigstens in seinen wesentlichen vertraglichen Grundlagen unverändert bestehen gebliebenen Rechtsverhältnisses, nicht mehr nur um die Beseitigung von Verschiebungen innerhalb der finanziellen Beteiligung der Gesellschafter als angeblich unvermeidliche Rechtsfolge der bisherigen Vertragsberedungen. Dann liegen vielmehr neue rechtsgeschäftliche Vereinbarungen vor, die zwar durch die mangelnde Erkenntnis des Wesens der Geldentwertung und der hiergegen zu Gebot stehenden Rechtsbehelfe mitbeeinflußt sein mögen, grundsätzlich aber doch nicht anders beurteilt werden können als sonstige in der Geldentwertungszeit abgeschlossene und sofort erfüllte Rechtsgeschäfte. Es kann dann nur in Betracht kommen, ob etwa im Einzelfall aus diesen oder jenen Gründen des allgemeinen Rechts das Rechtsgeschäft als solches nichtig oder unwirksam ist.

Soweit dies jedoch, wie hier, nicht in Frage steht, muß es bei der rechtsgeschäftlichen Neugestaltung der Rechtsbeziehungen der Beteiligten sein Bewenden haben. So liegt aber der Fall hier.

Gewiß ist die Kommanditgesellschaft nicht erst durch den Vertrag vom 15. August 1922 gegründet worden. Sie bestand schon mehrere Jahrzehnte lang vorher und blieb auch weiter bestehen. Wohl sah ferner der Gesellschaftsvertrag vom Jahr 1910 die Möglichkeit der Aufnahme weiterer Gesellschafter vor. Es kann der Klägerin auch zugegeben werden, daß sich diese oder jene Bestimmung des Gesellschaftsvertrags vom 15. August 1922 an solche aus früheren Verträgen anlehnt. Ebenso mag richtig sein, daß sich die Einlagekonten der „alten" Gesellschafter aus der Bilanz vom 31. Dezember 1921 unter Hinzurechnung der am 4. August 1922 beschlossenen Kapitalerhöhung und deren Verteilung unter die Gesellschafter ergeben hatten und dementsprechend in den Gesellschaftsvertrag vom 15. August 1922 übernommen worden waren. Auf all dies kommt es jedoch nicht an. Denn hier haben in der Tat die Gesellschafter im Anschluß an die Aufnahme der R.-Werke als weiteren Kommanditistin jene Kapitalanteile zur Grundlage für ihre sonstigen Rechtsbeziehungen gemacht, insbesondere auch hinsichtlich der Höhe ihrer Kapitalbeteiligung. Die Zahlen der Einlagekonten im Vertrag vom 15. August 1922 waren ebensogut wie jede andere Klausel Vertragsbestandteil; sie stellten nach dem Parteiwillen nicht lediglich eine berichtende Angabe darüber dar, was jeder Gesellschafter eingelegt hatte, nach ihnen sollten sich vielmehr die gesellschaftlichen Beteiligungs-, Gewinn- und Verlustanteilrechte, ebenso aber auch die Herrschafts- und Mitverwaltungsrechte der Gesellschafter richten. In allen diesen Beziehungen bildeten die im § 2 des Vertrags vom 15. August 1922 festgelegten Zahlen der Einlagekonten Maßstab und Richtschnur. Ausdrücklich bestimmt denn auch § 12 des Vertrags, daß eine Erhöhung der Kapitaleinlage eines, d. h. i r g e n d e i n e s der Gesellschafter nur auf Grund Mehrheitsbeschlusses der Gesellschafter zulässig sei. Es fehlt die Klausel früherer Verträge, daß die Gesellschafter einen gewissen Teil ihrer Kapitaleinlage zurückziehen konnten. Weil es sich insoweit ebenfalls um eine Änderung des Gesellschaftsvertrags handelt, wäre auch hierzu ein Mehrheitsbeschluß der Gesellschafterversammlung erforderlich. Aus allem ergibt sich klar und deutlich der Vertragscharakter der im § 2 enthaltenen Bezifferung der Kapitalkonten der einzelnen Gesellschafter. Dementsprechend bestimmt § 13 des Vertrags, daß der den persönlich haftenden Gesellschaftern zustehende Gewinnanteil nicht ihrem Kapitalkonto zugeschrieben werden dürfe, sondern zur Auszahlung gelange, eine Bestimmung, die gleicherweise Bedeutung für deren Verhältnis zu den R.-Werken, wie zu den übrigen Kommanditisten hatte.

Wie sich auf Grund der im § 2 festgelegten Kapitalkonten in Zukunft die Verteilung von Gewinn und Verlust zwischen den einzelnen Gesellschaftern gestalten werde und müsse, lag offen zutage. Die Klägerin konnte nicht im Zweifel darüber sein, daß, wenn sie sich auf diesen Vertrag einlasse, der Gewinnanteil z. B. des Beklagten M., soweit er sich nach dem Kapitalanteil richtete, rund $3^1/_2$mal größer sein werde als der auf sie entfallende Bruchteil, und daß es sich ähnlich im Fall einer Auflösung und Verteilung des Gesellschaftsvermögens unter die Gesellschafter verhalten werde. Sie hat sich nichtsdestoweniger mit diesen Zahlen einverstanden erklärt, obwohl die dadurch bewirkte Verschiebung der gesellschaftlichen Beteiligungsrechte unverkennbar war. Die im Zusammenhang mit der Aufnahme der R.-Werke als weiteren Kommanditistin durch den Vertrag vom 15. August 1922 erfolgte Neuordnung des Gesellschaftsverhältnisses zeigt sich ferner insbesondere bei der Ausgestaltung der Herrschafts- und Mitverwaltungsrechte der Gesellschafter. Bis dahin hatte in der Gesellschafterversammlung die Kopfmehrheit gegolten; die Stimme der Klägerin hatte also ganz dasselbe Gewicht wie die jedes der beiden Beklagten. Dies wurde aber nach dem Vertrag vom 15. August 1922 von Grund aus anders. An Stelle der Kopfmehrheit trat eine Kapitalmehrheit mit der Maßgabe, daß je 100 M. Kapitalanteil eine Stimme gaben. Die Klägerin verfügte also nunmehr z. B. gegenüber den 3000 Stimmen des Beklagten M. und den 2100 Stimmen des Beklagten Sch. über nur 900 Stimmen, ihre Stimmenmacht war mithin gegenüber den beiden Beklagten so gut wie bedeutungslos. Auch diese Machtverschiebung auf der Grundlage der Kapitalkonten des § 2 war offensichtlich und wurde von der Klägerin durch die Zustimmung zum Vertrag mit in Kauf genommen. Ihr Einfluß war weiterhin durch die Bestimmung des § 7 Satz 2 des Vertrags in Verbindung mit § 12 Abs. 2 das. nicht nur bei der Abstimmung in der Gesellschafterversammlung, sondern auch bei Ausübung der sonstigen Gesellschafterrechte erheblich zurückgedrängt. An die Stelle des Grundsatzes der Gleichberechtigung der Gesellschafter, wie er bisher durch gleiche Stimmrechtsbewertung jedes Gesellschafters (jeder eine Stimme) gegolten hatte, war nunmehr eine Abstufung nach der Kapitalbeteiligung getreten, die nicht bloß gegenüber den R.-Werken, sondern ebenso im Verhältnis der alten Gesellschafter untereinander wirkte, und die Grundlage hierfür bildete eben die Höhe der im § 2 festgesetzten Kapitalbeteiligung.

Schon nach dem bisher Gesagten erweist sich die Auffassung des Kammergerichts, daß durch den Gesellschaftsvertrag vom 15. August 1922 nicht auch eine Neuregelung der Rechtsbeziehungen der „alten" Gesellschafter untereinander erfolgt sei, als rechtsirrig und, soweit sie auf Vertragsauslegung beruhen sollte, als schlechthin unmöglich. Die Sache liegt hier unzweifelhaft so, daß wegen der Veränderung in der Zusammensetzung der Gesellschaft (Eintritt der R.-Werke) eine Neugestaltung der gesellschaftlichen Verhältnisse stattgefunden hat, die sich ganz und gar und in allen Richtungen gerade auf den im § 2 genannten Beteiligungszahlen der einzelnen Gesellschafter aufbaute. Dies hat das Berufungsgericht verkannt. Zu welch unhaltbaren Ergebnissen seine gegenteilige Auffassung führen müßte, zeigt sich vollends deutlich, wenn man unterstellt, daß die Klägerin bei Fortbestehen der Gesellschaft eine Revision der Einlagekonten gefordert hätte. Jede Änderung der einzelnen Einlagekonten rührt an die Grundlagen des ganzen Vertrags, der sich einheitlich und im Verhältnis aller Gesellschafter zueinander auf ihnen aufbaut.

Demgegenüber verschlägt es nichts, daß die alten Gesellschafter im Verfahren vor dem Goldbilanz-Schiedsgericht einheitlich gegen die R.-Werke aufgetreten sind. Vollends ohne jede Beweiskraft ist der Umstand, daß durch die R.-Werke die Rechte der „alten" Gesellschafter mit einer Gesamtsumme abgelöst worden sind, deren Aufteilung ihnen überlassen blieb. Die Ansicht des Berufungsgerichts läuft im Ergebnis darauf hinaus, daß nach dem Vertrag vom 15. August 1922 innerhalb der Kommanditgesellschaft eine Untergesellschaft der „alten" Gesellschafter bestanden habe, wofür es aber an jedem Anhalt fehlt.

In Betracht kommen könnte zunächst nur, ob etwa hinterher zwischen den Gesellschaftern ausdrücklich oder stillschweigend eine Vereinbarung dahin getroffen wurde, daß das Goldmark-Reinvermögen der Gesellschaft nach berichtigten Kapitalkonten aufgeteilt werden sollte, bei deren Umwertung auch hinter den 15. August 1922 zurückzugehen wäre. Zu einer solchen Vereinbarung ist es aber unzweifelhaft nicht gekommen. Die R.-Werke haben sich darauf nicht eingelassen; sie haben vielmehr unter schließlicher Zustimmung der Klägerin selbst eine Verteilung des Vermögens zwischen ihnen und den früheren Gesellschaftern nach den Verhältniszahlen des § 2 des Vertrags vom 15. August 1922 durchgesetzt. Daran ändert der Zuschlag von 15% nichts.

Ebensowenig liegt aber eine vertragliche Einigung der alten Gesellschafter unter sich oder wenigstens der Beklagten und der Klägerin in der Richtung vor, daß die von den R.-Werken gezahlte Abfindungssumme nach Maßgabe dergestalt berichtigter Kapitalkonten aufzuteilen sei. Dies nimmt auch das Kammergericht nicht an. Auf die Stellungnahme der Beklagten vor dem Goldbilanz-Schiedsgericht gegenüber den R.-Werken läßt sich eine solche vertragliche Beredung nicht gründen, zumal da die Beklagten insoweit keinen Erfolg hatten. Daß die nunmehrige Einstellung der Beklagten und ihre Berufung auf die Vertragszahlen vom 15. August 1922 Treu und Glauben zuwiderliefe, hat schon das Berufungsgericht mit Recht verneint.

---

29. Hat eine preußische öffentliche Körperschaft, deren Geschäftsbereich sich durch die Abtretung preußischer Gebietsteile an Polen und Danzig erheblich verringert hat, das Recht, ihre dadurch überflüssig gewordenen Beamten zu entlassen und dem Fürsorgeamt für Beamte aus den Grenzgebieten zu überweisen?

Preuß. Unterbringungsgesetz vom 30. März 1920 §§ 1, 3.

III. Zivilsenat. Urt. v. 24. Januar 1930 i. S. Westpreuß. Landschaft (Bekl.) w. H. (Kl.). III 230/29.

I. Landgericht Elbing.

Der Kläger war seit dem Jahr 1896 bei der Beklagten als mittelbarer Staatsbeamter (Generallandschafts-Rechnungsrevisor) auf Lebenszeit angestellt und bezog zuletzt das Höchstgehalt der Besoldungsgruppe IX. Am 1. Februar 1924 wurde er von der Beklagten entlassen und nach dem preußischen Gesetz über die Unterbringung von mittelbaren Staatsbeamten und Lehrpersonen (Unterbringungsgesetz) vom 30. März 1920 (GS. S. 63) dem Fürsorgeamt für Beamte aus den Grenzgebieten zur Verfügung gestellt. Dieses Amt zahlte dem Kläger vom 1. Februar 1924 ab unter dem Titel einer „Staatsunterstützung" monatlich 80% der Bezüge aus Besoldungsgruppe VIII.

Mit der Klage verlangt der Kläger Verurteilung der Beklagten zur Zahlung des Unterschieds zwischen diesen Beträgen und dem Höchstgehalt nach Besoldungsgruppe IX der älteren, 3c der neueren Besoldungsordnung. Er macht geltend, seine Entlassung und Überweisung an das Fürsorgeamt sei zu Unrecht erfolgt; er sei nach wie vor Beamter der Beklagten und habe das wohlerworbene Recht, auf Lebenszeit nach den zuletzt erwähnten Gruppen besoldet zu werden. Der Kläger trägt weiter vor, zu seiner Entlassung habe nicht nur kein Recht, sondern auch kein Anlaß bestanden; denn alsbald nach seiner Entlassung habe die Beklagte zahlreiche Hilfskräfte eingestellt, seit 1. März 1926 sei er selbst wieder als Hilfsarbeiter bei ihr tätig.

Die Beklagte beantragte Abweisung der Klage und mit Widerklage die Feststellung, daß dem Kläger weder für die Vergangenheit noch für die Zukunft irgendwelche Ansprüche aus dem Beamtenverhältnis gegen sie zustünden. Sie bestreitet den Anspruch nach Grund und Höhe und trägt vor, das Beamtenverhältnis des Klägers sei durch seine Entlassung und die Überweisung an das Fürsorgeamt erloschen. Zur Entlassung des Klägers sei sie berechtigt gewesen, da sich ihr Tätigkeitsbereich durch die Gebietsabtretungen im Osten erheblich verkleinert habe und da sie ihre Einnahmen zum größten Teile eingebüßt habe. Diese Umstände hätten es auch notwendig gemacht, ihren Beamtenbestand zu verringern; es könne ihr nicht zugemutet werden, trotz grundlegender Veränderung dieser Verhältnisse die gleichen Lasten an Beamtengehältern zu tragen wie früher.

Das Landgericht erklärte den Anspruch dem Grunde nach für gerechtfertigt und wies die Widerklage ab. Gegen dieses Urteil hat die Beklagte mit Einwilligung des Klägers unmittelbar Revision eingelegt, jedoch ohne Erfolg.

Gründe:

Nach § 1 des bezeichneten Gesetzes sind Gemeinden und Gemeindeverbände sowie alle sonstigen Körperschaften des öffentlichen Rechts verpflichtet, ihre freien, frei werdenden oder neu zu schaffenden Stellen mit mittelbaren Staatsbeamten oder den ihnen in § 2 Abs. 2 des Gesetzes gleichgestellten Angestellten zu besetzen, „die infolge

Abtretung oder Besetzung preußischer Landesteile ihr Amt verlieren oder es aufgeben, weil ihnen nach Lage der Verhältnisse die Fortsetzung ihrer Amtstätigkeit unter fremder Herrschaft nicht zugemutet werden kann". Daß beim Kläger nicht der Fall einer Aufgabe des Amtes infolge Druckes der Fremdherrschaft vorliegt, ist unter den Parteien unstreitig. Es kann aber ferner keinem Zweifel unterliegen, daß auch nicht ein unmittelbarer Verlust des Amtes infolge Abtretung oder Besetzung preußischer Gebietsteile, eine Verdrängung des Klägers, stattgefunden hat, wie sich schon daraus ergibt, daß der Kläger noch mehrere Jahre lang nach der Abtretung seine Amtstätigkeit ausgeübt hat. Die Beklagte hat, wie erwähnt, den Kläger zum 1. Februar 1924 entlassen und dem Fürsorgeamt für Beamte aus den Grenzgebieten (§ 3 UnterbrG.) überwiesen. Die Revision macht geltend, diese Entlassung des Klägers habe ihre Ursache in der Abtretung preußischer Gebietsteile an Polen und Danzig, in dem dadurch bewirkten Verlust des größeren Teils ihres Geschäftsbereichs, in der erheblichen Verminderung ihrer Einnahmequellen und in der Notwendigkeit einer Verringerung ihrer Beamtenzahl. Damit sei der Fall des Amtsverlustes im Sinne des § 1 UnterbrG. gegeben, und mit der berechtigten Überweisung des Klägers an das Fürsorgeamt sei die Pflicht der Beklagten zur Gehaltszahlung erloschen und auf das Fürsorgeamt nach den vom Staatsministerium unter dem 3. Juli 1923 erlassenen Grundsätzen übergegangen. Die Revision vertritt hiernach den Standpunkt, daß beim Vorliegen eines der Tatbestände des § 1 UnterbrG. und bei der Überweisung des Beamten an das Fürsorgeamt das bis dahin bestehende Beamtenverhältnis beendet sei, zum mindesten, daß die aus diesem Rechtsverhältnis entstandenen Verbindlichkeiten der Beklagten untergegangen seien. Das ist ein für die gesamte Beurteilung der Rechtslage grundlegender Irrtum. Das Unterbringungsgesetz will, wie schon seine Bezeichnung klar erkennen läßt, den verdrängten Beamten Fürsorge gewähren und zwar in erster Reihe durch Unterbringung in einer anderen Dienststelle (Berner Das Unterbringungsgesetz § 1 Anm. I 1). Es ist ohne jede Bedeutung für die Anwendung dieses Gesetzes, ob der Beamte noch als rechtmäßiger Inhaber des verlorenen oder aufgegebenen Amtes anzusehen ist oder nicht. Das Gesetz läßt einfach beim Vorliegen der in § 1 aufgestellten tatsächlichen Voraussetzungen ohne weiteres die Fürsorge eintreten; es nimmt diese

Tatsachen als gegeben hin, ohne die Rechtsfolgen des Amtsverlustes festzustellen oder auch nur in Betracht zu ziehen (vgl. Anweisung zur Ausführung des Unterbringungsgesetzes vom 30. März 1920 unter „Allgemeines", abgedr. bei Berner a. a. O. S. 98 flg.). Die Rechtsbeziehungen zwischen dem verdrängten Beamten und seiner Anstellungsbehörde werden durch das Gesetz überhaupt nicht berührt. Es werden wohl Vorschriften für den Fall der Begründung eines neuen Dienstverhältnisses gegeben (§ 9 Abs. 3, § 10 UnterbrG.), dagegen enthält sich das Gesetz jeglichen Eingriffs in das alte Beamtenverhältnis. Es kann daher keine Rede davon sein, daß etwa das Unterbringungsgesetz einen selbständigen Beendigungsgrund für die zwischen den Streitteilen bestehenden Rechtsbeziehungen eingeführt oder daß es die Pflicht der Beklagten zur Gehaltszahlung auf den Staat abgewälzt hätte. Daß das nicht die Absicht des Gesetzes ist, ergibt schon die Tatsache, daß sich der Staat in § 10 Abs. 6 das Rückgriffsrecht wegen der auf Grund des Gesetzes gemachten Leistungen gegenüber den Körperschaften vorbehalten hat. Vollends ausgeschlossen wäre eine Beeinträchtigung der durch Art. 129 Abs. 1 und 2 RVerf. gewährleisteten Beamtenrechte durch das Unterbringungsgesetz, und zwar schon wegen seiner Eigenschaft als Landesgesetz. Das gleiche gilt von den Staatsministerialbeschlüssen vom 26. Juli 1919, 22. Oktober 1920, 20. März 1923 und 3. Juli 1923.

Kommt es hiernach für die Entscheidung des Rechtsstreits überhaupt nicht auf die Frage an, ob die Voraussetzungen des § 1 UnterbrG. gegeben sind, so war nur noch zu prüfen, ob die von der Beklagten verfügte Entlassung des Klägers im geltenden Beamtenrecht ihre Rechtfertigung findet. Auch das ist zu verneinen. Ein Abbau des Klägers auf Grund der preußischen Personalabbau-Verordnung vom 8. Februar 1924 (GS. S. 73) hat nach der ausdrücklichen Feststellung des Landgerichts nicht stattgefunden. Da der Kläger auf Lebenszeit angestellter mittelbarer Staatsbeamter ist, so scheiden Kündigung und Widerruf ohne weiteres aus; ein Antrag des Klägers auf Dienstentlassung ist nicht behauptet. Eine einstweilige Versetzung des Klägers in den Ruhestand wegen Umbildung der Anstellungsbehörde kommt gleichfalls nicht in Frage, da die preußische Verordnung vom 26. Februar 1919 (GS. S. 33) nur unmittelbare Staatsbeamte und Staatsbehörden betrifft. Im Schrifttum ist übrigens anerkannt, daß eine Versetzung in den einstweiligen Ruhestand dann nicht angängig ist, der Beamte vielmehr im Genuß des vollen Gehalts belassen werden muß, wenn der Fall einer Umbildung der Staatsbehörde nicht gegeben ist und der Beamte nur deshalb entbehrlich wird, weil der Geschäftsgang der Anstellungsbehörde vereinfacht oder verändert wird, oder weil eine Verminderung der Geschäfte oder eine Veränderung in den Einrichtungen einer Behörde eintritt, die ihren organischen Fortbestand nicht berührt (Brand Beamtenrecht 3. Aufl. S. 263). Vermöchten daher die von der Beklagten vorgetragenen Gründe, zumal angesichts der Vorschrift in Art. 129 Abs. 2 RVerf., nicht einmal eine Versetzung den einstweiligen Ruhestand zu rechtfertigen (RGZ. Bd. 107 S. 6), so muß dies erst recht von der einseitig verfügten Amtsenthebung des Klägers durch die Beklagte gelten.

Nach alledem ist die Annahme des Landgerichts rechtlich nicht zu beanstanden, daß die Beklagte durch ihre Maßnahme das wohlerworbene Recht des Klägers aus seiner Anstellung auf Lebenszeit und auf seine lebenslängliche Besoldung nach dem Höchstgehalt der Gruppe IX verletzt habe, daß der Kläger Beamter der Beklagten geblieben sei und daß er seine vermögensrechtlichen Ansprüche aus dem Beamtenverhältnis gegen sie im Rechtsweg geltend machen könne (Art. 129 Abs. 1 Satz 4 RVerf.). Über die Aufbringung der Mittel zur fortdauernden Besoldung des Klägers (Entsch. des preuß. Oberverwaltungsgerichts Bd. 80 S. 45) haben die ordentlichen Gerichte nicht zu befinden.

---

30. 1. Wer ist bei Amtspflichtverletzungen von Handelsregisterführern als Dritter im Sinne des Art. 131 RVerf. und des § 839 BGB. anzusehen?

2. Ist eine Prokuraerteilung, bei der die erforderliche vormundschaftsgerichtliche Genehmigung fehlt, als infolge ihrer Eintragung ins Handelsregister rechtswirksam gegenüber Dritten zu behandeln, wenn diese im Vertrauen auf die Richtigkeit der Eintragung Wechselakzepte entgegennehmen, die der Prokurist namens seines Prinzipals gezeichnet hat?

3. Zum Begriff des ursächlichen Zusammenhangs zwischen Amtspflichtverletzung und Schaden.

BGB. §§ 1643, 1686, 1822 Nr. 11, § 1831. HGB. §§ 15, 53.

III. Zivilsenat. Urt. v. 24. Januar 1930 i. S. Preuß. Staat (Bekl.) u. H. (Streitgeh.) w. W. (Kl.). III 75/29.

I. Landgericht I Berlin.
II. Kammergericht daselbst.

Nach dem Tode des Kaufmanns W. E., Inhabers der Firma E. E. in B., wurde diese in ungeteilter Erbengemeinschaft von seiner Witwe und seinen zwei minderjährigen Kindern fortgesetzt. Die Rechtsänderung wurde am 28. Juni 1923, zugleich mit der Erteilung der Prokura an den Kaufmann S., durch den Justizobersekretär H. in seiner Eigenschaft als Rechtspfleger in das Handelsregister eingetragen. Eine Genehmigung der Prokuraerteilung durch das Vormundschaftsgericht war nicht erfolgt, auch nicht nachgesucht worden. Der Kläger hatte auf die Firma E. E. eine Anzahl Wechsel im Gesamtbetrag von 54483 RM. gezogen, die namens dieser Firma von dem Prokuristen S. angenommen worden waren. Er klagte diese Wechsel im Wechselprozeß ein und erstritt ein obsiegendes Urteil des Landgerichts. Auf Grund dieses Urteils und eines Kostenfestsetzungsbeschlusses wurden am 24. März 1925 54483 RM. nebst Zinsen und am 17. April 2297,20 RM. im Wege der Zwangsvollstreckung auf dem Grundstück der Schuldnerin hypothekarisch eingetragen. In der Berufungsinstanz wurde jedoch das Wechselurteil vom Kammergericht aufgehoben und die Klage abgewiesen, weil die Prokura mangels vormundschaftsgerichtlicher Genehmigung unwirksam sei und S. die Firma E. E. deshalb nicht wechselmäßig habe verpflichten können. Im Wechselprozeß hatte der Kläger dem Preußischen Staat den Streit verkündet. Nachdem schon am 2. Mai 1925 der Konkurs über das Vermögen der Firma E. E. eröffnet worden war, wurden auf Grund des kammergerichtlichen Urteils die beiden Hypotheken des Klägers gelöscht. Dieser hatte anfangs seine Forderung von 54483 RM. als Wechselforderung, dann aber, da sie als solche bestritten wurde, als Darlehensforderung angemeldet, weigerte sich aber, den von ihm geforderten Vorschuß für einen neuen Prüfungstermin zu zahlen, sodaß eine Prüfung seiner zweiten Anmeldung unterblieb. Das Pfandgrundstück wurde im Laufe des Konkurses vom Konkursverwalter freihändig für 50000 RM. verkauft. Der Kläger fiel mit seiner Forderung völlig aus. Er behauptet, er habe die Wechselvaluta, d. h. Darlehen in der genannten Höhe, an die Firma E. E. nur im Vertrauen darauf gegeben, daß die Bestellung des Prokuristen S. in Ordnung gehe und die von ihm gezeichneten Akzepte der Firma E. E. rechtsgültig seien. Wären sie es gewesen, so hätte er, da das Pfandgrundstück einen Wert von mindestens 100000 RM. gehabt habe, trotz des Konkurses volle Befriedigung erhalten. Sein völliger Ausfall sei auf schuldhafte Amtspflichtverletzung des Rechtspflegers H. zurückzuführen, der die Prokura ohne den Nachweis vormundschaftsgerichtlicher Genehmigung nicht hätte eintragen dürfen. Seinen Schaden berechnet der Kläger einschließlich der ihm entstandenen und der der Firma E. E. ersetzten Prozeßkosten auf insgesamt 71000 RM. Mit der vorliegenden Klage nimmt er den Beklagten auf Grund des Art. 131 RVerf. auf Schadensersatz in Höhe eines Teilbetrags von 30000 RM. in Anspruch.

Das Landgericht gab der Klage statt. Das Kammergericht wies sie in Höhe von 5043 RM. ab und machte im übrigen die Entscheidung von der Leistung eines dem Kläger auferlegten Eides abhängig. Er soll beschwören, daß er bereits vor dem 28. November 1923 entweder durch Vorlegung des Registerauszugs vom 28. Juli 1923 seitens der Frau E. oder durch Einsicht des Handelsregisters beim Amtsgericht B. von der Eintragung der Prokura des S. Kenntnis gehabt habe. Im Falle der Leistung des Eides über eine dieser Behauptungen soll der Beklagte zur Zahlung von 24957 RM. verurteilt, im Falle gänzlicher Verweigerung soll die Klage vollends abgewiesen werden. Der Beklagte hat dem Rechtspfleger H. den Streit verkündet. Dieser ist ihm als Streitgehilfe beigetreten. Beide, der Beklagte und der Streitgehilfe, haben Revision eingelegt, die zur Aufhebung des angefochtenen Urteils und zur Zurückverweisung der Sache an das Berufungsgericht führte.

Gründe:

Zweifellos bedurfte die Erteilung der Prokura an den Kaufmann S. nach §§ 1643, 1686, 1822 Nr. 11 BGB. wegen der Minderjährigkeit zweier Teilhaber der Firma zu ihrer Wirksamkeit der Genehmigung des Vormundschaftsgerichts, und zweifellos muß der Beklagte die

Feststellungen des kammergerichtlichen Wechselurteils, daß dieser Mangel durch die Eintragung der Prokura nicht behoben sei und daß infolgedessen die Wechselakzepte des S. keine wechselrechtliche Bindung der Firma E. E. hätten erzeugen können, nach § 68 ZPO. gegen sich gelten lassen. Ob und inwieweit diese Feststellungen für die Frage eines Verschuldens des Rechtspflegers H. erheblich sind, ist weiter unten zu erörtern. Bedenkenfrei ist jedenfalls die Annahme des Berufungsgerichts, daß die Nichtberücksichtigung der oben angezogenen Vorschriften des Bürgerlichen Gesetzbuches eine Amtspflichtverletzung, und zwar nicht nur gegenüber den unmittelbar Beteiligten, sondern auch gegenüber dem Kläger wie überhaupt allen Personen darstellt, deren Rechte und Interessen durch die gesetzwidrige Eintragung der Prokura beeinträchtigt werden konnten. Das folgt aus den §§ 15 und 53 HGB. und aus der allgemeinen Erwägung, daß jeder Staatsbürger einen öffentlichrechtlichen Anspruch darauf hat, daß die Registerbeamten seine berechtigten Interessen nicht durch ungesetzliche oder sonst pflichtwidrige Amtsführung verletzen. Dem Rechtspfleger H. lag also auch dem Kläger gegenüber die amtliche Pflicht ob, nach Anmeldung der Prokuraerteilung ihre Gesetzmäßigkeit, Wirksamkeit und Eintragungsfähigkeit zu prüfen und bei berechtigten Bedenken den Eintragungsantrag abzulehnen. Denn er hat darüber zu wachen, daß Erklärungen von Firmeninhabern, die den gesetzlichen Erfordernissen nicht entsprechen oder aus sonstigen Gründen unwirksam sind und der tatsächlichen Rechtslage widerstreiten, nicht Aufnahme in das Handelsregister und mit amtlicher Hilfe öffentliche Verbreitung finden. Die gegenteilige Auffassung der Revision ist rechtsirrig, sie verkennt den öffentlichrechtlichen Zweck des Handelsregisters und die öffentlichrechtlichen Aufgaben der Registerbeamten.

Irrig ist insbesondere die Ansicht der Revision, daß der Gesetzgeber durch die Übertragung der Registerführung auf sogenannte Rechtspfleger, d. h. auf nicht zum Richteramt befähigte Beamte des mittleren Dienstes, den Schutz des Publikums gegen falsche Registereintragungen bewußt gemindert habe. Ein solcher Gedanke lag dem Gesetzgeber fern. Die allgemeine Verfügung des preußischen Justizministers vom 28. Mai 1923 zur Ausführung des Reichsgesetzes zur Entlastung der Gerichte vom 11. März 1921 (JMBl. 1923 S. 401), welche die selbständige Bearbeitung von Registersachen durch Rechtspfleger vorsieht, sollte, wie schon ihre Überschrift zeigt, dem Übelstand der Überlastung zahlreicher Richter abhelfen. Der Gesetzgeber setzte aber selbstverständlich in die von der Justizverwaltung zu bestimmenden Rechtspfleger das Vertrauen, daß sie die zur ordnungsmäßigen Erledigung ihrer neuen amtlichen Aufgaben erforderlichen Gesetzeskenntnisse besäßen oder sich unverzüglich aneigneten.

Die Revision hat nun die Frage aufgeworfen, ob die Prokura trotz der fehlenden Genehmigung des Vormundschaftsgerichts nicht doch um deswillen wirksam gewesen sei, weil die volljährige Witwe E. sie kraft eigenen Rechts, die Firma zu vertreten, erteilt habe. Wenn nämlich die Rechtsgültigkeit der Prokura im Gegensatz zum Urteil im Vorprozeß bejaht würde, könnte, so meint die Revision, von einem Verschulden des H. keine Rede sein. Es ist ihr zuzugeben, daß die Rechtskraftwirkung der Feststellung der Unwirksamkeit im Wechselurteil nicht soweit reicht, um diese im vorliegenden Rechtsstreit zur Grundlage einer Schuldfeststellung zu machen. Die Entscheidung über das Verschulden oder Nichtverschulden des jetzigen, am Vorprozeß nicht beteiligt gewesenen Streitgehilfen ist vielmehr unabhängig vom Ergebnis des Vorprozesses zu treffen. Die Bedenken der Revision sind jedoch unbegründet. Der Gesetzgeber hat die vormundschaftsgerichtliche Genehmigung zur Prokuraerteilung, soweit Minderjährige Firmeninhaber oder Firmenmitinhaber sind, mit Rücksicht auf den weitgehenden Umfang der mit ihr verbundenen Vertretungsmacht (§ 49 HGB.) gefordert (vgl. Motive zum BGB. Bd. 4 S. 1145) und hat im § 1831 BGB. jedes ohne sie vom Mündelvertreter vorgenommene einseitige Rechtsgeschäft — und ein solches ist die Prokuraerteilung — für unwirksam erklärt. Diese an sich einfache Rechtslage mußte dem Rechtspfleger bekannt sein, durfte ihm jedenfalls bei pflichtmäßiger Prüfung der einschlägigen Bestimmungen nicht unbekannt bleiben. Wie das Berufungsgericht feststellt, hatte der Streitgehilfe gleichzeitig den Tod des bisherigen Firmeninhabers, die Fortführung der Firma durch die Witwe und zwei minderjährige Kinder in ungeteilter Erbengemeinschaft und die Prokuraerteilung einzutragen. Daß nicht etwa die Neubildung einer offenen Handelsgesellschaft in Betracht kam, war schon aus dem Fehlen eines auf die Eintragung einer solchen gerichteten Antrags ohne weiteres erkennbar. Auch sie hätte übrigens der Genehmigung des Vormundschaftsgerichts bedurft (§ 1822 Nr. 3 BGB.). Der § 116 Abs. 3 HGB. stand also nicht in Frage. Ebenso klar lag zutage, daß die Erteilung der Prokura durch alle Inhaber des Handelsgeschäfts und, soweit sie minderjährig waren, durch ihre gesetzliche Vertreterin erfolgen mußte und daß daher die Witwe E. die Bestellung nur in ihrer doppelten Eigenschaft als Firmeninhaberin und gesetzliche Vertreterin der übrigen Firmeninhaber vornehmen konnte (§ 48 HGB.) und vorgenommen hatte. Um die Prüfung verwickelter Rechtsverhältnisse oder zweifelhafter Rechtsfragen, deren irrige Beurteilung dem H. nicht zum Vorwurf gereichen würde, handelte es sich also nicht, sondern nur um die Anwendung der einfachen und klaren Vorschriften der § 1822 Nr. 11, §§ 1643 und 1686 BGB., deren Inhalt und Tragweite jeder Registerführer kennen muß und deren Auslegung keine besonderen Schwierigkeiten macht und keine besonderen Fähigkeiten verlangt. Hat H. vor der Eintragung einen Richter um Rat gefragt und hat dieser den Antrag nicht beanstandet, so mag auch den Richter ein Verschulden treffen. Die Anfrage entband den Rechtspfleger aber nicht von der Pflicht zu eigener Prüfung und von der eigenen Verantwortlichkeit, und ein etwaiges Verschulden des Richters befreit ihn nicht von dem Vorwurf eigener Fahrlässigkeit und Unüberlegtheit. . . .

An der Unwirksamkeit der Prokura konnte ihre handelsgerichtliche Eintragung nichts ändern. Das ist auch die im Schrifttum herrschende Ansicht (vgl. Planck BGB. 3. Aufl. § 1822 Anm. 11; Staudinger BGB. 9. Aufl. § 1822 Anm. 2o; Neumann BGB. 6. Aufl. § 1822 Anm. 11; Schmidt-Hedemann-Fuchs Familienrecht 3. Abschnitt § 1822 Anm. 11; Lehmann-Ring HGB. 2. Aufl. § 48 Anm. 4; Düringer-Hachenburg HGB. 2. Aufl. § 48 II 2 Anm. 6; a. M. freilich Staub-Bondi HGB. 12./13. Aufl. § 48 Anm. 4). Der Mangel der Genehmigung ist nach § 1831 Satz 1 BGB. unheilbar; er kann nicht einmal durch die nachträgliche Genehmigung der Prokuraerteilung behoben werden. Eine solche würde die Witwe E. nur ermächtigt haben, die Erteilung zu wiederholen. Der in § 1831 Satz 1 BGB. im Interesse der Mündel und zur Schaffung einer klaren Rechtslage gegebenen Vorschrift würde ein großer Teil ihrer Bedeutung genommen sein, wenn § 15 HGB. bezweckte und den Erfolg hätte, daß das objektiv unwirksame einseitige Geschäft Dritten gegenüber als wirksam behandelt werden müßte.

Die Unwirksamkeit der Prokuraerteilung hatte ohne weiteres die Unwirksamkeit der Wechselerklärungen zur Folge, die S. für die

Firma E. E. abgab. Bei dem strengen Formalcharakter der Wechsel lag die Sache genau ebenso, wie wenn eine beliebige andere, dazu nicht bevollmächtigte Person namens der Firma E. E. Wechsel ausgestellt oder akzeptiert hätte. Durch die Firmenzeichnung eines Nichtbevollmächtigten konnte die Firma auch nicht gegenüber gutgläubigen Dritten wechselrechtlich verpflichtet werden. Das Gegenteil ist, wie schon betont, aus § 15 HGB. nicht zu entnehmen. Denn die Eintragung kann einer Prokura nicht die ihr nach bürgerlichem Recht anhaftende materielle Unwirksamkeit nehmen und kann nicht bewirken, daß ohne gültige Vollmacht gegebene Wechselakzepte den Prinzipal wechselrechtlich verpflichten.

Der Rechtspfleger hätte also die Eintragung der Prokura nicht vornehmen dürfen, sondern den Antrag unter Bezugnahme auf den Mangel der vormundschaftsgerichtlichen Genehmigung oder auf die oben angezogenen Paragraphen des Bürgerlichen Gesetzbuchs zurückweisen müssen. Darin, daß er es nicht tat, liegt die Amtspflichtverletzung, liegt sein Verschulden. Bei Prüfung des ursächlichen Zusammenhangs zwischen diesem Verschulden und dem Schaden des Klägers durfte das Kammergericht daher nicht, wie es geschehen ist, fragen, was der Kläger gehabt hätte, wenn die Eintragung der Prokura wirksam gewesen wäre, sondern es mußte untersuchen, wie die Kredithingabe sich gestaltet haben würde, wenn der Nebenintervenient pflichtgemäß gehandelt und die Eintragung unterlassen hätte. Es ist möglich, daß dann die vormundschaftsgerichtliche Genehmigung erbeten worden wäre. Ob sie erteilt worden wäre, steht dahin. Es ist aber auch nicht ausgeschlossen, daß der Kläger bei seinen bisherigen Geschäftsbeziehungen zu der Firma E. E. sich mit der Erklärung der Frau E., sie habe dem S. Prokura erteilt oder erteile sie ihm, begnügt hätte. Denn die Wirksamkeit einer Prokura hängt an sich nicht von ihrer Eintragung ab. Es ist schließlich nicht unmöglich, daß der Kläger, wenn kein Prokurist vorhanden gewesen wäre, auch ohne Wechselakzepte Kredit gewährt hätte. Zwar findet sich im angefochtenen Urteil der Satz, daß er das Geld ohne Wechselsicherheit nicht hingegeben hätte. Aber auch dieser Satz kann von der falschen Einstellung des Berufungsrichters beeinflußt sein, daß es für die Feststellung der Schadensentstehung und der Schadenshöhe auf die wirtschaftliche und rechtliche Lage ankomme, die sich bei Rechtmäßigkeit der Prokuraeintragung ergeben hätte. Diese rechtsirrige Einstellung des Berufungsrichters nötigt zur Aufhebung der angefochtenen Entscheidung und zur Zurückverweisung des Rechtsstreits an das Berufungsgericht. Denn nur dieses kann in tatsächlicher Würdigung der Gesamtverhältnisse beurteilen, wie sich die Angelegenheit bei Zurückweisung des Eintragungsantrags entwickelt hätte. ...

---

31. 1. Wann liegt eine Vereinbarung über Zuständigkeit der Aufwertungsstelle nach § 71 AufwG. vor?

2. Hat die Aufwertungsstelle bei der Entscheidung nach § 69 AufwG. von Amts wegen zu prüfen, ob ein Anspruch der in §§ 4 bis 54 bezeichneten Art besteht?

3. Kann § 17 AufwG. zugunsten des abtretenden Gläubigers angewendet werden, wenn dieser die Forderung vor der Eintragung der vereinbarten Hypothek abgetreten hat und die Hypothek demnächst für den Abtretungsempfänger als ersten Hypothekengläubiger eingetragen worden ist?

V. Zivilsenat. Beschl. v. 25. Januar 1930 i. S. T. und S. (Antragst.) w. M. Grundstücksgesellschaft mbH. (Antragsgegn.). V B 27/29.

I. Amtsgericht (Aufwertungsstelle) Berlin-Mitte.
II. Landgericht I Berlin.

Der Sachverhalt und die Entscheidung ergeben sich aus den

Gründen:

Der Kaufmann T. war seit 1886 Eigentümer eines Grundstücks in Berlin. Er starb im März 1921. Die Antragsteller wurden seine Testamentsvollstrecker. Sie verkauften das Grundstück durch Vertrag vom 15. Dezember 1921 an die Antragsgegnerin. Dabei wurde vereinbart, daß ein je zur Hälfte am 1. Juli und 31. Dezember 1922 fälliges Restkaufgeld von 160000 M. auf dem Grundstück hypothekarisch eingetragen werden sollte. Die Einigung über die Bestellung der Hypothek sowie die Bewilligung der Eintragung und der Eintragungsantrag wurden in den Kaufvertrag aufgenommen. Die Auflassung erfolgte zu notariellem Protokoll am 4. Januar 1922 und wurde dem Grundbuchamt am 12. Mai 1922 eingereicht. Im

Juni 1922 zahlte G., ein Geschäftsführer der Antragsgegnerin, die am 1. Juli 1922 fälligen 80000 M. an die Antragsteller. Sie traten in notariell beglaubigter Urkunde vom 26. Juni 1922 die Restkaufgeldforderung in dieser Höhe an G. ab und bewilligten und beantragten, daß die bisher noch nicht eingetragene Hypothek insoweit unmittelbar für den Abtretungsempfänger eingetragen werde. Am 20. Oktober 1922 wurde die Antragsgegnerin als Eigentümerin und für G. ein abgetretenes Restkaufgeld von 80000 M. eingetragen. G. bekannte in öffentlich beglaubigter Urkunde vom 9. November 1922, von der Grundstückseigentümerin wegen der Hypothekenforderung befriedigt zu sein, und bewilligte die Löschung. Die Antragsgegnerin stellte unter dem 12. April 1923 in grundbuchmäßiger Form den Löschungsantrag. Die Hypothek wurde am 25. Juni 1923 gelöscht.

Während die Parteien über die dingliche Aufwertung der gelöschten Hypothek einig sind, streiten sie um die Aufwertung der ihr zugrunde gelegten persönlichen Kaufgeldforderung. Die Antragsteller meldeten die Forderung im Dezember 1925 zur 100%igen Aufwertung bei der Aufwertungsstelle an. Im dortigen Termin vom 17. Juni 1927 beantragten sie, die Forderung über 100% des Goldbetrags hinaus angemessen aufzuwerten. Nachdem die Aufwertungsnovelle vom 9. Juli 1927 ergangen war, begehrten sie in erster Linie angemessene Aufwertung auf 40000 GM., hilfsweise gemäß § 15 der Novelle Aufwertung auf 600% des Goldmarkbetrags vom 15. Dezember 1921. Die Antragsgegnerin wollte ihnen nur eine Aufwertung in Höhe von 100% des Goldmarkwerts vom 15. Dezember 1921 zugestehen.

Die Aufwertungsstelle setzte durch Beschluß vom 18. Oktober 1928 die Aufwertung der persönlichen Forderung für die Antragsteller auf 600% des Goldmarkwerts vom 15. Dezember 1921 fest, zog davon den Wert der Rückzahlung der Antragsgegnerin an G. vom November 1922 ab und sprach demgemäß den Antragstellern noch 12227,20 GM. zu. Gegen diesen Beschluß legte die Antragsgegnerin sofortige Beschwerde ein. Das Landgericht wies die Beschwerde durch Beschluß vom 13. April 1929 zurück. Dagegen legte die Antragsgegnerin sofortige weitere Beschwerde an das Kammergericht ein. Zur Begründung führte sie aus: Da zur Zeit der Abtretung vom 26. Juni 1922 die Hypothek noch nicht eingetragen gewesen sei, komme kein Aufwertungsanspruch für die Antragsteller als frühere Gläubiger in Betracht; G. sei erster Hypothekengläubiger gewesen; ein vor der Aufwertungsstelle zu verfolgender Anspruch aus § 17 AufwG. fehle; sollte er aber bestehen, so sei auf ihn nicht nur die Zahlung der Antragsgegnerin vom November 1922, sondern auch das von G. an die Antragsteller im Juni 1922 gezahlte Abtretungsentgelt anzurechnen. Gegenüber dem Einwand der Antragsteller, daß die Antragsgegnerin im Verfahren vor der Aufwertungsstelle und beim Landgericht keinen Widerspruch gegen die Zuständigkeit der Aufwertungsstelle erhoben, dadurch ihr Einverständnis mit dem Verfahren erklärt und das Recht, die Unzuständigkeit zu rügen, verloren habe, machte die Antragsgegnerin geltend, eine stillschweigende Vereinbarung der Zuständigkeit der Aufwertungsstelle sei nicht statthaft.

Das Kammergericht (AufwRspr. 1929 S. 785) möchte über die weitere Beschwerde sachlich entscheiden und zwar dahin, daß sie zu einem geringen Teilbetrag begründet, im übrigen unbegründet sei. Es sieht sich aber an dieser Entscheidung gehindert durch den in AufwRspr. 1928 S. 337 abgedruckten Beschluß des Oberlandesgerichts Karlsruhe vom 22. März 1928. Dort ist ausgeführt: Ein Gläubiger, der eine hypothekarisch zu sichernde Kaufpreisforderung vor der Eintragung der Hypothek abgetreten habe, könne keinen Aufwertungsanspruch nach den §§ 9flg., 17, 69 AufwG. vor der Aufwertungsstelle geltend machen, da er niemals eine „durch die Hypothek gesicherte" persönliche Forderung besessen habe. Er könne vielmehr lediglich einen Aufwertungsanspruch nach allgemeinen Vorschriften (§ 62 AufwG.) im Verfahren vor den ordentlichen Gerichten verfolgen. Bei der Eigenart des Falls möge für die grundsätzliche Anerkennung eines solchen dem Gebiet der freien Aufwertung sonst fremden Anspruchs des früheren Gläubigers der Zweckgedanke des § 17 AufwG. zu verwerten sein. Diese Erwägung rechtfertige aber nicht die Annahme, daß über die Höhe des Anspruchs nach den bindenden Vorschriften des Aufwertungsgesetzes und im Verfahren vor der Aufwertungsstelle zu entscheiden sei. Die Zuständigkeit der Aufwertungsstelle sei nur in den vom Gesetz ausdrücklich bestimmten Fällen gegeben, für Kaufpreisforderungen also nur, soweit sie für den Aufwertungsgläubiger hypothekarisch gesichert gewesen seien. Eine Ausdehnung der die Aufwertungsstelle für zuständig erklärenden Bestimmungen auf Fälle ähnlicher Art sei wegen des Ausnahmecharakters dieser Vorschriften nicht zulässig. Der von den beiden Vorinstanzen dem Gläubiger nach § 17 AufwG. zugebilligte Aufwertungsanspruch habe daher unter Aufhebung der Vorentscheidungen als nicht vor die Aufwertungsstelle gehörig abgewiesen werden müssen.

Das Kammergericht will diesen Ausführungen des Oberlandesgerichts Karlsruhe entgegentreten und bei der Entscheidung über die weitere Beschwerde von der Zuständigkeit der Aufwertungsstelle für das anhängige Verfahren ausgehen. Es hat sich daher außerstande gesehen, selbst zu entscheiden, und hat nach § 74 Abs. 1 Satz 5 AufwG., § 28 Abs. 2, 3 FGG. die weitere Beschwerde dem Reichsgericht vorgelegt mit dem Bemerken, eine stillschweigende Zuständigkeitsvereinbarung gemäß § 71 AufwG. liege nicht vor, da die Antragsgegnerin sich der etwaigen Unzuständigkeit der Aufwertungsstelle während des Verfahrens in den Vorinstanzen offenbar nicht bewußt gewesen sei. Im übrigen hat es zur Begründung seiner vom Oberlandesgericht Karlsruhe abweichenden Rechtsauffassung ausgeführt: Eine durch Hypothek gesicherte Forderung im Sinne des § 9 AufwG. liege grundsätzlich dann vor, wenn die Hypothek vor dem 14. Februar 1924 eingetragen worden sei. Treffe das zu, so sei es unerheblich, ob die Sicherung auch schon bei einer früheren, nicht zur vollen Befriedigung des Gläubigers ausreichenden Zahlung auf die Forderung bestanden habe. Im vorliegenden Falle sei die Hypothek vor dem 14. Februar 1924 eingetragen worden. Die dingliche Einigung über ihre Entstehung habe bei der Eintragung noch bestanden. Die Leistungen bei der Abtretung und bei der Rückzahlung (im Juni und im November 1922) fielen in die Rückwirkungszeit und hätten daher die Forderung nicht getilgt. Die Voraussetzungen des § 9 AufwG. seien also gegeben. Bei der Entscheidung, ob § 17 AufwG. zugunsten der Antragsteller angewendet werden könne, sei ausschlaggebend, ob für die Zeit bis zum Inkrafttreten des Aufwertungsgesetzes zwischen einer durch Hypothek gesicherten Forderung des G. und einer niemals dinglich gesichert gewesenen Forderung der Antragsteller unterschieden werden müsse. Diese Frage sei zu verneinen. Bis zum 15. Juli 1925 habe nur eine Papiermarkhypothek des G. bestanden. Das Aufwertungsgesetz habe durch § 17 dem früheren Gläubiger einen Teil der aufzuwertenden Hypothek zugewiesen. Sei der Anspruch des früheren Gläubigers aber ein Teil des Rechts des Abtretungsempfängers, so nehme jener Anspruch auch an der

Eigenschaft dieses Rechts als einer durch Hypothek gesicherten Forderung teil. Ein Bedenken ergebe sich allerdings aus dem Wortlaut des § 17 AufwG., der voraussetze, daß der Gläubiger „die Hypothek" abgetreten habe, und verordne, daß in diesem Falle zugunsten des früheren Gläubigers „die Hypothek und die persönliche Forderung auf der Grundlage des für ihn maßgebenden Goldmarkbetrags" aufgewertet würden. Im vorliegenden Falle sei weder eine Hypothek abgetreten worden noch ein für die Antragsteller maßgebender Goldmarkbetrag festzustellen, weil sie die Hypothek niemals erworben hätten (§ 2 Abs. 1 Satz 2 AufwG.). Gleichwohl sei nach Sinn und Zweck des Gesetzes die entsprechende Anwendung des § 17 auf die persönliche Forderung der Antragsteller geboten. Denn nach dem der Vorschrift zugrunde liegenden Gedanken eines billigen Interessenausgleichs zwischen dem früheren Gläubiger und dem Schuldner, der sich zwar ohne Beeinträchtigung des Abtretungsempfängers, aber auch ohne Zufallsvorteil für den Schuldner abwickeln solle, lasse sich trotz des scheinbar entgegenstehenden Gesetzeswortlauts die Annahme vertreten, daß § 17 auch den Fall umfasse, wo eine im Zeitpunkt des Inkrafttretens des Gesetzes mit einer Hypothek bekleidete Forderung nach dem 14. Juni 1922 als eine damals noch ungesicherte abgetreten worden sei. Dafür spreche auch § 63 AufwG., der in Abs. 1 Satz 2 die entsprechende Anwendung des § 17 auch bei gewissen ungesicherten Forderungen (Vermögensanlagen) zulasse. Es sei auch nicht unvereinbar miteinander, daß im vorliegenden Fall die Forderung der Antragsteller als eine durch Hypothek gesicherte im Sinne des § 9 AufwG. angesehen und daß sie gleichwohl für sie ohne die Hypothek aufgewertet werde. Eine ähnliche Rechtslage ergebe sich auch beim Eingreifen des öffentlichen Glaubens des Grundbuchs und bei der Anrechnung von Zahlungen, deren Goldmarkbetrag den Aufwertungsbetrag des dinglichen Rechts übersteige (§ 18 Abs. 1 AufwG.). Die hiernach für den Anspruch der Antragsteller aus § 17 AufwG. sprechenden Billigkeitserwägungen würden wenn auch nicht entscheidend beeinflußt, so doch verstärkt durch die Berücksichtigung des Umstands, daß mit der Forderung zwar nicht die Hypothek, aber doch der Anspruch auf ihre Bestellung mit abgetreten sei. Nach allgemeinen Vorschriften (§ 62 AufwG., § 242 BGB.) lasse sich ein Aufwertungsanspruch für die Antragsteller nicht begründen, da § 17 AufwG. eine nur bei der Aufwertung von Hypotheken und Vermögensanlagen eingreifende Sondervorschrift enthalte und nicht auf das Gebiet der freien Aufwertung übertragen werden könne. Sei aber den Antragstellern ein Aufwertungsanspruch nach § 17 AufwG. zuzubilligen, so sei dieser Anspruch auch im Verfahren vor der Aufwertungsstelle zu verfolgen.

Das Reichsgericht ist aus folgenden Erwägungen zur Aufhebung der Beschlüsse der Vorinstanzen und zur Aussetzung des Verfahrens bis zur Beibringung einer rechtskräftigen Entscheidung des Prozeßgerichts über das Bestehen des Anspruchs gelangt.

Das Kammergericht könnte als Gericht der weiteren Beschwerde im vorliegenden Falle die von ihm beabsichtigte Entscheidung nicht erlassen, ohne bei der Auslegung der Vorschriften des Aufwertungsgesetzes von der erwähnten, auf weitere Beschwerde ergangenen Entscheidung des Oberlandesgerichts Karlsruhe abzuweichen. Das hiernach zur Lösung der Meinungsverschiedenheit zwischen den beiden Oberlandesgerichten berufene Reichsgericht hat zunächst seine Zuständigkeit im Rahmen des vorliegenden Beschlußverfahrens unter dem doppelten Gesichtspunkt

1. der vereinbarten Zuständigkeit (§ 71 AufwG.),
2. der gesetzlichen Zuständigkeit (§§ 69, 70 AufwG.)

geprüft und hat diese Fragen wie folgt entschieden:

Zu 1.: Es kann dahingestellt bleiben, ob die vom § 71 AufwG. zugelassene Vereinbarung nur ausdrücklich (so OLG. Dresden in AufwRspr. 1927 IV. Sonderheft S. 43) oder, wie die herrschende Meinung annimmt, auch stillschweigend durch schlüssige Handlungen getroffen werden kann. Denn auch dann, wenn man der herrschenden Ansicht folgt, ist eine Vereinbarung zwischen den Antragstellern und der Antragsgegnerin über die Zuständigkeit der Aufwertungsstelle im vorliegenden Falle nicht festzustellen. Zwar nehmen Rademacher-Philipp Das neue Aufwertungsrecht S. 157 an, daß eine stillschweigende Vereinbarung nach § 71 schon dann vorliege, wenn der eine Teil einen Streitpunkt vor der Aufwertungsstelle zur Sprache bringe und der Gegner sich widerspruchslos auf die Verhandlung vor ihr einlasse. Sie begründen dies mit der Erwägung, daß die Vorschriften der Zivilprozeßordnung, obwohl sie keine unmittelbare Anwendung auf das Verfahren vor der Aufwertungsstelle fänden, für den Fall einer Vereinbarung nach § 71 doch mittelbar anzuwenden seien, weil das Verfahren der freiwilligen Gerichtsbarkeit keine Vereinbarung der Zuständigkeit kenne. Mit Recht wird diese Meinung und ihre Begründung von dem übrigen Schrifttum abgelehnt. Aus dem Umstand, daß dem Verfahren der freiwilligen Gerichtsbarkeit, dessen Vorschriften das Verfahren vor der Aufwertungsstelle grundsätzlich unterliegt (§ 73 AufwG.), Zuständigkeitsvereinbarungen fremd sind, kann kein Schluß für, sondern eher ein Schluß gegen die entsprechende Anwendung des § 39 ZPO. gezogen werden. Für die Ablehnung dieser Anwendung spricht auch die Erwägung, daß § 39 ZPO. die unerläßliche mündliche Verhandlung vor dem Prozeßgericht voraussetzt, eine Vorbedingung, die dem Verfahren vor der Aufwertungsstelle nicht eigen ist. Schließlich ist zu berücksichtigen, daß auch grundsätzlich Bedenken dagegen bestehen, die Frage der Zuständigkeit eines von mehreren erstinstanzlichen Prozeßgerichten dem Zweifel über die Zuständigkeit von Aufwertungsstelle oder Prozeßgericht gleichzustellen. Demnach ist § 39 ZPO. bei der Auslegung des § 71 AufwG. auszuschalten und für eine stillschweigende Vereinbarung nach der letztgenannten Vorschrift mindestens zu verlangen, daß beide Parteien mit der Möglichkeit der Unzuständigkeit der Aufwertungsstelle rechnen und gleichwohl ihre Entscheidung anrufen (ähnlich KG. in AufwRspr 1926 S. 323 und in JW. 1926 S. 1350 Nr. 3; Bayer. Ob. LG. in Samml. von Entsch. in Zivils. Bd. 24 S. 387; Mügel 5. Aufl. S. 993; Quassowski 5. Aufl. S. 551; Schlegelberger-Harmening 5. Aufl. S. 484; Nadler 3. Aufl. S. 120; Gribel 2. Aufl. S. 187 Anm. 1 III zu § 69 und S. 190 Anm. 1 zu § 71; Lehmann-Bösebeck S. 338 Anm. 4 zu § 71; Neukirch S. 525 Anm. 1 zu § 71). Mit dieser Auffassung steht auch der Beschluß des Oberlandesgerichts Karlsruhe vom 29. September 1926 (AufwRspr. 1926 S. 656 = Bad. Rechtspr. 1926 S. 162) nicht im Widerspruch. Dort ist der Schluß, daß eine Prüfung der Frage geboten sei, ob man eine stillschweigende Vereinbarung nach § 71 AufwG. anzunehmen habe, nicht aus der bloßen Einlassung des Gegners auf die Verhandlung vor der Aufwertungsstelle gezogen worden, sondern aus dem besonderen Umstand, daß die beiden durch Anwälte vertretenen Parteien trotz des Hinweises der Aufwertungsstelle auf ihre Unzuständigkeit in die sachliche Verhandlung vor ihr eingetreten waren, ohne die Aufwertungsstelle als unzuständig abzulehnen. Im vorliegenden Falle aber fehlen, wie das Kammergericht hervorhebt, besondere Umstände, die einen Anhalt dafür abgeben könnten, daß die Parteien mit der gesetzlichen Unzuständigkeit der Aufwertungsstelle gerechnet und für diesen Fall ihre Zuständigkeit hätten vereinbaren wollen. Vielmehr ist davon auszugehen, daß ihnen die etwa vorhandene gesetzliche Unzuständigkeit der Aufwertungsstelle bisher entgangen ist. Damit scheidet die Annahme einer Vereinbarung nach § 71 AufwG. aus.

Zu 2.: Gesetzlich ist die Aufwertungsstelle für die Entscheidung des Streits der Parteien zuständig, wenn feststeht, daß ein Anspruch der in den §§ 4 bis 54 AufwG. bezeichneten Art vorhanden ist, und wenn der Streit der Parteien nur die Höhe, nicht den Grund dieses Anspruchs betrifft. Im vorliegenden Falle sind nun die Aufwertungsstelle und das Landgericht in Übereinstimmung mit den Parteien stillschweigend davon ausgegangen, daß ein Aufwertungsanspruch der Antragsteller nach §§ 9, 17 AufwG. bestehe und daß der Streit nur die Höhe dieses Anspruchs betreffe. Ein solches Verhalten der Parteien überhob indessen die Vorinstanzen nicht der Prüfung der Frage, ob in der Tat ein Anspruch nach den erwähnten Vorschriften des Aufwertungsgesetzes außer Zweifel stand. Denn das wirkliche Vorliegen, nicht die Ansicht der Parteien über das Bestehen eines solchen Anspruchs war die Voraussetzung für die Zuständigkeit der Aufwertungsstelle und der ihr im Beschlußverfahren übergeordneten Instanzen für eine Entscheidung über die Höhe. Diese Voraussetzung war, da keine Vereinbarung nach § 71 vorlag, von Amts wegen zu prüfen. Wäre die Prüfung in den Vorinstanzen sachgemäß vorgenommen worden, so hätten sich schon dort die Zweifel am Bestehen des Anspruchs ergeben, die jetzt erst, im letzten Rechtszug, aufgetaucht sind. Eine Erörterung der Zweifel mit den Parteien hätte zu der Klarstellung geführt, daß der Anspruch der Antragsteller auch insoweit, als sein Bestehen nach §§ 9, 17 AufwG. in Betracht kam, nicht als feststehend unterstellt werden durfte. Infolge der zu Unrecht unterlassenen Erörterung in den Tatsacheninstanzen hat sich das erst im dritten Rechtszug herausgestellt. Die mit der weiteren Beschwerde von der Antragsgegnerin vorgetragenen Bedenken gegen das Bestehen des Anspruchs bewegen sich ausschließlich auf rechtlichem Gebiet und rügen eine Gesetzesverletzung durch irrtümliche Anwendung der von Amts wegen zu prüfenden Vorschriften des Aufwertungsgesetzes, aus denen die Zuständigkeit oder Unzuständigkeit der Aufwertungsstelle und der ihr übergeordneten Beschwerde-Instanzen abzuleiten ist. Derartige Rügen können auch noch mit der weiteren Beschwerde geltend gemacht werden (§ 74 Abs. 1 Satz 2, § 73 Abs. 1 Halbs. 1 AufwG., § 27 FGG. in Verb. mit §§ 550, 551 Nr. 4 ZPO.). Die Entscheidung über die Beschwerde hängt also im Ergebnis in erster Linie davon ab, ob den Antragstellern ein Aufwertungsanspruch nach §§ 9, 17 AufwG. zusteht oder nicht. Haben sie ihn, so kann im jetzigen Beschlußverfahren die Höhe des Anspruchs festgelegt werden; haben sie ihn nicht, so fehlt ein Anspruch, über dessen Höhe im Verfahren vor der Aufwertungsstelle und den ihr übergeordneten Beschwerdeinstanzen entschieden werden könnte.

Hätte der erkennende Senat als Revisionsgericht im Zivilprozeß die Frage zu entscheiden, ob die Antragsteller einen Aufwertungsanspruch nach §§ 9, 17 AufwG. haben, so würde er die Frage voraussichtlich verneinen und zwar in der Erwägung, daß wohl der Abtretungsempfänger G., aber nicht die Antragsteller als frühere Gläubiger einen hypothekarisch gesicherten Anspruch besessen haben und daß § 17 AufwG., der die Abtretung einer Hypothek des früheren Gläubigers verlangt und als Ausnahmevorschrift keiner erweiternden Auslegung über seine insoweit klare Fassung hinaus zugänglich ist, zugunsten der Antragsteller keine Anwendung finden kann. Bei dieser Auslegung des § 17 AufwG. würde die Frage, ob die Antragsteller mit einem auf allgemeine Vorschriften (§ 62 AufwG., § 242 BGB.) gestützten Anspruch durchdringen könnten, keine maßgebliche Rolle spielen (vgl. hierzu RGZ. Bd. 113 S. 32, Bd. 119 S. 54; AufwRspr. 1929 S. 9, 898; RGU. v. 1. November 1926 IV 655/25). Indessen brauchen diese Fragen nicht näher erörtert zu werden. Wie die Beschlüsse des Kammergerichts und des Oberlandesgerichts Karlsruhe zeigen, können in der einen wie in der anderen Richtung Bedenken gegen die Lösung in dem hier angedeuteten Sinne auftauchen. Im Hinblick auf diese Bedenken erscheint es angezeigt, der Partei, die sie sich zu eigen machen will, zunächst die Beschreitung des ordentlichen Prozeßwegs anheimzustellen, der für den Austrag sowohl der Frage des Bestehens eines Aufwertungsanspruchs nach dem Aufwertungsgesetz als auch der Frage des Bestehens und der Höhe eines Aufwertungsanspruchs nach allgemeinen Vorschriften eröffnet ist. Denn ein Beschluß, den das Gericht der weiteren Beschwerde ohne eine Vereinbarung nach § 71 AufwG. zu jenen Fragen im Verfahren nach den §§ 69, 73flg. AufwG. erlassen würde, enthielte keine der Rechtskraft fähige, die Parteien, Gerichte und Verwaltungsbehörden nach § 75 bindende Entscheidung. Das scheint das Oberlandesgericht Karlsruhe nicht erwogen zu haben, als es in der Rolle des Gerichts der weiteren Beschwerde den Anspruch aus § 17 AufwG. im Beschluß vom 22. März 1928 verneinte. Demselben Bedenken würde im vorliegenden Falle ein Beschluß des Gerichts der weiteren Beschwerde unterliegen, der ohne weiteres vom Bestehen jenes Anspruchs ausginge. Deshalb erschien es angezeigt, von einer Entscheidung über die Höhe des von den Antragstellern verfolgten Anspruchs einstweilen abzusehen und das Verfahren unter Aufhebung der in ihm bereits ergangenen Beschlüsse auszusetzen, bis eine rechtskräftige Entscheidung des Prozeßgerichts über das Bestehen des Anspruchs beigebracht ist. Bis dahin ruht das Verfahren bei der Aufwertungsstelle. Bei ihr ist es aufzunehmen, wenn der Spruch des Prozeßgerichts ergangen ist.

---

32. Über den Begriff des Schuldscheindarlehens im Sinne von § 30 Abs. 3 des Anleiheablösungsgesetzes.

AnlAblG. §§ 40, 30.

IV. Zivilsenat. Urt. v. 27. Januar 1930 i. S. Kreis J. (Bekl.) w. Reichsversicherungsanstalt f. Ang. (Kl.). IV 176/29.

I. Landgericht Naumburg a. S.
II. Oberlandesgericht daselbst.

Der Beklagte hat von der Klägerin ein Tilgungsdarlehen von 3 Millionen Mark empfangen. Hiervon wurden am 28. September 1921 1 Million Mark und am 12. Januar 1922 2 Millionen Mark ausgezahlt. Über die vertraglichen Beziehungen wurden die Schuldurkunde vom 30. April/23. Juni 1921 und ein Tilgungsplan vom 26. Oktober / 27. Dezember 1921 aufgenommen. Außerdem wurden bei Empfang des Geldes Kassenquittungen gegeben. Die Klägerin verlangt Aufwertung auf 22558,80 M. Mit der Klage hat sie zunächst $4^3/_4$% nur Zinsen für die Zeit vom 1. Januar 1923 bis 31. Dezember 1926 gefordert und beantragt, den Beklagten zur Zahlung von 4286,16 RM. zu verurteilen.

Das Landgericht wies die Klage ab, das Oberlandesgericht erklärte den Klaganspruch dem Grunde nach für gerechtfertigt. Auf die Revision des Beklagten wurde das landgerichtliche Urteil wieder hergestellt.

Gründe:

Das Berufungsgericht erblickt in der vom 30. April/23. Juni 1921 datierten

„Schuldurkunde über 3 Millionen Mark mit $4^3/_4$% zu verzinsendes und $1^1/_4$% zu tilgendes Darlehen",

auch in Verbindung mit dem nach der Schuldurkunde dieser beizuheftenden und beigehefteten, vom 26. Oktober / 27. Dezember 1921 datierten

„Tilgungsplan über die Verzinsung und Tilgung des . . . gewährten Schuldscheindarlehens von 3 Millionen Mark"

keinen Schuldschein im Sinne der §§ 40, 30 Abs. 3 AnlAblG.

Diese Auffassung steht, wie die Revision mit Recht rügt, im Widerspruch mit dem Urteil RGZ. Bd. 123 S. 397 und der seitdem ständig festgehaltenen Rechtsprechung des erkennenden Senats. Hiernach bildet der von beiden Parteien unterschriebene Tilgungsplan zusammen mit dem in der Schuldurkunde verbrieften Darlehensvorvertrag eine rechtliche Einheit, wie auch der Berufungsrichter nicht verkennt. Beide Urkunden zusammen erfüllen aber als einheitliche Urkunde die an einen Darlehensschuldschein zu stellenden Anforderungen, sofern der Tilgungsplan ein Empfangsbekenntnis der Darlehenssumme enthält.

Ein solches Empfangsbekenntnis hat der Senat ständig in den in den Tilgungsplänen der Klägerin wiederkehrenden Worten: „Plan über die Verzinsung . . . des gewährten Schuldscheindarlehens" erblickt (RGZ. Bd. 123 S. 397 und öfter).

Das wird hier vom Berufungsrichter ohne durchschlagenden Grund verneint. Er meint, das Wort „gewährt" in der Überschrift eines Tilgungsplans sei an sich wenig geeignet, ihm die Bedeutung einer rechtserheblichen Erklärung beizumessen. Hier habe es den gleichen Sinn, wie in § 1 des Vorvertrags, wo das „gewähren" in der Bedeutung von „versprechen" verwendet werde. Im Tilgungsplan bedeute daher gewährt „versprochen". Bei der Doppeldeutigkeit des Ausdrucks „gewähren" dürfe der unbefangene Leser aus ihm nicht folgern, daß das Darlehen schon ausgezahlt sei. Daran ändere die Verbindung der Urkunden zu einerr echtlichen Einheit nichts; im Gegenteil stelle gerade die verbundene Urkunde für den Leser außer Zweifel, daß „gewährt" soviel wie „versprochen" bedeuten solle. Es werde also die Auszahlung des Darlehens nicht behauptet und solle auch nicht behauptet werden, da der Tilgungsplan ersichtlich nur den Zweck habe, den Beweis für die Zins- und Rückzahlungsabreden zu sichern.

Dem ist nicht beizutreten. Es steht in der Rechtsprechung des Reichsgerichts, insbesondere des erkennenden Senats, seit langem fest, daß der Begriff des Schuldscheins im Sinne des § 30 Abs. 3 AnlAblG. nicht vom Standpunkt der Verwaltungspraxis aus zu bestimmen ist, sondern daß er ebenso, wie der Begriff des Darlehens, für das er ausgestellt wird, dem Bürgerlichen Recht entnommen ist (§§ 371, 952 Abs. 1 BGB.). Dieses versteht darunter, wie in RGZ. Bd. 123 S. 399 dargelegt worden ist, eine die Schuldverpflichtung begründende oder bestätigende, unterschriftlich vollzogene Urkunde, die den Inhalt der Schuldverpflichtung wenigstens im wesentlichen wiedergeben und geeignet sein muß, für sich allein den Beweis des wesentlichen Inhalts der Schuldverpflichtung zu erbringen. Diese Erfordernisse kann auch ein unterschriftlich vollzogener Tilgungsplan erfüllen, sei es allein als selbständige Urkunde, sei es daß er nach der Parteivereinbarung dem Darlehensvorvertrag unmittelbar und dauernd beigefügt werden sollte und beigefügt worden ist, sodaß er zusammen mit dem Vorvertrag eine rechtliche Einheit bildet. Enthält er indessen kein Empfangsbekenntnis, sondern nur das, was sein Name besagt, eine rein rechnerische Aufstellung der zu zahlenden Zins- und Abzahlungsbeträge unter Berechnung der jeweiligen Restsumme, so kommt er grundsätzlich nicht als Schuldschein in Betracht. In Aufwertungsprozessen ist vielfach streitig geworden, ob die Worte „Plan über die Verzinsung und Tilgung des *gewährten* Schuldscheindarlehens" als ein Empfangsbekenntnis gedeutet werden dürften, wenn der Plan unterschriftlich vollzogen worden ist. In der Rechtsprechung der Oberlandesgerichte hat diese Frage keine einheitliche Beurteilung gefunden. Vorwiegend hat es sich dabei in den zur Entscheidung des Reichsgerichts gelangten Fällen um Tilgungspläne der von der Klägerin an Gemeinden gegebenen Darlehen gehandelt, denen gleichlautende Darlehensvorverträge zugrunde lagen. Daß unter solchen gleichliegenden Umständen die streitige Frage von der

Revisionsinstanz einheitlich beurteilt werden muß, ist nicht nur ein Bedürfnis des Rechtsverkehrs, sondern ein Erfordernis der Rechtssicherheit, da es sich um eine rechtsgrundsätzliche Klarstellung des Begriffes des Schuldscheins handelt. Von diesem Standpunkt aus hat der erkennende Senat mehrfach ausgesprochen und hält daran grundsätzlich fest, daß auch die Überschrift eines unterschriftlich vollzogenen Tilgungsplans ein Empfangsbekenntnis enthalten kann, und daß in Ermanglung besonderer, eine andere Auslegung rechtfertigender Umstände in den Worten „des gewährten Darlehens" die Bestätigung zu finden ist, daß der Schuldner das Darlehen bereits empfangen habe. Dem steht nicht entgegen, daß sich der Darlehensvorvertrag gleichfalls des Wortes gewähren bedient, und daß es dort heißt: „Die Reichsversicherungsanstalt ... gewährt ... ein Darlehen". In welcher Bedeutung das Wort dort gebraucht ist, stellt der Inhalt des Vorvertrags klar. Er ergibt, daß das Darlehen erst später ausgezahlt werden soll. Das Wort „gewährt" wird also dort in dem Sinne gebraucht, daß die Gläubigerin das Darlehen gewähren wird oder zu gewähren verspricht. Der Ausdruck „gewährt" im Tilgungsplan bedeutet daher, daß die Gläubigerin das Darlehen gewährt habe, und deshalb ist die Überschrift geeignet, den Beweis für die Auszahlung des Darlehens zu erbringen.

Von dieser grundsätzlichen Auffassung unberührt bleiben alle diejenigen Tilgungspläne, deren Eignung zum Beweis der Schuldverpflichtung deswegen zu verneinen ist, weil der sonstige Inhalt der Urkunde nicht die Verwertung des Wortes „gewährt" als Empfangsbekenntnis gestattet. Das ist z. B. dann der Fall, wenn der sonstige Inhalt des Tilgungsplans unzweideutig ergibt, daß das Darlehen noch nicht ausgezahlt worden ist, sondern erst später ausgezahlt werden soll (Urteile IV 197/29 und 224/29 vom 16. Januar 1930). Dann ist der Ausdruck „gewährt" untauglich, die Schuldverpflichtung zu beweisen, und er kann daher nur im Sinne von „zugesagt", „bewilligt" oder „versprochen" verstanden werden. Ergibt dagegen die Urkunde ein klares Empfangsbekenntnis, so kommt es nicht auf andere außerhalb der Urkunde liegende Umstände an, und es ist dann belanglos, ob das Darlehen noch nicht oder nur zum Teil ausgezahlt war, weil Schuldscheine auch in Erwartung des Darlehensempfangs ausgestellt werden können und vielfach in dieser Erwartung ausgestellt werden.

Demgegenüber weist der Berufungsrichter darauf hin, daß nach der Rechtsprechung des Reichsgerichts der Schuldschein auch zum Zwecke der Beweissicherung ausgestellt sein müsse, und er fragt sich, ob damit noch ein subjektives Erfordernis habe aufgestellt oder nur eine Abgrenzung gegen die das Recht tragenden Papiere habe gegeben werden sollen. Er meint, der Zweck des Tilgungsplans sei hier jedenfalls nur der gewesen, den Beweis für die Zins- und Rückzahlungsabreden zu sichern. Es ist richtig, daß in der Begriffsbestimmung des Schuldscheins, wie sie das Reichsgericht aufgestellt hat, mehrfach auch zum Ausdruck gebracht worden ist, zum Begriff eines Schuldscheins gehöre, daß er zum Zweck der Beweissicherung ausgestellt worden sei (RGZ. Bd. 116 S. 173, Bd. 119 S. 109, Bd. 120 S. 89, Bd. 123 S. 401). Dieses Erfordernis — an dem festzuhalten ist — ist jedoch nicht dahin zu verstehen, daß der Gläubiger, der ein vom Schuldner unterzeichnetes Empfangsbekenntnis als Schuldschein aufgefaßt wissen will, neben der Eignung der Urkunde zum Beweis der Schuldverpflichtung darzutun hätte, daß sie auch zum Zwecke der Beweissicherung ausgestellt worden sei. Ergibt sich indessen aus den Umständen oder wird vom Schuldner nachgewiesen, daß mit einer Urkunde, die als Empfangsbekenntnis gedeutet werden kann, nach der Absicht der Parteien andere Zwecke verfolgt werden sollten, daß mithin nicht beabsichtigt war, eine für den Darlehensempfang beweisende Urkunde auszustellen, so liegt kein Schuldschein vor. Nun ist es richtig, daß der § 4 des Darlehensvorvertrags sagt: „Für die Berechnung der Zins- und Tilgungsbeträge soll der von der Reichsversicherungsanstalt noch aufzustellende Tilgungsplan, der ebenfalls rechtsverbindlich zu vollziehen und diesem Vertrage beizuheften ist, nach Prüfung durch den Kreis für beide Teile maßgebend sein.“ Es soll demnach die rechnerische Aufstellung des Plans zwischen den Parteien durch die unterschriftliche Vollziehung zum Vertragsinhalt gemacht werden. Damit wird jedoch nur klargestellt, was die Rechtsprechung des Senats anerkennt, daß ein Tilgungsplan, der nur eine rechnerische Aufstellung enthält, keinen Schuldschein darstellt. Es wird dadurch jedoch nicht ausgeschlossen, daß die Parteien dem Tilgungsplan über seinen eigentlichen Zweck hinaus auch ein Empfangsbekenntnis hinzufügen können. Geschieht dies, so ist kein Grund ersichtlich, warum diesem Bekenntnis der Zweck der Beweissicherung sollte abgesprochen werden können. Namentlich spricht gegen diesen Zweck nicht der Umstand, daß aus Gründen der Kassenführung über den Empfang des Darlehens auch Kassenquittungen ausgestellt worden sind.

Ist sonach für das Darlehen ein Schuldschein im Sinne der §§ 40, 30 Abs. 3 AnlAblG. ausgestellt, so steht der Klägerin kein Aufwertungsanspruch zu.

---

33. Können der Eigentümer und der Entleiher eines Kraftfahrzeugs gleichzeitig als Halter angesehen werden?

Kraftfahrzeuggesetz § 7.

VI. Zivilsenat. Urt. v. 27. Januar 1930 i. S. K. (Kl.) w. F., K. und S. (Bekl.). VI 186/29.

I. Landgericht Köln.
II. Oberlandesgericht daselbst.

Der Beklagte zu 2, K., ist Eigentümer eines Personenkraftwagens. Auf die Bitte des Beklagten zu 3, des Polizeiinspektors S., lieh ihm K. den Kraftwagen für den 1. und 2. September 1926 zur Beförderung seiner Tochter von Hagen nach Andernach. S. beauftragte mit der Führung des Wagens den Beklagten zu 1, den Polizeiwachtmeister F., welcher Führer einer Kraftfahrabteilung gewesen ist. F. hatte während der Fahrt den Anweisungen des mitfahrenden S. zu folgen, der zwar kein Entgelt an den Eigentümer des Wagens zu zahlen hatte, aber die durch Ausführung der Fahrt entstehenden Kosten trug. Bei der Rückfahrt am 2. September 1926 überfuhr F. in Köln-Deutz den aus der Straßenbahn aussteigenden Kläger und verletzte ihn. Der Kläger nimmt den Beklagten F. als Führer und die beiden anderen Beklagten als Halter des Kraftwagens auf Schadensersatz in Anspruch und zwar verlangt er von den drei Beklagten als Gesamtschuldnern eine Rente und außerdem von dem Beklagten F. ein Schmerzensgeld. Das Landgericht hielt die Haftung des F. und des K. für gegeben, wies dagegen die Klage gegen S. ab. Gegen dieses Urteil legten sowohl der Kläger als die Beklagten F. und K. Berufung ein. Das Berufungsgericht wies die Berufung des F. im wesentlichen zurück; weiter erklärte es den Klaganspruch gegenüber dem Beklagten S. dem Grunde nach für gerechtfertigt, während es die Klage gegen K. abwies.

Dieses Urteil wurde von dem Kläger und dem Beklagten S. angefochten. Die Revision des S. wurde zurückgewiesen; auf die Revision des Klägers wurde die Berufung des Beklagten K. gegen das Urteil des Landgerichts zurückgewiesen.

Gründe:

Das Berufungsgericht geht davon aus, daß der Unfall durch Verschulden des Führers des Kraftwagens verursacht worden ist. F. fuhr mit einer Geschwindigkeit von 50—60 km so nahe an dem eben an einer Haltestelle angelangten Straßenbahnwagen vorbei, daß der aus diesem aussteigende Kläger von dem Kraftwagen erfaßt und überfahren wurde. Das Berufungsgericht verneint aber die Haftbarkeit des Beklagten K., weil es ihn nicht als Halter des Kraftwagens ansieht. S. habe den Kraftwagen für zwei Tage von K. geliehen. K. habe in diesem Zeitraum keine Verfügungsgewalt über den Kraftwagen gehabt, abgesehen von dem Kündigungsrecht des Verleihers, das aber sachlich ohne Bedeutung gewesen sei, weil sich der Kraftwagen auf einer weiten Fahrt befunden und K. in keinem Augenblick während der Fahrt gewußt habe, wo der Wagen gerade sei; er habe ihn also auch nicht einmal beaufsichtigen können.

Diese Rechtsauffassung geht fehl. Nach der ständigen Rechtsprechung des Reichsgerichts ist Halter eines Kraftwagens im Sinne des Kraftfahrzeuggesetzes, wer das Fahrzeug für eigene Rechnung im Gebrauch hat und die Verfügungsgewalt darüber besitzt, die ein solcher Gebrauch voraussetzt (RGZ. Bd. 93 S. 222, wo die umfangreiche Rechtsprechung des Reichsgerichts zu diesem Punkt nachgewiesen ist, und aus der neueren Rechtsprechung RGZ. Bd. 120 S. 154). Das Reichsgericht hat stets daran festgehalten, daß das Eigentum am Wagen zwar nicht unbedingt entscheidend, aber doch regelmäßig wesentlich für die Frage der Eigenschaft als Halter ist. Es fragt sich nur, ob die Überlassung des Gebrauchs durch den Eigentümer an einen anderen unter den vorliegenden Umständen die Haltereigenschaft des Eigentümers beseitigt. Das ist zu verneinen.

Zutreffend ist der Hinweis des Beklagten K. darauf, daß es nach der Rechtsprechung des Reichsgerichts für die Ermittlung der Haltereigenschaft im einzelnen Falle nicht grundsätzlich auf den Zeitraum ankommt, für den das Herrschaftsverhältnis über den Kraftwagen begründet ist, wenn auch unter Umständen die Überlassung des Wagens für einen ganz vorübergehenden Zweck ohne weiteres den Schluß rechtfertigen kann, daß die Haltereigenschaft nicht aufgegeben ist. Insofern ist auch der Hinweis in der Entscheidung vom 2. Juni 1913 VI 121/13 (Recht 1913 Nr. 2343) auf die Entscheidung in RGZ. Bd. 62 S. 79 berechtigt, wo bezüglich des Tierhalters die Übernahme der Sorge für das Tier nicht bloß zu einem ganz vorübergehenden Zweck der Überlassung für einen Zeitraum von einer gewissen Dauer gegenübergestellt wird. In Übereinstimmung mit der Begründung zum zweiten Entwurf des Kraftfahrzeuggesetzes (vgl. RGZ. Bd. 78 S. 182) ist zu betonen, daß die Rechtsstellung des Halters eines Kraftwagens im Sinne des Gesetzes nicht sowohl auf rechtlichen, als auf vorwiegend tatsächlichen, namentlich wirtschaftlichen Beziehungen beruht, und daß es deshalb nicht darauf ankommt, ob der als Halter in Anspruch Genommene Eigentümer oder Entleiher des Fahrzeugs ist. Es kann in solchen Fällen auch vorkommen, daß auf zwei Personen, sowohl auf den Eigentümer als auf den Entleiher des Kraftwagens, die oben dargelegten Kennzeichen der Haltereigenschaft zutreffen, eine Möglichkeit, die auch in der Entscheidung RGZ. Bd. 120 S. 154 (160) an sich bejaht wurde (vgl. auch RGU. vom 18. November 1929 VI 100/29). Im vorliegenden Falle hat der Eigentümer des Fahrzeugs dem Beklagten S. auf dessen Bitte, ihm den Kraftwagen zur Beförderung seiner Tochter zu leihen, diesen leihweise überlassen für eine Fahrt, die zwei Tage in Anspruch nahm. Dadurch wird weder der Zustand, daß der Eigentümer ein Kraftfahrzeug für seine Rechnung benutzt, noch die Verfügungsgewalt des Eigentümers über den Wagen beseitigt. Beide Voraussetzungen brauchen nicht in jedem Augenblick des Bestehens des Eigentums vorhanden zu sein. Der Eigentümer kann auch in der Weise über den Wagen verfügen, daß er den Gebrauch einem anderen überläßt. Seine so zum Ausdruck gekommene Verfügungsgewalt geht damit noch nicht notwendig verloren. Es wäre mit dem Gedanken des Kraftfahrzeuggesetzes über die Haftung des Halters nicht vereinbar, wenn er sich durch solche Maßnahmen von der gesetzlichen Haftung sollte befreien können. Man denke sich Maßnahmen dieser Art häufig mit Unterbrechungen wiederholt, etwa noch durch Überlassung an verschiedene wirtschaftlich schwache Personen, die zur Erfüllung etwaiger Schadensersatzansprüche außerstande sind, und es würde sich ein Zustand herausstellen, der wegen der wiederholten Veränderungen in dem Bestehen und Wegfallen der Haltereigenschaft für den Verkehr unerträglich wäre. Der Beklagte K. als Eigentümer des Wagens hat sich denn auch nach seiner Darstellung in durchaus vernünftiger Beurteilung der Sachlage dem Beklagten S. gegenüber mit der Überlassung des Wagens unter der Voraussetzung einverstanden erklärt, daß S. einen zuverlässigen Führer stelle, und er hat auf eine Frage des S. zugestimmt, daß dieser die Führung des Wagens dem Beklagten F. übertrage. Er hat also mit Recht seine Beziehungen zu dem Kraftwagen auch für die Zeit der Überlassung an S. nicht als gelöst betrachtet. Der Umstand, daß der Beklagte S. den Führer gestellt hat, kann jedenfalls bei der hier gegebenen Sachlage nicht die Beseitigung der Haltereigenschaft des Eigentümers zur Folge haben. Diese Frage wurde vom erkennenden Senat in der Entscheidung RGZ. Bd. 120 S. 154 (160) offengelassen, weil der Führer des Wagens in jenem Falle als im Dienste der Eigentümerin stehend angesehen wurde, die als Halterin betrachtet wurde, wiewohl sie den Kraftwagen für einige Wochen an eine Gesellschaft mbH. vermietet hatte. Auch in dem RGZ. Bd. 91 S. 269 behandelten Falle wurde die Haltereigenschaft der Eigentümerin als fortbestehend angesehen, obgleich letztere den Gebrauch des Wagens wochenlang einem anderen überlassen hatte. Das Berufungsgericht führt aus, daß der Beklagte K. während der fraglichen zwei Tage keine Verfügungsgewalt über den Wagen gehabt habe, jedenfalls nicht eine solche, von der er einen tatsächlichen Gebrauch habe machen können, weil er in keinem Augenblick der Fahrt gewußt habe, wo der Wagen gerade sei. Dasselbe trifft bei jedem Eigentümer zu, dessen Wagen ohne seine Beteiligung und unter Führung eines anderen, selbst seines Wagenführers, sich auf einer Fahrt befindet. Eine solche Einschränkung des Halterbegriffs kann keine den Bedürfnissen des Verkehrs entsprechende Grundlage für die Auslegung des Gesetzes geben. Auch eine Unbilligkeit ist in der Annahme der Fortdauer der Haltereigenschaft des Beklagten K. nicht zu erblicken; wie in RGZ. Bd. 93 S. 224 betont ist, muß eben die Benutzung des Fahrzeugs in einem solchen Falle auf den Willen des Eigentümers zurückgeführt werden.

Anderseits begegnet die Bejahung der Haltereigenschaft des Beklagten S. keinem rechtlichen Bedenken. Er hat alle Kosten übernommen, die durch den Betrieb des Fahrzeugs während der ausschließlich in seinem Interesse erfolgenden Fahrt entstehen würden. Der Führer des Wagens hatte nur seinen Weisungen zu folgen. Damit waren die Voraussetzungen für das Vorliegen der Haltereigenschaft in seiner Person gegeben. Die Revision des Beklagten S. meint, aus § 7 Abs. 3 KraftfahrzG. sei durch Umkehrschluß zu entnehmen, daß nicht als Halter hafte, wer mit Wissen des Halters dessen Fahrzeug in Betrieb setze. Nach § 7 Abs. 3 in der Fassung des Gesetzes vom 21. Juli 1923 ist an Stelle des Halters zum Schadensersatz verpflichtet, wer das Fahrzeug ohne Wissen und Willen des Fahrzeughalters benutzt. Hier ist also vorausgesetzt, daß an Stelle des Halters jemand haftet, der nicht Halter ist. Für die Frage, wer Halter sei, ist daraus nichts zu entnehmen.

Aber auch die grundsätzlichen Angriffe der Revision des Beklagten S. gegen die bisherige Rechtsprechung des Reichsgerichts zum Begriff des Halters sind nicht begründet. Die Revision versucht, an Stelle des Merkmals der Verfügungsgewalt ein anderes einzuführen, und zwar soll als Halter angesehen werden, wer den Betrieb des Kraftfahrzeugs veranlaßt in dem Sinne, daß er die Gefährdungsmöglichkeit setzt. Eine solche Begriffsbestimmung ist mit dem Gesetz nicht vereinbar, insbesondere nicht mit § 7 Abs. 3, der eine Ausnahmeregelung für einen Einzelfall der Benutzung enthält, aber für den Regelfall allgemein gültige, über den Einzelfall hinausgehende Begriffsmerkmale voraussetzt. Weder mit dem Sprachgebrauch noch mit dem wirtschaftlichen Zweck des Gesetzes würde die Annahme in Einklang zu bringen sein, daß als Halter anzusehen sei, wer die Gefährdungsmöglichkeit im einzelnen Falle setzt. Es mag deshalb dahinstehen, ob nicht auch bei einer solchen Begrenzung des Begriffs der Beklagte S. als Halter betrachtet werden müßte. Zu einem dem Beklagten S. günstigen Ergebnis kann auch nicht die Meinung der Revision führen, ein Verschulden des Klägers sei festgestellt und dürfe deshalb nach § 9 KraftfahrzG. nicht unberücksichtigt bleiben; § 9 spreche nur von einer Mitwirkung, nicht von einem überwiegenden Verschulden, und § 254 BGB. mache nur die Art der Verteilung von dem auf der einen oder anderen Seite vorwiegenden Verschulden abhängig; dadurch werde die Berücksichtigung eines jedenfalls mitwirkenden Verschuldens nicht ausgeschlossen. Der § 9 KraftfahrzG. setzt lediglich voraus, daß ein Verschulden des Verletzten bei der Entstehung des Schadens mitgewirkt hat, und schreibt als Folge dieses Mitwirkens die Anwendung des § 254 BGB. vor, wonach die

Verpflichtung zum Ersatz sowie der Umfang des zu leistenden Ersatzes von den Umständen, insbesondere davon abhängt, inwieweit der Schaden vorwiegend von dem einen oder dem anderen Teile verursacht worden ist. Danach war das Berufungsgericht in der Lage, das Verschulden des Führers des Wagens so zu bewerten, daß der Schaden als vorwiegend von ihm verursacht anzusehen ist und dem Kläger keinerlei Haftung für den Unfall aufzuerlegen war. Irgendeine gesetzliche Vorschrift ist dabei nicht verletzt.

34. 1. Bezieht sich die Vorschrift in § 12 Abs. 2 des Kraftfahrzeuggesetzes auch auf den Fall, daß nur eine Person getötet wird, diese aber mehrere Unterhaltsberechtigte hinterläßt, oder ist für diesen Fall die Haftungsgrenze nach § 12 Abs. 1 Nr. 1 gegeben?
2. Über die Voraussetzungen der Feststellungsklage bei Ansprüchen aus dem Kraftfahrzeuggesetz.

KFG. §§ 10, 12. ZPO. §§ 256, 323.

VI. Zivilsenat. Urt. v. 27. Januar 1930 i. S. S. u. Gen. (Bekl.) w. G. u. Gen. (Kl.). VI 285/29.

I. Landgericht Hamburg.
II. Oberlandesgericht daselbst.

Der Kaufmann G. verunglückte am 5. März 1926 in Hamburg dadurch, daß er von einem vom Beklagten zu 2 geführten, dem Beklagten zu 1 gehörenden Kraftwagen überfahren wurde. Er starb infolge der Verletzung. Die Klägerinnen, die Witwe und die Tochter des G., behaupteten, daß der Unfall auf das Verschulden des Beklagten zu 2 zurückzuführen sei, und nahmen die Beklagten als Gesamtschuldner auf Grund des Kraftfahrzeuggesetzes und auf Grund unerlaubter Handlung auf Ersatz des ihnen durch den Wegfall des Unterhaltspflichtigen entstandenen Schadens in Anspruch.

Durch rechtskräftiges Teil- und Zwischenurteil des Berufungsgerichts wurde der Klaganspruch im Rahmen des Kraftfahrzeuggesetzes zu $^1/_3$ für berechtigt erklärt, im übrigen abgewiesen. Das Landgericht sprach sodann den Klägerinnen mehrere Einzelbeträge zu; außerdem wurden ihnen Renten zugebilligt, und zwar der Witwe vom 1. Januar 1927 ab eine Rente von vierteljährlich 225 RM. auf ihre Lebensdauer, aber nicht über den 19. April 1957 hinaus, und der Tochter vom 1. Januar 1927 ab eine Rente von 150 RM. vierteljährlich für ihre Lebensdauer, jedoch nicht über den 19. April 1957 hinaus.

Die Klägerinnen hatten ferner beantragt festzustellen, daß die Beklagten gegebenenfalls auch über die zunächst feststellbaren Beträge hinaus verpflichtet seien, ihnen zu $1/3$ Schadensersatz zu leisten, insoweit als der Getötete während der mutmaßlichen Dauer seines Lebens den Klägerinnen zur Gewährung des Unterhalts verpflichtet gewesen wäre. Dieser Antrag wurde vom Landgericht abgewiesen.

Beide Parteien legten Berufung ein; jedoch handelte es sich in der Berufungsinstanz nur noch um den Rentenanspruch der Klägerinnen vom 1. Januar 1927 ab, sowie um den Feststellungsantrag. Das Berufungsgericht änderte das Urteil dahin ab, daß es die der Witwe zugesprochenen Rente von 900 RM. auf 1500 RM. erhöhte, während es der Tochter für die Zeit vom 1. Januar 1927 bis zum 31. Dezember 1931 eine Rente von 900 RM., vom 1. Januar 1932 bis zur Vollendung ihres 25. Lebensjahres von 1200 RM. zusprach. Im übrigen wurden die Berufungen zurückgewiesen.

Gegen dieses Urteil legten die Beklagten Revision ein; die Klägerinnen schlossen sich der Revision an. Die Beklagten erstreben die Aufhebung des angefochtenen Urteils in der Hauptsache insoweit, als es den Klägerinnen zusammen ein höhere Rente als jährlich 1500 RM. nebst Zinsen zubilligt. Die Klägerinnen bekämpfen das Urteil insoweit, als der Tochter die Rente nur bis zur Vollendung des 25. Lebensjahres und nicht bis zum 19. April 1957 zugesprochen und die Feststellungsklage abgewiesen worden ist. Der letzteren haben sie die Fassung gegeben, daß die Verpflichtung der Beklagten festgestellt werden soll, ihnen gegebenenfalls — wenigstens wenn durch neue Gesetze der Höchstbetrag der Haftbarkeit für Kraftwagenunfälle erhöht wird — auch über die zunächst feststellbaren Beträge hinaus zu $1/3$ Schadensersatz zu leisten, soweit ihr Ehemann und Vater ohne den Unfall während der mutmaßlichen Dauer seines Lebens Unterhalt hätte gewähren müssen.

Das angefochtene Urteil wurde auf die Revision und auf die Anschlußrevision aufgehoben.

Gründe:

I. Die Revision der Beklagten richtet sich gegen die Auslegung, die das Berufungsgericht dem § 12 KFG. hat zuteil werden lassen. Das Landgericht hatte angenommen, § 12 Abs. 1 Nr. 1 beziehe sich auch auf den Fall, daß beim Betrieb des Kraftwagens ein Mensch getötet worden ist, der mehrere Unterhaltsberechtigte hinterläßt, und auch in diesem Fall hafte der Ersatzpflichtige ohne Rücksicht auf die Zahl der Unterhaltsberechtigten nur bis zu einem Kapitalbetrag von 25000 RM. oder einem Rentenbetrag von jährlich 1500 RM. Das Berufungsgericht ist dagegen der Meinung, Wortlaut und Sinn des Abs. 2 ließen zweifelfrei erkennen, daß auch im Falle der Tötung bloß einer Person nur dann eine weitere Einschränkung der an mehrere Personen zu leistenden Entschädigung stattfinden solle, wenn die im einzelnen Falle an mehrere Berechtigte zu leistenden Entschädigungen insgesamt die in Nr. 2 und 3 bezeichneten Höchstbeträge überschritten. Der Senat hat zu der Frage schon im Urteil vom 12. März 1928 VI 393/27 (JW. 1928 S. 1723) eine Stellung eingenommen, die mit der Auffassung des Landgerichts übereinstimmt; an dieser Stellungnahme wird nach erneuter Prüfung festgehalten.

Die Entscheidung kann nur aus einer Betrachtung des Zusammenhangs des § 12 KFG. entnommen werden. Der § 12 bestimmt:

Der Ersatzpflichtige haftet:

1. im Falle der Tötung oder Verletzung eines Menschen nur bis zu einem Kapitalbetrag von 25000 RM. oder bis zu einem Rentenbetrag von jährlich 1500 RM.;
2. im Falle der Tötung oder Verletzung mehrerer Menschen durch dasselbe Ereignis, unbeschadet der in Nr. 1 bestehenden Grenze, nur bis zu einem Kapitalbetrag von insgesamt 75000 RM. oder bis zu einem Rentenbetrag von insgesamt 4500 RM.;
3. im Falle der Sachbeschädigung, auch wenn durch dasselbe Ereignis mehrere Sachen beschädigt werden, nur bis zum Betrag von 5000 RM.

Übersteigen die Entschädigungen, die mehreren auf Grund desselben Ereignisses nach Abs. 1 Nr. 1, 3 zu leisten sind, insgesamt die in Nr. 2, 3 bezeichneten Höchstbeträge, so verringern sich die einzelnen Entschädigungen in dem Verhältnis, in welchem ihr Gesamtbetrag zu dem Höchstbetrage steht.

Das Gesetz unterscheidet also im Abs. 1 unter Nr. 1 und 2 die Fälle, in denen ein Mensch getötet oder verletzt wird, von dem Falle, wo durch dasselbe Ereignis mehrere Menschen getötet oder verletzt werden. Im ersteren Falle haftet der Ersatzpflichtige nur bis zu einem Kapitalbetrag von 25000 RM. oder bis zu einem Rentenbetrag von 1500 RM. jährlich. Im zweiten Falle wird, unbeschadet der in Nr. 1 bestimmten Grenze, nur bis zu einem Kapitalbetrag von insgesamt 75000 RM. oder bis zu einem Rentenbetrag von insgesamt 4500 RM. jährlich gehaftet. Diese Beschränkung in Nr. 2 hat die Bedeutung, daß unabhängig davon, wieviele Personen durch dasselbe Ereignis getötet oder verletzt worden sind, immer nur auf insgesamt bis höchstens 75000 RM. Kapital oder 4500 RM. Rente gehaftet wird. Dabei wird aber die Beschränkung, die in Nr. 1 für den Fall vorgesehen ist, daß nur eine Person getötet oder verletzt wird, ausdrücklich aufrecht erhalten. Hat also im Zusammenhang mit demselben Unfall ein Verletzter einen Erwerbsausfall von jährlich 2000 RM. und ein anderer Verletzter einen solchen von 1000 RM., so hat der Ersatzpflichtige dem Erstgenannten nicht etwa 2000 RM. zu zahlen, weil die Gesamtsumme von 2000 und 1000 RM. hinter 4500 RM. zurückbleibt, sondern der Erstgenannte erhält jährlich nur 1500 RM. nach Nr. 1.

Nun kann aber der Fall eintreten, daß die Ansprüche der mehreren Verletzten zusammen die Beträge von 75000 RM. und 4500 RM. übersteigen. Das kann nur geschehen, wenn mehr als drei Verletzte vorhanden sind. Denn drei Personen können nach Nr. 1 nur je 25000 RM. Kapital oder 1500 RM. Rente erhalten; die Gesamtsumme kann dann also die in Nr. 2 festgesetzte Höchstgrenze nicht übersteigen. Sind aber mehr als drei Verletzte vorhanden, so müssen die Einzelbeträge herabgesetzt werden, wenn sie den Gesamthöchstbetrag überschreiten. Haben sechs Verletzte einen Erwerbsausfall von je 2000 RM. erlitten, so findet zunächst die nach Nr. 1 festgesetzte Herabminderung der Renten auf je 1500 RM. statt; dann würde sich aber ein Gesamtbetrag von 9000 RM. ergeben, der über die Höchstgrenze der Nr. 2 hinausgeht. Für diesen Fall bestimmt Abs. 2, daß die einzelnen Entschädigungen sich in dem Verhältnis verringern, in welchem ihr Gesamtbetrag zu dem Höchstbetrag steht; also würde sich der Anspruch jedes Verletzten im Verhältnis von 9000 RM. zu 4500 RM., mithin auf die Hälfte vermindern.

Ebenso steht es im Falle der Tötung. Das Gesetz unterscheidet nicht, wieviele Unterhaltsberechtigte im einzelnen Falle Ansprüche aus § 10 Abs. 2 KFG. geltend machen, sondern es betrachtet die Frage lediglich vom Standpunkt des Ersatzpflichtigen aus und stellt die Entscheidung darauf ab, wie viele Personen bei dem Betrieb des Kraftwagens im einzelnen Falle getötet oder verletzt worden sind. Darüber läßt der Inhalt der Nummern 1 und 2 des 1. Absatzes keinen Zweifel. Es fehlt jeder Anhalt dafür, daß Abs. 2 eine Erweiterung der Haftung eintreten lassen will, wenn ein Getöteter mehrere Unterhaltsberechtigte hinterläßt. Die Begründung zum Kraftfahrzeuggesetz, Drucks. des Reichst. 12. Legislaturperiode I. Session 1907/09, Nr. 988 S. 15, führt aus, durch den Absatz 2 werde klargestellt, daß in den Fällen, wo die in Abs. 1 Nr. 2, 3 bezeichneten Höchstbeträge nicht hinreichen, um die nach Nr. 1, 3 berechneten Schadensersatzansprüche mehrerer durch dasselbe Ereignis geschädigter Personen zu befriedigen, ohne weiteres eine verhältnismäßige Verringerung jedes einzelnen Anspruchs eintrete. Der Zusammenhang mit dem vorhergehenden Satze der Begründung, in dem nur von der Verletzung mehrerer Personen und dem Anspruch des einzelnen Verletzten gesprochen wird, ergibt, daß auch die Begründung den hier vertretenen Standpunkt einnimmt; sonst hätte sie den Fall des Vorhandenseins mehrerer Unterhaltsberechtigter eines Verletzten erörtert. Die Bezugnahme des Gesetzes in Abs. 2 auf Nr. 1 des Abs. 1 läßt erkennen, daß an der Grundlage der Haftungsbeschränkung in Nr. 1 nicht gerüttelt werden soll, die sich auf den Fall der Tötung oder Verletzung **eines** Menschen bezieht. Sind mehrere Unterhaltsberechtigte nur eines Getöteten vorhanden, deren Ansprüche über die nach Nr. 1 zur Verfügung stehende Summe hinausgehen, so bleibt eben nur die im Gesetz nicht ausdrücklich geregelte, aber sich von selbst als Wirkung der gesetzlichen Regelung ergebende Folgerung übrig, daß die Unterhaltsansprüche im Rahmen jener Summe herabgesetzt werden. Eine andere Auslegung des Gesetzes wird auch im Schrifttum nicht vertreten (vgl. Isaac Bem. III 3 zu § 12 KFG; **Müller** Bem. B IIIb zu § 12; **Kirchner** Automobilgesetz S. 236).

Die Revision der Beklagten ist hiernach gerechtfertigt.

II. Auch die Anschlußrevision der Klägerinnen ist begründet. Neben den Zahlungsansprüchen wird Feststellung dahin verlangt, daß die Beklagten gegebenenfalls auch über die zunächst feststellbaren Beträge hinaus verpflichtet seien, den Klägerinnen zu $^1/_3$ Schadensersatz insoweit zu leisten, als der Getötete während der mutmaßlichen Dauer seines Lebens den Klägerinnen zur Gewährung des Unterhalts verpflichtet gewesen wäre. Der hierzu in der Berufungsinstanz gestellte Antrag hebt zwar den Fall einer den Klägerinnen günstigen Änderung des Kraftfahrzeuggesetzes hervor; die Begründung verweist aber auf die Ausführungen eines früheren Schriftsatzes, in dem hervorgehoben worden war, daß die Feststellung „vor allem" deswegen begehrt werde, weil mit einer künftigen Erhöhung der bisherigen durch das Gesetz festgesetzten Höchstbeträge des § 12 zu rechnen sei. Daraus ergibt sich, daß die Klägerinnen das etwa sonst gegebene Feststellungsinteresse nicht ausschalten wollen. Denselben Standpunkt nehmen sie in der Revisionsinstanz ein.

Das Landgericht hat die Feststellungsklage mit der Begründung abgewiesen, daß der Anspruch der Klägerinnen vom Oberlandesgericht im Rahmen des Kraftfahrzeuggesetzes zu $^1/_3$ für berechtigt erklärt worden sei. Damit sei bereits ausgesprochen, daß etwaige künftige Veränderungen der Höchstgrenze der Entschädigung anzuwenden seien, soweit sie rückwirkend die vorliegenden Ansprüche ergriffen. Es fehle deshalb ein Feststellungsinteresse. Das Berufungsgericht hat sich dieser Ausführung angeschlossen und hinzugefügt, es sei bedenklich, einem zukünftigen Gesetz vorzugreifen; lege es sich selbst rückwirkende Kraft bei, so umfaßten die Urteile des jetzigen Rechtsstreits den erhöhten Anspruch; schließe es die Rückwirkung aus, so könne das jetzige Urteil den Klägerinnen den erhöhten Anspruch nicht gegen das Gesetz verschaffen.

Damit wird indessen die Frage nicht erschöpft, ob die Klägerinnen ein rechtliches Interesse an der alsbaldigen Feststellung des Rechtsverhältnisses haben, soweit es über die ihnen zugesprochenen Beträge hinausgeht. Die Revision weist mit Recht darauf hin, daß das Urteil über den Grund des Anspruchs aus § 304 ZPO. Wirkungen nur insoweit äußert, als es den Anspruch in der Höhe betrifft, wie er zur Zeit des Erlasses des Zwischenurteils geltend gemacht wurde. Soweit der Anspruch zur Zeit abgewiesen wird, ist er bei künftiger Geltendmachung der Einrede der Verjährung und allen Einwänden ausgesetzt, die gegen den früher erhobenen Anspruch erhoben werden konnten. Es liegt insbesondere nahe, daß die Beweisführung für das Bestehen des Anspruchs in späterer Zeit wesentlich erschwert wird, wenn nicht der Verpflichtete ganz allgemein anerkannt hatte, zur Zahlung einer Rente gemäß dem Kraftfahrzeuggesetz verpflichtet zu sein (RGZ. Bd. 73 S. 133). Diese Voraussetzung liegt hier nicht vor. Es kommt hinzu, daß die Ansprüche der beiden Klägerinnen mit Rücksicht auf die durch das Kraftfahrzeuggesetz gezogenen Haftungsgrenzen voneinander abhängig sind. Fällt der eine Anspruch ganz oder zum Teil weg, so kann sich der andere erhöhen. Verfahrensrechtlich ist der dann geltend gemachte Anspruch ein neuer Anspruch, der von der Rechtskraft des früheren Urteils über den Grund des Anspruchs nicht zugunsten des Gläubigers erfaßt wird. Die Feststellungsklage ist auch für bedingte Verpflichtungen gegeben (RGZ. Bd. 123 S. 233). Das Berufungsgericht hat angenommen, es lasse sich nicht voraussehen, wie sich die Lebenslage der Tochter nach Vollendung ihres 25. Lebensjahres gestalten werde, und hat ihr infolgedessen die Rente für die spätere Zeit abgesprochen. Auch hieraus ist das Interesse beider Klägerinnen an der alsbaldigen Feststellung des Rechtsverhältnisses in bezug auf seine künftige Entwicklung zu entnehmen; denn in der Zukunft könnte die oben erwähnte Abhängigkeit der beiden Ansprüche voneinander in die Erscheinung treten. Die vom Berufungsgericht ausgesprochene Verweisung der Klägerinnen auf die Klage aus § 323 ZPO. ist nicht gerechtfertigt. Die angegebenen Umstände sind solche, welche schon jetzt berücksichtigt werden müssen. Außerdem ist Voraussetzung der Klage aus § 323 ZPO. eine wesentliche Veränderung der dort zugrunde gelegten Verhältnisse; ferner bezieht sich die künftige Klage nur auf die Zeit nach ihrer Erhebung.

Hiernach war das Urteil in vollem Umfang aufzuheben. Es ist nicht ausgeschlossen, daß das angefochtene Urteil, soweit es die zeitliche Grenze für die Rente der Tochter festsetzt, von den bei der Bemessung der Rente im übrigen angestellten Erwägungen beeinflußt ist (RGUrt vom 16. Dezember 1929 VI 118/29). Es liegt deshalb im Interesse beider Teile, daß dem Berufungsgericht freie Hand für die Beurteilung des gesamten Rechtsverhältnisses gelassen wird, wie es ihm zur Entscheidung unterbreitet war.

35. Über die Folgen der unrichtigen Beurkundung eines Einbringungsabkommens im Gesellschaftsvertrag einer Aktiengesellschaft und über die rechtliche Bedeutung der Angaben, die dem Registergericht von den Gründern aus Anlaß der Eintragung der Gesellschaft über die Einbringungsverhältnisse gemacht werden.

HGB. §§ 186, 191, 202.

II. Zivilsenat. Urt. v. 28. Januar 1930 i. S. H. als Verwalter im Konkurs d. L.er W. u. St. AG. (Kl.) w. S. (Bekl.). II 159/29.

I. Landgericht Liegnitz, Kammer für Handelssachen.
II. Oberlandesgericht Breslau.

Die jetzt im Konkurs befindliche Aktiengesellschaft L.er W. u. St. ist laut notariellem Vertrag vom 21. Juni 1923 von dem Sohn Otto S. des Beklagten, von dem Fabrikanten L. in A., von dem Kaufmann H. daselbst, sowie vom Beklagten und von seiner Ehefrau mit einem Grundkapital von 5000000 M., eingeteilt in 50 Inhaberstammaktien zu je 100000 M., gegründet worden. Bar einzulegen hatten Otto S. 2240000 M., L. 2340000 M., der Beklagte, seine Ehefrau und H. je 100000 M. Außerdem hatten Otto S. und L. Sacheinlagen zu machen, die im Gründungsvertrag mit je 60000 M. bewertet waren. Die Gründer übernahmen sämtliche Aktien zum Nennwert und zwar Otto S. 23 Stück, L. 24 und die 3 andern je 1 Stück. Bezüglich der Sacheinlage des Otto S. bestimmte der Gründungsvertrag in § 22 Nr. 1 folgendes:

Herr Otto S. bringt das ihm gehörige, zu L. L.straße 12 gelegene, im Grundbuch der Stadt L. unter Nr. 814 verzeichnete Grundstück zum Einbringungswert von 60000 M. ein, und zwar vorbehaltlich der Genehmigung des Magistrats zu L. Das Grundstück ist frei von Lasten in Abt. III einzubringen. Alle Nutzungen und Lasten sowie alle Pflichten und Rechte gelten mit dem 1. Juli 1923 auf die Gesellschaft als übergegangen .... Otto S. ist verpflichtet, die Räumlichkeiten in dem einzubringenden Grundstück, die dem Geschäftsbetrieb dienen sollen, auf seine Kosten umändern und herrichten zu lassen ...."

In der ersten Generalversammlung vom 21. Juni 1923 wurden der Beklagte, seine Ehefrau und H. zu Aufsichtsratsmitgliedern gewählt. Sie bestellten den Otto S. und den L. zu Vorstandsmitgliedern in der Weise, daß jeder von ihnen alleinvertretungsberechtigt sein sollte. Die magistratsamtliche Genehmigung zur Einbringung des Grundstücks wurde am 9. Juli 1923 erteilt. Die Eintragung der Aktiengesellschaft ins Handelsregister erfolgte am 23. August 1923. Gründungs- und Prüfungsbericht sowie ein besonderer Prüfungsbericht zweier von der Handelskammer L. bestellter Revisoren lagen vor; in letzterem wie in der Anmeldung der Gründer war wegen des von Otto S. einzubringenden Grundstücks auf das gleichfalls zu den Registerakten eingereichte Gutachten eines Sachverständigen Bezug genommen. In diesem Gutachten ist das einzubringende Grundstück als „Trenngrundstück von Grundstück L.er Straße 12, Grundbuch Nr. 814" bezeichnet, sein Meßgehalt ist mit 7 ar 48 qm angegeben, der Vorkriegswert unter Berücksichtigung gewisser Abzüge für Steuern und sonstige öffentliche Lasten sowie für jährliche Instandsetzungsarbeiten auf 43365,50 M.; der Wert zur Zeit der Schätzung und für voraussichtliche längere Dauer wird darin auf 1098275 M. geschätzt. Eigentümer des Grundstücks L.er Straße 12, das aus einem Wohnhaus, einem Fabrikgebäude mit Lagerhaus und anderen Nebengebäuden sowie einem Hofraum bestand, war nicht Otto S., sondern der Beklagte. Das Grundstück wurde auch in der Folgezeit niemals der Aktiengesellschaft übereignet, weder ganz noch teilweise. Durch notariellen Vertrag vom 18. Oktober 1923 verkaufte vielmehr der Beklagte von dem Grundstück L.er Straße 12 ein Trennstück von 747 qm mit Fabrik-, Lager- und Nebengebäuden an Otto S. und ließ es ihm gleichzeitig auf. Otto S. wurde demnächst als Eigentümer dieses neugebildeten Grundstücks im Grundbuch Blatt 828a eingetragen. In den Büchern der Aktiengesellschaft und in den Bilanzen wurde das Trennstück als Gesellschaftseigentum behandelt. Bei der auf 1. Januar 1924 erfolgten Goldmarkumstellung wurde das Grundkapital auf 75000 GM., der Nennbetrag der Aktien auf 1500 GM. umgestellt. In der Goldmark-Eröffnungsbilanz war das „Geschäftsgrundstück" samt Gebäulichkeiten mit 60000 GM. bewertet.

Am 11. Februar 1926, nachdem Otto S. kurz vorher gestorben war, wurde über die Aktiengesellschaft der Konkurs eröffnet und der Kläger zum Konkursverwalter bestellt. Er einigte sich mit dem Otto S.'schen Nachlaßverwalter wegen des Grundstücks Blatt 828a dahin, daß es für Rechnung der Konkursmasse veräußert werden sollte. Der Kläger nimmt aber auf Grund des § 22 des Gründungsvertrags auch das Restgrundstück L.er Straße 12 mit dem Wohnhaus für die Masse in Anspruch und beantragt mit der gegenwärtigen Klage, der Beklagte habe das bezeichnete Grundstück frei von Eintragungen in Abt. III an ihn aufzulassen. Er macht weiter geltend, Otto S. habe bewußt rechtswidrig zum Zwecke der Täuschung das Grundstück im Gründungsvertrag als ihm gehörig bezeichnet und nichts getan, um der Aktiengesellschaft das Eigentum daran zu verschaffen; der Beklagte habe den Sachverhalt gekannt und ebenfalls nichts unternommen, um die Leistung der Sacheinlage oder auch nur eine Berichtigung der unwahren Angaben im Gründungsvertrag herbeizuführen; er hafte als Mitgründer, wegen schuldhafter Verletzung seiner Pflichten als Aufsichtsrat und aus unerlaubter Handlung. Der Beklagte bestritt jede Haftungspflicht und trug vor: nach dem übereinstimmenden und ausgesprochenen Willen der Gründer habe Gegenstand der Sacheinlage des Otto S. nicht das ganze Grundstück Blatt 814, sondern nur das ihm nachmals auf Grund des Vertrags vom 18. Oktober 1923 übereignete Trennstück von 747 qm sein sollen, wie sich auch aus dem Bericht der Revisoren und aus der Schätzung des Sachverständigen bei der Gesellschaftsgründung ergebe; § 22 des notariellen Gründungsvertrags enthalte insoweit nur eine ungenaue und unrichtige Bezeichnung, woraus der Kläger keine Rechte herleiten könne.

Ein u. a. auch gegen den Beklagten wegen Vergehens gegen § 313 Nr. 1, § 186 Abs. 2, §§ 191, 314 Nr. 1 HGB. eingeleitetes Strafverfahren hat damit geendet, daß sämtliche Angeschuldigte mangelnden Beweises halber außer Verfolgung gesetzt wurden.

Das Landgericht wies die Klage ab. Berufung und Revision des Klägers waren erfolglos.

Gründe:

Das Berufungsgericht läßt die Frage offen, ob Otto S. nach dem Wortlaut des § 22 des Gesellschaftsvertrags gegenüber der Aktiengesellschaft zur Einbringung des ganzen damals auf Bl. 814 des Grundbuchs verzeichneten Grundbesitzes verpflichtet war. Es gelangt auch für den Fall des Bestehens einer solchen Verpflichtung zur Klagabweisung unter den sämtlichen hier in Betracht kommenden rechtlichen Gesichtspunkten.

Die Revision rügt im besonderen Verletzung der §§ 202, 186 HGB. und des § 276 BGB. sowie der Regeln über die Beweislast. Ihre Angriffe müssen aber dann ohne weiteres scheitern, wenn sich die Einlageverpflichtung des Otto S. auf das ihm später vom Beklagten auf Grund des Vertrags vom 18. Oktober 1923 übereignete Trenngrundstück beschränkte.

Der Berufungsrichter sieht als erwiesen an, daß bei Abschluß des Gründungsvertrags alle Beteiligten, d. h. die sämtlichen Gründer, darüber einig gewesen sind, daß nicht das ganze Grundstück L.straße 12 so, wie es auf Bl. 814 des Grundbuchs beschrieben war, sondern nur ein Trennstück davon, nämlich der bisher schon von Otto S. besessene Teil, Gegenstand seiner Sacheinlage sein sollte. Insoweit handelt es sich um rechtlich einwandfreie Sach- und Beweiswürdigung; ein besonderer Revisionsangriff ist dagegen nicht erhoben worden. Weiterhin nimmt das Berufungsgericht an, es lägen keine Anhaltspunkte dafür vor, daß die Gründer böslich zum Nachteil der Aktiengesellschaft gehandelt, d. h. daß sie als Gegenstand der Einlage im Gesellschaftsvertrag das ganze Grundstück bezeichnet hätten, während nach allseitiger Willensübereinstimmung in Wirklichkeit nur ein Trennstück habe eingelegt werden sollen. Auch diese Annahme beruht auf rein tatsächlichen Erwägungen, die wiederum keinen Rechtsirrtum enthalten, von der Revision auch nicht angegriffen worden sind. Die Feststellungen des Berufungsgerichts sind im übrigen um so unbedenklicher, als sich die Gründer in ihrer Anmeldung zum Handelsregister in Ansehung des von Otto S. einzubringenden Grundstücks ausdrücklich auf das beigefügte Sachverständigengutachten bezogen haben, aus dem sich bis in alle Einzelheiten unzweideutig ergibt, was Gegenstand der Sacheinlage des Otto S. sein sollte, nämlich nicht das ganze Grundstück, sondern nur ein bestimmt begrenztes Trennstück davon.

Hiernach ist davon auszugehen, daß, wenn Otto S. nach § 22 des Gesellschaftsvertrags das ganze Grundstück einzulegen hatte, angesichts des übereinstimmenden Willens aller Beteiligten, so wie ihn das angefochtene Urteil feststellt, nur eine unrichtige Bezeichnung des Gegenstands der Einbringung vorlag, die als solche gar nicht gewollt war.

Bei dieser Sachlage würde nach allgemeinen Grundsätzen

keinesfalls eine rechtsgültige Verpflichtung des Otto S. zur Übereignung des ganzen Grundstücks entstanden sein. Es kann sich nur darum handeln, ob die Bedürfnisse des aktienrechtlichen Verkehrs hier zu einer anderen Beurteilung führen müssen. Diese Frage hat der Berufungsrichter zwar erörtert, er hat aber nicht abschließend dazu Stellung genommen. Er erwägt, der Kläger habe mit Recht darauf hingewiesen, daß die Verpflichtungen der Gründer nur nach dem Gründungsvertrag selbst zu beurteilen seien. Vorverhandlungen und mündliche Vereinbarungen dürften zwar zur Auslegung des Vertrags herangezogen werden, aber nur in dem Umfang, wie sich zweifelsfreie Anhaltspunkte für eine entsprechende Auslegung aus dem Vertrag selbst ergeben würden. Denn der Gründungsvertrag sei nicht nur für die Vertragsbeteiligten, d. h. für die Gründer, sondern auch für das Verhältnis zu Dritten maßgebend. Deshalb könnten Umstände, die für diese nicht erkennbar seien und die außerhalb des Gründungsvertrags lägen, nicht für die Auslegung verwertet werden. Es sei daher höchst zweifelhaft, ob der Tatsache, daß nach dem übereinstimmenden Willen der Gründer die Einlage des Otto S. nur in dem Trennstück habe bestehen sollen, für die Auslegung des § 22 des Gründungsvertrags irgendwelche Bedeutung beigemessen werden könne. Wenn das Landgericht in dem Zusatz „ihm gehörig" zur grundbuchmäßigen Bezeichnung des Grundstücks im § 22 einen beachtlichen Hinweis darauf finden wolle, daß nur das in „besonderen Beziehungen" zu Otto S. stehende Grundstück, also in Wahrheit nur ein Teil des buchmäßigen Bestands, dessen Einlage bilden solle, so sei dies bedenklich angesichts der allgemeinen Bedeutung, die das Wort „gehörig" im Rechtsverkehr habe. Diese Auslegung könnte vielleicht — so fährt das Berufungsurteil fort — dadurch unterstützt werden, daß das einzubringende Grundstück noch durch den weiteren Beisatz „zum Einbringungswert von 60000 M." gekennzeichnet sei; denn der Vertrag sei im Juni 1923, also zu einer Zeit abgeschlossen worden, als 60000 PM. nur den Wert weniger Goldmark gehabt hätten. Es habe sich deshalb auch jedem Außenstehenden die Vermutung aufdrängen müssen, daß unter dem so bewerteten Grundstück nicht das ganze Grundstück L.straße 12 mit Einschluß auch des wertvollen Wohnhauses gemeint gewesen sein könne; man sei also mit Notwendigkeit auf andere Erkenntnisquellen, insbesondere auf die weiteren mit der Anmeldung der Gesellschaftsgründung zum Handelsregister eingereichten Unterlagen angewiesen gewesen, aus denen allerdings zweifelsfrei hervorgehe, daß nur der dem Fabrikbetrieb gewidmete Teil des Grundstücks und nicht auch das Wohnhaus die Einlage habe bilden sollen. Das Berufungsgericht läßt dann aber diese Frage auf sich beruhen, weil es aus anderen Gründen ohnehin zur Klagabweisung gelangt.

Anerkannten Rechtens ist nun, daß bis zur Eintragung der Aktiengesellschaft unter den Gründern eine Gesellschaft bürgerlichen Rechts bestanden hat. Nichtigkeitsgründe, welche sich als rechtliche Folge aus Willensmängeln oder aus unrichtiger Bezeichnung des Gegenstands einer Gesellschaftsverpflichtung ergeben, sind in Ansehung des Gesellschaftsvertrags durchaus nach den allgemeinen Grundsätzen des Bürgerlichen Gesetzbuchs zu beurteilen. Nicht anders verhält es sich mit der Vertragsauslegung. Auch insoweit gelten bis zu jenem Zeitpunkt die allgemeinen Rechtsgrundsätze.

Mit dem Vollzug der Eintragung der Gesellschaft im Handelsregister und ihrer Entstehung als selbständige Rechtspersönlichkeit tritt aber insofern eine grundlegende Änderung ein. Die Gründererklärungen, die eine Wirkung bisher nur auf die Rechtsbeziehungen der Beteiligten untereinander ausübten, gewinnen durch die Eintragung eine ganz andere Bedeutung. Sie sind mit der durch die Anmeldung zum Handelsregister bezweckten Verlautbarung nach außen auch der Allgemeinheit gegenüber abgegeben und bilden die wesentlichen Grundlagen auch des Vertrauens Dritter (späterer Aktionäre und Gläubiger), die in Rechts-, insbesondere in Kreditbeziehungen zur Gesellschaft treten. Das Interesse aller derer, die auf der so verlautbarten Kapitalgrundlage den Verkehr mit der Aktiengesellschaft aufgenommen haben, erfordert, daß das nach den Gründererklärungen vorhandene, der Gesellschaft zuzuführende Vermögen ihr in der Tat auch zufließt und verbleibt.

Aus diesen Erwägungen hat die Rechtsprechung abweichend von den Grundsätzen des allgemeinen bürgerlichen Rechts den Gründern und Aktienzeichnern jede Anfechtung ihrer Erklärung wegen solcher Mängel des Beitritts versagt, die nur in den Beziehungen des Gründers zu den Mitgründern oder zu dritten Personen wurzeln, so auch den Einwand der Nichtigkeit des Beitritts wegen einer aus solchen Beziehungen hergeleiteten Sittenwidrigkeit (vgl. namentlich RGZ. Bd. 123 S. 102 und die dort angeführten weiteren Urteile). Aus Gründen derselben Art sind auch nach Eintragung der Gesellschaft der Auslegung von Gründererklärungen sehr viel engere Grenzen gezogen als vorher. Gewiß ist für die Auslegung des Gesellschaftsvertrags auch dann nicht schlechthin dessen Wortlaut maßgebend; vielmehr sind, soweit nicht die besonderen Bedürfnisse des aktienrechtlichen Verkehrs im Wege stehen, immer noch die §§ 133, 157 BGB. anwendbar. Allein einmal können bei der Auslegung Umstände nicht berücksichtigt werden, die der Allgemeinheit, an die sich die Erklärungen nunmehr richten, unbekannt sind und nicht erkennbar waren. Ferner muß berücksichtigt werden, daß diese Erklärungen, eben weil sie auch für das Verhältnis der Gesellschaft zu Dritten maßgebend sind, nur einheitlich ausgelegt werden können (RGZ. Bd. 70 S. 331, Bd. 79 S. 418, Bd. 101 S. 246). Von diesem Standpunkt aus ist dem Berufungsgericht unbedenklich darin beizutreten, daß der Versuch des Landgerichts fehlgeht, aus dem Beisatz „ihm gehörig" einen beachtlichen Anhaltspunkt für die Annahme zu gewinnen, daß Otto S. nur einen Teil des Grundstücks Bl. 814 einzubringen hatte. Denn mit Recht führt das Berufungsgericht aus, daß das Wort „gehörig" in dem Zusammenhang, wie es hier gebraucht ist, im allgemeinen Rechtsverkehr das Eigentumsverhältnis bezeichnet und in einer notariellen Urkunde von der Allgemeinheit vollends nicht anders aufgefaßt werden kann. Ebensowenig würde an sich die Bewertung der Einbringung im Vertrag selbst eine Auslegung im Sinne des Beklagten rechtfertigen. Gewiß betrug am 21. Juni 1923, nach dem Dollarstand gerechnet (1 Dollar = 127000 PM.), der Goldmarkwert des ganzen Grundkapitals von 5000000 M. nur rund 160 GM. und die 60000 M., die auf die Sacheinlage des Otto S. entfielen, nur rund 2 GM. Allein die Gründer waren in der Bewertung der Einbringung völlig frei, sofern die Bewertung nur nicht zu hoch war; einer Unterbewertung auch in einem Maße wie hier stand rechtlich kein Hindernis entgegen.

Im Wege der bloßen Auslegung des Gesellschaftsvertrags läßt sich daher nicht mit Erfolg die Ansicht des Klägers bekämpfen, daß Otto S. der Aktiengesellschaft gegenüber als zur Einbringung des ganzen Grundstücks verpflichtet zu gelten habe. Denn anders könnte § 22 des Gesellschaftsvertrags auch unter Mitheranziehung der §§ 133, 157 BGB. vom Standpunkt der Allgemeinheit aus nicht ausgelegt werden. Der von diesem „allgemeinen" Inhalt der Erklärung abweichende, im Gesellschaftsvertrag nicht verlautbarte Willen der

Gründer könnte daher an sich im Verhältnis zu Dritten keine Berücksichtigung finden, insbesondere auch nicht im Verhältnis zu den Gläubigern, deren Interessen der Kläger als Konkursverwalter mit wahrzunehmen hat.

Indessen kommt es nicht allein auf den Gesellschaftsvertrag als solchen an. Vielmehr sind mitzuberücksichtigen die von den Gründern bei der Anmeldung zum Handelsregister den gesetzlichen Vorschriften gemäß beigefügten, für die Allgemeinheit bestimmten weiteren Erklärungen. Diese Erklärungen zusammen mit dem Gesellschaftsvertrag in ihrer Gesamtheit stellen nämlich die der Allgemeinheit gegenüber erfolgte Verlautbarung dar, an welche sich diese halten darf und muß. Die Vorschrift des § 202 Abs. 1 Satz 1 HGB., auf die sich der Kläger mit beruft, bestimmt u. a. allgemein und ausdrücklich, daß die Gründer für die Richtigkeit und Vollständigkeit der Angaben, die sie über die in § 186 HGB. vorgesehenen Festsetzungen zum Zweck der Eintragung der Gesellschaft machen, der Gesellschaft als Gesamtschuldner verhaftet sind. Unter den Angaben über die in § 186 vorgesehenen Festsetzungen sind aber nicht nur die hierüber im Gesellschaftsvertrag selbst getroffenen Bestimmungen zu verstehen, sondern das ganze hierauf bezügliche Gründervorbringen in der Anmeldung zum Register, soweit es von rechtserheblicher Bedeutung ist. Die Gründerhaftung ist insoweit genau dieselbe, ob es sich um Angaben im Gesellschaftsvertrag oder außerhalb des Vertrags handelt, sofern sie nur zur Erreichung der Eintragung im Handelsregister gemacht sind.

Wenn sich aber umgekehrt aus der Anmeldungserklärung und den ihr beigefügten Urkunden zweifelfrei ergibt, daß eine im Gesellschaftsvertrag über den Gegenstand der Einlage getroffene Festsetzung offensichtlich unrichtig und so, wie dort niedergelegt, in Wirklichkeit gar nicht gewollt ist, und wenn ferner das in Wahrheit Gewollte aus der Anmeldung selbst und ihren Anlagen für die Allgemeinheit ohne weiteres ersichtlich ist, dann muß gegenüber dem Wortlaut des Gesellschaftsvertrags die Berufung auf diese „Richtigstellung" der in ihm enthaltenen Festsetzungen auch den Gründern offen stehen. Dann ergibt sich eben aus der Gesamtheit der für die Allgemeinheit bestimmten und ihr beim Registergericht jederzeit auch zugänglichen Erklärungen, daß die Sacheinlagepflicht des betreffenden Gründers eine andere sein sollte, als es nach dem Wortlaut des Gesellschaftsvertrags den Anschein hatte. Dann besteht aber auch bei Berücksichtigung der Verhältnisse und Bedürfnisse des aktienrechtlichen Verkehrs kein hinreichender Anlaß, die Gründer schlechthin an jener, allerseits nicht gewollten, Erklärung festzuhalten, wie sie der Gesellschaftsvertrag wiedergibt. Aus der Anmeldung der Gründer zum Handelsregister und aus dem einen Bestandteil von ihr bildenden Sachverständigengutachten über das von Otto S. einzulegende Grundstück ist jedoch, wie das Berufungsgericht feststellt, zweifelsfrei zu entnehmen, daß Gegenstand der Einlage nur ein ganz bestimmtes, in seinen Einzelheiten beschriebenes Trennstück der auf Grundbuchblatt Nr. 814 verzeichneten Liegenschaft sein sollte.

Dieses Trennstück hat der Kläger unbestrittenermaßen zum Nutzen der Masse verwendet. Hierwegen hat er auch keinerlei Ansprüche erhoben. Erstreckte sich aber die Einlageverpflichtung des Otto S. nicht auch auf das Restgrundstück, so kann der Kläger daraus, daß auch dieses im Gründungsvertrag und in den Anmeldungsunterlagen unrichtigerweise als sein Eigentum bezeichnet ist, unter den obwaltenden Umständen keine Rechte für sich herleiten.

Dem Wert nach war der auf die Sacheinlage des Otto S. entfallende Kapitalbetrag von 60000 M. durch den Wert des Trenngrundstücks Blatt Nr. 828a immer noch um ein vielfaches überdeckt.

36. Hat im Patentstreit der im Ausland wohnende Beklagte als Berufungskläger Sicherheit für die Kosten des Verfahrens zu leisten, wenn der Gegner dies erst im zweiten Rechtszuge beantragt?

PatG. § 28 Abs. 5.

I. Zivilsenat. Beschl. v. 29. Januar 1930 i. S. U. Company (Bekl.) w. L. (Kl.). I 109/29.

I. Reichspatentamt.

Die Beklagte, eine Gesellschaft mit dem Sitz in Chicago (Illinois V. S. A.), hat gegen eine Entscheidung des Reichspatentamts Berufung eingelegt. Dem daraufhin gestellten Antrage des Klägers, der Beklagten aufzugeben, daß sie Sicherheit für die Verfahrenskosten leiste, hat das Reichsgericht entsprochen.'

Aus den Gründen:

... Als Antragsteller im Sinne des § 28 Abs. 5 PatG. wird auch der Berufungskläger angesehen. Die vom Gesetze für den ersten Rechtszug vorgesehenen Maßnahmen liegen entsprechend im zweiten dem Berufungsgericht ob. Zu den Kosten des Verfahrens gehören auch solche, die der Gegenpartei des Antragstellers außergerichtlich erwachsen. Soweit die Ausführungen des Beschlusses vom 21. Dezember 1895 I 351/95 (JW. 1896 S. 59 Nr. 15) eine andere Auffassung zugrunde legen, wird daran nicht festgehalten.

Eine über die Gesetze des Staates Illinois eingeholte amtliche Auskunft ergibt, daß dort eine Gesellschaft, deren Sitz im Deutschen Reich ist, ebenfalls Sicherheit leisten müßte. Somit stehen der Auslegung, auf der die Anordnung, Sicherheit zu leisten, beruht, keine Bedenken aus dem Gesichtspunkte der Gegenseitigkeit oder aus sonstigen Gründen des zwischenstaatlichen Rechts entgegen.

---

37. 1. Setzt § 606 Abs. 2 Satz 2 ZPO. voraus, daß der Ehemann zur Zeit der Eheschließung oder wenigstens zwischen Eheschließung und Klagerhebung die deutsche Staatsangehörigkeit besessen hat?

2. Umfaßt § 606 Abs. 3 Satz 1 ZPO. (im Gegensatz zu § 606 Abs. 4) auch die Staatenlosen?

VIII. Zivilsenat. Urt. v. 30. Januar 1930 i. S. Ehefr. N. (Kl.) w. Ehem. N. (Bekl.). VIII 345/29.

I. Landgericht II Berlin.
II. Kammergericht daselbst.

Die Parteien haben am 15. September 1921 in Sao Paulo (Brasilien) die Ehe geschlossen. Zur Zeit hält sich die Ehefrau in Berlin, der Mann im Ausland auf.

Die Ehefrau hat im August 1925 Klage beim Landgericht II in Berlin erhoben, mit der sie in erster Reihe die Ehe nach § 1333 BGB. wegen Irrtums über persönliche Eigenschaften des Mannes angefochten, in zweiter Reihe Scheidung nach § 1568 BGB. verlangt hat.

Das Landgericht wies die Anfechtungsklage ab. Das Kammergericht wies die Berufung der Klägerin zurück, weil weder für die Anfechtungs- noch für die Scheidungsklage ein deutsches Gericht zuständig sei.

Die Revision der Klägerin führte zur Aufhebung und Zurückverweisung.

Gründe:

Der Beklagte war zur Zeit der Eheschließung staatenlos. Er ist im Jahre 1879 in Danzig als Sohn deutscher Eltern geboren, im Jahre 1900 fahnenflüchtig geworden und seitdem ohne Unterbrechung im Ausland gewesen. Er hatte daher vor der Eheschließung die deutsche Staatsangehörigkeit durch zehnjährigen Aufenthalt im Ausland verloren (Ges. vom 1. Juni 1870 § 21, BundesGes. Bl. S. 355) und hat nach der Annahme des Berufungsgerichts keine andere Staatsangehörigkeit erworben. Die Klägerin war von Geburt gleichfalls Deutsche. Sie hat durch die Eingehung der Ehe mit dem staatenlosen Beklagten ebenfalls ihre Staatsangehörigkeit verloren, diese aber laut Einbürgerungsurkunde des Polizeipräsidenten in Berlin vom 30. Oktober 1924 wieder erlangt.

Dem Berufungsgericht ist darin beizutreten, daß für die Scheidungsklage in Deutschland keine Zuständigkeit begründet ist. Wie das Berufungsgericht, übereinstimmend mit der vom Kammergericht in Jur. Rundschau 1927 Nr. 65 und vom Schrifttum (Stein-Jonas § 606 Anm. IV; Seuffert § 606 Anm. IIIc β und γ; Förster-Kann § 606 Anm. 3a cc) vertretenen Ansicht mit Recht annimmt, setzt die nach Lage der Sache allein in Betracht kommende Vorschrift des § 606 Abs. 2 Satz 2 ZPO. voraus, daß der Ehemann zur Zeit der Eheschließung Deutscher war oder wenigstens in der Zeit zwischen Eheschließung und Klagerhebung die deutsche Staatsangehörigkeit zeitweilig besessen hatte. Die Zuständigkeit nach § 606 Abs. 2 Satz 2 ist nur für Rechtsverhältnisse gegeben, die einmal dem deutschen Recht unterworfen waren. Die Ehe der Parteien hat aber nie dem deutschen Recht unterstanden.

Dagegen muß die Revision Erfolg haben, soweit es sich um die Anfechtungsklage handelt. Nach der Begründung zu den mit dem Bürgerlichen Gesetzbuch in Kraft getretenen Änderungen der Zivilprozeßordnung durch die Novelle vom 17. Mai 1898 (Drucks. des Reichstags 9. Legislatur-Periode, V. Session 1897/98 Nr. 61

S. 127flg., zu § 568, jetzt § 606 ZPO.) darf einer Deutschen, die eine Ehe mit einem Ausländer eingegangen ist, die Möglichkeit nicht entzogen werden, eine nach dem deutschen Recht begründete Nichtigkeit oder Anfechtbarkeit der Ehe auch dann vor einem deutschen Gericht zur Geltung zu bringen, wenn der Ehemann im Inland keinen allgemeinen Gerichtsstand hat. Dieser Zweck des Gesetzes, zugunsten der Ehefrau, die bis zur Eheschließung Deutsche war, die Anwendung der deutschen Vorschriften über die Eingehung der Ehe (Art. 13 EG. z. BGB.) — zu denen auch die Vorschriften über Nichtigkeit und Anfechtbarkeit gehören — stets sicher zu stellen, würde nicht erreicht werden, wenn nicht § 606 Abs. 3 Satz 1 ZPO. für alle Ehefrauen gälte, die durch die Eheschließung ihre deutsche Staatsangehörigkeit verloren haben, mögen sie nun eine andere Staatsangehörigkeit erworben haben oder staatenlos geworden sein. Der § 606 Abs. 3 Satz 1 ZPO., der insoweit keine Einschränkung vorsieht, umfaßt demnach auch die Staatenlosen.

Dem steht nicht entgegen, daß in § 606 Abs. 4 nach der ständigen Rechtsprechung des Reichsgerichts unter „Ausländern" nur solche Ehegatten zu verstehen sind, die einem anderen Staate angehören (RGZ. Bd. 70 S. 139, Bd. 105 S. 363, Bd. 113 S. 38, 40). Denn der Abs. 4 enthält diese Einschränkung ausdrücklich. Sie entspringt dem in der Begründung des Gesetzes ausgesprochenen Zweck, die Nichtanerkennung deutscher Scheidungsurteile in denjenigen Staaten zu vermeiden, denen die Ehegatten angehören. . . .

---

38. 1. Wem gegenüber hat der Beklagte den Rechtsstreit aufzunehmen, wenn Klägerin eine Aktiengesellschaft ist, über deren Vermögen dann das Konkursverfahren eröffnet worden ist, und wenn es sich ferner um einen Aktivprozeß der Konkursmasse handelt und der Konkursverwalter die Aufnahme abgelehnt hat?

2. Rechtfertigt eine nur wörtliche Störung eines Patent- oder Gebrauchsmusterrechts die Erhebung einer Feststellungsklage oder muß der Inhaber des Rechts eine Leistungsklage auf Anerkennung des Rechts erheben?

3. Über Betriebserfindung und Diensterfindung.

4. Welche rechtliche Bedeutung hat die dienstliche Anweisung an Angestellte oder Beamte, daß die Verwertung von eigenen Erfindungen nur mit dienstlicher Genehmigung gestattet sei?

KO. § 10 Abs. 2. HGB. § 292 Abs. 1 Nr. 3. BGB. § 136.

I. Zivilsenat. Urt. v. 5. Februar 1930 i. S. Deutsche Reichsbahn-Gesellschaft (Bekl.) w. die im Konkurs befindliche Firma U.-Aktiengesellschaft (Kl.). I 220/29.

I. Landgericht I Berlin.
II. Kammergericht daselbst.

Für den Oberbahnmeister B. in Hannover ist am 1. Februar 1926 das Gebrauchsmuster Nr. 940062 eingetragen worden, betreffend eine Feststellvorrichtung für Hakenschraubenmuttern, welch letztere von der Reichsbahn-Gesellschaft beim Bahnoberbau, und zwar bei der Befestigung der Schienen auf Eisenschwellen mittels Haken, verwendet werden. Über dieses Gebrauchsmuster hat B. mit der Klägerin am 11. Oktober 1926 einen Vertrag abgeschlossen; danach überließ er ihr gegen eine bestimmte Lizenzgebühr für die ganze Schutzdauer „die alleinige Benutzung und Verwertung des Gebrauchsmusters". Ferner war vereinbart, daß die Lizenznehmerin für rechtzeitige Verlängerung des Schutzes zu sorgen und die Gebühr dafür zu tragen hatte. Unstreitig ist die Schutzdauer des Gebrauchsmusters verlängert worden. Ein zweites Gebrauchsmuster Nr. 1027319, ebenfalls eine Schraubenmuttersicherung betreffend, ist am 29. März 1928 unmittelbar für die Klägerin eingetragen worden. Dieses Gebrauchsmuster will eine Verbesserung des ersten Gebrauchsmusters bringen.

Die Beklagte hat behauptet, es handle sich bei beiden Gebrauchsmustern um ihrem Betrieb angehörende Erfindungen oder doch um Diensterfindungen des in ihrem Dienste stehenden Oberbahnmeisters B. Die Klägerin hat deshalb auf Feststellung geklagt, daß ausschließlich sie und nicht die Beklagte zur gewerblichen Herstellung und Verwendung der in beiden Gebrauchsmustern angegebenen Schraubenmuttersicherungen berechtigt sei. Sie behauptet, beide Erfindungen seien in *ihrem* Betriebe gemacht worden. Bei der ersten habe allerdings B. gewisse Anregungen gegeben und aus diesem Grunde habe sie zugelassen, daß B. das Muster auf seinen Namen anmelde. Doch komme es hierauf nicht an, weil die Erfindungen weder im Betriebe der Beklagten gemacht worden seien, noch das Ersinnen von erfinderischen Verbesserungen zum Pflichtenkreis des B. gehört habe, es sich somit, selbst wenn B. beide Muster erfunden hätte, um seine freien Erfindungen handeln würde.

Die Beklagte hat ihren früheren Standpunkt aufrechterhalten und sich insbesondere dafür, daß eine Diensterfindung in Frage komme, auf die von ihr erlassenen Dienstanweisungen bezogen.

Das Landgericht gab der Klage statt. Die Beklagte legte Berufung ein. Sie bestritt, daß die Lizenz der Klägerin an dem ersten Gebrauchsmuster eine ausschließliche sei, und beanstandete die Zulässigkeit der Lizenzeinräumung aus Rechtsgründen. Ferner wiederholte sie ihr früheres Vorbringen. Im übrigen erklärte sie, daß sie gegen die Neuheit und Erfindungshöhe der Gebrauchsmuster keine Angriffe erhebe.

Auf Anregung des Berufungsgerichts beantragte die Klägerin statt Feststellung Verurteilung der Beklagten zur Anerkennung des nämlichen Feststellungsinhalts und mit dieser Maßgabe die Zurückweisung der Berufung. Das Berufungsurteil erging in diesem Sinne; es lautet im entscheidenden Teil:

> Die Beklagte wird verurteilt anzuerkennen, daß sie nicht berechtigt ist, Feststellvorrichtungen für Hakenschraubenmuttern beim Reichsbahnoberbau B auf Eisenschwellen, bestehend in einem Bügel, der die Klemmplatte umgreift und in einem in seinem wagerechten Teil befindlichen Ausschnitt die Schraubenmutter festhält (Gebrauchsmuster 940062) sowie Schraubenmuttersicherungen mit Klemmplattenhalter, dadurch gekennzeichnet, daß die Sicherung einen Ansatz aufweist, der sich hinter die Klemmplatte legt und so ein zwangsläufiges Festhalten der Klemmplatte und der Schraubenmutter in der richtigen Lage bedingt (Gebrauchsmuster Nr. 1027319), herzustellen, in den Verkehr zu bringen und zu verwerten.

Gegen das Urteil des Kammergerichts hat die Beklagte Revision eingelegt. Über das Vermögen der Klägerin ist das Konkursverfahren eröffnet worden. Der Konkursverwalter hat die Aufnahme des Rechtsstreits abgelehnt. Daraufhin hat die Beklagte ihrerseits die Aufnahme des Rechtsstreits erklärt und die Klägerin zur Verhandlung über die Aufnahme und über die Hauptsache geladen. Im Verhandlungstermin vor dem Revisionsgericht erschien für die Klägerin niemand. Die Beklagte beantragte Versäumnisurteil gegen die Klägerin. Ihre Revision wurde jedoch zurückgewiesen.

Gründe:

Nachdem der Konkursverwalter die Aufnahme des Rechtsstreits abgelehnt hatte, konnte nach § 10 Abs. 2 KO. sowohl der Gemeinschuldner wie der Gegner, hier also die Beklagte, den Rechtsstreit aufnehmen. Allerdings wird nach § 292 Abs. 1 Nr. 3 HGB. die Aktiengesellschaft durch die Eröffnung des Konkurses über ihr Vermögen aufgelöst. Trotzdem besteht sie aber als eine in der Auflösung begriffene Gesellschaft weiter und wird in den Angelegenheiten, die nicht zur Konkursmasse und nicht zum Pflichtenkreis des Konkursverwalters gehören, von ihren bisherigen Organen weiter vertreten (Staub § 292 HGB. Anm. 12; RGZ. Bd. 76 S. 246). Der hier geltend gemachte Anspruch ist durch die Ablehnung des Konkursverwalters konkursfrei geworden (RGZ. Bd. 122 S. 51, 56). Die Beklagte hat gegenüber der in der Auflösung begriffenen Aktiengesellschaft, vertreten durch ihren Vorstand, das Verfahren aufgenommen; der Rechtsstreit hat daher, unberührt vom Konkursverfahren, seinen Fortgang zu nehmen (vgl. auch Jaeger KO. 6. und 7. Aufl. S. 226 § 10 Anm. 32a).

In der Sache selbst konnte dem Antrag auf Erlaß des Versäumnisurteils nicht stattgegeben werden, weil der vom Berufungsgericht festgestellte Sachverhalt die Angriffe der Revision nicht rechtfertigt.

1. Dagegen, daß die Klägerin im zweiten Rechtszug ihre Feststellungsklage in eine Klage auf Verurteilung zu einem Anerkenntnis umformte, hatte die Beklagte nicht ohne Grund eingewandt, daß sich eine Verpflichtung für sie, eine Willenserklärung abzugeben, gesetzlich nicht begründen lasse. Isay (PatG. § 4 Anm. 66) meint zwar, wenn der Gegner des Patentinhabers seine wörtliche Störung des Patentrechts nur dem Inhaber gegenüber verübe, sei der Klagantrag auf Anerkennung zu richten, nicht auf Feststellung. Dieser — soweit ersichtlich, vereinzelt gebliebenen — Ansicht ist aber nicht zuzustimmen. Gerade das Bestreiten eines Rechts ist einer der Hauptfälle, die eine Feststellungsklage rechtfertigen können, ganz gleich, ob das Recht nur dem Rechtsinhaber oder Dritten gegenüber bestritten worden ist (vgl. Seligsohn PatG. § 4 Anm. 20; Pietzcker PatG. § 4 Anm. 84 zu Nr. 7; Kisch Handbuch des Patentrechts S. 419 zu I 1 a und Fußnote 11 auf S. 420). In Wahrheit bedeutet denn auch die Um-

formung der Verurteilung im Berufungsurteil nichts anderes als eine Feststellung. Gegen die sonstigen Voraussetzungen der Feststellungsklage bestehen keine Bedenken. Die Revision ist nicht darauf zurückgekommen.

2. Völlig bedenkenfrei ist die Annahme der Instanzgerichte, daß B. der Klägerin eine ausschließliche Lizenz an seinem Gebrauchsmuster erteilt hat. Die Tatsache, daß nach § 2 des Lizenzvertrags die Klägerin keine Unterlizenz erteilen darf, steht dieser Annahme nach allgemein anerkannten Grundsätzen nicht im Wege. Die Verpflichtung der Lizenznehmerin, für rechtzeitige Verlängerung des Musterschutzes zu sorgen, ist ein weiteres — ebenfalls allgemein anerkanntes — Anzeichen dafür, daß Ausschließlichkeit der Lizenzübertragung gemeint war. Das gleiche gilt von der Pflicht zur Gebührenzahlung. Die stempelrechtliche Behandlung der Vertragsurkunde ist demgegenüber für die Art der Lizenzeinräumung nicht von entscheidender Bedeutung, selbst wenn — was bekanntlich durchaus nicht der Fall ist — über die rechtliche Einordnung der Lizenzen unter die bekannten Vertragsarten (Kauf, Miete, Pacht) Einigkeit bestände.

3. Ob beide Erfindungen von B. herrühren, ist nicht festgestellt worden; es ist daher für die Revisionsinstanz zu unterstellen. Die Annahme der Instanzgerichte, daß es sich in diesem Falle um freie Erfindungen des B. handelte und daß sein Beamtenverhältnis ihn nicht hinderte, darüber frei zu verfügen, ist ebenfalls rechtlich bedenkenfrei.

a) Zur Frage der Betriebserfindung hat das Berufungsgericht ausgeführt: Eine Betriebserfindung sei nach der jetzt ziemlich allgemein anerkannten Auffassung dann anzunehmen, wenn die Erfindung durch allmähliches Zusammenarbeiten mehrerer Angestellter unter Benutzung der schon bei dem Unternehmen vorhandenen Vorarbeiten und Erfahrungen gemacht werde, sodaß sich eine Scheidung des Anteils der einzelnen und des Unternehmens nicht mehr vornehmen lasse. Um eine solche Erfindung handle es sich hier nicht, wie bereits das Landgericht zutreffend ausgeführt habe, zumal da die Beklagte die Neuheit und Erfindungshöhe der beiden Gebrauchsmuster nicht in Abrede gestellt, sondern nur behauptet habe, B. habe die Anregung zu seinen Erfindungen durch seine amtliche Beschäftigung erhalten. Aus diesem Grunde fehle es auch an der Voraussetzung, die im Reichstarifvertrag (gemeint ist der Reichstarifvertrag für die akachemisch gebildeten Angestellten der chemischen Industrie von 1920) für Betriebserfindungen aufgestellt werde, daß nämlich die eigene Zutat des betreffenden Angestellten nur eine handwerksmäßige Maßnahme sei. Das Landgericht aber, auf dessen Gründe der Berufungsrichter hier Bezug genommen hat, sagt: Der Umstand allein, daß ein Angestellter die Anregung zu einer Erfindung aus seinen Betriebserfahrungen und den Betriebsvorarbeiten gewonnen habe, mache die Erfindung noch nicht zur Betriebserfindung, weil die übergroße Zahl der Erfindungen auf den Erfahrungen und Vorarbeiten anderer beruhe. Es fehle aber an der weiteren Voraussetzung der Betriebserfindung, daß sie das Werk unbestimmter Urheber sei.

Dem ist durchaus beizustimmen. Was die Revision dagegen vorbringt, schlägt nicht durch Das Kennzeichen der Betriebserfindungen ist nach der herrschenden Meinung (s. auch Kisch Handbuch des Patentrechts S. 67; Gülland-Queck Die gesetzgeberische Reform der gewerblichen Schutzrechte S. 80flg.) dies, daß sie aus dem Betrieb erwachsen sind und nicht mehr feststellbar ist, von wem sie herrühren. Die Begriffsbestimmung des genannten Reichstarifvertrags steht auf dem gleichen Boden und hebt bloß einen Einzelpunkt hervor, wenn sie sagt, daß, soweit die Mitwirkung einer bestimmten Person feststehe, diese Mitwirkung sich nur im Rahmen einer handwerksmäßigen Zutat halten müsse. Nach dem Entwurf zum Patentgesetz ist eine Betriebserfindung „eine im Betrieb gemachte Erfindung", die „durch die Erfahrungen, Hilfsmittel, Anregungen oder Vorarbeiten des Betriebs derart beeinflußt" ist, „daß sie sich nicht auf bestimmte Personen als Erfinder zurückführen läßt". Das läuft also ganz auf das hinaus, was schon bisher als Betriebserfindung angesehen wurde, und die Begründung zum Entwurf (Drucks. Nr. 987 S. 12 zu Nr. 2) bemerkt daher mit Recht, daß „die dem geltenden System zugrunde liegenden Erwägungen" den Ausgangspunkt bildeten. Auf keinem abweichenden Standpunkt steht § 122 des Entwurfs des Arbeitsvertragsgesetzes von 1922 (Reichsarbeitsblatt 1923, amtl. Teil S. 504) und das gleiche gilt von den sonstigen von der Beklagten angeführten Tarifbestimmungen — ganz abgesehen davon, daß aus dieser oder jener Abweichung in der Begriffsbestimmung der Betriebserfindung, wie sie heute anerkannt ist, nichts folgen würde. Wesentlich ist immer, daß die Erfindung im Betriebe gemacht ist und eine bestimmte Persönlichkeit, der sie zu verdanken wäre, nicht ermittelt werden kann. Nur eine Folge davon ist es, daß, wenn doch die Zutat eines Angestellten nachweisbar ist, diese Zutat nicht die Eigenschaft einer selbständigen Erfindung hat. Außer Streit ist nun, daß die beiden Schraubenmuttersicherungen, von denen für die Revision zu unterstellen ist, daß die Modelle von B. herrühren, neu und erfinderisch waren. Die Beklagte hat ferner den bisherigen Stand der Technik genau angegeben. Es ist also genau abgegrenzt, was vorbekannt war und was B. — wie zu unterstellen — neu hinzugefügt hat. Wie unter diesen Umständen das Vorhandensein einer Betriebserfindung behauptet werden kann, ist nicht ersichtlich.

b) Zur Frage der Diensterfindung hat der Vorderrichter folgendes ausgeführt: Einen ausdrücklichen Auftrag seiner Dienstbehörde habe B. zu seiner Erfindung oder zu dergleichen Erfindungen nicht gehabt. Wenn aber die Beklagte einen stillschweigenden Auftrag aus § 13 Nr. 5 der allgemeinen Bestimmungen herleite, so sei das nicht stichhaltig. Es handle sich hier nur um eine dienstrechtliche Bestimmung ohne sachlichrechtliche Bedeutung. Nach dieser Bestimmung bedürften Beamte zu „anderweitigen Nebenbeschäftigungen" der dienstlichen Genehmigung; das gleiche gelte für die Verwertung von Erfindungen auf dem Gebiete des Eisenbahnwesens, gleichviel ob es sich um eigene Erfindungen des Beamten oder um Mitwirkung zu Erfindungen anderer handle und in welcher Form das Entgelt vereinbart worden sei. Die Beklagte übersehe zunächst, daß durch diese Bestimmung der Fall einer unentgeltlichen Verfügung über solche Erfindungen nicht getroffen sei. Man habe also lediglich die Überwachung der Nebeneinnahmen von Beamten im Auge gehabt. Ferner sei dort nur die Verwertung von Erfindungen der Beamten erwähnt, also davon ausgegangen, daß das Recht an den Erfindungen selbst den Beamten zustehe, die sie gemacht hätten. Ebensowenig könne sich die Beklagte auf ihre Personal-Ordnung berufen. Allerdings sei dort nach § 8 jeder Beamte verpflichtet, das öffentliche Interesse und das Interesse der Gesellschaft zu wahren, und hätten nach § 15 Nr. 1a die Beamten ihre volle Arbeitskraft in den Dienst der Gesellschaft zu stellen. Aber nach § 9 das. könne den Beamten die Ausübung eines Nebenerwerbs oder einer Nebenbeschäftigung gestattet werden. Gegen die Annahme, daß B. stillschweigend beauftragt gewesen sei, die Erfindungen für die Beklagte zu machen, spreche auch der Umstand, daß er bei der Beklagten nur eine untergeordnete und gering besoldete Stelle innegehabt und daß ihm eine erfinderische Tätigkeit überhaupt nicht obgelegen habe. Nach der von der Beklagten überreichten Aufstellung habe seine Tätigkeit vor der Anmeldung des Gebrauchsmusters 940062 nur in der Prüfung und Ausschreibung von Verträgen über Oberbauarbeiten bestanden, ferner im Entwerfen von sachlichen Vorschriften für die Ausführung der Oberbaudienstes und in der Vervollständigung der Hefte der bildlichen Darstellung des Oberbaues, also in reiner Bürotätigkeit ohne eigene Selbständigkeit. Mit der Befestigung der Schienen und der Konstruktion der hierzu gehörigen Teile habe er überhaupt nichts zu tun gehabt. Auch später habe seine Tätigkeit bloß im Ausbau des Oberbaues bestanden, und zwar in der Ausprobung des sog. Hannoverschen Umbauverfahrens, eines Stampfverfahrens. Die beiden Erfindungen des B. fielen somit ganz aus dem Rahmen seiner Tätigkeit als Oberbahnmeister.

Auch diese Ausführungen sind frei von Rechtsirrtum und stehen ganz auf dem Boden der in Rechtsprechung und Rechtslehre herrschenden Auffassung. Entscheidend ist in erster Linie, falls eine ausdrückliche Vereinbarung oder Dienstanweisung fehlt, die Stellung des Angestellten im Betrieb, der ihm zugewiesene Arbeits- und Pflichtenkreis. Wer in einer Konstruktionsabteilung in mehr oder weniger leitender Stellung, in einer Versuchsabteilung und dgl. beschäftigt ist, von dem wird im allgemeinen zu gelten haben, daß er auf konstruktive und erfinderische Verbesserungen bedacht sein muß und daß diese dann dem Dienstherrn zufallen. Außerhalb dieser Verhältnisse wird auch im Einzelfall der höhere Angestellte oder Beamte einschlägige Verbesserungen, die er ersinnt, für den Betrieb machen. Anders wird regelmäßig die Stellung des Beamten oder Angestellten in untergeordneter Stellung und ohne höhere Fachausbildung sein, und in diesem Sinne wird auch die Besoldungsfrage eine Rolle spielen. Allgemeine, für jeden Fall passende Grundsätze lassen sich hier nicht aufstellen. Jeder Fall muß auf diesem Gebiet nach seiner Eigenart beurteilt werden. Die Stellung als Beamter und die damit verbundene Pflicht, seine Kraft dem ihm anvertrauten Amt zu widmen, ändert hieran nichts. Es gilt dies nur und kann nur gelten innerhalb des Rahmens seiner Aufgaben. Das, was ihm zu tun obliegt, muß er mit Einsatz seiner ganzen Kraft erfüllen. Aber damit ist keineswegs gesagt, daß alles, womit er sich überhaupt abgibt, in den Kreis seiner amtlichen Aufgaben fällt. Dies verkennt die Revision, wenn sie aus dem Beamtenverhältnis als solchem die Eigenschaft der Erfindungen als Diensterfindungen herleiten will.

Auch insoweit kann ihr nicht gefolgt werden, als sie rügt, das Berufungsgericht habe nur auf die Beschäftigung des B. kurz vor Anmeldung des ersten Gebrauchsmusters abgestellt. Erstens hat dies der Vorderrichter nicht getan, er hat auch die Tätigkeit des B. im Außendienst berücksichtigt. Ferner aber ergibt die (vom Vorderrichter verwertete) Aufstellung der Beklagten über die Beschäftigung des B. nichts, was der Würdigung des Vorderrichters entgegenstände. Danach hat zwar B. teils Außendienst, teils Innendienst getan. In beiden Fällen hatte er aber nur Arbeiten zu verrichten, die sich auf bereits bekannte, genau umschriebene Gegenstände bezogen. Selbständige Versuche irgendwelcher Art vorzunehmen, war ihm nicht aufgetragen. Schon deshalb ist die vom Beklagten aus § 139 ZPO. erhobene Rüge unbegründet, das Berufungsgericht hätte in Ausübung des Fragerechts angeben müssen, welche tatsächlichen Anführungen es dafür verlange, daß eine Diensterfindung vorliege. Außerdem entsprechen die Anforderungen des Vorderrichters in dieser Beziehung den allgemein bekannten, in allen Erläuterungsbüchern zum Patentgesetz angegebenen Erfordernissen.

c) Endlich kann auch nicht davon die Rede sein, daß B. in der Verfügung über freie Erfindungen rechtswirksam beschränkt gewesen sei. Die Beklagte hat dies in doppelter Beziehung zu begründen versucht, durch Bezugnahme auf § 399 BGB. und unter Hinweis auf ihre Dienstanweisungen. Die Berufung auf § 399 ist ohne weiteres hinfällig, weil das Recht aus einem Gebrauchsmuster ein absolutes Recht ist, also ein Recht ohne Schuldner, und somit ein „Schuldner", mit dem eine Vereinbarung nach § 399 getroffen worden sein könnte, überhaupt nicht vorhanden ist. Ebensowenig folgt aus dem Verwertungsverbot, daß Rechtsgeschäfte, die unter Verstoß gegen diese Amtspflicht vorgenommen werden, deshalb unwirksam wären. Derartige Verbote setzen bloß Amtspflichten fest, richten sich nur an die betreffenden Beamten, nicht aber an die Allgemeinheit; sie geben den freien Erfindungen der Beamten nicht die Eigenschaft bedingter Unveräußerlichkeit im Sinne von § 136 BGB. (wobei dahingestellt bleiben kann, ob ein derartiger Eingriff in die Vermögensrechte der Beamten, wenn er vorläge, rechtswirksam wäre).

Die beiden Erfindungen, die den Gegenstand der streitigen Gebrauchsmuster bilden, gehören hiernach nicht der Beklagten, und die Klägerin ist berechtigt, dies feststellen zu lassen.

---

39. 1. Werbeanzeigen als Werke des Kunstgewerbes; Allein- oder Miturheberrecht?

2. Wann liegt freie, wann unfreie Benutzung solcher Werke als Vorbilder für andere Werbeanzeigen desselben Unternehmens vor?

3. Fahrlässige Urheberrechtsverletzung durch das Verhalten des Geschäftsführers einer Gesellschaft mbH.

KunstschutzG. v. 9. Januar 1907 §§ 1, 2, 9, 15, 16, 31. BGB. §§ 276, 278, 831.

I. Zivilsenat. Urt. v. 8. Februar 1930 i. S. D. N. Automobil-Ges. mbH. (Bekl.) w. F. (Kl.). I 194/29.

I. Landgericht II Berlin.
II. Kammergericht daselbst.

Der Kläger entwarf für die Beklagte zwei Werbeanzeigen über ihre Kraftwagen. Nachdem sie die Entwürfe erhalten, ließ sie von anderer Seite weitere Reklameanzeigen entwerfen. Die Anzeigen erschienen u. a. in der „BZ. am Mittag", und zwar die des Klägers am 2. und 7. November 1927, die anderen am 4., 9. und 11. November 1927.

Im Dezember 1927 erhob der Kläger die vorliegende Klage auf Schadensersatz, zunächst im Betrage von 600 RM. Er machte geltend, seine Entwürfe seien als eigentümliche Schöpfungen des Kunstgewerbes urheberrechtlich geschützt. Die andern seien ihnen in den wesentlichen Zügen nachgebildet. Auch verstoße das Gebaren der Beklagten gegen Vertrag, Gesetz und Handelsgebrauch. Er habe dadurch großen Schaden erlitten. Die Beklagte erwiderte: Die Schöpfungen des Klägers seien keine Erzeugnisse bildender Kunst, die anderen jedenfalls keine Nachbildungen davon. Sie habe weder Vertrag noch Gesetz verletzt. Sollte ein Verstoß vorgekommen sein, so falle er lediglich ihrem Werbeleiter J. zur Last, auf dessen Zuverlässigkeit sie habe vertrauen dürfen.

Das Landgericht holte ein Gutachten der preußischen Künstlerischen Sachverständigenkammer über die damals vorliegenden Anzeigen ein und verurteilte darauf die Beklagte nach dem Klagantrag.

Die Beklagte legte Berufung ein. Sie ließ bis gegen Ende Mai 1928 noch eine Anzahl weiterer Werbeanzeigen erscheinen, die ebenfalls nicht vom Kläger herrührten. Dieser schloß sich dem Rechtsmittel der Gegnerin an und erstreckte seinen Schadensersatzanspruch auf die unterdessen erschienenen Anzeigen, nach dem Schlußantrag im ganzen auf 41 Stück; seine Forderung bemaß er auf zusammen 8000 RM.

Das Kammergericht verurteilte die Beklagte zur Zahlung von 6150 RM.; den weitergehenden Anspruch wies es ab. Die Revision der Beklagten blieb erfolglos.

Gründe:

I. Die Ausführungen des angefochtenen Urteils über das Urheberrecht des Klägers geben keinen Anlaß zu rechtlichen Bedenken.

1. Das Berufungsgericht würdigt die vom Kläger herrührenden Entwürfe der beiden Anzeigen mit Recht als Ergebnisse schöpferischer Bildnertätigkeit und eigentümliche kunstgewerbliche Leistungen. Es bemerkt, daß die Verwendung von Strichschatten als solche, weil viel älter und nicht erst vom Kläger angewandt, die eigenpersönliche Leistung nicht ausmache. Diese Leistung sieht es hauptsächlich in der besonderen Art, wie der Kläger das mit Strichschatten versehene Wort NASH, den Namen der Fabrik, in das Ganze der Anzeige hineingestellt hat. Das Urteil beleuchtet sodann die augenfälligen starken Unterschiede von den anderen Werbeanzeigen, welche die Beklagte vorgelegt hat, um darzutun, daß der Kläger selbst sich bei jenen beiden Entwürfen nach Vorbildern gerichtet habe. Wohl seien auch auf dem Probeblatt, das der Werbeleiter J. dem Kläger vorlegte, Strichschatten verwendet, aber auf ganz andere Weise als in den beiden Anzeigen.

Auf dem Probeblatt bilden die Strichschatten zusammen mit den schwarzen Massen, von denen sie ausgehen, zwei kammartige Leisten, die starr das zwischen ihnen befindliche Bild begrenzen und den Zusammenhang mit den in tiefem Schwarz gehaltenen Wörtern „In Amerika" nicht so sehr durch ihre auflockernden Zinken wie gerade durch den tiefschwarzen Kern herbeiführen. Dagegen hat der Kläger die unbelebten schwarzen Massen des in Blockschrift gedruckten Wortes „Nash" durch besondere Auslegung der Strichschatten zu einer Art Kraftquelle umgebildet, die von sich aus eine Fülle schwarzer Strahlen zu versenden scheint; so hat er dem toten Worte „Nash" sprühendes Leben verliehen; er hat es gewissermaßen aufgelockert und auf solche Weise den sonstigen Inhalt der Anzeige in einen lebendigen Zusammenhang gebracht. Somit werden, trotz gewisser im Wesen der Strichschatten begründeter gemeinsamer Eindrücke, Schönheitsempfinden und Aufmerksamkeit vom Probeblatt und von den Anzeigen des Klägers in ganz verschiedener Weise erregt; das Berufungsurteil spricht hier von verschiedener „ästhetisch-reklamemäßiger Funktion".

Einem von der Beklagten beigebrachten Privatgutachten gegenüber führt das Berufungsgericht aus: Die räumliche Anordnung der unterschiedlich gruppierten, in verschiedenen Größen und Formen gehaltenen Schrift und der bildhaft dargestellten Gegenstände erschöpfe sich nicht darin, daß das eine ganz oder größtenteils links, das andere rechts stehe. Vielmehr sei entscheidend, welcher Art die einzelnen Elemente des zusammengefügten Ganzen seien und wie der Kläger sie in ihrer Besonderheit auf den Raum verteilt habe.

a) Die beiden Werbeanzeigen des Klägers weisen einiges auf, was ihnen — bis auf unbeträchtliche kleine Abweichungen — gemeinsam ist: links unterhalb der Mitte der stark hervortretende Name „Nash" und als darunterstehende Zeile in kleinerer, aber noch immer sehr augenfälliger Schrift: „Die führende Weltmarke". Wiederum in schwächerem Drucke folgt darunter als dritte Zeile: „Autorisierte Verkaufsstellen:". Diese letzten Wörter leiten auf die rechte Seite hinüber, wo unterhalb des Bildes drei Berliner Firmen (mit Sitz, Fernruf u. dergl.) stehen. . . .

b) Der übrige Inhalt der beiden Werbeanzeigen ist verschieden. Die rechte Seite wird von einem Bilde beherrscht. Und zwar zeigt der eine Entwurf einen Erdball in schwarzer Grundfarbe, den, eine breite bandförmige Spur hinter sich lassend, ein Kraftwagen umfährt. Starke Strichschatten dienen mehrfach dazu, den Eindruck schneller Bewegung hervorzurufen: Der Erdkugel folgen auf sausender Bahn gewaltige röhrenförmige Schatten, die sich mit weißem Strahlenkranze vom Schwarz des Erdkörpers abheben. Auf dem weißen Spurbande des rings um die Erde eilenden Wagens zeichnet sich, wie ein Schweif hinter dem ebenfalls weißen Fahrzeug, schwarzer Strichschatten ab.

Das Bild des anderen Entwurfs gewährt dem Betrachter, aus der Flugschau schräg von oben, einen Blick auf den Verkehr einer großstädtischen Straßenkreuzung mit überquerender Hochbahn, elektrischen Wagen auf Doppelschienengleisen, vielen Kraftwagen und wimmelnden Fußgängern, die sich zumal auf dem Gehsteig, am meisten vor etlichen als schwarz-weiße Würfel aufragenden Geschäftshäusern, sammeln. Sinn und Erläuterung des Bildes liegt jeweils in der Überschrift. Sie schwingt sich in der ersten Anzeige über deren ganze Breite mit den — je nach dem Untergrunde teils in Schwarz teils in Weiß gehaltenen — Worten: „2 × um die Welt mit dem Nash". Auf die obere linke Seite beschränkt sich die Beischrift der zweiten Anzeige „Im Getriebe der Großstadt". Einige Zeilen Anpreisungstext (links vom Bilde) setzen — auf beiden Anzeigen verschieden lautend — jedesmal den in der Überschrift angefangenen Satz fort, und zwar lautet die Fortsetzung bei der ersten Anzeige (2 × um die Erde mit dem Nash): „ist einer unserer Kunden gefahren, der ohne Anstände mit seinem Nash-Wagen bis heute die Entfernung des doppelten Erdumfangs 80000 Kilometer zurückgelegt hat. Er schreibt uns selbst": (usw.) . . ., im ganzen 19 Zeilen mit teilweise unterschiedlichem Druck; ferner bei der zweiten Anzeige (Im Getriebe der Großstadt): „mit ihren hohen Forderungen des Verkehrs ist es ein Vergnügen, einen Nash zu steuern" . . . usw. —, im ganzen 11 Zeilen solchen Textes.

Diese Gliederung wird im Berufungsurteil folgendermaßen gekennzeichnet: „Von dem . . . als Kraftzentrum ausgebildeten Worte Nash klingt der Text — über die wesentlich weniger betont gedruckten Worte ‚Die führende Weltmarke' — in den nur schwach betonten Adressenangaben in einem leichten Auf und Ab der Druckstärke nach rechts hin ab. Dies scharf abgestufte ‚nach rechts hin' ergibt, daß einerseits das Wort Nash — wenn auch nicht unmittelbar — über einer weißen Fläche von nicht ganz unbeträchtlichem Umfang steht und so in seiner zentralen Bedeutung noch unterstrichen wird, während die Zeichnung anderseits mit einem Schrift-Grund unterbaut ist, der eine besonders enge Verbindung zwischen Schrift und Zeichnung herstellt. . . . Über dem Kraftzentrum des Wortes Nash steht der wesentlichste Teil des Textes mit seinen druckmäßig stark hervorgehobenen Eingangsworten, und zwar so, daß das Wort Nash das tragende Fundament bildet, während durch die Eingangsworte infolge ihrer kräftigen Hervorhebung eine Überdachung des darunter stehenden Textes geschaffen wird. Zugleich führen diese Eingangsworte zum rechten Teile der Anzeige hinüber, ähnlich wie die unterhalb des Wortes Nash stehenden nach rechts abklingenden Zeilen. So hat jedes Element der Anzeige seine ästhetisch-reklamemäßige Funktion im ganzen des Anzeigen-Raumes und erfüllt diese Funktion, im ganzen gesehen, auf so besondere Art und Weise, daß unbedenklich von einer individuellen Prägung gesprochen werden kann."

Sonach beurteilt das Kammergericht die beiden Werbeanzeigen des Klägers mit Recht — insoweit übrigens von der Revision nicht bemängelt — als Werke der bildenden Kunst, und zwar des Kunstgewerbes, genauer des graphischen Kunstgewerbes (§§ 1, 2 KunstschutzG.). Ob der beigefügte Worttext den Anforderungen des Gesetzes an Schriftwerke (LitUrhG. § 1 Abs. 1 Nr. 1) genügt, braucht nicht untersucht zu werden. Wenn es nicht der Fall ist, so liegt nur ein Werk bildender Kunst (Zeichenkunst) vor. Gehört aber dieses kunstgewerbliche Erzeugnis zu den aus Zeichnung und Schriftwerk gemischten, dann ändert sich dadurch am rechtlichen Ergebnis nichts. Denn die beiden einschlägigen Gesetze (KunstschutzG. und LitUrhG.) regeln die Fragen, auf die es hier ankommt, in durchaus gleichförmiger Weise. Um Abbildungen wissenschaftlicher oder technischer Art, welche nicht ihrem Hauptzweck nach als Kunstwerk zu betrachten sind (LitUrhG. § 1 Abs. 1 Nr. 3), handelt es sich bei den vorliegenden Werbeanzeigen nicht.

2. Als den Urheber der beiden Anzeigen betrachtet das Berufungsgericht — trotz der etwa von J. gegebenen Anregung — den Kläger allein. Es erwägt: „Der Kläger hat von der Beklagten den Auftrag erhalten, Entwürfe herzustellen, und zwar gegen eine Vergütung von je 200 RM.; er hat die Entwürfe geliefert und die Vergütung erhalten. Schon diese Tatsachen sprechen entscheidend dafür, daß die wirklich gestaltende Tätigkeit allein beim Kläger lag und daß ihm eben für diese Tätigkeit der Betrag von 400 RM. gezahlt worden ist. Als unrichtig erscheint hiernach die Darstellung der Beklagten, nach der der Kläger — also der Fachmann — nur in unselbständiger Weise die ins einzelne gehenden Ideen des Nichtfachmannes J. ausgeführt haben soll, sodaß alle für die Gestaltung wesentlichen

Züge dem J. und nicht dem Kläger geistig zuzurechnen wären. Diese Darstellung widerspricht unter Berücksichtigung der allgemeinen Lebenserfahrung den unstreitigen Tatsachen so sehr, daß sie selbst dann als unrichtig angesehen werden müßte, wenn J. sie als Zeuge bestätigen würde, zumal da die Beklagte selbst vorträgt, J. sei nicht Künstler und könne für sich kein künstlerisches Sachverständnis in Anspruch nehmen." „Das Vorbringen der Beklagten läßt", so hebt das Berufungsgericht als besonders beachtlich hervor, „in keiner Weise erkennen, ob die Beklagte mehr von dem Wesentlichen erfaßt hat als der Sachverständige ..., dessen Gutachten sie überreicht und sich zu eigen macht. Sollte wirklich, wie sie behauptet, J. angegeben haben, wo der Text der Anzeige, wo die Zeichnung und wo das Wort Nash hinkommen sollte, so hätte er, wie die vorstehenden Ausführungen ohne weiteres ergeben, im urheberrechtlichen Sinn überhaupt nichts Wesentliches geleistet. Er hätte nur den Rahmen skizziert, innerhalb dessen die individuelle Prägung des Klägers sich vollzogen hat. Daß diese individuelle Prägung in ihrer sie auszeichnenden Besonderheit schlechterdings nichts mit jenen rein äußerlichen Angaben zu tun hat, ergibt auch der Umstand, daß das bereits erwähnte Probeblatt „In Amerika", das nach dem Vortrage der Beklagten „J.s Ideen ungefähr entsprach" und aus diesem Grunde dem Kläger übergeben wurde, mit den Anzeigen des Klägers nichts im urheberrechtlichen Sinne Wesentliches gemein hat."

Im Anschluß an ein Urteil des Reichsgerichts bemerkt das Berufungsurteil: Mündlichen Äußerungen J.s könne, jedenfalls unter den hier gegebenen Umständen, keine Bedeutung beigemessen werden. Denn urheberrechtlich wesentlich sei in aller Regel nur die endgültige Zusammenfügung des Werkes vor dem inneren Blicke des Künstlers nebst der sichtbaren Darstellung zur körperlichen Wahrnehmung für den Betrachter (RGUrt. I 49/27 vom 15. Juni 1927 in Markenschutz und Wettbewerb Bd. 27/28 S. 144). Zwar solle J. einzelne Bilder, darunter gerade den ersten Entwurf des Klägers (2 × um die Erde mit dem Nash), selbst skizziert haben. Aber vorgelegt seien die Skizzen nicht. Und da J. nicht Künstler, sondern lediglich Werbeleiter sei, so müsse, da kein in Augenschein zu nehmendes Blatt vorliege, angenommen werden, daß er in derartigen Skizzen nichts Wesentliches von den Arbeiten des Klägers vorweggenommen habe.

Bei dieser Sachlage findet das Kammergericht es auch unerheblich, daß die erste vom Kläger gelieferte Anzeige außer dem Namen des Klägers noch das Zeichen J.s (den Anfangsbuchstaben seines Namens) trägt. Es führt aus: „Die durch § 9 KunstschutzG. begründete Vermutung wird durch die besonderen Umstände des Falles entkräftet. Da J. unstreitig kein Künstler ist und nicht einmal künstlerisches Sachverständnis für sich in Anspruch nehmen kann, so muß alles in den Anzeigen des Klägers Wesentliche bis zum zwingenden Beweis des Gegenteils als in jedem urheberrechtlich erheblichen Sinne von dem Kläger herrührend angesehen werden. Denn alles Wesentliche, alles Individuelle beweist so stark das Sachverständnis und das Können des von der Beklagten selbst in Gegensatz zu J. gestellten berufsmäßigen Graphikers, daß es nur auf einen solchen zurückgeführt werden kann. Sollte J. daher wirklich sein Zeichen im Einverständnis mit dem Kläger auf den ersten Entwurf gesetzt haben, so muß bei der Besonderheit der Sachlage angenommen werden, daß J. dieses Einverständnis nicht in seiner Eigenschaft als Urheber oder Miturheber, sondern in der Eigenschaft als Werbeleiter erklärt hat, wie ungewöhnlich es auch sein mag, daß ein Werbeleiter sein Zeichen in solcher Weise auf eine Reklameanzeige setzt".

Diese Erwägungen enthalten keinen Verstoß gegen Rechtsgrundsätze. Sie werden von der Revision auch nicht ausdrücklich bemängelt. . . .

II. Die Darlegungen des Berufungsurteils darüber, daß die Beklagte das Urheberrecht des Klägers verletzt habe, werden von der Revision ohne stichhaltige Gründe bemängelt.

1. Das Kammergericht vergleicht die beanstandeten Anzeigen der Beklagten mit den Anzeigen des Klägers und findet: Bei dieser Vergleichung „treten die Unterschiede, die in der Hauptsache die im bildlichen Teil dargestellten Gegenstände betreffen, fast vollkommen zurück; es leuchtet sofort ein, daß hinsichtlich der zur Wirkung bestimmten und dienenden Zusammenhänge stärkste Übereinstimmungen herrschen. Die wesentlichen Züge sind so stark übernommen, daß nicht von einer im Wege freier Benutzung hervorgebrachten eigentümlichen Schöpfung, sondern nur von unzulässiger Nachahmung gesprochen werden kann." In ähnlichem Sinne heißt es an späterer Stelle, daß „sich die 41 Anzeigen der Beklagten, die jetzt noch in Betracht kommen, gegenüber den Anzeigen des Klägers hinsichtlich aller erheblichen Züge in vollkommener Abhängigkeit befinden".

Die Revision bemängelt, daß hierbei die Anzeigenreihe des Klägers mit jener — von dem Graphiker P. entworfenen — der Beklagten verglichen werde, aber nicht, wie es allein statthaft sei, jede einzelne Anzeige der Beklagten mit der einzelnen Anzeige des Klägers, die in ihr unfrei benutzt sein solle. Die Beklagte meint, daß bei der vom Berufungsgericht angewandten Vergleichungsart dem Kläger ein bestimmter Stil, eine Weise der Auffassung, Darstellung oder Kennzeichnung geschützt werde, während sich nach anerkannten Grundsätzen der Kunstschutz darauf nicht erstrecke.

Allerdings ist der von der Revision damit angerufene Grundsatz der Rechtsanwendung festzuhalten. Jedes Kunstwerk ist ein einzelnes Gebilde geistiger Tätigkeit in bestimmter Form. Und Gegenstand des Schutzes ist immer nur das einzelne Werk, nicht die Kunstgattung, nicht der Stil, nicht die Anwendung bestimmter Mittel oder technischer Kunstgriffe, um eine gewisse Wirkung zu erzielen (RGSt. Bd. 6 S. 344, Bd. 23 S. 129/130; RGZ. Bd. 71 S. 355/6, Bd. 72 S. 164, Bd. 116 S. 298, Bd. 117 S. 232/3, Bd. 121 S. 71; Allfeld Anm. 19 zu § 1 KunstschutzG.; Kohler KunstwerkR. S. 29; Osterrieth-Marwitz S. 27/28 Anm. 7 zu § 7 KunstschutzG.; Riezler Urh. u. ErfinderR. I S. 408/9, 424; Dernburg Bürg. R. VI S. 157/8; Crome Bürg. R. IV S. 70flg.; Elster UrheberR. (2. Aufl. 1928) S. 178). Diese anerkannten Regeln verletzt aber das Berufungsurteil nicht. Mit ihnen ist die Erwägung durchaus vereinbar, von der das Kammergericht ersichtlich ausgeht: Wenn die Kunst sich in den Dienst alltäglicher Verkehrszwecke stellt, Kunden für andere zu werben sucht, Reklameanzeigen entwirft, so gewinnen dadurch notwendig gewisse aus diesem Werbezweck folgende Umstände und Bedingnisse Einfluß auf die Beurteilung des Werkes. Anzeigen wie die hier streitigen sind nach Bestandteilen und Gesamtanlage darauf berechnet, sich einer Reihe gleichartiger oder verwandter Kundmachungen einzufügen. Abwechslung und Wiederholung miteinander verbindend, sollen sie auf mannigfaltig zusammengesetzte Betrachtungskreise wirken. Darum eignet dem Bildgegenstand des aus Schrift und Bild bestehenden kunstgewerblichen Werkes, das Werbezwecken dient, geringere Bedeutung, als es dort der Fall zu sein pflegt, wo kein solcher Zweck obwaltet. Der Werbezweck läßt deshalb auch bei den Anzeigen der Parteien den Bildgegenstand zurücktreten im Vergleich zu dem Namen der Fabrik oder Ware, der sich, betont durch künstlerisch angeordnetes, blickfangendes und damit kundenwerbendes Zubehör, empfehlend einprägen, Aufmerksamkeit erregen und im Gedächtnis haften soll. Bei wiederholten Anzeigen, z. B. in der Presse, die durch Gleichheit des Ausdrucksmittels, Gleichheit oder Ähnlichkeit seiner Anwendungsform gedanklich miteinander verknüpft sind, darf deshalb nicht bloß die einzelne Anzeige betrachtet, sondern es muß die ganze Reihe in ihrer Gesamtwirkung mit dem Gegenstand verglichen werden (vgl. RGZ. Bd. 121 S. 71).

2. Nach diesen Grundsätzen ist das Berufungsgericht verfahren. Auf der Seite des Klägers handelt es sich nur um zwei Werbeanzeigen. Ihnen steht auf der Seite der Beklagten eine lange Reihe gegenüber.

a) Ursprünglich legte der Kläger nur drei Anzeigen der Beklagten vor, in denen er Nachahmungen der seinigen, unfreie Benutzung beanstandete. Diese wurden der Preußischen Künstlerischen Sachverständigenkammer zur Begutachtung unterbreitet. Bei der ersten Anzeige der Beklagten fand die Sachverständigenkammer, daß durch abweichende Gestaltung des Wortes Nash ein erheblicher Unterschied vorliege, freilich auch die Hauptwirkung verloren gehe. Die beiden anderen Anzeigen aber begutachtete sie als Nachbildungen der Anzeigen des Klägers, neben denen man sie nicht als eigentümliche Schöpfungen gelten lassen könne. „Sie sind nicht Nachahmungen, insofern neue bildliche Darstellungen eingeführt werden; wohl aber insofern, als sie sich die künstlerische Idee der klägerischen Anzeigen durchaus zu eigen machen und eines ihrer Hauptelemente, nämlich die warenzeichenartige Gestaltung des Firmennamens, wörtlich übernehmen." Im Anschluß an das Gutachten beurteilte das Landgericht diese beiden anderen Anzeigen als Nachbildungen der beiden Entwürfe des Klägers und verneinte, daß sie eigentümliche Schöpfungen seien.

b) Im zweiten Rechtszuge legte der Kläger weitere vierzig Anzeigen der Beklagten vor, die er ebenfalls für Nachbildungen der seinigen erklärte. Doch schied er jene erste Anzeige (in der schon Sachverständigenkammer und Landgericht keine Nachbildung gesehen hatten) und eine fernere Anzeige schließlich aus, sodaß die endgültige Zahl der von ihm behaupteten Nachbildungen 41 war. Diese alle beurteilt denn auch das Kammergericht dahin, daß sie keine aus freier Benutzung hervorgegangenen eigentümlichen Schöpfungen, sondern unzulässige Nachahmungen der Anzeigen des Klägers seien. Ein Sachverständigengutachten über die im Berufungsrechtszug neu beigebrachten Stücke hat es nicht eingeholt. Es führt aus: „Bei der Prüfung der ... Frage, ob es sich bei den beanstandeten 41 Anzeigen um unzulässige Nachbildungen oder um eine freie Benutzung im Sinne des § 16 KunstschutzG. handelt, ist in erster Linie zu beachten, daß diese Frage stets nur im Hinblick auf den besonderen Charakter der zu vergleichenden Werke und nicht nach einem starren allgemeinen Schema beantwortet werden kann. Stets muß geprüft werden, ob die für das angeblich nachgebildete Werk wesentlichen, seine ästhetische Wirksamkeit entscheidend bedingenden Züge so übernommen sind, daß das Übernommene — trotz etwaiger umfänglich vielleicht sehr erheblicher Veränderungen — auch für das neue Werk in so hohem Maße wesentlich ist, daß seine ästhetische Wirksamkeit entscheidend durch die übernommenen Züge bedingt ist." Der damit aufgestellte Grundsatz entspricht der bereits anerkannten Rechtsanwendung. Es fragt sich auch hier: Hat sich der Urheber des neuen Werkes von dem Gedanken und der Darstellung des alten Werkes so weit losgelöst, daß man billigerweise seine Tätigkeit als eine selbständige künstlerische Leistung anerkennen muß? (RGZ. Bd. 63 S. 159, Bd. 82 S. 17, Bd. 117 S. 232/3, Bd. 121 S. 69).

Das Kammergericht beantwortet die somit entscheidende Frage dahin: Bei den Werbeanzeigen der Beklagten wird die Wirkung auf den Betrachter, seine Aufmerksamkeit und sein Schönheitsgefühl ganz überwiegend durch Züge bestimmt, die den Anzeigen des Klägers entlehnt sind; die der Beklagten gehören nicht zu den eigentümlichen Schöpfungen, sondern zu den aus unfreier Benutzung erwachsenen Nachahmungen. Im einzelnen begründet es diese Würdigung folgendermaßen: „Bei Erzeugnissen der hier in Frage stehenden Art (Werbeanzeigen, zumal in der Presse) kommt es in erster Linie nicht so sehr auf die im bildlichen Teile dargestellten Gegenstände als solche an, als auf die Besonderheit der Schwarz-Weiß-Wirkung, d. h. darauf, wie die aus dem Text und dem bildmäßigen Teile sich zusammensetzenden schwarzen Farbflecke auf dem weißen Grunde verteilt sind; besonders in welcher Weise sie im einzelnen zusammengeballt und aufgelöst sind, wie das Zusammengeballte und das Aufgelöste auf dem weißen Grunde in einer für das Auge mehr oder weniger angenehmen Weise gegeneinander abgewogen ist, wie die Überleitungen der schwarzen zu den weißen Teilen gestaltet sind und vor allem auch, wie durch diese und alle sonstigen Mittel des Schwarz-

Weiß ein das Ganze beherrschender Rhythmus erzeugt wird, der das Auge des Betrachters gefangen nimmt und es veranlaßt, sich dem zu lesenden Texte zuzuwenden. Vergleicht man im Hinblick auf diese Gesichtspunkte die beanstandeten Anzeigen mit den Anzeigen des Klägers, so treten die Unterschiede, die in der Hauptsache die im bildlichen Teile dargestellten Gegenstände betreffen, fast vollkommen zurück, und es leuchtet sofort ein, daß hinsichtlich der ... wesentlichen, auf Wirkung berechneten Zusammenhänge stärkste Übereinstimmung herrscht."

3. Diese Erwägungen des Berufungsurteils verstoßen nirgend gegen Rechtsgrundsätze. Die Anwendung der zutreffend hervorgehobenen Regeln auf den vorliegenden Sachverhalt gehört in das Gebiet der Tatsachenwürdigung. Daß bei ihr offenbare Irrtümer tatsächlicher Art untergelaufen wären, welche die rechtliche Beurteilung entscheidend beeinflußten und deshalb auch im gegenwärtigen Rechtszuge beachtet werden müßten, ist nicht zuzugeben.

a) Zwar weisen die Anzeigen der Beklagten auch beträchtliche Unterschiede von denen des Klägers auf. Daß geradezu der Bildgegenstand aus einer der Anzeigen des Klägers übernommen sei, wird weder behauptet, noch erhellt es aus den Vorlagen; nur ein gewisser Einfluß auf die Art der Bildgestaltung mag in etlichen Anzeigen zutage treten. Auch Gleichheit oder auffallende Ähnlichkeit der Worttexte ist weder behauptet noch ersichtlich.

b) Aber das Kammergericht stellt gleichwohl mit eingehender Begründung weitgehende Übereinstimmung fest. So in Kernstück und Grundlage der Anzeigen: in dem stärkstens betonten, wirkungsvoll hervortretenden Nash und den ebenfalls augenfälligen Zusätzen dieses Namens. So in der Verteilung von Schwarz und Weiß nach Anlage und Gesamteindruck; die Anzeigen der Beklagten weisen sämtlich gleich denen des Klägers die alsbald auffallende hufeisenförmige Anordnung auf, die den Kern des Anpreisungstextes einfaßt. Ohne rechtlichen Irrtum nimmt deshalb das Berufungsurteil an, daß bei keiner der endgültig beanstandeten Anzeigen der Beklagten freie, sondern überall unfreie Benutzung der Werbeanzeigen des Klägers vorliege; daß jedenfalls aber das Nachgeahmte durchweg keine eigentümliche Schöpfung bedeute, weil es ihm an Eigenart und selbständiger Wirkung fehle (§ 16 KunstschutzG.). Somit ist begründeterweise Verletzung des Urheberrechts des Klägers als gegeben angenommen worden (§§ 15, 31 KunstschutzG.).

III. Das Berufungsgericht nimmt weiter an, daß die Beklagte die Urheberrechtsverletzung fahrlässig begangen habe (§ 31 KunstschutzG., § 276 Abs. 1 Satz 2 BGB.). Dabei sieht es zunächst von dem Vertragsverhältnis unter den Parteien völlig ab und läßt die Frage beiseite, ob sich die Beklagte des Werbeleiters J. zur Erfüllung ihrer Verbindlichkeiten bedient (§ 278 BGB.), ob sie ihn zu gewissen Verrichtungen, nämlich zur Besorgung der Werbeanzeigen, bestellt gehabt habe (§ 831 BGB.). Es erwägt: „Bei der außerordentlichen Tragweite, die eine Inseratenseite von der hier in Rede stehenden Art hat, und bei der Ausbreitung, die das Plagiat-Unwesen gewonnen hat, war es Sache des Geschäftsführers der Beklagten, die Werbeanzeigen, bevor sie hinausgingen, durchzusehen. Hat er dies getan, so hat er auch als erfahrener Geschäftsmann erkannt, daß hier unzulässige Nachbildungen vorliegen. Hat er es nicht getan, so liegt fahrlässiges Unterlassen — Versäumung der im Verkehr erforderlichen Sorgfalt (§ 276 BGB.) — vor, das auch zum Schadensersatz verpflichtet." Diese Beurteilung gibt keinen Anlaß zu rechtlichen Bedenken. Aus den festgestellten Tatsachen ist schlüssig gefolgert, daß der Geschäftsführer der Beklagten die ihm obliegende Pflicht zu verkehrsmäßiger Sorgfalt verletzt hat. Die Ausführung der Revision, welche jedes Verschulden dem Werbeleiter J. zuschieben will, scheitert an den getroffenen Feststellungen. Sie werden unterstützt durch den Brief vom 15. November 1927, aus dem hervorgeht, daß der Kläger in einer Unterredung den Vorwurf unbefugter Entnahme, also unfreier Benutzung seiner Werbeanzeigen (der Brief spricht von Stil-Plagiat) erhoben hatte. Der an den Kläger gerichtete Brief zeigt Auf- und Unterschrift der Firma, unter der die Beklagte mit der gegenwärtigen Klage auf Schadensersatz in Anspruch genommen wurde. Die jeweils in Zeitungen erschienenen Werbeanzeigen der Beklagten wurden dem Geschäftsführer, wie sich von selbst versteht und unbestritten ist, bekannt. Ihr weitaus größter Teil erschien sogar erst nach jener Warnung, in welcher der Kläger sein Urheberrecht betont und dessen Verletzung behauptet hatte. Die Überzeugung des Berufungsgerichts von der Fahrlässigkeit der sämtlichen Verletzungen ist demnach ohne Verstoß gegen Rechtsgrundsätze gewonnen.

Haftet also die Beklagte, ohne Rücksicht darauf, ob sie zum Kläger in einem Vertragsverhältnis stand, wegen Verletzung seines Urheberrechts, dann rechtfertigt sich auch ihre Verurteilung zum

Schadensersatz (§ 31 KunstschutzG.). Auf die nicht bemängelte Höhe des Ersatzes, die das Berufungsgericht auf Grund tatsächlicher Erwägungen nach freiem Ermessen bestimmt hat, braucht nicht eingegangen zu werden (§§ 286, 287 ZPO.). . . .

---

40. Haftet der Unternehmer für die mangelhafte Ausführung eines Werkes auch den verletzten Dienstverpflichteten des Bestellers vertraglich auf Schadensersatz? Vertrag zugunsten eines Dritten.

BGB. §§ 133, 157, 278, 328, 618.

VI. Zivilsenat. Urt. v. 10. Februar 1930 i. S. der Firma B. & R. (Bekl.) w. A. (Kl.). VI 270/29.

I. Landgericht Kassel.
II. Oberlandesgericht daselbst.

Die Klägerin war von Mitte April bis Ende Juni 1926 bei der Witwe M. als Aufwartung tätig. Am 10. und 11. August 1926 half sie der Frau M. bei deren Umzug in eine neue Wohnung; zum 15. August hatte sie eine andere Stelle als Dienstmädchen angenommen. Frau M. hatte der verklagten Firma die Verlegung der Gasuhr im Badezimmer ihrer neuen Wohnung übertragen. Diese Arbeit ließ die Firma Ende Juli 1926 durch den bei ihr angestellten Obermonteur B. ausführen. Am 11. August bemerkte die Klägerin, wie auch schon am Tage vorher, Gasgeruch in der Wohnung. Um die Stelle festzustellen, an der das Gas ausströmte, stieg sie im Badezimmer auf eine Leiter und leuchtete mit einem Streichholz die Gasleitung ab. Dabei entzündete sich das ausströmende Gas und die Klägerin erlitt erhebliche Verletzungen am Oberkörper. Das Ausströmen des Gases war darauf zurückzuführen, daß eine Überfallschraube an der Gasuhr undicht war. Diese Verschraubung hatte B. angebracht; ihm fällt nach der Feststellung des Berufungsgerichts grobe Fahrlässigkeit bei der unsachgemäßen Ausführung dieser Arbeit zur Last.

Die Klägerin nahm zunächst in einem Vorprozeß die Witwe M. auf Schadensersatz in Anspruch. In diesem Rechtsstreit trat die jetzt verklagte Firma der Frau M. als Streitgehilfin bei. Die Klage wurde rechtskräftig abgewiesen, weil der Klägerin in jedem Falle überwiegendes eigenes Verschulden (§ 254 BGB.) zur Last falle.

Nunmehr hat die Klägerin eine Schadensersatzklage gegen die Firma B. & R. und gegen B. als Gesamtschuldner gerichtet und eine Rente, sowie die Feststellung der weiteren Schadensersatzpflicht verlangt.

Das Landgericht erklärte den Anspruch gegenüber beiden Beklagten zu $^2/_3$ für gerechtfertigt. Das Oberlandesgericht ermäßigte den Anspruch auf die Hälfte.

Die Revision der Firma B. & R. (im folgenden die Beklagte genannt) war ohne Erfolg, abgesehen von einer die Dauer der Rente betreffenden Maßgabe.

Gründe:

Das Berufungsgericht begründet die Verurteilung der Beklagten im wesentlichen wie folgt. Die Beklagte hafte für den von B. verursachten Schaden aus dem mit Frau M. geschlossenen Werkvertrag, ohne daß ihr ein Entlastungsbeweis gestattet sei. Dieser Vertrag umfasse die Pflicht der Beklagten zur Beobachtung der im Verkehr erforderlichen Sorgfalt bei Ausführung der Arbeit; auch für die Erfüllung dieser Verpflichtung habe sie sich des B. als ihres Erfüllungsgehilfen bedient und müsse daher für ihn gemäß § 278 BGB. einstehen. Der Anspruch auf Beobachtung der Sorgfalt und damit der Anspruch auf Ersatz des durch eine Vernachlässigung der Sorgfaltspflicht verursachten Schadens stehe nicht nur der Frau M. als der Vertragsgegnerin beim Werkvertrag zu, sondern auch der Klägerin, da insoweit ein Vertrag zugunsten Dritter anzunehmen sei.

Ob der Vertragswille auf die in § 328 Abs. 1 BGB. bezeichnete Wirkung gerichtet sei, daß der Dritte unmittelbar das Recht erwerben solle, die für ihn bedungene Leistung zu fordern, müsse gemäß § 328 Abs. 2 BGB. in Ermanglung einer besonderen Bestimmung auf Grund der Umstände des Einzelfalls, insbesondere nach dem für beide Vertragsteile erkennbaren Zweck des Vertrags beurteilt werden. Der Vertragszweck habe dabei die Bedeutung eines objektiven Maßstabes für die Ermittlung des Vertragsinhalts derart, daß eine Abrede als vom Vertragswillen umfaßt gelten müsse, welche die Vertragschließenden getroffen haben würden, wenn sie sich die dem Vertragszweck entsprechende Ausgestaltung der Einzelheiten vergegenwärtigt hätten. Ob sie sich dieser Tragweite ihrer Vereinbarung tatsächlich bewußt gewesen seien, sei ohne Belang. Unter Anwendung dieser Rechtsgrundsätze sei hier das Vorliegen eines Vertrags zugunsten Dritter anzunehmen. Bei Abschluß eines Werkvertrags müsse dem

Besteller von Arbeiten, die in seiner Wohnung auszuführen und für ihre Benutzer mit Gefahren verbunden seien, regelmäßig die für den Unternehmer erkennbare Absicht unterstellt werden, auf die Belange mindestens der mit ihm zusammenlebenden Angehörigen nach Möglichkeit Rücksicht zu nehmen und zu diesem Zweck ihnen wegen irgendwelcher durch die Ausführung der Arbeit verursachter Schäden dieselben Rechte gegen den Unternehmer zu verschaffen, die dem Besteller selbst zuständen. Denn ohne eine solche Ausdehnung der Vertragspflichten des Unternehmers würden die Angehörigen in Schädigungsfällen auf außervertragliche Ansprüche beschränkt sein. Eine solche verschiedene Gestaltung der Rechtslage des Bestellers und seiner Angehörigen widerstrebe dem gesunden Rechtsgefühl und entspreche deshalb nicht den Vertragsabsichten des Bestellers, der, wie sich der Unternehmer nicht verhehlen könne, seine Angehörigen in bezug auf Ersatzansprüche nicht schlechter stellen wolle als sich selbst.

Ebenso verhalte es sich mit den Hausangestellten des Bestellers. Auch insoweit sei diesem die für den Unternehmer erkennbare Absicht zu unterstellen, daß er die Belange seiner Hausangestellten wahrnehmen wolle, die in den Räumen, wo der Unternehmer die Arbeiten ausführe, tätig sein müßten und gegen den Besteller einen Anspruch auf Verkehrssicherheit hätten (§ 618 BGB.). Wenn der Besteller einen Werkvertrag abschließe, der die Ausführung von gefahrbringenden Arbeiten zum Gegenstand habe, so gehe sein auch dem Unternehmer erkennbarer Vertragswille dahin, die Ausführung der Arbeiten solle so erfolgen, daß weder für ihn noch für seine Familienangehörigen noch für seine Hausangestellten irgendwelche Schäden entstehen sollten und daß er sich in Ansehung dieser Schäden nicht besser stellen wolle als die zu seiner engeren Hausgemeinschaft gehörigen Personen.

Nun sei zwar die Klägerin nicht Hausangestellte, sondern nur Aufwärterin der Frau M. gewesen, also nicht in deren häusliche Gemeinschaft aufgenommen worden. Es müsse indessen als der Wille der vertragschließenden Dienstherrschaft angesehen werden — und auch das sei für den Unternehmer erkennbar gewesen —, daß über den oben bezeichneten Kreis der Familienangehörigen und Hausangestellten hinaus alle diejenigen Personen den besonderen Schutz des eigenen Anspruchs auf Erfüllung der Sorgfaltspflicht haben sollten, denen die

Dienstherrschaft aus § 618 Abs. 1 BGB. für den Schutz ihrer Gesundheit hafte. Dazu gehöre aber auch die Aufwärterin. Indessen bedürfe diese Auffassung einer Einschränkung dahin, daß als so begünstigt nur solche aus § 618 BGB. berechtigte Personen angesehen werden könnten, die zu der Dienstherrschaft in einem gewissen Dauerverhältnis ständen, woraus der Herrschaft eine zum mindesten sittliche Pflicht zu erhöhter Betreuung entspringe. Denn es sei nicht ohne weiteres anzunehmen, daß der Dienstherr einen Vertrag zugunsten Dritter auch zum Vorteil solcher Personen schließen wolle, die nur gelegentlich und vorübergehend in seinen Räumen tätig seien und mit denen ihn kein engeres Band verknüpfe, wie es sich aus der längeren Nutzung der Arbeitskraft und dem häufigeren Zusammentreffen, wohl auch der Anknüpfung persönlicher Beziehungen ergebe. Die Klägerin habe aber zu der Frau M. nicht nur in vorübergehender Beziehung gestanden; denn sie sei etwa ein Vierteljahr lang regelmäßig bei ihr beschäftigt gewesen und auch im übrigen habe, wie näher dargelegt wird, eine Dauerbeziehung zwischen der Klägerin und Frau M. vorgelegen.

Aber auch wenn man letzteres für den 11. August 1926 nicht mehr annehmen wollte — sagt das Berufungsurteil —, so würde doch ein Vertrag zugunsten Dritter in Ansehung der Klägerin vorliegen. Denn in den Tagen eines Umzugs und der Neueinrichtung der Wohnung seien die den Einrichtungsgegenständen drohenden Gefahren noch um soviel größer als in den Zeiten eines geordneten Hauswesens, daß es als der erkennbare Wille des Wohnungsinhabers angesehen werden müsse, allen beim Umzug beteiligten Personen einen besonders weitgehenden Schutz zukommen zu lassen. Es müsse somit angenommen werden, daß der Vertrag zugunsten Dritter in Ansehung der Sorgfaltspflicht alle am Umzug beteiligten Personen umfasse.

Dem gegenüber macht die Revision geltend, bei einem Werkvertrag könne die Vereinbarung des Schutzes der sämtlichen ständig und vorübergehend in einer Wohnung Anwesenden nicht angenommen werden; die für den Mietvertrag gewonnenen Grundsätze könnten nicht auf den Werkvertrag übertragen werden.

Dieser Angriff kann keinen Erfolg haben, und zwar hauptsächlich deswegen nicht, weil die Auslegung des zwischen der Beklagten und der Witwe M. geschlossenen Werkvertrags durch den Berufungsrichter dahin, daß der Werkvertrag einen Vertrag zugunsten auch der Klägerin enthalte, frei von Rechtsirrtum ist, insbesondere einem solchen in der Anwendung der §§ 133, 157, 328 BGB. Ob der Kreis der Begünstigten im angefochtenen Urteil überall richtig bestimmt ist, kann unerörtert bleiben. Denn jedenfalls gehören zu jenem Kreise solche Personen, denen gegenüber der Besteller nach § 618 BGB. schadensersatzpflichtig ist.

Die grundsätzlichen Erwägungen, von denen das Berufungsgericht ausgeht, sind zutreffend und stehen in der Rechtsprechung des Reichsgerichts fest (vgl. die Nachweisungen im RGRKomm. 6. Aufl. Erl. 3 zu § 328; Warneyer BGB. 2. Aufl. Bem. II zu § 328; Soergel BGB. 4. Aufl. Erl. 1 und 9 zu § 328). Insbesondere ist es richtig, daß ein Vertrag zugunsten eines Dritten auch stillschweigend geschlossen werden kann und daß die Entscheidung der Fragen, ob ein Vertrag als auch zugunsten eines Dritten geschlossen zu erachten ist und ob der Dritte unmittelbar Rechte aus dem Vertrag gegen den Versprechensgeber erwerben soll, in Ermanglung einer besonderen Vertragsbestimmung im wesentlichen von der Würdigung der tatsächlichen Verhältnisse des Einzelfalls abhängt (RGZ. Bd. 87 S. 292). Bei dieser Würdigung ist auf den Parteiwillen und den Geschäftszweck, sowie auf die Verkehrssitte, Rücksicht zu nehmen (RGZ. Bd. 64 S. 113, Bd. 65 S. 168); der Frage der ergänzenden Vertragsauslegung (RGRKomm. Erl. 1 Abs. 2 zu § 157) ist besondere Beachtung zu schenken (RGZ. Bd. 98 S. 213). Der von den Parteien verfolgte Geschäftszweck stellt ein objektives Merkmal dar; es ist daher nicht entscheidend, ob sich die Parteien beim Vertragsschluß der Tragweite ihrer Erklärungen bewußt waren (WarnRspr. 1915 Nr. 203). Endlich ist es nicht erforderlich, daß die Person des Dritten, zu dessen Gunsten der Vertrag geschlossen wird, bei Vertragsschluß bezeichnet wird; es genügt seine Bestimmbarkeit (RGZ. Bd. 106 S. 126, Bd. 117 S. 149).

Auf dieser Grundlage haben neuere Urteile des Reichsgerichts in Fortbildung der früheren Rechtsprechung den Abschluß von Verträgen zugunsten Dritter in steigendem Umfang in Fällen angenommen, in denen Dritten ein Schaden erwachsen ist. Noch im Urteil vom 30. Juni 1910 VI 357/09 ist dem Dienstboten des Mieters, der in den Mieträumen infolge ihres ordnungswidrigen Zustandes Schaden erlitten hatte, ein unmittelbarer Vertragsanspruch gegen den Vermieter für den Regelfall versagt worden, und in RGZ. Bd. 77 S. 101, Bd. 81 S. 200 (vgl. Bd. 81 S. 215) ist dem Mieter Schadensersatz auf Grund des Mietvertrags gegenüber dem Vermieter insoweit zuerkannt worden, als dem Mieter selbst infolge eines Unfalls, den seine Frau in der Mietwohnung gehabt hatte, ein Schaden erwachsen war. Dagegen ist in solchen Fällen den Angehörigen des Mieters ein unmittelbarer vertraglicher Schadensersatzanspruch gegen den Vermieter in den Entscheidungen RGZ. Bd. 91 S. 24, Bd. 102 S. 232, WarnRspr. 1921 Nr. 96 = Recht 1921 Nr. 2775 auf Grund des § 328 BGB. zugebilligt worden. Während noch das Urteil RGZ. Bd. 85 S. 183 bei dem auf ärztliche Behandlung eines Kindes gerichteten Vertrag den Schadensersatzanspruch des Kindes gegen den Arzt auf Grund des vom Vater geschlossenen Vertrags verneint, hat das Urteil WarnRspr. 1918 Nr. 113 die Frage der vertraglichen Haftung eines Zahnarztes aus § 328 BGB. für den einem Kinde zugefügten Schaden bejaht, ohne jedoch die Entscheidung hierauf zu gründen. Im Urteil WarnRspr. 1915 Nr. 203 ist anerkannt, daß dem Mitglied einer Ortskrankenkasse, das von dieser in einem Krankenhaus untergebracht war, gegen das Krankenhaus ein unmittelbarer vertraglicher Schadensersatzanspruch zustehe, und in gleichem Sinne ist zugunsten eines Kindes entschieden worden, das in ein Säuglingsheim zur Pflege gegeben war (JW. 1919 S. 38 Nr. 4). Aus dem Abschluß des Schulvertrags ferner erwächst dem Schüler nach dem Urteil vom 25. Mai 1925 IV 40/25 ein unmittelbares Recht auf Schadensersatz gegen die Anstalt. Wird eine Arbeiterin unter der Bedingung angenommen, daß sie ihre Kinder zur Arbeitsstätte mitbringen darf, so übernimmt dadurch der Dienstherr nicht nur gegenüber der Mutter, sondern auch unmittelbar den Kindern gegenüber die vertragliche Aufsichtspflicht und macht sich durch ihre Verletzung den Kindern schadensersatzpflichtig (JW. 1919 S. 820 Nr. 1). In dem Fall RGZ. Bd. 98 S. 210 war die Benutzung einer Kreissäge gestattet worden; die Benutzung sollte durch einen Arbeiter des Bestellers erfolgen, der sich dabei eine Verletzung zuzog; das Oberlandesgericht hatte die Klage des Arbeiters gegen den Eigentümer der Säge abgewiesen, das Reichsgericht aber hat das Urteil aufgehoben, weil nicht geprüft sei, ob nicht ein Vertrag zugunsten Dritter vorliege. Bei Beförderungsverträgen, also bei Fällen des Werkvertrags, ist in RGZ. Bd. 87 S. 289 die Annahme des Vorderrichters gebilligt worden, daß dem dritten Benutzer des Wagens kein unmittelbarer vertraglicher Schadensersatzanspruch gegen den Unternehmer zustehe. Dagegen ist in RGZ. Bd. 87 S. 65 ausgesprochen worden, daß der

Besteller den Beförderungsvertrag zugleich auch zugunsten seiner mitfahrenden Angehörigen abschließe und daß daher diesen unmittelbare vertragliche Schadensersatzansprüche gegen den Unternehmer erwüchsen. Die gleiche Auffassung liegt dem in Recht 1924 Nr. 161 abgedruckten Urteil zugrunde. Hier war ein Kind von Erwachsenen auf eine Dampferfahrt mitgenommen worden, auf der es verletzt wurde; das Reichsgericht hat die Frage, ob dem Kinde ein unmittelbarer Vertragsanspruch gegen den Schiffseigner zustehe, bejaht. Endlich gehört hierher noch das — allerdings keinen Schadensersatzanspruch behandelnde — Urteil RGZ. Bd. 103 S. 268, das die von der Vorinstanz getroffene Annahme eines Vertrags zugunsten Dritter gebilligt hat. An dieser neueren Rechtsprechung ist festzuhalten; sie vertritt einen durchaus gesunden, den Lebensverhältnissen gerecht werdenden und dem Rechtsgefühl entsprechenden Standpunkt.

Beurteilt man nach ihr den vorliegenden Fall, so ergibt sich folgendes. Die Klägerin stand bei der Witwe M. als Aufwartung in einem Arbeitsverhältnis von längerer Dauer. Kraft dieser Stellung war sie nicht nur zur Erhaltung ihrer eigenen Gesundheit, sondern auch zur Wahrung der Belange ihrer Arbeitgeberin befugt und verpflichtet, das Badezimmer zu betreten, aus dem der Gasgeruch zu kommen schien. Dieser hiernach zur Verrichtung ihrer Dienste bestimmte Raum befand sich nicht in dem Zustand, daß die Klägerin gegen Gefahr für Leib und Leben geschützt war, weil der Gasleitung Gas entströmte; der mangelhafte Zustand beruhte auf der grob fahrlässigen Art, in der B., der Erfüllungsgehilfe der Beklagten (§ 278 BGB.), das dieser übertragene Werk der Verlegung der Gasuhr ausgeführt hatte. Für die Frau M. bestanden nach dieser Richtung gemäß § 618 Abs. 1 BGB. Verpflichtungen, die der Gesetzgeber für so wesentlich erachtet hat, daß ihre vertragliche Aufhebung oder Beschränkung im voraus nicht statthaft ist (§ 619 BGB.). Aus diesen Verpflichtungen haftete die Frau M., obwohl sie selbst kein Verschulden trifft, der Klägerin auf Schadensersatz. Denn die Haftung aus § 618 BGB. ist eine vertragsmäßige und daher ist § 278 BGB. anwendbar (RGZ. Bd. 77 S. 408; RGRKomm. Erl. 4 zu § 618), sodaß Frau M. der Klägerin für das Verschulden der Beklagten aufzukommen hatte (vgl. auch RGZ. Bd. 102 S. 231) Das Urteil RGZ. Bd. 106 S. 293, das einen besonderen Fall betrifft, steht nicht entgegen.

Nun war der von Frau M. verfolgte, auch der Beklagten erkennbare Zweck des Werkvertrags der, daß die Gasuhr ordnungsmäßig verlegt werde und daß insbesondere weder für Frau M. noch für solche Personen, denen sie nach § 618 BGB. schadensersatzpflichtig werden konnte, infolge der Ausführung des Werkes Gefahren für Leib und Leben erwüchsen. Rechtlich unbedenklich ist auch die weitere, im Wege der ergänzenden Vertragsauslegung nach § 157 BGB. gewonnene Auffassung des Berufungsrichters, daß Frau M. und die Beklagte die unmittelbare Haftung der letzteren für alle Schäden vereinbart haben würden, welche den nach § 618 BGB. der Frau M. gegenüber schadensersatzberechtigten Personen infolge unsachgemäßer Verlegung der Gasuhr etwa erwachsen könnten, falls die Beteiligten bei Vertragsschluß an eine solche Möglichkeit gedacht hätten. Denn Frau M. hätte die Übernahme einer solchen unmittelbaren Haftung zur Vertragsbedingung gemacht und die Beklagte, um die Bestellung zu erhalten, wäre auch auf eine solche Bedingung um so mehr eingegangen, als sie ohnedies das Werk mangelfrei abzuliefern hatte und es für sie keinen wesentlichen Unterschied machte, ob sie sich bei vertragswidriger Ausführung der unmittelbaren Schadensersatzklage der Angestellten der Frau M. oder der Rückgriffsklage der letzteren aussetzte. Daß die mit Recht auf § 618 Abs. 1 BGB. gestützte Schadensersatzklage der Klägerin gegen Frau M. abgewiesen worden ist, bildet keinen Gegengrund. Denn die Beklagte konnte bei Vertragsschluß nicht mit der Möglichkeit rechnen, daß die Klage der Klägerin gegen Frau M. anders beurteilt werden würde als die Klage der Klägerin gegen die Beklagte, da doch in beiden Prozessen in ganz gleicher Weise das Verschulden der Klägerin einerseits und das Verschulden des B., des Erfüllungsgehilfen der Beklagten und des mittelbaren Erfüllungsgehilfen der Frau M., gegen einander abzuwägen waren. Daß die Streitverkündung der Frau M. an die Beklagte im Vorprozeß keine Wirkung zugunsten der letzteren im Verhältnis zur Klägerin gemäß § 68 ZPO. ausgelöst hat, ist schon im angefochtenen Urteil zutreffend dargelegt worden. Endlich besteht nach der Auffassung des Berufungsgerichts eine Verkehrssitte dahin, daß Verträge der vorliegenden Art als auch zugunsten der ständigen Arbeitnehmer des Bestellers abgeschlossen (§ 328 Abs. 1 BGB.) gelten.

---

41. Kann daraus, daß eine städtische Sparkasse satzungswidrig Bankgeschäfte großen Umfangs betreibt, hergeleitet werden, daß die Stadt in den Räumen und mit dem Personal der Sparkasse eine Stadtbank betreibt und daß die Stadt deshalb ohne Rücksicht auf die Ordnung der Vertretungsmacht in der Sparkassensatzung haftet?

VIII. Zivilsenat. Urt. v. 20. Januar 1930 i. S. Sp. & Co. (Kl.) w. Stadtgemeinde M.-Gl. (Bekl.). VIII 505/29.

I. Landgericht München-Gladbach, Kammer für Handelssachen.
II. Oberlandesgericht Düsseldorf.

Anfang 1924 stand die später in Konkurs geratene Firma L. L. AG. mit der Sparkasse der verklagten Stadtgemeinde in Geschäftsverbindung. Als sich diese Firma bei der Klägerin um Spritlieferungen bemühte, erhielt die Klägerin nach Verhandlung mit dem Beamten der Sparkasse, Sch., dem die Stadtgemeinde die Amtsbezeichnung „Direktor" beigelegt hat, am 21. Februar 1924 zwei Bürgschaftsscheine ausgestellt für Forderungen der Klägerin aus Spritkäufen der L. L. AG. über 68000 holl. Gulden und 102000 holl. Gulden. Die Bürgschaftsscheine waren mit den Worten „Städtische Sparkasse" ohne Beifügung eines Siegels unterstempelt und mit dem Namen des Direktors Sch. und eines anderen Sparkassenbeamten B. unterzeichnet.

Aus dieser Bürgschaft hat die Klägerin die Beklagte auf Zahlung von 170000 holl. Gulden in Anspruch genommen. Die Beklagte hat sich, abgesehen von anderen Einwänden, damit verteidigt, daß die Unterzeichner der Bürgschaft nicht zu ihrer Vertretung befugt gewesen seien.

Das Landgericht erkannte nach dem Klagantrag; das Oberlandesgericht wies die Klage ab. Die Revision der Klägerin führte (aus hier nicht in Betracht kommenden Gründen) zur Aufhebung und Zurückverweisung.

Aus den Gründen:

.... Der sachliche Streit der Parteien betrifft die Frage, ob die verklagte Stadtgemeinde durch die Erklärung des Sparkassendirektors Sch. und des Sparkassenbeamten B. in die Bürgschaft rechtsgeschäftlich wirksam verstrickt worden ist.

Die Sparkasse der Beklagten wird nach § 3 ihrer Satzung durch den Verwaltungsrat der Sparkasse verwaltet, der aus dem Oberbürgermeister oder einem von ihm förmlich beauftragten Beigeordneten . . . und aus zwölf von der Stadtverordnetenversammlung gewählten Bürgern der Stadt besteht. Dieser Verwaltungsrat vertritt nach § 6 Abs. 3 die Sparkasse bei allen gerichtlichen und außergerichtlichen Geschäften. Der Vorsitzende und ein anderes Mitglied des Verwaltungsrats können auf Beschluß des Verwaltungsrats sowohl in einzelnen Fällen auf Grund einer besonderen Vollmacht, als auch für gewisse häufig wiederkehrende Geschäfte ein für allemal mit Ausführung dieser Rechtsgeschäfte beauftragt werden. Nach § 7 müssen alle Urkunden, die vom Verwaltungsrat ausgestellt werden, wenn sie die Sparkasse verpflichten sollen, von dem Vorsitzenden, einem zweiten Mitglied des Verwaltungsrats und dem Rendanten (Direktor) unterzeichnet und, abgesehen von gerichtlichen und notariellen Urkunden, mit dem Siegel der Sparkasse versehen sein. Weder der Direktor noch der andere Sparkassenbeamte, der die Bürgschaftsurkunden vom 21. Februar 1924 mitgezeichnet hat, gehört dem Verwaltungsrat an. Über die Beamten der Sparkasse bestimmt § 4 Abs. 1, daß ihnen die Führung der Kassengeschäfte unter gemeinsamer Verantwortung obliegt, und im letzten Satz: daß, soweit im Statut nichts anderes bestimmt ist, alle Erklärungen und Quittungen der Sparkasse zu ihrer Gültigkeit der Unterschrift des Rendanten und des Kontrolleurs bedürfen.

In Übereinstimmung mit dem Berufungsrichter und mit dem Urteil des II. Zivilsenats vom 30. September 1927 II 5/27, das Ansprüche an die Beklagte aus der vom Direktor Sch. vorgenommenen Zeichnung eines Wechsels über 500000 M. zu beurteilen hatte, ist unbedenklich davon auszugehen, daß durch die Satzung keine Befugnis der Sparkassenbeamten begründet ist, für die Beklagte Verpflichtungen wie die hier streitige einzugehen. Denn zur Führung der in § 4 Abs. 1 genannten, den Sparkassenbeamten selbständig zugewiesenen Kassengeschäfte gehören Verbindlichkeiten dieser Art und dieses Umfangs nicht. Ob außerhalb dieses Bereichs trotz der Regelung in § 6 Abs. 3 den Sparkassenbeamten die Vertretungsbefugnis für Übernahme von Verbindlichkeiten im Rahmen laufender Geschäfte (RGZ. Bd. 104 S. 205, Bd. 115 S. 311, Bd. 116 S. 247) satzungsmäßig hätte übertragen werden können, bedarf nicht der Erörterung.

Denn der Berufungsrichter hat in Übereinstimmung mit der vorangeführten und auch der sonstigen Rechtsprechung des Reichsgerichts verneint, daß die Bürgschaftsübernahme zum Betrag von 170000 Gulden zu den laufenden Geschäften der Sparkasse der Beklagten gehörte.

Die Revision hat sich weiter auf eine ausdrückliche, außerhalb der Satzung liegende Bevollmächtigung des Sparkassendirektors zum Abschluß derartiger Geschäfte berufen. Sie sieht diese Ermächtigung in folgender, zum Protokoll vom 17. Januar 1924 niedergelegter Stellungnahme des Verwaltungsrats zur Geschäftsführung von Sch.:

„Herr Direktor Sch. berichtet über die Geld- und Arbitragegeschäfte, wodurch es im großen Stile möglich gewesen ist, Gelder zu billigen Sätzen hereinzunehmen und wieder weiter zu einem höheren Satze gut und sicher unterzubringen. Bisher würde ungefähr mit einem Reingewinn von 130—150000 GM. schon gerechnet werden können. Der Verwaltungsrat begrüßt die Geschäfte, heißt dieselben gut und beschließt gleichzeitig, die Gewinne demnächst wertbeständig anzulegen."

Es kann unentschieden bleiben, ob die Wirksamkeit einer hieraus etwa zu entnehmenden Bevollmächtigung des Sch. daran scheitern müßte, daß der ermächtigende Verwaltungsrat nach dem Obigen nicht auf satzungsmäßigem Boden stehen würde. Denn der Berufungsrichter legt den „Beschluß" ohne Rechtsirrtum und jedenfalls nicht sinnwidrig dahin aus: der Verwaltungsrat habe nur die Zustimmung erteilen wollen und erteilt, daß sich die Sparkasse mit Geld- und „Arbitrage"geschäften befasse, ohne an der satzungsmäßigen Vertretung der Sparkasse etwas zu ändern.

Es muß ferner der Versuch der Revision scheitern, aus stillschweigender Duldung der zu Anfang 1924 ins große gehenden Geld- und „Arbitrage"geschäfte durch den Verwaltungsrat eine Außenvollmacht im Sinne des § 54 HGB. herzuleiten. Auch wenn mit dem erwähnten Urteil des II. Zivilsenats die Kaufmannseigenschaft der Sparkasse nicht in Zweifel gezogen wird, so hat sich doch jenes Urteil mit Recht auf den Standpunkt gestellt, daß die Vertretungsregelung durch die Satzung nicht nur die positive Bedeutung hat, die satzungsmäßige Vollmacht zu umgrenzen, sondern zugleich eine Schranke für die rechtsgeschäftliche Vertretungsbefugnis bildet, die aus Tatbeständen außerhalb der Satzung erwachsen mag. (Wird näher ausgeführt.)

Die Revision kann weiterhin keinen Erfolg haben mit dem Versuch, den rechtsgeschäftlichen Verkehr zwischen der Sparkasse der Beklagten und der Klägerin dahin umzudeuten, daß diese in Wahrheit nicht mit der Beklagten in ihrer Sonderorganisation als Sparkasse zu tun gehabt habe, sondern mit einer Stadtbank, welche die Beklagte, vertreten durch ihre allgemeinen Organe, in den Räumen und mit dem Personal der Sparkasse geführt habe. Auch dieser Begründung eines vertraglichen Erfüllungsanspruchs ist das erwähnte Urteil des II. Zivilsenats schon entgegengetreten. Die Revision hält gegenüber jenem Rechtsstreit die Lage für grundsätzlich dadurch geändert, daß dort die Klage gegen die Beklagte mit dem Zusatz „Städtische Sparkasse M.-Gl." wie angestrengt, so auch durchgeführt worden ist, während hier zwar bis in den zweiten Rechtszug hinein die Parteibenennung der Beklagten die gleiche war, durch den zweitinstanzlichen Schriftsatz vom 17. Januar 1928 aber die Parteibezeichnung so geändert worden ist, daß sich die Klage nunmehr gegen die beklagte Stadt schlechthin wendet. Damit ist aber kein neuer Klagegrund in den Rechtsstreit eingeführt worden. Auch im bezeichneten Schriftsatz und weiterhin ist der Anspruch immer auf die Rechtsbeziehungen gestützt geblieben, die zwischen den Parteien durch Rechtshandlungen der Beklagten im Rahmen ihrer Sparkasseneinrichtung durch Beschlüsse des Verwaltungsrats und durch sein Gewährenlassen begründet sein sollen. Der Berufungsrichter hat gegenüber der Behauptung, daß die Beklagte aus dem Betrieb einer Stadtbank hafte, festgestellt, es sei nichts dafür vorgebracht, daß die Beklagte neben der Sparkasse und unabhängig von ihr einen Bankbetrieb eröffnet habe. Nur insoweit mögen die Behauptungen der Klägerin an eine solche Begründung anklingen, als sich die Klägerin auf das Schreiben berufen hat, das der damalige stellvertretende Oberbürgermeister der Beklagten am 7. März 1924 an die Konsortial- und Handelsbank in Berlin gerichtet hat. Wenn darin der — für die Stadt nach Maßgabe der Rheinischen Städteordnung vom 15. Mai 1856 vertretungsberechtigte — Bürgermeister den Empfänger darauf hinweist, daß die Satzungen nicht mehr unverbrüchlich gehandhabt werden und daß mit dem Empfänger Geschäfte in einer der Satzung widersprechenden Art geschlossen werden können, so mag das im Verhältnis zu dem Empfänger als Bekenntnis der Stadt zu einem bankmäßigen Geschäftsbetrieb außerhalb der Sparkasse angesehen werden können. Daß es sich der Sache nach um Angelegenheiten handelte, die in den Betrieb der Sparkasse gehörten, mag demgegenüber nicht entscheidend sein. Das Reichsgericht hat in dem für den Bereich der östlichen Städteordnung ergangenen Urteil vom 26. Oktober 1928 (RGZ. Bd. 122 S. 176) und ebenso in dem JW. 1927 S. 1251 abgedruckten Erkenntnis für eine Gemeinde westfälischen Städterechts ausgesprochen, daß eine nach der Satzung in unvollständiger Vertretung vollzogene Wechselerklärung der Sparkasse als durch das Akzept der Stadtvertretung für die Stadt genehmigt anzusehen sei, weil die Sparkasse trotz ihrer eigenen Organisation schließlich auch dem Magistrat untergeordnet bleibe. Ob diese Grundsätze auch für das Rheinische Städterecht und die hier geltende Sparkasseneinrichtung Geltung haben können, braucht nicht erörtert zu werden. Denn in jenen Fällen handelte es sich um rechtsgeschäftliche Erklärungen, die von der Stadtvertretung als solcher gegenüber demjenigen abgegeben waren, der mit der Sparkasse in Vertragsbeziehungen trat. Die hier in Frage kommende Kundgebung vom 7. März 1924, wenn sie als namens der Stadt abgegeben gelten sollte, war nicht an die Klägerin gerichtet; sie konnte ihr, schon weil sie zeitlich der Bürgschaftszusage folgt, nicht einmal beim Vertragsschluß bekannt sein.

Soweit aber Erklärungen, sei es auch vom Stellvertreter des Oberbürgermeisters in Amtshandlung, für die Sparkasse abgegeben sind, kann es nur auf die satzungsmäßige Vertretungsmacht ankommen, nicht auf diejenige nach der Städteordnung. Denn da nach § 3 der Satzung der Sparkasse der Oberbürgermeister neben zwölf Bürgern dem Verwaltungsrat angehört, welcher gemäß § 8 nach Stimmenmehrheit und in den durch die §§ 7 und 8 gesetzten Formen entscheidet, wären sonst diese besonderen Sicherungen inhaltlos, die gerade das Vertrauen der Bürgerschaft anrufen. Es bewendet deshalb auch hier bei dem Ergebnis, zu dem der II. Zivilsenat in der Sache II 5/27 gekommen ist, daß es nämlich nicht angeht, Beschlüsse, die der Verwaltungsrat der Sparkasse gefaßt, und Schritte, die er getan hat, in solche städtischer Organe umzudeuten. Der Gesichtspunkt des Schutzes der Sparkassen nach Maßgabe ihrer Satzungen muß auch jenen Erwägungen gegenüber entscheiden.

Eine andere Frage ist es, ob dieser Gedanke, der gegenüber dem vertraglichen Anspruch auf Erfüllung durchgreift, auch für einen vertraglichen Schadensersatzanspruch nach §§ 276, 278 BGB. Geltung beanspruchen kann aus dem Grunde, daß die Vertretungsberechtigten ihre Aufsichtspflicht verabsäumt haben. Im Urteil RGZ. Bd. 122 S. 351 hat der II. Zivilsenat einen solchen Schadensersatzanspruch anerkannt in einem Falle, wo die gesetzliche Vertretung der Stadt im Rahmen der (ihr bekannten) dauernden Geschäftsverbindung der Sparkasse mit einer Girozentrale die unbefugte Abgabe von Wechselerklärungen durch Sparkassenbeamte namens der Sparkasse geduldet hat. Der II. Zivilsenat hat dort die Anwendung dieses Haftungsgrundsatzes streng auf die besonderen Umstände des Falles beschränkt, nämlich die dauernde und der Vertretung bekannte Geschäftsverbindung bei gleichzeitiger Kenntnis der unbefugten Vertretungshandlungen der Sparkassenbeamten. Zutreffend hat der Berufungsrichter darauf hingewiesen, daß ähnliche Umstände hier nicht vorliegen, daß die Klägerin vielmehr in keiner Verbindung mit den zuständigen Stellen der Beklagten gestanden hat und daß deren Kenntnis von der Handhabung des in Frage stehenden Bürgschaftsgeschäfts und überhaupt von der Geschäftsverbindung der Klägerin mit der Sparkasse nicht in Betracht kommt. ...

---

42. Unterliegt dem preußischen Landesstempel eine Urkunde, in der zur Deckung von Verlusten aus abgeschlossenen und abzuschließenden Börsentermingeschäften in Wertpapieren eine Sicherheit bestellt wird?

Preuß. Stempelsteuergesetz vom 27. Oktober 1924 Tarifst. 7, 15, 18. Finanzausgleichsgesetz in der Fassung d. Bek. d. Reichsmin. d. Fin. vom 27. April 1926 (RGBl. I S. 203) § 2. Kapitalverkehrsteuergesetz §§ 4, 35, 42, 84.

VII. Zivilsenat. Urt. v. 11. Februar 1930 i. S. M. (Kl.) w. Preuß. Staat (Bekl.). VII 345/29.

I. Landgericht I Berlin.
II. Kammergericht daselbst.

Der Kläger hat am 13. September 1928 der Direktion der Disconto-Gesellschaft in Berlin folgende Urkunde ausgestellt:

„Ich bestelle Ihnen hierdurch Sicherheit mit einem Teilbetrag von 2400 RM. des mir gegen Ihre Bank auf Konto .... zustehenden Guthabens. Die Sicherheit soll zur Deckung von Verlusten aus sämtlichen Börsentermingeschäften in Wertpapieren dienen, die ich mit Ihnen abgeschlossen habe und abschließen werde."

Zu der Urkunde sind 3 RM. Landesstempel entwertet worden. Der Kläger fordert Rückzahlung dieses Betrags. Das Landgericht hat den Beklagten seinem Anerkenntnis gemäß verurteilt, 0,50 RM. an den Kläger zu zahlen, im übrigen die Klage abgewiesen. Auf die vom Kläger eingelegte Berufung hat das Kammergericht den Beklagten seinem weiteren Anerkenntnis gemäß verurteilt, an den Kläger noch 1 RM. zurückzuzahlen, im übrigen hat es der Berufungsrichter bei der Abweisung der Klage belassen. Die wegen der restlichen 1,50 RM. vom Kläger eingelegte Revision hatte Erfolg.

Gründe:

In der streitigen Urkunde ist eine Sicherstellung von Rechten beurkundet worden. Da der Wert der sichergestellten Rechte nicht schätzbar ist, würde sie gemäß Abs. 4 der Tarifst. 15 des preußischen Stempelsteuergesetzes vom 27. Oktober 1924 mit 1,50 RM. zu versteuern sein, falls nicht Abs. 3 a. a. O. eingriffe, wo es heißt:

„Der Stempel darf in keinem Falle den für die Beurkundung des sicherzustellenden Rechts zur Erhebung gelangenden Stempel übersteigen."

Das Kammergericht hält diese Vorschrift nicht für anwendbar, weil das sichergestellte Recht zwar keiner Landessteuer unterliege, diese Landessteuerfreiheit aber auf Reichsrecht beruhe und deshalb für die nach Abs. 3 a. a. O. anzustellende Vergleichsberechnung nicht in Betracht komme. Diese Ansicht kann nicht gebilligt werden.

Sichergestellt sind durch die streitige Urkunde die etwaigen Ansprüche der Bank aus teils schon abgeschlossenen, teils noch abzuschließenden Börsentermingeschäften in Wertpapieren. Diese Geschäfte unterliegen als Anschaffungsgeschäfte der Börsenumsatzsteuer nach § 35 des Kapitalverkehrsteuergesetzes. Sie selbst und die etwa darüber aufgenommenen Urkunden sind deshalb landessteuerfrei; denn § 2 des Finanzausgleichsgesetzes in der Fassung der Bekanntmachung des Reichsministers der Finanzen vom 27. April 1926 (RGBl. I S. 203) sagt:

„Die Inanspruchnahme von Steuern für das Reich schließt die Erhebung gleichartiger Steuern durch die Länder . . . aus, wenn nicht reichsgesetzlich ein anderes vorgeschrieben ist",

und ergänzend heißt es in § 84 Abs. 2 des Kapitalverkehrsteuergesetzes:

„Soweit das gegenwärtige Gesetz Rechtsvorgänge der Versteuerung unterwirft, ist auch die Versteuerung der über die Rechtsvorgänge errichteten Urkunden durch die Länder . . . ausgeschlossen."

Diesen Vorschriften entsprechend nimmt die Tarifst. 7 Abs. 1 StStG. Kauf- und Tauschverträge und andere Verträge, welche lästige Veräußerungsgeschäfte enthalten, von der Landesbesteuerung nach Tarifst. 7 a. a. O. aus, „insoweit sie nach dem Kapitalverkehrsteuergesetz einer Reichssteuer unterliegen oder von ihr befreit sind." Danach bliebe als Landesstempel, der für Börsentermingeschäfte in Frage kommen könnte, nur der allgemeine Vertragsstempel nach Tarifst. 18 Nr. 2 StStG. übrig. Aber auch er muß ausscheiden; denn als Steuer, die auf „Verträge über sonstige vermögensrechtliche Gegenstände" gelegt ist, „wenn keine andere Tarifstelle zur Anwendung kommt", trifft auch er den Vermögensumsatz und deshalb muß auch er als der Börsenumsatzsteuer des Reichs „gleichartig" angesehen werden.

Gegen die aus den vorstehenden Erwägungen abzuleitende Folge, daß bei der Landessteuerfreiheit von Urkunden über Börsentermingeschäfte in Wertpapieren nach Tarifst. 15 Abs. 3 StStG. auch die streitige Urkunde über die Sicherstellung von Rechten aus derartigen Börsentermingeschäften landessteuerfrei sein müßte, wendet das Kammergericht ein, der Abs. 3 a. a. O. habe den Sinn, daß ein Mißverhältnis zwischen der Versteuerung des grundlegenden Hauptvertrags und der weniger bedeutenden Nebenvereinbarung vermieden werden solle; wenn der Hauptvertrag wegen der darauf ruhenden Reichssteuer zwar landessteuerfrei, aber eben doch reichssteuerpflichtig sei, dann könne von einem Mißverhältnis nicht gesprochen werden. Indessen der Abs. 3 a. a. O. beschäftigt sich nur mit dem preußischen Landesstempel und dem Verhältnis des Landesstempels für die eine Urkunde zu dem Landesstempel für die andere Urkunde. Ist die Urkunde über das sicherzustellende Recht landesstempelfrei, so soll auch die Urkunde über die Sicherstellung landesstempelfrei sein. Diese Folgerung hat der erkennende Senat schon in seinem Urteil vom 24. Januar 1930 S. 123 dieses Bandes gezogen, allerdings ohne ausführliche Begründung; denn in jenem Falle hatte schon das Berufungsgericht den richtigen Standpunkt eingenommen, und dagegen hatte auch die Revision des preußischen Staates nichts eingewendet. Auch im gegenwärtigen Rechtsstreit hat der Beklagte die vom Kammergericht schließlich für durchschlagend erachtete Erwägung nicht vertreten.

Mit dem § 2 des Finanzausgleichsgesetzes ist das gefundene Ergebnis vereinbar. Seinem Inhalt widerspricht es nicht, wenn er bewirkt, daß nicht nur das Hauptgeschäft, sondern kraft Landesgesetzes auch das Nebengeschäft landessteuerfrei bleibt.

Der Beklagte hat sich in der gegenwärtigen Sache — ähnlich wie in der oben erwähnten — damit verteidigt, daß nicht die reichssteuerpflichtigen Börsentermingeschäfte das Hauptgeschäft seien, woraus sich das sicherzustellende Recht ergebe, daß vielmehr wegen der künftig abzuschließenden Börsentermingeschäfte eine besondere, nicht reichssteuerpflichtige Abrede getroffen worden sei, welche dem allgemeinen Vertragsstempel nach Tarifst. 18 Abs. 2 StStG. unterliege. Die streitige Urkunde vom 13. September 1928 gibt indessen keinen Anhalt dafür, daß ihr eine solche besondere Abrede zugrunde läge. In der Revisionsinstanz hat denn auch der Beklagte diese Ansicht nicht mehr aufgestellt. Er hat sich jetzt auf 42 f des Kapitalverkehrsteuergesetzes berufen, wonach von der Börsenumsatzsteuer befreit sind:

> „Anschaffungsgeschäfte über Aktien und Anteile an Gesellschaften mit beschränkter Haftung der im § 4 Abs. 1 zu c, d genannten Gesellschaften, wenn der Erwerbspreis den Nennbetrag der Aktien oder Anteile nicht übersteigt."

§ 4 Abs. 1c a. a. O. spricht von Gesellschaften:

> „deren verfassungsmäßiger und tatsächlicher Zweck ausschließlich gemeinnützig ist und wesentlich der Förderung minderbemittelter Volkskreise dient",

und § 4 Abs. 1d von Gesellschaften:

> „die in ihrer Hauptbestimmung als Zentralen der Genossenschaften wirken und deren Aktionäre oder Gesellschafter ausschließlich oder überwiegend Erwerbs- und Wirtschaftsgenossenschaften sind, die

einem Revisionsverband angehören und deren Geschäftsbetrieb satzungsmäßig auf den Kreis der Mitglieder beschränkt ist".
Der Beklagte meint, daß der Kläger vielleicht auch Börsentermingeschäfte in Aktien oder Anteilen der in § 4 Abs. 1c und d erwähnten Gesellschaften und unter der Bedingung des § 42 f a. a. O. hätte machen können; diese Geschäfte würden nicht einer Reichssteuer unterliegen, Urkunden über solche Geschäfte würden deshalb mit dem allgemeinen Vertragsstempel der Tarifst. 18 Nr. 2 StStG. zu belegen sein; also seien mindestens einige der denkbaren Geschäfte, aus denen sich das sichergestellte Recht ergeben könnte, nicht landessteuerfrei und danach sei auch die Sicherstellungsurkunde selbst der Landessteuer unterworfen.

Es mag unerörtert bleiben, ob derartige Börsentermingeschäfte, wie sie der Beklagte in seinen Darlegungen als möglich unterstellt, überhaupt abgeschlossen werden können. Verfehlt ist jedenfalls die Annahme, daß die Befreiung solcher Geschäfte von der Reichssteuer den Weg für die Landesbesteuerung freimachen würde. Wenn der oben wiedergegebene § 2 des Finanzausgleichsgesetzes von der „Inanspruchnahme von Steuern für das Reich" spricht, so sind damit nicht die Steuerbeträge gemeint, die im einzelnen Falle zu zahlen sind, sondern die Steuerarten, die das Reich für sich in Anspruch nimmt mit der Wirkung, daß gleichartige Steuern in den Ländern nicht erhoben werden dürfen. Ob das Reich bei der Regelung einer Steuerart, die es sich vorbehalten hat, gewisse Befreiungen zuläßt, ist für die Länder usw. ohne Bedeutung. Da ihnen die ganze Steuerart entzogen ist, können sie auch die von der Reichssteuer befreiten Rechtsvorgänge nicht mit einer gleichartigen Landessteuer belegen. Ausdrücklich ausgesprochen ist das von Reichs wegen im § 25 des Wechselsteuergesetzes vom 10. August 1923 (RGBl. I S. 778). Danach sind Urkunden, welche nach diesem Gesetz steuerpflichtig sind oder auf welche die in diesem Gesetz vorgesehenen Steuerbefreiungen Anwendung finden, in den einzelnen Ländern keiner Steuer unterworfen (vgl. das schon angezogene Urteil des erkennenden Senats vom 24. Januar 1930).

Daß sich auch die preußische Gesetzgebung auf diesen Standpunkt gestellt hat, zeigt deutlich Tarifst. 7 Abs. 1 StStG., der in seinem hier in Betracht kommenden Wortlaut schon oben mitgeteilt worden ist. Kauf- und Tauschverträge usw. sind danach dem Stempel der Tarifstelle nicht unterworfen, wenn sie nach dem Kapitalverkehrsteuergesetz einer Reichssteuer unterliegen oder von ihr befreit sind.

Jede andere Auffassung müßte zu unlösbaren Widersprüchen führen und könnte wohlwollende Absichten der Reichsgesetzgebung, die gewisse Geschäfte, z. B. aus sozialpolitischen Gründen, steuerfrei läßt, geradezu in ihr Gegenteil verkehren, wenn nämlich die wegen der Befreiung des Geschäfts von der Reichssteuer zulässig werdende Landessteuer höher wäre als die Reichssteuer, von der das Geschäft befreit ist.

43. Bedarf es dann, wenn ein Gesellschafter, der zugleich alleiniger Geschäftsführer einer Gesellschaft mbH. ist, seinen Geschäftsanteil an einen Dritten abtritt, noch einer besonderen Anmeldung des Dritten bei der Gesellschaft im Sinne von § 16 Abs. 1 GmbHG.?

II. Zivilsenat. Urt. v. 11. Februar 1930 i. S. Sch. (Bekl.) w. K. als Verwalter im Konkurs über das Vermögen der Firma E. D. & Co. GmbH. (Kl.). II 296/29.

I. Landgericht Magdeburg.
II. Oberlandesgericht Naumburg.

Am 15. September 1926 gründeten die Kaufleute M. und D. eine Gesellschaft mbH. unter der Firma E. D. & Co. GmbH. Nach dem notariellen Gesellschaftsvertrag sollte das Stammkapital 20000 RM. betragen. M. und D., welche die einzigen Gesellschafter waren, übernahmen je einen Geschäftsanteil von 10000 RM. Zum Geschäftsführer wurde D. bestellt. Jeder von den beiden Gesellschaftern zahlte auf seinen Stammanteil 2500 RM. ein. Am gleichen Tage, dem 15. September 1926, trat D. seinen Geschäftsanteil an den jetzigen Beklagten ab. In der hierüber aufgenommenen notariellen Urkunde heißt es u. a.: Die Einzahlung von 2500 RM. auf den Geschäftsanteil des Abtretenden sei aus dem Vermögen des Beklagten geleistet; die Gegenleistung für die Abtretung des Geschäftsanteils bestehe darin, daß Sch. (der jetzige Beklagte) auf die Erstattung der aus seinem Vermögen geleisteten Einlage verzichte und sich zur Einzahlung der noch nicht geleisteten Stammeinlage verpflichte, soweit die Gesellschaft die Einzahlung verlangen sollte. In das Handelsregister wurde die Gesellschaft am 2. November 1926 eingetragen; die Liste der Gesellschafter führte als solche nur die beiden Gründer

M. und D. auf. In notarieller Urkunde vom 14. Februar 1927 erklärten D. und der Beklagte: Sie seien darüber einig, daß die Abtretung vom 15. September 1926 nicht den gesetzlichen Erfordernissen entsprochen habe und deshalb unwirksam sei; der jetzige Beklagte erkenne daher an, daß der D.sche Geschäftsanteil niemals auf ihn übergegangen sei, und trete ihn dem D. auf alle Fälle wieder ab. Am 22. Februar 1927 wurde über das Vermögen der Gesellschaft das Konkursverfahren eröffnet.

Im gegenwärtigen Rechtsstreit nimmt der Konkursverwalter den Beklagten auf Zahlung der auf den D.schen Stammanteil noch nicht eingezahlten 7500 RM. nebst Zinsen in Anspruch. Dieser Restbetrag war von D. selbst nicht gezahlt worden, was dessen Ausschließung mit seinem Geschäftsanteil gemäß § 21 GmbHG. zur Folge hatte. Der Klaganspruch wird nunmehr darauf gestützt, daß der Beklagte als letzter Rechtsvorgänger des Ausgeschlossenen nach § 22 a. a. O. der Gesellschaft gegenüber zur Zahlung der restlichen 7500 RM. verpflichtet sei. Der Beklagte wandte ein: Bei der Abtretung vom 15. September 1926 habe es sich um ein Scheingeschäft gehandelt, um den Geschäftsanteil des D., der sich bei Gründung der Gesellschaft mbH. im Konkurs befunden habe, dem Zugriff von Gläubigern zu entziehen. Außerdem sei der Beklagte gar nicht als neuer Gesellschafter bei der Gesellschaft angemeldet worden und habe sich auch nie als Gesellschafter betätigt. Endlich sei durch die Rückabtretung vom 14. Februar 1927 die frühere Abtretung mit rückwirkender Kraft wiederaufgehoben worden.

Der erste Richter wies die Klage ab, weil es an einer Anmeldung des Beklagten als neuen Gesellschafters im Sinne des § 22 Abs. 1 GmbHG. fehle und weil außerdem die notarielle Urkunde vom 14. Februar 1927 nicht sowohl eine neue Abtretung des ursprünglichen D.schen Geschäftsanteils, als vielmehr eine völlige Aufhebung der Abtretung vom 15. September 1926 enthalte. Auf die Berufung des Klägers gab das Oberlandesgericht der Klage statt. Die Revision des Beklagten war erfolglos.

Gründe:

Der Beklagte wird vom Konkursverwalter auf Grund des § 22 Abs. 1 GmbHG. in Anspruch genommen. Die rechtliche Grundlage des Klaganspruchs ist also der Ausschluß des Gesellschafters D. mit seinem Geschäftsanteil im Sinne des § 21 a. a. O. Darüber, daß D.

ausgeschlossen worden ist, besteht kein Streit; wie in der Klage vorgetragen und vom Beklagten nicht bestritten worden ist, hat der klagende Konkursverwalter die Aufforderung zur Einzahlung der restlichen 7500 RM. auf die Stammeinlage an D. ergehen lassen und er hat dann auch, weil D. säumig blieb, den Ausschluß ausgesprochen. Der Ausschließung ging demnach voraus die Errichtung der notariellen Urkunde vom 14. Februar 1927, worin sich D. und der Beklagte über die Unwirksamkeit der Abtretung (an den Beklagten) vom 15. September 1926 einig erklärten, in der aber dann vorsorglich die Rückabtretung des Geschäftsanteils an D. vorgenommen wurde. An der Rechtswirksamkeit der Ausschließung ist nicht zu zweifeln. Denn zur Zeit der Konkurseröffnung (22. Februar 1927) war D. jedenfalls Inhaber des ursprünglich von ihm übernommenen Geschäftsanteils; entweder deshalb, weil er — im Falle der Wirksamkeit der Abtretung vom 15. September 1926 — den Geschäftsanteil durch die Rückabtretung vom 14. Februar 1927 wiedererworben hat, oder deshalb, weil die erste Abtretung (an den Beklagten) unwirksam und der Geschäftsanteil daher niemals aus seinem Eigentum herausgekommen war.

Das Berufungsgericht weist den Einwand des Beklagten zurück, daß es sich bei der Abtretung vom 15. September 1926 um ein — nach § 117 BGB. nichtiges — Scheingeschäft gehandelt habe. Die Ernstlichkeit jener Abtretung folgert der Berufungsrichter daraus, daß D. sie vorgenommen habe, um seinen Geschäftsanteil dem Zugriff von Gläubigern zu entziehen; dieser Zweck habe durch eine (nichtige) Scheinabtretung nicht erreicht werden können. Im Ergebnis war der Auffassung beizutreten, daß hier kein Scheingeschäft vorgelegen habe. Das angefochtene Urteil stellt fest, daß der Gesellschafter M. an Stelle des D. eine zahlungsfähige Person in der Gesellschaft haben wollte und daß er wahrscheinlich nicht beigetreten wäre, wenn man nicht von vornherein die Abtretung des D.schen Anteils an einen zahlungsfähigen Dritten in Aussicht genommen hätte. Außerdem verfolgte D., der sich bei Gründung der Gesellschaft mbH. für seine Person im Konkurs befand, bei der Abtretung vom 15. September 1926 die Absicht, seinen Geschäftsanteil dem Zugriff seiner Gläubiger zu entziehen. Nach diesen Feststellungen des Vorderrichters liegt kein Anhalt dafür vor, daß jene Abtretung von vornherein nur für eine gewisse Zeit vorgenommen worden wäre mit der Folge, daß der Beklagte nach Ablauf dieser Zeit oder bei Eintritt eines von den Vertragsparteien schon im September 1926 ins Auge gefaßten Ereignisses oder Zustands den Geschäftsanteil an D. zurückabzutreten gehabt hätte. Dies könnte auch dann nicht ohne weiteres angenommen werden, wenn feststünde, daß entgegen dem Inhalt der notariellen Abtretungsurkunde der Beklagte dem D. überhaupt keinen Gegenwert für die Abtretung geleistet oder wenigstens versprochen habe. Eine Feststellung in diesem Sinne trifft das Berufungsurteil nicht; wohl aber bemerkt es, und zwar mit Recht, daß die Wirksamkeit der Abtretung als solcher durch die etwaige Unrichtigkeit der mitbeurkundeten Vereinbarung über den Gegenwert nicht beeinträchtigt würde. Der Annahme, es habe sich bei dem notariellen Akt vom 15. September 1926 um eine ernstlich gewollte, nach dem Willen der Vertragschließenden nicht bloß für einen gewissen — längeren oder kürzeren — Zeitraum wirksame Abtretung gehandelt, steht auch nicht die Anfechtbarkeit jenes Rechtsgeschäfts (auf Grund des Anfechtungsgesetzes) im Wege. Denn solange ein derart anfechtbares Geschäft nicht angefochten wird, ist es wirksam; zu einer Anfechtungsklage ist es aber nicht gekommen. Die Übergehung des Beklagten in der von D. dem Gericht eingereichten Liste der Gesellschafter würdigt das Berufungsgericht dahin, daß sie für die Frage der Rechtsgültigkeit jener Abtretung unerheblich sei; denn dieser Umstand besage nur, daß dem Gericht aus irgendwelchem Grunde eine falsche Gesellschafterliste vorgelegt worden sei. Vom Rechtsstandpunkt aus ist gegen diese Auffassung nichts einzuwenden.

Die Parteien sind darüber einig, daß der Erwerb des D.schen Geschäftsanteils durch den Beklagten von keinem der beiden Vertragschließenden bei der Gesellschaft besonders angemeldet worden ist. Hierauf stützt der Beklagte den Einwand, daß er niemals ein bei der Gesellschaft angemeldeter Gesellschafter im Sinne des § 22 Abs. 1 in Verbindung mit § 16 GmbHG. gewesen sei und auch aus diesem Grunde nicht gemäß § 22 Abs. 1 hafte. Das angefochtene Urteil ist der Ansicht, einer besonderen Anmeldung des Beklagten als Erwerbers des Geschäftsanteils habe es nicht bedurft, weil die Anmeldung im vorliegenden Fall schon in dem Vorgang der Abtretung enthalten, der Beklagte also angemeldeter Gesellschafter gewesen sei. Denn wenn D., der alleinige Geschäftsführer der Gesellschaft, zur Zeit der Abtretung und auch noch nachher, als abtretender Gesellschafter

Kenntnis vom Erwerb des Beklagten gehabt habe, so habe er diese Kenntnis auch in seiner Eigenschaft als Geschäftsführer gehabt, weil man seine Tätigkeit als Gesellschafter und als Geschäftsführer nicht trennen könne. Hiergegen wendet sich die Revision mit der Erwägung, die Erlangung der Kenntnis des D. — zugleich Geschäftsführers — von der Abtretung genüge nicht; die Anmeldung müsse vielmehr durch irgendwelche wahrnehmbaren Vorgänge in die Erscheinung treten, woran es hier durchaus fehle.

Auch diese Rüge ist nicht gerechtfertigt. Der Gesellschaft gegenüber gilt nach § 16 Abs. 1 GmbHG. im Falle der Veräußerung eines Geschäftsanteils nur derjenige als Erwerber, dessen Erwerb unter Nachweis des Übergangs bei der Gesellschaft angemeldet ist. Die herrschende und auch vom Reichsgericht stets vertretene Lehre sieht in dem mit dem Veräußerer eines Geschäftsanteils geschlossenen Vertrag (Abtretungsvertrag nach § 15 Abs. 3 GmbHG.) den Rechtsakt, auf dem der Eintritt des neuen Gesellschafters beruht. Die im § 16 das. geregelte Anmeldung des Rechtsübergangs bei der Gesellschaft dagegen bedeutet nach dieser Lehre nur die Mitteilung des geschehenen Übergangs unter Beibringung des Nachweises hierfür, in der Regel also wohl unter Vorlegung der notariellen oder gerichtlichen Abtretungsurkunde. Diese Mitteilung ist kein Rechtsgeschäft im eigentlichen Sinne, keine Willenserklärung, sondern nur eine einseitige empfangsbedürftige Rechtshandlung. Durch sie legitimiert sich der Erwerber gegenüber der Gesellschaft als Inhaber des Geschäftsanteils, der er schon durch die Abtretung zu vollem Recht geworden ist, nur mit der Maßgabe, daß er die Inhaberschaft im Verhältnis zur Gesellschaft erst nach erfolgter Anmeldung geltend machen kann. Der erkennende Senat hat keinen Anlaß, von dieser Auffassung abzugehen, der in neuerer Zeit namentlich Ruth in der Zeitschrift für Handelsrecht Bd. 88 S. 454flg. und Feine in seiner Darstellung des Rechts der Gesellschaft mbH. (Ehrenbergs Handbuch des gesamten Handelsrechts, dritter Band III. Abt.) in § 28 S. 370flg., 387flg. entgegengetreten sind. Nach ihnen soll es zur Erwerbung der Mitgliedschaft bei einer Gesellschaft mbH. im Regelfalle nicht bloß des notariellen Abtretungsvertrags bedürfen, sondern außerdem noch der Anmeldung des Erwerbers bei der Gesellschaft. Ruth läßt sogar die Wirkungen der Mitgliedschaft selbständig auf Grund der Anmeldung, als der Beitrittserklärung, entstehen und bezeichnet das Veräußerungsgeschäft lediglich als die „causa" für den Erwerb der Mitgliedschaft. Diese Auffassung ist abzulehnen. Sie übersieht, daß der Erwerb der Mitgliedschaft bei der Gesellschaft mbH. regelmäßig nur im Wege der Erwerbung eines Geschäftsanteils möglich ist, also davon abhängt, ob der mit dem Veräußerer geschlossene Abtretungsvertrag mangelfrei zustande gekommen ist (Brodmann GmbHG. § 16 Anm. 3). Die Erfordernisse des den Rechtsübergang vermittelnden Abtretungsvertrags sind aber ausschließlich im § 15 des Ges. geregelt; § 16 behandelt nur die Legitimationswirkungen gegenüber der Gesellschaft.

Die Frage, ob der Beklagte Gesellschafter der E. D. & Co. GmbH. geworden ist, hängt demnach davon ab, ob der Abschluß des notariellen Vertrags vom 15. September 1926 zugleich eine Mitteilung an D. als den Geschäftsführer der Gesellschaft über die Abtretung seines Geschäftsanteils an den Beklagten enthält. Das ist zu bejahen. An sich kann die Mitteilung an die Gesellschaft (= Anmeldung im Sinne von § 16 Abs. 1) vom Veräußerer oder vom Erwerber ausgehen; von einem dieser beiden muß sie aber auch ausgehen; die Benachrichtigung der Gesellschaft durch einen beliebigen Dritten würde nicht genügen. Eine besondere Form ist für die Benachrichtigung des gesetzlichen Vertreters der Gesellschaft nicht vorgeschrieben. D. hat nun zwar am 15. September 1926 nicht als Geschäftsführer, nicht im Namen der Gesellschaft gehandelt, sondern lediglich als Gesellschafter seinen Geschäftsanteil an den Beklagten abgetreten und dessen Annahmeerklärung entgegengenommen. Die beiden Eigenschaften, die er in sich vereinigte (Gesellschafter und alleiniger Geschäftsführer), lassen sich jedoch nicht derart voneinander scheiden, daß gesagt werden könnte, er habe von dem, was er nur als Gesellschafter tat und wahrnahm, in seiner Eigenschaft als Geschäftsführer keine Kenntnis erlangt. Das wäre ein unerträglicher Formalismus. Die natürliche Betrachtung jenes Vorgangs führt vielmehr zu der Annahme, daß D., wenn er auch damals bloß als Gesellschafter tätig wurde, doch alles, was geschah, zugleich in seiner Eigenschaft als Geschäftsführer in sich aufgenommen hat. Das Ergebnis ist dann dasselbe, wie wenn er der Gesellschaft als Gesellschafter von der Abtretung Mitteilung gemacht hätte. Faßt man, wie es hier geschieht, die Anmeldung nicht als Rechtsgeschäft im strengen Sinne des Wortes, sondern nur als Benachrichtigung der Gesellschaft auf, so kann eine Zuwiderhandlung gegen die Vorschrift des § 181 BGB. nicht in Frage kommen. Im Schrifttum wird die Ansicht, daß es keiner besonderen Anmeldung mehr bedürfe, wenn der Geschäftsführer selbst für seine Person einen Geschäftsanteil kaufe oder verkaufe, von Brodmann Anm. 3 zu § 16 GmbHG. und von Scholz § 16 IV Anm. 1 vertreten; a. A. Hachenburg 5. Aufl. § 16 Anm. 4 und Liebmann-Saenger § 16 Anm. 1. Das Reichsgericht hat zu der Frage noch keine Stellung genommen. Von den Oberlandesgerichten hat sich Braunschweig (OLG. Bd. 36 S. 288) für die hier gebilligte Ansicht, Rostock (OLG. Bd. 32 S. 139) für die gegenteilige Meinung ausgesprochen.

Keinen Rechtsirrtum enthält endlich die Annahme des Berufungsgerichts, daß es sich bei dem notariellen Akt vom 14. Februar 1927 um eine „regelrechte neue Abtretung" (des Beklagten zurück an D.) gehandelt habe, sodaß der Beklagte, eben durch diese Rückabtretung, Rechtsvorgänger des später ausgeschlossenen D. geworden sei. Die gänzliche Vernichtung der früheren Abtretung sei — so sagt das Berufungsgericht — nicht möglich gewesen, weil mit der Vornahme der ersten Abtretung schon Rechte Dritter entstanden seien, nämlich gerade der mit der Klage verfolgte Anspruch. Letzteres trifft zwar insofern nicht ganz zu, als die erste Abtretung nur eine Vorbedingung für den Klaganspruch schuf und zu dessen Entstehung noch die Rückabtretung an D. nötig war; die Auffassung des Berufungsrichters ist aber trotzdem richtig. Denn wenn die Aufhebung der durch die erste Abtretung unmittelbar erzeugten Rechtswirkung nicht anders als durch eine weitere Abtretung erreicht werden konnte, so muß sich der Beklagte gefallen lassen, daß er als Rechtsvorgänger des Ausgeschlossenen, der er nun einmal ist, von der Gesellschaft gemäß § 22 Abs. 1 GmbHG. in Anspruch genommen wird. Hachenburg a. a. O. Anm. 4 zu § 22 will diese Folge nicht annehmen, sondern bei einer Rückabtretung, wie sie hier vorliegt, eine völlige Vernichtung der durch die erste Abtretung geschaffenen Rechtswirkungen eintreten lassen, wenn der Veräußerer (d. h. der erste Abtretende) den Geschäftsanteil später anderweitig verkaufe. Dies ist hier nicht geschehen. Aber auch abgesehen davon ist nicht ohne weiteres einzusehen, inwiefern lediglich der spätere anderweitige Verkauf des Geschäftsanteils durch den ersten Veräußerer die bei Hachenburg erwähnte Rechtsfolge sollte herbeiführen können.

44. Über die Pflicht des Zwangslizenznehmers zur Rechnungslegung, ihren Umfang und Inhalt.

BGB. § 259. PatG. § 11.

I. Zivilsenat. Urt. v. 12. Februar 1930 i. S. H. S. Kommand.-G. (Kl.) w. H. M. (Bekl.). I 171/29.

I. Landgericht Bochum.
II. Oberlandesgericht Hamm.

Die Klägerin ist ausschließliche Lizenznehmerin des für H. S. eingetragenen DRP. Nr. 240187, einen nachgiebigen Grubenstempel betreffend, dessen oberer Stempelteil in dem unteren gleitet und mittels verschiebbaren Metallbandes und Keiles festgestellt wird. Die Beklagte ist Lizenznehmerin des jüngeren, für H. R. eingetragenen Patents Nr. 306178, das ebenfalls einen nachgiebigen, aus zwei Teilen bestehenden Grubenstempel betrifft. Sie hat nach diesem Patent Stempel hergestellt und ist daraufhin auf die Klage des H. S. wegen Verletzung des Patents Nr. 240187 rechtskräftig zur Unterlassung verurteilt worden. Sie hat dann die Erteilung einer Zwangslizenz beantragt und durch Entscheidung des Reichspatentamts vom 12. November 1925 die Berechtigung zur Benutzung der durch das Patent Nr. 240187 geschützten Erfindung zur Ausübung des Patents Nr. 306178 gegen Entrichtung einer halbjährlich an S. zahlbaren Lizenzgebühr von 2 RM. für jeden nach dem Patent Nr. 306178 hergestellten und in den Verkehr gebrachten Stempel zuerkannt erhalten. Diese Entscheidung ist durch Urteil des Reichsgerichts vom 3. Januar 1927 I 139/26 unter Herabsetzung der Lizenzgebühr auf 1 RM. bestätigt worden. Die Beklagte hat für das erste Halbjahr 1927 für 200 R.-Stempel 200 RM., für das zweite Halbjahr 1927 für 220 R.-Stempel 220 RM. und für das erste Halbjahr 1928 für 280 R.-Stempel 280 RM. gezahlt und gibt an, in diesen Zeiträumen weitere R.-Stempel weder hergestellt noch in den Verkehr gebracht zu haben. Die Klägerin verlangt mit der vorliegenden Klage Auskunftserteilung darüber, an welche Abnehmer die Beklagte die auf Grund der Zwangslizenz nach ihrem Patent Nr. 306178 hergestellten Stempel geliefert hat, ferner Angabe darüber, zu welchen Zeiten und an welchen Orten die Lieferungen erfolgt sind. Die Beklagte widersprach dem, erklärte sich aber damit einverstanden, daß ein von beiden Parteien gemeinschaftlich ernannter Vertrauensmann am 1. April und 1. Oktober jeden Jahres ihre Bücher einsehe, daraus die Zahl der gelieferten Grubenstempel feststelle und der Klägerin anzeige, und daß danach die Lizenzgebühr bezahlt wird. Sie weigert sich aber, ihre Abnehmer zu nennen, da die Klägerin es darauf anlege, ihr bei diesen entgegenzuwirken. Das Landgericht erkannte nach dem Klagantrag, das Oberlandesgericht wies die Klage ab. Die Revision der Klägerin blieb ohne Erfolg.

Gründe:

Das Berufungsgericht nimmt mit Recht an, daß die Klägerin, wenn sie befugt sein sollte, den durch das Urteil des Reichsgerichts vom 3. Januar 1927 für H. S. begründeten Anspruch auf Zahlung einer Zwangslizenzgebühr geltend zu machen, von der Beklagten Rechnungslegung verlangen könnte. Das hat die Beklagte auch nicht bestritten. Eine solche Pflicht zur Rechnungslegung ist für die vertragliche Lizenz vom erkennenden Senat bereits im Urteil vom 9. Juli 1921 I 23/20 (Ztschr. f. Industrierecht Bd. 15 S. 93 = M. u. W. Bd. 21 S. 189) anerkannt worden, und das muß in entsprechender Anwendung der Vorschriften der §§ 666, 681 BGB. auch gegenüber dem Zwangslizenznehmer gelten. Der Streit der Parteien geht um Inhalt und Umfang der Pflicht zur Rechnungslegung. Den Einwand, daß hierüber schon im Zwangslizenzverfahren zugunsten der Beklagten entschieden worden sei, hat das Berufungsgericht mit Recht zurückgewiesen; es braucht hierauf nicht näher eingegangen zu werden. Auch im übrigen unterliegt das angefochtene Urteil keinen rechtlichen Bedenken.

Die Pflicht zur Rechenschaftsablage hat, da die Erteilung von Belegen weder als üblich behauptet noch verlangt wird, gemäß § 259 Abs. 1 BGB. die Verpflichtung zum Inhalt, dem Berechtigten eine geordnete Zusammenstellung der Einnahmen mitzuteilen. Hierin erschöpft sie sich aber regelmäßig nicht. Der Zweck der Rechnungslegung ist der, dem Berechtigten eine Prüfung zu ermöglichen, ob und in welcher Höhe ihm Ansprüche gegen den Verpflichteten zustehen. Deshalb ist in der Rechtsprechung des Reichsgerichts stets anerkannt worden, daß die erteilte Auskunft dem Berechtigten die Möglichkeit der Nachprüfung ihrer Richtigkeit geben muß (RGZ.

Bd. 53 S. 254; RGU. vom 26. Januar 1926 VI 459/25[1]); RGU. vom 11. Januar 1929 III 212/28). Was hierzu erforderlich ist, bestimmt sich nach den Umständen des einzelnen Falles unter Berücksichtigung der Verkehrsübung. Vor allem aber steht die Verpflichtung zur Auskunfterteilung aus § 259 Abs. 1 BGB. unter der allgemeinen Regel des § 242 BGB. Das versteht sich von selbst, ist aber auch vom Reichsgericht im Urteil vom 31. Mai 1919 I 32/19 ausgesprochen worden. Die Beklagte braucht daher dem Klageverlangen nicht nachzukommen, wenn dies Treu und Glauben widersprechen würde, mag es auch unter anderen Umständen als gerechtfertigt erscheinen.

Nun stellt das Oberlandesgericht fest, daß die Klägerin die Klage erhoben hat, nicht weil sie befürchtet, in ihren Zwangslizenzgebühren zu kurz zu kommen, sondern weil sie Wert darauf legt, zu Wettbewerbszwecken ständig die ihr nicht bekannten Abnehmer der Beklagten zu erfahren. Diese Feststellung ist einwandfrei getroffen .... Die Annahme widerspricht auch nicht allgemeiner Lebenserfahrung, sondern liegt bei dem wirtschaftlichen Kampf, in dem die Parteien miteinander stehen, ziemlich nahe. Außerdem hat das Oberlandesgericht in rechtlich nicht zu beanstandenden Ausführungen seine Überzeugung dahin begründet, daß die beanspruchte Auskunft nicht erforderlich sei, um der Klägerin die Prüfung der Richtigkeit der gelegten Rechnung zu ermöglichen. Hierzu kommt, daß sie in den von der Klägerin angeführten Fällen dazu auch nicht geeignet ist, weil Dritte, durch welche die Beklagte etwa die R.-Stempel anfertigen und vertreiben läßt, nicht ihre Abnehmer sind. Bei dieser besonderen Sachlage enthält es keine Gesetzesverletzung, wenn das Berufungsgericht die Beklagte nach Treu und Glauben nicht für verpflichtet erachtet, dem Klagebegehren zu genügen.

---

45. Kann der durch Abtretung an die Stelle des Käufers getretene neue Gläubiger des Verkäufers unter dem Gesichtspunkte des Schadensersatzes wegen Nichterfüllung das von ihm gezahlte Abtretungsentgelt als Mindestschaden ersetzt verlangen?

BGB. §§ 326, 398.

[1]) „Recht" 1926 Nr. 406. D. R.

I. Zivilsenat. Urt. v. 19. Februar 1930 i. S. P. (Bekl.) w. Papierfabrik M. GmbH. (Kl.). I 248/29.

I. Landgericht Königsberg, Kammer für Handelssachen.
II. Oberlandesgericht daselbst.

Der dem Streit der Parteien zugrunde liegende Sachverhalt ergibt sich aus dem in RGZ. Bd. 120 S. 165 abgedruckten Urteil des Senats vom 11. Februar 1928, durch das über einen Schadensersatzanspruch wegen Nichtlieferung von 840 rm Papierholz aus dem Waldgrundstück C. entschieden worden ist. Die Klägerin verlangt nun weiter Zahlung von 22581,25 RM. mit der Begründung, es seien ihr als Rechtsnachfolgerin der Käuferin in dieser Höhe Aufwendungen erwachsen, die ihren konkreten Mindestschaden darstellten; den Hauptbetrag hiervon macht das von der Klägerin gezahlte Abtretungsentgelt aus. Die Beklagte bestreitet den Schadensersatzanspruch dem Grund und der Höhe nach und macht geltend, die von der Klägerin gewählte Art der Schadensersatzberechnung sei unzulässig. Die Klägerin hat daraufhin ihren Schaden auch noch in anderer Weise, sowohl konkret wie abstrakt, berechnet.

Das Landgericht hat die Beklagte antragsgemäß verurteilt. Das Oberlandesgericht hat durch Teilurteil die Berufung der Beklagten insoweit zurückgewiesen, als sie zur Zahlung von 21224,70 RM. verurteilt worden ist.

Die Revision der Beklagten führte zur Aufhebung und Zurückverweisung.

Gründe:

Was das Berufungsgericht unter Bezugnahme auf sein früheres Urteil über den Grund des Schadensersatzanspruchs der Klägerin ausführt, hat grundsätzlich schon im Urteil vom 11. Februar 1928 die Billigung des Senats gefunden. Es handelt sich dabei um die Nichtlieferung der über 840 rm hinausgehenden Papierholzmenge, mit der sich das erste Urteil des Landgerichts noch gar nicht befaßt hatte, sodaß insoweit der Rechtsstreit, wie das Oberlandesgericht zutreffend sagt, noch in erster Instanz anhängig geblieben war und jederzeit von den Parteien fortgesetzt werden konnte, da die Rechtskraftwirkung nur hinsichtlich der 840 rm eingetreten war. Ohne hiernach rechtlich gebunden zu sein, hat das Berufungsgericht auch für den noch übrigen

Teil des Schadensersatzanspruchs dem Grunde nach an der tatsächlichen und rechtlichen Würdigung seines ersten Urteils festgehalten. Ein Rechtsirrtum ist in den Ausführungen nicht enthalten. (Wird ausgeführt.) Insbesondere ist zur Frage der Notwendigkeit der Vertragsgenehmigung durch den Landrat alles Erforderliche in der Entscheidung vom 11. Februar 1928 gesagt. Der Senat hält hieran auch für die jetzt noch streitige Forderung fest.

Bei der weiteren Rüge, daß die Entwertung des Akkreditivs für die Schadensberechnung nicht herangezogen werden könne, weil die Beklagte dessen Stellung gar nicht verlangt gehabt habe, ist außer acht gelassen, daß die Beklagte doch stillschweigend damit einverstanden gewesen ist und daß es sich außerdem um die zu jener Zeit ohne weiteres übliche Abwicklungsweise für die Zahlung handelte. Insofern ist die Klägerin also nicht gehindert, diese Entwertung in ihre Schadensrechnung miteinzusetzen.

Bei Berechnung des Schadens der Höhe nach weicht das Berufungsgericht jetzt mit Recht von seiner früheren Rechnung insofern zugunsten der Beklagten ab, als es nur diejenigen Aufwendungen der Klägerin als erstattungsfähig ansieht, die sich auf den nicht gelieferten Teil des Holzes beziehen. Es kommt also in rechtlich bedenkenfreier und von der Revision im einzelnen nicht beanstandeter Rechnung zu einer hinter der Forderung der Klägerin zurückbleibenden Urteilssumme, sodaß es nur ein Teilurteil erlassen konnte und sich im übrigen die Prüfung vorbehalten mußte, ob eine der anderen von der Klägerin noch gegebenen Rechnungsarten doch noch die volle Schadenssumme ergibt.

Die der jetzigen Berechnung zugrunde liegende Auffassung, daß, wie der Käufer, so auch der Abtretungsempfänger die von ihm gemachten Aufwendungen als konkreten Mindestschaden erstattet verlangen könne, ist schon im früheren Berufungsurteil vertreten und im Urteil des Senats vom 11. Februar 1928 nicht mißbilligt worden. Damals hatte die Beklagte die Berechnungsart an sich noch nicht beanstandet; sie war — so ließ sich annehmen — mit der Klägerin darüber einig, daß diese ihre Aufwendungen bei Erfüllung des Kaufvertrags wieder eingebracht haben würde. Jetzt ficht die Revision diese Art der Schadensberechnung ausdrücklich als rechtsirrtümlich an und meint, daß das Berufungsurteil sich mit den hierzu von der Beklagten neuerdings in zweiter Instanz erhobenen Einwendungen nicht befasse und insofern nicht gehörig begründet sei. Das bedarf also jetzt der Prüfung.

In ständiger Rechtsprechung hat das Reichsgericht (seit der grundlegenden Entscheidung RGZ. Bd. 50 S. 262; s. auch Bd. 57 S. 106, Bd. 58 S. 177, Bd. 61 S. 89) für den Schadensersatzanspruch aus Nichterfüllung eines Vertrags an der sogenannten Differenztheorie festgehalten, wonach an die Stelle der ursprünglichen Vertragspflichten beider Teile eine einseitige reine Geldforderung des Ersatzberechtigten tritt (RGZ. Bd. 102 S. 62) und insbesondere der konkrete Schaden des Käufers in dem Unterschied besteht zwischen der Vermögenslage, in der er bei Lieferung sein würde, und derjenigen, in die er durch die Nichterfüllung geraten ist (RGZ. Bd. 91 S. 33/34; Staub Anh. zu § 374 HGB. Anm. 58), sodaß also der ganze Vertrag „endgültig liquidiert" werden muß (RGZ. Bd. 61 S. 352) und ein rechnerisches Ergebnis zu ermitteln ist (RGZ. Bd. 83 S. 281). Dabei bildet z. B., wie anerkannt ist (vgl. Staub Anh. zu § 374 HGB. Anm. 57; JW. 1917 S. 597 Nr. 6, 1919 S. 308 Nr. 9; RGZ. Bd. 94 S. 208), der Kaufpreis, den der Käufer gezahlt hat, einen Rechnungsfaktor. Und wenn auch der Käufer nicht ohne weiteres unter dem Gesichtspunkt des Schadensersatzes geltend machen kann, daß er mit Rücksicht auf den Vertrag Aufwendungen gemacht habe, die er sonst nicht nötig gehabt hätte, wenn er ferner nicht den gezahlten Kaufpreis als solchen zurückverlangen darf, so wird doch dessen Betrag als der erste handgreifliche Schaden mit in Betracht kommen (Staub a. a. O.). Aus diesem Grunde kann dann der Käufer eine geleistete Anzahlung tatsächlich herausverlangen, wenn er einen Schadensersatzanspruch geltend machen will (Staub a. a. O. Anm. 73a; LZ. 1907 Sp. 434 Nr. 4; JW. 1912 S. 686 Nr. 9; RGZ. Bd. 50 S. 190, Bd. 66 S. 285). Daß dabei dieselbe Summe gefordert werden kann wie beim negativen Interesse, ändert daran nichts (JW. 1904 S. 140 Nr. 6 Sp. 2 unten). Ebensogut kann der Käufer Ersatz für jede andere Aufwendung unter dem Gesichtspunkt verlangen, daß er sie durch den Vorteil der erwarteten Lieferung der Kaufsache wieder eingebracht haben würde (so JW. 1904 a. a. O.: verauslagte Vertragskosten; RGU. vom 5. Juni 1923 III 368/22: zur Beschaffung des Markbetrags aufgewendeter Kronenbetrag). Es ist eben „bei der Schadensersatzrechnung davon auszugehen, daß sich die beiderseitigen Leistungen nach dem Parteiwillen als gleichwertig gegenüberstehen. Der Käufer hat den vereinbarten Preis bewilligt, um die Gegenleistung zu erhalten. Erhält er diese Gegenleistung nicht, so muß ihm das vergütet werden, was er vergeblich hingegeben und aufgewendet hat, um die Gegenleistung zu erhalten. Das ist sein geringster Schaden" (so sagt der II. Zivilsenat in der schon vom Berufungsrichter angeführten, in JW. 1913 S. 595 Nr. 8 abgedruckten Entscheidung vom 13. März 1913). Auch nach der Entscheidung des jetzt erkennenden Senats vom 8. Dezember 1926 (SeuffArch. Bd. 81 Nr. 216) kann der Mindestschaden des Käufers darin bestehen, daß er für sein Geld keinen gleichen Wert erhalten hat. Dort ist weiterhin dem Sinne nach ausgesprochen, es wäre Sache des Verkäufers, zu beweisen, daß bei ordnungsmäßiger Lieferung der Käufer sein Geld bei Verwertung der Kaufsache nicht wieder herausbekommen hätte. Dem Verkäufer steht es also frei, die Vermutung der Gleichwertigkeit zu widerlegen und darzutun, daß die in die Schadensrechnung des Käufers eingestellten Aufwendungen bei Erfüllung nicht oder nur zum Teil wieder herauszuholen gewesen wären.

Diese Umkehrung der Beweislast will der Berufungsrichter auch im vorliegenden Falle gelten lassen. Hier handelt es sich aber um Aufwendungen, die der für den Käufer als Gläubiger des Verkäufers eingetretene Abtretungsempfänger gehabt hat. Auf sie jenen Grundsatz anzuwenden, ist nicht gerechtfertigt; jedenfalls nicht auf die Aufwendungen, die — wie das den Hauptteil des geforderten Betrags ausmachende Abtretungsentgelt — vor der Begründung des Gläubiger- und Schuldnerverhältnisses zwischen Abtretungsempfänger und Verkäufer liegen. Der Abtretungsvertrag im einzelnen berührt den Verkäufer als Schuldner überhaupt nicht. Ihn geht nur die Tatsache an, daß mit der Abtretung ein neuer Gläubiger an die Stelle des bisherigen tritt (§ 398 Satz 2 BGB.). Der Schaden aber, den der neue Gläubiger wegen Nichterfüllung des Kaufvertrags gegen den Verkäufer als seinen Schuldner geltend machen darf (vgl. RGZ. Bd. 55 S. 403/404, Bd. 107 S. 188), kann nur auf der Grundlage des diesem gegenüber von vornherein geltenden Kaufvertrags berechnet werden. Das würde zwar nicht ausschließen, daß die Klägerin das für die Abtretung Aufgewendete als ihren Mindestschaden dann verlangen könnte, wenn beide Parteien darüber einig wären, daß sie den entsprechenden Betrag bei der Verwertung des gekauften Holzes wieder eingebracht hätte. Das läßt sich jetzt aber nicht ohne weiteres annehmen, nachdem die Beklagte einmal die Höhe des Abtretungsentgelts angezweifelt und dann die etwa doch in dieser Höhe gezahlte Summe als übertrieben bezeichnet hat. Auch der oben erwähnte Gesichtspunkt der Gleichwertigkeit der beiderseitigen Leistungen entfällt dem Verkäufer gegenüber dann, wenn der Käufer seine Rechte aus dem Kaufvertrag gegen Zahlung einer Abfindungssumme an einen anderen abtritt. Der Verkäufer steht außerhalb des Abtretungsvertrags und vermag dessen wirtschaftliche Grundlagen nicht so zu übersehen wie die seines eigenen Kaufvertrags. Das tritt besonders deutlich hervor, wenn etwa mehrere Abtretungen hintereinander stattfinden. Dem Abtretungsempfänger kann deshalb nicht, wie dem Käufer wegen des Kaufpreises, die Vermutung zur Seite stehen, daß er das für die Kaufforderung gezahlte Abtretungsentgelt bei Erfüllung des Kaufvertrags wieder hereingebracht hätte. Nur unter diesem Gesichtspunkt kann aber der Schadensersatzberechtigte, um eine genauere Schadensberechnung zu vermeiden, als Mindestschaden Aufwendungen geltend machen, die sich auf den Vertrag beziehen. Auch ist es für ihn nur dann, wenn er sich auf jene Vermutung berufen kann und der Beweislast enthoben ist, von Vorteil, in dieser Weise zu rechnen und auf den Beweis eines etwa weitergehenden Schadens zu verzichten oder ihn doch zurückzustellen. Denn sobald er zur Beweisführung genötigt ist, wird er damit zugleich zur Aufstellung einer genaueren Schadensberechnung gezwungen. Diese muß auch im gegenwärtigen Rechtsstreit erfolgen. Dadurch, daß das Abtretungsentgelt der Klägerin ohne weiteres als Mindestschaden zugebilligt worden ist, fühlt sich die Beklagte also mit Recht beschwert.

Hiernach mußte das Berufungsurteil aufgehoben werden, damit der Schaden in anderer Weise — konkret oder abstrakt berechnet — festgestellt werde. Ob etwa der Klägerin wenigstens der aus der Akkreditiventwertung und den Kosten der Abwicklung des Geschäfts im Walde errechnete Betrag als Mindestschaden zugesprochen werden könnte, sei dahingestellt. Da diese Beträge verhältnismäßig geringfügig sind und ihre Berücksichtigung aus dem Rahmen der später aufzustellenden Schadensberechnung herausfallen würde, war die Aufhebung des Berufungsurteils im vollen Umfang geboten.

46. 1. Sind bei der Auseinandersetzung des Vermögens einer Küsterlehrerstelle gemäß § 30 Abs. 6, 7 des preuß. Volksschulunterhaltungsgesetzes vom 28. Juli 1906 die Eigentumsverhältnisse oder die öffentlichrechtliche Zweckbestimmung der bisher gemeinschaftlich benutzten Vermögensstücke zugrunde zu legen?

2. Über das Vorhandensein und die Rechtsnatur einer sog. Küsterlehrerpfründe.

IV. Zivilsenat. Urt. v. 24. Februar 1930 i. S. Eigenschulverband A. (Bekl.) w. Kirchengemeinde R. (Kl.). IV 741/28.

I. Landgericht Halle a. S.
II. Oberlandesgericht Naumburg a. S.

In der Gemeinde Radewell (Saalekreis) ist von altersher das Küsteramt mit dem Schulamt dauernd vereinigt. Auf Antrag der dortigen evangelischen Kirchengemeinde hat der Oberpräsident auf Grund des § 30 Abs. 6, 7 des preuß. Volksschulunterhaltungsgesetzes vom 28. Juli 1906 die Auseinandersetzung des vereinigten Stellenvermögens vorgenommen und durch Bescheid vom 14. März 1927 der Kirchengemeinde und dem Schulverband die bisher zur Landdotation der Küsterschulstelle dienenden Grundstücke Kartenbl. 1 Parz. N. 35, Kartenbl. 2 Parz. N. 127, 128 und Kartenbl. 1 Parz. N. 92 je zur Hälfte als Eigentum zugewiesen, ebenso das vorhandene, von der Kirchengemeinde verwaltete Kapitalvermögen von 15025 M. gleichheitlich verteilt. Das 1867/68 errichtete Küsterschulhaus ist zwischen beiden dergestalt geteilt worden, daß die Kirchengemeinde den westlichen Teil (Kartenbl. 3 N. a und c) und der Schulverband den östlichen Teil (Kartenbl. 3 N. b und d) erhalten sollte. Die Bau- und Gartenstelle der früheren Küsterschule sowie die alte Küsterscheune sind der Kirchengemeinde zu freiem Eigentum überwiesen worden. Gegen diesen am 17. März 1927 zugestellten Auseinandersetzungsbescheid hat die Kirchengemeinde wegen der Teilung der Landdotationsgrundstücke und des Kapitalvermögens rechtzeitig den ordentlichen Rechtsweg beschritten. Sie verlangt insoweit mit der Klage Aufhebung des Bescheids und Feststellung ihres Alleineigentums an diesen Vermögensstücken. Der verklagte Schulverband hat Abweisung der Klage und widerklagend die Feststellung begehrt, daß das Küsterschulhaus, soweit es der Klägerin zugesprochen sei, sowie die Bau- und Gartenstelle und die alte Küsterscheune nicht alleiniges Eigentum der Klägerin seien. Die Vorinstanzen haben nach dem Klagantrag erkannt und die Widerklage abgewiesen. Die Revision des Beklagten ist zurückgewiesen worden aus folgenden

Gründen:

I.

Die Revision bittet in erster Linie um Nachprüfung der Frage, ob die Auseinandersetzung des Stellenvermögens eines organisch vereinigten Kirchen- und Schulamts gemäß § 30 Abs. 6, 7 des preuß. Volksschulunterhaltungsgesetzes vom 28. Juli 1906 nach privatrechtlichen Grundsätzen, insbesondere nach Maßgabe der Eigentumsverhältnisse zu erfolgen hat, oder ob hierbei die öffentlichrechtliche Zweckbestimmung des Vermögens zugrunde zu legen ist. Wäre die letztere Ansicht richtig, so könnte die Schulgemeinde (der Schulverband) verlangen, bei der Trennung der Ämter an dem Stellenvermögen, auch wenn es im Alleineigentum der Kirchengemeinde steht, irgendwie beteiligt zu werden, und es wäre nicht zulässig, die Auseinandersetzung in der Weise vorzunehmen, daß der Kirchengemeinde die bisher in ihrem Eigentum stehenden Vermögensstücke ohne Rücksicht auf ihre frühere zugunsten von Kirche und Schule bestehende Zweckbestimmung zugewiesen würden. Der jetzt erkennende Senat hat im Urteil vom 18. Juni 1925 (RGZ. Bd. 111 S. 53, vollständig abgedruckt JW. 1925 S. 2441 N. 3) die Frage im ersteren Sinne entschieden; ihm sind der VI. Senat (JW. 1926 S. 1446 N. 4) und der V. Senat (JW. 1926 S. 2285 N. 4) beigetreten. Auf dem Standpunkt der reichsgerichtlichen Rechtsprechung steht auch das Berufungsurteil und nimmt auf sie Bezug. Gegen diese Rechtsprechung haben sich gewandt: Dirksen und zwar neuerdings in seinen Anmerkungen zu JW. 1925 S. 2441 und 1926 S. 1447, sowie u. a. in den im preuß. Volksschularchiv Bd. 21 S. 1 flg., Bd. 26 S. 97 flg. abgedruckten Aufsätzen, ferner Fleischer in seiner Schrift: Die Vermögensauseinandersetzung bei vereinigten Kirchen- und Schulämtern (vgl. auch dessen Anmerkungen zu JW. 1926 S. 1446, 2285) und Herrmann im preuß. Verwaltungsblatt Bd. 47 S. 365 flg., S. 377 flg. und weiter in der Schrift: Die vermögensrechtliche Auseinandersetzung bei Trennung von Kirchen- und Schulamt. Ebenso hat das Oberverwaltungsgericht im Urteil vom 18. Dezember 1928

(Preuß. Volksschularchiv Bd. 26 S. 342) einen abweichenden Standpunkt eingenommen, ohne aber hierauf seine Entscheidung zu gründen (vgl. auch Fürstenau in JW. 1927 S. 2838 und Armbrüster das. 1929 S. 3357). Dagegen haben sich für die sog. Eigentumstheorie im Sinne der reichsgerichtlichen Urteile erklärt: Arndt in der Schrift: Die organisch vereinigten Kirchen- und Schulämter in Preußen, 2. Aufl.; Paschasius im Volksschularchiv Bd. 21 S. 289flg.; Schulte das. Bd. 25 S. 11flg.; Strippel im preuß. Pfarrarchiv Bd. 16 S. 97flg., 190flg. und in der Schrift: Die Küsterlehrerstelle S. 17flg.; schließlich in eingehender Darstellung Hoheisel Das Recht der Küsterschule S. 140flg.

Der Senat sieht sich nicht veranlaßt, von seinem in dieser Streitfrage früher eingenommenen Standpunkt abzugehen. Das Gesetz selbst hat es in § 30 Abs. 6, 7 vermieden, sachliche Grundsätze über die Auseinandersetzung aufzustellen. Wenn dort von der „Auseinandersetzung in Ansehung des Vermögens" gesprochen wird, so kann daraus nicht im Wege der Auslegung die Richtigkeit der gegnerischen Ansicht hergeleitet werden. Ohne Zweifel hat beim vereinigten Kirchen- und Schulamt das Stellenvermögen bisher öffentlichrechtlichen Zwecken (sog. „Zugleichzwecken") gedient. Die Frage aber, wer während der Ämtervereinigung Eigentümer des Vermögens war, ist dadurch in keiner Weise berührt worden. Privatrechtliches Eigentum hat, wie auch von den Gegnern zum Teil nicht bestritten wird, die ganze Zeit über bis zur Trennung bestanden. Die Auseinandersetzung hat begrifflich zum Gegenstand die Klarstellung der Rechte an den einzelnen Vermögensstücken unter Aufhebung der Gemeinschaft und unter Lösung der sich bisher daraus ergebenden Beziehungen. Es handelt sich auch dem Eigentum nach um privatrechtliches, nicht um öffentlichrechtliches Vermögen, das auseinandergesetzt werden soll, und hierfür kann in aller Regel nur die privatrechtliche Eigentumsordnung maßgebend sein, die der im Gesetz (§ 30 Abs. 6) zur letzten Entscheidung berufene ordentliche Richter anzuwenden hat. Hätten daneben nach dem Auseinanderfallen der öffentlichrechtlichen und der privatrechtlichen Verhältnisse für letztere gleichwohl noch Beziehungen des öffentlichen Rechts, hier die öffentlichrechtliche Zweckbestimmung, maßgebend bleiben sollen, so wären die Absätze 6 und 7 der Ort gewesen, eine solche keineswegs selbstverständliche Bestimmung zu treffen.

Nun könnte sich allerdings aus dem Zusammenhang der Vorschriften des Gesetzes — zunächst der sonstigen Vorschriften des § 30 — die Berücksichtigung der öffentlichrechtlichen Zweckbestimmung bei der Auseinandersetzung als vom Gesetzgeber stillschweigend gewollt ergeben. In § 30 Abs. 2 ist gesagt, daß die Vermögensstücke, die schon seither Zugleichzwecken dienten, diesen Zwecken erhalten bleiben sollten. Die Vorschrift gilt aber, ebenso wie die des Abs. 4 das., nur für die Dauer der Vereinigung der Ämter. Das ist bereits in RGZ. Bd. 111 S. 56, 57 dargelegt und daran muß auch nach erneuter Prüfung festgehalten werden. Die Beibehaltung der bisherigen Zweckbestimmung nach Inkrafttreten des Gesetzes ergab sich von selbst aus dem Wesen des vereinigten Amtes, solange es bestand. Es wäre, wenn die Zweckbestimmung auch noch für die spätere Auseinandersetzung hätte maßgebend bleiben sollen, nicht nur naheliegend, sondern geboten gewesen, einen so wichtigen, in die Rechte des Eigentümers tief eingreifenden Grundsatz besonders zum Ausdruck zu bringen und in Abs. 6, 7 wenigstens auf die vorhergehenden Absätze zu verweisen. Eine solche Bezugnahme fehlt; vielmehr läßt sich schon aus der äußeren Anordnung und Fassung entnehmen, daß die Vorschriften der Abs. 6, 7 getrennt von den vorhergehenden aufgestellt sind und in keinem inneren Zusammenhang mit ihnen stehen. Daß das „wo" in Abs. 1, richtig verstanden, einer Beschränkung der Geltung der Abs. 2 bis 5 auf die Verhältnisse während der Dauer der Vereinigung nicht entgegensteht, ergibt die sinngemäße Auslegung. Diese Vorschriften sollen gelten in allen Fällen, in denen eine dauernde Ämtervereinigung vorliegt, also „wenn" oder „wofern" sie an einem Orte besteht. Daraus folgt, daß sie nicht anwendbar sind, wenn diese Voraussetzung nicht oder nicht mehr gegeben ist, also dann nicht, wenn, wie Abs. 6, 7 vorsehen, die Ämter getrennt werden. Es muß ferner im Rahmen des § 30 wiederholt darauf hingewiesen werden, daß in Abs. 6 der ordentliche Rechtsweg zugelassen ist. Allerdings kann auch der Prozeßrichter in die Lage kommen, über Fragen des öffentlichen Rechts zu entscheiden. Aber grundsätzlich ergeht seine Entscheidung, auch wo sie rechtsgestaltend wirkt, auf dem Boden des privaten Rechts. Deshalb ist die Annahme nicht abzuweisen, daß, wenn durch besondere Vorschrift der Rechtsweg eröffnet wird, vor allem privatrechtliche Gesichtspunkte den Ausschlag zu geben haben. Das ergibt allgemein der Kommissionsbericht des Abgeordnetenhauses zu § 11c des Entwurfs, jetzt § 27 des Gesetzes (Druckf. 1905/06 II. Session, B zu N. 288 S. 531/32), wonach die Zulässigkeit der Klage im ordentlichen Rechtsweg gerade zum Schutze des privaten Eigentums der Kirchengemeinden in das Gesetz aufgenommen worden ist. Daß nach § 27 Abs. 1, 2 der Prozeßrichter die vorhandene öffentlichrechtliche Widmung zu Schulzwecken beachten muß, kann nicht zur Unterstützung der gegenteiligen Ansicht herangezogen werden, weil es sich dort um den eigenartigen Tatbestand der nur vereinzelt vorkommenden sog. Kirchschulen handelt, bei denen die Kirche bisher die Trägerin der Volksschullast war, und nicht um die Verhältnisse der hier in Frage stehenden Küsterschulen, deren Regelung in § 27 ausdrücklich dem späteren § 30 vorbehalten ist.

Deshalb kann auch im übrigen § 27 nicht für die gegnerische Meinung verwertet werden. Ebensowenig gestatten die Vorschriften der §§ 28, 29 in ihrem Verhältnis zu § 30 den zwingenden Schluß auf eine vom Gesetzgeber gewollte Aufrechterhaltung der öffentlichrechtlichen Zweckbestimmung bei der Auseinandersetzung des vereinigten Kirchen- und Schulamts, wie in RGZ. Bd. 111 S. 58 ausgeführt ist. Was insbesondere die Vorschrift des § 29 Abs. 2 betrifft, so bezieht sie sich auf das der Schule „mitgehörige", also im Miteigentum von Kirche und Schule stehende Vermögen, nicht aber auf Anteilsrechte, welche die Schule durch eine dauernde Widmung erlangt haben soll (RG. in JW. 1926 S. 1446; vgl. RGZ. Bd. 74 S. 59). Wollte man aber auch die Bestimmung dahin verstehen, daß ohne Rücksicht auf das Eigentum das Vermögen entsprechend seinen bisherigen Zwecken nunmehr dem neuen Schulverband gegenüber gemeinschaftlich bleiben solle, so wäre das für die spätere Auseinandersetzung ebensowenig maßgebend wie die in § 30 Abs. 2 getroffene Regelung.

Von diesen Erwägungen abgesehen, kann an der Geltung der Eigentumstheorie jedenfalls kein Zweifel sein, wenn man die leitenden Grundsätze des Gesetzes und seine Entstehungsgeschichte ins Auge faßt. Während in § 1 die bürgerliche Gemeinde als Trägerin der Schullast anerkannt wird, sollen nach § 29 Abs. 1 die Rechte Dritter, insbesondere der Kirchengemeinden, u. a. an den gleichzeitig Schul- und kirchlichen Zwecken dienenden Vermögensstücken unberührt bleiben, und anderseits sollen nach § 32 Abs. 1 die auf allgemeiner Rechtsnorm beruhenden Verpflichtungen für die Zwecke der Schule fortfallen, soweit sie nicht im Gesetz aufrecht erhalten sind. Danach behält die Kirchengemeinde ihr Eigentum und ihre sonstigen Berechtigungen. Die bisher für „Zugleichzwecke" bestimmten Vermögensstücke bleiben zwar nach § 30 Abs. 2, 4 zunächst ihren Zwecken erhalten, doch spielt die Beschränkung bei der Auseinandersetzung keine Rolle mehr, weil sie, wie oben dargelegt, nur für die Dauer der Ämtervereinigung gilt und die Verpflichtung, es bei der bisherigen Zweckbestimmung zu belassen und für die Schule mitzusorgen, nach der Trennung — entsprechend dem Grundsatz des § 32 Abs. 1 — wegfällt. Daß diese Vorschrift auch gegenüber den Kirchengemeinden gilt, wird vom Reichsgericht in JW. 1926 S. 1447 anerkannt. Wenn das Oberverwaltungsgericht in dem angezogenen Urteil S. 352/53 den § 32 Abs. 1 für eine Übergangsvorschrift erklärt, die nur bestehende, nicht künftige Rechtsverhältnisse ordne, so steht dem entgegen, daß die Schluß- und Übergangsvorschriften in §§ 63 bis 70 des Gesetzes enthalten sind und ein Anhalt für die Annahme fehlt, der Gesetzgeber habe jener im Rahmen und inmitten der sachlichen Regelung aufgestellten Vorschrift die Eigenschaft einer bloßen Übergangsbestimmung beilegen wollen.

Weiterhin läßt sich auch aus der Entstehungsgeschichte des Gesetzes keineswegs entnehmen, daß die öffentlichrechtliche Zweckbestimmung die Auseinandersetzung beherrschen soll; aus ihr ist vielmehr das Gegenteil zu folgern. Eine Übersicht über die Vorarbeiten (Gesetzentwurf und Begründung) sowie über die Verhandlungen und Beratungen in den Kommissionen und im Plenum der gesetzgebenden Körperschaften findet sich mit näheren Hinweisen bei Fleischer Vermögensauseinandersetzung usw. S. 25 bis 52, und bei Hoheisel a. a. O. S. 140 bis 180. Aus ihnen geht hervor, daß die privatrechtlichen Verhältnisse durch das Gesetz grundsätzlich nicht berührt werden sollten; anderseits sollte das vorhandene Vermögen, wie mehrfach anerkannt wurde, den bisherigen öffentlichrechtlichen Zwecken erhalten bleiben (s. Fleischer S. 29, 35, 41, 44). In beiden Richtungen blieb mithin alles beim Alten, nur daß der Träger der Schullast wechselte. Für die Rechtsverhältnisse des vereinigten Kirchen- und Schulamts wurde ebenfalls anerkannt, daß bei ihnen keine Änderung einzutreten habe und das Kirchenvermögen unberührt zu lassen sei (Fleischer a. a. O. S. 33; vgl. JW. 1924 S. 1984). Dagegen ist — und nur diese Frage steht hier zur Entscheidung — in den Vorarbeiten und Beratungen nirgends in klarer und bestimmter Weise zum Ausdruck gekommen, daß die Zweckbestimmung auch für die Auseinandersetzung maßgebend sein, diese also in sachlicher Beziehung nach öffentlichrechtlichen Grundsätzen erfolgen sollte. Vielmehr kann bei unbefangener Betrachtung den verschiedenen Äußerungen über die Gemeinschaftlichkeit des zu Kirchen- und Schulzwecken genutzten Vermögens keine andere Bedeutung beigemessen werden, als daß hier das Vermögen nach dem Eintritt des neuen Schullastträgers wie bisher den Gemeinschaftszwecken zu dienen, insofern also zunächst keine Änderung einzutreten habe. Damit ist aber für die Frage nach den materiellrechtlichen Grundsätzen der selbständig zu regelnden Auseinandersetzung nichts gewonnen. Daß in der Begründung zu § 14 des Entwurfs (dem § 30 des Gesetzes) eine sachliche Auseinandersetzung auf der Grundlage des öffentlichen Rechts vorgesehen sei, kann nicht anerkannt werden. Dort ist nur von einer Regelung des Verfahrens, also von der Form der Auseinandersetzung die Rede.

Gegen die öffentlichrechtliche Theorie aber sprechen vor allem die Erklärungen des Regierungskommissars Ministerialdirektors D. Schwartzkopff in der Sitzung des Herrenhauses vom 3. Juli 1906 (Stenogr. Berichte 1905/06 S. 483 bis 485), wonach die Kirche im Falle der Trennung ihr Vermögen zurücknehmen und für ihre Zwecke verwenden könne und dann der Staat für die Bedürfnisse der Schule einzutreten habe. Hier wird zu der Streitfrage unzweideutig im Sinne des ungeschmälerten Rücknahmerechts der Kirche, also des Wiederauflebens ihres unbeschränkten privatrechtlichen Eigentums, Stellung genommen. Der Auffassung Schwartzkopffs ist im Herrenhaus und bei den späteren Verhandlungen im Abgeordnetenhaus nicht widersprochen worden. Die Frage nach der von einzelnen Herrenhausmitgliedern befürworteten Erschwerung der Ämtertrennung mag den Anlaß zu jener Erklärung gegeben haben, ändert aber an ihrem Inhalt nichts. Die hervorragende Stellung des damaligen Regierungskommissars bei der Verabschiedung des Gesetzes wird von Fleischer nicht geleugnet. Es kann auch nach Sinn und Wortlaut der Erklärung nicht anerkannt werden, daß unter dem Vermögen, das die Kirche zurücknehmen kann, nur das kirchlichen Zwecken dienende und nicht das auch zur Dotation der Schule bestimmte kirchliche Vermögen gemeint sein sollte. Wenn geltend gemacht wird, der Abgeordnete Dr. Porsch habe bei der 2. Beratung im Abgeordnetenhaus vom 22. Mai 1906 (Stenogr. Berichte S. 5079flg.) einen Standpunkt eingenommen, der demjenigen des Regierungsvertreters gerade entgegengesetzt gewesen sei, so trifft das nicht zu. Er hat vielmehr dessen Standpunkt geteilt, wie er jetzt im Volksschularchiv Bd. 26 S. 289flg. ausdrücklich klarstellt. Auch er spricht sich dahin aus, daß nach den Gedankengängen der Staatsregierung und der gesetzgebenden Körperschaften bei der Beratung des Gesetzes der privatrechtliche Gesichtspunkt für den Fall der Auseinandersetzung als berechtigt anerkannt worden sei.

Nach alledem ergibt die Auslegung des Gesetzes nach dem Zusammenhang seiner Vorschriften und besonders unter Berücksichtigung seiner Entstehungsgeschichte die Richtigkeit der sog. Eigentumstheorie. Wenn demgegenüber die Gegner versuchen, unter Berufung auf allgemeine Rechtsgrundsätze oder im Wege juristischer Konstruktion oder analoger Rechtsanwendung zu einem anderen Ergebnis zu gelangen, so können ihre Darlegungen nicht überzeugen. Daß die öffentlichrechtliche Bindung des Vermögens während der Dauer der Ämtervereinigung noch nach der Trennung fortwirke, wird von ihnen aus dem Satze gefolgert, daß das öffentliche Recht (hier die öffentlichrechtliche Zweckbestimmung) dem privaten Recht (hier dem Eigentum) unbedingt vorgehe. Das kann in dieser Allgemeinheit nicht als richtig anerkannt werden. Auch wo ein einheitliches Rechtsverhältnis privatrechtliche und öffentlichrechtliche Bestandteile aufweist, die sich durchdringen oder gegenseitig ergänzen, ist der Vorrang des öffentlichen Rechts keineswegs die Regel. Ein Rechtsgebilde, das über den Boden des Privatrechts hinausgewachsen ist, hört damit nicht ohne weiteres auf, Privatrechtswirkungen zu erzeugen. Nur wo der Staat kraft obrigkeitlicher Gewalt dem einzelnen gegenübertritt, gilt das öffentliche Recht unbedingt. Ein solcher Zwangsakt liegt hier nicht vor. Davon abgesehen würde es sich, wenn man dem Gesetz hier eine öffentlichrechtliche Beschränkung des Eigentums der Kirche entnehmen wollte, um einen Eingriff in Privatrechte handeln, der nach Art. 153, 138 Abs. 2 RVerf. nicht zulässig wäre. Daß die auf Grund der Zweckbestimmung vorgenommene Auseinandersetzung eine Enteignung von Kirchengut bedeuten würde, hat das Reichsgericht in JW. 1926 S. 1446 angenommen.

Es wird weiter geltend gemacht, das gesamte Recht der Küsterlehrerschule werde von einer öffentlichrechtlichen, auf der Ortsverfassung beruhenden, im Laufe der Jahre entstandenen Observanz beherrscht, wonach die Kirchengemeinde zur Fürsorge für die Küsterschule verpflichtet sei. Es kann dahingestellt bleiben, inwiefern eine solche Observanz, die begrifflich immer nur ein örtlich begrenztes Gewohnheitsrecht darstellen würde, eine allgemein geltende objektive Rechtsnorm schaffen sollte. Jedenfalls würde sie zunächst immer nur für das vereinigte Kirchen- und Schulamt während der Zeit seines Bestehens Geltung haben, und es wäre darzutun, daß früher wirklich eine Übung bestanden hat, wonach die Kirche auch nach einer Trennung ihr Eigentum noch ganz oder teilweise den Zwecken der Schule tatsächlich geopfert hat. Aber auch dann würde nach den obigen Darlegungen der Weitergeltung der Observanz der § 32 Abs. 1 des Gesetzes entgegenstehen. In ähnlicher Richtung bewegen sich die Ausführungen der Gegner, insbesondere Dirksens, die vom regelmäßigen Vorhandensein eines öffentlichrechtlichen Zweckvermögens des vereinigten Kirchen- und Schulamts ausgehen. Die ursprünglich der Kirche gewidmeten oder gestifteten Vermögensstücke sollen sich im Laufe der Zeit zu einem selbständigen, den Zwecken der Kirche und Schule dienenden Zweckvermögen öffentlichrechtlicher Art umgewandelt haben, das seiner Bestimmung dauernd erhalten bleiben müsse. Wo sich in Einzelfällen oder in einem bestimmten Bezirk ein solches Zweckvermögen (etwa in Gestalt einer sog. Küsterlehrerpfründe) gebildet hat, könnte bei der Auseinandersetzung eine Berücksichtigung der öffentlichrechtlichen Zweckbestimmung in Frage kommen (s. unten II). Aber die Geltung eines allgemeinen Satzes des Inhalts, daß überall die Zweckbestimmung bei der Auseinandersetzung maßgebend sei, weil ein derartiges Vermögen überall bestehe, ist abzulehnen. Es handelt sich um eine rechtliche Folgerung, deren tatsächliche Voraussetzung bisher nicht dargetan ist.

Auch der Hinweis auf die öffentlichrechtlichen Auseinandersetzungsgrundsätze in § 4 des Gesetzes muß versagen. Der Tatbestand dieser Vorschrift (Auseinandersetzung zwischen Schulverbänden) ist von demjenigen des § 30 Abs. 6, 7 durchaus verschieden. Auch ist die ursprüngliche Bezugnahme auf den dem jetzigen § 4 des Gesetzes entsprechenden § 5 des Entwurfs, wie sie § 14 des Entwurfs enthielt, bei der endgültigen Fassung des § 14 (jetzt § 30 des Gesetzes) weggefallen.

Schließlich steht § 32 Abs. 2 des Gesetzes mit der hier vertretenen Auffassung in keinem Widerspruch. Danach sollen die auf besonderen Rechtstiteln beruhenden Verpflichtungen Dritter, zu denen auch die Kirche gehört (RGZ. Bd. 111 S. 58; JW. 1926 S. 1447) für die Zwecke der Schule bestehen bleiben. Es handelt sich, wie allgemein anerkannt ist, um Sondertitel öffentlichrechtlicher Natur. Ist die Kirche als Eigentümerin des Stellenvermögens mit derartigen Sonderverpflichtungen belastet, so erhält sie ihr Eigentum selbstverständlich nur mit den darauf ruhenden Beschränkungen zurück. Ein allgemeiner Grundsatz der Aufrechterhaltung der öffentlichrechtlichen Zweckbestimmung bei der Trennung läßt sich aus dieser für besondere Fälle getroffenen Regelung nicht herleiten.

Hiernach ist zusammenfassend festzustellen, daß bei der Trennung die Privatrechte als solche wieder hervortreten und daß die bisherigen, auf allgemeiner Rechtsnorm beruhenden Verpflichtungen der Kirche, für die Bedürfnisse der Schule mit beizutragen, in Wegfall kommen, daß also eine Beschränkung der privaten Rechte insoweit nicht stattfinden darf. Die gegenteilige Meinung entbehrt einer bestimmten Unterlage und läßt sich jedenfalls aus dem zur Zeit geltenden Rechte nicht begründen. Nur wenn Sondertitel für Leistungen der Kirche (öffentlichrechtliche im Sinne des § 32 Abs. 2 oder Privatrechtstitel) vorliegen, müssen die sich daraus ergebenden Verpflichtungen bei der Auseinandersetzung aufrechterhalten werden. Solche Titel sind vom Beklagten nicht dargetan.

Das so gewonnene Ergebnis widerspricht auch keineswegs der Billigkeit. Der Kirche, die alle die Jahre hindurch die Lasten der Küsterlehrerschule getragen oder mitgetragen hat, kann nicht zugemutet werden, nach der Trennung von Staat und Kirche, von Küsteramt und Lehreramt, diese Lasten zugunsten der Schule ohne jede Entschädigung weiter auf sich zu nehmen. Die Verhältnisse liegen nicht so, als ob der Kirche viele Millionen in den Schoß fielen. Denn sie muß nach wie vor aus den Einkünften ihres zurückgenommenen Vermögens die Aufwendungen für eigne kirchliche Zwecke, nämlich für das jetzt getrennte Kirchenamt, bestreiten, während die Schulverbände nötigenfalls einen Rückhalt am Staate haben. Etwaige Härten des bestehenden Rechtszustands auszugleichen ist in erster Linie die Gesetzgebung berufen.

II.

Die Frage, ob die Klägerin Eigentümerin der mit der Klage beanspruchten Vermögensstücke (der Grundstücke und des in Wertpapieren angelegten Kapitalvermögens) ist, hat der Berufungsrichter bejaht. Der Nachweis liegt der Klägerin ob.

Was zunächst die Ländereien (die sog. Landdotation, Parzellen Nr. 35, 127, 128, 92) betrifft, so beruft sich die Klägerin, nachdem diese Grundstücke am 14. Januar 1920 im Grundbuch auf ihren Namen eingetragen worden sind, auf die Rechtsvermutung des § 891 BGB. Für die Grundstücke war bisher kein Grundbuchblatt angelegt. In der Sitzung vom 4. Juli 1919 hat der Schulverband, entsprechend einem Antrag des Gemeindekirchenrats, einstimmig die Eintragung für die Kirchengemeinde bewilligt, weil das rein kirchliche Eigentum an der Landdotation der Küsterlehrerstelle nachgewiesen sei. In der Verhandlung vor dem Grundbuchamt vom 2. Dezember 1919 erklärten darauf beide Teile, sie seien darüber einig, daß die Grundstücke von altersher Eigentum und Besitz der Kirchengemeinde seien, und demgemäß beantragte die Kirchengemeinde die Anlegung eines Grundbuchblattes und die Eintragung auf ihren Namen. Die Eintragung geschah dann nach Vorlegung eines Zeugnisses über 44jährigen Eigenbesitz, der vor dem 1. Januar 1900 bestanden habe. Gegenüber der Eintragung hat nach § 891 BGB. der Beklagte den Nachweis zu erbringen, daß das eingetragene Recht in Wirklichkeit nicht bestehe. Und zwar muß er, wie der Berufungsrichter mit Recht annimmt, nachweisen, daß das Recht auch nicht auf andere Weise, als im Grundbuch angegeben, zur Entstehung gelangt sein kann. Es genügt also nicht, daß er die Unwirksamkeit des Anerkenntnisses vom 4. Juli 1919 oder der Einigung vom 2. Dezember 1919, soweit hierauf überhaupt die Eintragung beruht, unter Berufung auf § 779 BGB. oder infolge Irrtumsanfechtung oder wegen fehlender Verfügungsbefugnis des Schulvorstands (mangelnde Genehmigung der Aufsichtsbehörde) oder auf Grund des § 181 BGB. geltend macht. Vielmehr muß der Beklagte, nachdem die Klägerin unter Darlegung der näheren Umstände behauptet hatte daß sie das Eigentum schon in alter Zeit erworben habe, die Möglichkeit eines solchergestalt geschehenen Erwerbs ausräumen.

Der Berufungsrichter sieht den Gegenbeweis, der dem Beklagten in diesem Umfang obliegt, nicht als erbracht an. Er hält im Gegenteil für erwiesen, daß die Klägerin von jeher Eigentümerin der

Grundstücke gewesen sei. Ein Eigentumserwerb durch die Schule sei vor 1829 nicht möglich gewesen, weil frühestens in diesem Jahre im Regierungsbezirk Merseburg, zu dem Radewell gehört, den Schulen die Eigenschaft juristischer Personen beigelegt worden sei. Diese Feststellung steht, soweit sie revisibel ist, im Einklang mit der Rechtsprechung (s. besonders Entsch. des Obertribunals Bd. 25 S. 301); ihr wird auch von der Revision nicht widersprochen. Daß durch die spätere Erlangung der Rechtsfähigkeit die Schule (Schulgemeinde) nicht Eigentümerin oder Miteigentümerin geworden ist, nimmt der Berufungsrichter mit Recht an (Gruch. Bd. 32 S. 1056; JW. 1924 S. 1983, 1926 S. 2288). Ein Erwerb durch die Schule auf Grund besonderen Rechtstitels hat aber nach 1829 nicht stattgefunden. Der Berufungsrichter führt zutreffend aus, daß die Separationsrezesse von 1858, wenn sie auch die Grundstücke der Schule zuwiesen, ihr dadurch noch kein Eigentum oder Miteigentum verschafft haben, weil abgesehen von der Mehrdeutigkeit der Bezeichnung „Schule" die zugewiesenen Parzellen zur Abfindung für die der Kirche hier von altersher zustehenden Rechte auf Kornzins und Grasnutzung dienten, und weil die Rezesse den bisherigen Rechtszustand in Ansehung der abgelösten Rechte aufrecht zu erhalten, nicht aber neues Eigentum zu begründen bestimmt sind (JW. 1926 S. 2288). Ebenso wird eine Ersitzung zugunsten der Schulgemeinde durch den Inhaber des vereinigten Kirchen- und Schulamts vom Berufungsrichter mit Recht abgelehnt (JW. 1924 S. 1984, 1925 S. 2443/44; 1926 S. 2287). Angriffe sind in dieser Richtung von der Revision nicht erhoben worden.

Daß der Klägerin die vorerwähnten Berechtigungen, an deren Stelle nach ihrer Ablösung die Grundstücke getreten sind, seit langer Zeit zugestanden haben, stellt der Berufungsrichter an der Hand der vorgelegten Urkunden (Kirchenvisitationsprotokolle von 1563, 1583, 1647 und 1717) fest. Auch das alte, 1870 abgebrochene Schul- und Küstereigebäude sei stets Eigentum der Kirchengemeinde gewesen. Es sei von der Kirche immer baulich unterhalten worden (Hauptinventar von 1647, Belege zur Kirchenrechnung von 1771, Vermerke in den Bauakten der Regierung aus 1845, 1848, 1860). 1870 habe der Regierungspräsident das Eigentum der Klägerin an dem alten Schul- und Küstereigehöft anerkannt. Gegen diese Art der Beweisführung bestehen vom Rechtsstandpunkt aus keine Bedenken; solche werden auch von der Revision nicht geäußert. Ist hiernach der dem

Beklagten nach § 891 BGB. obliegende Gegenbeweis nicht nur nicht gelungen, sondern darüber hinaus der frühere Eigentumserwerb der Klägerin erwiesen, so kann auch eine Zurückforderung (Kondiktion) der Grundbucheintragung in Ansehung der Landdotationsgrundstücke nicht zum Ziele führen. Ob eine solche Zurückforderung rechtlich möglich wäre, mag dahingestellt bleiben; jedenfalls hat die Klägerin hier die Eintragung nicht auf Kosten des Beklagten erlangt, da dieser nicht Eigentümer war.

Der Beklagte hat aber eingewendet, daß in früheren Zeiten, in Preußen jedenfalls bis 1794, keine Kirchengemeinden mit selbständiger Rechts- und Vermögensfähigkeit bestanden hätten. Das kirchlichen Zwecken dienende Vermögen sei, soweit es nicht im Laufe der geschichtlichen Entwicklung auf die politische Gemeinde übergegangen sei, Eigentum von Anstalten oder piae causae, besonders von Pfründen, als selbständigen Rechtssubjekten gewesen. Diese und nicht die damals rechtlich noch gar nicht existierenden Kirchengemeinden seien als die Rechtsträger des kirchlichen Vermögens anzusehen. Eine solche Rechtsbildung müsse namentlich auch für das Küsterlehrervermögen behauptet werden. Dieses Vermögen habe der von altersher bestehenden Küsterlehrerpfründe, einer Anstalt oder pia causa, gehört und gehöre ihr auch jetzt noch.

Wäre diese Annahme richtig, so könnte die Klägerin nicht geltend machen, daß sie von altersher Eigentümerin gewesen sei und daß ihr auf Grund ihres Eigentums die Vermögensstücke herauszugeben seien. Auf welcher Grundlage dann eine Auseinandersetzung zu erfolgen hätte, insbesondere ob bei Annahme eines selbständigen öffentlich-rechtlichen Zweckvermögens ausschließlich die Zweckbestimmung maßgebend wäre, etwa unter entsprechender Anwendung des § 87 BGB., braucht hier nicht entschieden zu werden, wo es sich um den Eigentumsanspruch der Kirchengemeinde handelt, dessen Fehlen die Klage ohne weiteres zu Falle bringen würde. Auch die Frage, ob die Klägerin allein berechtigt wäre, die Pfründe in einem Prozeß zu vertreten, kann auf sich beruhen bleiben.

Die rechtliche Möglichkeit des Bestehens einer mit selbständiger Rechtspersönlichkeit ausgestatteten Küsterlehrerpfründe beim vereinigten Kirchen- und Schulamt kann auch in evangelischen Rechtsgebieten nicht geleugnet werden. Sie ergibt sich aus der geschichtlichen Entwicklung der Rechtsverhältnisse des Kirchenguts (Schoen

Ev. Kirchenrecht II S. 432flg.; Gierke Genossenschaftsrecht III S. 799flg., 810) und aus der Vorschrift in Art. 80 Abs. 2 EG. z. BGB., wonach die landesrechtlichen Vorschriften über das Pfründenrecht aufrecht erhalten bleiben. So ist im Gebiete des gemeinen Rechts für Kurhessen die Küsterlehrerpfründe als Rechtssubjekt anerkannt (Strippel a. a. O.). Es mag dahinstehen, ob der Ausspruch in den Urteilen des Reichsgerichts Gruch. Bd. 32 S. 1056 und vom 15. Oktober 1885 (bei Arndt a. a. O. S. 76, vgl. JW. 1924 S. 1983), daß auch „Schulen" als piae causae bestehen können, sich auf die Küsterlehrerpfründe bezieht. Ein allgemein geltender Satz des Inhalts aber, daß überall beim vereinigten Kirchen- und Schulamt eine Küsterlehrerpfründe selbständige Trägerin des Stellenvermögens gewesen sei und noch sei, kann nicht anerkannt werden. Eine solche Annahme verbietet sich wegen der Vielgestaltigkeit der in den einzelnen Gebieten bestehenden Rechte. Für die Zeit, in der keine Kirchengemeinden mit selbständiger Rechtspersönlichkeit vorhanden waren, mag es — sofern nicht ein anderer Rechtsträger in Frage kommt — gerechtfertigt sein, das Stellenvermögen einer rechtsfähigen Anstalt (Pfründe) zuzuweisen, obwohl auch hier die später selbständig gewordene Kirchengemeinde das Eigentum im Laufe der Zeit für sich erworben haben kann. Wo aber rechtsfähige Kirchengemeinden seit alter Zeit bestanden haben, wird es nicht leicht sein, ein besonderes Pfründeneigentum an dem Vermögen nachzuweisen, das doch in den allermeisten Fällen aus kirchlichen Quellen stammt. Gerade in solchen Fällen bedarf es einer genauen Untersuchung, ob — was immerhin möglich ist — neben der Kirchengemeinde eine Küsterlehrerpfründe mit selbständigem Zweckvermögen bestanden hat und ob ihr das Eigentum an den einzelnen Vermögensstücken zustand.

Im Streitfall hat der Berufungsrichter die Frage an Hand des im früheren Erzbistum, späteren Herzogtum Magdeburg geltenden Rechts geprüft. Er ist zu dem Ergebnis gekommen, daß dort schon in vorlandrechtlicher Zeit die Kirchengemeinde Vermögen erwerben und zu Eigentum besitzen konnte, also rechtsfähig war. Diese Feststellung muß, da sie auf Grund der Bestimmungen der Magdeburger Kirchenordnung vom 13. November 1685/9. Mai 1739 getroffen ist, für das Revisionsgericht maßgebend bleiben (§§ 549, 562 ZPO., RGZ. Bd. 101 S. 193). Es erübrigt sich deshalb ein Eingehen auf die Frage, ob für andere preußische Gebiete vor dem Inkrafttreten des Allgemeinen Landrechts die Rechtsfähigkeit der Kirchengemeinden nicht anzuerkennen war; dabei mag gegenüber der Berufung auf Fleischer, Vermögensauseinandersetzung usw. S. 54 flg., darauf hingewiesen sein, daß es sich hier um eine Dorfgemeinde handelt, nicht um eine Stadtgemeinde, deren Verhältnisse Fleischer seinen Ausführungen hauptsächlich zugrunde legt. Der Berufungsrichter stellt weiter fest, daß nach der Entwicklung des Volksschulwesens namentlich im Gebiete des Herzogtums Magdeburg in älterer Zeit die Kirchengemeinde die Trägerin des Vermögens der Schule gewesen sei. Er versteht hier darunter, wie seine Ausführungen im Zusammenhang klar ergeben, die Küsterlehrerschule, die in Radewell stets eine Kirchschule (kirchliche Schule) gewesen sei. Die Annahme, daß dieser Schule die Eigenschaft einer selbständigen Anstalt mit eigenem Stiftungsvermögen zukomme, lehnt er ausdrücklich ab. Auch diese Feststellung beruht auf irrevisiblem Recht. Von hier aus kann namentlich ihre Richtigkeit auch nicht etwa im Hinblick auf Cap. 29 § 1 der Magdeburger Kirchenordnung nachgeprüft werden, wo ganz allgemein von abgesonderten Hospitälern, Schulen und anderen piae causae die Rede ist, die neben der Kirche bestehen. Unter diesen Umständen bedarf es keiner Erörterung der Frage, ob die Kirchengemeinden nicht auf jeden Fall kraft gesetzlicher Regelung (§§ 160, 170 ALR. II 11) Eigentümer des kirchlichen Vermögens geworden sind, wie die bisher herrschende Meinung annimmt, oder ob die angezogenen Bestimmungen lediglich die Eigentumsverhältnisse bei einem etwaigen Konfessionswechsel der Gemeinde ordnen sollen.

Besteht hiernach in Radewell keine selbständige Küsterlehrerpfründe als Eigentümerin des Stellenvermögens, so unterliegt der Eigentumserwerb der Klägerin an den Dotationsgrundstücken auch insoweit keinen Rechtsbedenken. Dasselbe hat für die Kapitalien zu gelten. Sie sind — abgesehen vom Erlös der jedenfalls schon 1717 der Klägerin gehörigen Reidwiese — an die Stelle von alten Geld- und Naturalabgaben getreten, die der Küsterei zustanden und mit anderen, der Kirche und Pfarre geschuldeten Abgaben im Jahre 1874 abgelöst wurden.

Die Widerklage hat der Berufungsrichter mit Recht abgewiesen, weil sie zu spät erhoben ist. Die Vorschrift des § 30 Abs. 6 BUG. ist nicht nur bei der Klage, sondern sinngemäß auch bei der Widerklage anzuwenden. Die dort vorgeschriebene Ausschlußfrist von 6 Monaten ist vom Widerkläger nicht gewahrt worden.

47. Kann der Verkäufer dann, wenn in einem nach den Grundsätzen der Enteignung zu behandelnden Kaufvertrag der Kaufpreis infolge ungenügender Berücksichtigung der Geldentwertung zu niedrig bemessen worden ist, eine Richtigstellung des Kaufpreises verlangen oder nur die Umwertung des vereinbarten Kaufpreises nach den für die Enteignungsentschädigung geltenden Regeln?

Preuß. Enteignungsgesetz vom 11. Juni 1874 § 16.

VII. Zivilsenat. Urt. v. 25. Februar 1930 i. S. Stadtgemeinde Frankfurt a. O. (Bekl.) w. Witwe Sch. (Kl.). VII 568/29.

I. Landgericht Frankfurt a. O.
II. Kammergericht Berlin.

Die Klägerin war Eigentümerin zweier Grundstücke in Frankfurt a. O. Die Beklagte trat im Jahre 1919 an sie wegen des Verkaufs beider Grundstücke heran, weil sie diese für die Weiterführung der städtischen Güterbahn über die Oderstraße brauchte. Die Klägerin machte ihr darauf am 5. Juni 1919 ein notarielles Verkaufsangebot zum Preise von 85000 M. für beide Grundstücke, das aber die Beklagte innerhalb der ihr gestellten Frist nicht annahm. Auf Veranlassung der Beklagten wiederholte die Klägerin am 7. Januar 1920 ihr früheres Angebot, worauf am 28. Januar 1920 zum Preise von 85000 M. ein Kaufvertrag über die Grundstücke zwischen den Parteien zustande kam. Auf den Kaufpreis wurden am 2. April 1920 der Klägerin 3500 Papiermark bar gezahlt, der Betrag von 16500 M. wurde durch die Übernahme einer gleich hohen Hypothek beglichen und der Rest von 65000 Papiermark der Beklagten gestundet. Auf Kündigung der Klägerin ist ihr dieser Restbetrag am 30. März 1922 zum Nennbetrag ausgezahlt worden. Die Beklagte hat dem Gläubiger die übernommene Hypothek auf 4125 GM. aufgewertet.

Die Klägerin verlangte in erster Instanz Aufwertung des Kaufgeldes auf 35000 RM. und erhielt vom Landgericht unter Berücksichtigung der empfangenen Zahlungen 11000 RM. zugesprochen. In zweiter Instanz forderte sie mit der Behauptung, daß sie unter dem Druck der ihr in Aussicht gestellten Enteignung zur Veräußerung der Grundstücke bestimmt worden sei, Wertentschädigung nach den für die Enteignungsentschädigung maßgebenden Umwertungsgrundsätzen in Höhe von 35000 RM.. Unter Einschluß des ihr in erster Instanz zugesprochenen Betrags entsprach das Berufungsgericht ihrem Antrag. Die Revision der Beklagten führte zur Aufhebung des Berufungsurteils und zur Wiederherstellung des landgerichtlichen Urteils.

Gründe:

Der erkennende Senat hat in der Entscheidung RGZ. Bd. 114 S. 185 ausgesprochen, daß, wenn ein Grundstück vom Eigentümer unter dem Zwang der drohenden Enteignung an den Unternehmer verkauft worden ist, der Verkauf lediglich als ein Ersatz für die durch ihn vermiedene Enteignung anzusehen ist, und daß deshalb die Kaufpreisforderung in Ansehung der Folgen der Geldentwertung keinen anderen Grundsätzen unterworfen ist als die Enteignungsentschädigung. In dem dort entschiedenen Fall handelte es sich allerdings um einen Kaufvertrag, der nach bereits eingeleitetem Enteignungsverfahren gemäß § 16 des preuß. Enteignungsgesetzes zwischen dem Grundstückseigentümer und dem Unternehmer geschlossen worden war, während hier die Enteignung der Grundstücke noch nicht eingeleitet war, sondern nur in Aussicht stand. Das Berufungsgericht stellt jedoch beide Fälle gleich. Ob dem beizutreten wäre, bedarf nicht der Entscheidung, weil das Berufungsurteil auch dann, wenn man von dieser Gleichstellung ausgeht, nicht aufrechterhalten werden kann. Denn es ist rechtsirrig, wenn das Berufungsgericht von dem Standpunkt aus, daß die Klägerin nach den Grundsätzen der Enteignung zu entschädigen sei, zu dem Ergebnis kommt, daß ihr diejenige Summe zustehe, die sie bei Geltung der heutigen Währungsverhältnisse zur Zeit des Verkaufs als Enteignungsentschädigung hätte erhalten müssen.

Es mag sein, daß der Klägerin, wenn sie nach den Regeln der Enteignung zu entschädigen war, richtig ein Kaufpreis entsprechend dem Betrag hätte bewilligt werden müssen, den sie im Falle der Enteignung bei entsprechender Berücksichtigung der Geldentwertung am Tage des Vertragsschlusses als Enteignungsentschädigung zu beanspruchen gehabt hätte. Aber unzutreffend ist es, wenn das Berufungsgericht bei Berechnung der von der Klägerin erhobenen Nachforderung von dieser Entschädigungssumme ausgeht, obwohl der Kaufpreis für die überlassenen Grundstücke im Vertrag vom 28. Januar 1920 unter falscher Bezifferung ihres Wertes vereinbarungsgemäß nur auf 85000 Papiermark festgesetzt war. Denn wenn das Berufungsgericht auch in diesem Falle darauf abstellt, was der Klägerin angesichts der Währungsverschlechterung nach dem Wert der Grundstücke zur Zeit des Verkaufs als Kaufpreis hätte zugebilligt werden müssen, so nimmt es eine Änderung des vereinbarten Kaufpreises vor, die unstatthaft ist, weil die Vergütung für die veräußerten Grundstücke und in Verbindung damit auch ihr für die Zeit des Vertragsschlusses angenommener Wert durch die Kaufpreisvereinbarung maßgebend feststand und deshalb keine Möglichkeit mehr für eine davon abweichende Berechnung gegeben war. Dies auch dann nicht, wenn die Berechnung des Kaufpreises wegen der ungenügenden Veranschlagung der Geldentwertung fehlerhaft gewesen ist und darum dem wirklichen Wert der Grundstücke nicht entsprochen hat. Denn es liegt hier nicht anders als in den Fällen, wo auch die unrichtig berechnete Enteignungsentschädigung nicht mehr geändert werden kann, weil sie bereits bindend festgestellt ist (RGZ. Bd. 112 S. 53; JW. 1929 S. 768; Urteil des erkennenden Senats vom 11. Juni 1929 VII 557/28). Eine abweichende Bestimmung des Kaufpreises durch das Gericht würde auch völlig aus dem Rahmen der vertraglichen Vereinbarung herausfallen.

Abweichendes ist auch in der Entscheidung RGZ. Bd. 114 S. 185 nicht ausgesprochen. Im dortigen Fall waren nach Einleitung des Enteignungsverfahrens dem preußischen Staat zu Eisenbahnzwecken durch Vertrag vom 24. Januar 1914 für einen Friedensmarkbetrag mehrere Grundstücke verkauft, die der Verkäufer nach eingetretener Geldentwertung dem Unternehmer zum Papiermarknennbetrag des Kaufpreises nicht auflassen wollte; vielmehr verlangte er eine andere Bezifferung des Kaufpreises unter Angleichung des vereinbarten Preises an die Geldentwertung. Mit diesem Verlangen erhob er aber nicht den Anspruch auf eine andere Bewertung der verkauften Grundstücke, sondern nur den Anspruch auf Umwertung des vereinbarten Kaufpreises, und lediglich dieser Anspruch wurde als berechtigt anerkannt. Darum kommt aber auch im vorliegenden Falle bestenfalls nur die Umrechnung des vereinbarten Kaufpreises in Betracht. Allerdings weicht der jetzige von dem vorher erwähnten Falle insofern ab, als hier der Kaufpreis in Papiermark und wegen unzureichender Beachtung der Markentwertung nicht dem wirklichen Wert der Grundstücke entsprechend, also zu niedrig bemessen worden ist. Aber das ändert nichts an den Berechnungsgrundsätzen. Denn entscheidend ist allein, daß der vereinbarte Kaufpreis umzuwerten ist, und hierfür kommt es nicht darauf an, ob er in vollwertigem Geld oder in bereits entwerteter Mark vereinbart war, da dies im Ergebnis nur die Höhe des festgesetzten Kaufpreises berührt.

Unterstellt man also, daß der streitige Kaufvertrag nach den Grundsätzen der Enteignung zu behandeln ist, dann hängt die Entscheidung über die Nachforderung der Klägerin lediglich davon ab, ob und inwieweit der Wert des im Kaufvertrag vom 28. Januar 1920 vereinbarten Kaufpreises von 85000 Papiermark durch die Leistungen der Beklagten und den der Klägerin bereits rechtskräftig zugesprochenen Betrag beglichen ist.

(Es wird berechnet, daß die Klägerin über den ihr in erster Instanz zuerkannten Betrag hinaus nichts mehr fordern kann. Hierbei ist angenommen, daß die Beklagte auch den Aufwertungsbetrag der übernommenen Hypothek mit 4125 Goldmark in Rechnung stellen kann, weil im Falle der Enteignung die Hypothek voraussichtlich aus der festgesetzten Entschädigungssumme bezahlt worden wäre und dann die Begleichung späterer Aufwertungsansprüche des Hypothekengläubigers Sache der Enteigneten gewesen wäre).

---

48. Über die Pfändung von Ansprüchen des Versicherungsnehmers aus einem Lebensversicherungsvertrag, nach dem die Versicherungssumme vorbehaltlich des Widerrufs des Versicherungsnehmers an einen Dritten gezahlt werden soll. Muß der Pfändungsgläubiger den Widerruf vor Eintritt des Versicherungsfalls erklären, um den Dritten vom Bezug der Versicherungssumme auszuschließen?

BGB. §§ 330, 331. Versicherungsvertragsgesetz §§ 165, 166.

VII. Zivilsenat. Urt. v. 25. Februar 1930 i. S. Firma H. (Bekl.) w. Witwe M. (Kl.). VII 504/29.

I. Landgericht Weimar.
II. Oberlandesgericht Jena.

Der Ehemann der Klägerin hatte sein Leben vom 1. April 1925 ab versichert. Die Versicherungssumme von 15000 GM. sollte am 1. April 1939 an den Versicherten, bei seinem früheren Ableben sofort an die Klägerin zahlbar sein. Er stand im Dienste der Beklagten. Diese entließ ihn im Oktober 1928, erwirkte gegen ihn einen

Arrestbefehl und ließ am 18. Oktober 1928 die Ansprüche pfänden, die ihm aus dem Lebensversicherungsvertrag zustanden. Der Ehemann der Klägerin erschoß sich am 25. Januar 1929. Die Versicherungsgesellschaft verlangte von der Klägerin die Beibringung der Zustimmung der Beklagten zur Auszahlung der Versicherungssumme an die Klägerin.

Im Rechtsstreit beantragte die Klägerin, die Beklagte zur Einwilligung in die Auszahlung der Versicherungssumme an die Klägerin zu verurteilen. Die Vorinstanzen entsprachen diesem Antrag. Die Revision der Beklagten hatte keinen Erfolg.

Gründe:

Das Berufungsgericht hat erwogen, daß dem Ehemann der Klägerin zur Zeit der Pfändung neben dem bedingten Anspruch auf die Lebensversicherungssumme das Recht zugestanden habe, die Bezeichnung der Klägerin als Bezugsberechtigte zu widerrufen und den Vertrag nach § 165 VVG. zu kündigen. Weder das eine noch das andere habe er getan, und solche Erklärungen habe auch die Beklagte als Pfändungsgläubigerin nicht abgegeben. Sie sei dazu auch nicht befugt gewesen; denn wie das Kündigungsrecht nach § 165 VVG. ein unentziehbares Recht sei (§ 172 das.), so sei auch das höchstpersönliche Recht des Widerrufs der Bezugsberechtigung unentziehbar und durch die Pfändung nicht betroffen. Jedenfalls sei aber in der Pfändung nicht die Ausübung des Widerrufsrechts zu finden.

Die Revision greift diese Ausführungen an. Sie meint, durch Verpfändung der Ansprüche des Versicherungsnehmers aus dem Versicherungsvertrag werde das Bezugsrecht dritter Personen aufgehoben oder trete doch hinter das Pfandrecht zurück. Das gleiche müsse für ein Pfändungspfandrecht gelten.

Nicht zu billigen ist die Annahme des Berufungsgerichts, die Befugnis des Versicherungsnehmers zum Widerruf einer vordem begründeten Bezugsberechtigung sei ein höchstpersönliches Recht in dem Sinne, daß es von der Person des Versicherungsnehmers nicht gelöst werden könne (RGU. vom 13. Februar 1914, abgedr. in den Veröffentlichungen des Reichsaufsichtsamts für Privatversicherung 1914, Anhang S. 78 Nr. 871 und LZ. 1914 Sp. 955 Nr. 19). Unzutreffend ist auch die Gleichstellung der Kündigung des § 165 VVG. mit dem Widerruf der Bezugsberechtigung in Ansehung der Frage, ob diese Rechte dem Versicherungsnehmer entzogen werden können. Denn es fehlt beim Widerrufsrecht an einer dem § 172 VVG. entsprechenden Vorschrift, wonach nicht wirksam auf den Widerruf dem Versicherer gegenüber verzichtet werden könnte, und es steht außer Zweifel, daß die Bestimmung der Allgemeinen Versicherungsbedingungen der beteiligten Gesellschaft rechtswirksam ist, wonach der Versicherungsnehmer den Widerruf ausschließen kann (§ 14 Satz 3). Es ist sonach davon auszugehen, daß zu den Rechten des Versicherungsnehmers aus dem Versicherungsvertrag, die der Zwangsvollstreckung unterliegen, auch die Befugnis zum Widerruf der Bezugsberechtigung gehört, und daß die Beklagte durch den ihr erwirkten Pfändungsbeschluß auch dieses Recht gepfändet hat.

Diese Rechtsstellung ermächtigte sie mithin zum Widerruf der Bezugsberechtigung der Klägerin. Ob es dazu noch einer vorgängigen Überweisung dieses Rechtes zur Einziehung bedurft hätte — welche die Beklagte nicht erwirkt hat —, kann dahingestellt bleiben; denn die Beklagte hat die Bezugsberechtigung nicht widerrufen, und die Annahme der Revision, daß die Pfändung das Erlöschen der Bezugsberechtigung zur unmittelbaren Folge habe, trifft nicht zu. Das Pfändungspfandrecht ergreift das Recht des Versicherungsnehmers in dem zur Zeit der Pfändung bestehenden Umfang; eine Änderung des Rechts wird durch die Pfändung nicht herbeigeführt. Daher bleibt die Aussicht des Bezugsberechtigten auf Erwerb des Anspruchs auf die Versicherungssumme bestehen, und um diese Aussicht zunichte zu machen, bedarf es des Widerrufs. Unterläßt der Pfandgläubiger bis zum Tode des Versicherungsnehmers eine solche Erklärung, so erwirbt der Bezugsberechtigte den Anspruch auf die Versicherungssumme, ohne durch das Pfandrecht beschränkt zu werden. Denn dieser Erwerb tritt gemäß §§ 330, 331 BGB., § 14 Satz 2 der Allgemeinen Versicherungsbedingungen unmittelbar mit dem Tode des Versicherungsnehmers ein, dergestalt daß der Bezugsberechtigte weder aus dem Nachlaß noch überhaupt aus dem Vermögen des Versicherungsnehmers erwirbt (RGZ. Bd. 80 S. 177, Bd. 71 S. 327, Bd. 51 S. 405). Mit dem Tode des Versicherungsnehmers ist an die Stelle seines Anspruchs auf die Versicherungssumme ein neuer, durch das Pfandrecht nicht beschwerter Anspruch des Bezugsberechtigten getreten. Die Beklagte kann also auf Grund der Pfändung der Auszahlung der Versicherungssumme an die Klägerin nicht widersprechen.

Die Frage, ob für ein auf Grund einer Verpfändung bestelltes Pfandrecht andere Grundsätze maßgebend sind, bedarf keiner Erörterung, da es sich hier nicht um ein solches Pfandrecht handelt. Es mag aber darauf verwiesen werden, daß mit der Bestellung eines Pfandrechts durch den Versicherungsnehmer dessen Erklärung, er widerrufe die Bezugsberechtigung, verbunden werden und daß eine solche Erklärung auch stillschweigend abgegeben werden kann. Dagegen spielen beim Erwerb von Pfändungspfandrechten Willenserklärungen des Schuldners keine Rolle.

---

49. Wann erstreckt sich der Zuschlag in der Zwangsversteigerung nicht auf Zubehörstücke, die nicht dem Grundstückseigentümer gehören?

ZVG. §§ 37, 55, 90.

V. Zivilsenat. Urt. v. 26. Februar 1930 i. S. H. (Kl.) w. F. u. St. (Bekl.). V 556/28.

I. Landgericht I Berlin.
II. Kammergericht daselbst.

Der Gastwirt Th. war Eigentümer eines Hotel- und Restaurationsgrundstücks in St. Das Grundstück kam am 18. Oktober 1926 bei der K-Abteilung des Amtsgerichts St. zur Zwangsversteigerung. Noch am Versteigerungstag erwirkte der Kläger, der das Eigentum an Einrichtungsgegenständen für sich in Anspruch nahm, bei der M-Abteilung des Amtsgerichts einen Beschluß, durch den angeordnet wurde, daß die Zwangsvollstreckung in jene Gegenstände einstweilen einzustellen sei. Er legte im Versteigerungstermin diesen Beschluß vor und meldete „Aussonderungsansprüche" an. Das Versteigerungsgericht gab den Beschluß den Beteiligten, darunter den im Termin vertretenen Beklagten bekannt, und beschloß und verkündete, daß „die in jenem Beschluß aufgeführten Gegenstände von der Zwangsversteigerung ausgeschlossen seien". Bei der dann folgenden Abgabe von Geboten blieb der Beklagte zu 2 Meistbietender und erhielt durch sofort verkündeten Beschluß den Zuschlag. In diesem Beschluß ist der Ausschluß der Einrichtungsgegenstände nicht erwähnt.

Die Beklagten haben am 28. April 1927 auf Grund vollstreckbarer Titel gegen Th. Einrichtungsgegenstände, die der Kläger am 18. Oktober 1926 als sein Eigentum in Anspruch genommen hatte, durch den Gerichtsvollzieher pfänden lassen. Der Kläger, gestützt auf sein Eigentum, widerspricht der Pfändung und klagt darauf, daß sie für ungültig erklärt werde. Die Beklagten bestreiten, daß er jemals Eigentümer der Gegenstände gewesen sei, vertreten aber auch die Ansicht, daß er das Eigentum, wenn er es etwa bis zum 18. Oktober 1926 gehabt haben sollte, durch den Zuschlagbeschluß verloren habe, der die Gegenstände nicht ausnehme.

Das Landgericht erklärte die Zwangsvollstreckung der Beklagten für unzulässig. Das Kammergericht wies die Klage ab. Die Revision des Klägers hatte Erfolg aus folgenden

Gründen:

Das Berufungsgericht läßt die Klage an dem Inhalt des Zuschlagbeschlusses vom 18. Oktober 1926 scheitern. Es ist der Meinung, daß das Eigentum des Klägers an den Gegenständen, deren Freigabe er begehrt, mit dem Zuschlag erloschen sei, wenn es bis dahin bestanden habe. Der Zuschlagbeschluß erwähne nichts davon, daß die Gegenstände von der Zwangsversteigerung ausgenommen seien, und darauf beruhe der Untergang des Eigentums des Klägers. Ein im Versteigerungstermin verkündeter, im Zuschlag aber nicht erwähnter Beschluß des Versteigerungsgerichts, daß die Sachen vom Versteigerungsverfahren ausgeschlossen seien, genüge nicht, um dem Kläger das Eigentum zu erhalten, weil Versteigerungsbedingungen, die der Zuschlagbeschluß selbst nicht erkennen lasse, auch dann nicht in ihn hineingelegt werden dürften, wenn sie der Versteigerung zugrunde gelegen hätten.

Diese Rechtsansicht hält der Revision nicht stand. Nach den Darlegungen des Berufungsgerichts muß zugunsten des Klägers die Möglichkeit unterstellt werden, daß die Gegenstände, die er für sich beansprucht, Zubehörstücke des versteigerten Grundstücks waren, die zur Zeit der Beschlagnahme und des Zuschlags im Zwangsversteigerungsverfahren sich zwar im Besitz des Versteigerungsschuldners Th. auf dem Grundstück befanden, aber nicht in dessen Eigentum gelangt waren, sondern dem Kläger gehörten. Bei diesem Sachverhalt würde das Eigentum des Klägers an ihnen durch einen Beschluß des Versteigerungsgerichts über ihren Ausschluß vom Versteigerungsverfahren gewahrt sein, ohne daß der Zuschlagbeschluß den Ausschluß zu erwähnen brauchte.

Nach § 90 Abs. 2 ZVG. erwirbt der Ersteher durch den Zuschlag zugleich mit dem Grundstück auch die Gegenstände, auf welche sich die Versteigerung erstreckt hat. Nach § 55 Abs. 2 ZVG. — Abs. 1 kommt bei dem unterstellten Sachverhalt nicht in Betracht (§ 20 Abs. 2 ZVG., § 1120 BGB.) — erstreckt sich die Versteigerung auch auf Zubehörstücke, die im Besitz des Schuldners, aber im Eigentum eines Dritten stehen, sofern nicht der Eigentümer sein Recht nach § 37 Nr. 5 ZVG. geltend gemacht hat. Zur Geltendmachung des Rechts nach § 37 Nr. 5 genügt zwar nicht die bloße Anmeldung, wohl aber ein vor der Erteilung des Zuschlags vom Eigentümer der Gegenstände erwirkter Beschluß über die Aufhebung oder einstweilige Einstellung des Verfahrens in die Gegenstände. Liegt ein solcher Beschluß des Versteigerungsgerichts vor, so scheiden die dem Dritten gehörigen Zubehörstücke kraft Gesetzes aus dem Versteigerungsverfahren aus; der Zuschlag erstreckt sich kraft Gesetzes nicht auf sie. Es handelt sich hier also nicht um einen Ausschluß der Gegenstände von der Zwangsversteigerung, der durch eine von den gesetzlichen Regeln abweichende, vom Versteigerungsgericht auf Antrag angeordnete Versteigerungsbedingung nach § 65 ZVG. herbeigeführt würde. Derartige Versteigerungsbedingungen bedürfen allerdings der Aufnahme in den Zuschlagbeschluß (§ 82 ZVG.); ihre Übergehung in diesem Beschluß kann nur mit der Beschwerde gegen den Zuschlag (§ 83 Nr. 5, § 100 ZVG.), nicht nach seiner Rechtskraft im Prozeßweg berichtigt werden. Das gilt aber nicht von den sich unmittelbar aus dem Gesetz ergebenden Regeln über die Tragweite des Zuschlagbeschlusses im Regelfalle. Sie bedürfen keiner Erwähnung im Zuschlagbeschluß, um gegen die Beteiligten und insbesondere gegen den Ersteher zu wirken. An diesen Rechtsgrundsätzen hat das Reichsgericht in ständiger Rechtsprechung festgehalten und aus ihnen gefolgert, daß der Dritteigentümer von Zubehörstücken, der sein Recht durch einen vor dem Zuschlag erlassenen und im Versteigerungstermin verkündeten Aufhebungs- oder Einstellungsbeschluß des Versteigerungsgerichts gewahrt hat, das Eigentum ohne Rücksicht auf seine Erwähnung im Zuschlagbeschluß behält (RGZ. Bd. 70 S. 399; RGU. v. 21. Juni 1910 VII 519/09 und v. 23. Dezember 1910 VII 57/10; Reinhard-Müller 2. Aufl. Anm. V 3 zu § 55 ZVG.; Fischer-Schäfer 2. Aufl. Anm. 3 zu § 55 und

Anm. 4 zu § 90). Im Schrifttum (Jaeckel-Güthe 6. Aufl. Anm. 8 zu § 90; Wolff 3. Aufl. Anm. 8 zu § 55 und Anm. 4 zu § 90) wird freilich auch die abweichende Meinung vertreten, daß es nicht genüge, wenn der Dritteigentümer einen ordnungsmäßigen Aufhebungs- oder Einstellungsbeschluß im Versteigerungstermin vor dem Zuschlag erwirkt habe, daß vielmehr der Ausschluß des Zubehörs im Zuschlagbeschluß erwähnt werden müsse. Diese Ansicht findet aber im Gesetz keine Stütze. Sie kann sich ebensowenig auf die Entscheidungen des erkennenden Senats vom 28. Januar 1905, 3. Februar 1908 und 12. Mai 1920 (RGZ. Bd. 60 S. 48, Bd. 67 S. 380; JW. 1920 S. 902 Nr. 8 = Recht 1921 Nr. 1517) berufen. Denn dort ist nur gesagt, daß einerseits eine von den gesetzlichen Regeln abweichende Versteigerungsbedingung im Zuschlag erwähnt werden müsse, widrigenfalls der Zuschlag zu den gesetzlichen Bedingungen erteilt sei, und daß anderseits der nicht mit der Beschwerde angefochtene und damit rechtskräftig gewordene Zuschlag, der trotz des Fehlens eines Beschlusses nach § 37 Nr. 5, § 55 Abs. 2 ZVG. dem Zubehöreigentümer auf bloße Anmeldung hin zu Unrecht sein Eigentum gewahrt habe, wirksam sei und nicht mehr im Prozeßweg berichtigt werden könne. Beides trifft für den hier behandelten Fall der Nichterwähnung eines gemäß den § 37 Nr. 5, § 55 Abs. 2 ZVG. ergangenen Beschlusses im Zuschlag nicht zu. Auch das Urteil des erkennenden Senats vom 9. Mai 1908 (Gruch. Bd. 52 S. 877 = SeuffArch. Bd. 63 S. 333 = Recht 1908 Nr. 2397) beruht auf einem anderen Tatbestand. Dort handelte es sich nicht um Zubehör, sondern, wie im Eingang der Gründe ausdrücklich betont wird, um einen wesentlichen Bestandteil des versteigerten Grundstücks. Wenn das Erkenntnis beiläufig äußert, bei einem Zubehörstück wäre die Rechtslage im wesentlichen die gleiche, so ist diese für die damals getroffene Entscheidung belanglose Bemerkung allerdings nicht zutreffend und durch die erwähnte Rechtsprechung des Reichsgerichts überholt.

Hiernach trägt die Begründung, mit der das Berufungsgericht die Klage abgewiesen hat, die Entscheidung nicht. Der Rechtsstreit ist im übrigen noch nicht zur Endentscheidung reif.

---

50. 1. Inwieweit kann für den Verzicht eines Wohnungsamtes auf die Ausübung seines Rechts zur Beschlagnahme von Wohnraum eine Abgeltung statt durch Überlassung anderer Wohnräume auch durch Entrichtung eines Barbetrags an die Gemeinde für Wohnungsbauzwecke geleistet werden?

2. Kann gegenüber dem Verlangen nach Rückerstattung einer zu solchem Zwecke gezahlten Geldsumme ein Einwand aus § 817 Satz 2 BGB. erhoben werden?

Wohnungsmangelgesetz v. 26. Juli 1923 § 2 Abs. 2 letzter Satz. BGB. § 817.

III. Zivilsenat. Urt. v. 10. Januar 1930 i. S. B. (Kl.) w. Stadtgemeinde B. (Bekl.). III 148/29.

I. Landgericht I Berlin.
II. Kammergericht daselbst.

Im Jahre 1924 wies das Wohnungsamt der verklagten Stadtgemeinde dem Kläger, der eine Vierzimmerwohnung innehatte, auf seinen Antrag eine Siebenzimmerwohnung zu gegen Überlassung seiner seitherigen Wohnung und gegen Zahlung eines Betrags von 4500 RM. in bar. Den Barbetrag hat der Kläger entrichtet und die ihm zugewiesene neue Wohnung bezogen. Er verlangt jetzt im Klageweg Rückzahlung des Barbetrags unter der Behauptung, die Zahlung enthalte seine Gegenleistung für die Zuweisung der Siebenzimmerwohnung. Das Fordern und Annehmen eines Entgelts für Zuweisung einer Wohnung, eines hoheitsrechtlichen Verwaltungsaktes, sei als Amtspflichtverletzung der betreffenden Beamten des Wohnungsamtes anzusehen, ein Klagegrund nach § 839 BGB. sei daher gegeben. Stelle aber die Geldleistung keine Abgeltung für die Zuweisung der Wohnung dar, sondern die Gegenleistung für die Zusicherung, keine Beschlagnahme der überzähligen Räume in Zukunft vorzunehmen, dann sei die Beklagte gemäß § 812 BGB. nach den Grundsätzen über ungerechtfertigte Bereicherung zur Herausgabe verpflichtet, da sie nicht befugt gewesen sei, für unbegrenzte Zeit auf ihr Beschlagnahmerecht rechtswirksam zu verzichten.

Die Beklagte bestreitet in erster Reihe die Zulässigkeit des Rechtswegs mit der Begründung, daß es sich um ein öffentlichrechtliches Abkommen handle und daß Rückforderungsansprüche hieraus nicht zur Zuständigkeit der ordentlichen Gerichte gehörten. In der Sache selbst macht sie geltend, der Betrag von 4500 RM. sei nicht für die Zuweisung der Wohnung gefordert und gezahlt worden, sondern als Ablösung für ihren Verzicht auf das Beschlagnahmerecht wegen der Räume, die dem Kläger in der neuen Wohnung über die gesetzlich zulässige Zahl hinaus zugewiesen worden seien. Von einem Beamtenverschulden könne keine Rede sein; eine Rückforderung des geleisteten Barbetrags sei nach § 817 Satz 2 BGB. ausgeschlossen.

Das Landgericht wies die Klage ab; die Berufung des Klägers wurde zurückgewiesen. Seine Revision führte zur Aufhebung des Berufungsurteils und zur Zurückverweisung.

Gründe:

Die Annahme des Berufungsgerichts, daß der Rechtsweg zulässig sei, kann keinem Bedenken unterliegen. Soweit die Klage auf § 839 BGB. gegründet ist, ergibt sich dies ohne weiteres aus dem in erster Reihe in Betracht kommenden Art. 131 RVerf. (RGZ. Bd. 118 S. 110). Aber auch soweit die Klage ungerechtfertigte Bereicherung der Beklagten durch die Leistung des Klägers geltend macht, ist nach der Rechtsprechung des erkennenden Senats der Rechtsweg gegeben (RGZ. Bd. 118 S. 109 und 379, im Gegensatz zu dem anders liegenden Fall das. S. 227).

Die weitere Annahme des Berufungsgerichts, daß die vom Kläger geleistete Barzahlung nicht das Entgelt für die Zuweisung der Siebenzimmerwohnung darstelle, sondern die Ablösung für das der Beklagten zustehende Recht zur Beschlagnahme der dem Kläger über das gesetzliche Maß hinaus überlassenen Räume, beruht auf der Auslegung von schriftlichen und mündlichen Willenskundgebungen der Parteien. Diese Auslegung ist rechtlich möglich, sie verletzt keine Auslegungsgrundsätze und ist daher für das Revisionsgericht bindend.

Während in den erwähnten Senatsentscheidungen RGZ. Bd. 118 S. 109 und S. 379 sowie RGZ. Bd. 116 S. 336 die Ausbedingung und Annahme einer Geldleistung durch das Wohnungsamt für die Zuweisung einer Wohnung, weil mit dem Wohnungsmangelgesetz unvereinbar, als schlechthin unzulässig bezeichnet und das gleiche für einen Verzicht des Wohnungsamtes auf Ausübung seines Beschlagnahmerechts während zeitlich unbegrenzter Dauer ausgesprochen wurde, hat der erkennende Senat eine Vereinbarung für zulässig erklärt, durch die sich das Wohnungsamt zeitweise des Rechts auf

Beschlagnahme von Räumen für die Dauer der Überlassung anderer Wohnräume begibt. Diesen Grundsatz will das Berufungsgericht nach doppelter Richtung erweitern, indem es ausspricht, die Entrichtung einer Geldsumme an die Gemeinde zu Zwecken des Wohnungsbaues stehe der Abgeltung des Beschlagnahmerechts durch Zurverfügungstellung anderweitigen Wohnraums gleich. Selbst der Umstand, daß das gezahlte Geld vielleicht teilweise zu Verwaltungszwecken Verwendung finde, soll nach der Meinung des Berufungsrichters hieran nichts ändern, da auch dann noch das Geld der Beschaffung von Wohnraum diene, wenn auch nicht unmittelbar. Dieser Ansicht des Berufungsgerichts kann nicht beigepflichtet werden. Der Unterschied zwischen einerseits der Überlassung von bereits vorhandenem oder binnen kurzer Frist durch den Wohnungsuchenden zu erstellendem Wohnraum an die mit der Wohnungszwangswirtschaft befaßte Behörde und anderseits der Überlassung von Barmitteln, mit deren Hilfe erst Wohnräume durch Vermittlung der Behörde erstellt werden sollen, ist so augenfällig, daß man beide Leistungen nicht gleichstellen kann. Von der Leistung von Geldmitteln zu Zwecken des Wohnungsbaues bis zur Herstellung bezugsfertigen Wohnraumes ist nicht selten ein weiter Weg, und die Entrichtung der Geldleistung vermag — von anderen Bedenken abgesehen — keinen Ersatz zu bieten für die Überlassung des vorhandenen, jederzeit greifbaren oder rasch zu beschaffenden Wohnraums, wodurch allein die Bekämpfung der Wohnungsnot wirksam gefördert werden kann, und die allein in § 2 Abs. 2 Schlußsatz des Wohnungsmangelgesetzes vom 26. Juli 1923 (RGBl. I S. 754) ihre Grundlage findet. Noch größeren Bedenken muß es aber begegnen, wenn selbst die Verwendung des gezahlten Geldes „zu Verwaltungszwecken" der Überlassung von Wohnraum für gleichwertig erachtet wird. Diese Art der Verwendung von Barmitteln entfernt sich so weit von dem unmittelbar zu erstrebenden Zweck der Behebung des Wohnungsmangels und der Erweiterung des Wohnungsmarktes durch Zuführung neuen Wohnraums, daß sie einen auch nur zeitlich beschränkten Verzicht auf das Recht der Wohnungsbeschlagnahme nicht zu rechtfertigen vermag.

Die Frage, ob hier das Wohnungsamt nur einen zeitlich beschränkten Verzicht auf das Beschlagnahmerecht erklärt hat oder sich seines Zugriffsrechts auf die dem Kläger gesetzlich nicht zustehenden Räume dauernd begeben wollte, läßt das Berufungsgericht ausdrücklich dahingestellt. Sie ist aber nach der oben erörterten Rechtsprechung des erkennenden Senats von Bedeutung für die andere Frage, ob der streitige Loskaufvertrag — abgesehen von der Art der vereinbarten Gegenleistung — rechtswirksam ist oder nicht.

Auch gegen die Anwendung des § 817 Satz 2 BGB. zuungunsten des Klägers und gegen die Aberkennung seines Rückforderungsanspruchs aus diesem Rechtsgrund sind Bedenken zu erheben. Die Ansicht des Berufungsrichters, daß als Voraussetzung für die Anwendung des § 817 BGB. schon ein objektiver Verstoß gegen Gesetz oder gute Sitten genüge, ohne daß es auf den Willen des Leistenden und des Leistungsempfängers ankomme, steht im Widerspruch mit der neueren Rechtsprechung des Reichsgerichts, wonach Voraussetzung der Kondiktion das Bewußtsein des Empfängers von dem Verstoß ist und die Rückforderung des Geleisteten gleichfalls nur durch die Kenntnis des Leistenden von dem Verstoß ausgeschlossen wird (RGZ. Bd. 95 S. 347, Bd. 104 S. 54, Bd. 105 S. 272 und die dort angeführten Urteile). Über die Beamten des Wohnungsamtes führt das angefochtene Urteil auf Grund überwiegend tatsächlicher Erwägungen aus, selbst wenn das Verlangen der Zahlung einer Abstandssumme objektiv unberechtigt gewesen sei, müsse doch subjektiv ein Verschulden der Beamten verneint werden. Ist dies aber schon bei den ständig mit der Handhabung der Vorschriften über die Wohnungszwangswirtschaft befaßten Beamten des Wohnungsamtes der Fall, dann muß es in noch höherem Maße für den nicht rechtskundigen Wohnungsuchenden gelten. Dabei ist übrigens zu beachten, daß der Rückforderungsanspruch hier überhaupt nicht auf § 817, sondern auf § 812 BGB. gegründet ist. Nun ist es allerdings richtig, daß die Vorschrift des § 817 Satz 2 einen für alle Bereicherungsansprüche geltenden Rechtssatz aufstellt (RGZ. Bd. 99 S. 166, Bd. 105 S. 271, Bd. 111 S. 153). Fällt aber dem Leistenden, hier dem Kläger, kein bewußter Verstoß gegen ein gesetzliches Verbot oder gegen die guten Sitten zur Last, was nach den Ausführungen des Berufungsrichters in Verbindung mit der hier erörterten Rechtsprechung des Reichsgerichts nicht zweifelhaft sein kann, dann versagt der Einwand aus § 817 Satz 2 und steht dem aus § 812 Abs. 1 hergeleiteten Klagegrund nicht im Wege. Dieser vom Kläger in den Vordergrund gestellte Klaganspruch war daher selbständig zu prüfen, was bisher nicht geschehen ist.

51. Ist eine Enteignung darin zu finden, daß eine Gemeindebehörde die Genehmigung zum Abbruch eines Gebäudes versagt?

RVerf. Art. 153. Wohnungsmangelgesetz vom 26. Juli 1923 § 2.

III. Zivilsenat. Urt. v. 7. Februar 1930 i. S. D. (Kl.) w. Stadtgemeinde D. (Bekl.). III 181/29.

I. Landgericht Düsseldorf.
II. Oberlandesgericht daselbst.

Dem Kläger, der Eigentümer eines in Düsseldorf gelegenen Hauses ist, wurde vom Oberbürgermeister der verklagten Stadtgemeinde als Baupolizeibehörde unter Strafandrohung aufgegeben, die an dem baufälligen Gebäude erforderlichen Ausbesserungen vorzunehmen. Diese Verfügung wurde nach erfolgloser Anrufung des Regierungs- und des Oberpräsidenten durch Urteil des Oberverwaltungsgerichts vom 15. März 1923 aufgehoben. Demnächst bat der Kläger um die Erlaubnis zum Abbruch des Hauses; die Beklagte verweigerte diese Erlaubnis und wandte sich zugleich an das Mieteinigungsamt, das am 16. Juni 1924 den Abbruchsantrag vorläufig ablehnte und der Stadtverwaltung aufgab, dafür zu sorgen, daß das Haus wieder in einen bewohnbaren Zustand versetzt werde.

Der Kläger erhob darauf mit der Begründung, daß die Beklagte der ihr durch den Beschluß des Mieteinigungsamts auferlegten, im übrigen auch vertraglich übernommenen Verpflichtung zur Instandsetzung des Hauses nicht nachgekommen sei, daß sie ferner aus dem Gesichtspunkte der Enteignung nach Art. 153 RVerf. und wegen schuldhafter Pflichtverletzung ihrer Beamten aus Art. 131 das. hafte, Klage in erster Reihe auf Verurteilung der Beklagten zur Räumung und Instandsetzung seines Hauses, hilfsweise 1. auf Feststellung der Verpflichtung der Beklagten zum Ersatz allen Schadens, der ihm daraus erwachse, daß er das Haus nicht vermieten könne, weil es die Beklagte nicht instandgesetzt habe, 2. auf Verurteilung der Beklagten zur Zahlung von 4500 RM. Landgericht und Oberlandesgericht wiesen die Klage ab. Die Revision des Klägers blieb erfolglos.

Gründe:

(Es wird zunächst ausgeführt, daß die Feststellung des Berufungsgerichts, es bestehe weder eine vertragliche Verpflichtung der Beklagten zur Instandsetzung des Hauses, noch folge eine solche aus dem

Beschluß des Mieteinigungsamtes vom 16. Juni 1924, rechtlich nicht zu beanstanden sei und daß daher der Haupt- und der erste Hilfsantrag unbegründet seien.)

... Unbegründet ist auch der zweite Hilfsantrag, der Zahlungsanspruch. Soweit er auf Art. 153 RVerf. gestützt wird, ist im Gegensatz zu der Auffassung des Klägers und des Berufungsrichters das Vorliegen einer Enteignung im Sinne der genannten Verfassungsvorschrift zu verneinen. Art. 153 schützt das Privateigentum gegen Eingriffe der Verwaltungsbehörden zugunsten Dritter, nicht aber gegen Eingriffe der Reichsgesetzgebung, durch welche bestimmte Vermögensrechte sämtlicher Staatsbürger oder bestimmter Staatsbürgerklassen gleichmäßig einer gleichen Beschränkung unterworfen werden. Der Enteignungsbegriff im Sinne des Art. 153 RVerf. setzt einen Verwaltungsakt voraus, der auf Grund einer vom Gesetzgeber erteilten Ermächtigung auf Entziehung des Eigentums als solchen oder einer der aus ihm fließenden Verfügungsbefugnisse gerichtet ist. § 2 des Wohnungsmangelgesetzes vom 26. Juli 1923 enthält aber ein allgemeines Abbruchsverbot. Er ermächtigt nicht etwa die Gemeinden, zur Bekämpfung der Wohnungsnot einzelnen Hausbesitzern den geplanten Abbruch ihrer Gebäude zu untersagen, sondern wendet sich schlechthin an alle, die es angeht, insbesondere an alle Hauseigentümer mit dem Gebot: „Alle vorhandenen Gebäude sind zu erhalten, jede Raumminderung durch Abbruch ist verboten." Also nicht die Gemeinde darf den Abbruch im Interesse der Allgemeinheit verbieten, sondern das Gesetz selbst verbietet ihn und berechtigt die Gemeindebehörden lediglich dazu, in geeigneten Fällen im Interesse einzelner Hausbesitzer diese von dem allgemeinen Abbruchsverbot freizustellen. Die Ablehnung des Abbruchsantrags des Klägers enthielt also nur die Weigerung der Behörde, eine Ausnahme von der gesetzlichen Regel zu gestatten, schuf aber für ihn keine neue, ihm nicht schon durch das Gesetz auferlegte Eigentumsbeschränkung. Sie stellt also auch keine Enteignung dar.

Aus diesen Erwägungen erhellt zugleich, daß der Gemeindebehörde nicht der Vorwurf einer Amtspflichtverletzung gemacht werden kann, wenn sie mit Rücksicht auf die herrschende Wohnungsnot nach pflichtmäßigem Ermessen die Ansicht vertrat, das Haus des Klägers müsse trotz seiner Mängel dem Gebote des § 2 WMG. entsprechend erhalten bleiben.

52. Äußert bei der Verteilung des Zwangsversteigerungserlöses die Geltendmachung einer Löschungsvormerkung im Sinne des § 1179 BGB., die zu einer durch den Zuschlag erloschenen Hypothek eingetragen war, eine Wirkung auch zugunsten einer Hypothek, die gleichen Rang wie die durch die Vormerkung begünstigte hatte?

BGB. § 1179. ZVG. § 92.

V. Zivilsenat. Urt. v. 22. Februar 1930 i. S. E. (Kl.) w. D. u. Gen. (Bekl.) u. W. (Nebenint.). V 531/28.

I. Landgericht Frankfurt a. M.
II. Oberlandesgericht daselbst.

Im Grundbuch für F. war der Erstbeklagte als Eigentümer mehrerer Grundstücke eingetragen. Auf diesen lasteten als Gesamthypotheken zwei Höchstbetragshypotheken von zusammen 180000 RM., im Rang hinter ihnen drei Grundschulden der Klägerin von zusammen 38000 RM. und zwei Eigentümergrundschulden des Erstbeklagten von zusammen 62000 RM., alle fünf Rechte unter sich in gleichem Range. Zugunsten der drei Grundschulden der Klägerin war eingetragen eine Vormerkung zur Sicherung des Anspruchs auf Löschung der beiden Höchstbetragshypotheken, wenn und soweit sie sich mit dem Eigentum in einer Person vereinigen würden. Die Grundstücke kamen zur Zwangsversteigerung. Nach den Versteigerungsbedingungen blieb keines der eingetragenen Rechte bestehen. Im Verteilungstermin zahlte die Ersteherin 120840 RM. an das Gericht. Auf die beiden Höchstbetragshypotheken wurden von den Gläubigern nur 80446,30 RM. angemeldet. Die Klägerin machte ihren vorgemerkten Löschungsanspruch geltend. Der Versteigerungsrichter berücksichtigte im Verteilungsplan die beiden Höchstbetragshypotheken nur mit dem angemeldeten Betrag und bestimmte, daß der danach vom Versteigerungserlös übrigbleibende Betrag von 39418,41 RM. im Verhältnis von 38 zu 62 auf die Grundschulden der Klägerin von zusammen 38000 RM. und auf die Eigentümergrundschulden des Erstbeklagten von zusammen 62000 RM. verteilt werden sollte. Da die Beklagten zu 2 bis 6 die Ansprüche des Erstbeklagten aus seinen Eigentümergrundschulden gepfändet hatten, war bestimmt, daß der auf den Erstbeklagten entfallende Betrag mit diesen Pfandrechten belastet sein sollte. Die Klägerin, die danach nur 14979 RM. erhalten und mit 23021 RM. ausfallen sollte, erhob Widerspruch und verlangte volle Befriedigung wegen ihrer 38000 RM. Der Widerspruch wurde nicht anerkannt. Der Versteigerungsrichter ordnete darauf an, daß, falls der Widerspruch für begründet erklärt würde, die Klägerin weitere 23021 RM. erhalten solle, während der Erstbeklagte und seine Pfändungsgläubiger nur den dann noch verbleibenden Rest von 1418,41 RM. erhalten sollten. Der Klägerin wurden die ihr unbedingt zugeteilten 14979 RM. ausgezahlt; 24439,41 RM. wurden hinterlegt. Mit der vorliegenden Klage beantragte die Klägerin, ihren Widerspruch für begründet zu erklären und das Versteigerungsgericht anzuweisen, daß es den hinterlegten Betrag von 23021 RM. nebst 8% Zinsen vom Tag des Verteilungstermins ab für Rechnung der Klägerin an die M.-Bank auszuzahlen habe. Auf beklagter Seite ist der Kaufmann W. dem Rechtsstreit als Streitgehilfe beigetreten mit der Behauptung, er habe ebenfalls den Anspruch des Erstbeklagten auf Auszahlung des Versteigerungserlöses gepfändet.

Das Landgericht wies die Klage ab, das Oberlandesgericht wies die Berufung zurück. Der Beklagte und der Streitgehilfe waren in der Revisionsinstanz nicht vertreten. Die Revision der Klägerin hatte den Erfolg, daß ihr Widerspruch für begründet erklärt wurde.

Gründe:

Das Berufungsgericht hält die Klage aus folgenden Erwägungen für unbegründet: Wenn der Erstbeklagte seiner Löschungspflicht zurzeit der Zwangsversteigerung schon nachgekommen gewesen wäre und die zu Eigentümergrundschulden gewordenen Teile der beiden Höchstbetragshypotheken schon hätte löschen lassen, so würden gegen die im Plan vorgesehene Verteilung keinerlei Bedenken bestehen. Durch den Zuschlag seien gemäß § 91 ZVG. die Höchstbetragshypotheken samt den zu ihnen eingetragenen Vormerkungen erloschen und an die Stelle der belasteten Grundstücke sei der Versteigerungserlös getreten. Von diesem habe derjenige Betrag, der den zu Eigentümergrundschulden gewordenen Teilen der Höchstbetragshypotheken entspreche, an sich dem Erstbeklagten gebührt. Aber der vorgemerkte Löschungsanspruch der Klägerin habe diesen Anspruch des Erstbeklagten zu einem auflösend bedingten gemacht, ebenso wie vor dem

Zuschlag die Anteile des Erstbeklagten an den Höchstbetragshypotheken in ihrem Bestand auflösend bedingt davon abhängig gewesen seien, ob die Klägerin von ihrem Löschungsanspruch Gebrauch machen würde oder nicht. Diese auflösende Bedingung sei eingetreten, als die Klägerin im Verteilungstermin ihren Löschungsanspruch geltend gemacht habe. Infolgedessen müsse der Erstbeklagte die Klägerin so stellen, wie wenn die zu Eigentümergrundschulden gewordenen Teile der Höchstbetragshypotheken schon vor der Erteilung des Zuschlags gelöscht worden wären. Eine Löschungsvormerkung, die zu einer durch den Zuschlag erloschenen Post eingetragen sei, habe zwar nicht die Wirkung, daß der auf die Eigentümergrundschuld entfallende Erlös ohne weiteres allen der zu löschenden Eigentümergrundschuld nachgehenden Rechten zugute komme, wie es der Fall wäre, wenn die Eigentümergrundschuld vor dem Zuschlag gelöscht worden wäre. Rechte, die hinter der durch die Vormerkung begünstigten Post ständen, rückten nicht mit auf. Denn das Interesse des Vormerkungsberechtigten erschöpfe sich mit der Zuteilung des auf den Eigentümer entfallenden Anteils am Erlös, soweit er zur Befriedigung des Vormerkungsberechtigten erforderlich sei. Nur insoweit brauche der Eigentümer auf seinen Anteil zu verzichten. Der etwa nach Befriedigung des Vormerkungsberechtigten noch verbleibende Betrag falle deshalb wieder dem Eigentümer zu. Aber etwaige Zwischenrechte zwischen der Eigentümergrundschuld und dem vormerkungsberechtigten Recht dürften keine Benachteiligung erfahren. Sie würden deshalb ebenfalls aus dem auf den Eigentümer entfallenden Erlösanteil befriedigt. Dasselbe müsse für Rechte gelten, die mit dem des Vormerkungsberechtigten gleichen Rang hätten. Sie brauchten sich keine Rangverschlechterung gefallen zu lassen. Eine solche würde darin liegen, daß die mit ihnen im gleichen Rang stehende vormerkungsberechtigte Post vor ihnen zum Zug käme. Die Klägerin beanspruche mit ihrem Klagverlangen einen Vorrang vor den alten Eigentümergrundschulden des Beklagten zu 1, die mit ihren eigenen Rechten gleichen Rang hätten. In der Löschungsvormerkung sei aber eine solche Vorrangseinräumung nicht zu erblicken.

Mit Recht bezeichnet die Revision diese Ausführungen als rechtsirrig. Wie in der Rechtsprechung des Reichsgerichts und im Schrifttum feststeht, ändert sich der Löschungsanspruch seinem Inhalt nach, wenn in der Zwangsversteigerung das gemäß der Vormerkung zu löschende Recht wegfällt. Das ursprüngliche Ziel des Anspruchs, die Löschung der Eigentümergrundschuld, ist jetzt nicht mehr möglich. Dafür ist der Eigentümer jetzt verpflichtet, seinen Anteil am Erlös insoweit nicht geltend zu machen, als durch seine Geltendmachung das durch die Vormerkung geschützte Recht beeinträchtigt würde. Zwar hat der Senat in RGZ. Bd. 125 S. 136, 137 beiläufig ausgesprochen, daß das geschützte Recht auch in der Zwangsversteigerung erst nach Berücksichtigung der ihm vorgehenden Zwischenberechtigten zum Zuge komme. Was aber etwa für solche Zwischenrechte gilt, das gilt nicht, wie das Berufungsgericht meint, notwendig auch für Rechte, die dem Begünstigten im Rang gleichstehen. Der Anspruch auf Löschung steht nur der Klägerin persönlich gegen den Beklagten zu 1 als ihren Vertragsgegner zu und bezweckt nur den Schutz der Grundschulden der Klägerin. Zwar hätte der Löschungsanspruch, wenn er vor der Zwangsversteigerung erfüllt und die Eigentümergrundschuld pflichtgemäß gelöscht worden wäre, notwendig dazu führen müssen, daß die Grundschulden der Klägerin mit den im gleichen Rang stehenden Eigentümergrundschulden des Erstbeklagten gleichmäßig von dem Wegfall Nutzen gezogen hätten. Das wäre aber eine gesetzliche Folge des Löschungsvollzugs gewesen. Das Gesetz kennt keine leeren Räume zwischen mehreren Rechten an Grundstücken; mit dem Wegfall eines inmitten anderer Rechte liegenden Rechts schließt sich von selbst die Kette, und die hinter dem weggefallenen Recht stehenden Posten rücken sämtlich auf. Stehen Nachrechte unter sich in gleichem Rang, so rücken sie gemeinschaftlich auf, ohne ihr gegenseitiges Rangverhältnis zu ändern. Kommt es aber nicht zur Löschung, weil vorher die ganze Post durch den Zuschlag erloschen ist, so steht nur noch der schuldrechtliche, zufolge der Vormerkung auch bei der Erlösverteilung vom Versteigerungsrichter zu beachtende Anspruch des Vormerkungsberechtigten gegen den Eigentümer in Frage, daß dieser seinen Anspruch auf den Erlös nicht zum Nachteil des ersteren geltend mache. Die mit dem Löschungsvollzug notwendig verbundene Wirkung, daß alle hinter dem gelöschten Recht stehenden Rechte aufrücken, kann jetzt nicht mehr eintreten. Der Vormerkungsberechtigte kann auch nicht verlangen, daß sich der Eigentümer in jeder Beziehung so stellen lasse, als wäre die Löschung schon vorher vollzogen und das für diesen Fall gesetzlich gebotene Nachrücken eingetreten. Denn soweit reicht sein rechtliches Interesse nicht, wenn er sich wie hier die Löschung nur zum Schutz eines ganz bestimmten Rechtes ausbedungen hatte. Der Senat hat in RGZ. Bd. 63 S. 153 daraus die Folgerung gezogen, daß das Geltendmachen der Löschungsvormerkung nicht den hinter dem geschützten Recht stehenden Posten bei der Verteilung des Erlöses zugute kommt, daß vielmehr ein nach Deckung dieses geschützten Rechtes vom Erlösanteil des Eigentümers noch übriger Betrag dem Eigentümer verbleibt. So wenig wie der vormerkungsberechtigte Gläubiger verlangen kann, daß der Eigentümer auf seine Ansprüche auf den Versteigerungserlös über das Interesse des begünstigten Rechtes hinaus auch zugunsten nachgehender Rechte verzichte, nur weil diese im Fall der Löschung zum Zug gekommen wären, ebensowenig kann er einen solchen Verzicht zugunsten des gleichen Rang habenden, aber selbst nicht geschützten Rechtes verlangen.

Abzulehnen ist auch die Meinung, es müßte — unabhängig vom Willen der beiden am Löschungsanspruch als Gläubiger und Schuldner Beteiligten — die Erfüllung des vorgemerkten Anspruchs auch in der Zwangsversteigerung von Gesetzes wegen zur Folge haben, daß auch das nicht selbst mit dem Löschungsanspruch ausgestattete Recht, nur weil es den gleichen Rang hat wie das geschützte, dieselben Begünstigungen genießen müßte wie dieses. Das Berufungsgericht meint, es würde eine Rangverschlechterung bedeuten, wenn das geschützte Recht vor dem mit ihm im gleichen Rang stehenden zum Zuge käme. Das ist aber nicht richtig. Das nicht geschützte Recht kommt an derselben Stelle und in demselben Umfang zum Zuge, wie es seiner Rangstelle im Grundbuch entspricht. Es bleibt nur von einer Bevorzugung ausgeschlossen, die sich der Inhaber des geschützten Rechts persönlich und bloß zugunsten seines Rechts ausbedungen und durch die Vormerkung gesichert hat. Diese Bevorzugung geht ganz allein zu Lasten des Eigentümers und beeinträchtigt in keiner Weise die dem nicht geschützten Recht aus seiner Rangstellung zukommenden Rechte.

Der Widerspruch der Klägerin gegen den Verteilungsplan erweist sich danach als begründet. Das kann gegenüber allen Beklagten und dem Streitgehilfen nur einheitlich festgestellt werden. Der Erstbeklagte und der Streitgehilfe gelten also nach § 62 ZPO. als durch die anderen Beklagten vertreten.

Dagegen ist der Klagantrag im übrigen nicht gerechtfertigt. Die Hilfsverteilung, die der Versteigerungsrichter für den Fall vorgenommen hat, daß der Widerspruch der Klägerin für begründet erklärt würde, nämlich die Zuweisung weiterer 23021 RM. an die Klägerin, gewährt dieser das, worauf sie Anspruch hat. Es bedarf also keiner besonderen Anordnung durch das Prozeßgericht im Sinne des § 880 ZPO., sondern es genügt der Ausspruch, daß der von der Klägerin gegen den Verteilungsplan eingelegte Widerspruch begründet ist. Zu den 23021 RM. gebühren der Klägerin etwaige Hinterlegungszinsen, wie nicht besonders ausgesprochen zu werden braucht. Sie verlangt jedoch mit der Klage, daß ihr aus der hinterlegten Masse 8% Zinsen vergütet werden sollen. Worauf sie diesen Anspruch stützt, ist nicht ersichtlich. Die Auszahlung an die M.-Bank im Urteil anzuordnen, besteht keine Veranlassung. Die Klägerin mag beim Versteigerungsrichter entsprechende Anträge stellen.

---

53. Kann der ein Rechtsmittel wegen Fristversäumung verwerfende Beschluß, wenn gegen die Fristversäumung Wiedereinsetzung in den vorigen Stand erteilt ist, noch mit der sofortigen Beschwerde angefochten werden, damit das Rechtsmittelgericht den Beschluß aufhebe?

VII. Zivilsenat. Beschl. v. 28. Februar 1930 i. S. T. & H. (Kl.) w. M. (Bekl.). VII B 5/30.

I. Landgericht Hamburg.
II. Oberlandesgericht daselbst.

Die Frage ist verneint worden aus folgenden, den Sachverhalt ergebenden

Gründen:

Die Berufung der Klägerin gegen das Teilurteil des Landgerichts vom 22. November 1929 ist durch Beschluß des Oberlandesgerichts vom 5. Februar 1930 als unzulässig verworfen worden, weil die Klägerin den Nachweis für die Einzahlung der Prozeßgebühr nicht rechtzeitig geführt hatte. Die Klägerin beantragte unter dem 8. Februar 1930, ihr unter Aufhebung des Beschlusses vom 5. Februar 1930 die Wiedereinsetzung in den vorigen Stand gegen die Versäumung der Nachweisfrist zu bewilligen. Das Oberlandesgericht hat durch Beschluß vom 12. Februar 1930 die Wiedereinsetzung gewährt, hat sich aber als durch § 577 Abs. 3 ZPO. verhindert angesehen, den Beschluß vom 5. Februar 1930 aufzuheben; das könne nur durch Einlegung der sofortigen Beschwerde erreicht werden. Die Klägerin focht daraufhin den Beschluß vom 5. Februar 1930 noch rechtzeitig mit der sofortigen Beschwerde an und beantragte seine Aufhebung.

Die Beschwerde ist unzulässig. Nachdem der Klägerin die Wiedereinsetzung in den vorigen Stand bewilligt worden ist, steht ihr die vorgekommene Fristversäumung nicht mehr entgegen. Deren Folgen sind sämtlich beseitigt. Dazu gehört auch der Verwerfungsbeschluß vom 5. Februar 1930. Dieses Ergebnis der Wiedereinsetzung konnte auch das Oberlandesgericht feststellen, und zwar entweder indem es den Beschluß vom 5. Februar 1930 auch formell aufhob oder indem es ihn als erledigt bezeichnete. Das Oberlandesgericht hat sich nur mit der ersteren Möglichkeit beschäftigt, diesen Weg aber nicht für gangbar erachtet, weil nach § 577 Abs. 3 ZPO. eine mit der sofortigen Beschwerde anfechtbare Entscheidung von dem Gericht, das sie erlassen hat, nicht mehr abgeändert werden dürfe. Indessen hatte die Klägerin damals noch keine sofortige Beschwerde erhoben; nur ihr Wiedereinsetzungsantrag lag vor. Der § 577 Abs. 3 ZPO. konnte also das Oberlandesgericht nicht hindern, die Folgen der bewilligten Wiedereinsetzung festzustellen. Daß es das nicht getan hat, ist aber unschädlich geblieben; denn jene Folgen treten ein, mögen sie besonders hervorgehoben werden oder nicht. Deshalb steht auch trotz des Verhaltens des Oberlandesgerichts der Verwerfungsbeschluß vom 5. Februar 1930 der Klägerin nicht mehr entgegen, wenn sie ihre Berufung gegen das landgerichtliche Urteil weiter verfolgen will. Sie ist also durch jenen Beschluß nicht mehr beschwert und ihre trotzdem eingelegte Beschwerde ist unzulässig.

Die Richtigkeit der hier vertretenen Ansicht ergibt sich auch aus dem Verfahren, wie es sich in ähnlichen Fällen beim Reichsgericht gestaltet. Auch das Reichsgericht kann die Wiedereinsetzung noch nach Erlaß eines die Revision verwerfenden Beschlusses bewilligen. Da es dann an einem übergeordneten Beschwerdegericht fehlt, das den Verwerfungsbeschluß aufheben könnte, muß das Reichsgericht in der Lage sein, die Folgerungen aus der bewilligten Wiedereinsetzung — ausdrücklich oder stillschweigend — selbst zu ziehen. Das muß dann aber auch von den andern Rechtsmittelgerichten gelten.

54. 1. Kann die Reichsbahn-Gesellschaft auch anderen Personen als denen, die mit ihr einen Vertrag über Einstellung von Privatgüterwagen abgeschlossen haben, dann, wenn jene eine Tarifvergünstigung für die Leerbeförderung solcher Wagen in Anspruch nehmen, entgegenhalten, daß gegen den Einstellungsvertrag verstoßen worden sei?

2. Zum Begriff der Umstationierung von Privatgüterwagen.

Internationales Übereinkommen über den Eisenbahn-Frachtverkehr vom 14. Oktober 1890 Art. 11, 12 Abs. 4.

I. Zivilsenat. Urt. v. 26. Februar 1930 i. S. Deutsche Reichsbahn-Gesellschaft (Bekl.) w. Deutsch-Russische T. und Sch. Ges. AG. (Kl.). I 204/29.

I. Landgericht Oppeln.
II. Oberlandesgericht Breslau.

Die Speditionsfirma W. in Beuthen O/S. hat in der Zeit von Mitte Februar 1926 bis Mitte Dezember 1926 121 leere Privat-Kesselwagen von Station Beuthen zur Beförderung nach Station Sniatyn-Zalucze in Polen an die Speditionsfirma Sch. daselbst mit internationalen Frachtbriefen aufgegeben. Diese Privatgüterwagen waren (bis auf 10 Stück) in den Wagenpark der Deutschen Reichsbahn-Gesellschaft eingestellt, sollten aber in den Park der rumänischen Staatsbahn eingestellt werden und der Leerlauf der Wagen sollte ihrer Überführung nach Rumänien dienen. In den Frachtbriefen war als Zweck des Leerlaufs angegeben „leer zur Umstationierung" und ferner vermerkt „zu befördern gegen ermäßigte Fracht". Die polnische Eisenbahnverwaltung hat jedoch die Fracht von der Grenze bis zur polnischen Bestimmungsstation nicht nach dem ermäßigten Satz berechnet, sondern die gewöhnliche Fracht mit 23289,30 Zloty erhoben. Der ermäßigte Satz für den Leerlauf eingestellter Privatwagen hätte nur 2395,80 Zloty betragen. Die Klägerin, der sowohl die Absende- wie die Empfangsfirma ihre Ansprüche abgetreten haben, fordert den Mehrbetrag von 20893,50 Zloty, abzüglich eines von der polnischen Bahn später zurückgezahlten Betrags von 426,50 Zloty, somit 20467 Zloty nebst Zinsen zurück oder, nach Wahl der Beklagten, den zur Anschaffung des Zlotybetrags am Zahlungstag nötigen Reichsmarkbetrag.

Die Beklagte behauptet, die von der polnischen Bahnverwaltung berechneten Frachtsätze entsprächen dem hier maßgeblichen deutsch-polnischen Eisenbahn-Güter- und Tiertarif, gültig gewesen vom 15. Juni 1925 ab (Nr. 183 des deutschen Tarifverzeichnisses). Die maßgebenden Bestimmungen dieses Tarifs lauten im Abschnitt V:

Nr. 1. Privatgüterwagen sind die in den Park einer Eisenbahnverwaltung eingestellten Wagen, die dem Einsteller gehören oder die er von einem Dritten oder der Bahn auf längere Zeit zur ausschließlichen Benutzung gemietet hat . . . . .

Nr. 12. Die leeren Privatgüterwagen werden als Frachtgut gegen eine ermäßigte Fracht und zwar in Deutschland von 5 Reichsmark für den Wagen, in Polen von 3 Groschen für den Wagen und das Tarifkilometer, befördert, sofern der Absender im Frachtbriefe vorschreibt:

a) in der Spalte „Zeichen und Nummer" das Eigentumsmerkmal, die Heimatstation sowie die Gattung und Nummer des Wagens,

b) in der Spalte „Inhalt" die Bezeichnung „Wagen leer" und den Zweck des Leerlaufs, z. B. „zur Beladung", „zurück nach Entladung", „zur Wiederherstellung in Werkstätten" und dergl.,

c) den Vermerk „zu befördern gegen ermäßigte Fracht".

Das Landgericht wies die Klage ab, indem es sich dem inzwischen in einer gleichliegenden Sache ergangenen Reichsgerichtsurteil vom 3. März 1928 (RGZ. Bd. 120 S. 268) anschloß.

Hiergegen legte die Klägerin Berufung ein. Das Oberlandesgericht trat der Klägerin bei und kürzte nur die von ihr geforderte Summe um 1965,40 Zloty; der Abstrich beruht darauf, daß bei 10 Kesselwagen die Einstellungsverträge bei Auflieferung der Wagen zur Beförderung nicht mehr in Kraft waren. Die Revision der Beklagten hatte keinen Erfolg.

Gründe:

Der hier zu entscheidende Fall entspricht dem im Urteil RGZ. Bd. 120 S. 268 entschiedenen. Dort waren zwei Gründe dafür angegeben worden, daß eingestellte Privatwagen, die auf Grund des deutsch-polnischen Gütertarifs (gültig gewesen vom 15. Juni 1925 ab) von Deutschland zur Einstellung in den Park der rumänischen

Eisenbahn nach Polen befördert wurden, für die Leerbeförderung nach Polen unter den gewöhnlichen Frachttarif fallen.

Bei dem ersten Grund ging der Senat gemäß dem damals festgestellten Sachverhalt von der Annahme aus, daß das Herausziehen der Privatwagen aus dem Bereich der Beklagten nicht im Einverständnis mit ihr, sondern einseitig und entgegen den Einstellungsverträgen erfolgt sei. Vorher durfte, so hieß es im früheren Reichsgerichtsurteil, „der Einsteller die Wagen überhaupt nicht herausziehen". Das Urteil fährt dann fort: „Ein einseitiges, unbefugtes Vorgehen des Einstellers vermochte ihm keinesfalls die Vorteile des Tarifs zu verschaffen." Das bedeutete: Die Tarifvergünstigung für leer laufende Privatwagen kann nur in Anspruch genommen werden, wenn und solange die Privatwagen im Rahmen der Einstellungsverträge benutzt werden; nur eine solche Benutzung ist Leerlauf im Sinne der Tarifvergünstigung. Dies gilt auch für Dritte, welche eingestellte Privatwagen aufgeben; denn nach § 4 Nr. 1 der Einstellungsbedingungen sind sie der Bahn gegenüber als Bevollmächtigte des Einstellers anzusehen (entsprechend Abschnitt V Nr. 5 und 7 des deutsch-polnischen Tarifs). Diesen Grundsätzen, die von der Vorinstanz mit unzutreffenden Ausführungen bekämpft worden sind, ist aber durch neue tatsächliche Feststellungen des Berufungsgerichts die Grundlage entzogen worden. (Wird ausgeführt.) Jener erste Grund, einseitiges vertragswidriges Vorgehen der Einsteller, ist damit fortgefallen.

Der zweite Grund, aus dem damals die Anwendbarkeit der Tarifvergünstigung verneint worden ist, ging dahin: es handle sich bei der Fortschaffung der Privatwagen nach Rumänien gar nicht um eine Umstationierung im Sinne des maßgebenden deutsch-polnischen Tarifs. Denn damit seien nur Verlegungen nach Stationen der Eisenbahnverwaltungen des anzuwendenden Tarifs gemeint. Nach Abschnitt V Nr. 1 des deutsch-polnischen Tarifs seien Privatgüterwagen die in den Park „einer Eisenbahnverwaltung" eingestellten Wagen. Welche Eisenbahnverwaltungen gemeint seien, gehe aus dem hinter dem Vorwort des Tarifs abgedruckten Verzeichnis der beteiligten Eisenbahnverwaltungen hervor. Dies seien aber allein die dort genannten deutschen und polnischen Eisenbahnverwaltungen. Eine Umstationierung im Sinne der Tarif-Ermäßigung könne also nur vorkommen, wenn die neue Heimatstation zu einer dieser Eisenbahnverwaltungen gehöre. Andernfalls hörten die Wagen auf, als Privatwagen eingestellt zu sein, gleichviel wie der Einstellungsvertrag sein Ende erreicht habe. Eine solche Auslegung entspreche auch allein dem wirtschaftlichen Zweck der Tarifermäßigung, den Verbandsbahnen durch Frachteinnahmen aus regelmäßig wiederholten Fahrten der immer nach einer Heimatstation im Verbandsbezirk zurückkehrenden Privatwagen einen Ausgleich zu bieten.

An dieser Ansicht kann indes mit Rücksicht auf das im gegenwärtigen Rechtsstreit neu beigebrachte Auslegungsmaterial nicht festgehalten werden, wenngleich die Gründe, welche die Vorinstanz gegen das frühere Reichsgerichtsurteil vorgebracht hat, nicht stichhaltig sind. Unrichtig ist in letzterer Beziehung zunächst, daß die Heranziehung wirtschaftlicher Gesichtspunkte überhaupt unzulässig sei. Denn gerade da, wo die Auslegung des Tarifs Anlaß zu Zweifeln gibt, ist die Frage am Platze, welcher wirtschaftliche Zweck mit der Tarifbestimmung, hier der Tarifermäßigung, verfolgt wird. Und es bleibt unwiderlegt, daß der im früheren reichsgerichtlichen Urteil hervorgekehrte Zweckgedanke für die dort vertretene Auffassung spricht. Zu Unrecht glaubt die Klägerin die Entscheidung in RGZ. Bd. 120 S. 101 (103 a. E.) entgegenhalten zu können. Es handelte sich dort um einen anderen chemischen Stoff als den im Tarif bezeichneten; der Fall hat mit der hier zu entscheidenden Frage nichts zu tun. Ebensowenig steht jenem Zweckgedanken das im Tarif angeführte Leerlaufbeispiel („zur Wiederherstellung in Werkstätten") entgegen. Selbstverständlich müssen die Privatwagen von Zeit zu Zeit nachgesehen und ausgebessert werden, damit sie nachher wieder beladen über die Bezirksstrecken gehen können. Dies steht also mit dem dort angenommenen wirtschaftlichen Zweck nicht in Widerspruch. Ebensowenig läßt sich der früheren Auslegung der Umstand entgegenhalten, daß „bei der Versetzung nach einem anderen Heimatorte desselben Landes nach dem eigenen Vortrag der Beklagten" die Frachtermäßigung eintritt. Denn hiervon ist im früheren Urteil nicht nur ausgegangen, sondern es ist noch weiter angenommen worden, daß die Umstationierung von einem Tarifverbandland zum anderen die Tarifvergünstigung genießt, wenn es sich eben um die im deutsch-polnischen Tarif aufgeführten Eisenbahnverwaltungen handelt. Endlich liegt zutage, daß aus der späteren ausdrücklichen Änderung der Tarife im Sinne der Auslegung des früheren Reichsgerichtsurteils nichts folgt, weil immer der Zweifel bleibt, ob dadurch nur der frühere Rechtszustand erläutert oder neues Recht geschaffen werden sollte.

Die Entscheidung hängt nach alledem von der Frage ab, was im Abschnitt V des deutsch-polnischen Gütertarifs (vom 15. Juni 1925) in Nr. 1 unter dem Satz zu verstehen ist:

„Privatgüterwagen sind die in den Park einer Eisenbahnverwaltung eingestellten Wagen",

ob damit nur die im Vorwort aufgeführten Verwaltungen zu verstehen sind oder jede Eisenbahnverwaltung eines dem Internationalen Übereinkommen (J. Ü.) angehörenden Landes.

Nach den vorher in Geltung gewesenen deutschen Eisenbahn-Gütertarifen, Teil I Abt. B, gültig vom 1. April 1918 und gültig vom 1. Dezember 1920 ab, waren die leeren Privatwagen ganz frachtfrei; frachtpflichtig war dagegen die Beförderung der leeren Wagen zum Zwecke der Einstellung oder der Umstationierung. Nach dem vom 1. August 1925 ab geltenden deutschen Eisenbahn-Gütertarif, Teil I Abt. B § 53 S. 27 werden leere Privatwagen gegen eine ermäßigte Fracht von 5 RM. für den Wagen als Frachtgut befördert und die Ausnahme für Umstationierungen ist dort fortgefallen. In den Tariferläuterungen auf S. 29 heißt es ferner zu § 53 Abs. 9:

„Es ist zu unterscheiden zwischen Privatwagen, die in den Park einer deutschen oder außerdeutschen Eisenbahn eingestellt sind . . . und nicht eingestellten Privatwagen. Nicht eingestellte leere Privatwagen sind nach dem Fahrzeugtarif abzufertigen. Bei Leerläufen eingestellter Privatwagen wird bei Aufgabe als Frachtgut für jeden Lauf (z. B. zur Beladung, zum Zwecke der Umstationierung oder zur Wiederherstellung in Werkstätten) eine ermäßigte Fracht für den Wagen (s. § 53 Abs. 9) erhoben . . . ."

Hiernach unterscheidet dieser Tarif nicht danach, ob die Privatwagen in den Park einer deutschen Eisenbahn eingestellt sind oder in denjenigen einer außerdeutschen Eisenbahn. Es genügt ihm vielmehr, daß sie überhaupt eingestellt sind, sei es hier oder dort. Und ferner behandelt er den Leerlauf der solchermaßen eingestellten Wagen zur Umstationierung ohne Beschränkung auf Deutschland wie jeden anderen Leerlauf. Der deutsche Eisenbahn-Gütertarif ist aber für die Auslegung der hier streitigen Bestimmung von wesentlicher Bedeutung. Denn nach Art. 11 J. Ü. (1890) wird die Fracht „nach Maßgabe der zu Recht bestehenden, gehörig veröffentlichten Tarife" berechnet, also vorbehaltlich besonderer Tarifübereinkommen von jedem Land nach seinem allgemeinen Tarif. Die besondere Tarifvereinbarung über den Eisenbahnverkehr zwischen Deutschland und Polen ist in Nr. 183 des deutschen Tarifverzeichnisses niedergelegt und entspricht inhaltlich in Abschnitt V Nr. 12 den Bestimmungen in § 53 Abs. 9 des bezeichneten deutschen Eisenbahn-Gütertarifs Teil I Abt. B. Das gleiche trifft aber zu für den polnischen Eisenbahn-Gütertarif, gültig vom 1. Jänner 1925, S. 34 und 35 der deutschen Übersetzung; auch dort finden sich keine Ausnahmebestimmungen von der Tarifvergünstigung für den Fall einer Umstationierung. Es heißt dort in Abschnitt XXI unter Nr. 1:

„Privatwagen sind solche, die auf Grund besonderer Vereinbarungen zum Wagenpark einer Eisenbahn gehören . . . ."

Nach Nr. 87 zu b ist im Frachtbrief der Grund des Leerlaufs anzugeben, „z. B. ‚zur Verladung', ‚zurück nach der Verladung' und dgl." Auch hier wird also kein Unterschied in der Behandlung gemacht, bei welcher Eisenbahn der Privatwagen eingestellt ist; er muß nur äußerlich ebenso bezeichnet sein wie nach den Bestimmungen des deutschen Tarifs (Zeichen P; Firma des Privateigentümers; Angabe der Heimatstation; Bezeichnung der Güter, für die der Wagen bestimmt ist). Daneben sind noch, was indessen hier ohne Belang ist, polnische Privatwagen, die keine Spezialwagen sind, mit dem Zeichen W zugelassen. Wären also die streitigen Wagen gesondert über die deutsche und über die polnische Strecke befördert worden, so wäre in beiden Fällen nur der ermäßigte Frachtsatz zu berechnen gewesen.

Ein fernerer Umstand, der für die Auslegung der Klägerin spricht, ist die Tatsache, daß die Beklagte ihrerseits für die Beförderung der streitigen Privatwagen nur die ermäßigte Fracht eingezogen hat, was bei der großen Zahl von Wagen, um die es sich gehandelt hat, und der dadurch gegebenen Höhe des Frachtunterschieds stark ins Gewicht fällt.

Schon hiernach läßt sich nicht verkennen, daß die Beantwortung der vorher aufgeworfenen Frage zweifelhaft erscheinen muß. Dieser Zweifel ist aber durch das neu beigebrachte Material noch erheblich verstärkt worden. Hervorzuheben ist hier einmal das „Übereinkommen für die gegenseitige Benutzung von Güterwagen im internationalen Verkehr (RJV.)", das sich insoweit, als es hier in Frage kommt, mit dem Vereinswagenübereinkommen (VWÜ.) deckt. Dort heißt es in § 18 S. 34:

„Die im internationalen Verkehr zugelassenen Privatwagen sind Wagen der nachstehend angegebenen besonderen Bauarten, die eine Eisenbahnverwaltung auf den Namen eines Privaten (Person oder Gesellschaft) einstellt und mit dem Unterscheidungszeichen P versieht".

Man unterscheidet also auch hier wieder in keiner Weise nach dem Land, in dessen Park der Privatwagen eingestellt ist.

Ferner ist von Wichtigkeit der deutsch-rumänische Eisenbahn-Gütertarif, gültig vom 1. November 1925 an, der u. a. auch für den Verkehr zwischen Deutschland und Rumänien über Polen gilt. Dort findet sich unter B („besondere Bestimmungen für Privatwagen") die gleiche Begriffsbestimmung der Privatwagen wie in den vorher behandelten Tarifen („die in dem Park einer Verwaltung eingestellten Wagen"), ebenso die gleichen Voraussetzungen für Frachtermäßigung bei Beförderung von leer laufenden Privatwagen. Werden aber danach eingestellte Privatwagen, die von Deutschland unmittelbar nach Rumänien umstationiert werden sollen und über Polen geleitet werden, zu dem ermäßigten Satz befördert, so würde ein nicht erklärlicher Zwiespalt entstehen, wenn für solche Wagen, falls sie zunächst nur nach einer polnischen Station aufgegeben werden, die gewöhnliche Fracht berechnet werden könnte.

Überwiegende Gründe sprechen somit dafür, die Frachtermäßigung des deutsch-polnischen Gütertarifs, gültig vom 15. Juni 1925 an, auch auf solche in den Wagenpark der Beklagten eingestellten Privatwagen anzuwenden, die zum Zwecke der Umstationierung nach Rumänien nach einer polnischen Station aufgegeben werden. Zum mindesten bleiben so erhebliche Zweifel bestehen, daß nach anerkannten Grundsätzen (vgl. RGZ. Bd. 120 S. 268 [271]) dieser Zweifel den Eisenbahnen, die den Tarif aufgestellt haben, zum Nachteil gereichen muß. Mit dieser Begründung ist dem Berufungsrichter im Ergebnis beizutreten. . . .

55. Wird der in einem Aufwertungsvergleich enthaltene Verzicht auf einen anderen Anspruch unwirksam, wenn troß des Vergleichs die gesetzliche Aufwertung erfolgt?

AufwG. § 67. BGB. §§ 242, 779.

VI. Zivilsenat. Urt. v. 27. Februar 1930 i. S. Ehel. S. (Bekl.) w. S. (Kl.). VI 169/29.

I. Landgericht Kassel.
II. Oberlandesgericht daselbst.

Der Kläger war Eigentümer zweier in K. gelegenen Grundstücke. Am 15. Oktober 1919 machte ihm die verklagte Ehefrau ein notarielles Kaufangebot über beide Grundstücke; jedoch war von dem Kaufangebot ein unbebauter Teil des einen Grundstücks ausgenommen, der demnächst vermessen werden sollte. Am 5. Januar 1920 nahm der Kläger das Angebot an und vereinbarte mit der Beklagten gleichzeitig den Kauf der vorher vom Angebot ausgenommenen Parzelle für den Kaufpreis von 5000 M. Nach § 3 des Vertrags wurde dieser Kaufpreis gestundet und der noch einzutragenden Restkaufgeldhypothek hinzugerechnet, deren Bedingungen er unterliegen sollte. Sodann wurde vereinbart, daß der Kaufpreis für das Restgrundstück bis zum 1. Januar 1927 gestundet werde. Bis zu diesem Zeitpunkt behielt sich der Kläger das Recht vor, die Parzelle zurückzuerwerben. Die Beklagten sollten verpflichtet sein, sie ihm zurückzuübereignen, wenn er das Verlangen hiernach bis zum angegebenen Tage durch eingeschriebenen Brief mitteile; mit der Rückübereignung sollte sodann der Anspruch auf den Preis von 5000 M. erlöschen. Im Zusammenhang mit dieser Vereinbarung wurde die ganze Fläche aufgelassen und die verklagte Ehefrau dann als Eigentümerin eingetragen. Neben dem Kaufpreis von 5000 M. für die Parzelle wurden zwei Restkaufgeldhypotheken von 14000 und 18000 M. für den Kläger eingetragen.

Mit eingeschriebenem Brief vom 28. September 1922 machte der Kläger den Anspruch auf Rückauflassung der Parzelle geltend und im Anschluß daran kam es zwischen den Parteien zu Verhandlungen über die Aufgabe dieses Anspruchs und über die Löschung der für den Kläger eingetragenen Restkaufgeldhypotheken. Nach einem Schriftwechsel fand am 9. Januar 1923 zwischen den Parteien eine Einigung statt, wonach der Kläger von der Beklagten 80000 M. erhielt und eine — demnächst notariell beglaubigte — Urkunde unterschrieb. In dieser Urkunde wurde die Eintragung der drei Hypotheken von 14000, 18000 und 5000 M. erwähnt; sodann erklärte der Kläger, daß er die Löschung der Hypotheken bewillige, nachdem er wegen dieser Forderungen und der ihm aus den Kaufverträgen noch zustehenden Rechte von der Beklagten befriedigt sei.

Der Kläger behauptet, der Betrag von 80000 M. habe nur der Tilgung der drei Kaufgeldhypotheken von zusammen 37000 M. gedient, während die Beklagten behaupten, der Kläger habe auch auf sein Rückkaufsrecht verzichtet, und zwar sei hierauf die den Nennbetrag der Hypotheken übersteigende Summe — 43000 M — gezahlt worden.

Sodann meldete der Kläger Ende Oktober 1925 die drei Hypotheken zur Aufwertung in Höhe von 100% an. Da die Beklagten behaupteten, der Kläger habe auf Aufwertung verzichtet, setzte die Aufwertungsstelle das Verfahren bis zur rechtskräftigen Entscheidung hierüber aus. Durch Urteil des Landgerichts vom 1. Juli 1926, das Rechtskraft erlangte, wurde die Verpflichtung der Ehefrau S. festgestellt, die drei Hypotheken sowohl nach der dinglichen wie nach der persönlichen Seite aufzuwerten. Demnächst erfolgte die Aufwertung mit 1968, 2975 und 480 GM.

Im vorliegenden Rechtsstreit verlangt der Kläger von der Ehefrau S. Rückauflassung der Parzelle und Befreiung von der persönlichen und dinglichen Haftung für eine Hypothek, welche die Beklagte in Anrechnung auf den Kaufpreis übernommen hatte; vom Ehemann verlangt er Duldung der Zwangsvollstreckung in das eingebrachte Gut seiner Ehefrau. Der Kläger siegte in beiden Rechtszügen. Die Revision der Beklagten führte zur Abweisung der Klage.

Gründe:

Das Berufungsgericht nimmt ohne Rechtsirrtum an, daß der Kläger mit dem eingeschriebenen Brief vom 28. September 1922 sein Wiederkaufsrecht ausgeübt und dadurch einen Anspruch auf Rückauflassung der Parzelle erworben hat (§ 497 Abs. 1 Satz 2 BGB.). Es stellt die Entscheidung darauf ab, ob der Kläger auf sein Rückauflassungsrecht rechtswirksam verzichtet hat, indem es davon ausgeht, daß das vom Kläger aus zwei Briefen des Beklagten hergeleitete außergerichtliche Anerkenntnis der Verpflichtung zur Übertragung des Eigentums mangels der durch § 313 BGB. vorgeschriebenen Form unerheblich sei. Auch hierin ist kein Rechtsirrtum zu erblicken. Der Verzicht des Klägers auf das Rückauflassungsrecht bedurfte keiner Form.

Entgegen der Darstellung des Klägers zieht der Berufungsrichter aus dem Briefwechsel der Parteien den Schluß, daß das Abkommen vom 9. Januar 1923 sowohl die Aufwertung der Hypotheken wie auch den Verzicht auf den Rückauflassungsanspruch zum Gegenstand gehabt habe; und zwar sei der Betrag von 80000 M. für Ablösung der Hypotheken sowie für Aufgabe des Rückauflassungsanspruchs gezahlt worden, ohne daß hierbei eine besondere Bewertung der vom Kläger aufgegebenen Rechte stattgefunden habe. Das Berufungsgericht sieht dieses Abkommen als einen Vergleich im Sinne des § 67 AufwG. an, indem es erwägt: Falls beide Parteien am 9. Januar 1923 in Übereinstimmung mit der damals herrschenden Rechtsauffassung davon ausgegangen wären, daß keine Pflicht zur Aufwertung der Hypotheken bestehe und höchstens eine Erhöhung des Nennbetrags aus Gründen der Billigkeit in Frage komme, oder wenn sie an eine Pflicht zur Aufwertung überhaupt nicht gedacht hätten, so könnte ein Vergleich im Sinne des § 67 nicht angenommen werden. Ein solcher Fall habe aber hier nicht vorgelegen. Der Kläger habe die Meinung vertreten, daß ihm bei einer sofortigen Rückzahlung der Hypotheken ein Ausgleich für die eingetretene Markentwertung gebühre. Es habe also der für die damalige Zeit seltene Ausnahmefall vorgelegen, daß der Kläger die Rechtslage zutreffend, aber im Widerspruch mit der damals herrschenden Rechtsauffassung beurteilt habe; der Kläger habe verlangt, was später mit dem Ausdruck Aufwertung gekennzeichnet worden sei. Ob allerdings dieser Aufwertungsanspruch sofort gerichtlich habe verwirklicht werden können, sei ihm zweifelhaft gewesen. Er habe aber mit einer demnächstigen gesetzlichen Regelung gerechnet. Die Beklagte dagegen habe die damals herrschende Ansicht vertreten, daß Mark gleich Mark sei. Da die Parteien die Hypothekenschuld und die Verpflichtung zur Rückauflassung mit der Summe von 80000 M. als abgegolten angesehen hätten, liege ein Vergleich vor.

Diese Auffassung stimmt mit der Rechtsprechung des Reichsgerichts überein. § 67 betrifft nach seinem Wortlaut Vergleiche über Ansprüche der in den §§ 4 bis 61 und § 63 Abs. 1 bezeichneten Art, die den Zweck hatten, den Streit oder die Ungewißheit über die Höhe des infolge der Geldentwertung zu zahlenden Betrags zu beseitigen. Einmal steht in der Rechtsprechung fest, daß ein solcher Streit auch dann vorliegt, wenn unter den Beteiligten Streit oder Ungewißheit über die Berechtigung und den Betrag der Aufwertung besteht. Es muß über das Bestehen der Aufwertungspflicht des Schuldners zum mindesten eine Ungewißheit bestanden haben; die Parteien müssen sich eine solche Pflicht wenigstens als möglich vorgestellt haben (RGZ. Bd. 116 S. 143, Bd. 117 S. 226). Ein solcher Fall liegt nach den Feststellungen des Berufungsgerichts im jetzigen Rechtsstreit vor, obwohl das Abkommen lange vor dem Urteil des V. Senats vom 28. November 1923 (RGZ. Bd. 107 S. 78) getroffen wurde, eine Aufwertung also damals sonst allgemein abgelehnt wurde (RGZ. Bd. 116 S. 147). Der Kläger vertrat, wie das Berufungsgericht annimmt, die Meinung, daß ihm bei sofortiger Rückzahlung der Hypotheken eine Entschädigung für die Markentwertung zustehe, wenn er auch im Zweifel darüber war, ob er einen Aufwertungsanspruch sofort gerichtlich geltend machen könne; er rechnete aber mit der gesetzlichen Regelung dieser Frage und wollte ohne Rücksicht auf die vom Gesetz festzusetzende Höhe den Betrag vertraglich festlegen und auf einen etwaigen Mehrbetrag verzichten. Die Beklagten dagegen wollten diesen Standpunkt nicht anerkennen. Ein solcher Streit betrifft eine Frage der Aufwertung, wie sie nach den vorstehenden Ausführungen Voraussetzung des § 67 ist (vgl. auch Quassowski Bem. II zu § 67, 5. Aufl. S. 522).

Das Berufungsgericht prüft sodann die Wirkung des Vergleichs auf den Verzicht, soweit dieser den Rückauflassungsanspruch zum Gegenstand hat, und führt hierzu aus: Ein Gläubiger, der sich in dem in § 67 bestimmten Zeitraum mit seinem Schuldner über die Aufwertung geeinigt habe, solle nicht schlechter gestellt werden als ein Gläubiger, der keinen Vergleich abgeschlossen habe. Der Kläger habe zwar seine Hypotheken nach den neuen Gesetzesvorschriften aufgewertet erhalten; damit stehe er aber nicht so da, wie wenn er den Vergleich nicht geschlossen hätte. Wenn auch äußerlich die gezahlten 80000 Papiermark die Bezahlung des Verzichts auf das Rückauflassungsrecht hätten mit decken sollen, so sei tatsächlich doch diese

Summe nur für die Aufwertung der drei Hypotheken gezahlt worden. Indem der Kläger außerdem sein Recht auf Rückauflassung eingebüßt habe, sei ihm trotz der Aufwertung ein volles „Äquivalent“, wie das Gesetz es wolle, nicht zuteil geworden. Deshalb rechtfertige sich, zumal da nach dem Willen der Parteien die Bezahlung der Hypotheken mit der Aufgabe des Anspruchs auf Rückauflassung im engsten Zusammenhang stehe und die Gegenleistung einheitlich bestimmt sei, die Annahme, daß in der gleichen Weise, wie der Verzicht des Klägers auf eine weitere Aufwertung, so auch der Verzicht auf das Rückauflassungsrecht unwirksam geworden sei. Dann könne aber der Kläger seine Leistung, den Erlaß der Schuld, gemäß § 812 BGB. zurückfordern.

Diese Ausführungen sind rechtlich nicht haltbar. § 67 Abs. 1 bestimmt, daß Vergleiche des erörterten Inhalts mit der aus Absatz 2 sich ergebenden Ausnahme unberührt bleiben, und nach Absatz 2 steht der Aufwertung nach den Vorschriften des Aufwertungsgesetzes nicht entgegen, daß der Vergleich in der Zeit vom 15. Juni 1922 bis zum 14. Februar 1924 geschlossen ist. Daraus ergibt sich, daß der Anspruch, der den Gegenstand des Vergleichs bildet, ohne Rücksicht auf den Vergleich aufgewertet wird. Der Vergleich wird also nur in seiner Bedeutung als Hindernis der Aufwertung beseitigt. Der Gläubiger soll insoweit geschützt werden, als er unter dem Druck der Verhältnisse sich auf einen Vergleich eingelassen hat, der ihm an Aufwertung weniger gewährt, als er nach den Aufwertungsgrundsätzen des später erlassenen Gesetzes erhalten würde (RGZ. Bd. 123 S. 341, Bd. 122 S. 240; Quassowski a. a. O. S. 523; Mügel Bem. 5, 2 zu § 67, 5. Aufl. S. 963; Schlegelberger-Harmening Anm. 7 zu § 67). Dieser Grundsatz findet auch dann Anwendung, wenn im Vergleich auf eine etwaige höhere Aufwertung durch ein künftiges Gesetz verzichtet wird (RGZ. Bd. 117 S. 228). Im vorliegenden Falle will der Kläger den Vergleich in vollem Umfang als unwirksam behandeln und ihn gänzlich ausschalten. Das Berufungsgericht tritt ihm darin bei, weil mit der Feststellung der Aufwertungssumme auch ein Verzicht auf den Rückauflassungsanspruch als Leistung des Klägers verbunden gewesen sei. Damit legt das Berufungsgericht der erwähnten Gesetzesbestimmung eine zu weit gehende Bedeutung bei. Der Vergleich wird nicht etwa im vollen Umfang wie im Falle des § 779 BGB. hinfällig, sondern er wird, wie dargelegt, nur insoweit unwirksam, als er der Aufwertung entgegensteht. Im übrigen bleibt der Vergleich nach § 67 Abs. 1 unberührt (RGZ. Bd. 122 S. 242). Ist mit dem Vergleich ein Verzicht auf Rechtsansprüche verbunden, so steht auch dieser der Aufwertung nicht entgegen. Aber soweit der Verzicht nicht die Aufwertung betrifft, wird er durch § 67 nicht beeinflußt. Der Anspruch auf Rückauflassung war erloschen und wird durch das Aufwertungsgesetz nicht wieder ins Leben gerufen. § 67 kann also dem Klagebegehren keine Stütze bieten. Es mag sein, daß der Verzicht auf den Auflassungsanspruch bei der Aufwertung des Kaufpreises berücksichtigt werden konnte; der Verzicht selbst aber bleibt bestehen.

Die Revision versucht den Verzicht auf den Auflassungsanspruch durch Berufung auf § 139 BGB. zu beseitigen. Diese Vorschrift ist jedoch nicht, und zwar auch nicht entsprechend, anwendbar. Eine teilweise Nichtigkeit des Vergleichs steht aus dem dargelegten Grunde nicht in Frage. Außerdem verbietet der Ausnahmecharakter der Vorschrift des § 67 AufwG. ein Hinausgehen über die in ihr gezogenen Grenzen.

Im vorliegenden Falle kommt noch folgendes hinzu: Das Berufungsgericht will den Verzicht auf den Auflassungsanspruch aus dem Vergleich herausnehmen und als nicht vorhanden ansehen, während es bei der Aufwertung des 5000 M. betragenden Kaufpreises für den Grundstücksteil bleiben soll. Der Kläger würde also Eigentümer dieses Grundstücksteils werden, während er gleichzeitig Gläubiger der Kaufpreisforderung für diesen Gegenstand bleiben soll. In Wirklichkeit würde danach der Kläger über die Aufwertung hinaus eine günstigere Rechtsstellung erhalten, als sie ihm durch den Vergleich eingeräumt wurde. Es wäre deshalb äußerstenfalls mit dem Wegfall des Verzichts auf den Auflassungsanspruch ein gleichzeitig auszusprechender Verzicht auf die Kaufpreisforderung von 5000 M. zu verbinden gewesen.

Aber auch § 779 BGB. kann dem Kläger nicht zum Siege verhelfen. Das Berufungsgericht meint, der Zweck des Vergleichs habe auch darin bestanden, daß der Aufwertungsanspruch des Klägers im Hinblick auf die künftige Gesetzesregelung habe endgültig bestimmt werden sollen. Dieser zum wesentlichen Bestandteil des Vertrags gewordene Zweck sei infolge des Aufwertungsgesetzes nicht erreicht. Diese Begründung ist nicht stichhaltig. Voraussetzung der Unwirksamkeit des Vergleichs nach § 779 BGB. ist, daß der nach dem Inhalt des Vergleichs als feststehend zugrunde gelegte Sachverhalt nicht der Wirklichkeit entspricht. Zunächst müssen die Auffassungen übereingestimmt haben. Daran fehlt es hier nach den Feststellungen des Berufungsgerichts. Beide Parteien hatten verschiedene Auffassungen über die Rechtslage und über ihre künftige Gestaltung. Gerade deshalb wurde der Streit über den Anspruch des Klägers, der hiervon abhing, zum Gegenstand des Vergleichs gemacht. Außerdem betrifft der Irrtum über die künftige Gestaltung der Rechtslage einen Umstand, der dem Vergleichsschluß nachfolgt, also nicht die Grundlage ist, auf welcher der Vergleich aufgebaut ist (RGZ. Bd. 117 S. 310; AufwRspr. 1926 S. 556; RGR. Komm. Anm. 7 zu § 779 BGB., 6. Aufl. S. 459). Auch die im Berufungsurteil angeführte Entscheidung des Reichsgerichts vom 20. November 1928 VII 270/28 (JW. 1929 S. 184 Nr. 16) spricht nicht für die Auffassung des Berufungsgerichts. Dort ist dargelegt, daß der als feststehend zugrunde gelegte Sachverhalt im Sinne des § 779 nicht reine Tatsachen zu betreffen brauche, sondern sich auch auf Rechtsfragen beziehen könne (RGZ. Bd. 112 S. 218; WarnRspr. 1926 Nr. 146). Als Beispiel hierfür war angeführt, daß beide Teile irrtümlich annehmen, die aufzuwertenden Forderungen hätten die rechtliche Eigenschaft von Vermögensanlagen; diese Auffassung bildete die Grundlage des Vergleichs. Jenes Urteil kann für den hier festgestellten Sachverhalt keinen Anhaltspunkt bieten. Schließlich ist aus dem festgestellten Sachverhalt auch nicht zu entnehmen, daß die Berufung der Beklagten auf den Vergleich trotz des Mangels der Voraussetzungen des § 779 etwa Treu und Glauben widerspräche (JW. 1928 S. 400 Nr. 4).

Die Anfechtung des Vergleichs wegen arglistiger Täuschung hält der Berufungsrichter nicht für durchgreifend, weil die Möglichkeit offenbleibe, daß der beklagte Ehemann seine Angaben über die mutmaßliche Größe der Restparzelle in Unkenntnis des wahren Sachverhalts gemacht habe, und seine Angabe, daß das Trennstück nur für das Haus Nr. 21 Wert habe, sehr wohl seiner Überzeugung entsprochen haben könne. Das ist rechtlich nicht zu beanstanden.

Ist hiernach der Verzicht des Klägers auf den Rückauflassungsanspruch wirksam geblieben, so entbehrt auch der mit diesem Anspruch unmittelbar zusammenhängende weitere Anspruch auf Befreiung von der Schuld gegenüber einer Hypothekengläubigerin der Begründung, da er nur den Zweck verfolgt, dem Kläger das Eigentum an der in Rede stehenden Parzelle lastenfrei zu verschaffen.

---

56. Welche Wirkung hat es, wenn bei einem Versicherungsvertrag die Vertragschließenden die Vorschriften über die Unterversicherung wegbedingen?

VVG. § 56.

VII. Zivilsenat. Urt. v. 28. Februar 1930 i. S. Br. (Kl.) w. M.er Feuervers.-Ges. (Bekl.). VII 357/29.

I. Landgericht I Berlin.
II. Kammergericht daselbst.

Die Klägerin hat der D.-N. Treuhandverwaltung GmbH. in Berlin zur Sicherheit für einen ihr in holländischen Gulden gewährten Kredit Warenbestände übereignet und diese bei der Beklagten gegen Feuersgefahr versichert. In dem „Versicherungsschein für die Versicherung der der Treuhandverwaltung für das D.-N. Finanzabkommen GmbH. in Berlin zur Sicherstellung ihrer Kredite von den Kreditnehmern übereigneten Waren" heißt es im Abs. 2, daß im Versicherungsfall die Entschädigung nur an die Treuhandverwaltung ... zu zahlen ist. Dann wird fortgefahren:

(Abs. 3.) „Die Versicherung beginnt ohne Rücksicht auf Prämienvereinbarung und Prämienzahlung mit dem Erwerb des Sicherungseigentums durch die Treuhandverwaltung und endigt mit seiner Aufgabe.

(Abs. 4.) Als Zeitpunkt des Erwerbs gilt der Zeitpunkt der Absendung der ersten Übereignungs- bzw. Veränderungsmeldung des Kreditnehmers an den Kreditgeber. Der Kreditnehmer (Versicherungsnehmer) wird diesen Zeitpunkt mit Angabe der Warengattung, der Warenmenge, des Warenwertes und demgemäß der Versicherungssumme ... dem Versicherer unverzüglich mitteilen. ...

(Abs. 5.) Der aus den Mitteilungen des Kreditnehmers sich ergebende Wert der übereigneten Waren gilt als Versicherungswert. Ein anderer Handels- oder Zeitwert am Schadenstage kommt nicht in Frage. Bei der Schadenregulierung ist also unter Berücksichtigung der Menge der zu Schaden gekommenen Waren die Menge und Wertangabe der jeweils letzten Meldung des Kreditnehmers zugrundezulegen. Der § 56 VVG. findet mithin keine Anwendung.

(Abs. 6.) Als versichert gilt die Gesamtheit der dem Kreditgeber übereigneten Waren als Inbegriff im Sinne des § 54 VVG. ...

(Abs. 11.) Der Kreditgeber wird dem Versicherer Mitteilung von dem Ergebnis seiner Prüfung der Versicherungsmeldung des Kreditnehmers machen. Ergibt diese Prüfung einen anderen Versicherungswert, so gilt diese Richtigstellung vom gleichen Tage an, wie die Veränderungsmeldung des Kreditnehmers, welche durch die Richtigstellung berichtigt worden ist. Der berichtigte Wert ist der Prämienberechnung zugrundezulegen.

(Abs. 13.) Die Versicherung wird in Guldenwährung abgeschlossen; Leistung und Gegenleistung sind in Guldenwährung zu bewirken.

(Abs. 19.) Die Versicherung gilt für die unter a) genannten Schäden (d. h. Feuerschäden). Versicherungsbeginn 15. August 1927, Versicherungsende 15. August 1928.

(Abs. 21.) Für den erstmalig als übereignet gemeldeten Warenbestand wird die Prämie nebst Reichsstempel für ein Jahr im voraus erhoben.

(Abs. 22.) Die Verrechnung der Prämien für die durch die späteren Veränderungsmeldungen aufgegebenen Versicherungssummen bzw. die endgültige Prämienregulierung erfolgt unter Berücksichtigung der ersten Prämienzahlung am Ende eines jeden Kalendervierteljahres pro rata temporis.

(Abs. 23.) Für diesen Versicherungsschein gelten, soweit sie nicht von den vorstehenden Bestimmungen abweichen, die beigehefteten, gedruckten Allgemeinen Versicherungsbedingungen für Feuerversicherung. ..."

Außerdem gilt für das Verhältnis der Parteien noch eine Erklärung, welche die Beklagte der Treuhandverwaltung gegenüber abgegeben und diese ihren sämtlichen Kreditnehmern mitgeteilt hat. Sie lautet:

„Sofern eine Veränderung im Bestand des Treuhandgutes stattfindet — sei es hinsichtlich der Menge oder der Art der übereigneten Waren — werden wir im Schadensfalle die neuübereigneten, aber noch nicht gemeldeten Waren gleichwohl als versichert ansehen, insoweit der Übereignungswert der gesamten übereigneten Waren am Schadenstage den letztmalig vor dem Brand gemeldeten Übereignungswert nicht übersteigt und sofern als Lager bzw. Verarbeitungsort der neuübereigneten Vorräte die bisher schon zur Unterbringung von Treuhandgut aufgegebenen, dem Versicherer bereits bekannten Lokalitäten benutzt werden."

Am 29./30. Dezember 1927 erlitt die Klägerin einen Brandschaden. Die Klägerin hatte als der Treuhandverwaltung übereignet zuletzt, und zwar am 28. Dezember 1927, Waren im Werte von 93449,70 hfl. gemeldet. Im Sachverständigenverfahren wurde der Schaden dahin festgestellt:

Wert der Waren vor dem Brande . .	107226,60 hfl.
Wert der geretteten Waren	4647,45 „
Schaden	102579,15 „

Am 5. Januar 1928 hat die Klägerin der Beklagten eine Nachmeldung erstattet, in der es u. a. heißt, daß die Klägerin nach der Bestandsaufnahme am 28. Dezember 1927 bis zum Brandtage noch eingearbeitet habe „400 Croup. und 6 Haut" im Gesamtwert von 13778 hfl. Am 27. Januar 1928 hat die Klägerin die Treuhandverwaltung aufgefordert, 95127 hfl. rechtsverbindlich nachzumelden. Die Treuhandverwaltung, welche der Beklagten unter dem 29. Dezember 1927 geschrieben hatte: „Der lt. Anmeldeschein vom 28. ds. Mts. aufgeführte Betrag von hfl. 93449 geht in Ordnung", hat das Schreiben vom 27. Januar 1928 an die Beklagte zur Kenntnisnahme weitergegeben; so behauptet wenigstens die Klägerin.

Die Beklagte hat der Klägerin 89399 hfl. vergütet. Mit der gegenwärtigen Klage verlangt die Klägerin, die Beklagte solle den Unterschied von 93449 und 89399, also 4050 hfl. nebst Zinsen an die Treuhandverwaltung zahlen. Das Landgericht gab der Klage statt, das Kammergericht wies sie ab. Die Revision der Klägerin blieb ohne Erfolg.

Gründe:

Der § 56 VVG. regelt den Fall, daß die Versicherungssumme, über welche hinaus der Versicherer nach § 50 VVG. nicht haftet, niedriger ist als der Wert des versicherten Interesses oder der „Versicherungswert", § 51 VVG. Der Versicherer haftet dann für den Schaden nur nach dem Verhältnis der Versicherungssumme zum Versicherungswert. Das gilt sowohl bei Teilschäden als auch bei Vollschäden.

Für das Verhältnis der Klägerin zur Beklagten ist eine Berechnung nach § 56 VVG. ausgeschlossen. Nach Abs. 4 des Versicherungsscheins ist der vom Kreditnehmer dem Kreditgeber gemeldete Wert der übereigneten Waren die Versicherungssumme, und nach Abs. 5 das. gilt derselbe Wert auch als Versicherungswert. Das Verhältnis der Versicherungssumme zum Versicherungswert muß also stets das Verhältnis von 1 zu 1 sein. Deshalb zieht Abs. 5 a. a. O. aus den getroffenen Vereinbarungen mit Recht den Schluß: „Der § 56 VVG. findet mithin keine Anwendung".

Als der Brand vom 29./30. Dezember 1927 den größten Teil des vorhandenen Warenlagers vernichtet hatte, waren für die Schadensregulierung die Menge und die Wertangabe der letzten Meldung der Klägerin vor dem Brande zugrunde zu legen, vgl. Abs. 5 des Versicherungsscheins. Die letzte Meldung war die vom 28. Dezember 1927. Danach waren versichert 613 Häute und 2327 Croupons zum Übereignungswert von 93449,70 hfl. Diese Meldung ist von der Kreditgeberin nicht berichtigt worden, wie es nach Abs. 11 a. a. O. möglich ist, sondern sie ist durch Schreiben der Treuhandverwaltung vom 29. Dezember 1927 ausdrücklich bestätigt worden. Darin, daß die Treuhandverwaltung das Schreiben der Klägerin vom 27. Januar 1928 „zur Kenntnisnahme" an die Beklagte weitergegeben hat, wie die Klägerin behauptet, liegt ebenfalls keine Berichtigung. Auch der Fall des Rundschreibens der Treuhandverwaltung über ein Entgegenkommen der Beklagten war nicht gegeben; denn nach der letzten Meldung vor dem Brande hatte sich der Bestand der gemeldeten Waren nicht vermindert. Es konnten also neue, aber nicht gemeldete Waren nicht an die Stelle von ausgeschiedenen, aber gemeldeten Waren getreten sein.

Danach waren versichert 613 Häute und 2327 Croupons im Wert von 93449,70 hfl. Weiter noch vorhanden, aber, weil nicht gemeldet, noch unversichert waren 6 Häute und 400 Croupons im Werte von 13778 hfl. Von der Gesamtmenge im Werte von 93449,70 + 13778 = 107227,70 hfl. sind Waren im Werte von 102579,15 hfl. verbrannt und Waren im Werte von 4647,45 hfl.

gerettet worden. Ob im einzelnen versicherte oder unversicherte Waren verbrannt sind, hat sich nicht feststellen lassen und auch die Klägerin hat in dieser Richtung nichts anzuführen vermocht. Die Beklagte und ihr folgend das Kammergericht haben deshalb angenommen, daß versicherte und unversicherte Waren in gleichem Verhältnis verbrannt und gerettet seien. Das führt zu dem Ergebnis, daß von den versicherten Waren im Werte von 93449,70 hfl. solche im Wert von 89399,70 hfl. verbrannt und solche im Werte von 4050 hfl. gerettet sind, während auf die unversicherten Waren im Wert von 13778 hfl. gerettete Waren im Wert von 597 hfl. und verbrannte Waren im Werte von 13181 hfl. entfallen. Gegen diese Berechnung erhebt auch die Revision an sich keine Einwendungen; sie hält aber die ganze Berechnung nicht für notwendig, weil der tatsächliche Wert der verbrannten Waren mit 102579,15 hfl. die Versicherungssumme von 93449 hfl. bereits übersteige und die Beklagte allermindestens den Betrag der Versicherungssumme erstatten müsse. Die Revision beruft sich für diese ihre Ansicht auf die vereinbarte Ausschaltung des § 56 VVG. aus den rechtlichen Beziehungen der Parteien. Indessen hat es dieser Paragraph nur mit dem Wert der versicherten Sachen zu tun, nicht mit ihrer Menge. Sein Ausschluß kann also niemals bewirken, daß Sachen, die nicht versichert sind, als versichert zu gelten haben.

Die Klägerin rechnet so, als ob das Lager als solches versichert und als ob es unerheblich gewesen wäre, ob der Wert des Lagers sich infolge von Preisveränderungen oder von Mengenveränderungen änderte. So stand aber die Sache nach den Vereinbarungen der Parteien nicht. Immer nur die jeweils gemeldeten Mengen waren versichert; nicht gemeldete Mengen waren nicht versichert, auch wenn sie zum Lager gehörten. Da also nur Waren im Wert von 93449,70 hfl. versichert waren und hiervon Waren im Wert von 4050 hfl. gerettet worden sind, braucht die Beklagte diese 4050 hfl. nicht zu erstatten.

---

57. Sind die Landgerichte ohne Rücksicht auf den Wert des Streitgegenstandes ausschließlich zuständig für Ansprüche, die ein Pfarrer gegen seine Landeskirche erhebt?

ZPO. § 547 Nr. 2. GVG. § 71 Abs. 2 Nr. 1 u. Abs. 3. Preuß.AG. z. GVG. § 39 Nr. 1. RVerf. Art. 129 Abs. 1 Satz 4.

III. Zivilsenat. Beschl. v. 28. Februar 1930 i. S. V. (Kl.) w. Ev. Landeskirche Frankfurt a. M. (Bekl.). III 33/30.

I. Landgericht Frankfurt a. M.
II. Oberlandesgericht daselbst.

Die Revision des Klägers wurde als unzulässig verworfen aus folgenden

Gründen:

Der Kläger verlangt von der Beklagten, in deren Dienst er früher als Pfarrer gestanden hat, die Nachzahlung einbehaltener Dienstbezüge. Er hat auf Zahlung von 654,50 RM nebst 10% Zinsen seit dem 1. Juni 1925 Klage erhoben, dann aber, nachdem ihm die Beklagte am 26. November 1925 600 RM. gezahlt hatte, seinen Klagantrag um diesen Betrag ermäßigt. Das Landgericht hat die Klage abgewiesen. Das Oberlandesgericht hat die Beklagte verurteilt, dem Kläger 600 RM. nebst 8% Zinsen seit dem 28. Juni 1925 abzüglich der am 26. November 1925 gezahlten 600 RM. zu zahlen. Die weitergehende Berufung des Klägers hat es zurückgewiesen. Der Kläger hat Revision eingelegt. Sie war jedoch als unzulässig zu verwerfen, da der Beschwerdegegenstand die Revisionssumme nicht erreicht und keiner der Fälle vorliegt, in denen die Revision ohne Rücksicht auf den Wert des Beschwerdegegenstandes stattfindet.

Unrichtig ist die Ansicht des Klägers, daß für den Klaganspruch das Landgericht ohne Rücksicht auf den Wert des Streitgegenstandes ausschließlich zuständig gewesen sei (§ 547 Nr. 2 ZPO.). Diese ausschließliche Zuständigkeit der Landgerichte erstreckt sich nach § 71 Abs. 2 Nr. 1 GVG. auf die Ansprüche der Reichsbeamten aus dem Reichsbeamtengesetz gegen den Reichsfiskus und nach Abs. 3 das. in Verbindung mit § 39 Nr. 1 des preußischen AG. z. GVG. auf die Ansprüche der preußischen Staatsbeamten gegen den Landesfiskus aus ihrem Dienstverhältnis. Der Senat hat die entsprechende Anwendung dieser Ausnahmevorschriften auf die Ansprüche anderer Beamtengruppen ständig abgelehnt. Ihre Ausdehnung auf die Ansprüche aller Beamten gegen ihren Dienstherrn läßt sich auch nicht aus Art. 129 Abs. 1 Satz 4 RVerf. rechtfertigen. Diese Verfassungsvorschrift eröffnet zwar allen Beamten für die vermögensrechtlichen Ansprüche aus ihrem Dienstverhältnis den Rechtsweg, läßt aber dessen Gestaltung dahingestellt. Sie besagt nichts über eine

Gewährleistung der dritten Instanz für alle Beamtenprozesse, verlangt in diesem Punkt auch keine völlige Gleichstellung der sämtlichen Beamten. § 71 GVG. verdankt seine Entstehung dem öffentlichen Interesse an einer gleichmäßigen Rechtsprechung über die Ansprüche der Reichs- und Landesbeamten gegen Reichs- und Landesfiskus (vgl. Begründung zum GVG. § 50 des Entw. bei Hahn Materialien Bd. 1 S. 94), ein Interesse, das der Gesetzgeber für die Ansprüche anderer Beamtengruppen nicht als vorliegend angesehen hat. Diese Unterscheidung steht nicht in Widerspruch mit den Erwägungen, die zu Art. 129 Abs. 1 Satz 4 RVerf. geführt haben. Zum Schutz der vermögensrechtlichen Belange der einzelnen Beamten, den er sichern soll, genügen auch zwei Instanzen.

Dem Klaganspruch, den der Kläger als Kirchenbeamter gegen seine Religionsgesellschaft erhoben hat, steht demnach wegen Fehlens der Revisionssumme der dritte Rechtszug nicht offen.

---

58. Ist die Eintragung einer Hypothek auf den Namen eines nicht rechtsfähigen Vereins gültig?

BGB. § 1115.

V. Zivilsenat. Beschl. v. 1. März 1930 in der Grundbuchsache v. H. V B 1/30.

I. Amtsgericht Hindenburg.
II. Landgericht Gleiwitz.

Der Sachverhalt und die Entscheidung ergeben sich aus den

Gründen:

Eine Darlehenshypothek steht „für die Freiwillige Sterbekasse S." als Gläubigerin eingetragen. Die Arbeiter S. und W. haben als „vertretungsberechtigte Vorstandsmitglieder der Gläubigerin" über die Rückzahlung des Kapitals quittiert und Löschung der Post bewilligt. Auf Grund dieser Quittung haben die Grundeigentümer Löschung beantragt und dabei bemerkt, die Sterbekasse habe keine Rechtspersönlichkeit, sondern sei ein nicht rechtsfähiger Verein; deswegen sei die Hypothek „in Wirklichkeit gegenstandslos und das Grundbuch durch diese Eintragung unrichtig geworden"; auch aus diesem Grunde werde die Löschung der Hypothek beantragt. Das Grundbuchamt hat durch Zwischenverfügung die Auffassung der Antragsteller, daß die Hypothekeneintragung wegen fehlender Rechtspersönlichkeit der eingetragenen Gläubigerin gegenstandslos sei, als irrig bezeichnet und, weil die Gläubigerin einer Gesellschaft gleichstehe (§ 54 BGB.), die Mitwirkung aller Gesellschafter bei der Geschäftsführung für notwendig erklärt. Die hiergegen eingelegte Beschwerde wurde vom Landgericht zurückgewiesen. Die weitere Beschwerde der Antragsteller rügt die Nichtanwendung des § 22 GBO.; sie meint, mangels Rechtsfähigkeit der Sterbekasse sei eine Einigung über die Hypothekenbestellung nicht zustande gekommen und die Eintragung nicht rechtswirksam. Das Kammergericht hat die weitere Beschwerde gemäß § 79 Abs. 2 GBO. dem Reichsgericht vorgelegt, weil es von der Entscheidung des Reichsgerichts in V B 28/25 vom 19. Dezember 1925 (JFG. Bd. 3 S. 1 = SeuffArch. Bd. 80 S. 126) abweichen möchte.

Das Kammergericht führt im Vorlegungsbeschluß aus: Die Vorentscheidungen seien jedenfalls deswegen aufzuheben, weil sie von mangelnder Rechtsfähigkeit der Sterbekasse als feststehender Tatsache ausgingen, während ein Nachweis hierfür bisher weder verlangt noch versucht worden sei; das Grundbuchamt werde zunächst zur Klärung der rechtlichen Stellung der Sterbekasse zu veranlassen sein. Fehle der Sterbekasse die Rechtsfähigkeit, so sei nach der vorbezeichneten Entscheidung des Reichsgerichts mangels einer dem § 1115 BGB. genügenden Eintragung keine Hypothek entstanden, das Grundbuch also durch die Einschreibung einer solchen unrichtig geworden. Erbrächten die Antragsteller den von ihnen zu erfordernden Nachweis mangelnder Rechtsfähigkeit, so würde von diesem Standpunkt aus ihrem Berichtigungsantrag stattzugeben sein. Für eine Löschung auf Grund einer Erklärung der Vereinsmitglieder sei dagegen kein Raum. Von diesem Standpunkt des Reichsgerichts aus müßte also die Zwischenverfügung des Grundbuchamts durch eine völlig andere ersetzt werden.

Das Kammergericht will sich aber der Auffassung des Reichsgerichts insoweit nicht anschließen, als sie für den Fall mangelnder Rechtsfähigkeit des als Hypothekengläubiger eingetragenen Vereins eine durch die Eintragung herbeigeführte Unrichtigkeit des Grundbuchs auch dann annimmt, wenn der Wille der Beteiligten auf Erwerb des Rechts durch die Mitglieder gerichtet war. Es hält vielmehr nicht für notwendig, daß die einzelnen Mitglieder als Gläubiger im Grundbuch eingetragen werden, um ihr Gläubigerrecht zum Ausdruck zu bringen, und meint, bei der Eintragung sei eine Zusammenfassung der Gläubiger-Mitglieder unter dem Namen des Vereins statthaft; damit sei der Vorschrift des § 1115 BGB. und auch dem Erfordernis der Bestimmtheit im Grundbuchrecht genügt; diese Art der Eintragung habe gegenüber der Eintragung der einzelnen Mitglieder den wesentlichen Vorzug, daß nicht bei jedem Mitgliederwechsel eine Grundbuchberichtigung erforderlich werde; Nachteile seien aus solcher Eintragung nicht zu befürchten; schlimmstenfalls enthalte sie eine Ungenauigkeit in der Gläubigerbezeichnung, die zwar der Klarstellung bedürfe, das Grundbuch aber nicht unrichtig mache. Von diesem Standpunkt des Kammergerichts aus komme nur Löschung der Hypothek auf Grund der Quittung mit Löschungsbewilligung und des Löschungsantrags in Betracht; dazu sei den Antragstellern durch Zwischenverfügung aufzugeben, daß sie die mangelnde Rechtsfähigkeit der Kasse und die Vertreterbefugnis der Quittungsaussteller für die als Gläubiger in Betracht kommenden Mitglieder dartun oder statt dessen löschungsfähige Quittungen sämtlicher in Frage kommenden Mitglieder beibringen sollten. So angesehen, erachtet das Kammergericht die bisherige Zwischenverfügung des Grundbuchamts lediglich für unzureichend und erweiterungsbedürftig.

Die Zuständigkeit des Reichsgerichts ist nach § 79 Abs. 2 GBO. begründet (wird näher ausgeführt).

Sachlich ist an der im Beschluß vom 19. Dezember 1925 niedergelegten Rechtsansicht festzuhalten. Ein nicht rechtsfähiger Verein kann als solcher kein Gläubigerrecht erwerben; nur die einzelnen Mitglieder des Vereins können gemeinschaftlich Gläubiger werden. Geschieht trotzdem eine Hypothekenbestellung auf den Namen des Vereins, so kann zwar vielleicht im Wege der Auslegung angenommen werden, daß die Einigung für die im Verein zusammengefaßten Mitglieder gültig erfolgt ist; aber es fehlt dann noch eine rechtswirksame Eintragung; ohne solche ist eine Hypothek nicht entstanden. § 1115 BGB. schreibt die Eintragung des Gläubigers zwingend vor. Eingetragen ist der Verein, der nicht Gläubiger sein kann. Die Personen, die wirklich Gläubiger sein sollen und können, sind nicht eingetragen. In diesem letzten Punkt ist das Kammergericht anderer Ansicht; es möchte die Eintragung des Vereins als Eintragung der Mitglieder-Gläubiger unter ihrem Vereinsmitglieder-Sammelnamen ansehen. Allerdings ist die richtige Angabe des Namens des Gläubigers nicht unbedingt wesentlicher Bestandteil der Eintragung; es genügt eine Bezeichnung ohne Namensangabe, wenn daraus die Person des Gläubigers zweifelsfrei zu entnehmen ist (RGRKomm. Anm. 3 zu § 1115; Planck-Strecker Anm. 2 zu § 1115; Enneccerus-Wolff Lehrbuch Bd. 3 § 133 IV; RGZ. Bd. 61 S. 356, Bd. 65 S. 279, Bd. 72 S. 40). An genügender Bestimmtheit und Klarheit aber fehlt es bei solcher Eintragung eines „Vereins". Der sachliche Inhalt dieser Bezeichnung als Zusammenfassung der Mitglieder ist nicht ein für allemal klar und bestimmt, sondern wechselt je nach dem Ein- und Austritt von Mitgliedern. Dabei wäre weder aus der Eintragung selbst noch aus ihren grundbuchmäßigen Unterlagen festzustellen, wer im gegebenen Zeitpunkt Mitglied und demgemäß Gläubiger ist. Bei Änderung des Mitgliederbestandes tritt der Wechsel im Gläubigerrecht ohne Eintragung kraft Gesetzes durch Anwachsung ein (§ 738 BGB.; RGZ. Bd. 82 S. 160). Der nicht rechtsfähige Verein soll nach dem Willen des Gesetzgebers nicht wie eine Rechtspersönlichkeit im Verkehr auftreten. Nur ausnahmsweise ist ihm eine Persönlichkeitsbefugnis in § 50 Abs. 2 ZPO. gegeben worden. Gerade im Grundbuchrecht, das eine besondere Genauigkeit und das Festhalten an gewissen Formen erfordert, muß vermieden werden, dem nicht rechtsfähigen Verein auf einem Umweg in gewisser Beziehung doch den Vorteil der Rechtspersönlichkeit auf Kosten der grundbuchlichen Klarheit zu verschaffen. Deshalb kann die Eintragung des Vereins nicht in eine solche der Mitglieder umgedeutet werden.

Es kann auch nicht etwa angenommen werden, daß eine solche Eintragung zwar aus Gründen der Zweckmäßigkeit und Klarheit nicht hätte erfolgen sollen, daß sie aber doch, wo nun einmal geschehen, rechtswirksam sei. Bei § 1115 BGB., der die Mindesterfordernisse der Eintragung aufstellt, handelt es sich um eine sachlichrechtliche Vorschrift von wesentlicher Bedeutung. Ihre Nichtbefolgung hat die Nichtigkeit der Belastung zur Folge. Wenn das Kammergericht darauf hinweist, daß in § 273 der bayerischen Dienstanweisung für die Grundbuchämter bei großer Zahl und häufigem Wechsel der Vereinsmitglieder Eintragung der „jeweiligen Mitglieder des nicht rechtsfähigen Vereins" zugelassen werde, so kann die dieser Vorschrift zugrunde liegende Auffassung nicht gebilligt werden und an der

Beurteilung aus § 1115 BGB. nichts ändern. Gegenüber der Hervorhebung praktischer Vorteile solcher Eintragung ist daran festzuhalten, daß das Gesetz Vereinen, welche die Rechtsfähigkeit nicht erworben haben, die aus der Rechtspersönlichkeit im Verkehr entspringenden Vorteile nicht hat zukommen lassen wollen.

Hiernach ist, falls die Angabe der Beschwerdeführer über die mangelnde Rechtsfähigkeit der Sterbekasse zutreffen sollte, eine Hypothek nicht entstanden. Das Grundbuch ist dann durch deren Einschreibung unrichtig geworden. Die Ansicht der Vorinstanzen, in solchem Falle bestehe eine Hypothek der Vereinsmitglieder, ist rechtsirrig.

---

59. 1. Ist der Vertrag zwischen dem Veranstalter eines Motorradrennens und den gegen Eintrittsgeld zugelassenen Zuschauern Platzmiete oder Werkvertrag?

2. Sind die beim Rennen beteiligten Motorradfahrer Erfüllungsgehilfen des Veranstalters?

3. Kann in einem durch augenblickliches Aussetzen der Überlegung veranlaßten Umschauen eines Rennteilnehmers ein Verschulden bei seiner Mitwirkung an der Vorführung gefunden werden?

BGB. §§ 278, 631, 635.

VII. Zivilsenat. Urt. v. 4. März 1930 i. S. Klub für Motorsport e. V. (Bekl.) w. B. (Kl.). VII 397/29.

I. Landgericht Köln.
II. Oberlandesgericht daselbst.

Der verklagte Verein veranstaltete am 8. August 1926 auf der von ihm zu diesem Zwecke gemieteten Radrennbahn in K. ein Motorradrennen, zu dem er gegen Eintrittsgeld Zuschauer zuließ. Bei dem Rennen stieß der daran teilnehmende Rennfahrer W. mit seiner Maschine gegen die aus Maschendraht hergestellte Umwehrung der Fahrbahn und wurde durch die Wucht des Anpralls über den Draht hinweg unter die Zuschauer geschleudert, von denen mehrere verletzt wurden. Der Kläger, der sich an dieser Stelle als Zuschauer befand und zu den Verletzten gehörte, beanspruchte vom Beklagten Ersatz des ihm erwachsenen Schadens, nämlich des bisherigen Verdienstausfalls, der durch Beschädigung seiner Kleidungsstücke und durch die notwendige Beschaffung eines Gebisses verursachten Ausgaben, eines Schmerzensgeldes von 3000 RM. und des etwaigen weiteren, insbesondere des in Zukunft durch die Verletzungen entstehenden Schadens. Der Beklagte bestritt seine Entschädigungspflicht: eine etwaige Haftbarkeit treffe nicht ihn, sondern den Eigentümer der Rennbahn; eine Entschädigungspflicht bestehe aber überhaupt nicht, da weder bei der Einrichtung der Bahn noch bei der Festsetzung der Bedingungen des Rennens ein Versehen begangen worden sei und der Unfall W.s, für dessen etwaige Schuld er übrigens nicht aufzukommen haben würde, durch eine Verkettung unglücklicher Umstände ohne Fahrlässigkeit eines Teilnehmers des Rennens herbeigeführt worden sei. Das Landgericht wies die Klage ab. Auf die Berufung des Klägers erkannte das Oberlandesgericht durch ein Teil- und Zwischenurteil die Ansprüche auf Ersatz des Verdienstausfalls und des Sachschadens dem Grunde nach als gerechtfertigt an, stellte die Verpflichtung des Beklagten fest, etwaigen weiteren Schaden im Rahmen vertraglicher Haftung zu ersetzen, und behielt sich nur die Entscheidung über das Schmerzensgeld vor. Die Revision des Beklagten hatte keinen Erfolg.

Gründe:

Die Revision beanstandet zu Unrecht die Auffassung des Berufungsgerichts, daß der Beklagte den Zuschauern, die er gegen Eintrittsgeld zum Motorradrennen zugelassen habe, für Verschulden der Rennteilnehmer bei der Ausführung des Rennens auf Ersatz der dadurch verursachten Beschädigungen hafte. Das durch Lösung der Eintrittskarten begründete Vertragsverhältnis erschöpfte sich nicht, wie die Revision meint, in der entgeltlichen Überlassung eines Platzes, hatte vielmehr, wie das Berufungsgericht ausführt, die Herstellung eines Werkes zum Gegenstand, nämlich die Veranstaltung, genauer die Vorführung eines von dem Platze aus sichtbaren Motorradrennens. Dies tritt bei derartigen Verträgen namentlich bei nachträglicher Verhinderung der Schaustellung zutage in dem Anspruch auf Rückzahlung des Eintrittsgeldes, der den Schauberechtigten im Sinne des Vertrags nicht versagt werden kann. Zur Erfüllung seiner Verpflichtung auf Vorführung des angekündigten Rennens bediente sich der Beklagte des W. und der anderen Rennteilnehmer, welche die ihm obliegende Leistung, die Vorführung des Rennens, durch ihr Zusammenwirken den Zuschauern gegenüber ausführten. Ob sie hierbei zugleich eine Verpflichtung gegenüber dem Beklagten erfüllten und wie diese ihre Verpflichtung gestaltet war, ist für die Frage, ob sie als seine Erfüllungsgehilfen mit Bezug auf seine Verpflichtung gegenüber den Schauberechtigten anzusehen waren, nach der ständigen Rechtsprechung des Reichsgerichts unerheblich (RGZ. Bd. 108 S. 221, Bd. 118 S. 41).

Das Berufungsgericht stellt nun fest, das Anfahren W.s gegen die Umwehrung mit der Folge, daß er in den Zuschauerraum geschleudert wurde, sei dadurch verursacht worden, daß er nach Überholung des gleichfalls am Rennen beteiligten F. seinen Kopf nach diesem umgedreht habe, und es sieht in diesem Verhalten ein Verschulden, da zu dem Umwenden keine Notwendigkeit bestanden habe und ein alter und erprobter Rennfahrer wie W. sich der damit verbundenen Gefahr habe bewußt sein müssen. Die Revision rügt hier zunächst die Übergehung von Zeugen, die der Beklagte benannt hatte. (Diese Prozeßrüge wird zurückgewiesen und dann fortgefahren:)

Mit Unrecht will die Revision eine Verkennung des Verschuldensbegriffs darin finden, daß im Berufungsurteil dahingestellt gelassen wird, ob das Umsehen „aus überflüssiger Neugier oder aus einer augenblicklichen Verwirrung" geschehen sei. Das Berufungsgericht geht in diesem Satze nicht, wie die Revision meint, von der Ansicht aus, daß jede, auch die durch Versagen der Nerven verursachte, Verwirrung schuldhaft sei, vielmehr will es mit dem Ausdruck „augenblickliche Verwirrung" — indem es eine solche im Gegensatz zu dem unmittelbar vorher abgelehnten „unwillkürlichen Zusammenzucken" als vielleicht vorliegend unterstellt — einen bei voller Herrschaft über Nerven und Willen eintretenden augenblicklichen Mangel an ruhiger Überlegung kennzeichnen. In einem solchen Aussetzen der ruhigen Überlegung bei einem Rennfahrer während des Rennens kann ohne Rechtsirrtum ein Verschulden gefunden werden, da von einem Rennfahrer in seinem eigenen Interesse wie in dem der anderen Rennteilnehmer und der Zuschauer gefordert werden muß, daß er während des Rennens bei Vorfällen, die, wie das Schleudern oder selbst der Sturz eines Rennteilnehmers, keineswegs zu den Seltenheiten gehören, die nötige Überlegung und Selbstbeherrschung mit äußerster Anspannung wahrt.

W. hat das ihm hiernach mit Recht zur Last gelegte Verschulden nach dem festgestellten Sachverhalt nicht bloß gelegentlich seiner

Beteiligung an dem Rennen, sondern bei dieser Beteiligung, bei seiner Mitwirkung zu der vom Beklagten vorzuführenden Leistung begangen. Denn sein Verschulden betraf die ordnungsmäßige Ausführung dieser Mitwirkung, und die Verpflichtung des Beklagten wurde nur durch eine ordnungsmäßige Ausführung des Rennens erfüllt, nicht durch eine Art des Rennfahrens, die — wenn auch nur zeitweise — ordnungswidrig war und bei der die im Interesse der Rennteilnehmer und der Zuschauer gebotene Vorsicht außer acht gelassen wurde.

---

60. Kann Aufwertung kraft Rückwirkung für eine Eigentümergrundschuld auch dann beansprucht werden, wenn der Eigentümer sie bei der Veräußerung des belasteten Grundstücks vertragsgemäß hat löschen lassen?

AufwG. § 15. AufwNov. § 14.

V. Zivilsenat. Urt. v. 8. März 1930 i. S. K. (Kl.) w. G. (Bekl.). V 449/28.

I. Landgericht II Berlin.
II. Kammergericht daselbst.

Der Kläger verkaufte am 22. August 1922 sein Grundstück an den Beklagten. Im § 3 des Kaufvertrags verpflichtete er sich, eine auf dem verkauften Grundstück für ihn eingetragene Grundschuld spätestens bei der Auflassung auf seine Kosten zur Löschung zu bringen. Demgemäß bewilligte und beantragte er am Tage der Auflassung die Löschung und daraufhin wurde die Grundschuld am 27. November 1922 gelöscht. Am 30. November 1922 beantragte der Beklagte seine Eintragung als Eigentümer, am 15. Januar 1923 wurde das Grundstück auf ihn umgeschrieben. Dem jetzt vom Kläger erhobenen Anspruch auf Aufwertung der Grundschuld wurde in allen Instanzen die Anerkennung versagt, vom Reichsgericht aus folgenden

Gründen:

Der Kläger hat die Anwendbarkeit der Vorschrift des § 14 der Aufwertungsnovelle auf den Streitfall dahin zu begründen versucht: entgegen der Bestimmung im § 3 des notariellen Vertrags vom 22. August 1922 sei zwischen ihm und dem Beklagten bei Abschluß des Verkaufs mündlich vereinbart worden, daß der Beklagte ihm außer dem für das Grundstück selbst festgesetzten Kaufpreis (von 990000 M.) noch weitere 60000 M. als den Nennbetrag seiner (des damaligen Eigentümers) Grundschuld zahle; der Beklagte habe ihm auch diesen Betrag alsbald — neben dem nach dem Vertrag bar zu entrichtenden Teile des Kaufpreises — gezahlt, woraufhin er (Kläger) die Grundschuld habe löschen lassen. Daher liege ein unter § 14 AufwNov. fallender Tatbestand der Ablösung einer Grundschuld durch den Grundstückserwerber vor. Dem kann jedoch nicht beigetreten werden, auch dann nicht, wenn man die vom Kläger behaupteten, vom Beklagten bestrittenen besonderen Vereinbarungen, worüber bisher kein Beweis erhoben ist, nach der Darstellung des Klägers unterstellt.

Wortlaut und Entstehungsgeschichte des § 14 AufwNov. (vgl. darüber RGZ. Bd. 119 S. 178) ergeben, daß mit dieser Vorschrift kein neuer selbständiger Aufwertungstatbestand geschaffen, sondern nur die Anwendbarkeit der Vorschriften über den öffentlichen Glauben des Grundbuchs (§ 892 BGB., §§ 20flg. AufwG.) in solchen Fällen der Ablösung einer Hypothek usw. eingeschränkt werden sollte, wo es unbillig erscheinen müßte, wenn einem Erwerber des Grundstücks gestattet würde, sich auf die von ihm selbst herbeigeführte Ablösung der Post zu seiner Entlastung von sonst begründeter Aufwertung zu berufen. Zutreffend nimmt daher das Berufungsgericht an, daß der Erörterung über die Anwendbarkeit des § 14 der Novelle die — vom etwaigen Eingreifen der Vorschriften über den öffentlichen Glauben des Grundbuchs zunächst absehende — Prüfung vorausgehen mußte, ob überhaupt ein Aufwertungsanspruch nach dem Aufwertungsgesetz für den vermeintlichen Gläubiger in Frage kommt. Das wird aber bei einem Sachverhalt der hier vorliegenden Art vom Berufungsgericht, jedenfalls im Ergebnis, mit Recht verneint.

Es handelt sich für den Sonderfall der Eigentümergrundschuld um eine Aufwertung kraft Rückwirkung nach § 15 AufwG., die zur Voraussetzung hat, daß an den Gläubiger eine Leistung bewirkt wurde, die von ihm in der Zeit vom 15. Juni 1922 bis zum 14. Februar 1924 angenommen worden ist. Auf Grundschulden im allgemeinen finden zwar nach § 31 Abs. 1 Satz 1 AufwG. die Vorschriften der §§ 4 bis 8 und der §§ 14 bis 30 das. entsprechende Anwendung, wie ferner auch § 14 AufwNov. die Grundschuld ausdrücklich mit einschließt, und von dieser entsprechenden Anwendung ist für Eigentümergrundschulden keine grundsätzliche Ausnahme gemacht. Aber schon in den Vorschriften des allgemeinen bürgerlichen Rechts ist die Eigentümergrundschuld der gewöhnlichen Gläubigergrundschuld nicht völlig gleichgestellt, sondern gewissen Beschränkungen (§ 1197 BGB.) unterworfen, solange die Vereinigung von Gläubigerrecht und Eigentum in einer Person dauert. Es kann dahingestellt bleiben, ob man mit der Begründung des Berufungsurteils und des darin in Bezug genommenen, zur gleichen Sache ergangenen Beschlusses des I. Zivilsenats des Kammergerichts vom 1. Februar 1927 (1 X 836/26) so weit gehen darf, bei der Eigentümergrundschuld wegen der Personengleichheit zwischen (dinglichem) Gläubiger und Grundstückseigentümer eine Bewirkung der Leistung im Sinne des § 14 und eine Annahme der Leistung im Sinne des § 15 AufwG. für begrifflich ausgeschlossen zu erklären. Hiergegen könnte geltend gemacht werden, daß die gesetzliche Anerkennung der Eigentümergrundschuld als besonderer Form der Grundstücksbelastung, die auch als solche neu geschaffen werden kann (§ 1196 BGB.), eben die „Fiktion" eines Beteiligtseins von zwei Personen enthalte, aus der sich dann notwendig die weitere „Fiktion" der Möglichkeit einer Leistung zwischen diesen Personen und der Annahme einer solchen ergebe. Immerhin muß aber im Auge behalten werden, daß einer Fiktion als etwas nur Gedachtem, etwas aus bestimmten rechtlichen Bedürfnissen heraus Geschaffenem und Anerkanntem doch stets ein Ausnahmecharakter anhaftet, der es verbietet, der Gedankenschöpfung weiteren Geltungsraum zu gewähren, als es die zugrunde liegenden Bedürfnisse erfordern. Im Bereich der Aufwertung greifen dabei folgende Erwägungen ein. Aufgabe und Zweck der Aufwertung ist es, dem vom Währungsverfall Betroffenen einen billigen Ausgleich für die Nachteile zu gewähren, die er dadurch erlitten hat, daß die gesetzliche Währung ihre — in dem deutschen Worte schon sprachlich zum Ausdruck kommende, ihr notwendig innewohnende — Eigenschaft als allgemeiner Wertmesser von Beständigkeit endgültig, ohne Aussicht auf Wiedererstarkung eingebüßt hat. Eines solchen Ausgleichs bedarf es aber da nicht und eine Aufwertung würde da der inneren Rechtfertigung entbehren, wo Gläubiger und Schuldner dieselbe Person sind und sich infolgedessen Nachteil und Vorteil aus dem Währungsverfall im Vermögen derselben Person aufheben. Dem früheren Inhaber einer Eigentümergrundschuld, der diese selbst als solche hat löschen lassen, kann kein

Aufwertungsanspruch zuerkannt werden, weil sich die Wirkungen der Geldentwertung in seinem Vermögen ausgeglichen haben. Daran darf nicht irre machen, daß er etwa im Gefolge einer Veräußerung des ehemals belasteten Grundstücks in seinem Vermögen vom Währungsverfall betroffen worden ist; denn hier handelt es sich um eine Einbuße, die er als früherer Eigentümer und Verkäufer, nicht als Gläubiger einer Grundschuld erlitten hat. Schon in zwei früheren, an sich ähnlich liegenden Fällen, in denen jedoch die Anwendung des § 14 AufwNov. nicht erörtert worden ist (Urt. vom 27. Oktober 1928 V 645/27, SeuffArch. Bd. 83 S. 44 = AufwRspr. 1928 S. 1034; Urt. vom 12. Juni 1929 V 314/28, DJZ. 1929 Sp. 1475), hat der erkennende Senat die Auffassung vertreten, daß der Veräußerer eines Grundstücks keine Aufwertung für Eigentümergrundschulden beanspruchen darf, die nicht in seiner Hand infolge Übernahme durch den Erwerber zu gewöhnlichen Gläubigergrundschulden geworden sind; denn es stehe in solchem Falle nicht eine Zahlung auf die Grundschuld in Frage im Sinne einer Bewirkung der nach dem Inhalt des Rechtsverhältnisses geschuldeten Leistung, wie sie in den §§ 14, 15 AufwG. vorausgesetzt sei. Vielmehr handle es sich dann um eine Leistung auf den Kaufpreis für das Grundstück, das nach dem Vertrag frei von der Grundschuld zu übereignen sei. In der Tat stellt eine zur freien Verfügung des Veräußerers stehende Eigentümergrundschuld nur der äußeren grundbuchmäßigen Gestaltung nach, nicht aber wirtschaftlich ein besonderes Recht des Veräußerers neben dem Grundstückseigentum dar. Ihre Beseitigung kostet ihn nichts, was er nicht im Kaufpreis zurückerhielte, und keiner der beiden Beteiligten hat daher Anlaß, sie bei seinen Erwägungen über die Höhe des zu fordernden oder zuzugestehenden Kaufpreises in Anschlag zu bringen.

Die Maßgeblichkeit dieser Beurteilung, an welcher der Senat festhält, wird auch nicht durch besondere Partei-Abreden berührt, wie sie im vorliegenden Fall vom Kläger behauptet und mit Beweiserbieten vertreten sind. Es kann unterstellt werden, es seien — immerhin abweichend vom notariellen Vertrag, der darüber nichts enthält — mündlich zwischen den Beteiligten die Verpflichtungen des Beklagten so geregelt gewesen, daß er im Rahmen seiner Gesamtbarleistung einen bestimmten Teilbetrag für das Grundstück selbst bewilligte — das dabei als noch belastet gedacht sein müßte — und daneben einen weiteren, zahlenmäßig nach dem Nennbetrag der Grundschuld besonders ausgeworfenen Betrag für die Eigentümergrundschuld des Klägers. Das nötigt zunächst zu nichts weiterem als zur Annahme einer besonderen Art von Verrechnung des baren Kaufpreises. Eine bewußte andere rechtliche Gestaltung müßte gegenüber der Vorschrift des § 439 Abs. 2 BGB. für die hier in Betracht kommende Zeit — August 1922 — als sehr fernliegend angesehen werden. Aber auch wenn die Parteien die Absicht gehabt haben sollten, die Barleistung des Beklagten rechtlich in eine solche für das noch grundschuldbelastete Grundstück und eine solche „für die Grundschuld" zu zerlegen, so brauchte es sich dabei doch nur um die Vereinbarung einer besonderen Vergütung für die Beseitigung der Grundschuld gehandelt zu haben, nicht auch um die Abrede einer Befriedigung des Klägers als Grundschuldgläubigers durch Gewährung und Annahme der geschuldeten Leistung, wie sie Voraussetzung einer Aufwertung nach § 15 AufwG. ist. Sollte aber schließlich die Behauptung des Klägers in dem seinem Anspruch günstigsten Sinne dahin verstanden werden müssen, daß er eine Vereinbarung seiner Befriedigung, als Gläubigers der Grundschuld, durch den Beklagten an Stelle seiner selbst als Eigentümers und dinglichen Schuldners — Ablösung im Sinne des § 14 AufwNov. — unter Beweis gestellt haben wollte, so müßte im Bereich des Aufwertungsrechts, das wirtschaftliche Gesichtspunkte in den Vordergrund zu stellen hat, dieser Ausdehnung einer nur angenommenen Beteiligung zweier Personen bei der Eigentümergrundschuld die rechtliche Anerkennung versagt bleiben, weil es, wie dargelegt, an einer inneren Berechtigung solcher Aufwertung fehlt. Es würde sich wirtschaftlich um nichts anderes handeln als um eine äußerlich in die Rechtsform der Grundschuldtilgung gekleidete Kaufpreiszahlung. Die Gewährung einer Aufwertung kraft Rückwirkung für Eigentümergrundschulden in Fällen solcher Art würde darauf hinauslaufen, daß dem Veräußerer für einen Teil des bei Kaufabschluß in der vereinbarten Höhe alsbald gezahlten baren Entgelts eine nachträgliche Aufwertung nach dem Aufwertungsgesetz zuteil würde, die ihm als freie Kaufpreisaufwertung nicht erreichbar wäre. Eine derartige Aufwertung auf Umwegen kann nicht zugelassen werden. Fehlt es aber überhaupt an einem Aufwertungsanspruch, so entfällt die Anwendbarkeit des § 14 AufwNov.

61. 1. Unter welchen Voraussetzungen sind die Ansprüche auf Unterlassung und auf Schadensersatz aus § 1 UnlWG. verwirkt? Welche Bedeutung hat dabei namentlich der gute Glaube des Verletzers?

2. Kann die Verwirkung solcher Ansprüche auch anderen nach § 13 UnlWG. klageberechtigten Personen oder Verbänden entgegengehalten werden?

UnlWG. §§ 1, 13.

II. Zivilsenat. Urt. v. 28. Februar 1930 i. S. Kommanditges. Rud. Sack (Kl.) w. Firma R. Söhne u. Gen. (Bekl.) II 424/29.

I. Landgericht Münster i. W.
II. Oberlandesgericht Hamm.

Beide Parteien stellen Pflüge und anderes landwirtschaftliches Gerät her und stehen seit vielen Jahren in Wettbewerb. Die klagende Firma ist im Jahre 1863, die Firma der Erstbeklagten im Jahre 1888 gegründet; die beiden Zweitbeklagten sind die Inhaber der letzteren. Zwischen den Parteien hat schon im Jahre 1908 ein Rechtsstreit geschwebt, in welchem die Klägerin in den Preislisten der Beklagten die Bezeichnungen „Original Sächsische Tiefkultur- und Universalpflüge" und „Original Sächsische Pflüge und Pflugteile" beanstandete. Dieser Rechtsstreit wurde durch Vergleich vom 2. Oktober 1908 beendet, worin die Beklagte sich verpflichtete, die Bezeichnungen „Sächsische" oder „Sacksche" für ihre Pflüge zu unterlassen, während die Klägerin auf Schadensersatz verzichtete.

Mit der im Januar 1927 erhobenen Klage hat die Klägerin den im Jahre 1925 erschienenen Katalog Nr. 35 und eine dazu gehörige Preisliste der Beklagten beanstandet, weil sie in wesentlichen Teilen dem 51. und 53. Verzeichnis der Klägerin nachgebildet seien. Diesen Verzeichnissen habe die Beklagte Abbildungen und Text in weitem Umfang, insbesondere aber auch die von der Klägerin erstmals geschaffenen Typenbezeichnungen entnommen. Damit habe sie das literarische Urheberrecht der Klägerin verletzt; sie mache sich aber auch durch Verwendung der Typenbezeichnungen der Klägerin des unlauteren Wettbewerbs schuldig. Der Klagantrag geht auf Unterlassung der weiteren Verbreitung des Katalogs Nr. 35 und auf Feststellung der Schadensersatzpflicht der Beklagten.

Das Landgericht erließ das beantragte Verbot, wies aber den Feststellungsantrag ab. Beide Parteien legten Berufung ein. Im zweiten Rechtszug wurde am 4. Juli 1928 ein gerichtlicher Vergleich abgeschlossen, durch den die Beklagten sich verpflichteten, die beanstandeten Druckstücke nicht mehr in ihren Werbeschriften zu verwenden. Unter Verwahrung gegen die Annahme des Eingeständnisses eines unlauteren oder sittenwidrigen Verhaltens betonten dabei die Beklagten, daß es sich für sie nur darum handle, den Streit auf die Typenbezeichnungen einzuschränken. Die Klägerin bezeichnete deshalb den Rechtsstreit als teilweise erledigt und beantragte nur noch, den Beklagten die Benutzung bestimmter Typenbezeichnungen beim Vertrieb von Pflügen und Ackergerät zu verbieten und ihre Schadensersatzpflicht festzustellen. Das Oberlandesgericht erklärte durch Teilurteil die Klage auf Unterlassung der Benutzung der Typenbezeichnungen für unbegründet und wies die Berufung der Klägerin zurück. Ihre Revision war erfolglos.

Gründe:

Der Streit der Parteien geht darum, ob die Erstbeklagte die in den Katalogen der Klägerin enthaltenen Typenbezeichnungen trotz Widerspruchs oder ohne Genehmigung der Klägerin ihrerseits in gleicher Weise benutzen darf. Es handelt sich dabei um ein System von kurzen Bezeichnungen, das die Klägerin zuerst angewendet zu haben behauptet und bei dem es darauf ankommt, daß der erste Buchstabe das Gerät bezeichnet (z. B. „D" = Doppelstahlgründel), die folgende Zahl den Tiefgang in Zoll und ein weiterer Buchstabe die Bodenart, für die das Gerät bestimmt ist. Das Berufungsgericht unterstellt, daß die Klägerin dieses System erfunden und als erste Firma in Benutzung genommen habe; es stellt aber fest, daß auch die Beklagte schon vor dem Jahre 1908 diese Typenbezeichnungen benutzt habe und sie seitdem fortlaufend benutze, daß der Klägerin im Vorprozeß diese Tatsache bekannt geworden sei und daß sie trotzdem weder vor noch nach dem Vergleich von 1908 irgend etwas dagegen unternommen habe und deshalb den Anspruch auf Unterlassung verwirkt habe.

Die Revision erblickt in dieser Schlußfolgerung eine Verletzung des § 1 UnlWG., insbesondere der Rechtsprechung des Reichsgerichts über die Voraussetzungen, unter denen ein entstandener Unterlassungsanspruch nicht mehr geltend gemacht werden könne. Dem kann nicht zugestimmt werden. Richtig ist allerdings, daß der Zeitablauf für sich allein nach der ständigen Rechtsprechung des Senats (Urt. II 520/28, M. u. W. 1929 S. 542; Urt. vom 11. Februar 1930 II 315/29; auch schon RGZ. Bd. 111 S. 67) kein Umstand ist, der geeignet wäre, eine spätere Geltendmachung des Unterlassungsanspruchs aus § 1 UnlWG. als unzulässig erscheinen zu lassen, sofern nicht die — bei fortgesetztem Tun bis zur Klagerhebung unanwendbare — Einrede der Verjährung des Anspruchs durchgreift. Es handelt sich hier, wie der Senat schon vielfach betont hat, nicht um eine besondere Rechtseinrichtung der Verwirkung, sondern darum, ob unter den besonderen Umständen des einzelnen Falles noch angenommen werden kann, das Verhalten des angeblichen Verletzers sei unvereinbar mit den guten Sitten des geschäftlichen Wettbewerbs geblieben, obwohl der angeblich Verletzte jahrelang oder jedenfalls während längerer Zeit nichts dagegen unternommen hat. Dabei kommt natürlich das gesamte Verhalten der beteiligten Parteien in Betracht, nicht nur das des Verletzten, sondern ebensosehr das Verhalten desjenigen, dem der Vorwurf unlauteren Wettbewerbs gemacht wird. An das Verhalten des Verletzten denkt man hauptsächlich, wenn man von Verwirkung spricht. Man beanstandet deshalb ein unverhältnismäßig langes, durch keine besonderen Gründe gerechtfertigtes Zuwarten, wenn der Berechtigte das Verhalten des anderen Teils kennt und nichts unternimmt, obwohl man nach Lage der Umstände ein Vorgehen des Verletzten erwarten müßte, sodaß der andere nun annehmen muß, der Berechtigte habe gegen sein Verhalten nichts einzuwenden. Die Rechtsprechung des Senats hat aber mit immer größerem Nachdruck darauf hingewiesen daß es hierbei wesentlich auf das Verhalten des anderen Teils, auf dessen guten Glauben ankomme; sie befindet sich dabei in grundsätzlicher Übereinstimmung mit dem im Schrifttum (neuerdings bes. J. L. Seligsohn in GewRsch. 1930 S. 93flg.) hervorgetretenen Wunsch einer eingehenden Würdigung des Verhaltens des wegen Wettbewerbs Verklagten. Dabei hatte die Rechtsprechung bisher allerdings vielfach mit Fällen zu tun, in denen der Kläger von seinem absoluten Recht keinen Gebrauch machte, sodaß der Beklagte ohne Verschulden in Unkenntnis des Rechtes des Klägers handelte. In neuerer Zeit gelangten jedoch mehrfach andere Fälle zur Entscheidung, bei denen dem Beklagten die Rechtsausübung des Klägers und außerdem das bekannt wurde, daß der Kläger von dem Verhalten des Beklagten wußte, trotzdem aber lange Zeit nichts dagegen unternahm und damit stillschweigend einen für den Beklagten wertvollen Besitzstand entstehen ließ, dessen nachträgliche Zerstörung nicht mehr mit der Notwendigkeit eines Verbots unlauteren Verhaltens gerechtfertigt werden konnte (RG. in GewRsch. 1929 S. 1216). In diesen Fällen wurde der gute Glaube des Beklagten in der durch das Verhalten des Klägers gerechtfertigten Überzeugung von der Zulässigkeit seines Tuns gefunden.

Betrachtet man das angefochtene Urteil nach diesen Gesichtspunkten, so sind die Rügen der Revision ungerechtfertigt, da das Berufungsgericht sich überall in Übereinstimmung mit der Rechtsauffassung des Reichsgerichts befindet.

Die Revision meint, es könne von einer Verwirkung des Klagerechts auf Unterlassung solange keine Rede sein, als noch durch die beanstandete Handlung im Verkehr Verwirrung angerichtet werden könne. Mit diesem an sich richtigen Gedanken (vgl. Rosenthal in LZ. 1929 Sp. 884) ist im vorliegenden Falle nichts anzufangen, weil die Revision nicht sagt, weshalb sie mit einer Verkehrsverwirrung rechnet. Das Berufungsgericht hat festgestellt, daß die Beklagte die beanstandeten Typenbezeichnungen seit über 20 Jahren in ihrem Geschäftsbetrieb in weitem Umfang benutzt. Von einer die Abnehmer verwirrenden Handlungsweise der Beklagten könnte nur dann die Rede sein, wenn diese noch immer in den benutzten Bezeichnungen Hinweise auf die aus der Fabrik der Klägerin stammende Ware erblickten. Die Revision scheint in der Tat auch an einen Ausstattungsbesitz der Klägerin zu denken, der bei Benutzung der streitigen Typenbezeichnungen durch die Beklagten in unzulässiger Weise gestört würde, weil das Abnehmerpublikum über die Herkunft der Ware getäuscht werde. Denn sonst hätte sie nicht die Behauptung aufstellen können, eine Verkehrsverwirrung wäre nur dann nicht mehr zu befürchten, wenn die Typenbezeichnungen der Klägerin zu freien Warennamen geworden wären. Es kann dahingestellt bleiben, inwieweit überhaupt ein Bezeichnungssystem als Ausstattung im Sinne des § 15 WZG. anzuerkennen ist. Für die im Rechtsstreit beanstandeten einzelnen Typenbezeichnungen wird man diese Möglichkeit nicht leugnen können; aber man wird berücksichtigen müssen, daß es darauf ankommt, ob die Klägerin den ihr obliegenden Beweis der Anerkennung im Verkehr geführt hat, und zwar für die Gegenwart, mindestens für die Zeit der Klagerhebung, während der tatsächliche Zustand vom Jahre 1908 nicht in Betracht kommt. Dieser Beweis ist kaum versucht worden und jedenfalls nicht zu führen, da die Klägerin zugeben muß, daß sie gegen die jahrzehntelange Benutzung ihrer Typenbezeichnung durch andere — kleinere — Firmen bisher nichts unternommen hatte. Das hat auch der Sachverständige Dr. Sch. bestätigt, obwohl er die Allgemeingebräuchlichkeit der streitigen Typenbezeichnungen verneint. Damit scheidet die Frage eines Ausstattungsschutzes der Klägerin aus und ebenso die von der Revision daraus gezogenen Folgerungen.

In Betracht kommt nur, ob die Benutzung der Typenbezeichnungen durch die Beklagten heute als sittenwidrig nach § 1 UnlWG. beanstandet werden kann oder ob der Unterlassungsanspruch deshalb weggefallen ist, weil die Klägerin nicht früher geeignete Schritte unternahm. Das Berufungsgericht hat letzteres angenommen und zunächst ausgeführt, daß die Klägerin schon im Jahr 1908 die jetzt beanstandete Benutzung ihrer Typenbezeichnungen gekannt habe. Die Revision meint aber, die Klägerin habe damals gegen das Verhalten der Beklagten nichts unternehmen können. Indessen bestand auch damals schon die Vorschrift des § 15 WZG. und ebenso die des heutigen § 3 UnlWG., sodaß man schon damals und erst recht ein Jahr später auf Grund des am 1. Oktober 1909 in Kraft getretenen § 1 UnlWG. einer Täuschung des Publikums mit Erfolg hätte entgegentreten können. Aus dem festgestellten Sachverhalt leitet der Berufungsrichter mit Recht für beide Parteien beachtliche Folgerungen ab: die Klägerin muß gegen sich gelten lassen, daß sie die Benutzung ihrer Typenbezeichnungen durch die Beklagten im Jahre 1908 kennengelernt und seitdem nichts dagegen unternommen hat; die Beklagten wußten von dieser Kenntnis und dem untätigen Verhalten der Klägerin, das sich auch bei offenkundiger Fortsetzung ihrer Benutzungshandlungen nicht änderte.

Die Revision beschwert sich über die Nichterhebung des von der Klägerin angetretenen Zeugenbeweises darüber, daß sie erst kurz vor Klagerhebung von der jetzt beanstandeten Typenbenutzung Kenntnis erlangt habe. Die Ablehnung dieses Beweisangebots ist aber nicht zu beanstanden. Nicht entscheidend würde sein, daß die Beklagten, in Verkennung der Rechtslage, der Klägerin den Eid über ihre frühere Kenntnis zugeschoben hatten und daß der Zeuge nur zum Gegenbeweis benannt war. Denn das Berufungsgericht hat nicht nur aus der Gesamtheit der erhobenen Beweise entnommen, daß die Klägerin von der jahrzehntelang fortgesetzten Benutzung der Typenbezeichnungen durch die Beklagten Kenntnis gehabt haben müsse, sondern es hat auch ausgeführt, daß die Klägerin sich mit Leichtigkeit von dem Verhalten der Beklagten in der Zeit nach dem Vergleich von 1908 durch Einsicht der ferneren Kataloge Kenntnis verschaffen konnte und daß es sehr nahe gelegen hätte, diese Kontrolle auszuüben, wobei die fortgesetzte Benutzung der Typenbezeichnungen hätte auffallen müssen. Damit ist der richtige Gedanke angedeutet, daß es auf die Kenntnis der Klägerin dann nicht ankommt, wenn die behauptete Unkenntnis auf grober Fahrlässigkeit beruht. Ein solches grob fahrlässiges Verhalten wird der Klägerin hier zum Vorwurf gemacht, falls sie wirklich seit 1908 die Ausgestaltung der Kataloge der Beklagten nicht verfolgt hätte. Daß hierzu ein Anlaß vorlag, ergibt sich ohne weiteres aus dem Rechtsstreit der Parteien von 1908, selbst wenn man ganz davon absieht, daß auch sonst auf den Spezialgebieten eine Prüfung der Ankündigungen der Wettbewerber üblich ist und als notwendig anerkannt zu werden pflegt. Die Revision meint allerdings, der Klägerin dürfe die Kenntnis vom Jahre 1908 nicht zur Last gelegt werden, weil es auf die Kenntnis der jetzigen Inhaber der klagenden Firma ankomme. Darauf brauchte das Berufungsgericht nicht näher einzugehen, da die Klägerin nur vorgetragen hatte, der leitende Inhaber der klagenden Firma vom Jahre 1908 sei inzwischen gestorben und könne daher nicht mehr aufklären, in welchem Umfang er damals die Benutzung der Typenbezeichnungen durch die Beklagten gekannt habe. Es war aber weder die Zeit des Todes des früheren Geschäftsinhabers angegeben, noch war behauptet worden, daß die jetzigen Geschäftsinhaber von dem früheren Rechtsstreit überhaupt nichts wüßten. Deshalb ist es nicht zu beanstanden, daß das Berufungsgericht auch heute noch die Kenntnis der klagenden Gesellschaft von 1908 gegenüber der Klägerin verwertet, zumal bei einem größeren Unternehmen, wie es die Klägerin ist. In solchen Fällen spricht die Erfahrung dafür, daß die Kenntnis wichtiger Geschäftsvorgänge nicht nur beim Inhaber, sondern bei einer größeren Anzahl von Personen besteht und daß im Falle des Inhaberwechsels die eine oder andere von diesen Personen dem leitenden Gesellschafter die erforderlichen Mitteilungen über frühere Geschäftsvorgänge macht, soweit sie für die weitere geschäftliche Betätigung in Frage kommen. Man muß deshalb auch in einem Falle, wie er hier vorliegt, bis zum Beweis des Gegenteils annehmen, daß beim Rechtsnachfolger die Kenntnis von wichtigen Geschäftsvorgängen aus der Zeit seines Rechtsvorgängers fortbesteht. Hätte die Klägerin das Gegenteil geltend machen wollen, so hätte sie darüber genaue Angaben machen und nötigenfalls Beweis dafür antreten müssen. Nichts davon ist geschehen; es ist deshalb nicht zu beanstanden, daß das Berufungsgericht bei der Klägerin die Kenntnis von den geschäftlichen Vorgängen aus dem Jahre 1908 annimmt. Dann ist es aber auch nicht zu bemängeln, wenn in dem untätigen Verhalten der Klägerin während einer langen Reihe von Jahren ein bewußtes Unterlassen im Sinne einer für die Beklagten unmißverständlichen Willensrichtung erblickt wird.

Dabei handelte es sich nicht etwa um eine für den Geschäftsbetrieb der Beklagten unwesentliche Frage, sondern um eine wichtige Angelegenheit. Der Berufungsrichter stellt fest, daß sich die von den Beklagten gebrauchten Typenbezeichnungen im Laufe der Jahre im Verkehr mit den Abnehmern eingebürgert haben und daß der ganze Geschäftsbetrieb der Beklagten darauf eingestellt ist. Dann steht für diese allerdings die Zerstörung großer wirtschaftlicher Werte auf dem Spiel und es muß für ihren guten Glauben genügen, wenn sie aus dem Verhalten der Klägerin während des Vorprozesses und in den langen Jahren seit dessen Erledigung die Überzeugung entnehmen mußten, daß die Benutzung der jetzt beanstandeten Typenbezeichnungen zulässig sei, vielleicht nicht schlechthin, aber doch mindestens auch nach Ansicht der Klägerin. In diesem Sinne hat das Berufungsgericht ohne Rechtsirrtum den guten Glauben der Beklagten festgestellt und dabei nicht nur die seit 1907 ohne Unterbrechung fortgesetzten Benutzungshandlungen der Beklagten, sondern auch das Verhalten anderer Firmen in der gleichen Richtung berückrücksichtigt. Verfehlt ist demgegenüber die Ansicht der Revision, daß von einem guten Glauben der Beklagten nur die Rede sein könnte, wenn sie hätten glauben können, sie selbst seien Schöpfer der Typenbezeichnungen. Es handelt sich hier nicht um die Benutzung eines fremden Urheberrechts, sondern um die Nachahmung geschäftlicher Bezeichnungen, an denen kein besonderes absolutes Recht besteht. Die ganze Betrachtungsweise der Revision ist deshalb verfehlt.

Ferner macht die Revision dem Vorderrichter zum Vorwurf, daß er das Verhalten der Beklagten nicht in seiner Gesamtheit gewürdigt und namentlich die Entnahme von Abbildungen und ganzen Textseiten aus den Katalogen der Klägerin außer Betracht gelassen habe. Dies entspricht aber den im Zwischenvergleich vom 4. Juli 1928 ausdrücklich ausgesprochenen Absichten der Parteien und wäre nur dann unzulässig, wenn eine Trennung der Tatbestände wegen des inneren Zusammenhangs nicht möglich wäre. Das ist jedoch nicht der Fall. Beide Gruppen von beanstandeten Handlungen der Beklagten sind an sich selbständig; sie könnten allerdings auf einen einheitlichen Entschluß zur Ausbeutung der Arbeit der Klägerin zurückgeführt werden. Wenn aber, wie hier unstreitig, die Benutzung der Typenbezeichnungen seit Jahrzehnten geschehen ist und ein Nachdruck von Text und Abbildungen erst in neuester Zeit vorgekommen sein soll, so wird man von einem inneren Zusammenhang nicht reden und die Unterlassung der Benutzung der Typenbezeichnungen nicht deshalb fordern können, weil jetzt Urheberrechte der Klägerin verletzt sind. Auch kann aus dieser Rechtsverletzung nicht etwa der Schluß gezogen werden, daß sich die Beklagten auch bei der hier streitigen Benutzungshandlung von Anfang an bis zur Gegenwart der Unzulässigkeit ihres Tuns bewußt gewesen seien.

Die letzte Rüge der Revision bezieht sich auf die angebliche Verletzung des § 13 UnlWG. Aus dieser Vorschrift hat die Klägerin im zweiten Rechtszug — unter Gleichstellung der Klage aus § 1 UnlWG. mit den Popularklagen aus § 9 Nr. 2 und 3 WZG. — den Rechtssatz abzuleiten versucht, daß nach § 1 a. a. O. gegenüber der Klage jede Einwendung aus der Person des Klägers unzulässig sei. Mit Recht hat das Berufungsgericht diese Ansicht abgelehnt und ausgeführt, daß überhaupt kein Verstoß gegen die guten Sitten des geschäftlichen Wettbewerbs vorliege, wenn der angeblich Verletzte selbst infolge Verwirkung keinen Unterlassungsanspruch mehr geltend machen könne, und daß demnach in solchem Falle auch sonstige nach § 13 UnlWG. zur Klage befugte Personen keinen Anspruch mehr hätten. Diese Ansicht hat der Senat schon wiederholt zum Ausdruck gebracht; sie steht auch nicht in Widerspruch mit seiner Entscheidung in RGZ. Bd. 120 S. 47. Dort ist nur gesagt, daß der Verletzer wegen derselben Handlung von verschiedenen Personen nacheinander verklagt werden könne. Das gilt auch im Falle der sog. Verwirkung; nur kann der Beklagte, wie der Vorderrichter mit Recht betont, in diesem Falle einwenden, daß infolge der Verwirkung gar kein Verstoß gegen die guten Sitten vorliege. Dieser Einwand ist gegenüber allen Klagen aus §§ 1 und 3 UnlWG. zulässig und wird auch, soweit es sich dabei um das Verhalten des Verletzten handelt, nicht dadurch unzulässig, daß eine andere von den in § 13 UnlWG. genannten Personen als Kläger auftritt.

---

62. 1. Waren die Vorsitzenden der früheren rheinischen Gewerbegerichte unmittelbare Staatsbeamte?

2. Setzt der Begriff des Nebenamtes voraus, daß sein Inhaber zugleich Inhaber eines Hauptamtes ist?

3. Zur rechtlichen Stellung der Vorsitzenden der früheren Kaufmannsgerichte.

Gewerbegerichtsgesetz v. 29. Juli 1890 § 85. Preuß. Ges. betr. die Königlichen Gewerbegerichte in der Rheinprovinz v. 11. Juli 1891 §§ 2, 11, 13. ArbGG. §§ 117, 119. Kaufmannsgerichtsgesetz v. 6. Juli 1904 § 1 Abs. 3, § 8.

III. Zivilsenat. Urt. v. 4. März 1930 i. S. S. (Kl.) w. Preuß. Staat (Bekl.). III 90/29.

I. Landgericht Düsseldorf.
II. Oberlandesgericht daselbst.

Am 2. April 1924 wurde der Kläger vom Regierungspräsidenten zum Vorsitzenden des Staatlichen Gewerbegerichts in M.-Gladbach ernannt. Kurze Zeit darauf wurde er auch Vorsitzender des Kaufmannsgerichts daselbst. Für seine Tätigkeit bei beiden Gerichten erhielt er ein monatliches Entgelt von 200 RM. und zwar 150 RM. für seine Arbeit beim Gewerbegericht und 50 RM. für seine Tätigkeit beim Kaufmannsgericht. Mit dem Inkrafttreten des Arbeitsgerichtsgesetzes vom 23. Dezember 1926, am 1. Juli 1927, verlor der Kläger beide Ämter. Er erhält seitdem keine Vergütung mehr. Mit Schreiben vom 3. September 1927 lehnte der Justizminister den Antrag des Klägers ab, ihn zum Arbeitsgericht zu übernehmen oder ihm seine bisherigen Bezüge weiter zu zahlen. Der Kläger behauptet, lebenslänglich angestellter Beamter zu sein, und glaubt nach Maßgabe des § 119 ArbGG., aber auch auf Grund des § 117 das. und des Art. 131 RVerf. Anspruch auf Fortzahlung seiner Dienstbezüge zu haben. Er hat klagend die Feststellung der Verpflichtung des Beklagten zu deren Weiterentrichtung begehrt. Vom Landgericht und vom Oberlandesgericht wurde er abgewiesen. Auch seine Revision blieb erfolglos.

Gründe:

Der Kläger stützt seine Ansprüche auf zwei Klagegründe, und zwar:

1. auf seine Beamteneigenschaft und die Gehaltsbewilligung, Umstände, aus denen er ein im Sinne des Art. 129 Abs. 1 RVerf. wohlerworbenes, ihm nicht wider seinen Willen entziehbares lebenslängliches Recht auf Gehaltsfortzahlung gegen den Beklagten als Rechtsnachfolger der rheinischen Gewerbegerichte (§ 119 ArbGG.) herleitet;
2. auf eine den Beklagten gemäß Art. 131 RVerf. und § 839 BGB. zum Schadensersatz verpflichtende Verletzung des § 117 ArbGG. durch die preußische Justizverwaltung.

Beide Klagegründe versagen.

I. Das Gewerbegericht in M.-Gladbach gehörte zu den früher Königlichen, nach der Staatsumwälzung Staatlichen Gewerbegerichten der Rheinprovinz, die durch § 14 Nr. 4 GVG. als Sondergerichte zugelassen, durch § 85 des Gewerbegerichtsgesetzes vom 29. Juli 1890 aufrechterhalten waren und für deren Zusammensetzung und sonstige Rechtsverhältnisse die Vorschriften des genannten Reichsgesetzes nur insoweit maßgebend waren, als nicht das preußische Gesetz vom 11. Juli 1891 (GS. S. 311) und die gemäß § 13 das. vom Minister für Handel und Gewerbe im Einvernehmen mit dem Justizminister zu erlassenden Regulative besondere Bestimmungen enthalten. Das für das Gewerbegericht des Industriebezirks M.-Gladbach von den beiden Ministern erlassene Regulativ ist am 30. August 1905 ergangen und durch verschiedene Nachträge ergänzt worden. § 7 des Regulativs ordnete in Übereinstimmung mit § 2 des Gesetzes vom 11. Juli 1891 an, daß der Vorsitzende des Gewerbegerichts vom Regierungspräsidenten zu ernennen sei. Durch diesen staatlichen Ernennungsakt und als Mitträger der staatlichen Gerichtshoheit wurde er unmittelbarer Staatsbeamter. Daran konnte auch das Fehlen einer Besoldungs-Vorschrift sowohl im Gesetz vom 11. Juli 1891 als auch in dem genannten Regulativ — wenigstens in seiner ursprünglichen Fassung — nichts ändern. Der Bezug von Gehalt oder ähnlichen Vergütungen ist kein notwendiges Tatbestandsmerkmal der Beamteneigenschaft und des staatsrechtlichen Beamtenbegriffs. Es gibt viele Beamte, die ihre Dienste dem Staate oder anderen öffentlichrechtlichen Körperschaften ohne Entgelt widmen. Man denke an die preußischen Referendare und unbesoldeten Assessoren, an andere im Vorbereitungsdienst beschäftigte Personen, an die Handelsrichter (§§ 107, 112 GVG.) und sonstige zahlreiche Ehrenbeamte. Erst der dritte Nachtrag zum Regulativ vom 27. Dezember 1921 schuf hierin Wandel, indem er dem § 7 das. folgenden Zusatz gab:

„Dem Vorsitzenden kann die Vollversammlung für seine Amtstätigkeit eine Entschädigung in Form eines Ehrensolds, dessen Höhe der Genehmigung des Regierungspräsidenten bedarf, bestimmen."

Im 5. Nachtrag vom 13. November 1923 erhielt dieser Zusatz folgende Fassung:

„Dem Vorsitzenden und dessen Stellvertreter kann die Vollversammlung für ihre Amtstätigkeit eine Entschädigung bewilligen, deren Höhe der Genehmigung des Regierungspräsidenten bedarf."

Die Vorsitzenden des Gewerbegerichts in M.-Gladbach waren nunmehr, falls die Vollversammlung von ihrem Bewilligungsrecht Gebrauch machte, besoldete Beamte geworden; sie waren aber ebenso wie zuvor unmittelbare Staatsbeamte, wenn auch die Mittel zur Deckung ihrer Besoldung — sofern die Gerichtseinnahmen an Gebühren, Kosten und Strafgeldern dazu nicht ausreichten — von den Gewerbetreibenden durch Zuschläge zur Gewerbesteuer (§ 11 des Gesetzes vom 11. Juli 1891) aufgebracht werden mußten. Die Dienstbezüge der Gewerbegerichtsvorsitzenden in M.-Gladbach waren also nicht von vornherein ein für allemal kraft Gesetzes mit ihrem Amt organisch verbunden. Ein Recht auf Vergütung erwarben sie erst mit der Bewilligung durch die Vollversammlung; vorher gewährte ihnen § 7 des Regulativs nur eine öffentlichrechtliche Anwartschaft, auf deren Verwirklichung sie keinen Anspruch hatten.

Dem Kläger war ein Diensteinkommen von monatlich 150 RM. bewilligt. Auf die Bezeichnung, unter der das geschah, kommt es nicht an; sie vermag an seiner Rechtsnatur — als einer zur teilweisen Bestreitung des standesmäßigen Unterhalts bestimmten Rente — nichts zu ändern. Den Ausführungen, mit denen das Oberlandesgericht die Gehaltseigenschaft der dem Kläger bewilligten „Amtstätigkeits-Entschädigung" verneint, kann daher nicht beigetreten werden. Auf ihnen beruht jedoch das angefochtene Urteil nicht. Entscheidend und für das Revisionsgericht bindend ist vielmehr die Feststellung, daß § 7 des Gesetzeskraft besitzenden Regulativs in seiner Fassung vom 13. November 1923, wie für den Kläger erkennbar, die Vollversammlung nur ermächtigte, den Gewerbegerichtsvorsitzenden eine Vergütung für die Dauer ihrer Tätigkeit zu bewilligen, und daß daher deren Anspruch auf Vergütung in dem Augenblick erlosch, in dem die Tätigkeit aufhörte. Diese Auslegung des Regulativs ist mit dem Beamtenbegriff als solchem durchaus vereinbar. Denn ebenso wie das Fehlen eines Besoldungsanspruchs oder die geschilderte Art seiner Entstehung und seine Begrenzung ohne Einfluß auf den Erwerb der Beamteneigenschaft des Klägers waren, hatte folgerichtig sein Wegfall für sich allein noch nicht ihren Verlust zur Folge. Dasselbe gilt von dem Aufhören der Amtstätigkeit des Klägers. Der Satz, daß man Beamter ohne Amt sein könne, enthält keinen inneren Widerspruch. Dieser Fall wird z. B. nicht selten eintreten bei Auflösung einer Behörde, deren Mitglieder anderweit anzustellen oder zu beschäftigen dem Staat zunächst nicht möglich ist. Damit erledigt sich der erste Klagegrund.

II. Eine andere Frage ist, ob die Landesjustizverwaltung nach § 117 Abs. 1 ArbGG. verpflichtet war, den Kläger in eine gleichartige Stelle des für seinen Wohnsitz zuständigen Arbeitsgerichts unter Fortzahlung seiner bisherigen Dienstbezüge zu übernehmen. Die Beantwortung dieser Frage hängt davon ab, ob der Kläger seine Tätigkeit als Gewerbegerichtsvorsitzender im Hauptamt oder im Nebenamt ausübte. Denn seinem klaren Wortlaute nach bezieht sich § 117 Abs. 1 a. a. O. nicht auf nebenamtliche Beamte der ehemaligen rheinischen Gewerbegerichte. Daß etwa deren Vorsitzende nach dem Willen des Gesetzgebers schlechthin und ausnahmslos als hauptamtliche Beamte anzusehen und zu behandeln seien, ist — wenn auch offenbar das Arbeitsgerichtsgesetz die Übernahme der bisherigen Gewerbegerichtsbeamten begünstigen wollte — dem Abs. 1 a. a. O. weder für sich allein noch im Zusammenhalt mit Abs. 2 zu entnehmen. Das Berufungsgericht hat nun das Amt des Klägers, und zwar ohne

Rechtsirrtum, als ein Nebenamt gekennzeichnet. Wenn die Revision ausführt, der staatsrechtliche Begriff des Nebenamtes erfordere, daß sein Träger zugleich der eines Hauptamts sei, so irrt sie. Nicht nur § 5 des preußischen Pensionsgesetzes vom 27. März 1872 (GS. S. 268), sondern auch § 6 Abs. 5 und § 11 Abs. 9 des preußischen Besoldungsgesetzes vom 17. Dezember 1927 (GS. S. 223) treffen Bestimmungen für Beamte, die nur ein Nebenamt innehaben. Das preußische Pensionsgesetz behandelt dagegen die Pensionsberechtigung derjenigen Beamten, die ein Nebenamt neben einem Hauptamt bekleiden, nicht in dem genannten § 5, sondern besonders in § 12. Die Annahme, daß es nebenamtliche Beamte ohne Hauptamt geben kann, unterliegt daher weder einem begrifflichen oder sprachlichen, noch einem staatsrechtlichen Bedenken. Man wird unter Nebenamt in diesem Sinne ein solches zu verstehen haben, das nicht die ganze Arbeitskraft, nicht die ganze Persönlichkeit seines Inhabers in Anspruch nimmt, sondern von ihm neben seinem Hauptberuf oder seiner sonstigen Tätigkeit verwaltet werden kann, verwaltet werden darf und verwaltet wird. Diese Begriffsbestimmung trifft auf den Kläger, dessen Hauptbetätigung unstreitig in seinem Beruf als Rechtsanwalt erfolgt, in bezug auf seine Stellung als Gewerbegerichtsvorsitzender zu. Der Kläger kann daher auch aus § 117 Abs. 1 ArbGG. keinen Übernahme- oder Gehaltsanspruch herleiten.

Bei dieser Rechtslage bedarf es für den vorliegenden Prozeß keiner Entscheidung der Frage, ob die Beamteneigenschaft des Klägers nunmehr endgültig erloschen ist, ob sie insbesondere nach der Kabinettsorder vom 13. Juli 1839 (GS. S. 235) widerruflich war und durch Einführung des Arbeitsgerichtsgesetzes in Verbindung mit dem Bescheid des Justizministers vom 3. September 1927 widerrufen ist. Die Gehaltsforderung, die er auf seine ehemalige Stellung als Gewerbegerichtsvorsitzender gründet, ist auf jeden Fall unberechtigt und kann auch auf dem Umweg über Art. 131 RVerf. nicht mit Erfolg erhoben werden.

III. Soweit mit der Klage Anspruch auf Fortentrichtung der dem Kläger in seiner Eigenschaft als Kaufmannsgerichtsvorsitzender gewährten Monatsvergütung von 50 RM. geltend gemacht wird, hat das Berufungsgericht sie mit Recht wegen fehlender Sachbefugnis des Beklagten abgewiesen. Die Klage hätte nicht gegen den preußischen Staat gerichtet werden müssen, sondern gegen die Gemeinde M.-

Gladbach oder gegen die sämtlichen der Zuständigkeit des dortigen Kaufmannsgerichts unterworfenen Gemeinden. Die Revision bestreitet das freilich, weil die Beamten des Gewerbegerichts in M.-Gladbach auch die des dortigen Kaufmannsgerichts gewesen und weil ihre Gebührnisse vom Gewerbegericht festgesetzt und gezahlt worden seien. Das trifft im allgemeinen zu, ist aber ohne Bedeutung für die rechtliche Eigenschaft eines Kaufmannsgerichts als einer reinen Kommunaleinrichtung und für die Rechtspflicht der Gemeinde, die Kosten seiner Einrichtung und Unterhaltung zu tragen (§ 8 des Kaufmannsgerichtsgesetzes vom 6. Juli 1904, RGBl. S. 266). Die Kaufmannsgerichte waren Sondergerichte mit eigener Zuständigkeit und eigener Verfassung, ganz verschieden von den rheinischen staatlichen Gewerbegerichten. Zahlreiche Gemeinden des Industriebezirks M.-Gladbach-Rheydt hatten nach § 1 Abs. 3 des Kaufmannsgerichtsgesetzes ein gemeinsames Kaufmannsgericht für den Bezirk geschaffen und der Kostenersparnis halber an das damals Königliche Gewerbegericht in M.-Gladbach angegliedert. Was nun im besonderen den Vorsitzenden des Kaufmannsgerichts anlangt, so wurde er nicht, wie der Gewerbegerichtsvorsitzende, vom Regierungspräsidenten ernannt, sondern von einer Versammlung gewählt, in die jede zum Kaufmannsgericht gehörige Gemeinde einen Vertreter für jede angefangenen 10000 Einwohner zu entsenden hatte (§ 7 Abs. 1 des Statuts). Allerdings sollte während des Bestehens des Königlichen Gewerbegerichts sein Vorsitzender in der Regel auch zum Vorsitzenden des Kaufmannsgerichts bestellt werden. Ausnahmen waren zugelassen, und die Möglichkeit, daß die Posten des Gewerbegerichts- und des Kaufmannsgerichts-Vorsitzenden von verschiedenen Personen bekleidet wurden, war nicht ausgeschlossen. Die sonstigen Beamten wurden allerdings für beide Gerichte gemeinsam bestellt (§ 3 des Statuts). Die Mehrkosten aber, die dem Königlichen Gewerbegericht durch die Errichtung und Erhaltung des Kaufmannsgerichts entstanden, waren von der Gemeinde allein zu tragen. Daraus folgt, daß das Gewerbegericht, wenn es den Vorsitzenden des Kaufmannsgerichts die Gebührnisse auszahlte, die sie für ihre Tätigkeit als solche zu erhalten hatten, diesen gegenüber nicht eine eigene Verpflichtung, sondern nur eine solche der Stadt M.-Gladbach und der ihr angegliederten Gemeinden erfüllte. Die Auszahlung der Gehälter der Kaufmannsgerichtsbeamten durch die Gewerbegerichtskasse war um so natürlicher, als deren Geschäfte wiederum von der Stadtkasse wahrgenommen wurden (§ 57 des Regulativs). Um die Auseinandersetzung zwischen der Gewerbegerichtskasse und der Stadt M.-Gladbach brauchten sich die Beamten des Kaufmannsgerichts nicht zu kümmern. Ihre alleinigen Schuldner waren und blieben die Gemeinden des Kaufmannsgerichtsbezirks.

63. Unter welchen Voraussetzungen genügt es zum Ausschluß der lebenslänglichen Anstellung eines Staatsbeamten, daß durch allgemeine Vorschrift die Kündbarkeit der Beamtengattung, der er angehört, angeordnet worden ist?

III. Zivilsenat. Urt. v. 7. März 1930 i. S. Preuß. Staat (Bekl.) w. L. (Kl.). III 140/29.

I. Landgericht Frankfurt a. O.
II. Kammergericht Berlin.

Durch Erlaß des Preußischen Ministers für Landwirtschaft, Domänen und Forsten vom 20. Juni 1922 wurde der Kläger mit Wirkung vom 1. April 1922 ab zum Kreistierarztassistenten bestellt und ihm die Verwaltung der Kreistierarztassistentenstelle des Kreises B. mit dem Amtssitz in Z. übertragen. Durch Schreiben vom 27. September 1926 eröffnete der Regierungspräsident in Sch. im Auftrag des genannten Ministers dem Kläger, daß er mit dem 31. Dezember 1926 aus dem Staatsdienst entlassen sei. Der Kläger, der auf dem Standpunkt steht, daß er lebenslänglich angestellter Beamter sei, verlangt im Klageweg die Fortzahlung seines Gehalts.

Der Beklagte meint dagegen, der Kläger sei Beamter auf Kündigung gewesen. Die Stellen, von denen der Kläger eine innegehabt habe, seien durch den Erlaß des Ministers für Landwirtschaft, Domänen und Forsten vom 28. März 1875 als Grenztierarztstellen geschaffen, später in Kreistierarztassistenten- und schließlich in Veterinärassessorenstellen umgewandelt worden. In dem Erlaß von 1875 sei aber ausdrücklich bestimmt worden, daß eine feste Anstellung für Grenztierärzte nicht beabsichtigt werde, daß vielmehr „die diesbezüglichen Funktionen in allen Fällen nur kommissarisch" übertragen werden könnten. Diese Tatsache sei den betreffenden Anwärtern allgemein bekannt gewesen. Sie hätten auch gewußt, daß ihre Stellen keine planmäßigen seien.

Das Landgericht gab der Klage statt; das Kammergericht wies die Berufung des Beklagten zurück. Seine Revision blieb erfolglos.

Gründe:

... Die sachliche Entscheidung des Berufungsgerichts ist zu billigen. Nach den getroffenen Feststellungen fehlte es für den Kläger an jedem Anhaltspunkt dafür, daß er auf Kündigung oder auf Widerruf angestellt werden sollte. Dann muß er aber der Regel entsprechend als auf Lebenszeit angestellt angesehen werden. Der erkennende Senat hat allerdings im Urteil RGZ. Bd. 121 S. 352 ausgesprochen, daß es genüge, wenn durch allgemeine Vorschrift für gewisse Beamtenklassen die Kündbarkeit angeordnet werde; sie sei dann ein Teil der Anstellungsbedingungen, ohne daß darauf in jedem einzelnen Fall besonders hingewiesen zu werden brauche. Erforderlich ist aber, daß eine solche allgemeine Vorschrift öffentlich bekanntgemacht und dadurch den beteiligten Beamten zugänglich geworden ist; eine nur im inneren Dienstverkehr kundgemachte Anordnung darf den Beamten, die sie nicht kennen können, nicht entgegengehalten werden. Die Etatsvorschriften für die preußische Justizverwaltung, die in dem früher entschiedenen Fall in Betracht kamen, waren im Justizministerialblatt veröffentlicht worden. Für eine allgemeine Bekanntgabe des Erlasses des Ministers für Landwirtschaft, Domänen und Forsten vom 28. März 1875, auf den sich der Beklagte hier beruft, ist dagegen nichts geschehen. Der Kläger konnte mit seinem Vorhandensein nicht rechnen; schon deshalb ist der Erlaß für das Anstellungsverhältnis des Klägers belanglos. Auf seine — keineswegs unzweifelhafte — sachliche Tragweite kommt es daher nicht weiter an. Daß der Kläger als nichtplanmäßiger Beamter besondere Veranlassung gehabt hätte, sich über die Grundlagen seines Anstellungsverhältnisses zu unterrichten, kann der Revision nicht zugegeben werden. Außerplanmäßige Anstellung ist nach der ständigen Rechtsprechung des Senats (a. a. O. S. 355) mit lebenslänglicher durchaus vereinbar.

64. 1. Inwieweit ist der ordentliche Rechtsweg in Steuersachen zulässig?

2. Kann gegenüber einem Sicherungsübereignungsvertrag, den eine Finanzbehörde zur Sicherung von Tabaksteuern mit einem Steuerschuldner geschlossen hat, Nichtigkeit aus § 138 BGB. wegen Kredittäuschung geltend gemacht werden?

BGB. § 138; GVG. § 13; RAbgO. §§ 82a, 109, 227, 301, 348flg.; Tabaksteuergesetz §§ 12, 96; Stundungsordnung vom 29. Januar 1923 § 35.

VII. Zivilsenat. Urt. v. 4. März 1930 i. S. Preuß. Staatsbank (Kl.) w. Deutsches Reich (Bekl.). VII 328/29.

I. Landgericht I Berlin.
II. Kammergericht daselbst.

Die Firma D.-Zigarettenfabrik, Inhaber A. K., schuldete im September 1924 dem Reichssteuerfiskus rund 650000 RM. fällige oder demnächst fällig werdende Steuern. Dieser ließ sich zur Sicherheit für die gedachten Steuerbeträge Einrichtungsgegenstände, Rohmaterialien und Fertigwaren, ferner Maschinen und Kraftwagen der D. durch Verträge vom 2., 6. und 9. September 1924 übereignen.

Die Klägerin stand mit der D. seit Anfang des Jahres 1924 in der Weise in Geschäftsverbindung, daß sie ihr einen laufenden Wechselkredit zur Finanzierung von Tabakkäufen gewährte. Die Wechsel, die nicht länger als drei Monate laufen durften, wurden bei Fälligkeit jeweils gegen einen entsprechenden Prolongationswechsel ausgetauscht. Aus einem von der D. am 29. September 1924 gegebenen Prolongationswechsel über 50000 RM. klagend erwirkte die Klägerin im Februar 1925 ein Urteil gegen die D. Als sie vollstrecken wollte, widersprach der Beklagte gemäß Schreiben vom 21. März 1925, worauf die Klägerin am 1. April 1925 die gepfändeten Gegenstände freigab. Eine weiter von ihr versuchte Vollstreckung blieb erfolglos.

Die Klägerin behauptet, die Sicherungsübereignungsverträge des Beklagten mit der D. seien gemäß § 138 BGB. nichtig, weil dadurch so gut wie das ganze Vermögen der D. und ihres Inhabers K. in das Eigentum des Beklagten übergegangen sei, ohne daß dies nach außen hin erkennbar geworden wäre. Die Verträge seien auch nach § 3 Nr. 1 AnfG. anfechtbar, weil sie Rechtshandlungen darstellten, welche die Firma D. in der dem Beklagten bekannten Absicht vorgenommen habe, ihre Gläubiger zu benachteiligen. In den Verträgen sei ferner ein Verstoß gegen § 826 BGB. zu finden. Auch sei der Beklagte der Klägerin aus § 419 BGB. haftbar, da die übereigneten Gegenstände im wesentlichen das ganze Vermögen der D. darstellten. Die Klägerin verlangt in erster Linie Verurteilung des Beklagten zur Zahlung eines Teilbetrags von 30000 RM., in zweiter Linie Verurteilung des Beklagten zur Duldung der Befriedigung der Klägerin aus der ihm noch besonders verpfändeten Grundschuld über 35,84 kg Feingold.

Das Landgericht erklärte den Zahlungsanspruch der Klägerin aus dem Gesichtspunkt der ungerechtfertigten Bereicherung und des Anfechtungsgesetzes dem Grunde nach für gerechtfertigt. Das Kammergericht wies auf die Berufung des Beklagten die Klage ab. Die Revision der Klägerin führte zur Aufhebung des Berufungsurteils und zur Zurückverweisung der Sache in die Vorinstanz.

Gründe:

Der Berufungsrichter hat zwar die Einrede der Unzulässigkeit des Rechtswegs zurückgewiesen, weil er den § 227 RAbgO. nur auf steuerrechtliche Streitigkeiten zwischen einem Steuerschuldner und dem Beklagten anwenden will, während hier der Beklagte durch den Abschluß der Sicherungsübereignungsverträge privatrechtlich geschützte Interessen eines Dritten, der Klägerin, verletzt haben soll. Aber der Berufungsrichter hält die Klage materiell für unbegründet. Einen Verstoß gegen die guten Sitten im Sinne von § 138 BGB. verneint er. Einmal sei die Firma D. durch die Verträge durchaus nicht gänzlich ihrer wirtschaftlichen Freiheit und Unabhängigkeit beraubt worden; es seien dem Beklagten weder die sämtlichen Vermögensstücke der D. und ihres Inhabers K. übereignet, noch seien ihm alle gegenwärtigen und zukünftigen Außenstände übertragen worden, wie schon ein Vergleich zwischen den in den Verträgen aufgeführten Gegenständen und der Aufstellung des Bücherrevisors H. vom 25. Oktober 1924 ergebe. Unbestritten habe K. auch noch ein Villengrundstück von größerem Werte behalten und habe der Fortbetrieb der Firma durch ihn große Gewinnmöglichkeiten geboten.

Es sei aber auch nicht außer acht zu lassen, daß das Verlangen des Beklagten nach Sicherstellung und die Erfüllung dieses Verlangens durch die D. ihre Grundlage in den Steuergesetzen fänden. Unter Hinweis auf die Vorschriften in §§ 12, 96 TabakstG., §§ 82a, 109 bis 114, 348, 349 RAbgO. und § 35 der Stundungsordnung vom 29. Januar 1923 nimmt der Berufungsrichter an, daß die D., die Anfang September 1924 mit größeren fälligen Tabaksteuerbeträgen im Rückstand war und weitere Steuerzeichen in erheblichem Werte entnommen hatte, verpflichtet gewesen sei, dem Verlangen des Beklagten nach Sicherheitsleistung zu entsprechen, zumal da der Beklagte nach §§ 348, 349 RAbgO. in der Lage gewesen sei, die verlangten Sicherheiten zu erzwingen. Bei dieser Sachlage hält es der Berufungsrichter für ausgeschlossen, daß sich die Vertragsteile bei Abschluß der Sicherungsübereignungsverträge von anderen Gesichtspunkten hätten leiten lassen als von der Absicht, den gesetzlichen Vorschriften nachzukommen. Verwerfliche Beweggründe kämen bis zum Beweise des Gegenteils nicht in Betracht.

Mit weiteren Ausführungen verneint der Berufungsrichter auch die Anfechtbarkeit der Sicherungsübereignungsverträge sowie die Haftbarkeit des Beklagten aus § 826 BGB. oder aus § 419 BGB. und erachtet demnach die Klage für unbegründet.

Die Revision der Klägerin ist begründet. Was zunächst die Zulässigkeit des Rechtswegs anlangt, so ist sie trotz der hiergegen vom Revisionsbeklagten erhobenen Angriffe mit dem Berufungsrichter zu bejahen. Nach § 13 GVG. ist der Rechtsweg u. a. zulässig für bürgerliche Rechtsstreitigkeiten, für welche nicht die Zuständigkeit von Verwaltungsbehörden begründet ist. Nun bestimmt § 227 RAbgO., daß in Steuersachen der Rechtsweg vor den ordentlichen Gerichten ausgeschlossen ist. Es fragt sich also, ob Sicherungsverträge der hier in Betracht kommenden Art als Steuersachen im Sinne der bezeichneten Vorschrift anzusehen sind. Das muß verneint werden. Zwar fällt die in den §§ 298 bis 354 RAbgO. geregelte Beitreibung unter den Begriff der Steuersachen, sodaß der Rechtsweg dritten, durch die Beitreibung beeinträchtigten Personen nur infolge besonderer Bestimmungen (z. B. § 301 RAbgO.) eröffnet ist. Aber um eine Beitreibung im Sinne jener Vorschriften handelt es sich nicht, wenn ein Steuerschuldner von der ihm durch §§ 12, 96 TabakstG., § 35 der Stundungsordnung eingeräumten Möglichkeit Gebrauch macht und mit der Finanzbehörde einen Sicherungsübereignungsvertrag abschließt, um der drohenden Beitreibung von Steuerschulden zu entgehen. Eine solche Vereinbarung zwischen dem Fiskus und dem Steuerschuldner liegt auf privatrechtlichem Gebiet; sie hängt vom freien Willen des Schuldners ab; einigt er sich in der erwähnten Weise mit dem Fiskus, so wird ein dem Privatrecht angehörender Vertrag abgeschlossen, der nicht unter den Begriff der Steuersache im Sinne des § 227 RAbgO. fällt.

Sind aber die im vorliegenden Falle abgeschlossenen Sicherungsübereignungsverträge als privatrechtliche Verträge anzusehen, so muß sich auch der Beklagte gleich einem Privatgläubiger behandeln lassen. Trägt der Vertrag die Merkmale eines Kredittäuschungsvertrags an sich, indem die Schuldnerin mit Wissen des Beklagten diesem annähernd alle greifbaren Vermögensstücke übereignete, während die Übereignung nach außen verdeckt blieb und die Schuldnerin kreditfähig erschien, dann würden die Verträge nach § 138 Abs. 1 BGB. sittenwidrig und daher nichtig sein (vgl. RGZ. Bd. 67 S. 166, Bd. 77 S. 210, Bd. 85 S. 345; WarnRspr. 1914 Nr. 316, 1915 Nr. 134, 1916 Nr. 271, 1926 Nr. 84, 1929 Nr. 74). In dieser Beziehung ist es von Belang, ob die Aufstellung des Bücherrevisors H. dieselben Gegenstände wie die in den Verträgen aufgeführten enthielt und der höhere Wert in jener Aufstellung nur auf verschiedene Bewertung zurückzuführen ist, sowie ob die mitübereignete Grundschuld ungefähr dem Werte des Villengrundstücks des K. gleichkommt. Die Revision rügt daher mit Recht die Nichterhebung der in dieser Richtung angetretenen Beweise.

Nun leidet aber das angefochtene Urteil noch an einem andern Mangel. Der Berufungsrichter übersieht nämlich, daß die Verträge vom 2., 6. und 9. September 1924 insoweit, als die zu übereignenden Gegenstände nicht bestimmt bezeichnet sind — im Vertrag vom 2. September: 15000 kg Rohtabak und 10000000 Stück Zigaretten ohne nähere Bezeichnung; im Vertrag vom 6. September: etwa 12000 kg Abfalltabak; im Vertrag vom 9. September: für 200000 RM. Außenstände ohne besonderes Verzeichnis —, wegen fehlender Bestimmtheit der zu übereignenden Gegenstände nicht geeignet waren, Eigentum zu übertragen, sofern nicht etwa die einzelnen Posten jeweils den ganzen Bestand bei der Schuldnerin darstellten. Scheiden aber diese Posten oder einige von ihnen bei der Übereignung aus, dann wird festzustellen sein, ob der übrige, zunächst als übereignet anzusehende Teil noch so erheblich ist, daß seine Übertragung die Tatbestandsmerkmale eines Kredittäuschungsvertrags erfüllt.

Hiernach war das angefochtene Urteil aufzuheben und die Sache in die Vorinstanz zurückzuverweisen.

---

65. 1. Zum Begriff des Treuhandverhältnisses.
2. Kann Erwerber eines Grundstücks im Sinne des § 14 der Aufwertungsnovelle vom 9. Juli 1927 auch jemand sein, der nicht als Eigentümer im Grundbuch eingetragen wird?

BGB. § 892. AufwG. §§ 4, 6, 20. Aufwertungsnovelle vom 9. Juli 1927 § 14.

VI. Zivilsenat. Urt. v. 6. März 1930 i. S. B. (Bekl.) w. M. (Kl.). VI 296/29.

I. Landgericht I Berlin.
II. Kammergericht daselbst.

Im Grundbuch des Ritterguts F. in Pommern war am 5. Juni 1914 für den Gutsbesitzer M., den verstorbenen Ehemann der Klägerin, auf Grund eines Vertrags von 1914 eine Restkaufgeldhypothek von 100000 M. eingetragen worden. M. wurde von der Klägerin beerbt. Im Jahre 1919 wurde der Schwager des Beklagten, von P., als Eigentümer eingetragen. Die Mittel zum Ankauf des Grundstücks erhielt er vom Beklagten; er selbst war vermögenslos. Die Hypothek der Klägerin hatte von P. in Anrechnung auf den Kaufpreis übernommen; sie wurde im Februar 1923 mit Mitteln des Beklagten an die Klägerin bezahlt. Ein Vorbehalt wurde weder bei Entgegennahme der Zahlung noch bei Erteilung der Löschungsbewilligung gemacht. Am 19. Februar 1923 wurde die Hypothek gelöscht.

In dem wegen Aufwertung der Hypothek gegen von P. eingeleiteten Verfahren erklärte der Beklagte, daß von P. das Gut lediglich als sein Treuhänder gekauft habe. Im notariellen Vertrag vom 4. Juni 1923 bekannten sich von P. und der Beklagte zu dem Inhalt eines von ihnen für die Zeit vom 1. Juli 1923 ab geschlossenen Vertrags, der wie folgt beginnt:

„Ich, von P., bin als Eigentümer ... eingetragen auf Grund des von mir am 5. November 1919 geschlossenen Kaufvertrags. Diesen Kaufvertrag habe ich seiner Zeit zwar in eigenem Namen, aber für Rechnung des B. (Beklagten) geschlossen. Der Kaufpreis ist vom Beklagten gezahlt worden. Zur Regelung unserer beiderseitigen Rechtsbeziehungen haben wir einen Vertrag geschlossen. Wir überreichen diesen als Anlage."

In § 1 dieses Vertrages heißt es: „von P. bleibt als formeller Treuhandseigentümer des Gutes F. eingetragen. Im Innenverhältnis sollen die Parteien grundsätzlich so berechtigt und verpflichtet sein, als ob das Gut in ihrem Miteigentum nach Bruchteilen steht und zwar zu $^3/_4$ Bruchteilseigentum des Beklagten und $^1/_4$ Bruchteilseigentum des von P."

Es folgen Bestimmungen über die Bewirtschaftung des Gutes, den Maßstab für Zahlungen an den Beklagten, die Kündigungsbefugnis beider Vertragschließenden und das Verbot an von P., das Gut ohne Zustimmung des Beklagten zu veräußern oder zu belasten.

Am 12. Mai 1924 trafen der Beklagte und von P. in notarieller Form eine neue Vereinbarung, welche dahin ging, daß dem von P. das Eigentum des Grundstücks nunmehr allein zustehen sollte. Nach der Aussage des Beklagten in den Aufwertungsakten hat er sich mit von P. bei dieser Gelegenheit auch dahin geeinigt, daß „der Beklagte einen dem Werte des Gutes entsprechenden Betrag abzüglich einer dem von P. aus Liberalitätsgründen belassenen Quote diesem als Darlehen überließ und als Sicherheit für dieses Darlehen eine Hypothek von 105000 GM. erhielt." Diese Hypothek wurde am 31. Juli 1924 für den Beklagten eingetragen. Die für ihn bis dahin eingetragene Auflassungsvormerkung wurde gelöscht.

Nach dem Inkrafttreten des Aufwertungsgesetzes verlangte die Klägerin gegenüber von P. Aufwertung ihrer Hypothek und der ihr zugrunde liegenden Forderung in Höhe von 100% beim Amtsgericht in F., das durch Beschluß vom 29. April 1926 eine Aufwertung in Höhe von 25000 GM. festsetzte. In der Beschwerdeinstanz wurde diese Summe am 29. Juni 1927 auf 24938,20 GM. herabgesetzt. Inzwischen war durch Beschluß vom 10. Dezember 1926 die Zwangsversteigerung des Gutes angeordnet worden. Versteigerungstermin fand am 11. März 1927 statt. Der Zuschlag wurde durch Beschluß vom 25. März 1927 der Klägerin erteilt für den durch Zahlung zu berichtigenden Betrag von 145000 RM. Innerhalb des geringsten Gebotes blieben Rechte von 5947,50 GM. bestehen. Vom Versteigerungserlös wurde dem Beklagten auf seine Hypothek von 150000 GM. nebst Zinsen und Kosten der Betrag von 108572,57 RM. zugeteilt. Dieser Betrag wurde an den Beklagten ausgezahlt, nachdem zunächst ein Teil der Summe hinterlegt worden war.

In dem Aufwertungsverfahren, das zwischen der Klägerin und von P. schwebte, hob das Kammergericht am 8. März 1928 den Beschluß des Landgerichts auf, erklärte die dingliche Aufwertung in der Hauptsache für erledigt und verwies die Sache im übrigen zur weiteren Erörterung und Entscheidung an das Landgericht zurück. Darauf wurde vom Landgericht das Verfahren bis zur Entscheidung des jetzigen Rechtsstreits ausgesetzt. Im November 1927 meldete die Klägerin auch gegen den Beklagten eine Aufwertungsforderung an. Sie nahm ihn als persönlichen Schuldner ihrer durch Hypothek gesicherten Restkaufgeldforderung von 100000 M. in Anspruch. Dieses Verfahren wurde ausgesetzt bis zur Entscheidung des Prozeßgerichts darüber, ob der Beklagte der persönliche Schuldner der Klägerin sei.

Im vorliegenden Rechtsstreit verlangt die Klägerin Zahlung eines Aufwertungsteilbetrags von 6100 RM. nebst Zinsen. Sie will die Rechtslage so angesehen wissen, daß sich der Beklagte für die Aufwertung seiner Hypothek ihrer Aufwertungshypothek gegenüber nicht auf den guten Glauben des Grundbuchs hätte berufen können und daß sie deshalb den Vorrang vor der Hypothek des Beklagten und den Anspruch auf vorzugsweise Befriedigung aus dem Versteigerungserlös habe. Sie leitet dies aus den Beziehungen her, die zwischen dem Beklagten und von P. bestanden haben. Sie stützt den Klaganspruch auch auf unerlaubte Handlung; hierzu macht sie geltend, daß die Hypothek des Beklagten nur mit 60000 M. valutiert gewesen und zu einer Zeit bewilligt worden sei, in der von P. sich in Vermögensverfall befunden habe. Daraus ergebe sich die Absicht der Benachteiligung der übrigen Hypothekengläubiger. Der Beklagte sei aber auch auf ihre Kosten ungerechtfertigt bereichert.

Das Landgericht entsprach dem Klagantrag. Die Berufung und die Revision des Beklagten hatten keinen Erfolg.

Gründe:

Das Berufungsgericht führt zwei Rechtsgründe für das Bestehen des Klaganspruchs an. Es nimmt einmal an, daß sich der Beklagte nicht auf den Schutz des § 20 Abs. 2 AufwG. berufen könne. Denn diese Vorschrift bezwecke den Schutz des rechtsgeschäftlichen Verkehrs; ein Erwerb durch Rechtsgeschäft liege jedoch nicht vor, wenn es sich auf der Veräußerer- und der Erwerberseite um dieselben natürlichen Personen handle, wenn auch in verschiedener rechtlicher Gebundenheit. Das gleiche müsse aber auch dann gelten, wenn das Rechtsgeschäft, das in Wahrheit eine und dieselbe Person in sich selbst abschließe, infolge der Einschiebung eines Treuhänders sich so darstelle, als sei es zwischen zwei verschiedenen Personen abgeschlossen. Wäre der Beklagte zur Zeit der Bestellung der Hypothek zu $^3/_4$ als Eigentümer eingetragen gewesen, so hätte er zwar — meint das Berufungsgericht weiter — eine Eigentümergrundschuld auf diesen Anteil eintragen lassen können; er hätte aber für diese nicht den Schutz des § 20 Abs. 2 in Anspruch nehmen können.

Gegen diese Ausführungen sind rechtliche Bedenken zu erheben. Das Berufungsgericht geht von einem Treuhandverhältnis zwischen dem Beklagten und von P. aus. Im Rechtssinne liegt ein solches Verhältnis nur vor, wenn der Treuhandgeber einen bisher auch rechtlich zu seinem Vermögen gehörenden Gegenstand dem Treuhänder übereignet derart, daß das Treugut zwar rechtlich, aber nicht wirtschaftlich aus seinem Vermögen ausgeschieden wird. Dagegen ist die Annahme eines Treuhandverhältnisses abgelehnt worden, wenn jemand einen Gegenstand lediglich für Rechnung eines anderen als stiller Stellvertreter für diesen von einem Dritten erworben hatte (RGZ. Bd. 84 S. 217, Bd. 91 S. 16). In solchem Falle besteht nur ein schuldrechtlicher Anspruch gegen den Treuhänder auf Übereignung des Gegenstandes. Das Berufungsgericht spricht lediglich von der Einschiebung eines Treuhänders in dem Sinne, daß der Beklagte in Wahrheit das Geschäft mit sich selbst abgeschlossen habe. Dafür fehlt es nach den bisherigen Feststellungen an einem Anhalt. Der Beklagte hatte sich darauf berufen, daß er seinem Schwager von P. eine Existenz habe schaffen wollen und ihm deshalb Geld zum Ankauf eines Gutes gegeben habe. Es sei lediglich vereinbart, daß der Beklagte als Geldgeber an den Wertsteigerungen des Grundstücks teilnehmen und dadurch gegen die Geldentwertung geschützt sein sollte. Auch ein

Gesellschaftsverhältnis habe nicht bestanden, da ein Vertrag dieses Inhalts gefehlt habe und das Grundstück nicht im Namen der Gesellschaft erworben worden sei. Das Grundstück habe vielmehr nur dem von P. gehört; es sei nicht die Rede davon gewesen, daß es gemeinschaftlich benutzt werden solle. Feststellungen über das schuldrechtliche Verhältnis zwischen dem Beklagten und von P. hat das Berufungsgericht nicht getroffen. Es spricht nur von einem Treuhänderverhältnis. Einen typischen Treuhändervertrag gibt es nicht; das Rechtsverhältnis muß vielmehr nach den jeweiligen Umständen, insbesondere nach dem zugrunde liegenden Auftrag bestimmt werden. In der Rechtsprechung des Reichsgerichts ist es schon früher als unfruchtbar bezeichnet worden, einen Vertrag als Treuhändervertrag zu bezeichnen und danach entscheiden zu wollen (LZ. 1913 Sp. 395). Ein Treuhandverhältnis kann sich insbesondere verschieden gestalten, je nachdem ein eigenes Interesse des Treuhänders in Betracht kommt oder nicht (vgl. Schultze in Jherings Jahrb. Bd. 43 S. 1flg.; Fischbach Treuhänder und Treuhandgeschäfte S. 195). Nach der dinglichen Seite liegt die Sache so, daß von P. uneingeschränkter Eigentümer wurde und der Beklagte durch eine Vormerkung gesichert wurde, die den Anspruch auf Auflassung zum Gegenstand hatte. Das würde, wenn es sich um ein Treuhandverhältnis im Rechtssinne gehandelt hätte, die im Falle der Übertragung des Eigentums an einem Grundstück auf einen Treuhänder übliche Regelung sein (Schultze a. a. O. S. 24; Fischbach S. 250). Daß von P. etwa zum Schein als Eigentümer eingetragen worden sei, ist aus dem Berufungsurteil nicht zu entnehmen; eine solche Annahme würde mit den — bisher nicht gewürdigten — Prozeßbehauptungen des Beklagten im Widerspruch stehen. Welche Rechtsregeln auf das zwischen dem Beklagten und von P. bei Erwerb des Grundstücks vereinbarte Rechtsverhältnis anzuwenden wären, ist mangels der erforderlichen Feststellungen nicht zu erkennen; es wird sich wohl um einen gemischten Vertrag handeln. Für die Frage der Anwendbarkeit des § 892 BGB. kommt allein in Betracht, ob der Beklagte seine Hypothek durch ein Rechtsgeschäft erworben hat. Er war niemals Eigentümer des Gutes, sondern hatte nur einen schuldrechtlichen Anspruch auf Eigentumsübertragung. Aber selbst wenn ihm von P. das Eigentum übertragen hätte, so wäre auch dieser Erwerb nicht grundsätzlich von dem Schutz des § 892 BGB. ausgeschlossen gewesen. Auch der Auftraggeber, dem das Eigentum am

Grundstück vom Beauftragten übertragen wird, und die Gesellschaft, der das Eigentum von einem Gesellschafter übertragen wird, nachdem dieser das Grundstück im eigenen Namen, aber für Rechnung der Gesellschaft erworben hatte, erwerben das Eigentum durch Rechtsgeschäft (RGU. vom 21. Oktober 1929 VI 806/28).

In der neueren Rechtsprechung ist die Frage geprüft worden, ob es bei der Auslegung einer Vorschrift, die zum Schutze des Rechtsverkehrs bei Wechsel der Rechtsinhaberschaft bestimmt ist, nicht eine Überspannung der formalrechtlichen Unterscheidung zwischen den Rechtspersönlichkeiten natürlicher Personen und der Rechtspersönlichkeit einer von ihnen gebildeten Gesellschaft bedeuten würde, wenn man den öffentlichen Glauben des Grundbuchs auch zugunsten einer Aktiengesellschaft wirken ließe, die beim Erwerb keine andere Person in sich schließt als die der Veräußerer. Dabei wird nur die Rechtsform gewechselt. Ein Irrtum eines neu Hinzutretenden über die wahre Rechtslage ist ausgeschlossen (RGZ. Bd. 119 S. 129). Daß im vorliegenden Falle ein Irrtum über die Rechtslage für den Beklagten nicht in Betracht kommen konnte, wird man nicht sagen können (vgl. auch obiges RGU. vom 21. Oktober 1929). Für ihn wurde aus Anlaß der Abwicklung seiner bisherigen schuldrechtlichen Beziehungen zum eingetragenen Eigentümer eine Darlehenshypothek unter der Herrschaft der Dritten Steuernotverordnung eingetragen, also zu einer Zeit, in der eine Aufwertung vorbehaltlos gelöschter Hypotheken nicht in Betracht kam. Die Kenntnis davon, daß die Löschung auf Grund unzulänglicher Zahlung in Papiermark erfolgt sei, genügte beim damaligen Stande der Gesetzgebung für sich allein noch nicht zum Nachweis der Kenntnis des Hypothekengläubigers von der Unrichtigkeit des Grundbuchs im Sinne des § 20 AufwG., der dem § 892 BGB. keine andere Tragweite beimessen will, als sie ihm sonst zukommt (RGZ. Bd. 123 S. 50; JW. 1928 S. 1360 Nr. 18; SeuffArch. Bd. 81 Nr. 141; Recht 1927 Nr. 1704).

Nun verwendet freilich das Aufwertungsgesetz den Begriff des Treuhänders zum Teil anders, als er im sonstigen bürgerlichen Recht gilt. Das ergibt sich für den Fall der Berechnung des Goldmarkbetrags aus § 3 Nr. 7 AufwG., nach welchem für die Berechnung des Goldmarkbetrags bei Erwerb auf Grund eines Treuhandverhältnisses der Erwerb durch den Geschäftsherrn oder, wenn zuerst der Treuhänder das Recht erworben hat, der Erwerb durch den Treuhänder zugrunde gelegt wird (HRR. 1929 Nr. 946 = Recht 1929 Nr. 798). Daß hieraus für die jetzt zu entscheidende Frage ein Schluß im Sinne des Klagevorbringens gezogen werden könnte, ist nicht zu erkennen.

Zutreffend ist aber die vom Berufungsgericht aus § 14 der Novelle zum Aufwertungsgesetz vom 9. Juli 1927 entnommene zweite Begründung des Klaganspruchs. Ist eine Hypothek vom Erwerber eines Grundstücks oder für seine Rechnung abgelöst, so kann er sich nach dieser Vorschrift gegenüber dem Antrag auf Wiedereintragung des aufgewerteten Rechts nicht darauf berufen, daß dieses Recht im Grundbuch gelöscht war. Es fragt sich, ob im vorliegenden Falle der Beklagte als Erwerber des Grundstücks angesehen werden kann. Die Begründung der Novelle geht davon aus, daß an dem öffentlichen Glauben des Grundbuchs nicht gerüttelt werden dürfe, daß aber nur der rechte Gebrauch dieser Grundregel Schutz verdiene (Drucks. des Reichstags III. Wahlperiode 1924/27 Nr. 3117 S. 6). Sie hebt als unrechten Gebrauch dieser Grundregel den Fall hervor, daß der Erwerber eines Grundstücks durch Ablösung der Hypothek den Rechtszustand herbeiführt, der die Grundlage für den gutgläubigen Erwerb bilden soll, nämlich die Löschung. Die Begründung bezeichnet es als unbillig, wenn es dem Erwerber gestattet sein sollte, sich auf die von ihm selbst herbeigeführte Ablösung zum Zweck der Befreiung von der Aufwertungsschuld zu berufen. Er soll nicht besser gestellt werden als in dem Falle, wo er nach dem Eigentumsübergang die Hypothek abgelöst hat oder hat ablösen lassen. Mit Recht weist Mügel (Bem. 13 zu § 20 S. 758) darauf hin, daß bei der Auslegung des § 14 der Gesichtspunkt der Billigkeit zu beachten sei, von dem die Begründung geleitet werde. Bereits bei Erörterung des in § 14 verwendeten Begriffes der Ablösung „für seine Rechnung" ist dort zum Ausdruck gebracht, daß diesen Worten eine andere Bedeutung zukommt, als sie ihnen in anderen Gesetzen oder im gewöhnlichen Rechts-Sprachgebrauch regelmäßig innewohnt. Es wurde darauf verwiesen, daß nach dem Gesetz im Gegensatz zum Entwurf die Übernahme der Hypothek zur Anwendung der Ausnahmevorschrift nicht mehr gefordert wird, und angenommen, daß es nicht darauf ankomme, wen im inneren Verhältnis zwischen dem Veräußerer und dem Erwerber die Hypothek belaste, sondern darauf, ob der Erwerber den im Grundbuch bescheinigten Zustand bereits vorgefunden oder erst herbeigeführt habe (RGZ. Bd. 119 S. 182, Bd. 123 S. 51). Auch der Begriff des Erwerbers darf bei der Auslegung des Gesetzes, die den — dem Gesichtspunkt der Billigkeit Rechnung tragenden — Willen des Gesetzgebers berücksichtigt, nicht zu eng gefaßt werden. Zunächst ist deutlich, daß die Eigenschaft des Erwerbers nicht auf den Zeitpunkt des Eigentumsübergangs selbst abgestellt werden kann; denn das Gesetz spricht von einem Erwerber im Zusammenhang mit einer Tätigkeit, die notwendigerweise vor jenem Zeitpunkt liegt. Daß auch der Zeitpunkt des Kaufabschlusses nicht die Grenze bildet, ist vom V. Zivilsenat schon in der Entscheidung vom 5. Oktober 1927 V 137/27 (Ring 1927 S. 740) angenommen worden. Als Erwerber wurde bei Würdigung des dort in Frage stehenden Sachverhalts angesehen, wer die Hypothek im Zusammenhang mit dem Grundstückserwerb ablöst, gleichviel ob dies vor oder nach Abschluß des schuldrechtlichen Grundgeschäfts geschieht. Es fragt sich, ob überhaupt der formelle Eigentumsübergang stets erforderlich ist, damit von einem Erwerber im Sinne des § 14 gesprochen werden kann. Als Erwerber des Grundstücks im Sinne des § 14 wird auch angesehen werden müssen, wer einen schuldrechtlichen Anspruch auf Übertragung des Eigentums am Grundstück hat und in dieser Rechtslage die Ablösung einer Hypothek vornimmt, es dann aber wirtschaftlich für zweckmäßiger hält, sich nicht als Eigentümer eintragen zu lassen, sondern sein Recht auf Auflassung an einen anderen abtritt und hierbei auf der Grundlage des von der abgelösten Hypothek freien Grundbuchs dieselbe Gegenleistung erhält, die er erhalten hätte, wenn er sich selbst als Eigentümer hätte eintragen lassen und dann die Auflassung einem Dritten erklärt hätte. Die Auflassung und Eintragung im Grundbuch ist, von hier aus betrachtet, etwas Zufälliges und kann die Anwendung des Rechtsgedankens nicht hindern, der dem § 14 zugrunde liegt. Der Beklagte hatte mit von P. vereinbart, daß dieser lediglich nach außen hin als „Treuhänder" (richtig: stiller Stellvertreter) Eigentum erwerben sollte; er hatte also gegen von P. einen Anspruch auf Übereignung des Grundstücks. Der Beklagte hat sowohl die Mittel zum Ankauf des Grundstücks als auch die Mittel zur Ablösung der Hypothek zu einer Zeit gegeben, als er in der Entschließung frei war, ob er das Eigentum am Grundstück dem von P. belassen wolle. Das zwischen den Beteiligten begründete schuldrechtliche Verhältnis ist dann derart abgewickelt worden, daß der Beklagte auf seinen Anspruch auf Übertragung des Eigentums verzichtete, dem von P. das Eigentum beließ und für sich eine durch Hypothek gesicherte Forderung eintragen ließ, die dem Wert des Grundstücks „unter Abzug einer aus Liberalitätsgründen dem von P. belassenen Quote des Wertes" entsprach. Hierdurch ist derselbe Erfolg erzielt worden, wie wenn der Beklagte sich als Eigentümer hätte eintragen lassen und sodann das Gut dem von P. verkauft und übereignet hätte. Dieser Sachverhalt entspricht dem in § 14 ausgedrückten Rechtsgedanken. Eine entsprechende Anwendung dieser Vorschrift ist deshalb im vorliegenden Falle geboten. Die Anordnung des Gesetzes, wonach der Erwerber sich gegenüber dem Antrag auf Wiedereintragung des Rechts nicht darauf berufen kann, daß in dem in § 892 bestimmten Zeitpunkt das Recht im Grundbuch gelöscht war, hat die Bedeutung, daß der Erwerber so gestellt ist, wie er gestellt wäre, wenn die Löschung damals nicht erfolgt wäre (Quassowski Bem. 3 zu § 14 S. 894).

Die Aufwertung der Hypothek der Klägerin ist zunächst in zwei Instanzen erfolgt. Das Verfahren wurde mit Rücksicht auf das Ergebnis der Zwangsversteigerung nicht zu Ende geführt; es erledigte sich hierdurch für den dinglichen Anspruch. Wäre dieses Recht der Klägerin nicht durch den Zuschlagbeschluß erloschen (§ 20 AufwG.), so hätte sie den Vorrang ihrer Aufwertungshypothek vor der Hypothek des Beklagten in Anspruch nehmen können. Da der Beklagte — von der durch die Novelle von 1927 geschaffenen Rechtslage aus betrachtet — dadurch, daß seine Hypothek zur Hebung gekommen ist, in Höhe der Aufwertungshypothek der Klägerin ohne Rechtsgrund etwas auf ihre Kosten erlangt hat (§ 812 BGB.), ist er insoweit zur Herausgabe der Bereicherung verpflichtet. Ohne Rechtsirrtum sieht das Berufungsgericht von einer Prüfung der Frage ab, ob § 6 Abs. 2 AufwG. auf die Hypothek des Beklagten anzuwenden sei, weil der im jetzigen Rechtsstreit verlangte Betrag sich innerhalb des Rahmens der Aufwertung nach der Dritten Steuernotverordnung hält. Da die Hypothek infolge der Zwangsversteigerung erloschen ist, hat das Berufungsgericht die Anwendbarkeit des § 4 AufwG. verneint, wonach die Hypothek nicht höher aufgewertet wird, als die durch sie gesicherte Forderung; die durch die Novelle gegebene Möglichkeit, die sich aus jener Vorschrift ergebenden Härten durch Eintragung einer Grundschuld zu beseitigen, kommt im Falle des

Erlöschens der Hypothek bei der Zwangsversteigerung nicht in Frage; es ist deshalb nicht rechtsirrtümlich, wenn das Berufungsgericht von der Aufwertung mit 25% des Goldmarkbetrags ausgeht. Auch sonst enthält das angefochtene Urteil, soweit es sich mit der zweiten Klagebegründung befaßt, keinen Rechtsirrtum.

---

66. Muß sich eine Hypothekenbank nach der Zwangsversteigerung eines von ihr beliehenen Grundstücks gefallen lassen, daß sie zwischen Zuschlag und Kaufgelderbelegungstermin vom Ersteher für ihre aus dem Barerlös zur Hebung kommende Hypothek in Liquidations-Goldpfandbriefen abgefunden wird?

AufwG. § 50. DurchfVo. v. 29. November 1925 Art. 84. ZVG. § 115.

V. Zivilsenat. Urt. v. 8. März 1930 i. S. W. u. Gen. (Kl.) w. Rh. H. (Bekl.). V 18/29.

I. Landgericht III Berlin.
II. Kammergericht daselbst.

Auf einem Grundstück standen an Hypotheken- und Grundschulden 78798,91 GM. Aufwertungshypothek aus Darlehen für die Beklagte, danach 135000 GM. Grundschuld zu gleichen Teilen für die beiden Kläger. Die Beklagte, eine Hypothekenbank, hat ihren aufwertungsberechtigten Pfandbriefgläubigern gemäß Art. 84 DurchfVo. vom 29. November 1925 (RGBl. I S. 392) Liquidations-Goldpfandbriefe ausgehändigt; sie hatte dies entsprechend der Verordnung vom 28. Juli 1926 (RGBl. I S. 423) angekündigt. Das belastete Grundstück kam zur Zwangsversteigerung. Im Versteigerungstermin blieben die Kläger „mit dem Gebot eines durch Zahlung zu berichtigenden Betrages von 240000 RM." Meistbietende; ihnen wurde der Zuschlag zu gleichen Rechten und Anteilen erteilt. In der Zeit bis zum Verteilungstermin boten die Kläger der Beklagten Tilgung ihrer Hypothekenforderung in Liquidations-Goldpfandbriefen an und forderten Aushändigung einer löschungsfähigen Quittung für die Hypothek gegen Lieferung der Pfandbriefe. Die Beklagte lehnte dieses Angebot und Verlangen ab. Im Verteilungstermin kam die Beklagte voll zur Hebung, die Kläger fielen mit etwa 67000 GM. von ihrer nachfolgenden Grundschuld aus. Die Beklagte hatte den vollen

Kapitalbetrag ihrer Hypothek verlangt. Der Verteilungsrichter hat den Betrag von 3191 RM. als Zwischenzins gemäß Art. 21 DurchfV. vom 29. November 1925 abgesetzt. Über den von der Beklagten hiergegen erhobenen Widerspruch wird in einem anderen Prozeß gestritten. Gegen das im Verteilungsplan berücksichtigte Liquidat der Beklagten erhoben die Kläger in Höhe von 13818 RM. Widerspruch, worauf dieser Betrag als Streitmasse hinterlegt wurde. Im Prozeß hatten die Kläger zunächst beantragt, die Beklagte zur Einwilligung in die Auszahlung der Streitmasse an sie, die Kläger, zu verurteilen. Später beantragten sie, entweder den Widerspruch der Kläger gegen den Teilungsplan für begründet zu erklären, oder die Beklagte zu verurteilen, den Klägern 13818 RM. nebst 2% Zinsen über den Reichsbanklombardzinsfuß seit Klagezustellung zu zahlen.

Die Kläger meinen, die Beklagte habe sich gemäß Art. 84 Abs. 7 DurchfV. jederzeit die Tilgung ihrer Hypothek in Liquidations-Goldpfandbriefen gefallen lassen müssen und habe daher im Verteilungstermin an Kapitalbetrag nicht mehr als den Kurswert ihrer Pfandbriefe fordern dürfen. Daraus ergebe sich — abgesehen von dem noch streitigen Zwischenzinsbetrag —, daß die Beklagte den Betrag der Streitmasse im Verteilungsverfahren zuviel gefordert habe; sie, die Kläger, seien sowohl als Ersteher wie als nachfolgend dinglich Berechtigte zu solcher Abfindung der Beklagten befugt gewesen; durch die Nichtannahme des Angebots der Pfandbriefe sei die Beklagte in Annahmeverzug, durch die Weigerung, löschungsfähige Quittung zu erteilen, in Schuldnerverzug gekommen. Deswegen sei sie schadensersatzpflichtig; dies auch wegen Vereitelung des Ablösungsrechts der Kläger. Schließlich hafte sie aus ungerechtfertigter Bereicherung. Die Beklagte trägt vor, sie sei zur Forderung des vollen Hypothekenbetrags befugt gewesen; zwischen ihr und den Klägern hätten keine Beziehungen bestanden, sodaß diese nicht zur Ablösung der Hypothek in Liquidations-Goldpfandbriefen berechtigt gewesen seien; im übrigen sei das wörtliche Angebot der Pfandbriefe keinesfalls ausreichend gewesen, um Verzug herbeizuführen. Irgendein Grund für eine Schadensersatz- oder Bereicherungsforderung der Kläger sei nicht vorhanden. Gegenüber dem oben wiedergegebenen zweiten Teil des letzten Klagantrags hat die Beklagte Klagänderung gerügt.

Die Revision der in beiden Vorinstanzen abgewiesenen Kläger hatte keinen Erfolg.

Gründe:

Der Berufungsrichter sieht die sich aus Art. 84 Abs. 7 DurchfVo. ergebende Möglichkeit, die Hypothek der Beklagten mit Liquidations-Goldpfandbriefen zu tilgen, als eine dem Grundstückseigentümer und persönlichen Schuldner zustehende „facultas alternativa" (Lösungsbefugnis) an; er billigt diese Befugnis aber den Klägern weder in ihrer Eigenschaft als der Beklagten nachstehend dinglich Berechtigten, noch in der Eigenschaft als Erstehern zu. Demgemäß erklärt er das Verlangen der Kläger auf Kürzung des Liquidats der Beklagten um den hier streitigen Betrag und damit ihren Widerspruch gegen den Teilungsplan für unbegründet. Er verneint weiter einen Anspruch der Kläger aus ungerechtfertigter Bereicherung, weil die Zuweisung des vollen Hypothekenbetrags an die Beklagte nicht ohne rechtlichen Grund erfolgt sei. Schließlich verneint er auch eine Schadensersatzforderung, weil weder von einem wider Treu und Glauben verstoßenden Verhalten der Beklagten, noch von einem Verschulden wegen unterbliebener Ausstellung einer löschungsfähigen Quittung die Rede sein könne.

Die Revision rügt Verletzung materiellen Rechts. Sie meint, die Kläger seien als nachfolgende dinglich Berechtigte, wie auch als durch Zuschlag eingetretene Eigentümer (§ 1142 BGB.) zur Ablösung der Hypothek der Beklagten in Pfandbriefen berechtigt gewesen; die Beklagte habe sich durch ihre Annahmeverweigerung und die darin liegende Verweigerung einer löschungsfähigen Quittung schadensersatzpflichtig in Höhe des Unterschieds zwischen Börsenkurs und Nennwert der Pfandbriefe gemacht; der Ersatzanspruch der Kläger könne auch im Wege des Widerspruchs gegen das Liquidat der Beklagten zum Austrag gebracht werden.

Die Revision ist nicht begründet. Zutreffend sieht das Kammergericht die sich aus Art. 84 Abs. 7 DurchfVo. ergebende Möglichkeit, die Hypothek der Beklagten in Liquidations-Goldpfandbriefen zurückzuzahlen, als eine dem persönlichen und dinglichen Schuldner zustehende Lösungsbefugnis (facultas alternativa) an. Die Hypothekenschuld geht nur auf Geld; es besteht aber für den Schuldner die Befreiungsmöglichkeit durch Hingabe von Pfandbriefen. Daran ändert auch die Vorschrift des § 3 der Vo. vom

28. Juli 1926 nichts, wonach die Hypothekenbank die Annahme der Barzahlung aus banktechnischen Gründen verweigern kann, wenn ihr nicht die Absicht der Barzahlung drei Monate vor Schluß eines Kalendervierteljahres mitgeteilt worden ist. Die Darlehenshypothek der Beklagten war nun nicht schon mit dem auf das belastete Grundstück erteilten Zuschlag erloschen, sondern sie bestand nachher am Erlöse fort (RGZ. Bd. 123 S. 338). Das Erlöschen tritt erst mit der Befriedigung des Gläubigers ein; diese geschieht in einem Fall wie hier, wo die Hypothek durch das Bargebot voll gedeckt ist, mit der Auszahlung des auf den Gläubiger entfallenden Teils des Versteigerungserlöses an ihn oder mit der vollwirksam gewordenen Übertragung der Forderung gegen den Ersteher auf den Gläubiger. Bis zu diesem Zeitpunkt der Befriedigung des Gläubigers kann der ursprüngliche Schuldner und Eigentümer des belasteten Grundstücks die Tilgung in Pfandbriefen vornehmen. Geschieht dies vor dem Zuschlag, so erwirbt er damit die getilgte Hypothek als Eigentümergrundschuld (§ 1163 BGB.); bei Tilgung nach dem Zuschlag aber erwirbt er das dem Gläubiger erwachsene Recht auf Befriedigung aus dem Versteigerungserlös (RGZ. Bd. 88 S. 300). In solchem Falle fließt der sich aus dem Unterschied zwischen dem Nennbetrag der Hypothek und dem geringeren Kurswert der zur Tilgung angeschafften Pfandbriefe ergebende Vorteil dem Schuldner-Eigentümer zu, was dem Sinn der durch die Verordnung geregelten Ablösungsbefugnis entspricht.

Solange die Hypothekenschuld noch nicht erloschen war, konnten die Kläger, wie jeder Dritte, eine Befriedigung der Beklagten an Stelle des Schuldner-Eigentümers, wie dieser, auch in Pfandbriefen, auf Grund des § 267 BGB. vornehmen. Eine Tilgung in Pfandbriefen nur aus dieser Allgemeinbefugnis heraus hätte aber die Kläger nicht weitergeführt; sie wären damit nicht in das Recht auf den für die getilgte Hypothek auszuweisenden Versteigerungserlös eingerückt (RGZ. Bd. 123 S. 339), hätten vielmehr nur eine Ersatzforderung in Höhe ihrer tatsächlichen Aufwendungen gegen den befreiten Schuldner erlangen können. Die Kläger wollten jedoch nicht die fremde Schuld tilgen ohne Erwerb der der Beklagten zustehenden Forderung mit deren Sicherungsrecht, wie er sich aus § 268 Abs. 3 BGB. ergeben würde. Zwar geriet die Beklagte durch Zurückweisung eines vor dem Verteilungstermin erfolgten Tilgungsangebots der Kläger, zu dessen Annahme sie nach § 267 BGB. verpflichtet war, in

Annahmeverzug; jedoch ergaben sich daraus keine rechtlichen Folgen, weil alsbald darauf die immer noch geschuldete Tilgung durch Barzahlung geschehen ist und die Beklagte damit nur das erhalten hat, was ihr mangels früherer Befriedigung zustand. Wie schon in der angeführten Entscheidung näher ausgeführt, konnte auch eine Schadensersatzpflicht der Beklagten den Klägern gegenüber nicht daraus entstehen, daß sie nicht auf ein Ablösungsangebot der Kläger eingegangen ist, wenn dieses seine Grundlage lediglich in § 267 BGB. fand. Die Erteilung einer löschungsfähigen Quittung kam, nachdem die Hypothek der Beklagten durch den Zuschlag am Grundstück erloschen war, überhaupt nicht mehr in Betracht; allein schon aus diesem Grunde auch kein Leistungsverzug der Beklagten durch Nichterteilung einer solchen.

Dieser Rechtslage tragen die Kläger insofern Rechnung, als sie sich bei ihrem Lösungsangebot und bei den Ansprüchen, die sie aus dessen Nichtannahme herleiten, darauf stützen, daß ihnen in ihrer besonderen Stellung als nachfolgende dinglich Berechtigte, wie als Ersteher des belastet gewesenen Grundstücks die Lösungsbefugnis aus Art. 84 Abs. 7 DurchfVo. so, wie dem Schuldner-Eigentümer (dem Subhastaten), als besonderes eigenes Recht außerhalb der allgemeinen, sich aus § 267 BGB. ergebenden Tilgungsbefugnis zugestanden habe. Solche Lösungsbefugnis ist ihnen mit Recht versagt worden. Für die Frage, ob dem nach der Hypothekenbank eingetragenen Gläubiger dieses Ablösungsrecht zusteht, ist an der in RGZ. Bd. 123 S. 338 gegebenen verneinenden Antwort festzuhalten. . . .

Der Ersteher ist in der Zeit zwischen Erteilung des Zuschlags und Ausführung des Teilungsplans Eigentümer des ersteigerten Grundstücks (§§ 89, 90 ZVG.) und als Schuldner aus seinem Bargebot zur Zahlung des Versteigerungserlöses an das Gericht zur Verteilung unter die Berechtigten verpflichtet. Eine Ablösung der Hypothek der Beklagten aus der Stellung als Grundstückseigentümer heraus — in Anwendung des von der Revision herangezogenen § 1142 BGB. — kommt nicht in Frage, weil mit dem Zuschlag die Hypothek, die weder im geringsten Gebot stand noch nach besonderen Versteigerungsbedingungen bestehen bleiben sollte, erloschen (§ 91 ZVG.), das Grundstück also von ihr frei geworden ist und danach nicht auszulösen war. Am Barerlös, den der Ersteher zu zahlen hat, setzen sich als am „Surrogat" des Grundstücks die früheren hypothekarischen Rechtsbeziehungen fort. Mag man sich dieses Recht als dingliches Recht am Versteigerungserlös oder als schuldrechtliches Forderungsrecht auf den Erlös vorstellen, jedenfalls ist es ein Recht auf den Versteigerungserlös (RGZ. Bd. 101 S. 120, Bd. 125 S. 367). Wenn die Revision meint, nach §§ 1142, 1143 BGB. sei dem Ersteher als dem Schuldner der vom Hypothekenrecht ergriffenen baren Masse das Lösungsrecht aus Art. 84 Abs. 7 DurchfVo. für die noch ungetilgte Hypothek zu geben, so stehen dem zwei Gründe entgegen: Die in § 1142 BGB. für den Eigentümer, der nicht persönlicher Schuldner ist, bestimmte Befriedigungsbefugnis soll diesem zur Erhaltung seines Eigentums die Abwendung der Zwangsvollstreckung in das Grundstück ermöglichen. Für diesen Zweckgedanken ist aber da kein Raum mehr, wo der Erlös bereits an die Stelle des Grundstücks getreten ist. Ferner hat sich der Ersteher durch sein Gebot ausdrücklich zur Barzahlung verpflichtet; unter dieser Bedingung ist ihm der Zuschlag erteilt worden. Dem würde es widersprechen, wenn sich der Ersteher von seiner Verpflichtung durch eine Leistung von anderer Art und geringerem Wert befreien könnte. So folgt aus der Natur des auf Barzahlung gerichteten Gebots und Zuschlags, daß die Fortsetzung des Gläubigerrechts am Erlös, abgesehen von besonderen Vereinbarungen (§ 91 Abs. 2 ZVG.), nicht zu der in Art. 84 Abs. 7 DurchfVo. für den Hypothekenschuldner offen gelassenen Lösung in Liquidations-Goldpfandbriefen für den Ersteher führen kann. Die Meinung der Revision, in RGZ. Bd. 123 S. 338 sei dem Eigentümer schlechthin, also auch dem Ersteher-Eigentümer, die Ablösungsbefugnis zugebilligt worden, trifft nicht zu. Dort ist gesagt, daß ein Nachhypothekar, wie jeder Dritte, die allgemeine Befriedigungsbefugnis nach § 267 BGB. habe; aber dies nur mit der Wirkung, daß infolge solcher Befriedigung des Gläubigers ein Erwerb des Rechts am Versteigerungserlös für den Subhastaten (nicht für den neuen Eigentümer) eintrete.

Auch im übrigen ergeben sich aus der Zwangsversteigerung keine Beziehungen zwischen Ersteher und Hypothekengläubiger, die jenen zur Ausübung der in Art. 84 Abs. 7 DurchfVo. zugelassenen Lösungsbefugnis aus eigenem Recht, also abgesehen von dem oben behandelten § 267 BGB., berechtigen könnten. Eine unmittelbare Beziehung zwischen beiden besteht bis zur Verteilung des Erlöses durch das Gericht überhaupt nicht (RGZ. Bd. 64 S. 311). Die regelmäßige

Lösung ist die dem Gebot entsprechende Barzahlung durch den Ersteher im Verteilungstermin und die Verteilung des Bargeldes auf die zur Hebung kommenden Gläubiger. Damit bekommt dann die Hypothekenbank, wenn ihre Hypothek voll ausgeboten ist, den Nennbetrag in bar. Den Vorteil davon haben die Gläubiger der ausgegebenen Liquidationspfandbriefe; denn dieser der Bank zufließende Barbetrag ist nach Art. 84 Abs. 5 DurchfVo. zur Einlösung solcher Pfandbriefe zum Nennbetrag zu verwenden. Der Ersteher hat keinen Nachteil; er zahlt nicht mehr als den von ihm gebotenen Erwerbspreis für das ihm zu dieser Bedingung zugeschlagene Grundstück. Zahlt der Ersteher im Verteilungstermin nicht, so geschieht die Befriedigung des Gläubigers durch Übertragung der Forderung auf Zahlung des Bargebots auf ihn und durch Umkleidung dieser so übertragenen Forderung mit einer Sicherungshypothek (§§ 118, 128 ZVG.). Nun ist der Gläubiger für seine bisherige Darlehensforderung gegen den Vollstreckungsschuldner ebenso befriedigt, wie wenn Barzahlung erfolgt wäre. Erst mit der Übertragung ist ein unmittelbares Verhältnis zwischen dem Ersteher und dem Hypothekengläubiger geschaffen worden. Die jetzt dem Gläubiger gegen den Ersteher zustehende, durch Hypotheken gesicherte Forderung ist nicht der ursprüngliche Darlehensanspruch, sondern die Forderung aus dem Bargebot des Erstehers. Sie hat, jedenfalls streng juristisch genommen, nichts mit der alten, durch Übertragung getilgten Darlehensforderung zu tun. Die Kläger meinen, sich auf Ausführungen in einem Gutachten von Reinhard stützend (vgl. auch Reinhard-Müller ZVG. § 107 Anm. IX), der Umstand, daß im Falle solcher Überweisung die neue Sicherungshypothek an die Stelle der mit der Forderungsüberweisung getilgten Darlehensberechtigung tritt, ergebe für den Ersteher und neuen dinglichen wie persönlichen Schuldner der Hypothekenbank die Befugnis zur Ablösung dieser neuen Schuld in Pfandbriefen. Sie wollen daraus schließen, daß solche Ablösungsbefugnis auch schon vor und im Verteilungstermin bestanden haben müsse. Gesetzlich ist im Fall der Forderungsübertragung nach §§ 118, 128 ZVG. der Zusammenhang der neuen mit der alten Forderung insofern gewahrt, als die Neueintragung mit dem Range des alten Rechts erfolgt. Die Rechtsprechung (RGZ. Bd. 71 S. 404) hat in einem Falle, wo der Hypothekengläubiger Räume auf dem belasteten Grundstück gemietet hatte und wo bedungen war, daß der Gläubiger die Hypothek nicht kündigen dürfe, solange er die Mieträume benutze, diese Kündigungsbeschränkung nach der Zwangsversteigerung des Grundstücks auch der aus §§ 118, 128 ZVG. neu eingetragenen Hypothek anhaften lassen, weil das Mietverhältnis fortgesetzt wurde. Die Lage ist aber im Falle solchen Ersatzes der Aufwertungshypothek einer Hypothekenbank durch eine nach §§ 118, 128 ZVG. eingetragene Sicherungshypothek nicht so, daß auf die neue Hypothek der Art. 84 DurchfVo. angewandt werden könnte. Hier ist vielmehr entscheidend, daß der neuen Hypothek die neu entstandene und anders geartete Forderung gegen den Ersteher auf Zahlung des Bargebots zugrunde liegt. Dieser Forderung kann nicht ohne eine dies klar aussprechende gesetzliche Vorschrift die sich für die alte getilgte Darlehenshypothek aus Art. 84 Abs. 7 DurchfVo. ergebende besondere Lösungsmöglichkeit beigemessen werden. Auch hier gilt das oben für den Fall der sofortigen Barzahlung Hervorgehobene, daß der Ersteher mit Volltilgung nur seine sich aus dem Bargebot ergebende Schuld zahlt. Wollte man ihm die besondere Ablösungsmöglichkeit zugestehen, so würde er durch den zufälligen Umstand, daß auf dem ersteigerten Grundstück ein Hypothekenbankdarlehen ruht, in die Lage versetzt, den gebotenen Kaufpreis um den Kursunterschied der Pfandbriefe gegenüber dem Nennwert herabzumindern; dabei würde der Vorteil, daß Pfandbriefe in Höhe des Betrags der Ersatzhypothek nach deren Auszahlung ausgelost werden, und zwar zum Nennwert, den Pfandbriefgläubigern entzogen werden. Daraus, daß der Ersteher in Fällen, wo die alte Hypothek bestehen bleibt, auf Grund besonderer Vereinbarungen nach § 91 Abs. 2 ZVG. oder als im geringsten Gebot stehend die Ablösungsmöglichkeit aus Art. 84 Abs. 7 DurchfVo. behält, folgt nicht, daß dies auch für eine ganz anders geartete, nach §§ 118, 128 ZVG. neu begründete Hypothek gelten müsse. In § 10 Abs. 2 der Verordnung über die Eintragung von Hypotheken in ausländischer Währung vom 13. Februar 1920 (RGBl. S. 231), in § 6 Abs. 2 des Gesetzes über wertbeständige Hypotheken vom 23. Juni 1923 (RGBl. I S. 407) und in Art. 25 des Zusatzabkommens betr. schweizerische Goldhypotheken vom 25. März 1923 (RGBl. II S. 284) ist durch besondere Vorschrift die wertbeständige Fortsetzung der alten Hypothek in der gemäß §§ 118, 128 ZVG. einzutragenden Hypothek festgelegt. Das berechtigt aber nicht zu gleicher Handhabung in einem Fall, wo keine solche Vorschrift gegeben ist. Somit kann auch in dem Fall, wo der

Ersteher sein Bargebot nicht erfüllt und deshalb eine Forderungsübertragung mit Eintragung einer Sicherungshypothek gemäß §§ 118, 128 ZVG. erfolgt, dem Ersteher und Erlösschuldner für diese neue Schuld nicht die Lösungsbefugnis aus Art. 84 Abs. 7 DurchfVo. zugebilligt werden, die dem Schuldner der alten Hypothekenbankforderung zustand. Damit entfällt die Grundlage des von den Klägern im Anschluß an Reinhard gezogenen Rückschlusses, aus einer für die Schuld aus §§ 118, 128 ZVG. gegebenen Lösungsbefugnis in Pfandbriefen ergebe sich das Bestehen des Lösungsrechts für den Ersteher auch schon vor und im Verteilungstermin.

Nach alledem ist dem Ersteher die Lösungsbefugnis nicht zuzubilligen. Weder sein Eigentum an dem früher belastet gewesenen Grundstück, noch die Fortsetzung des hypothekarischen Rechts an dem von ihm geschuldeten Erlös, noch sonstige Rechtsbeziehungen zwischen ihm und der Hypothekengläubigerin können zu diesem Ziele führen. Das von den Klägern erstrebte Ergebnis würde dem schon mehrfach hervorgehobenen Umstand widersprechen, daß der Ersteher sich wie ein Grundstückskäufer zur vollen Barzahlung des Ansteigerungskaufpreises verpflichtet hat. Eine Begünstigung des Erstehers dahin, daß er sich durch solche Ablösung einen Kursgewinn aus dem im Verhältnis zum Nennwert niedrigen Preise der Pfandbriefe verschaffen könnte, würde ferner nicht dem Sinn und Zweck der in Art. 84 Abs. 7 DurchfVo. gegebenen Befugnis entsprechen. Damit sollten zunächst die Pfandbriefinhaber begünstigt werden, für die eine bessere Kursgestaltung aus solcher Verwendbarkeit der Pfandbriefe erwartet wurde; weiter die Hypothekenschuldner, denen dafür der sonst nach Art. 21 DurchfVo. zulässige Zwischenzinsabzug genommen wurde. Kommt es aber nicht zur Lösung der Hypothek in Pfandbriefen, weil der alte Schuldner-Eigentümer bis zum Verteilungstermin keinen Gebrauch von dieser Befugnis macht, und wird dann vom Ersteher seinem Gebot entsprechend bar gezahlt, so kommt der Vorteil daraus wiederum den Pfandbriefinhabern zugute, weil dieser Betrag zur Einlösung der Pfandbriefe im Wege der Auslosung zum Nennbetrag zu verwenden ist. Zum Kreise der so zu begünstigenden Personen gehört der Ersteher nicht. Irgendein Grund, ihm bei der Ansteigerung eine Herabminderung seines Gebotspreises daraus zu ermöglichen, daß das ersteigerte Grundstück mit einer Hypothekenbank-Aufwertungshypothek belastet ist, besteht nicht. Die Zahlung des Versteigerungserlöses durch den Ersteher ist eben etwas anderes als eine Rückzahlung der Hypothek. (Im Ergebnis ebenso Friedenthal in JW. 1929 S. 715; Leo in JW. 1929 S. 3281; Steiner ZVG. 4. Aufl. S. 280, 323; a. M. Waldeck in JR. 1928 S. 220; Weinberg in JW. 1929 S. 163; Stillschweig in JW. 1929 S. 1951; Reinhard-Müller ZVG. 2. Aufl. S. 491; Harmening in Jäckel-Güthe ZVG. 6. Aufl. S. 1027.)

Da hiernach die Kläger nach der Versteigerung weder als der Beklagten nachstehende dinglich Berechtigte noch als Ersteher gegenüber der Beklagten eine Lösungsbefugnis in Pfandbriefen hatten, so hat die Beklagte mit dem ihr im Verteilungstermin zugewiesenen Barbetrag — abgesehen von der hier nicht zur Entscheidung stehenden Frage des Zwischenzinsabzugs — das bekommen, was ihr aus ihrer Hypothekenforderung zustand. Damit ist zunächst der Widerspruchsklage die Grundlage entzogen. Deswegen kann dahingestellt bleiben, ob nicht selbst dann, wenn man den Klägern die von ihnen beanspruchte Lösungsbefugnis zubilligen wollte, der Verteilungsplan richtig aufgestellt und ein Widerspruch der Kläger gegen ihn auf diese Weise nicht zu begründen war. Der Erhebung einer selbständigen Schadensersatz- oder Bereicherungsklage hat der in der letzten Berufungsverhandlung neu gestellte Antrag der Kläger auf Zahlung dienen sollen. Das Berufungsgericht hat insofern unrichtig gehandelt, als es den hiergegen erhobenen Einwand der Klagänderung nicht geprüft und den Antrag ohne solche Prüfung aus sachlichrechtlichen Gründen abgewiesen hat. Weil aber mit der Weigerung der Beklagten, die von den Klägern angebotenen Liquidations-Goldpfandbriefe anzunehmen, nicht irgendein besonderes Lösungsrecht der Kläger verletzt ist, weil auch die Beklagte auf ihre Hypothek nur das ihr Zukommende erhalten hat, so fehlt die rechtliche Grundlage für einen Schadensersatz- oder Bereicherungsanspruch der Kläger. Durch die sachlich gerechtfertigte Klagabweisung sind die Kläger nicht beschwert (RGZ. Bd. 53 S. 35).

67. Inwieweit unterliegt der Nachprüfung der Gerichte die Frage, ob eine ausländische Versicherungsunternehmung als unter Reichsaufsicht stehend anzusehen ist?

Durchführungsverordnung zum Aufwertungsgesetz vom 29. November 1925 Art. 115 Satz 3.

VII. Zivilsenat. Urt. v. 21. Februar 1930 i. S. Schutzverband für Auslandsversicherte e. V. (Kl.) w. Schweizerische Lebensversicherungs- und Rentenanstalt (Bekl.). VII 339/29.

I. Landgericht München I.
II. Oberlandesgericht daselbst.

Durch Entscheidung des Reichskanzlers vom 15. Juni 1904 war der Beklagten die Erlaubnis zum Betrieb der Lebensversicherung für das Gebiet des Deutschen Reichs auf Grund des § 86 des Ges. über die privaten Versicherungsunternehmungen vom 12. Mai 1901 erteilt worden. Sie unterhält seitdem innerhalb des Reichsgebiets eine Niederlassung und hat für das Inland einen Hauptbevollmächtigten bestellt, der seinen Wohnsitz innerhalb des Reichsgebiets hat.

Durch Versicherungsvertrag vom 16. Dezember 1918 wurde Wilhelm H. in München gegen Hingabe eines Eigenkapitals von 20000 M. für eine jährliche Leibrente von 1107,80 M. bei der Beklagten versichert. Die ersten Jahresraten (für 1919, 1920, 1921, 1922) wurden gezahlt. In der Folge stellte die Beklagte die Zahlung der Leibrente ein und verwies den H. auf den in Deutschland befindlichen Aufwertungsstock. H. trat seine Ansprüche gegen die Beklagte im September 1927 an den klagenden Verein ab. Dieser machte Aufwertungsansprüche gegen die Beklagte geltend, unterlag aber in allen drei Rechtszügen.

Aus den Gründen:

... Das Berufungsgericht hat angenommen, daß die Beklagte als eine unter Reichsaufsicht stehende Unternehmung im Sinne des Art. 115 DurchfVo. vom 29. November 1925 anzusehen ist, sodaß die Art. 95 bis 114 das. auf Ansprüche aus einer mit ihr abgeschlossenen Lebensversicherung anzuwenden seien. Die Revision wendet ein, die Frage, ob eine Unternehmung als nicht unter Reichsaufsicht stehend anzusehen sei, habe endgültig das Reichsaufsichtsamt für

Privatversicherung zu entscheiden (Art. 115 a. a. O.), sodaß die ordentlichen Gerichte zur Entscheidung dieser Frage nicht befugt seien; das Berufungsgericht hätte also eine Entscheidung des Reichsaufsichtsamtes herbeiführen müssen. Allerdings bestimmt Art. 115 Satz 3: „Darüber, ob eine Unternehmung im Sinne dieser Bestimmung als nicht unter Reichsaufsicht stehend anzusehen ist, entscheidet endgültig das Reichsaufsichtsamt für Privatversicherung", und der Revision ist zuzugeben, daß ihre Auslegung diesem Wortlaut („ob ... anzusehen ist") entspricht. Indessen muß bei Auslegung gesetzlicher Vorschriften auch auf ihren Zweck Rücksicht genommen werden und seine Berücksichtigung kann zu einer Änderung des sich aus dem Wortlaut allein ergebenden Sinnes führen. Durch Art. 115 sollen die ausländischen Versicherungsunternehmungen, die unter Reichsaufsicht stehen, gegen Aufwertungsansprüche geschützt werden, die von Versicherungsnehmern entgegen den Bestimmungen der Art. 95flg. a. a. O. auf die allgemeinen Aufwertungsvorschriften gestützt werden könnten. Es soll vermieden werden, daß eine ausländische Versicherungsunternehmung, die nach der Ansicht des Reichsaufsichtsamts unter Reichsaufsicht steht, vom ordentlichen Gericht als nicht unter Reichsaufsicht stehend behandelt wird und daher der Vorteile der Art. 95 flg. verlustig geht. Dagegen beabsichtigt Art. 115 a. a. O. nicht den Schutz der Versicherungsnehmer; er will nicht verhindern, daß ohne vorgängige Entscheidung des Reichsaufsichtsamts vom ordentlichen Gericht eine ausländische Versicherungsunternehmung als unter Reichsaufsicht stehend angesehen wird und daß demgemäß auf allgemeinem Aufwertungsrecht beruhende Ansprüche gegen eine solche Unternehmung abgelehnt werden. Daraus ergibt sich folgendes: in Satz 3 des Art. 115 ist dem Reichsaufsichtsamt nur die Entscheidung übertragen, daß eine ausländische Unternehmung nicht als unter Reichsaufsicht stehend anzusehen sei, und es ist nicht nötig, in jedem Falle eine Senatsentscheidung des Aufsichtsamts einzuholen, wenn bestritten wird, daß eine ausländische Unternehmung unter Reichsaufsicht steht. An einer solchen Feststellung sind die ordentlichen Gerichte also nicht gehindert.

Gegen die Auslegung der Revision spricht neben dem Zweck auch die Fassung der Vorschrift; es bleibt, wenn man der Revision folgt, unerklärt, weshalb die negative Form des indirekten Fragesatzes (ob eine Unternehmung ... als nicht unter Reichsaufsicht stehend anzusehen ist) statt der positiven (ob eine Unternehmung als unter Reichsaufsicht stehend anzusehen ist), gewählt ist, während sich mit der oben dargelegten Auffassung die Fassung der Bestimmung ungezwungen vereinigen läßt.

Das Berufungsgericht durfte hiernach die Beklagte als unter Reichsaufsicht stehend ansehen und hat es ohne Rechtsirrtum getan.

---

68. 1. Wann liegt ein Anspruch aus der Kriegswirtschaft oder der Kriegsverwaltung vor gegen das Reich oder gegen eine andere Stelle, die für Rechnung des Reichs handelt? Inwieweit sind die Voraussetzungen vom ordentlichen Gericht zu prüfen?

2. Sind Ansprüche gegen das Reich aus der Kriegsverwaltung aufzuwerten?

Abgeltungserweiterungs-Verordnung vom 24. Oktober 1923 (RGBl. I S. 1010) §§ 1 bis 3.

IV. Zivilsenat. Urt. v. 27. Februar 1930 i. S. Kreis St. (Bekl.) w. K. (Kl.). IV 286/29.

I. Landgericht Münster.
II. Oberlandesgericht Hamm.

Die Klägerin gab dem Beklagten im April 1918 ein Darlehen von 300000 M., das dieser zu Kriegswohlfahrtszwecken, nämlich zur Unterstützung von Familien in den Kriegsdienst getretener Mannschaften, aufnahm und verwandte. Er zahlte das Darlehen nebst Zinsen am 8. August 1923 zum Nennbetrag an die Klägerin zurück. Diese verlangte mit der im März 1927 erhobenen Klage Aufwertung in Höhe eines Teilbetrags von 24000 RM. Das Landgericht erkannte demgemäß. Der Beklagte legte Berufung ein und beantragte, das Verfahren gemäß der Abgeltungserweiterungs-Verordnung vom 24. Oktober 1923 auszusetzen. Das Berufungsgericht lehnte den Antrag durch Beschluß mit der Begründung ab, daß nach dem bisherigen unstreitigen Vorbringen der Parteien zur Zeit des Erlasses der Verordnung ein abzugeltender Anspruch im Sinne der Verordnung nicht mehr vorgelegen habe, und erließ nach streitiger Verhandlung Sachurteil gegen den Beklagten.

Die Revision des Beklagten führte zur Aufhebung und Zurückverweisung aus folgenden

Gründen:

Wenn auch der Beschluß des Oberlandesgerichts, durch den der Antrag des Beklagten auf Aussetzung des Verfahrens abgelehnt wurde, gemäß §§ 548, 567, 252 ZPO. als solcher nicht der Anfechtung unterliegt, so erschöpft sich doch damit noch nicht der aus den Vorschriften der Abgeltungserweiterungs-Verordnung vom 24. Oktober 1923 hergeleitete Einwand des Beklagten. Mit ihm wurde gleichzeitig die Unzulässigkeit des Rechtswegs geltend gemacht, zu der überdies in jeder Lage des Verfahrens von Amts wegen Stellung zu nehmen ist.

1. In dieser Hinsicht rügt die Revision zunächst die Nichtanwendung des § 1 Abs. 1 Nr. 1 der bezeichneten Verordnung. Durch diese Vorschrift wird der Rechtsweg für Ansprüche, die aus der Kriegswirtschaft oder der Kriegsverwaltung herrühren, nicht nur insoweit ausgeschlossen, als sie sich gegen das Reich richten, sondern auch für Ansprüche „gegen eine andere Stelle, die für Rechnung des Reichs handelt". Daß ein derartiger Anspruch vorliege, hatte der Beklagte behauptet; die Klägerin hatte es bestritten. Für den Fall eines Streites darüber, ob der Anspruch nach § 1 Abs. 1 abzugelten ist, bestimmt § 2, daß die Prozeßakten dem Reichsminister der Finanzen zur Entscheidung dieser Vorfrage vorzulegen sind, und erklärt dessen Entscheidung als endgültig und für die Gerichte verbindlich. Wie im RGU. vom 1. April 1925 V 300/24 näher dargelegt ist, erstreckt sich die Zuständigkeit des Ministers im Streitfall auch auf die Frage, ob die im § 1 Abs. 1 der Verordnung (deren Gültigkeit insoweit mit RGZ. Bd. 107 S. 320 zu bejahen ist) für die Abgeltung eines Anspruchs aufgestellten Voraussetzungen gegeben sind. Die Prüfung des ordentlichen Gerichts ist indes damit nicht auch für die Frage ausgeschaltet, ob sich der Anspruch gegen eine für Rechnung des Reichs handelnde Stelle richtet, vielmehr ist davon die Anwendbarkeit der Verordnung überhaupt abhängig (vgl. RGU. vom 30. April 1927 I 5/27 in Verb. mit RGU. vom 17. November 1923 I 234/23). Es genügt hierbei nicht, daß der verklagte Kreisverband allgemein zu den Stellen gehört, die in der Kriegsverwaltung für Rechnung des Reichs gehandelt haben, sondern es ist weiter erforderlich, daß er im

besonderen Falle den Darlehensvertrag für Rechnung des Reichs abgeschlossen hat. Der Beklagte hat in dieser Hinsicht bisher nur vorgetragen, daß er das Darlehen für Kriegswohlfahrtszwecke aufgenommen und verwandt habe, nämlich zur Unterstützung von Familien in den Kriegsdienst getretener Mannschaften. Das ist im Tatbestand des angefochtenen Urteils auch als unstreitig festgestellt worden. Zu der Frage, ob die Klägerin Kenntnis vom Zweck der Darlehensaufnahme hatte und ob die Aufnahme für Rechnung des Reichs geschehen ist, haben weder die Parteien noch das Berufungsgericht Stellung genommen. Rechtlich würde es in letzterer Hinsicht genügen, wenn dem Reich die Pflicht obläge, dem Beklagten die zur Rückzahlung des Darlehens erforderlichen Geldbeträge zur Verfügung zu stellen oder zu erstatten (vgl. Landessteuergesetz vom 30. März 1920 § 59, Finanzausgleichsgesetz vom 23. Juni 1923 § 68 und dasselbe Gesetz in der Fassung vom 27. April 1926 § 60, jeweils im Abs. 3; ferner zum Finanzausgleichsgesetz 1923 Röttinger Anm. 6 Abs. 2 zu § 68 S. 219). Aus dem bei Abschluß des Darlehensvertrags geltenden Recht kann die in Frage stehende Verpflichtung nicht ohne weiteres entnommen werden. In Betracht kommt das Gesetz vom 28. Februar 1888 (RGBl. S. 59) in der Fassung des Gesetzes vom 4. August 1914 (RGBl. S. 332). Dort ist im § 12 lediglich bestimmt, daß für Unterstützungen der hier fraglichen Art Entschädigung aus Reichsfonds in Höhe gesetzlich bestimmter Mindestbeträge gewährt werde. Von der hiervon verschiedenen Haftung für aufgenommene Darlehen ist nirgendwo die Rede. Daß aber im vorliegenden Falle das Reich eine solche Haftung bei Aufnahme des Darlehens übernommen hätte, ist bisher weder behauptet noch aus den vorgetragenen Urkunden zu entnehmen. Diese Darlegungen führen zu dem Ergebnis, daß nach dem festgestellten Sachverhalt der § 1 und damit auch der nur auf ihn bezügliche § 2 der Abgeltungserweiterungs-Verordnung nicht zur Anwendung kommen können.

2. Nach dem als rechtsgültig anzuerkennenden § 3 der genannten Verordnung, auf den sich der Beklagte gleichfalls berufen hatte und den auch die Revision als verletzt bezeichnet, können Ansprüche Dritter, die mit einem nach § 1 abzugeltenden Anspruch in mittelbarem oder unmittelbarem Zusammenhang stehen, einstweilen nicht gerichtlich geltend gemacht werden. Soweit sie zur Zeit des Inkrafttretens der Verordnung (30. Oktober 1923) schon rechtshängig sind, hat das

Gericht auf Antrag einer Partei die Aussetzung des Verfahrens anzuordnen. Der nach § 1 abzugeltende Anspruch kann hier nur der des Beklagten gegen das Reich auf Erstattung der Darlehenssumme oder der mit ihr gezahlten Kriegsunterstützungen sein. Ob ein solcher Anspruch bei Inkrafttreten der Verordnung noch bestand, unterliegt ebenso wie die Frage, ob ein Anspruch eines Dritten (hier der Klägerin) besteht und mit jenem Anspruch aus § 1 in mittelbarem oder unmittelbarem Zusammenhang steht, der Prüfung durch das ordentliche Gericht, da diesem (abweichend von §§ 1 und 2) die Zuständigkeit durch die Verordnung nicht entzogen ist (s. das angeführte RGU. vom 30. April 1927). Das Berufungsgericht hat angenommen, daß bei Inkrafttreten der Verordnung kein abzugeltender Anspruch des Beklagten gegen das Reich aus der Entleihung von Geld bei der Klägerin mehr bestanden habe. Aus den Schreiben vom 23. Januar und 17. Juli 1923 folge nämlich, daß das Reich dem Beklagten den Darlehensbetrag erstattet habe, nachdem vorher der Beklagte dem Reich gegenüber sich damit einverstanden erklärt habe, daß nach erfolgter Barzahlung eine Haftung des Reichs gegenüber dem Beklagten weder wegen der Anleihe noch wegen der Zins- und Tilgungsbeträge bestehen solle. Das Berufungsgericht hat ferner darauf verwiesen, daß der Beklagte selbst vorgetragen habe, er habe dem Reich gegenüber zweifellos keinen Aufwertungsanspruch mehr. Diese Ausführungen sind nicht frei von rechtlichen Bedenken. Durch sie wird nicht dargetan, daß dem Beklagten gegen das Reich kein Anspruch auf Aufwertung der bei der Klägerin entliehenen und vom Reich in Papiermark erstatteten Gelder zustehe. Daß an und für sich das Reich auch für die in Frage stehende öffentlichrechtliche Verpflichtung die Aufwertung zugesteht, folgt schon aus Satz 1 und 2 des § 1 der Ausführungsbestimmungen zur Abgeltungserweiterungs-Verordnung vom 6./26. November 1923 (Reichsanzeiger Nr. 261 und 269). Aus den vom Berufungsgericht verwerteten Briefen ist aber nicht zu entnehmen, daß der Beklagte auf ein Aufwertungsrecht hätte verzichten wollen und daß das Reich einen solchen Verzicht gefordert hätte. Es braucht daher jedenfalls zur Zeit nicht grundsätzlich auf die Frage der Aufwertbarkeit öffentlichrechtlicher Forderungen eingegangen zu werden (vgl. dazu Mügel 5. Aufl. S. 242; Roth, Aufwertung Bd. I S. 79). Dem Aufwertungsanspruch steht auch nicht entgegen, daß der Beklagte im vorliegenden Prozeß beim Streit um die Höhe des Aufwertungssatzes zunächst die Rechtsansicht vertreten hat, ihm stehe kein Aufwertungsanspruch gegen das Reich zu, eine Auffassung, die er zudem später aufgegeben hat, indem er sich auf den § 3 der Verordnung berief.

Die weitere Frage, ob der eingeklagte Anspruch als Anspruch eines Dritten mit dem Abgeltungsanspruch des Beklagten gegen das Reich in mittelbarem oder unmittelbarem Zusammenhang steht, hat das Berufungsgericht nicht entschieden, sondern es hat sich auf die Ausführung beschränkt, daß insofern der Fall des § 3 gegeben sein könnte. Der mittelbare Zusammenhang (von einem unmittelbaren kann nach dem Parteivorbringen nicht die Rede sein) würde voraussetzen, daß der Darlehensvertrag zur Ermöglichung der Ausführung der dem Beklagten obliegenden Unterstützungspflichten abgeschlossen worden ist, daß er der Erfüllung dieser Verpflichtung dient (vgl. RGZ. Bd. 101 S. 328 und RGU. vom 29. Juni 1922 IV 727/21). Darunter ist ausschließlich seine sachliche Bestimmung zu verstehen und es kommt hier nicht darauf an, ob die Klägerin bei Abschluß des Darlehensvertrags davon Kenntnis hatte (RGZ. Bd. 101 a. a. O.). Da nun das Darlehen unstreitig zum Zweck der Erfüllung der mehrfach erwähnten Pflichten des Beklagten aufgenommen und dazu auch verwandt worden ist, muß der mittelbare Zusammenhang bejaht werden.

Ist dem so, so kann der Aufwertungsanspruch gemäß § 3 der Verordnung einstweilen nicht gerichtlich geltend gemacht werden. Das Berufungsgericht durfte also über ihn keine sachliche Entscheidung treffen. Darüber, was zu geschehen hatte, ist im § 3 keine ausdrückliche Bestimmung getroffen. Die Aussetzung des Verfahrens ist dort nur für den Fall angeordnet, daß der Anspruch des Dritten „zur Zeit des Inkrafttretens dieser Verordnung bereits rechtshängig" war. Das trifft hier aber nicht zu, da die Klage erst später erhoben worden ist. Die Vorschrift kann aber nur dahin ausgelegt werden, daß auf Antrag stets die Aussetzung eines schwebenden Verfahrens zu beschließen sei und daß dies auch dann zu geschehen habe, wenn beim Inkrafttreten der Verordnung der Anspruch schon rechtshängig war.

Nach Vorstehendem hängt die Anwendbarkeit des § 3 der Verordnung von der Feststellung ab, ob der Beklagte gegen das Reich einen Anspruch auf Aufwertung seiner Abgeltungsforderung hat. Hierzu bedarf es der Zurückverweisung der Sache an das Berufungsgericht. Sollten die Parteien in der Lage sein, ihre Ausführungen zum § 1 der Verordnung nach Maßgabe der rechtsgrundsätzlichen Darlegungen dieses Urteils zu ergänzen, so wird das Berufungsgericht auch dazu Stellung zu nehmen haben.

---

69. 1. Bedarf der Einwand des Versicherers, er sei wegen verspäteter Anzeigeerstattung von der Verpflichtung zur Leistung frei geworden, zu seiner Rechtfertigung des Nachweises, daß ihm durch die Verzögerung ein Schaden entstanden ist?

2. Unter welchen Umständen kann der Versicherungsnehmer diesem Einwand den Gegeneinwand der Arglist entgegensetzen?

Versicherungsvertragsgesetz § 6.

VII. Zivilsenat. Urt. v. 11. März 1930 i. S. R. AG. (Kl.) w. M. Versicherungs-AG. (Bekl.). VII 369/29.

I. Landgericht I Berlin.
II. Kammergericht daselbst.

Die Klägerin war für ihre Berliner Zweigniederlassung bei der Beklagten und bei der Versicherungsgesellschaft Th. gegen Einbruchsdiebstahl versichert. In der Nacht vom 15. zum 16. Dezember 1927 wurde dort ein Einbruch verübt, bei dem aus einem erbrochenen Geldschrank 12132,62 RM. in bar gestohlen wurden. Die Klägerin fordert von der Beklagten mit der Behauptung, daß diese vier Fünftel des Risikos zu vertreten habe, Zahlung von 9706,10 RM. nebst Verzugszinsen. Das Landgericht gab der Klage statt. Auf die Berufung der Beklagten wies das Kammergericht die Klage ab. Die Revision der Klägerin wurde zurückgewiesen.

Aus den Gründen:

Nach Ablehnung anderer Einwendungen der Beklagten gelangt der Berufungsrichter deshalb zur Abweisung der Klage, weil er annimmt, nach § 12 Nr. 1, 2, § 13 Nr. 1 der Allgemeinen Versicherungsbedingungen der Beklagten für die Einbruchsdiebstahlversicherung (in Verbindung mit § 6 Abs. 2, 3 VVG.) sei der Versicherer von der Verpflichtung zur Leistung aus dem Versicherungsfall frei geworden. In § 12 Nr. 1 a. a. O. ist bestimmt, daß der Versicherungsnehmer, sobald er vom Eintritt eines Versicherungsfalles Kenntnis erlangt, dem Versicherer oder dessen Agenten (sowie der Ortspolizeibehörde) unverzüglich Anzeige zu machen hat, und in Nr. 2 des § 12 ist für Diebstahlsfälle im Gesamtwert von über 1000 M. unverzügliche telegraphische Anzeige vorgeschrieben; § 13 Nr. 1 sagt, daß bei Verletzung der Obliegenheit nach § 12 Nr. 1 der Versicherer von der Verpflichtung zur Leistung frei wird, es sei denn, daß die Verletzung weder auf Vorsatz noch auf grober Fahrlässigkeit beruht. Das Berufungsgericht stellt fest, daß die an die Assekuranzfirma G. in Berlin gerichtete Anzeige der Klägerin von dem Einbruchsdiebstahl erst am 22. Dezember 1927, also nahezu eine Woche später, erstattet wurde, und führt diese Verzögerung auf grobe Fahrlässigkeit zurück, die der gesetzlichen Vertretung der Klägerin zur Last falle. Dieses Verschulden findet der Vorderrichter in dem eigenen Vorbringen der Klägerin, das dahin geht: Ihre Altonaer Zentrale habe vom Abschluß des Versicherungsvertrags mit der Beklagten, der durch ihre Berliner Zweigniederlassung im Mai 1924 erfolgt sei, keine Kenntnis erlangt; auch sei der Versicherungsschein bei der Berliner Niederlassung verblieben. Ein später — im Mai 1927 — abgeschlossener Nachtrag zur Versicherung sei der Zentrale übersandt und dort mit anderen Urkunden abgelegt worden; nach dem Einbruch vom 15./16. Dezember 1927 habe der Angestellte V. dem Prokuristen der Klägerin K. gemeldet, daß eine Prämienquittung über eine Einbruchsdiebstahlversicherung bei der Klägerin vorhanden sein müsse; darauf seien die Angestellten V. und S. mit Nachforschungen nach dieser Quittung beauftragt worden. Nach mehreren Tagen habe S. den von der Beklagten ausgestellten Versicherungsnachtrag nebst Prämienquittung aufgefunden. Darauf habe die Zentrale alsbald fernmündlich der Berliner Zweigniederlassung den Auftrag erteilt, den Schaden unverzüglich der Berliner Agenturfirma G. zu melden, was auch am 22. Dezember geschehen sei. Das Kammergericht erwägt, der Vorstand der Klägerin hätte unbedingt für solche Ordnung in ihrem kaufmännischen Betriebe sorgen müssen, daß eine derartige Unkenntnis von einem bestehenden Versicherungsvertrag und ein derartiges Verschwinden einer wichtigen Versicherungsurkunde nicht hätte vorkommen können; auf ein solches Mindestmaß von Ordnung in einem versicherten großen kaufmännischen Betrieb müsse sich eine Versicherungsgesellschaft verlassen können. Hätte sich der Angestellte nicht zufällig der Prämienquittung entsonnen, so hätte Jahr und Tag über die Anmeldung verstreichen können und die Beklagte wäre, wollte man hier nicht ein grob fahrlässiges Verhalten der Klägerin in der Ordnung ihres Betriebes annehmen, auch dann immer noch nicht von der Leistung frei.

Die Revision rügt Verletzung der Rechtsbegriffe „unverzüglich" und „grobe Fahrlässigkeit", jedoch mit Unrecht. (Wird näher ausgeführt.)

Die Revision trägt sodann vor, es sei eine Erörterung des Berufungsgerichts darüber zu vermissen, wie es gekommen wäre, wenn die Klägerin den Einbruchsdiebstahl der Beklagten rechtzeitig angezeigt hätte. Dieses Vorbringen geht von der Voraussetzung aus, der Einwand der verzögerten Anzeigeerstattung bedürfe zu seiner Rechtfertigung des Nachweises, daß dem Versicherer durch die Verzögerung ein Schaden entstanden sei. Diese Annahme ist aber irrig. In den oben mitgeteilten Bestimmungen der Allgemeinen Versicherungsbedingungen der Beklagten ist die Obliegenheit des Versicherungsnehmers, deren auf Vorsatz oder grober Fahrlässigkeit beruhende Verletzung die Befreiung des Versicherers von der Leistungspflicht nach sich ziehen soll, nur dahin bestimmt, daß er vom Eintritt des Versicherungsfalles dem Versicherer unverzüglich Anzeige zu machen hat, und auch die Vorschriften im § 6 VVG. bieten keine Unterlage dafür, daß die Entstehung eines Schadens für den Versicherer als weiteres Erfordernis der Verwirkung des Versicherungsanspruchs aufzustellen wäre. Der Nachweis eines solchen Schadens würde wohl auch meistens nach Lage der Dinge unmöglich sein.

Die Revision hat ferner unter Hinweis auf die Rechtsprechung des I. Zivilsenats (RGZ. Bd. 98 S. 122, Bd. 126 S. 324) gerügt, daß der Vorderrichter nicht geprüft habe, ob der aus der Verzögerung der Anzeige entnommene Einwand der Beklagten nicht durch den Gegeneinwand der Arglist entkräftet werde. Jene Urteile des I. Zivilsenats haben es jedoch nicht mit dem Versicherungsrecht zu tun, sondern mit einer im Vertragsverhältnis des Schleppschiffahrtsunternehmers zum Eigner des geschleppten Schiffes bedungenen Ausschlußfrist für die Anmeldung von Schadensersatzansprüchen des letzteren. Daß hier wesentlich andere tatsächliche Verhältnisse obwalten als bei den jeder räumlichen Annäherung entbehrenden Beziehungen zwischen dem Versicherer und dem Versicherungsnehmer, liegt auf der Hand. Ob dem Versicherer, der sich auf die Verspätung der Anzeige vom Eintritt des Versicherungsfalles beruft, überhaupt die Einrede der Arglist entgegengesetzt werden kann, mag dahinstehen. Als Unterlage dieser Einrede wäre — gerade im Sinne der angeführten Urteile des I. Zivilsenats — zu erfordern, daß Anhaltspunkte für die Annahme beständen, der Versicherer habe alsbald auf andere Weise von dem seine Leistungspflicht begründenden Ereignis Kenntnis erhalten. Irgendwelche Vermutung wird dafür nur unter ganz besonderen Umständen sprechen. Im vorliegenden Falle hatte aber das Kammergericht nicht den geringsten Anlaß, zu der Frage Stellung zu nehmen, ob etwa die Beklagte arglistig gehandelt habe. Denn nichts spricht dafür, daß die Anzeige von dem Einbruchsdiebstahl, welche die Klägerin der Polizeibehörde und der Versicherungsgesellschaft Th. rechtzeitig erstattet haben will, auch der Beklagten zur Kenntnis gekommen wäre. Zudem hatte sich die Klägerin gegen den Einwand der ungemeldet gebliebenen Doppelversicherung gerade damit verteidigt, daß sie in Unkenntnis der bei der Beklagten bestehenden Versicherung gutgläubig noch den weiteren Versicherungsvertrag mit der Th. abgeschlossen habe. Demnach können in bezug auf das Versicherungsverhältnis zur Klägerin irgendwelche Beziehungen zwischen den beiden Versicherungsgesellschaften nicht in Frage kommen.

---

70. Bedeutet es einen Unterschied, ob die Ehe auch auf die Widerklage geschieden oder ob nur die Mitschuld des klagenden Ehegatten ausgesprochen wird?

BGB. § 1574 Abs. 2 und 3.

VII. Zivilsenat. Urt. v. 14. März 1930 i. S. Ehefr. U. (Bekl.) w. Ehem. U. (Kl.). VII 389/29.

I. Landgericht Breslau.
II. Oberlandesgericht daselbst.

Die Parteien sind seit dem 15. Dezember 1915 verheiratet. Der Kläger verlangt Scheidung der Ehe wegen Verschuldens der Beklagten. In der ersten Instanz beantragte diese die Abweisung der Klage und bat hilfsweise darum, den Kläger für mitschuldig an der Scheidung zu erklären. Das Landgericht erkannte dahin: „Die Ehe der Parteien wird geschieden. Beide Parteien sind schuldig. Die Kosten des Rechtsstreits werden gegeneinander aufgehoben.“ Gegen dieses Urteil legte die Beklagte Berufung ein. Sie verblieb bei ihrem Antrag, die Klage abzuweisen, erhob aber nunmehr Widerklage und beantragte, die Ehe auf die Widerklage zu scheiden und den Kläger für schuldig an der Scheidung zu erklären. Der Kläger bat um Zurückweisung der Berufung. Das Oberlandesgericht wies die Berufung der Beklagten zurück und legte ihr die Kosten des Rechtsmittels zur Last. Ihre Revision hatte teilweise Erfolg.

Aus den Gründen:

Die Revision ist unbegründet, soweit sie die Abweisung der Klage begehrt. (Wird ausgeführt.)

Von der Widerklage sagt das Oberlandesgericht, daß sie wegen Ehebruchs des Klägers mit Frau S. auf jeden Fall Erfolg haben müsse, es erwägt dann aber weiter: „Im ersten Rechtszug hat die Frau die Mitschuld des Mannes zwar nur auf Grund ihres Mitschuldantrags durchgesetzt, während der Mann jetzt auf Grund ihrer Widerklage für mitschuldig an der Scheidung erklärt wird. Da aber das erste Urteil beide Parteien bereits für schuldig erklärt, kann in der Urteilsformel die veränderte rechtliche Begründung keinen Ausdruck finden.“ Daraufhin hat das Oberlandesgericht die Berufung der Beklagten kostenpflichtig zurückgewiesen.

Mit Recht beschwert sich darüber die Revision. Es besteht ein unlösbarer Widerspruch zwischen der Formel und den Gründen des Berufungsurteils. Während die Gründe die Widerklage für gerechtfertigt erklären, wird in der Formel die Berufung, mit der die Widerklage erst erhoben worden war, als unbegründet zurückgewiesen. Der rechtliche Grund dieses Widerspruchs ist nicht klar zu erkennen. Vielleicht hat das Oberlandesgericht angenommen, daß es keinen Unterschied mache, ob der Kläger auf Grund des § 1574 Abs. 3 BGB. nur für mitschuldig erklärt wird oder ob die Ehe auch auf die Widerklage geschieden und der Kläger wegen Durchdringens der Widerklage nach § 1574 Abs. 2 BGB. für mitschuldig erklärt wird. Der Unterschied besteht aber und zeigt sich gerade im vorliegenden Falle klar schon darin, daß die Beklagte Strafantrag wegen des vom Kläger begangenen Ehebruchs nur dann stellen kann, wenn die Ehe wegen des Ehebruchs, also auf die Widerklage hin, geschieden worden ist, § 172 StGB. Nur unter derselben Voraussetzung steht den Ehebrechern auch das Ehehindernis des § 1312 BGB. entgegen.

Vielleicht hat das Oberlandesgericht aber auch angenommen, daß die Formel des landgerichtlichen Urteils an Hand der Gründe des Berufungsurteils dahin ausgelegt werden könne, die Ehe sei auf Klage und Widerklage geschieden worden und deshalb treffe beide Parteien die Schuld an der Scheidung. Auch das ist mindestens nicht unbedenklich, da bei der vom Oberlandesgericht ausgesprochenen vollständigen und kostenpflichtigen Zurückweisung der Berufung kaum gesagt werden kann, die Beklagte habe in der Berufungsinstanz eine günstigere Entscheidung erlangt, als die des Landgerichts gewesen war.

In jedem Falle hat die Beklagte Anspruch darauf, daß ihre Widerklage auch in der Formel einwandfrei und klar beschieden wird. Deshalb ist das angefochtene Urteil nach § 565 Abs. 3 Nr. 1 ZPO. aufzuheben und es muß so erkannt werden, wie nach seiner Begründung und nach seinen tatsächlichen Feststellungen schon das Berufungsgericht hätte erkennen müssen. Die Feststellung, daß der Kläger mit der Frau S. Ehebruch getrieben hat, ist bereits vom Oberlandesgericht getroffen, das Reichsgericht braucht nur noch die rechtlichen Folgen daraus abzuleiten. Damit erledigen sich die Bedenken der Revision gegen die Zulässigkeit einer Entscheidung des Reichsgerichts in der Sache selbst. . . .

---

71. Unter welchen Voraussetzungen ist die Anfechtung eines rechtskräftig bestätigten Zwangsvergleichs statthaft?

KO. §§ 193, 196, 197. Geschäftsaufsichtsverordnung vom 14. Dezember 1916/14. Juni 1924 §§ 59, 60, 64, 65.

VII. Zivilsenat. Urt. v. 21. März 1930 i. S. W. Sp. Aktiengesellschaft (Kl.) w. Firma L. & H. (Bekl.). VII 340/29.

I. Landgericht Bielefeld, Kammer für Handelssachen.
II. Oberlandesgericht Hamm.

Für Warenlieferungen aus den Jahren 1925 und 1926 stand der Klägerin gegen die Beklagte eine Forderung von 30343,47 RM. zu. Im April 1926 wurde über das Vermögen der Beklagten die Geschäftsaufsicht zur Abwendung des Konkurses angeordnet. Auf Grund eines Vergleichsvorschlags der Schuldnerin vom 7. Juni 1926 fand vor dem Amtsgericht zu M. am 4. August 1926 ein Vergleichstermin statt, bei dem die für einen Zwangsvergleich erforderlichen Mehrheiten erreicht wurden. Am 10. August 1926 verkündete das Gericht den Beschluß, daß der Zwangsvergleich bestätigt werde. Dieser Beschluß erlangte Rechtskraft, da von keiner Seite Beschwerde eingelegt wurde.

Der Zwangsvergleich sah für die vom Verfahren betroffenen Gläubiger mit Forderungen von über 300 RM., zu denen die Klägerin gehörte, eine in drei Raten zu gewährende Befriedigung zu 80% vor. Im Satz 9 war bestimmt:

„Um die Durchführung des Vergleichs zu sichern, wird im Vergleichstermin ein mit Generalvollmacht für die Schuldnerin und Verfügungsbefugnis über ihren Grundbesitz ausgerüsteter Treuhänder bestellt. Ihm werden die Warenläger und das Geschäftsinventar sicherungsweise übereignet, die ausstehenden Forderungen abgetreten. Auf sämtliche Geschäfts- und Privatgrundstücke werden zu seinen Gunsten Vormerkungen zur Erhaltung seines Rechtes auf Auflassung eingetragen. Er überwacht die Geschäftsführung, die er nach eigenem Ermessen ganz oder teilweise zu übernehmen berechtigt ist, und regelt insbesondere die Verteilung der Vergleichsquoten."

Die Klägerin, die bis zur Klagerhebung die beiden ersten inzwischen fällig gewordenen Ratenzahlungen auf die Vergleichsquote in Empfang genommen hatte, verlangte mit der am 5. Juli 1928 zugestellten Klage Zahlung von 4100 RM. auf denjenigen Teil ihrer ursprünglichen Kaufgeldforderung, der — in Höhe von 20% — nach dem Vergleich als erlassen zu gelten hatte. Sie hält den Zwangsvergleich für unwirksam, weil die den Grundbesitz betreffende Vereinbarung in dem Satz 9 der Form des § 313 BGB. bedurft habe und die Nichtigkeit dieses Teiles den ganzen Vergleich erfasse.

Das Landgericht gab der Klage statt. Die Beklagte legte Berufung ein mit dem Antrag, die Klage abzuweisen und die Klägerin zur Rückzahlung der von ihr beigetriebenen 4516,20 RM. nebst Zinsen zu verurteilen. Die Klägerin schloß sich der Berufung an und erhöhte ihren Anspruch auf 6100 RM. Das Oberlandesgericht erkannte unter Zurückweisung der Anschlußberufung nach den Anträgen der Berufung, indem es einen Verstoß gegen § 313 BGB. verneinte. Die Revision der Klägerin wurde zurückgewiesen.

Gründe:

Die Klägerin, die als Gläubigerin der Beklagten an dem über deren Vermögen angeordneten Geschäftsaufsichtsverfahren mit Einschluß des Zwangsvergleichs teilgenommen hat, kämpft mit ihrer Klage gegen die Wirksamkeit des Zwangsvergleichs an. Ihr Vorgehen ist grundsätzlich für unstatthaft zu erachten. Nach § 59 Abs. 2 der Geschäftsaufsichtsverordnung vom 14. Dezember 1916/14. Juni 1924 stand der Klägerin gegen den amtsgerichtlichen Beschluß vom 10. August 1926, durch den der Vergleich vom 4. dess. Mts. bestätigt wurde, die sofortige Beschwerde zu; von diesem Rechtsmittel, zu dessen Begründung sie das jetzt im Rechtsstreit von ihr Vorgebrachte hätte anführen können, hat sie keinen Gebrauch gemacht. Der rechtskräftig bestätigte Vergleich war nach § 60 Abs. 1 Satz 1 GAVo. für und gegen die Klägerin wirksam geworden. Nach Eintritt der Rechtskraft des Bestätigungsbeschlusses ist den beteiligten Gläubigern eine Anfechtung des vergleichsmäßigen Erlasses (oder der vergleichsmäßigen Stundung) ihrer Forderungen nur in den beiden Fällen gestattet, die § 64 Abs. 1 GAVo. anführt. Das Vorliegen der dort erforderten Voraussetzungen wird in der Klage nicht behauptet. Die Klägerin will aber auf Grund eines anderen Vorbringens ebenso vorgehen, wie es im § 64 a. a. O. vorgesehen ist, nämlich unbeschadet der ihr durch den Zwangsvergleich gewährten Rechte den vergleichsmäßigen Erlaß ihrer Forderung anfechten; denn sie hat ausdrücklich erklärt, daß sie Zahlung eines Teils der restlichen 20% verlange, die der Beklagten im Vergleich erlassen waren. Ein solcher Anspruch findet im Gesetz keine Stütze und widerstreitet den Grundsätzen über die Wirksamkeit des rechtskräftig bestätigten Zwangsvergleichs.

Diese Auffassung steht mit der Rechtsprechung des Reichsgerichts im Einklang. Die von ihr für den Zwangsvergleich im Konkursverfahren entwickelten Grundsätze dürfen unbedenklich auch auf den Zwangsvergleich im Geschäftsaufsichtsverfahren angewendet werden (vgl. RGZ. Bd. 119 S. 395, Bd. 122 S. 363, Bd. 125 S. 410), soweit nicht Abweichungen der Regelung in der Geschäftsaufsichtsverordnung eine besondere Beurteilung erheischen, was hier nicht der Fall ist. Zum konkursmäßigen Zwangsvergleich hat der I. Zivilsenat in seinem Urteil vom 3. März 1904 (RGZ. Bd. 57 S. 270) mit eingehender, die Entstehungsgeschichte der §§ 195 bis 197 KO. (§§ 181 bis 183 a. F.) würdigender Begründung ausgesprochen, daß ein rechtskräftig bestätigter Zwangsvergleich nicht wegen Irrtums angefochten werden kann. Im Sinne dieses Urteils liegt die Annahme, daß auch aus sonstigen Gründen, abgesehen von den zugelassenen und besonders geregelten Fällen der §§ 196, 197 KO. und der diesen entsprechenden §§ 64, 65 GAVo., ein Gläubiger einen rechtskräftig bestätigten Zwangsvergleich nicht nachträglich zu Falle bringen oder auch nur in seiner Wirksamkeit mindern kann. Daß dies der Absicht des Gesetzgebers entspricht, ergeben auch die Vorschriften im § 196 Abs. 2 KO. und im § 64 Abs. 2 GAVo., welche die Anfechtung eines Zwangsvergleichs wegen Betrugs nur dann zulassen, wenn der Gläubiger ohne Verschulden außerstande war, den Anfechtungsgrund im Verfahren über den Zwangsvergleich geltend zu machen.

Dieser Auffassung steht nicht entgegen, daß der Zwangsvergleich im allgemeinen nach Vertragsgrundsätzen zu beurteilen ist (vgl. RGZ. Bd. 77 S. 404, Bd. 92 S. 187, Bd. 119 S. 395, Bd. 125 S. 410; WarnRspr. 1911 Nr. 353; Mentzel KO. 3. Aufl. S. 493 Anm. 5 zu § 173; RGRKomm. Vorbem. vor § 779 BGB.); denn es wird durchweg anerkannt, daß der Zwangsvergleich hinsichtlich seines Zustandekommens und seiner Wirksamkeit besonderen Vorschriften folgt, bei denen öffentlichrechtliche Belange ausschlaggebend sind. Die Sonderregelung der Wirksamkeit des Zwangsvergleichs — im Konkursverfahren wie auch im Geschäftsaufsichtsverfahren — schließt es aus, hier privatrechtlichen Rechtsbehelfen Raum zu geben, die eine Durchbrechung jener Sonderregelung mit sich bringen würden.

Allerdings hat der erkennende Senat in seinem Urteil vom 30. November 1928 (RGZ. Bd. 122 S. 361) ausgesprochen, wer als Vergleichsbürge in Anspruch genommen werde, sei befugt, das wirksame Zustandekommen der von ihm für die Durchführung des Zwangsvergleichs — im Geschäftsaufsichtsverfahren — angeblich geleisteten Bürgschaft zu bestreiten. Allein daraus folgt nicht, daß es auch einem Gläubiger gestattet sein müßte, gegen die Verbindlichkeit des Zwangsvergleichs nachträglich anzukämpfen. Im Eingang der Gründe jenes Urteils ist gesagt: „Hätte die Klägerin die Bestätigung des Zwangsvergleichs mit ihrer Bürgschaft durch ein Rechtsmittel bekämpfen können, so wäre dies für sie der Weg gewesen, dem bestätigten Zwangsvergleich zu widersprechen. Da aber ihr als Bürgin nach § 59 Abs. 2 GAVo. die Beschwerde gegen den die Bestätigung aussprechenden Beschluß nicht zustand, so blieb ihr nur der Weg der Klage übrig, um das Nichtbestehen eines Zwangsvergleichs mit ihrer Bürgschaft gerichtlich feststellen zu lassen." Derartige Erwägungen können der Klägerin des gegenwärtigen Rechtsstreits nicht zugute kommen; ihr war vielmehr durchaus zuzumuten, von dem Rechtsmittel der sofortigen Beschwerde, das ihr zustand, Gebrauch zu machen. Waren ihre Einwendungen gegen das Zustandekommen des Zwangsvergleichs gerechtfertigt, so ist anzunehmen, daß das Beschwerdegericht ihnen Rechnung getragen hätte. Jedenfalls heilt aber die Rechtskraft des Bestätigungsbeschlusses grundsätzlich solche Mängel, die das Gericht etwa übersehen hat (vgl. RGZ. Bd. 57 S. 275; Mentzel a. a. O. S. 508 Anm. 1 zu § 184 und S. 524 Anm. 1 zu § 196 KO.).

Diese über den Standpunkt des Berufungsgerichts hinausgehenden Darlegungen führen dazu, daß die Revision der Klägerin, deren Klage von Anfang an unstatthaft war, ohne weiteres zurückgewiesen werden muß.

Anhang:

Entscheidungen des Staatsgerichtshofs.

1.

In der verfassungsrechtlichen Streitsache

der Fraktion der Deutschnationalen Volkspartei im Preußischen Landtage,
Antragstellerin,

gegen

das Land Preußen,
Antragsgegner,

wegen der Teilnahme der preußischen Beamten am Volksbegehren (StGH. 19/29),

hat der Staatsgerichtshof für das Deutsche Reich in der öffentlichen Sitzung vom 17./19. Dezember 1929 entschieden:

Die in Art. 130 Abs. 2 der Reichsverfassung den Beamten gewährleistete Freiheit ihrer politischen Gesinnung umfaßt das Recht, sich bei einem zugelassenen Volksbegehren ohne Rücksicht auf dessen Inhalt einzutragen und beim Volksentscheid abzustimmen.

Die weitergehenden Anträge werden abgewiesen.

Gründe:

I.

Durch Verordnung vom 30. September 1929 hat der Reichsminister des Innern ein auf Erlaß eines Gesetzes „gegen die Versklavung des deutschen Volkes“ gerichtetes Volksbegehren zugelassen. Die diesem Volksbegehren ablehnend gegenüberstehende Preußische Staatsregierung hat es für einen Verstoß gegen die Beamtenpflichten erklärt, wenn ein Beamter das Volksbegehren unterstütze. Zunächst hat der Preußische Ministerpräsident diese Auffassung in einer am 15. Oktober 1929 gehaltenen Rundfunkrede kundgegeben. In gleichem Sinne hat er sich, veranlaßt durch einen von der Fraktion der Deutschnationalen Volkspartei, der jetzigen Antragstellerin, gestellten Urantrag (Nr. 3098), am folgenden Tage im Preußischen Landtag geäußert. Seine dort gemachten Ausführungen schlossen damit, daß er noch einmal namens des gesamten Staatsministeriums die bestimmte Erwartung aussprach, daß sich jeder Staatsbeamte im vollen Bewußtsein seiner Pflichten, die er auch außerdienstlich dem Staate gegenüber habe, darüber klar sein werde, daß ein Eintreten für das Volksbegehren, gleichviel in welcher Form, mit seinen Beamtenpflichten nicht vereinbar sei.

Die vom Preußischen Ministerpräsidenten im Preußischen Landtag abgegebene Erklärung haben sämtliche preußische Minister alsbald den ihnen unterstellten Behörden durch Veröffentlichung in dem Ministerialblatt ihrer Verwaltung oder durch unmittelbare schriftliche Mitteilung im Wortlaut bekannt gegeben mit der Weisung, sie sofort sämtlichen Beamten (auch denen der Gemeinden und Gemeindeverbände) zur Kenntnis zu bringen. Mehrere Minister, insbesondere der des Innern und der der Finanzen, haben in ihren veröffentlichten Erlassen außerdem noch angeordnet, daß ihnen, wenn ein Beamter dennoch für das Volksbegehren eintreten sollte, unter Darlegung der näheren Umstände des Falles auf dem Dienstwege sofort zu berichten sei. Die Bekanntgabe der Erklärung des Ministerpräsidenten an die einzelnen Beamten ist im Wege des Umlaufs oder in sonst geeigneter Weise überall erfolgt. Einige Leiter von Provinzialbehörden, so z. B. der Regierungspräsident in Erfurt, haben sich darüber hinaus noch in besonderen Aufrufen an ihre Beamten gewandt und der Erwartung Ausdruck gegeben, daß diese das Volksbegehren nicht unterstützten. Ein vom Polizeipräsidenten in Berlin an die Beamten seines Geschäftsbereichs gerichtetes Verbot, sich in die Listen des Volksbegehrens einzutragen, ist auf Einwirkung des Ministeriums des Innern alsbald wieder aufgehoben worden.

Die Fraktion der Deutschnationalen Volkspartei im Preußischen Landtage sieht in diesen Kundgebungen und Anordnungen des Preußischen Ministerpräsidenten und der übrigen Preußischen Minister eine Verletzung der durch Art. 130 Abs. 2 RVerf. in Verbindung mit Art. 80 PrVerf. gewährleisteten staatsbürgerlichen Rechte der preußischen Beamten. Diese sollten eingeschüchtert und von der Stimmabgabe beim Volksbegehren abgehalten werden. Ein solches Verfahren sei verfassungswidrig. Die Fraktion hat sich deshalb an den Staatsgerichtshof für das Deutsche Reich gewandt mit dem Antrage:

> Der Staatsgerichtshof wolle beschließen, daß die Teilnahme der preußischen Beamten beim Volksbegehren und Volksentscheid grundsätzlich zulässig und die dagegen gerichteten Kundgebungen des Preußischen Staatsministeriums verfassungswidrig sind.

Diesen Antrag hat sie in der mündlichen Verhandlung zur Hauptsache dahin gefaßt:

> Der Staatsgerichtshof wolle feststellen:
>
> Es ist mit der Verfassung nicht vereinbar, daß das Preußische Staatsministerium den preußischen Beamten auf dem Dienstwege eröffnet hat, „ihr Eintreten für das Volksbegehren, gleichviel in welcher Form, sei mit den Beamtenpflichten nicht vereinbar". Die Verfassung gewährleistet vielmehr den Beamten:
>
> 1. schlechthin das Recht, sich beim Volksbegehren in die Eintragungsliste einzutragen und beim Volksentscheid ihrer Überzeugung entsprechend die Stimme abzugeben,

2. weiterhin auch das Recht, anderweitig für das Volksbegehren und den Volksentscheid einzutreten, sofern sie nicht im Einzelfalle durch die Art und Form ihres Eintretens die besonderen Beamtenpflichten verletzen.

Zur Begründung der Zuständigkeit des Staatsgerichtshofs für die Entscheidung über diesen Antrag hat die Antragstellerin ausgeführt, daß hier eine Verfassungsstreitigkeit innerhalb eines Landes vorliege. Die Erklärungen des Preußischen Ministerpräsidenten und des Preußischen Staatsministeriums über die Teilnahme der Beamten am Volksbegehren seien keine bloßen Meinungsäußerungen, keine an die Beamten gerichteten Warnungen. Sie seien vielmehr von den Beamten als ein Verbot angesehen worden, sich in die Listen des Volksbegehrens einzuzeichnen, und hätten auch so angesehen werden müssen, wie sich besonders daraus ergebe, daß sie von den nachgeordneten Behörden ebenfalls als Verbot aufgefaßt und behandelt worden seien. Die Preußische Regierung nehme in Abrede, daß ihr Vorgehen verfassungswidrig sei, während sie, Antragstellerin, das behaupte. Somit sei die Auslegung und Anwendung der Verfassung streitig, allerdings einer Vorschrift der Reichsverfassung. Art. 130 Abs. 2 RVerf. ergänze aber, wie sich aus Art. 80 PrVerf. ergebe, das preußische Landesverfassungsrecht und könne daher Gegenstand einer innerpreußischen Verfassungsstreitigkeit sein. Daß in der Zeit zwischen der Erhebung der Klage und der mündlichen Verhandlung über sie die Frist für das Volksbegehren abgelaufen sei, sei unerheblich, da die einmal begangene Verfassungsverletzung dadurch nicht aus der Welt geschafft worden sei. Anderseits beeinflußten die Erklärungen der Preußischen Regierung auch den bevorstehenden Volksentscheid, obgleich sie sich ihrem Wortlaut nach nur auf das Volksbegehren bezogen hätten.

Ihre Klageberechtigung leitet die Antragstellerin zunächst aus ihrer Stellung als Landtagsfraktion her. Der Staatsgerichtshof habe schon in mehrfachen Entscheidungen die Befugnis von Landtagsfraktionen anerkannt, Verfassungsstreitigkeiten innerhalb ihres Landes zu führen. Im vorliegenden Falle handle es sich allerdings nicht um das Recht der Teilnahme an der Gesetzgebung. Nach Art. 29 PrVerf. habe aber der Landtag die Tätigkeit des Staatsministeriums zu überwachen, naturgemäß gerade in der Hinsicht, ob es die Verfassung beobachte. Auf Grund dieses Überwachungsrechts des Landtags könne eine Landtagsminderheit Verfassungsverletzungen der Staatsregierung beim Staatsgerichtshof rügen, ohne daß es darauf ankomme, ob besondere eigene Belange der Minderheit verletzt worden seien. Die Antragstellerin stützt sich aber weiter darauf, daß die Deutschnationale Volkspartei als Organisation für das ganze Deutsche Reich dem Reichsausschuß für das Volksbegehren angehöre und daher dessen Mitantragstellerin sei. In dieser Eigenschaft sei sie berechtigt, sich gegen eine verfassungswidrige Behinderung der Durchsetzung des Volksbegehrens zu wenden. In einer Verfassungsstreitigkeit innerhalb Preußens könne freilich nicht die Reichsorganisation der Partei auftreten. Wohl aber sei die Landtagsfraktion als umfassendste Landesorganisation der Deutschnationalen Volkspartei dazu befugt, zumal da sie von sämtlichen preußischen Landesverbänden der Partei ausdrücklich den Auftrag erhalten habe, sie in dem gegenwärtigen Streit zu vertreten. Endlich mache die Fraktion befugtermaßen auch die Rechte der ihrer Partei angehörenden preußischen Beamten geltend, deren staatsbürgerliches Recht, an Volksbegehren und Volksentscheid teilzunehmen, durch das Vorgehen der Preußischen Regierung besonders beeinträchtigt worden sei. Beamtenausschüsse der Partei hätten die Fraktion ebenfalls damit betraut, sich in ihrem Interesse an den Staatsgerichtshof zu wenden.

In sachlicher Hinsicht vertritt die Antragstellerin die Auffassung, daß die Einzeichnung der Beamten in die Eintragungslisten beim Volksbegehren und die Stimmabgabe beim Volksentscheid durch ihre Beamtenpflichten überhaupt nicht beschränkt werde. Auch zu anderweitem Eintreten für Volksbegehren und Volksentscheid, etwa durch Unterzeichnung von Aufrufen, Reden in öffentlichen Versammlungen und sonstige Werbetätigkeit, seien die Beamten ganz ohne Rücksicht auf den Inhalt des der Volksabstimmung unterbreiteten Gesetzentwurfs berechtigt, sofern sie nicht im Einzelfalle durch die Art und Form ihres Eintretens die besonderen Beamtenpflichten verletzten. Daß aus dem Inhalt eines einmal zugelassenen Volksbegehrens den dafür wirkenden Beamten niemals ein Vorwurf gemacht werden könne, solle durch Satz 2 Nr. 2 des Klagantrags klargestellt werden. Somit komme es für die Beteiligung der Beamten an dem gegenwärtigen Volksbegehren über das Freiheitsgesetz — lediglich auf dieses Volksbegehren beziehe sich der Klagantrag — nicht auf den § 4 des Gesetzentwurfs an. Er sei zudem völlig unverfänglich, da er nur eine Strafandrohung für die Zukunft enthalte, gegenwärtige und frühere Minister also überhaupt nicht treffe.

Das Land Preußen hat beantragt:

Die Klage als unzulässig zu verwerfen, evtl. sie als unbegründet zurückzuweisen.

Seinen ersten Antrag stützt der Antragsgegner darauf, daß die anläßlich des Volksbegehrens vom Preußischen Ministerpräsidenten im Namen des Staatsministeriums abgegebenen Erklärungen überhaupt nicht zum Gegenstand einer Verfassungsstreitigkeit vor dem Staatsgerichtshof gemacht werden könnten. Sie enthielten kein an die Beamtenschaft gerichtetes Verbot der Beteiligung am Volksbegehren, sondern brächten nur die Ansicht der Staatsregierung zum Ausdruck, daß ein Beamter, der sich am gegenwärtigen Volksbegehren beteilige, wegen dessen besonderen Inhalts gegen seine Beamtenpflichten verstoße. Zu solcher Meinungsäußerung, die keinen Akt staatlicher Willensbildung darstelle, seien Ministerpräsident und Staatsministerium berechtigt und sogar verpflichtet gewesen, um die Beamten vor Schritten zu warnen, die sie in ein Disziplinarverfahren verwickeln könnten. Politische Kundgebungen der Minister unterlägen keinerlei Rechtskontrolle. Für sie habe sich die Staatsregierung nur dem Landtage gegenüber zu verantworten, der indessen ihr Verhalten gebilligt habe.

Aber auch im übrigen vermißt der Antragsgegner das Vorliegen der sachlichen und persönlichen Voraussetzungen für eine Verfassungsstreitigkeit innerhalb eines Landes. Bei ihr müsse es sich darum handeln, daß ein Recht auf Mitwirkung bei der staatlichen Willensbildung entgegen den Bestimmungen der Verfassung beeinträchtigt worden sei. Die Verletzung eines solchen ihr zustehenden Rechts vermöge die Antragstellerin nicht zu behaupten. Die Ausübung des verfassungsmäßigen Überwachungsrechts gegenüber dem Staatsministerium stehe nur dem Landtag als solchem, nicht dessen einzelnen Teilen zu. Die Eigenschaft als Mitträgerin des Volksbegehrens über das sog. Freiheitsgesetz, die übrigens nur der Deutschnationalen Volkspartei des Reiches, nicht einer einzelnen Landtagsfraktion zukomme, sei für den Streitfall deshalb bedeutungslos, weil es sich bei diesem Volksbegehren um einen Akt der Gesetzgebung nicht des preußischen, sondern des Reichsvolkes handle. Seine Beeinträchtigung könne deshalb nicht Gegenstand einer Verfassungsstreitigkeit innerhalb eines Landes sein. Ebensowenig wie sich einzelne Beamte an den Staatsgerichtshof wenden könnten, sei die Antragstellerin dazu in deren Auftrag befugt. Zudem enthalte Art. 130 RVerf. keine Ergänzung der preußischen Landesverfassung. Jeder Streit in bezug auf das Volksbegehren sei übrigens durch dessen erfolgreiche Durchführung gegenstandslos geworden, während es über die Beteiligung der Beamten am Volksentscheid mangels einer dagegen gerichteten Erklärung des Staatsministeriums bisher zu keinem Streit gekommen sei.

Endlich nimmt der Antragsgegner in Abrede, daß die beanstandete Stellungnahme der Preußischen Regierung der Verfassung zuwiderlaufe. Wie die Ausübung der Grundrechte überhaupt, sei die Freiheit der politischen Meinungsäußerung für die Beamten beschränkt durch ihre besonderen Pflichten, die ihnen kraft ihrer Beamtenstellung oblägen. Diese Beschränkungen übten ihre Wirkung auch aus, wenn es sich um die Beteiligung an einem Volksbegehren handle. Sie stehe einem Beamten nur insoweit frei, als er dadurch nicht seine Beamtenpflichten verletze. Mit diesen Pflichten sei aber eine Betätigung für das Volksbegehren über das sog. Freiheitsgesetz unvereinbar. Denn § 4 des Gesetzentwurfs bezichtige die früheren und die gegenwärtigen Minister, die sich für die bisherige Reparationspolitik eingesetzt hätten, des Landesverrats. Die Vorschrift könne nicht, wie die Antragstellerin es wolle, nur auf die Zukunft bezogen werden, da sie dann sinn- und zwecklos sein würde. Vielmehr solle sie, wie durch zahlreiche Äußerungen von Anhängern des Volksbegehrens bewiesen werde, gerade die bisherigen Leiter der Reichsgeschäfte als Landesverräter brandmarken. Jeder Beamte, der sich diesen Vorwurf durch Eintreten für das Volksbegehren zu eigen mache, begehe eine schwere Amtspflichtverletzung und setze sich disziplinarischer Ahndung aus. Darauf die Beamtenschaft hinzuweisen, sei Pflicht des Staatsministeriums gewesen.

Der Reichsminister des Innern, der sich in der mündlichen Verhandlung hat vertreten lassen, hat sich den Ausführungen des Landes Preußen angeschlossen.

II.

Ein sachliches Eingehen auf die von der Fraktion der Deutschnationalen Volkspartei im Preußischen Landtage gestellten Anträge setzt das Vorliegen einer Verfassungsstreitigkeit innerhalb eines Landes im Sinne von Art. 19 RVerf. voraus. Verfassungsstreitigkeiten innerhalb eines Landes sind nach der Rechtsprechung des Staatsgerichtshofs (RGZ. Bd. 102 S. 419flg., Bd. 104 S. 425) zunächst Streitigkeiten, die die Auslegung oder Anwendung der Landesverfassung betreffen. Im Bereich des Art. 19 RVerf. sind aber der Landesverfassung gleichzuachten diejenigen Normen der Reichsverfassung, welche auf die Landesverfassung oder auf landesverfassungsrechtliche Normen einwirken und sie insoweit ergänzen (RGZ. Bd. 118 Anh. S. 4 und S. 28 und öfter). Auch ein Streit über Auslegung und Anwendung solcher Vorschriften der Reichsverfassung ist, sofern er zwischen Stellen eines Landes schwebt, eine Verfassungsstreitigkeit innerhalb dieses Landes.

Der Begriff der Verfassungsstreitigkeit beschränkt sich nicht auf Streitigkeiten derjenigen Stellen, denen die Verfassung Rechte zur Teilnahme an der Ausübung der höchsten Staatsgewalt zugewiesen hat, über Inhalt und Umfang der ihnen zustehenden Befugnisse solcher Art. Diese in der mündlichen Verhandlung besonders vom Vertreter des Reichsministers des Innern verteidigte Ansicht ist vielmehr mit der bisherigen Rechtsprechung des Staatsgerichtshofs (vgl. RGZ. Bd. 118 Anh. S. 1flg.) als zu eng abzulehnen. Sie würde — und das spricht entscheidend gegen sie — dazu führen, daß, um den Sprachgebrauch der Reichsverfassung zu verwenden, nur über Aufbau und Aufgaben der Länder, nicht über Grundrechte und Grundpflichten der Staatsangehörigen vor dem Staatsgerichtshof gestritten werden könnte. Es muß als ausgeschlossen bezeichnet werden, daß die Reichsverfassung einem so wesentlichen Bestandteil des heutigen Verfassungsrechts, der sich nicht bloß in ihr, mit Wirkung für die Länder, findet, sondern auch, aus ihr mehr oder weniger vollständig übernommen, in vielen Landesverfassungen, den verfassungsgerichtlichen Schutz völlig hat versagen wollen. Ob es richtig ist, daß Art. 76 Abs. 2 der Reichsverfassung von 1871 unter Verfassungsstreitigkeiten in einem Bundesstaate nur Streitigkeiten über Teilnahme an der Ausübung der Staatsgewalt verstanden hat, kann dahingestellt bleiben. Denn selbst wenn das zutreffen sollte, so wäre damit doch für die Auslegung der jetzigen Reichsverfassung nichts gewonnen, die sich von der früheren gerade dadurch unterscheidet, daß sie für die Einzelnen und die Gemeinschaften bedeutsame Grundrechte und Grundpflichten festgesetzt hat. Die Vorschriften hierüber sind heute ebenso Verfassungsrecht wie die über den staatlichen Aufbau. Aus der Entstehungsgeschichte der Reichsverfassung läßt sich für die engere Auffassung nichts herleiten. Die Äußerung, die der Abgeordnete Dr. Kahl im Verfassungsausschuß der Nationalversammlung bei Erörterung des Begriffs der Verfassungsstreitigkeit gemacht hat: „entscheidend sei, daß der Gegenstand des Streits die Verfassung betreffe, wobei es gleichgültig sei, ob es sich um einen in der Verfassungsurkunde enthaltenen Satz handle oder um einen in dem sonstigen Verfassungsgesetz stehenden Satz", zielte auf eine Erweiterung des Begriffs über den Rahmen des Grundgesetzes hinaus. Daß der genannte Abgeordnete aus letzterem einen Teil als nur formelles Verfassungsrecht hat aussondern und von der Verfassungsgerichtsbarkeit hat ausschließen wollen, dafür bieten seine Worte keinen Anhalt. Nicht zugegeben werden kann schließlich, daß die Beschränkung der Verfassungsstreitigkeiten auf Streitigkeiten der zur staatlichen Willensbildung berufenen Organe über ihren Anteil hieran den einzigen Weg bilde, um zu einer sicheren Scheidung zwischen Verfassungs- und Verwaltungsgerichtsbarkeit (Art. 107 RVerf.) zu gelangen. Die erforderliche Abgrenzung beider Gebiete läßt sich in einer den Erfordernissen des öffentlichen Rechtslebens genügenden Weise auch vom Gesichtspunkt der Klageberechtigung aus vornehmen. Der Staatsgerichtshof hat seine Anrufung dem einzelnen Staatsbürger versagt und diesen auf den Schutz durch die Verwaltungsgerichte verwiesen (RGZ. Bd. 118 Anh. S. 30, Bd. 121 Anh. S. 11). Im übrigen hat er die Klagebefugnis nach der Lage des einzelnen Falles bestimmt. Eine Einengung des Begriffs der Verfassungsstreitigkeit hat sich bei diesem Verfahren nicht als erforderlich herausgestellt.

Verfassungsstreitigkeiten als Streitigkeiten über Anwendung und Auslegung der Verfassung sind Rechtsstreitigkeiten, nicht politische Streitigkeiten. Der Antragsgegner hält die Klaganträge unter diesem rechtlichen Gesichtspunkt für unzulässig, indem er geltend macht, daß lediglich politische Meinungsäußerungen des Preußischen Ministerpräsidenten und des Preußischen Staatsministeriums vorlägen, zu deren Beurteilung der Staatsgerichtshof nicht berufen sei. Hiermit wird er indessen dem eigentlichen Streitgegenstand nicht gerecht. Die Anträge sind schon nach dem Klagevorbringen, aber auch nach der ausdrücklichen Erklärung der Antragstellerin in der mündlichen Verhandlung nicht so aufzufassen, daß die Klägerin sich gegen die preußischen Minister persönlich wenden und sie für eine von ihnen schuldhaft begangene Verfassungsverletzung verantwortlich machen will, wozu sie nach Art. 58 PrVerf. auch nicht befugt wäre. Der Gesichtspunkt der Verfassungsverletzung muß im vorliegenden Falle überhaupt ausscheiden. Die Antragstellerin macht vielmehr geltend, die Kundgebungen der Preußischen Regierung hätten einen Zustand herbeigeführt, der die preußischen Beamten in einer mit der Reichsverfassung nicht verträglichen Weise in ihrer politischen Betätigung für das Volksbegehren über das sog. Freiheitsgesetz beschränke. Der Antragsgegner leugnet das Vorliegen eines solchen Zustandes, da die Schritte, die die Preußische Staatsregierung den Beamten gegenüber getan habe, mit der Verfassung durchaus im Einklang ständen. Sie habe den Beamten die Teilnahme am Volksbegehren nicht verboten, sie nicht gehindert, ihrer politischen Meinung in dem verfassungsmäßig gewährleisteten Umfang Ausdruck zu verleihen. Es liegt danach ein Streit der Parteien vor über die verfassungsrechtliche Stellung der Beamten bei dem gegenwärtigen Volksbegehren, ein Streit, der die Anwendung und Auslegung des Art. 130 Abs. 2 RVerf. betrifft und der deshalb ein Verfassungsstreit ist. Er ist auch ein Verfassungsstreit innerhalb des Landes Preußen. Denn Art. 130 Abs. 2 gehört zu den Vorschriften der Reichsverfassung, die in der oben gedachten Weise die Landesverfassungen, und so auch die preußische, ergänzen. Er gilt für alle Beamten, nicht nur des Reiches, sondern auch der Länder. Art. 80 PrVerf., der ausspricht, daß das preußische Beamtenrecht im Rahmen des Reichsrechts durch Gesetz geregelt werde, nimmt gerade auch Art. 130 RVerf. in das preußische Verfassungsrecht mit auf.

III.

Zur Führung dieser Verfassungsstreitigkeit innerhalb des Landes Preußen ist die klagende Fraktion berechtigt, allerdings nicht schon in ihrer bloßen Eigenschaft als ein Teil des Preußischen Landtags, auch nicht als Beauftragte der der Deutschnationalen Volkspartei angehörigen Beamten. Wohl aber ergibt sich ihre Klagebefugnis daraus, daß sie die ganz Preußen umfassende Organisation der Deutschnationalen Volkspartei bildet, die ihrerseits Mitträgerin des Volksbegehrens über das sog. Freiheitsgesetz ist.

1. Der Staatsgerichtshof hat die Parteifähigkeit von Landtagsfraktionen in dem Verfahren vor ihm schon häufig anerkannt, bisher aber nur deswillen, weil sie der Volksvertretung angehören und in ihr zur Teilnahme an der staatlichen Willensbildung berufen sind (RGZ. Bd. 118 Anh. S. 29). Von diesem Gesichtspunkt aus beschränkt sich der Umfang ihres Klagerechts auf die Geltendmachung von Rechten, die den Fraktionen als Teilen der Volksvertretung zustehen. Es sind das die Rechte des Landtags selbst und der Landtagsminderheiten. Rechte dieser Art sind zwischen den Parteien gegenwärtig nicht streitig. Insbesondere ist es verfehlt, wenn die Klägerin zur Begründung ihres Klagerechts den Art. 29 Abs. 1 PrVerf. heranzieht.

Auf Grund dieser Vorschrift überwacht der Landtag die Ausführung der Verwaltung der Staatsangelegenheiten nach den von ihm aufgestellten Grundsätzen. Da diese Verwaltung im Staatsministerium ihre Zusammenfassung findet (vgl. Art. 7 PrVerf.), so ist der Landtag gerade zu dessen Überwachung berufen, insbesondere natürlich in der Richtung, daß es die Verfassung einhält. Indessen ist dieses Überwachungsrecht des Preußischen Landtags gegenüber der Preußischen Staatsregierung völlig unstreitig. Bemängelt wird von der Antragstellerin in Wirklichkeit nur die Art und Weise, wie der Landtag dieses Aufsichtsrecht ausgeübt hat. Er hat die Anträge der Deutschnationalen Landtagsfraktion abgelehnt, das Vorgehen des Staatsministeriums gegenüber Beamten, die sich am Volksbegehren beteiligten, zu mißbilligen und ihm wegen seines Verhaltens zu dieser Frage das Mißtrauen auszusprechen. Die klagende Fraktion, die damit nicht einverstanden ist, glaubt nun ihrerseits dieses Kontrollrecht gegenüber der Staatsregierung durch Anrufung des Staatsgerichtshofs wahrnehmen zu können. Dafür fehlt es jedoch an jeder Rechtsgrundlage. Die preußische Verfassung gewährt das Überwachungsrecht gegenüber der Regierung nur dem Landtag. Einer einzelnen Fraktion steht keine Befugnis zu, an Stelle des Landtags das Staatsministerium zu beaufsichtigen, und zwar selbst dann nicht, wenn es sich um die Anwendung oder Nichtanwendung der Verfassung handelt und wenn die Aufsicht im Wege der Klage beim Staatsgerichtshof geltend gemacht wird. In den Fällen, in denen der Staatsgerichtshof eine Klagebefugnis der Fraktionen anerkannt hat, hat es sich stets um die Feststellung des Umfangs und Inhalts der Rechte des Landtags oder einer Landtagsminderheit gehandelt. Niemals ist einer Fraktion gestattet worden, von den Rechten des Landtags an seiner Stelle Gebrauch zu machen. Das muß, wie für das Recht der Gesetzgebung, so auch für das hier von der Klägerin in Anspruch genommene Recht der Beaufsichtigung der Staatsverwaltung gelten.

Würden sich die parlamentarischen Fraktionen in jedem Falle, in dem die Anwendung oder Nichtanwendung einer Verfassungsvorschrift durch die Regierung umstritten ist, an den Staatsgerichtshof wenden können, so würde das Recht, die Regierung auf die Verfassungsmäßigkeit ihres Handelns zu überwachen, neben dem Landtag auch den einzelnen Fraktionen zustehen, wenngleich in der Beschränkung auf das Mittel der Verfassungsklage. Auch in dieser Beschränkung würde ein derartiges Kontrollrecht der Fraktionen einen weitgehenden Eingriff in die Machtverteilung zwischen den einzelnen Faktoren des Verfassungslebens der Länder bedeuten. Es ist unmöglich, dem Art. 19 RVerf., der die alleinige Grundlage für die Tätigkeit des Staatsgerichtshofs in Verfassungsstreitigkeiten bildet, solche Tragweite zu geben.

2. Vermag die Antragstellerin danach ihre Sachbefugnis nicht aus ihrer Stellung als Landtagsfraktion herzuleiten, so kann sie sich auch nicht darauf berufen, daß sie die Rechte der der Deutsch-

nationalen Volkspartei angehörenden Beamten wahrnehme, welche durch das Vorgehen der Preußischen Staatsregierung in ihrer politischen Freiheit beschränkt seien. Wie schon oben erwähnt, können nach der Rechtsprechung des Staatsgerichtshofs Einzelpersonen keinen Anspruch auf verfassungsrechtlichen Rechtsschutz durch den Staatsgerichtshof erheben. Das gilt auch für Beamte, die behaupten, von ihrer Regierung in ihren verfassungsmäßig gewährleisteten Rechten beeinträchtigt zu werden. Sie müssen sich mit dem Rechtsschutz begnügen, den ihnen in vermögensrechtlichen Angelegenheiten die ordentlichen Gerichte (Art. 129 Abs. 1 Satz 4 RVerf.), im übrigen die Disziplinargerichte gewähren. Derselbe Grundsatz muß gelten, soweit die Fraktion der Deutschnationalen Volkspartei den Staatsgerichtshof im vermuteten oder ausdrücklichen Auftrage der der Partei angehörigen Beamten anruft. Insoweit steht sie den Einzelpersonen gleich, die vor dem Staatsgerichtshof nicht klagen können.

3. Das Klagerecht der Antragstellerin ist aber deshalb zu bejahen, weil die Deutschnationale Volkspartei Mitträgerin des Volksbegehrens ist und in dieser Eigenschaft ein berechtigtes Interesse an dessen ungehinderter Durchführung hat. Politische Parteien können in Verfassungsstreitigkeiten, die sich an Wahlen anknüpfen, den Staatsgerichtshof angehen (RGZ. Bd. 124 Anh. S. 46). Den Wahlen zu Volksvertretungen sind für die Verfassungsgerichtsbarkeit gleichzustellen die Volksabstimmungen, in denen das Volk nicht, wie bei jenen, bloß mittelbar, sondern unmittelbar seinen Willen als Träger der Staatsgewalt kundtut. Sie können ebenfalls von politischen Parteien betrieben werden, sodaß diese in der Lage sein müssen, verfassungswidrige Hemmnisse, die sich ihnen entgegenstellen, zu beseitigen. Dies scheint auch der Antragsgegner nicht in Abrede nehmen zu wollen. Er wendet aber ein, daß in dem Reichsausschuß für das Volksbegehren nur die Deutschnationale Volkspartei des Reichs, nicht die jetzt klagende Landtagsfraktion vertreten sei, daß überhaupt das Volksbegehren eine Reichsangelegenheit sei. Letzteres ist richtig. Das ganze Reichsvolk, nicht bloß das preußische Volk ist aufgerufen worden, über das sog. Freiheitsgesetz abzustimmen. Indessen werden anläßlich eines Volksgesetzgebungsverfahrens des Reiches auch Landesstellen tätig, und ihre Maßnahmen, die sich auf

das Land beschränken, dem sie angehören, können dann zu einer Verfassungsstreitigkeit innerhalb dieses Landes führen. So liegt die Sache hier. Nach der Behauptung der Antragstellerin soll die Preußische Staatsregierung auf die preußischen Beamten in verfassungswidriger Weise eingewirkt haben, um sie von der Beteiligung am Volksbegehren und Volksentscheid abzuhalten. Den dadurch hervorgerufenen Zustand könnte — seine später noch zu prüfende Unvereinbarkeit mit der Reichsverfassung vorausgesetzt — die Reichsregierung im Wege der Reichsaufsicht (Art. 15 RVerf.) beseitigen. Diese Möglichkeit nimmt aber den dadurch betroffenen Trägern des Volksbegehrens nicht das Recht, selbst im Wege der Verfassungsklage auf Abhilfe hinzuwirken. Die Deutschnationale Volkspartei, die als eine sich über das ganze Reich erstreckende Partei das Volksbegehren mitbetreibt, wird durch das Vorgehen der Preußischen Regierung insoweit berührt, als sie sich auch in Preußen überhaupt und insbesondere für das Volksbegehren betätigt. Deshalb ist sie in ihrem Preußen umfassenden Teile berechtigt, den gegenwärtigen Verfassungsstreit auf dem gesetzlich dargebotenen Wege zum Austrag zu bringen. Die Deutschnationale Volkspartei gliedert sich in Landesverbände, die je einen Reichswahlkreis umfassen. Die preußischen Landesverbände der Partei sind nicht zu einer besonderen Landespartei verbunden. Die einheitliche Landesorganisation der Deutschnationalen Volkspartei verkörpert sich in Preußen vielmehr in der Deutschnationalen Landtagsfraktion. Als Zusammenfassung und Spitze der preußischen Landesverbände ist sie befugt, die besonderen preußischen Belange der Partei geltend zu machen, auch in Verfassungsstreitigkeiten der hier vorliegenden Art.

IV.

Die Parteien streiten, wie oben festgestellt ist, darüber, ob durch die Maßnahmen der Preußischen Staatsregierung ein Zustand herbeigeführt ist, der im Widerspruch zur Reichsverfassung die preußischen Beamten in ihrem Eintreten für das Volksbegehren über das sog. Freiheitsgesetz beschränkt. Die sachliche Entscheidung des nach dem bisher Ausgeführten in zulässiger Weise dem Staatsgerichtshof unterbreiteten Streites erfordert also zunächst eine tatsächliche Feststellung darüber, ob und in welchem Umfange die Preußische Regierung auf die preußischen Beamten hinsichtlich ihrer Beteiligung an dem gegenwärtigen Volksbegehren und Volksentscheid eingewirkt hat. Dann ist rechtlich zu prüfen, ob der dadurch geschaffene Zustand mit der Verfassung vereinbar ist oder nicht.

1. Es ist bereits gesagt worden, daß bloße politische Meinungsäußerungen der leitenden Staatsbeamten nicht Gegenstand einer Verfassungsstreitigkeit im Sinn von Art. 19 RVerf. sein können. Dem Antragsgegner ist aber nicht zuzugeben, daß hier nur solche vorliegen. Vielmehr gehen die in Frage kommenden Kundgebungen des Preußischen Staatsministeriums, wie die Antragstellerin zutreffend dargelegt hat, darüber hinaus und enthalten in ihrer Gesamtheit eine allgemeinen Charakter tragende Einwirkung der obersten Staatsbehörde (Art. 7 PrVerf.) auf sämtliche mittelbare und unmittelbare Staatsbeamte. Die Bedeutung der Rundfunkrede des Preußischen Ministerpräsidenten vom 15. Oktober 1929 kann auf sich beruhen bleiben. Jedenfalls beschränkt sich die Rede, die er am folgenden Tage im Preußischen Landtag gehalten hat, nicht auf eine politische Rechtfertigung diesem gegenüber. Mit ihr hat sich der Preußische Ministerpräsident vielmehr unmittelbar an die Beamten gewandt und ihnen namens des gesamten Staatsministeriums die bestimmte Erwartung ausgesprochen, daß sich jeder Staatsbeamte in vollem Bewußtsein seiner Pflichten, die er auch außerdienstlich dem Staate gegenüber habe, darüber klar sein werde, daß ein Eintreten für das Volksbegehren, gleichviel in welcher Form, mit seinen Beamtenpflichten nicht vereinbar sei. Diese Erklärung hat dann jeder Staatsminister in seinem Geschäftsbereich weiter bekannt gegeben und dafür Sorge getragen, daß alle Beamten von ihr erfuhren. Die preußischen Beamten ohne Ausnahme wußten also, daß die Preußische Staatsregierung es als eine Verletzung der Beamtenpflichten ansehe, wenn einer von ihnen für das Volksbegehren eintrete. Amtspflichtverletzungen unterliegen, wenn auch die Einleitung des Verfahrens im Einzelfalle von dem Ermessen der vorgesetzten Dienstbehörde abhängt, der Bestrafung im Disziplinarweg (vgl. § 2 des preußischen Disziplinargesetzes vom 21. Juli 1852).

Die Beamten mußten also damit rechnen, daß eine Beteiligung am Volksbegehren ein Disziplinarverfahren, möglicherweise auch eine Disziplinarbestrafung im Gefolge haben würde. Diese Annahme lag für sie um so näher, als mehrere Minister, darunter solche mit besonders wichtigem und umfassendem Geschäftsbereich (Inneres und Finanzen), angeordnet und in ihren Amtsblättern bekannt gemacht hatten, daß, falls ein Beamter für das Volksbegehren eintreten sollte, unter Darlegung der näheren Umstände des Falles auf dem Dienstwege sofort zu berichten sei. Diese Anweisung sollte zwar zunächst einem selbständigen Einschreiten der Provinzialbehörden gegen einzelne Beamte, die am Volksbegehren teilgenommen hatten, vorbeugen. Sie zeigte aber, daß die Minister selbst ein Vorgehen gegen solche Beamte in den Kreis ihrer Erwägungen zogen, was um so bedeutungsvoller war, als das Staatsministerium für einen wichtigen Teil der Beamtenschaft oberstes Disziplinargericht ist (§ 41 das.). Ob man die Kundgebungen und Anordnungen der Preußischen Staatsregierung noch als eine bloße an die Beamten gerichtete Warnung bezeichnen darf, kann auf sich beruhen. Jedenfalls bewirkten sie, daß in den Beamten die nicht ungerechtfertigte Besorgnis entstand, bei einer Beteiligung für das Volksbegehren dienstlich zur Rechenschaft gezogen zu werden. Die letzte Freiheit der Entschließung wurde den Beamten allerdings nicht genommen. Denn wie der Antragsgegner mit Recht betont, hat die Preußische Staatsregierung den Beamten die Teilnahme am Volksbegehren nicht verboten. Ein Verbot, dessen Übertretung an sich disziplinarische Ahndung nach sich ziehen würde, ist von der leitenden Behörde nicht ergangen. Indessen kann das an der Beurteilung des Sachverhalts nichts ändern. Es macht keinen Unterschied, daß das Preußische Staatsministerium den Beamten die Teilnahme am Volksbegehren nicht selbst untersagt, sondern nur erklärt hat, sie sei ihnen bereits durch ihre Beamtenstellung unterbunden. Bei der überragenden Stellung des Staatsministeriums gegenüber den Staatsbeamten rief schon diese Erklärung einen Zustand der Rechtsunsicherheit und damit eine Einschränkung ihrer Betätigung beim Volksbegehren hervor.

Diese Unsicherheit bestand auch hinsichtlich der bloßen Einzeichnung in die Eintragungslisten beim Volksbegehren. Eine Äußerung darüber, ob die Erklärungen der Preußischen Staatsregierung auch auf die bloße Eintragung für ein Volksbegehren zu beziehen seien, hat der Antragsgegner abgelehnt, und zwar zunächst schon in der Verhandlung über den Antrag auf Erlaß einer einstweiligen Verfügung. An dieser Ablehnung hat er auch späterhin festgehalten. Auf eine Anfrage des Berichterstatters des Staatsgerichtshofs hat er erwidert, daß es für die Beurteilung des Falls ohne Bedeutung sein würde, wenn das Staatsministerium neuerlich erklären wollte, daß Beamte, die sich nur eingezeichnet hätten, nicht disziplinarisch verfolgt würden. Die Bedeutungslosigkeit solcher nachträglichen Erklärungen für die Beurteilung der staatsrechtlichen Fragen ergebe sich daraus, daß die Kundgebung abgeschlossen sei. Das Staatsministerium sehe sich aus grundsätzlichen Erwägungen nicht in der Lage, irgendwelche nachträgliche Interpretation der Kundgebung vorzunehmen. Wenn der Inhalt der Kundgebung für den Staatsgerichtshof erheblich sein sollte, so würde sie aus sich heraus ausgelegt und verstanden werden müssen. In gleichem Sinne hat sich das Land Preußen in der Verhandlung zur Hauptsache ausgesprochen. Es bleibt deshalb nur ein Zurückgehen auf die vom Preußischen Ministerpräsidenten namens des Preußischen Staatsministeriums abgegebene und von diesem allen Beamten kundgemachte Erklärung übrig. Hier ist aber ein Eintreten für das Volksbegehren, gleichviel in welcher Form, mit den Beamtenpflichten für unvereinbar erklärt worden. Darunter fällt auch die Einzeichnung in die Listen, sodaß angenommen werden mußte oder mindestens von den Beamten angenommen werden konnte, daß die Staatsregierung schon die bloße Eintragung als disziplinarische Verfehlung ansehe und als solche behandeln werde. Demgegenüber kann es nicht ins Gewicht fallen, daß bisher tatsächlich kein preußischer Beamter wegen der bloßen Einzeichnung disziplinarisch belangt worden ist. Die Gefahr, daß dies geschehen wird, ist von den Beamten auch heute noch nicht genommen.

Zur Beteiligung der Beamten am Volksentscheid hat das Preußische Staatsministerium nicht ausdrücklich Stellung genommen. Die erörterten Kundgebungen behandelten nur das damals bevorstehende Volksbegehren. Mit ihm hängt indessen der Volksentscheid unmittelbar zusammen. Er hat denselben Gesetzesentwurf zum Gegenstand, zu dem sich die sachliche Stellungnahme des Preußischen

Staatsministeriums nicht geändert hat. Die schon hieraus sich ergebende Schlußfolgerung, daß die Preußische Regierung die Beteiligung der Beamten beim Volksentscheid ebenso beurteile wie die beim Volksbegehren, wird als zutreffend bestätigt dadurch, daß sie im gegenwärtigen Verfahren beantragt hat, den Klagantrag im vollen Umfange, also auch soweit er sich auf den Volksentscheid bezieht, abzuweisen. Daß die Abstimmung beim Volksentscheid geheim ist (§ 6 des Ges. über den Volksentscheid vom 27. Juni 1921 RGBl. S. 790) — anders als die beschränkt öffentliche Eintragung beim Volksbegehren (§§ 26, 33flg. das.) —, spielt demgegenüber keine entscheidende Rolle, zumal da der Entwurf des sog. Freiheitsgesetzes von der Reichsregierung als verfassungsändernd erklärt worden ist, sodaß seine Annahme die Zustimmung der Mehrheit der Stimmberechtigten erfordert (Art. 76 Abs. 1 Satz 4 RVerf.). Wer sich an der Abstimmung beteiligt, hat also, wenn man diese Auffassung der Reichsregierung zugrundelegt, zum mindesten die Vermutung gegen sich, daß er mit „Ja" gestimmt habe.

2. Bei dieser Sachlage bedarf es weiter der Erörterung, ob und inwieweit die den Beamten kundgegebene, ihre Entschließung beeinflussende Auffassung des Preußischen Staatsministeriums, daß eine Beteiligung der Beamten am Volksbegehren und Volksentscheid mit ihren besonderen Pflichten unverträglich sei, mit der Reichsverfassung übereinstimmt.

Auszugehen ist von Art. 130 Abs. 2 RVerf., unter dessen Schutz auch die Durchführung eines Volksbegehrens und Volksentscheids auf Grund von Art. 73 das. steht. Er gewährleistet allen Beamten die Freiheit ihrer politischen Gesinnung, damit aber auch die Freiheit, solche Gesinnung zu äußern und zu betätigen. Diese Freiheit findet freilich, wie von sämtlichen höchsten Disziplinargerichten (vgl. z. B. Schulze-Simons, Rechtsprechung des Reichsdisziplinarhofs S. 204) zutreffend ausgesprochen worden ist, ihre Schranken in den besonderen Pflichten, die den Beamten kraft ihrer Beamteneigenschaft obliegen. Diese Pflichten der Beamten können aber keineswegs stets höher bewertet werden als ihr verfassungsmäßig verbrieftes Recht auf Freiheit der politischen Gesinnung. Sonst würde Art. 130 keinen Fortschritt gegenüber dem unter der alten Staatsform geltenden

Rechtszustande bedeuten, während doch gerade die Unabhängigkeit der Beamten hat erweitert werden sollen.

Bei Beurteilung der Frage, ob die politische Betätigung eines Beamten mit seinen Beamtenpflichten vereinbar ist, kommt es sehr wesentlich auf den Charakter dieser Betätigung, auf ihre staatsrechtliche und politische Bedeutung an. Die Einzeichnung in die Listen eines Volksbegehrens und die Teilnahme an der Abstimmung über ein zum Volksentscheid gestelltes Volksbegehren ist rechtlich Teilnahme am Volksgesetzgebungsverfahren. Diese Volksgesetzgebung ist der unmittelbare Weg zur Verwirklichung des Hauptgrundsatzes der Reichsverfassung: „Die Staatsgewalt geht vom Volke aus" (Art. 1 Abs. 2). Sie steht dem mittelbaren Weg, auf dem dieses Ziel erreicht werden soll, den Wahlen zum Reichstag, an Wichtigkeit für das Verfassungsleben des Reiches nicht nach. Daraus folgt, daß, wie die Stimmabgabe bei der Reichstagswahl keinen beamtenrechtlichen Bindungen unterliegt, so auch die Teilnahme am Volksbegehren und Volksentscheid den Beamten ohne jede Einschränkung offen stehen muß. Handelt es sich doch bei Abstimmungen dieser Art „um Entschließungen von höchster politischer Bedeutung, deren Freiheit unter allen Umständen gesichert werden muß" (Begründung zum StGB.-Entwurf 1927, Reichstagsdrucksache Nr. 3390 S. 67).

Die Auffassung, das Volksbegehren sei eine „Petition", beruht auf einer Verkennung des rechtlichen Wesens der Volksgesetzgebung. Das Volksbegehren ist keine Bitte an den Reichstag, das begehrte Gesetz zu erlassen, in welchem Falle man an Art. 126 RVerf. denken könnte, der jedem Deutschen das Recht gibt, allein oder gemeinsam mit Anderen schriftliche Bitten an die Volksvertretung zu richten. Der Reichstag ist nur insofern in das Volksgesetzgebungsverfahren eingeschaltet, als ein Volksentscheid nicht mehr stattfindet, wenn der begehrte Gesetzentwurf im Reichstag unverändert angenommen wird (Art. 73 Abs. 3 Satz 4 RVerf.). Aus dieser Vorschrift folgt aber nicht, daß das Volksbegehren sich an den Reichstag wendet. Sie bezweckt vielmehr, die umständliche, mit Schwierigkeiten aller Art, mit politischen Erregungen, mit erheblichen Kosten verbundene Volksabstimmung zu ersparen, wenn das Volksbegehren mittels der einfachen Gesetzgebung zum Ziele gelangen kann. Grundsätzlich bilden Volksbegehren und Volksentscheid einen eigenen Weg der Gesetzgebung, den der unmittelbaren Gesetzgebung durch das Volk. Daß es sich beim Volksbegehren um keine Petition an den Reichstag handelt, beweisen auch die amtlichen Eintragungslisten, die ganz richtig besagen:

„Die unterzeichneten Eintragungsberechtigten begehren, daß dem Reichstag folgender Gesetzentwurf unterbreitet werde."

Um diese Unterbreitung wird auch nicht etwa die Reichsregierung gebeten. Denn sie ist verpflichtet, diese Vorlegung bei Erreichung der gesetzlichen Stimmenzahl zu bewirken (Art. 73 Abs. 3 Satz 3 RVerf.). Ob man das Volksbegehren unter den Begriff der Gesetzesinitiative bringen darf, kann dahingestellt bleiben. Jedenfalls betätigt sich bei ihm das Volk als Gesetzgeber. Die Beteiligung daran darf keinem Staatsbürger verwehrt werden.

Dieses Ergebnis, daß die Beamten die ihnen in Art. 130 Abs. 2 zugesicherte Freiheit ihrer politischen Gesinnung bei der Einzeichnung für ein Volksbegehren und bei der Abstimmung für einen Volksentscheid betätigen können, ohne durch ihre Beamtenpflichten irgendwie beschränkt zu sein, wird bestätigt durch Art. 125 RVerf. Er gewährleistet Wahlfreiheit und Wahlgeheimnis. Seinem Wortlaut nach bezieht er sich allerdings nur auf Wahlen. Es handelt sich bei ihm aber um einen Grundrechtssatz, der als solcher nur allgemeine Weisungen geben will, dessen Auslegung deshalb noch weniger als die Auslegung von Gesetzen überhaupt am Worte haften darf. Art. 125 will Freiheit und Geheimhaltung jedem Staatsbürger sichern, der auf Grund der Verfassung bei der Betätigung des Volkes als Trägers der Staatsgewalt mitwirkt. Das geschieht, wie schon hervorgehoben, nicht nur bei Wahlen, sondern auch beim Volksbegehren und Volksentscheid. Art. 125 bezieht sich daher gleichfalls auf sie. Mit der dadurch für die Volksabstimmung verfassungsrechtlich festgelegten Freiheit ist eine beamtenrechtliche Bindung unvereinbar. Auch das Wahlgeheimnis ist bei ihm zu achten. Allerdings ist es beim Volksbegehren durch das Gesetz über den Volksentscheid eingeschränkt worden. Wer sich für ein zugelassenes Volksbegehren aussprechen will, muß sich bei der Gemeindebehörde in eine Liste eintragen (§§ 34 flg.). Dieses Verfahren ist gewählt worden, um die Durchführung des Volksbegehrens in geordneter Form zu sichern und zugleich die Beteiligung von nicht stimmberechtigten Personen zu verhindern. Dieser Zweck mag eine gewisse Abweichung von der durch Art. 125 RVerf. an sich vorgeschriebenen Geheimhaltung rechtfertigen. Sie darf aber nicht weitergehen, als durch diesen Zweck unbedingt geboten ist. Erforderlich ist die Offenbarung der Stimmabgabe nur gegenüber den Staatsorganen, die bei der Durchführung des Volksbegehrens amtlich mitwirken. Sie dürfen aber die Eintragungslisten lediglich im Rahmen des Volksbegehrensverfahrens benutzen. Verwenden sie sie darüber hinaus, so wird das Abstimmungsergebnis im weiteren Umfang preisgegeben, als es dem Art. 125 gegenüber noch als statthaft angesehen werden kann. Die Bekanntgabe der Eintragungen an Außenstehende und ihre Benutzung als Grundlage für ein disziplinarisches Einschreiten gegen Beamte ist demnach verfassungswidrig. Dementsprechend hat die Preußische Staatsregierung nachgeordnete Behörden auf deren Anfrage, ob sie die Eintragungslisten des Volksbegehrens daraufhin durchsehen sollten, welche Beamten sich eingetragen hätten, ablehnend beschieden. Diese sich an Art. 125 RVerf. anknüpfenden Erwägungen zeigen demnach ebenfalls, daß es nicht angängig ist, Beamte wegen der Eintragung in die Listen des Volksbegehrens disziplinarisch zu belangen. Ebensowenig zulässig ist das bei der nach dem Gesetz (§ 6 VolksentscheidG.) geheimen Volksabstimmung.

Demgegenüber verschlägt es nichts, daß die Reichsverfassung keine besonderen Vorschriften gibt, welche die Beamten von jeder dienstlichen Verantwortlichkeit bei Volksbegehren und Volksentscheid freistellen. Der die Unverantwortlichkeit der Mitglieder des Reichstags und der Landtage festsetzende Art. 36 RVerf. rechtfertigt keinen Schluß aus dem Gegenteil zuungunsten der Beamten. Deren Meinungsfreiheit ergibt sich eben schon aus dem allgemeinen Grundsatze des Art. 130 Abs. 2 RVerf., der keiner Ausgestaltung für Einzelfälle mehr bedurfte.

Das Recht der Teilnahme an der unmittelbaren Volksgesetzgebung, das allen Staatsbürgern als wesentlichstes Recht zusteht und das daher den Beamten nicht verkümmert werden darf, erstreckt sich auf jedes vom Reichsminister des Innern zugelassene Volksbegehren, ohne Rücksicht auf den Inhalt des ihm zugrunde liegenden Gesetzentwurfs. Der Zulassungsantrag selbst ist noch keine Betätigung der Staatsgewalt des Volkes, sondern soll diese erst in die Wege leiten. Die Beteiligung an einem solchen Antrage besitzt daher nicht die oben gekennzeichnete, die beamtenrechtlichen Bindungen überragende Bedeutung. Sie kann deshalb nach den Umständen, zu denen auch der Antragsinhalt zählt, eine Verletzung von Beamtenpflichten enthalten. Für den vorliegenden Fall, in dem das Zulassungsverfahren nicht Gegenstand eines Streites bildet, bedarf das jedoch keiner näheren Erörterung. Ebensowenig hat der Staatsgerichtshof den Inhalt des zur Volksabstimmung gebrachten sog. Freiheitsgesetzes von dem Gesichtspunkt aus zu prüfen, ob er einer Zulassung des Volksbegehrens im Wege stand. Über die Zulassung des Antrags hatte allein der Reichsminister des Innern zu entscheiden (§ 30 VolksentschG.). Seine die Zulassung gewährende, für alle Beteiligten bindende Entscheidung hat für das genannte Gesetz den Weg der Volksgesetzgebung eröffnet. An dieser sich zu beteiligen, stand nunmehr auch den Beamten frei, ganz unabhängig von der umstrittenen Tragweite des § 4 des Gesetzesentwurfs, der deshalb auf sich beruhen bleiben kann.

Der oben geschilderte, von der Preußischen Staatsregierung geschaffene Zustand steht demnach mit Art. 130 Abs. 2 RVerf. insoweit nicht im Einklang, als er die preußischen Beamten schon von der bloßen Einzeichnung in die Listen des Volksbegehrens und von der Abstimmung beim Volksentscheid fernzuhalten geeignet ist. Im übrigen ist er jedoch verfassungsrechtlich nicht zu bemängeln. Die Staatsgewalt des Volkes gelangt unmittelbar zum Ausdruck im Volksbegehren und Volksentscheid. Der einzelne Staatsbürger nimmt daran teil durch Abgabe seiner Stimme in der Form der Listeneinzeichnung (Volksbegehren) oder der Abstimmung (Volksentscheid). Die Stimmabgabe ist der verfassungsrechtlich entscheidende Akt. Nur sie besitzt also, wie schon oben bei Erörterung der Zulassungsfrage gesagt worden ist, jene Bedeutung, die es rechtfertigt, ihr den Vorrang vor allen beamtenrechtlichen Verpflichtungen einzuräumen. Alle anderen sonst noch mit Volksbegehren und Volksentscheid verknüpften Handlungen sind verfassungsrechtlich belanglos. Sie sollen nur die Ausübung der Staatsgewalt durch das Volk in einem bestimmten Sinne beeinflussen, bilden selbst aber keinen Teil dieser Ausübung. Sie stehen daher rechtlich betrachtet auf derselben Stufe wie sonstige politische Handlungen, verdienen aber keine

Heraushebung aus diesen. Die Werbung für ein Volksbegehren ist daher zwar dem Beamten nach Art. 130 Abs. 2 RVerf. als Ausdruck seiner politischen Gesinnung im allgemeinen gestattet. Er muß aber bei der Entschließung, ob und wie er von dieser Befugnis im einzelnen Fall Gebrauch machen will, seine Stellung als Beamter berücksichtigen. Seine Betätigung für Volksbegehren und Volksentscheid — im Unterschied zu seiner unmittelbaren Beteiligung an ihnen durch Stimmabgabe — unterliegt den Schranken, die mit dieser Stellung nun einmal verbunden sind. Die Antragstellerin gibt das zu, soweit Art und Form des Eintretens für ein Volksgesetz einen Verstoß gegen die besonderen Beamtenpflichten enthalten, bestreitet aber, daß schon aus dem bloßen Inhalt eines der Volksabstimmung unterbreiteten Gesetzentwurfs den dafür werbenden Beamten ein Vorwurf gemacht werden könne. Für diese Einschränkung der disziplinaren Verantwortlichkeit der Beamten fehlt es indessen an einer Rechtsgrundlage. Der entscheidende Gesichtspunkt dafür, daß Einzeichnung und Abstimmung für die Beamten völlig frei sind, ist, wie schon mehrfach betont, lediglich in der verfassungsrechtlichen Natur dieser Akte zu finden. Für alle übrigen Handlungen trifft dieser rechtliche Gesichtspunkt nicht zu, mag auch tatsächlich ein Volksgesetzgebungsverfahren ohne sie nicht durchgeführt werden können. Die Zulassung des Volksbegehrens durch den Reichsminister des Innern besagt lediglich, daß verfassungsrechtlich gegen den Zulassungsantrag nichts einzuwenden sei. Vom Standpunkt des Beamtenrechts den eingereichten Gesetzesentwurf zu prüfen, ist der genannte Minister nicht befugt. Die Zulassung läßt also keinen Schluß zu auf die Vereinbarkeit eines Eintretens für das Gesetz mit den besonderen Beamtenpflichten. Auch in diesem Zusammenhang kann demnach der Staatsgerichtshof auf § 4 des sog. Freiheitsgesetzes nicht eingehen. Es wird Sache der Disziplinarbehörden und Disziplinargerichte sein, im Einzelfalle zu prüfen, ob sein Inhalt es rechtfertigt, den Beamten ein etwaiges Eintreten dafür als Dienstvergehen anzurechnen. Grundsätzlich unzulässig ist ein disziplinarisches Einschreiten deswegen nicht.

3. Prüft man an der Hand dieser Ausführungen die von der Klägerin gestellten Anträge, so ergibt sich, daß lediglich dem Antrage in Satz 2 Nr. 1 stattgegeben werden kann. Es muß festgestellt werden, daß die in Art. 130 Abs. 2 RVerf. den Beamten gewährleistete Freiheit

ihrer politischen Gesinnung das Recht umfaßt, sich bei einem zugelassenen Volksbegehren ohne Rücksicht auf dessen Inhalt einzutragen und beim Volksentscheid abzustimmen. Diese Feststellung erledigt sich, soweit die Eintragung beim Volksbegehren in Frage kommt, nicht deshalb, weil das umstrittene Volksbegehren über das sog. Freiheitsgesetz erfolgreich beendet worden ist. Nach den Grundsätzen des öffentlichen Rechts ist dadurch keine die begehrte gerichtliche Entscheidung unnötig machende Erledigung der Sache eingetreten. Ein berechtigtes Interesse der Antragstellerin an der von ihr begehrten Feststellung ist hinsichtlich des Volksbegehrens auch jetzt noch anzuerkennen.

Die übrigen Anträge sind dagegen abzuweisen. Der Antrag Satz 2 Nr. 2 zielt auf eine Feststellung ab, daß der Inhalt des zum Volksentscheid gestellten Gesetzentwurfs allein den Vorwurf einer Pflichtverletzung gegen einen Beamten nicht begründe, wenn er noch über Eintragung und Abstimmung hinaus dafür eintrete. Diese Ansicht ist, wie dargelegt, unrichtig. Der Antrag in Satz 1 verlangt den Ausspruch, es sei mit der Verfassung nicht vereinbar, daß das Preußische Staatsministerium den preußischen Beamten auf dem Dienstweg eröffnet habe, ihr Eintreten für das Volksbegehren, gleichviel in welcher Form, sei mit den Beamtenpflichten unvereinbar. Es sollen also in der Vergangenheit liegende Kundgebungen des Preußischen Staatsministeriums beseitigt werden. Dafür ist neben der Feststellung, die nach Satz 2 Nr. 1 getroffen wird, kein Raum. Im Umfang dieser Feststellung erfahren die fraglichen Kundgebungen des Preußischen Staatsministeriums an die Beamten die gebotene rechtliche Begrenzung. An einer weiteren, unmittelbar gegen die Kundgebungen gerichteten Entscheidung hat die Antragstellerin kein rechtlich begründetes Interesse.

2.

In der verfassungsrechtlichen Streitsache

des Deutschen Reiches,
Antragstellers,

gegen

das Land Bayern,
Antragsgegner,

betreffend die Verleihung von Titeln in Bayern (StGH. 3/29)

hat der Staatsgerichtshof für das Deutsche Reich in der öffentlichen Sitzung vom 9. Dezember 1929 für Recht erkannt:

Die Verleihung von Titeln zur Auszeichnung einzelner beamteter oder nichtbeamteter Personen (Ehrentiteln) ist mit Art. 109 Abs. 4 der Reichsverfassung nicht vereinbar.

Gründe:

I.

Der Reichsminister des Innern hat beim Staatsgerichtshof die Entscheidung beantragt, daß die Verleihung von Ehrentiteln, wie sie die Bayerische Staatsregierung seit Jahren zur Auszeichnung beamteter und nichtbeamteter Personen vornehme, mit Art. 109 Abs. 4 RVerf. nicht vereinbar sei. Die Bayerische Staatsregierung beantragt, diesen Antrag in erster Linie als angebrachtermaßen unzulässig, in zweiter Linie als unbegründet abzuweisen.

1. Die Zulässigkeit der Anrufung des Staatsgerichtshofs hat der Antragsteller zunächst auf Art. 19 Abs. 1 RVerf. gestützt; später hat er in dieser Hinsicht bemerkt, daß entweder Art. 15 Abs. 3 oder Art. 19 RVerf. zutreffe.

Die Bayerische Staatsregierung macht demgegenüber geltend: Nach dem Verhältnis des allgemeinen Gesetzes zum besonderen Gesetze, in dem Art. 19 zu Art. 15 Abs. 3 RVerf. stehe, sei der Antrag angebrachtermaßen unzulässig. Hier stehe nur ein Fall des Art. 15 Abs. 3 RVerf. in Frage. In solchem Falle müsse dem Antrag an den Staatsgerichtshof ein verpflichtendes Ersuchen um Mängelbeseitigung, die sog. Mängelrüge, vorausgehen, und zwar auf Grund eines Beschlusses der Reichsregierung. Auch der Antrag selbst könne nur von der Reichsregierung im Sinne des Art. 52 RVerf., nicht von einem einzelnen Reichsminister gestellt werden.

Der Antragsteller weist erwiderungsweise auf die aus dem Reichsministerium des Innern in den Jahren 1920 und 1921 an das Bayerische Ministerium des Äußern wegen der Verleihung von Titeln gerichteten Schreiben und die von diesem darauf erteilten Antworten hin und führt dazu aus: Es könne dahingestellt bleiben, ob Art. 15 Abs. 3 RVerf. sich auch auf die Ausführung der Reichsverfassung beziehe. Keinesfalls folge aus Art. 15 eine Verpflichtung der Reichsregierung, in den dort bezeichneten Fällen zunächst ein Ersuchen um Abstellung zutage getretener Mängel an die Landesregierung zu richten. Ergebe sich aus dem Verhalten einer Landesregierung, daß sie einem solchen Ersuchen offenbar nicht zu entsprechen gewillt sei, so könne die Reichsregierung hiervon absehen und die ihr sonst noch zur Verfügung stehenden Möglichkeiten benutzen, um ihre Auffassung durchzusetzen. Hierzu gehöre insbesondere die Anrufung des Staatsgerichtshofs auf Grund von Art. 19 RVerf., der eine Generalklausel für alle Streitigkeiten nichtprivatrechtlicher Art zwischen dem Reich und einem Lande enthalte. Da Art. 19 die Entscheidung des Staatsgerichtshofs nur vom „Antrag eines der streitenden Teile" abhängig mache, so sei gemäß Art. 56 RVerf. der einzelne Reichsminister innerhalb des ihm anvertrauten Geschäftskreises selbständig zur Stellung des Antrags befugt. Das gleiche gelte von der Ausübung der in Art. 15 der „Reichsregierung" übertragenen Befugnisse. Übrigens habe er, der Reichsminister des Innern, den vorliegenden Antrag auf Grund eines ausdrücklichen Beschlusses des Reichskabinetts gestellt. Etwa im Dezember 1928, also kurz vor der Erhebung der Klage vom 6. Februar 1929, habe auch eine Besprechung zwischen dem Reichskanzler und dem Bayerische Ministerpräsidenten stattgefunden. Bei dieser Unterredung habe der Reichskanzler erneut auf die Unzulässigkeit der bayerischen

Titelverleihungen hingewiesen und um Abstandnahme davon ersucht. Der Bayerische Ministerpräsident habe darauf erklärt, daß er eine Änderung der bayerischen Staatspraxis nicht in Aussicht stellen zu können glaube und eine Anrufung des Staatsgerichtshofs anheimstelle. In diesem mündlichen Ersuchen sowie in der Klagerhebung selbst sei, jedenfalls in Verbindung mit den Schreiben aus den Jahren 1920 und 1921, eine Mängelrüge zu finden, wenn eine solche für erforderlich gehalten werde und nicht schon in den Schreiben von 1920 und 1921 für sich allein gefunden werde.

Die Bayerische Staatsregierung entgegnet: Bei den aus den Jahren Innern, von denen ihr nicht bekannt sei, daß sie auf Beschlüssen der 1920 und 1921 stammenden Schreiben des Reichsministeriums des Reichsregierung beruhten, habe es sich um vorbereitende Schriftsätze zur Erkundung der bayerischen Auffassung und zur Klärung der Rechtslage gehandelt, nicht um eine Kundgebung des festen Willens, daß Art. 109 Abs. 4 RVerf. in Zukunft von der Bayerischen Regierung in einer bestimmten, von der bisherigen abweichenden Weise vollzogen werden möge. Über den Inhalt der (vom Antragsteller erst in der mündlichen Verhandlung vorgebrachten) „Besprechung" zwischen dem Reichskanzler und dem Bayerischen Ministerpräsidenten könne zur Zeit keine tatsächliche Erklärung abgegeben werden. Nach der eigenen Angabe des Antragstellers scheine es sich um ein unverbindliches Privatgespräch gehandelt zu haben. Auch wenn der Reichskanzler damals den Willen der Reichsregierung amtlich kundgegeben haben sollte, würde keine verbindliche Mängelrüge vorliegen, weil die dafür erforderliche Schriftform nicht gewahrt und die zu beseitigenden Mängel nicht bestimmt bezeichnet worden seien. Der Klagerhebung müsse die Mängelrüge vorangehen; auch inhaltlich entspreche die Klageschrift nicht den an eine solche Rüge zu stellenden Anforderungen. Es fehle also an einer Mängelrüge, wie sie Art. 15 Abs. 3 RVerf. zum Schutze der Länder schlechthin vorschreibe, wenn die Reichsregierung im Wege der Reichsaufsicht ein Reichsgesetz, sei es ein gewöhnliches Gesetz oder das oberste Reichsgesetz, die Reichsverfassung, im Widerspruch mit der Auffassung der Landesregierung in einem bestimmten Sinne vollzogen sehen wolle. Art. 19 RVerf. schlage hier überhaupt nicht ein. Wenn er aber an sich anwendbar sein sollte, so sei seiner Anwendung entgegenzuhalten, daß bis zur Anhängigmachung des gegenwärtigen Verfahrens keine Streitigkeit im Sinne des Art. 19, nämlich (nach einem Ausdruck von Triepel) kein „Streit um geltendgemachtes und bestrittenes Recht" vorgelegen habe. Denn seit der Antwort der Bayerischen Regierung vom 4. Januar 1922 habe das Reichsministerium des Innern die Angelegenheit auf sich beruhen lassen. Mehrere Reichsministerien hätten sich bei Titelverleihungen aus einzelnen Anlässen sogar wiederholt auf einen der bayerischen Auffassung sehr nahekommenden Standpunkt gestellt. Die Reichsregierung habe danach die bayerische Praxis in der Titelverleihung schließlich stillschweigend gutgeheißen.

2. In der Sache selbst geht der Antragsteller bei der Begründung seines eingangs angeführten Antrags von Begriffsbestimmungen für die Worte „Titel", „Amtsbezeichnung", „Berufsbezeichnung" und „Ehrentitel" aus, wie sie bei Poetzsch-Heffter (Reichsverfassung 3. Aufl. Art. 109 Anm. 9 Abs. 3) und im Handwörterbuch der Rechtswissenschaft von Stier-Somlo und Elster (in dem Beitrage von Daniels Bd. 6 S. 34) wiedergegeben sind. Der Antragsteller führt aus: Unter Zugrundelegung dieser Begriffsbestimmungen und unter Berücksichtigung dessen, daß Art. 109 RVerf. eine grundsätzliche Gleichstellung aller Staatsbürger bezwecke und seinem Grundgedanken nach besondere Auszeichnungen einzelner Personen verbiete, besage Art. 109 Abs. 4, daß Personenbezeichnungen (= Titel) vom Staate nur dann gegeben werden dürften, wenn sie eine Amtsbezeichnung oder Berufsbezeichnung darstellten, daß aber die Verleihung von Ehrentiteln ausgeschlossen sei. Die einzelnen Amts- und Berufsbezeichnungen müßten allen Inhabern des Amtes und Angehörigen des Berufs ohne Rücksicht auf ihre Person und ihre besondere Bewährung in gleicher Weise unter den gleichen objektiven Voraussetzungen zugestanden werden; ein einzelner dürfe aus dem Kreise seiner Berufsgenossen nicht durch einen Ehrentitel hervorgehoben werden. Im Gegensatz zu dieser Auffassung habe die Bayerische Staatsregierung nach Inkrafttreten der Reichsverfassung im großen Umfang Ehrentitel an Beamte und Nichtbeamte verliehen. Sie lege dem Eingangswort „Titel" in Art. 109 Abs. 4 den Begriff „Ehrentitel" unter und gebe damit der Bestimmung den Inhalt, daß alle Auszeichnungen, die sich sprachlich auf ein Amt oder einen Beruf beziehen lassen, als Ehrentitel an frei ausgewählte Personen verliehen werden dürften, sei auch

der Ansicht, daß an Beamte die Verleihung von Titeln möglich sei, die sie neben ihrer Amtsbezeichnung zu führen berechtigt sein sollten, z. B. an Universitätsprofessoren die Verleihung des Titels eines Geheimen Rates, Geheimen Regierungsrats, Geheimen Justizrats oder Geheimen Baurats. Solche Titel würden in Bayern an Beamte auch bei ihrem Übertritt in den Ruhestand verliehen. Bei allen diesen Titeln handle es sich um ehrende Auszeichnungen, die nach Art. 109 Abs. 4 nicht zulässig seien.

Die Bayerische Staatsregierung entgegnet, daß der Antrag des Reichs und seine Begründung zu allgemein gehalten seien, als daß sie dazu erschöpfend Stellung nehmen könne. Dem Reich liege der Nachweis ob, daß die einzelnen in Bayern verliehenen Titel nicht ein Amt oder einen Beruf bezeichneten. Nach dem Wortlaute des Art. 109 Abs. 4 RVerf. und seiner Entstehungsgeschichte, insbesondere den Vorgängen im Verfassungsausschuß, die in dem Aufsatz des Freiherrn von Welser (in Fischers Zeitschrift für Verwaltungsrecht Bd. 63 S. 289flg.) eine zutreffende Würdigung gefunden hätten, seien alle Titel weiterhin zulässig, die ein Amt oder einen Beruf bezeichneten. Nicht die Ehrentitel seien ausgeschlossen, sondern nur die Titel, die kein Amt und keinen Beruf bezeichneten. Da bei solchen Amts- und Berufsbezeichnungen, welche mit der Übertragung eines Amts oder mit der Zulassung zu einem Beruf oder dessen Ausübung ohne weiters erworben würden, überhaupt keine Verleihung stattfinde, Art. 109 Abs. 4 aber von der Verleihung spreche, müsse er gerade auf die Titel bezogen werden, die einzelnen Personen, beamteten und nichtbeamteten, zur Anerkennung für besondere Verdienste und zur Ehrung vom Staate verliehen würden.

Der Antragsteller erwidert auf den ersten Teil dieser Entgegnung: Die Stellungnahme zu den einzelnen von Bayern verliehenen Titeln gehöre nicht in diesen Rechtsstreit. Es handle sich um die grundsätzliche Frage, ob die Verleihung von Ehrentiteln nach Art. 109 Abs. 4 RVerf. zulässig sei oder nicht. Bayern bejahe diese Frage und betätige seinen Standpunkt in der Praxis. Das Reich bestreite Bayern das Recht dazu. Nur die bestimmte grundsätzliche Frage stehe nach dem vorliegenden Antrag zur Entscheidung.

II.

Bei diesem Streitstand muß vorab auf die Voraussetzungen einer sachlichen Entscheidung eingegangen werden.

Im Rahmen der Entscheidung über diese Vorfrage braucht über die Tragweite des Art. 109 Abs. 4 RVerf. nur das festgestellt zu werden, wovon auch die beiden streitenden Teile ausgehen: Mit der Bestimmung, daß Titel nur verliehen werden dürfen, wenn sie ein Amt oder einen Beruf bezeichnen, ist eine sich an die bisher verleihungsberechtigten Regierungen des Reichs und der Länder richtende, unmittelbar geltende Rechtsnorm aufgestellt.

1. Indem das Reich geltend macht, daß die Verleihung von Ehrentiteln, wie sie von der Bayerischen Staatsregierung vorgenommen werde, gegen jene Verfassungsvorschrift verstoße, übt es die ihm nach Art. 15 Abs. 1 RVerf. zustehende Aufsicht in einer Angelegenheit aus, in der es von seiner Befugnis zur Gesetzgebung, eben durch den Art. 109 Abs. 4 RVerf., bereits Gebrauch gemacht hat. Eine Aufgabe der Reichsaufsicht ist es, das Verhalten der Länder in Einklang mit dieser reichsrechtlichen Norm zu erhalten.

Sind bei der Ausführung von Rechtsnormen des Verfassungsgesetzbuchs selbst oder anderer Reichsgesetze in einem Lande Mängel hervorgetreten, so kann die Reichsregierung die Landesregierung ersuchen, die Mängel zu beseitigen. Die Landesregierung ist dann „verpflichtet", dem „Ersuchen" zu entsprechen. Das schreibt Art. 15 Abs. 3 in seinem Satz 1 vor. Daran schließt sich in seinem Satz 2 die Bestimmung an: „Bei Meinungsverschiedenheiten kann sowohl die Reichsregierung als die Landesregierung die Entscheidung des Staatsgerichtshofs anrufen, falls nicht durch Reichsgesetz ein anderes Gericht bestimmt ist."

Diese Bestimmung über die Anrufung des Staatsgerichtshofs ist zurückzuführen auf einen preußischen Antrag in dem an der Vorbereitung des Verfassungswerkes beteiligt gewesenen „Staatenausschuß". Sie wurde als Schutzbestimmung in der Annahme eingefügt, daß weitere Maßnahmen des Reichs, wie sie nach Art. 48 Abs. 1 RVerf. dem verpflichtenden Ersuchen folgen könnten, bis zur richterlichen Entscheidung zu ruhen hätten (Poetzsch-Heffter a. a. O. Art. 15 Anm. 2 Abs. 2, Anm. 14b). In demselben Sinne erklärte im

Verfassungsausschuß der verfassunggebenden Deutschen Nationalversammlung der Berichterstatter Abgeordneter D. Dr. Kahl (Verh. der Nat.-Vers. Bd. 336 S. 84): „Ich komme zum dritten Absatz. Der erste Halbsatz wäre staatsrechtlich eigentlich überflüssig; denn die Verpflichtung, Mängel zu beseitigen, ist an sich das notwendige Korrelat der vorangestellten Reichsaufsichtsübung. Der erste Satz ist eigentlich nur als Übergang zum folgenden gedacht. Man will offenbar auch hier dem föderalistischen Prinzip zuliebe keine unmittelbare Zwangsgewalt des Reichs. Daher hat man die richterliche Entscheidung neu eingeführt. . . .“

Der nach dieser Entstehungsgeschichte gewollte innere Zusammenhang zwischen der Bestimmung über die Anrufung des Staatsgerichtshofs und der Bestimmung über das verpflichtende Ersuchen um Mängelbeseitigung hat im Gesetz selbst dadurch Ausdruck gefunden, daß jene Bestimmung nicht in einen selbständigen Absatz gestellt, sondern mit der Bestimmung über das verpflichtende Ersuchen in einem Absatz zusammengefaßt ist. Die beiden Teile des Absatzes waren in der vom Verfassungsausschuß angenommenen Fassung (ebenda S. 80, 87) sogar nur durch ein Semikolon getrennt. Dessen Ersetzung durch einen Punkt hatte nur redaktionelle Bedeutung. Nach diesem Zusammenhang stellt sich das in Art. 15 Abs. 3 vorgesehene Verfahren vor dem Staatsgerichtshof als eine Fortsetzung des mit dem verpflichtenden Ersuchen als einer zunächst maßgebenden Entscheidung der Reichsregierung vorläufig abgeschlossenen Aufsichtsverfahrens dar.

Eine Entscheidung dieser Art, eine förmliche Mängelrüge, die mit dem Ersuchen um Beseitigung eines bestimmt zu bezeichnenden Mangels zugleich dessen Vorhandensein feststellt, ist in den Schreiben des Reichsinnenministers aus den Jahren 1920 und 1921 nicht enthalten. In allen diesen Schreiben ist der Reichsinnenminister über den Wunsch nach grundsätzlicher Klärung, über das Ersuchen um Auskunft, Nachprüfung oder Stellungnahme nicht hinausgegangen. Es handelt sich danach bloß um Maßnahmen, die dazu dienen konnten, ein Einvernehmen zwischen der Reichsregierung und der Bayerischen Staatsregierung und nötigenfalls eine förmliche Mängelrüge, das zur Abhilfe verpflichtende Ersuchen um Mängelbeseitigung, vorzubereiten. Das verpflichtende Ersuchen selbst, das die Grundlage für eine Entscheidung des Staatsgerichtshofs nach Art. 15 Abs. 3 RVerf. bilden könnte, kann in jenen Schreiben um so weniger gefunden werden, als sie mehr als 8 Jahre vor der Anrufung des Staatsgerichtshofs zurückliegen. Inzwischen haben sich die Titelverleihungen in Bayern auf andere Personengruppen als die in jenen Schreiben behandelten ausgedehnt und auch auf diese Titelverleihungen soll sich nach dem Antrag und seiner Begründung die Entscheidung des Staatsgerichtshofs erstrecken.

Auch die nach der Angabe des Antragstellers einige Zeit vor der Klagerhebung zwischen dem Reichskanzler und dem Bayerischen Ministerpräsidenten gepflogene Besprechung stellt sich nicht als eine förmliche Mängelrüge im Sinne des Art. 15 Abs. 3 RVerf. dar, mag es sich dabei auch nicht um ein bloßes Privatgespräch, sondern um ein als verpflichtend gedachtes amtliches Ersuchen gehandelt haben. Ein Ersuchen der Reichsregierung, das die betroffene Landesregierung, wenn auch vorbehaltlich der Anrufung des Staatsgerichtshofs, verpflichtet, die gerügten Mängel zur Vermeidung der Reichsexekution zu beseitigen, kann nicht bei einer mündlichen Aussprache zwischen den Leitern der beiden Regierungen, sondern seiner Bedeutung und Tragweite gemäß nur in einer seinen Inhalt festlegenden Urkunde erklärt werden. Die damals nach der Angabe des Antragstellers gebrauchten allgemeinen Worte entsprechen auch nicht dem Erfordernis einer bestimmten Bezeichnung der zu beseitigenden Mängel. Die vorliegende Klage endlich kommt als ein verpflichtendes Ersuchen schon deshalb nicht in Betracht, weil sie lediglich ein an den Staatsgerichtshof gerichtetes Feststellungsbegehren allgemeinen Inhalts und überhaupt keine Auflage an die Bayerische Landesregierung enthält.

Aus den dargelegten Gründen erfüllen die Schreiben aus den Jahren 1920 und 1921, die Besprechung vor der Klagerhebung und die Klage selbst auch zusammengehalten nicht den Tatbestand eines Ersuchens nach Art. 15 Abs. 3 Satz 1 RVerf. Es braucht deshalb weder erörtert zu werden, ob unter der „Reichsregierung", von der das Ersuchen nach jener Vorschrift auszugehen hat, nicht der einzelne nach Art. 56 RVerf. sachlich zuständige Reichsminister, sondern die nach Art. 52 das. aus dem Reichskanzler und den Reichsministern bestehende Reichsregierung in ihrer Gesamtheit zu verstehen ist, noch anderseits, ob nicht, wenn diese Frage im Sinne des Antragsgegners zu beantworten wäre, der Beschluß des Reichskabinetts, auf dem die Erhebung der vorliegenden Klage beruht, die vorangegangenen Erklärungen eines einzelnen Reichsministers oder des Reichskanzlers genehmigend decken würde.

2. Liegt demnach auch kein Fall des Art. 15 Abs. 3 RVerf. vor, so kann die Anrufung des Staatsgerichtshofs doch auf Art. 19 Abs. 1 gegründet werden, der in seinem einschlägigen Teile lautet: „Über Streitigkeiten nicht privatrechtlicher Art . . . zwischen dem Reiche und einem Lande entscheidet auf Antrag eines der streitenden Teile der Staatsgerichtshof für das Deutsche Reich, soweit nicht ein anderer Gerichtshof des Reichs zuständig ist."

Von dieser Verfassungsbestimmung werden nicht nur diejenigen nicht privatrechtlich gearteten und deshalb nicht von den ordentlichen Gerichten zu entscheidenden Streitigkeiten getroffen, in denen sich Reich und Land, wie bei der Geltendmachung von Rechten und Pflichten aus einem Staatsvertrag oder aus einem Verwaltungsabkommen oder aus einer öffentlichrechtlichen Geschäftsführung, als gleichgeordnet gegenüberstehen, sondern auch diejenigen Streitigkeiten, in denen vom Reich oder von einem Lande auf der Verfassung oder einem sonstigen Reichsgesetz beruhende Rechte und Pflichten von der Art geltend gemacht werden, daß die verfassungsmäßige Überordnung der Reichs- über die Landesgewalt in Frage kommt. Das ergibt sich aus dem allgemeinen Wortlaut der Bestimmung, aus dem in der verfassunggebenden Nationalversammlung und im Verfassungsausschuß in vielfachen Wendungen betonten Bestreben, den Rechtsgedanken auch im Verhältnis zwischen dem Reich und den Ländern obenan stehen zu lassen, den Rechtsschutz für ihr Verhältnis zueinander weithin zu gewähren, und aus den vom Abgeordneten D. Dr. Kahl im Verfassungsausschuß (Verh. Bd. 336 S. 409) „für Streitigkeiten nichtprivatrechtlicher Art zwischen dem Reiche und einem Lande" gegebenen Beispielen, unter denen neben dem Streit über das Recht eines Landes zu einem Vertragsschluß mit einem auswärtigen Staat und dem Streit darüber, ob ein Land eine dem Art. 17 RVerf. entsprechende freistaatliche Verfassung habe, auch der Streit „über die Ausdehnung des Aufsichtsrechts des Reiches" genannt ist.

Eine unter den Art. 19 fallende Streitigkeit nicht privatrechtlicher Art ist danach auch eine Streitigkeit zwischen dem Reich und einem Lande darüber, ob die Art der Ausführung eines Reichsgesetzes durch das Land gegen den Sinn des auszuführenden Reichsgesetzes verstößt, also die Ausführung ihrer Art nach mangelhaft ist. Für den Fall, daß eine Meinungsverschiedenheit hierüber schon dazu geführt hat, daß die Reichsregierung an die Landesregierung ein verpflichtendes Ersuchen um die Beseitigung der Mängel gerichtet hat, ist die Möglichkeit der Anrufung des Staatsgerichtshofs in Art. 15 Abs. 3 ausdrücklich vorgesehen. Aus der ausdrücklichen Regelung dieses Falles darf aber nicht gefolgert werden, daß in denjenigen Fällen, in denen die Meinungsverschiedenheit über die Art der Ausführung eines Reichsgesetzes noch nicht ihre besondere Ausprägung durch eine förmliche Mängelrüge gefunden hat, diese Streitigkeit nicht privatrechtlicher Art nicht vor den Staatsgerichtshof gebracht werden könnte. In den letztgedachten Fällen greift vielmehr Art. 19 ergänzend ein. Er stellt einen allgemeinen Grundsatz auf. Dessen Anwendung auf den besonders wichtigen Fall des Art. 15 Abs. 3 Satz 1 ist in Satz 2 dargestellt.

Bei bloßer Betrachtung des Wortlauts des Art. 19 Abs. 1 einerseits und des Art. 15 Abs. 3 anderseits könnte dem entgegengehalten werden, daß in jener Vorschrift „der Staatsgerichtshof für das Deutsche Reich" für zuständig erklärt ist, „soweit nicht ein anderer Gerichtshof des Reichs zuständig ist", während nach der letzteren Vorschrift die Entscheidung „des Staatsgerichtshofs" angerufen werden kann, „falls nicht durch Reichsgesetz ein anderes Gericht bestimmt ist". Im Schrifttum ist die Meinung geäußert worden, daß danach gemäß Art. 19 Abs. 1 anders als nach Art. 15 Abs. 3 nicht nur ein anderer Gerichtshof des Reichs, sondern überhaupt ein anderes Gericht zur Entscheidung bestellt sein könnte. Es müßte dann auf der Grundlage des im vorigen Absatz Ausgeführten auch mit der Möglichkeit gerechnet werden, daß eine Streitigkeit über die Art der Ausführung eines Reichsgesetzes, je nachdem sie schon bis zu einer förmlichen Mängelrüge gediehen ist oder nicht, vor verschiedene Gerichtshöfe gehören könnte. Das wäre, wie zuzugeben ist, ein unannehmbares Ergebnis. Zu ihm kann man indessen nur auf Grund einer unzutreffenden, am Wortlaut haftenden Auslegung des Art. 15 Abs. 3

Satz 2 gelangen. Nach dem ersten Teile dieses Satzes kann die Entscheidung „des Staatsgerichtshofs" angerufen werden. Damit ist, wie in Art. 19 Abs. 1, wo dies ausdrücklich gesagt ist, der Staatsgerichtshof für das Deutsche Reich gemeint. Ebenso ist unter dem „anderen Gericht" im zweiten Teil des Satzes, wiederum entsprechend dem Art. 19 Abs. 1, ein anderes Gericht des Reichs zu verstehen. Es geht nicht an, den Schöpfern der Reichsverfassung zu unterstellen, daß sie daran gedacht haben sollten, zur Entscheidung über die Berechtigung einer im Rahmen der Reichsaufsichtsführung erhobenen förmlichen Mängelrüge könne ein Landesgericht berufen werden. Der zweite Halbsatz des Art. 15 Abs. 3 Satz 2 ist im Verfassungsausschuß auf einen Antrag Kahl beschlossen worden, zu dessen Begründung der Antragsteller als Berichterstatter ausführte: „... Warum soll immer nur die Entscheidung des Staatsgerichtshofs angerufen werden? Die Gegenstände der Aufsichtsübung sind doch außerordentlich mannigfach. Auf privatrechtlichem Gebiet käme das Reichsgericht in Frage, auf öffentlichrechtlichem Gebiet das Reichsoberverwaltungsgericht, auf finanziellem Gebiet der Reichsfinanzhof ... usw. Ich möchte also das empfehlen, was in meinem Antrage gesagt ist: die Entscheidung eines sachlich zuständigen Gerichtshofs des Reichs, in Ermangelung eines solchen die Entscheidung des Staatsgerichtshofs." (Verh. Bd. 336 S. 84.) Was hiernach gewollt war, ist, wenn auch in anderer Fassung des Wortlauts, Gesetz geworden. Dem entspricht es, daß in § 18 Nr. 1, § 31 des Gesetzes über den Staatsgerichtshof vom 9. Juli 1921 die Zusammensetzung dieses Gerichtshofs für die Fälle des Art. 15 Abs. 3 und des Art. 19 Abs. 1 RVerf. einheitlich geregelt ist. Es ist zu erwarten, daß der Reichsgesetzgeber auch künftig dafür sorgen wird, daß eine Streitigkeit oder eine Meinungsverschiedenheit über die Art der Ausführung eines Reichsgesetzes nicht, je nach dem Entwicklungsstand des Reichsaufsichtsverfahrens, vor dem einen oder dem anderen Gericht zur Entscheidung kommen kann.

Die Zulässigkeit der Anrufung des Staatsgerichtshofs aus Art. 19 Abs. 1 RVerf. kann auch nicht mit der Begründung verneint werden, es habe zur Zeit dieser Anrufung kein „Streit um geltend gemachtes und bestrittenes Recht" und deshalb keine „Streitigkeit" im Sinne des Art. 19 bestanden, weil die in Bayern geübten Titelverleihungen seit

1922 von der Reichsregierung nicht mehr beanstandet worden seien. Allgemeinen Prozeßgrundsätzen entsprechend genügt es, wenn ein solcher Streit zur Zeit der Entscheidung besteht. Das aber ist nach dem Inhalte der beiderseitigen Schriftsätze nicht zu bezweifeln. Es kommt deshalb auch in diesem Zusammenhang nicht auf die Feststellung des genaueren Inhalts und des Charakters der nach der Angabe des Antragstellers kurz vor der Klagerhebung zwischen dem Reichskanzler und dem Bayerischen Ministerpräsidenten gepflogenen Besprechung an.

3. Die Sachentscheidung des Staatsgerichtshofs hat sich auf die vom Reich zur Entscheidung gestellte grundsätzliche Frage zu beschränken. Der Streit geht darum, ob die Verleihung von Titeln zur Auszeichnung einzelner beamteter oder nichtbeamteter Personen (Ehrentiteln), zu der die Bayerische Staatsregierung das Recht für sich in Anspruch nimmt, mit Art. 109 Abs. 4 RVerf. vereinbar ist. Das ist eine im Sinne des Art. 19 Abs. 1 RVerf. hinlänglich umgrenzte Streitigkeit. Auf eine Stellungnahme des Antragstellers und des Staatsgerichtshofs zu den einzelnen von der Bayerischen Staatsregierung verliehenen Titeln oder Gruppen von Titeln konnte von Bayern in diesem Verfahren, in dem es nicht selbst als Antragsteller, sondern nur als Gegner des vom Reich gestellten Antrags auftritt, nicht gedrungen werden. Damit fällt auch der Einwand, daß der Antrag und seine Begründung zu allgemein gehalten seien.

Nach alledem muß unter Verwerfung des von Bayern in erster Linie gestellten Antrags, den Klagantrag als angebrachtermaßen unzulässig abzuweisen, auf die Sache selbst eingegangen werden.

III.

Der Art. 109 Abs. 4 RVerf., von dessen Auslegung die Sachentscheidung abhängt, lautet:

> „Titel dürfen nur verliehen werden, wenn sie ein Amt oder einen Beruf bezeichnen; akademische Grade sind hierdurch nicht betroffen.“

Der Wortlaut dieser Vorschrift, wenn man sie für sich allein betrachtet, ist mehrdeutig. Als Hilfsmittel für die Erkenntnis dessen, was das Gesetzeswort sagen will, kommen die sogenannten Gesetzesmaterialien in Betracht. Das Hauptgewicht aber ist auf den Zusammenhang zu legen, in dem dieser einzelne Absatz eines Verfassungsartikels mit den übrigen Absätzen desselben Artikels und mit anderen Vorschriften der Reichsverfassung steht.

1. Die Vorschrift über die Titel verdankt ihre Entstehung dem Verfassungsausschuß der Verfassunggebenden Deutschen Nationalversammlung, der sich mit dem Titelwesen in seinen Sitzungen vom 28. Mai und 16. Juni 1919 (Verh. der Nat.-Vers. Bd. 336 S. 372 flg., 494 flg.) bei der Beratung des sogenannten Gleichheitsartikels, des damaligen Art. 28, beschäftigt hat. Zu diesem Artikel, der in drei Absätzen die Gleichheit aller Deutschen vor dem Gesetz, die Gleichstellung der beiden Geschlechter und die Aufhebung der Vorrechte oder Nachteile der Geburt oder des Standes regelte, wurde in der ersten der beiden Sitzungen von dem Abgeordneten Katzenstein der Zusatz beantragt:

„Titel dürfen nur zur Bezeichnung von Amtsstellungen verliehen werden."

Der Antragsteller verfolgte damit die (S. 372) ausgesprochene Absicht, „das ganze Titelunwesen abzuschaffen". Hieraus sowie aus Erklärungen desselben Abgeordneten in der späteren Sitzung (S. 495, 498) erhellt als Sinn des Antrags, daß Titel nur an Inhaber von Amtsstellungen verliehen werden sollten, und nur mit solchem Inhalt, daß sie die Amtsstellung des Beliehenen bezeichnen müßten. Der Antrag wurde in der Sitzung vom 28. Mai 1919 angenommen. In der Folgezeit scheint der Abgeordnete Katzenstein darauf hingewiesen worden zu sein, daß gewisse Titel, die nicht mit einer Amtsstellung verbunden seien, nicht beseitigt werden könnten, weil ihr Erwerb dem Abschluß einer bestimmten Ausbildung durch Ablegen einer Prüfung entspringe, z. B. die akademischen Grade und die Bezeichnungen als Rechtsanwalt, Arzt u. dgl. In diesem Sinne stellte er bei Beginn der Beratung desselben Gegenstandes in der Sitzung vom 16. Juni 1919 in Gemeinschaft mit dem Abgeordneten Dr. Quarck den Antrag, dem in Rede stehenden Satz die Fassung zu geben:

„Titel dürfen nur, soweit sie eine Amtsbezeichnung enthalten, oder auf Grund einer Prüfung verliehen werden."

Demgegenüber nahm der Abgeordnete Davidsohn mit dem Antrage: „Titel dürfen nur zur Bezeichnung der Amtstätigkeit (staatliche Orden und Ehrenzeichen dürfen nicht) verliehen werden" — im wesentlichen wieder den ersten schärferen Antrag Katzenstein auf. Er sprach sich (S. 496) auch gegen die Beibehaltung der „akademischen und sonstigen Grade" aus. Anderseits wurden im Laufe der Verhandlung zu dem Antrage Dr. Quarck-Katzenstein verschiedene Abänderungsvorschläge insbesondere nach der Richtung gemacht, daß nicht das Bestehen einer Prüfung, sondern „besondere wissenschaftliche, künstlerische oder technische Leistungen" (Abg. Dr. Sinzheimer) oder „besondere persönliche Leistungen für das Gemeinwohl" (Abg. Koch) zur Grundlage für eine Titelverleihung genommen werden sollten. Bei der Abstimmung (S. 499) wurde aber dieser letzte Vorschlag ausdrücklich abgelehnt und schließlich die Vorschrift über das Titelwesen in der vom Abgeordneten Katzenstein während der Abstimmung beantragten Fassung angenommen:

„Titel dürfen nur verliehen werden, wenn sie ein Amt oder einen Beruf bezeichnen. Akademische Grade sind nicht davon betroffen."

Die Annahme geschah mit 15 Stimmen des 28gliedrigen Ausschusses, nachdem zuvor der Antrag Davidsohn mit Stimmengleichheit abgelehnt worden war.

Der so beschlossene Art. 28 Abs. 4 ging als Art. 108 Abs. 4 in den vom Verfassungsausschuß dem Plenum der Nationalversammlung vorgelegten Entwurf (Verh. Bd. 236 S. 2flg.) mit den dann als Art. 109 Abs. 4 Gesetz gewordenen Worten über.

Der Umstand, daß der radikale Antrag Davidsohn die Zustimmung der Hälfte der abstimmenden Ausschußmitglieder gefunden hat, und die knappe Mehrheit, mit welcher der maßgebende Beschluß zustande gekommen ist, zeigen, daß im Verfassungsausschuß eine Annäherung der verschiedenen Auffassungen über die Titelverleihungen nicht zu erzielen gewesen ist. Insbesondere ist der Reichsminister Dr. Preuß mit seiner Auffassung nicht durchgedrungen. Er hatte der Nationalversammlung als Regierungsvorlage einen Verfassungsentwurf zur Beschlußfassung vorgelegt, in dem über Titelverleihungen nichts gesagt war. Vor dem Verfassungsausschuß vertrat er (S. 372, 494flg.) die Meinung, daß das Titelwesen zwar grundsätzlich zu mißbilligen, aber in der Praxis nicht zu entbehren, wenn auch zu vereinfachen sei; namentlich bei den Beamten könne die Titelfrage nur schonend abgelöst werden; es sei bisher viel Geld dadurch gespart worden, daß man den Beamten für treue Dienste nach einer gewissen Zeit zwar keine erhebliche Gehaltszulage gegeben, sie dafür aber mit einer Titelverleihung erfreut habe. Der (vom Verfassungsausschuß durch die Abstimmung abgelehnten) Auffassung dieses Regierungsvertreters würde es entsprochen haben, wenn der Entwurf des Verfassungsausschusses ebenso wie die Regierungsvorlage von den Titeln ganz geschwiegen oder wenigstens keinen Satz ausgesprochen hätte, der die Verleihung von ehrenden Titeln an verdiente Beamte ausschließt und damit „unmittelbar in einen ganzen behördlichen Organismus eingreift". In demselben Sinne sprach sich der Abgeordnete Dr. Ablaß aus. Er erklärte (S. 496), daß er die Tendenz, die Titel zu beseitigen, durchaus billige, warnte aber vor der Vornahme dieses Schrittes zu einer Zeit, in der „wir das Geld bitter notwendig haben und wissen, daß vielleicht eine große Flucht von Beamten stattfindet, wenn man ihnen nicht entweder eine Gehaltserhöhung oder einen Titel gewährt". Über diese Warnung sowie über den entschiedenen Widerspruch, den der Abgeordnete Dr. Heinze unter Hinweis auf Vorgänge im Beamtentum „gegen die Anträge, die Titel abzuschaffen" (S. 497), erhoben hat, und über den Vorschlag des Abgeordneten Dr. von Delbrück (S. 495), sich, da man das Titelwesen nicht ausrotten könne, auf ein Ersuchen an die Regierung um Vereinfachung des Titelwesens zu beschränken, ist die Mehrheit des Verfassungsausschusses durch ihre Abstimmung hinweggegangen. Auch die sich namentlich auf Nichtbeamte beziehenden Vermittlungsvorschläge der Abgeordneten Dr. Sinzheimer und Koch, „für besondere wissenschaftliche, künstlerische oder technische Leistungen" oder „für besondere persönliche Leistungen für das Gemeinwohl" gewisse Ehrungen vorzubehalten, sind von der Mehrheit teils ausdrücklich teils dadurch mißbilligt worden, daß sie als durch die Abstimmung erledigt angesehen wurden.

Nach alle dem kann aus den Protokollen des Verfassungsausschusses kein Anhalt dafür entnommen werden, daß durch den Abs. 4 des Gleichheitsartikels Ehrentitel mit der Beschränkung zugelassen werden sollten, daß sie auf ein Amt oder einen Beruf hinweisen müßten. Vielmehr wurde das mit dem ersten Antrag Katzenstein ausgesprochenermaßen verfolgte Bestreben, „das ganze Titelunwesen abzuschaffen", von der Mehrheit des Verfassungsausschusses auch mit der Annahme des schließlich gestellten Antrags festgehalten. Im ersten Antrag werden die zugelassenen Amtstitel als Titel „zur Bezeichnung von Amtsstellungen" angeführt. In dem darauf folgenden Antrag Dr. Quarck-Katzenstein ist die Rede von Titeln, die „eine Amtsbezeichnung enthalten", in dem schließlichen Antrag Katzenstein von Titeln, die „ein Amt bezeichnen". Die dritte Fassung stellt gegenüber der zweiten nur eine sprachliche Vereinfachung dar. Auch die zweite Fassung enthielt gegenüber der ersten nach der Meinung der Antragsteller keine Erweiterung des Kreises der zuzulassenden Amtstitel. Das erhellt aus den Äußerungen, die der Abgeordnete Katzenstein bei der zweiten Beratung (S. 495, 498), also zu einer Zeit gemacht hat, als schon der Antrag Dr. Quarck-Katzenstein vorlag: „Titel dürfen zur Bezeichnung von Amtsstellen verliehen werden und sind in diesem Zusammenhang unvermeidlich. Aber es muß hier ein Stück Volkserziehung geleistet werden, indem wir auf das Unwesen dieser Titelwirtschaft" (im Satze vorher: „dieser spezialisierten und übermäßigen Titeleinrichtung") „aufmerksam machen, die unsere ganze gesellschaftliche Entwicklung in mancher Hinsicht gefälscht hat. Wenn Beamte für gewisse Dienstleistungen bestimmte materielle Ansprüche zu machen haben, dann soll man sie ihnen auch erfüllen und sie nicht durch irgendwelche Spielereien" (gemeint war die Ehrung durch Verleihung eines Titels oder Ordens) „abfinden und um ihr Recht bringen". Damit und mit der späteren Äußerung: „Auch Amtsbezeichnungen, die nicht mit einer Amtstätigkeit verbunden sind, dürfen wir nicht mehr dulden", hat dieser Antragsteller die Verleihung von Ehrentiteln an Beamte auf das bestimmteste abgelehnt. Der sachliche Unterschied zwischen dem schließlich angenommenen und dem ersten Antrag Katzenstein besteht, abgesehen von der Feststellung, daß akademische Grade von der Vorschrift über die Titelverleihung nicht betroffen werden, nur darin, daß als zulässige

Titel neben den Amtstiteln noch die Titel, die einen Beruf bezeichnen, angeführt wurden. In beiden Punkten wurde, entsprechend einer Anregung des Abgeordneten Koch (S. 495), dem Vorbilde gefolgt, das die Württembergische Verfassungsurkunde vom 20. Mai 1919 in ihrem Art. 7 gegeben hatte.

2. Die vorstehende Würdigung des Ergebnisses der Verhandlungen des Verfassungsausschusses über die Titelfrage wird bestätigt durch die (von der Bayerischen Staatsregierung und in dem von ihr angezogenen Aufsatz des Freiherrn von Welser nicht berücksichtigten) Vorgänge im Plenum der Nationalversammlung. In der Sitzung vom 11. Juli 1919 erstattete der Abgeordnete Dr. Düringer den Bericht über den Art. 108 des Entwurfs des Verfassungsausschusses. Dabei führte er zu dem die Titelfrage betreffenden Absatz 4 dieses Artikels aus (Verh. Bd. 328 S. 1497 A, B): „Ein Antrag lautete: Titel dürfen nur verliehen werden, wenn sie ein Amt oder einen Beruf bezeichnen. Ein anderer Antrag wollte sie auch zulassen auf Grund besonderer wissenschaftlicher, künstlerischer und technischer Leistungen. ... Ein anderer Antrag wünschte Titel als Anerkennung besonderer technischer" (sollte wohl heißen: persönlicher) „Leistungen für das Gemeinwohl. ... Von Regierungsseite wurde darauf hingewiesen, daß für die Beamtenverhältnisse das Titelwesen eng mit der Gehaltsfrage zusammenhänge und daß die heutzutage mehr als je gebotene Staatsökonomie immerhin in mehrfacher Hinsicht für eine beschränkte Aufrechterhaltung der Titel spreche, in denen der Beamte auch eine gewisse Belohnung seiner Tätigkeit erblicke. Ihre Kommission entschied sich für den zuerst erwähnten Antrag. In der Beseitigung des der menschlichen Schwäche und Eitelkeit dienenden Titelwesens wurde von der Mehrheit ein bedeutender kultureller Fortschritt gegenüber dem bisherigen Zustande erblickt. Einig war man darüber, daß akademische Grade von dieser Bestimmung nicht betroffen werden dürfen."

Hier hat also der (in der Titelfrage selbst auf einem anderen Standpunkt stehende) Berichterstatter klar ausgesprochen, daß die Mehrheit des Verfassungsausschusses mit ihrem Gesetzesvorschlag das Titelwesen hat beseitigen wollen. Diese Absicht kann, da Amts- und Berufsbezeichnungen von dem Verbote der Verleihung ausdrücklich ausgenommen worden waren, nur auf die nach der Auffassung der Mehrheit lediglich „der menschlichen Schwäche und Eitelkeit dienenden" Ehrentitel bezogen werden.

Bei der Beratung des Art. 108 in der Sitzung der Nationalversammlung vom 15. Juli 1919 bat der Abgeordnete D. Dr. Graf von Posadowsky-Wehner (a. a. O. S. 1563 A, B), „die Vorschrift, daß Orden und Titel abgeschafft sind", einer nochmaligen Erwägung für die dritte Lesung vorzubehalten. Also auch dieser Abgeordnete erblickte in dem Absatz 4 des Art. 108 die Abschaffung der Titel. In derselben Sitzung führte der Abgeordnete Dr. Heinze, dessen Fraktion beantragt hatte, den Satz 2 des Abs. 3 (betreffend die Adelsbezeichnungen) und die Absätze 4—6 (betreffend Titel, Orden und Ehrenzeichen) zu streichen, folgendes aus (S. 1564B—D): „Ich gebe zu, daß bei der Verleihung von Adel, Titeln und Orden vielfach Mißbräuche vorgekommen sind. Aber die neue Regierung ist doch eine ganz andere Regierung, als die alte Regierung war. Die neue Regierung ist eine demokratische Regierung, und wenn eine demokratische Regierung das Bedürfnis haben sollte, Titel und Orden zu verleihen, dann, glaube ich, haben wir keinen Grund, dem entgegenzutreten. Wir brauchen eine demokratische Regierung nicht unnötig zu binden, und der Entwurf im Abs. 4—6 scheint mir doch das Kind mit dem Bade auszuschütten. Einer der Herren Vorredner hat bereits darauf hingewiesen, daß der Entwurf von unnötiger Gleichmacherei beherrscht werde. Aber wir dürfen eine übertriebene Gleichmacherei in unserem öffentlichen Leben nicht zulassen; wir müssen im Gegenteil auf eine organische Fortentwicklung hinwirken. . . . Verkennen Sie doch die Tatsache nicht, daß es für zahlreiche Beamte wirklich von Wert ist, wenn sie nach jahrelangem Dienste eine Anerkennung seitens des Staates dafür erhalten, daß sie dem Staate treu gedient haben. Unsere Beamten sind, was die Gehälter angeht, nicht so gestellt . . ., wie sie sich als Angehörige eines freien Berufes stehen könnten. Als Äquivalent dafür muß ihnen eine gewisse Anerkennung seitens des Staates gewährt werden und eine derartige Anerkennung ist der Titel. Ich weiß auch tatsächlich nicht, was gegenüber dieser Bedeutung, die ein Titel haben kann, die Abschaffung des Titels soll." Auch diese Ausführung ergibt, daß von dem Abgeordneten Dr. Heinze, einem Mitglied des Verfassungsausschusses, im Abs. 4 des Gleichheitsartikels die Beseitigung der Anerkennung von Verdiensten durch einen Titel und deshalb die Abschaffung der Titel = Ehrentitel gefunden wurde. Der Antrag, diese Vorschrift (und die anderen daneben angeführten Vorschriften) zu streichen und damit die Möglichkeit der Verleihung von Ehrentiteln wiederherzustellen, wurde in derselben Sitzung abgelehnt und der Art. 108 (jetzt 109) gemäß dem Entwurf des Verfassungsausschusses mit einer nicht zahlenmäßig festgestellten Mehrheit angenommen (S. 1569).

3. Das Entscheidende bei der Auslegung des Art. 109 Abs. 4 ist der Zusammenhang, in dem diese Vorschrift steht. In Abs. 1 dieses den zweiten Hauptteil der Reichsverfassung „Grundrechte und Grundpflichten der Deutschen" einleitenden Artikels wird ausgesprochen: „Alle Deutschen sind vor dem Gesetze gleich." Die Bedeutung dieses „alten Satzes, den alle früheren Grundrechte enthalten haben" (Worte des Berichterstatters Abgeordneten Dr. Beyerle in der Sitzung des Verfassungsausschusses vom 28. Mai 1919 S. 370), ist im Verfassungsausschuß und im Plenum der Nationalversammlung nicht besonders erörtert worden. Nach Entscheidungen des Reichswirtschaftsgerichts (Entsch. Bd. 1 S. 290), des Reichsgerichts (Urt. vom 27. November 1925 III 124/25, JRsch. 1926 Nr. 396) und des Bayer. Staatsgerichtshofs (Beschl. vom 13. Juli 1927 zu dem entsprechenden § 15 Abs. 1 Bayer. VerfUrkunde, Bayer. VerwBl. 1928 S. 17) erschöpft sie sich darin, daß Alle vor dem Gesetz gleich zu behandeln sind, daß also bestehende Gesetze durch die sie handhabenden Richter und Verwaltungsbeamten gegen alle, die ihnen unterstehen, in gleicher Weise angewendet werden müssen. In der Staatsrechtslehre und im Schrifttum wird dem Satz von einer neuerdings wachsenden Zahl von Männern eine weitertragende, in mehrfachen Abwandlungen ausgeprägte, den Gesetzgeber selbst bindende Bedeutung beigelegt. Zu diesem wissenschaftlichen Streit braucht hier nicht Stellung genommen zu werden. Immerhin kann so viel gesagt werden, daß Art. 109 in seinem Abs. 1 von der vor dem Gesetz bestehenden Gleichwertigkeit aller Deutschen als solcher, als Personen ausgeht. Die beiden folgenden Absätze des Artikels bringen jedenfalls innerhalb gewisser Grenzen das, was man als „Rechtsgleichheit" (Gleichheit des Gesetzes) zu bezeichnen pflegt. Der Absatz 2 verkündet die „grundsätzliche" Gleichberechtigung der Frauen mit den Männern

auf staatsbürgerlichem Gebiet, ergänzt durch den Artikel 119 Abs. 1 Satz 2, der die familienrechtliche „Gleichberechtigung der beiden Geschlechter" als Programmsatz aufstellt. Der Absatz 3 ordnet in Satz 1 die Aufhebung öffentlichrechtlicher Vorrechte oder Nachteile der Geburt oder des Standes an; der Satz wird ergänzt durch die in Art. 121 für die künftige Gesetzgebung über uneheliche Kinder gegebene Richtlinie. In seinem Satz 2 verbietet der Artikel 109 Abs. 3 — und das leitet zu denjenigen Vorschriften dieses Artikels über, die sich mit dem Absatz 4 aufs engste berühren — die Verleihung von Adelsbezeichnungen; bestehende Bezeichnungen dieser Art gelten hinfort nur als Teil des Namens. In Absatz 5 wird die staatliche Verleihung von Orden und Ehrenzeichen verboten. Nach Absatz 6 darf kein Deutscher von einer ausländischen Regierung Titel oder Orden annehmen. Der danach zwischen dem Verbot der Verleihung von Adelsbezeichnungen und dem Verbot der staatlichen Verleihung von Orden und Ehrenzeichen stehende Absatz 4 kann nach dem Zusammenhang des Artikels nur dahin verstanden werden, daß er ein Verbot der Verleihung aller Titel enthält, die nicht bloße Amts- oder Berufsbezeichnungen sind, und daß mit dieser wie durch die übrigen Vorschriften desselben Artikels der demokratische Gedanke der Gleichheit verwirklicht werden sollte. Angesichts des Verlaufs der Verhandlungen im Verfassungsausschuß und im Plenum der Nationalversammlung kann dem hinzugefügt werden, daß die maßgebende Mehrheit insbesondere auch in den Verleihungsverboten einen wesentlichen Fortschritt gegenüber den teils als ungerecht teils als abgeschmackt empfundenen Zuständen vor der Staatsumwälzung gesehen hat, und daß ihr nicht die nach der Angabe des Freiherrn von Welser (Fischers Zeitschrift für Verwaltungsrecht Bd. 63 S. 300 Anm. 15) nach der Sitzung des Verfassungsausschusses vom 16. Juni 1919 von Referenten der Ministerien geäußerte Meinung unterstellt werden darf, sie habe einen Rechtszustand schaffen wollen, in dem alle in den deutschen Ländern üblichen Titel zugelassen blieben mit Ausnahme des „Hofrats" und des „Kommissionsrats". (Vgl. demgegenüber auch den Bericht, den der oben unter III 2 als Berichterstatter genannte Dr. Düringer nach der Verkündung der Reichsverfassung in JW. 1919 S. 701 flg. über „Grundrechte und Grundpflichten" erstattet hat. Er sagt dort (S. 702): Die Bestimmungen des Artikels 109 „sollen den demokratischen Gedanken der Gleichheit verwirklichen. Die grundsätzliche Gleichstellung der Geschlechter, die Aufhebung aller Vorrechte oder Nachteile der Geburt oder des Standes in staatsbürgerlicher Beziehung, die Abschaffung des Adels . . ., die Abschaffung aller Titel, die nicht bloß Amts- oder Berufsbezeichnungen sind, die Abschaffung aller staatlichen Ordens- und Ehrenzeichen . . ., das Verbot der Annahme ausländischer Orden und Ehrenzeichen wurden als Postulate des demokratischen Staates und als ein wesentlicher Fortschritt gegenüber den Zuständen vor der Revolution aufgefaßt. Nach meiner persönlichen Ansicht ist man hierin zu weit gegangen.")

4. Auf der dargelegten Grundlage ist die Auffassung abzulehnen, daß das in Art. 109 Abs. 4 RVerf. für die fernere Zulässigkeit der Verleihung von Titeln aufgestellte Erfordernis, daß sie „ein Amt oder einen Beruf bezeichnen", in jedem Falle erfüllt sei, in dem der Titel, sei es nach seinem Wortsinne oder nach seiner historischen Bildung (Geheimer Rat) oder auch nach den mit ihm in weiteren Volkskreisen seit längerer Zeit verbundenen Vorstellungen (Titel Justizrat für einen Rechtsanwalt, Sanitätsrat für einen Arzt) zu dem Amt oder dem Beruf des mit dem Titel zu Beleihenden in Beziehungen stehe. Vielmehr kann als eine von der Reichsverfassung zugelassene Amts- oder Berufsbezeichnung nur eine solche Bezeichnung angesehen werden, die für das in Frage stehende Amt oder den in Frage stehenden Beruf ein für allemal derart bestimmt ist, daß weder dasselbe Amt oder derselbe Beruf mit einmal oder mehrfach in sich gesteigerten verschiedenen Titeln bezeichnet werden, noch den Beamten oder Berufspersonen außer dem ihnen von vornherein zustehenden Amts- oder Berufstitel noch ein besonderer Titel verliehen werden kann. Dem entspricht es, daß die Reichsregierung den Begriff der von Art. 109 Abs. 4 RVerf. als verleihungsfähige Titel allein zugelassenen Amts- und Berufsbezeichnungen in diesem Verfahren dahin bestimmt: Amtsbezeichnungen sind Bezeichnungen, die von dem für die Errichtung von Ämtern zuständigen Staatsorgan für die jeweiligen Amtsinhaber ohne Rücksicht auf ihre Person und ihre besondere Bewährung derart geschaffen sind, daß die in das Amt Eingewiesenen sie ohne besondere Verleihung für die Dauer der Bekleidung des Amts (und mit einem entsprechenden Zusatz

während des Ruhestandes) führen dürfen. Berufsbezeichnungen sind Bezeichnungen, die in der gleichen Weise ohne Rücksicht auf die Person und ihre besondere Bewährung Personen gewisser freier Berufe, wie dem Rechtsanwalt, dem Patentanwalt, dem Arzt und dem Meister eines Handwerks, unter objektiven Voraussetzungen vorbehalten sind. Das den beiden angeführten Begriffsbestimmungen für die Anwendung des Art. 109 Abs. 4 RVerf. Wesentlich ist einerseits, daß Amtstitel nur den Inhabern eines Amtes, Berufstitel nur den Berufspersonen, genauer solchen Privatpersonen verliehen werden dürfen, welche ihren Beruf nur auf Grund besonderer Zulassung ausüben dürfen oder bestimmte Vorrechte ihres Berufs nur auf Grund einer solchen Zulassung in Anspruch nehmen können; anderseits, daß allen Inhabern des gleichen Amtes und allen Berufspersonen, die unter denselben Zulassungsbedingungen stehen, der gleiche Titel zukommt. Titelverleihungen, die diesen beiden Erfordernissen nicht entsprechen, sind unzulässig. Es dürfen also einmal an Personen, die weder Beamte noch Berufspersonen in dem angegebenen engeren Sinne sind, überhaupt keine Amts- oder Berufstitel verliehen werden; und es dürfen weiter an Beamte und Berufspersonen, sei es während der Amts- oder Berufszeit oder beim Ausscheiden aus dem Amt oder Beruf, keine Titel zur Anerkennung für besondere Verdienste oder für längere Amts- oder Berufsdauer oder sonst zur Ehrung verliehen werden, um sie aus dem Kreise ihrer Amts- oder Berufsgenossen herauszuheben. In solchen Fällen handelt es sich um bloße Ehrentitel, die nach dem früher Ausgeführten dem Sinne des Art. 109 RVerf. ebenso widersprechen, wie die Auszeichnung einzelner durch die Verleihung einer Adelsbezeichnung oder durch die staatliche Verleihung eines Ordens oder Ehrenzeichens.

5. Gegen das gewonnene Ergebnis kann nicht eingewendet werden, daß von der Verleihung eines Titels überhaupt nur bei Ehrentiteln gesprochen werden könne, weil der Amts- wie der Berufstitel mit der Einsetzung in das Amt oder mit der Zulassung zum Beruf und dessen Ausübung ohne weiteres erlangt werde. Daran ist richtig, daß eine besondere Verleihung von Amts- und Berufstiteln nicht stattfindet. Wie aber der Ausdruck „Titel" schon vor der Schaffung der neuen Reichsverfassung in einem weiteren, Amts-

und Berufsbezeichnungen und Ehrentitel umfassenden, und in einem engeren, sich auf Ehrentitel beschränkenden Sinne gebraucht wurde, so wurde auch der Ausdruck „Verleihung" in einem entsprechenden weiteren und in einem entsprechenden engeren Sinne angewandt. Als ein Beleg für den Gebrauch dieses Ausdrucks in dem weiteren Sinne sei der Aufsatz von Laband „Das Recht am Titel" (DJZ. 1907 Sp. 201) angeführt. Dort heißt es: „Der Diensttitel wird durch die Berufung zu einem Amt ipso jure erworben; er wird nicht besonders verliehen; er ist auch keine persönliche Auszeichnung, sondern die Konstatierung der dienstlichen Stellung, welche jemand in dem öffentlichen Zivil- oder Militärdienst innehat. Er wird nach dem Preuß. Allg. Landrecht II Tit. 10 § 84 schon durch die über die Ernennung ausgefertigte Bestallung verliehen. . . . Die Ehrentitel dagegen können in allen Fällen nur durch spezielle Verleihung erworben werden und haben den Charakter einer persönlichen Auszeichnung." Wie dort gesagt wird, daß der Diensttitel schon durch die Bestallung, so kann auch gesagt werden, daß der Berufstitel schon durch die Zulassung zu dem Beruf „verliehen" wird. Die Verleihung des hier nicht zur Auszeichnung, sondern zur Unterscheidung dienenden Titels bildet bei der Bestallung oder Zulassung einen zu ihrer Vollständigkeit unerläßlichen Bestandteil.

6. Aus den vorstehenden Gründen ist die in diesem Verfahren zur Entscheidung gestellte grundsätzliche Frage im Sinne des Antragstellers, also dahin zu beantworten, daß die Verleihung von Titeln zur Auszeichnung einzelner beamteter oder nicht beamteter Personen (Ehrentiteln) mit Art. 109 Abs. 4 RVerf. nicht vereinbar ist.

Inwieweit die Reichsregierung selbst in Widerspruch mit der von ihr in diesem Verfahren vertretenen, als richtig anzuerkennenden Auffassung nicht nur in der Übergangszeit (vgl. die Anfrage des Abgeordneten Schöpflin und die Entgegnung des Reichswehrministers Dr. Geßler in der Sitzung des Reichstags vom 24. Juni 1921, Verh. Bd. 350 S. 4144 B, C), sondern auch später bis in die neueste Zeit gegenüber aktiven oder ausgeschiedenen oder ausscheidenden Offizieren und gegenüber Zivilbeamten, insbesondere solchen des auswärtigen Dienstes, Charakterverleihungen und die Verleihung persönlicher „Amtsbezeichnungen" vorgenommen hat, die sich in Wahrheit als Ehrentitel darstellen, kann in diesem Verfahren dahingestellt bleiben. Mag die Anwendung des Art. 109 Abs. 4 RVerf. auch bei der Reichsregierung zu verschiedenen Zeiten oder innerhalb des Geschäftsbereichs der einzelnen Ministerien geschwankt haben, so kann aus solchen Schwankungen doch nichts gegen die Richtigkeit der vom Reich in diesem Verfahren geltend gemachten, durch den Spruch des Staatsgerichtshofs festzustellenden Bedeutung der Verfassungsvorschrift hergeleitet werden.

3.

In der verfassungsrechtlichen Streitsache

der Deutschnationalen Fraktion des Mecklenburg-Strelitzschen Landtags,
Antragstellerin,

gegen

das Land Mecklenburg-Strelitz,
Antragsgegner,

wegen Verfassungswidrigkeit der Bestellung von Abgeordneten zu Staatsräten (StGH. 8/29),

hat der Staatsgerichtshof für das Deutsche Reich in der öffentlichen Sitzung vom 19. Februar 1930 entschieden:

Der Antrag wird zurückgewiesen.

Gründe:

I.

Am 16. April 1929 hat die Mehrheit des Landtags von Mecklenburg-Strelitz die Landtagsabgeordneten Fröhmke und Dr. Heipertz zu Staatsräten gewählt. Nach Bekanntmachung vom gleichen Tage hat der Alleinminister Dr. Freiherr von Reibnitz die Gewählten zu Staatsräten bestellt. Die Antragstellerin behauptet, diese Staatsräte ständen, wie vom Sprecher der größten Regierungspartei des Landtags, dem sozialdemokratischen Abgeordneten Bartosch, ohne Widerspruch des Staatsministers im Landtag ausgeführt worden sei, dem Staatsminister völlig gleich. Denn sie hätten mit ihm im Staatsministerium gleichen Sitz und gleiche Stimme; der Staatsminister könne von ihnen überstimmt werden und sei dann nicht berechtigt, gegen ihren Willen seine Absicht in die Tat umzusetzen. Die nur für den Dienstgebrauch bestimmte Geschäftsordnung des Staatsministeriums bestätige diese Behauptung insofern, als eine Geschäftsordnung nur Sinn habe, wenn mehrere Staatsminister vorhanden seien. Der Inhalt der Geschäftsordnung entspreche nicht den tatsächlichen Verhältnissen. Zum Beweis für diese Behauptungen hat die Antragstellerin Zeugenbeweis angetreten, sich auf die bei den Akten des Staatsministeriums befindliche schriftliche Vereinbarung zwischen dem Staatsminister und den jetzigen Regierungsparteien bezogen und die Vorlegung dieser Urkunde unter Eideszwang verlangt. Sie hat ferner behauptet, daß die Staatsräte den Staatsminister während seiner Beurlaubung im Frühjahr 1929 vertreten und eine Verfügung über die Auflösung des Rotfrontkämpferbundes erlassen hätten, und dazu ausgeführt, daß diese Vertretung nur zulässig sei, wenn die beiden Abgeordneten als Staatsräte Mitglieder des Staatsministeriums und dem Staatsminister völlig gleichgeordnet seien. Denn wenn mehrere Staatsminister vorhanden seien, so könne nach allgemeinen Verwaltungsgrundsätzen die Vertretung jedes Ministers nur durch andere Minister, sonst müsse sie durch die Ministerialdirektoren erfolgen. Von alledem sei der Staatsminister selbst überzeugt gewesen; denn er habe Anweisung gegeben, über seine Stellvertretung nichts in die Öffentlichkeit gelangen zu lassen. Dafür ist ein Zeuge benannt worden.

Diese Ausführungen sind in der mündlichen Verhandlung noch ergänzt worden durch Hinweis auf eine Äußerung des Abgeordneten Bartosch im Rechtsausschuß des Landtags dahingehend, daß das Staatsministerium aus drei Mitgliedern bestehe, auf eine Äußerung des Staatsministers Dr. Freiherr von Reibnitz, daß er nicht „Chef", sondern „Kollege" der beiden Staatsräte sei, und auf einen in der Landeszeitung Nr. 35 vom 11. Februar 1930 enthaltenen Bericht über eine vom Staatsminister a. D. Dr. Hustaedt gehaltene Rede, wonach die Staatsräte neben dem Alleinminister beschließende Stimme besäßen.

Die Antragstellerin vertritt die Meinung, daß die Wahl und die Bestellung der Staatsräte gegen die Bestimmungen des

Landesgrundgesetzes von Mecklenburg-Strelitz vom 24. Mai 1923 verstoße.

Nach § 24 des Landesgrundgesetzes bestehe das Staatsministerium aus der erforderlichen Anzahl von Mitgliedern, welche die Amtsbezeichnung „Staatsminister" führten. Ihre Zahl werde vom Landtag bestimmt. Die Mitglieder des Staatsministeriums würden durch den Landtagspräsidenten ernannt. In dem Landesgrundgesetz seien mithin Staatsräte als dem Staatsminister gleichstehende Mitglieder des Staatsministeriums nicht vorgesehen, eine Wahl von Staatsräten durch den Landtag und ihre Ernennung durch den Staatsminister habe also im Landesgrundgesetz keine gesetzliche Grundlage.

Nach § 38 des Landesgrundgesetzes ernenne das Staatsministerium die Beamten des Landes. Sie würden auf die Verfassungen des Reiches und des Landes und auf die Gesetze verpflichtet. Die Beamten würden auf Lebenszeit angestellt, soweit nicht durch Gesetz etwas anderes bestimmt sei. Auch diese Bestimmung des Landesgrundgesetzes sei verletzt, weil die Staatsräte zwar „Staatsbeamte" seien, eine Bestallungsurkunde erhalten und den Eid auf die Verfassung geleistet hätten, aber nicht auf Lebenszeit angestellt seien, ihre Amtsdauer vielmehr spätestens mit dem Zusammentritt des neuen Landtags endigen solle. Es hätte mithin durch Gesetz bestimmt werden müssen, daß die Staatsräte nicht auf Lebenszeit gewählt seien; ein solches Gesetz sei aber nicht verabschiedet. Infolgedessen sei die Anstellung der Staatsräte ungültig.

Ferner ruhe nach § 8 Abs. 3 des Landesgrundgesetzes, in dem eine strenge Trennung zwischen Gesetzgebung und Verwaltung durchgeführt sei, das Amt als Abgeordneter, falls ein Abgeordneter zum Staatsminister erwählt werde. Diese Bestimmung müsse auf die Staatsräte angewendet werden, da sie dem Staatsminister völlig gleichstünden. Die Staatsräte hätten jedoch ihr Amt als Abgeordnete nicht niedergelegt, sie seien sogar Mitglieder des Landesausschusses geblieben; die vom Gesetz gewollte Trennung zwischen Landtag und Staatsministerium sei nicht durchgeführt.

Die Antragstellerin hat deshalb beantragt,

der Staatsgerichtshof wolle feststellen, daß die Bestellung der Abgeordneten Fröhmke und Dr. Heipertz zu Staatsräten dem Mecklenburg-Strelitzschen Landesgrundgesetz widerspricht und daß sie somit gesetzwidrig und nichtig ist.

Der Antragsgegner hat die Anstellungsurkunde der beiden Staatsräte vom 22. April 1929, ein Protokoll über die Sitzung von Mitgliedern des Landtags am 28. März 1929, die Geschäftsordnung für das Staatsministerium, Erklärungen der Sozialdemokratischen Partei, der Wirtschaftlichen Arbeitsgemeinschaft, der Arbeitsgemeinschaft der Mitte und den Erlaß vom 22. April 1929 G. 575/29 über die Vertretung des Staatsministers in Abschrift überreicht, um

Abweisung der Klage

gebeten und erwidert: Die parlamentarischen Staatsräte seien nicht vom Landtagspräsidenten ernannt worden, wie es für Mitglieder des Staatsministeriums Verfassungsvorschrift sei. Sie hätten nach der Geschäftsordnung nur beratende Stimme im Staatsministerium; das Staatsministerium bestehe nur aus einem Minister, der nach wie vor die uneingeschränkte Verantwortung für die Geschäftsführung trage. Was dagegen vorgebracht werde, sei nicht beweisend. Die in einer Landtagssitzung abgegebene Erklärung des Abgeordneten Bartosch, die vom Landtag gewählten Staatsräte hätten die Stellung des Ministers, könne sich nur auf deren Rang beziehen; sie sei außerdem nicht für die Regierung abgegeben worden. Da hiernach die parlamentarischen Staatsräte weder Mitglieder des Staatsministeriums noch Staatsminister seien, so könnten die §§ 24 und 8 Abs. 3 des Landesgrundgesetzes nicht verletzt sein.

Wenn es ferner auch richtig sei, daß eine Wahl von Staatsräten durch den Landtag und ihre Ernennung durch den Staatsminister im Landesgrundgesetz nicht vorgesehen sei, so gebe es doch auch anderseits in der Landesverfassung keine Bestimmung, die dem Worte oder dem Sinne nach die Neueinrichtung verböte. Einen Eingriff in die Verwaltung enthalte sie nicht. Eine strenge Trennung zwischen Gesetzgebung und Verwaltung fehle im Landesgrundgesetz, wie z. B. die Bestimmungen der §§ 20 und 39 über den Landesausschuß und den Staatsrat erkennen ließen.

Die Vertretung des Staatsministers durch die Staatsräte im April und Mai 1929 beruhe auf einem Ersuchen des Staatsministers. Sie sei weder verfassungs- noch gesetzwidrig, da es über die Stellvertretung des Staatsministers keine andere Landesvorschrift gebe als die in § 28 Satz 2 des Landesgrundgesetzes, wonach das Staatsministerium selbst über seine Geschäftsführung bestimme. Sie sei auch nicht geheimgehalten, sondern durch Erlaß vom 22. April 1929 allen Ministerien und Ministerialabteilungen mitgeteilt worden.

Nachdem der Landtag auf Antrag aus seiner Mitte den Beschluß über die Staatsräte gefaßt gehabt hätte, habe dem Ministerium die Durchführung obgelegen. Sie sei nach § 6 der Geschäftsordnung und den gleichlautenden Anstellungsurkunden durch ehrenamtliche Bestellung der beiden parlamentarischen Staatsräte erfolgt. In den Urkunden sei deren Rücktritt für den Fall vorgesehen, daß die Mehrheit des Landtags solches beschließe oder über die Bildung einer Regierung anderweitige Beschlüsse fasse. Die Staatsräte hätten den Eid auf die Reichs- und die Landesverfassung geleistet. Die in diesem Zusammenhang vorgebrachte Rüge der Nichtberücksichtigung des § 38 Abs. 2 Satz 1 des Landesgrundgesetzes sei verfehlt. Zur Feststellung der Nichtigkeit der Bestellungen würde sie ohnehin nicht führen können. Denn selbst wenn den Staatsräten aus irgendeinem Grunde die Beamteneigenschaft abgesprochen werden sollte, so bliebe immer der nach § 19 Abs. 1 des Landesgrundgesetzes wirksame Beschluß des Landtags. Die nachfolgende Bestellung hätte dann die eingeschränkte Wirkung, daß die Staatsräte nicht amtlich, sondern als Abgeordnete zu Beiräten des Ministers berufen wären.

Überdies kenne die Disziplinarverordnung vom 19. Februar 1910 und die Pensionierungsverordnung vom selben Tage, also Gesetze im Sinne des Art. 129 Abs. 1 RVerf., in Übereinstimmung mit der Praxis des Landes ehrenamtliche und andere Beamte, die nicht auf Lebenszeit angestellt seien, indem sie sie von der gewöhnlichen Regelung ausdrücklich ausnehme.

Aber § 38 Abs. 2 des Landesgrundgesetzes stehe überhaupt nicht im Wege. Denn da es sich bei ihm, ebenso wie bei dem entsprechenden Art. 129 Abs. 1 Satz 1 der Reichsverfassung, um eine Bestimmung zum

Schutze des Berufsbeamten handle, müsse er beiseite bleiben, wenn die Schaffung eines völlig andersartigen Rechtsgebildes von rein parlamentarischem Gepräge in Frage stehe. Überdies könne, wenn die Auslegung der Verfassung nicht unnötige Erschwerungen in ihrer Handhabung zur Folge haben solle, das Wort „Gesetz" in § 38 Abs. 2 Satz 1 des Landesgrundgesetzes nicht im formellen Sinne des § 30 verstanden werden, sondern es müsse genügen, wenn ein nach § 19 Abs. 1 des Landesgrundgesetzes gültiger Landtagsbeschluß vorliege, den formell zum Gesetz zu erheben eine leere Förmlichkeit sein würde.

Die Antragstellerin ist diesen Ausführungen entgegengetreten.

II.

Die Frage der Zuständigkeit des Staatsgerichtshofs ist ohne weiteres zu bejahen. Die Antragstellerin behauptet, daß die Bestellung der Abgeordneten Fröhmke und Dr. Heipertz zu Staatsräten der Mecklenburg-Strelitzschen Verfassung (§§ 8, 24, 38) widerspreche. Es handelt sich danach um einen Streit über die Auslegung und Anwendung dieser Verfassung zwischen Stellen des Mecklenburg-Strelitzschen Landes, also nach der Rechtsprechung des Staatsgerichtshofs (vgl. insbes. StGH. 4/26, RGZ. Bd. 118 Anhang S. 1 = Lammers und Simons S. 292) um eine „Verfassungsstreitigkeit innerhalb eines Landes" im Sinne des Art. 19 Abs. 1 RVerf. In Mecklenburg-Strelitz besteht kein Gericht zu ihrer Erledigung; ebensowenig ist dafür ein anderer Gerichtshof des Reichs zuständig.

Die Sachbefugnis der Antragstellerin könnte Bedenken unterliegen, wenn man, dem Wortlaut ihres Antrags entsprechend, annehmen wollte, daß sie lediglich die Ernennung der beiden Staatsräte durch das Staatsministerium als verfassungswidrig angreifen wollte. Aber das ist nach dem gesamten Inhalt ihres Vortrags nicht der Fall. Sie beanstandet auch die durch den Landtag erfolgte Wahl der Staatsräte, und hierzu ist sie nach der Rechtsprechung des Staatsgerichtshofs befugt.

III.

In der Sache selbst aber erweist sich der Antrag als unbegründet.

1. Nach § 24 Abs. 2 Satz 1 der Verfassung von Mecklenburg-Strelitz werden die Mitglieder des Staatsministeriums durch den Landtagspräsidenten ernannt. Die Antragstellerin meint, daß man hiergegen insofern verstoßen habe, als die beiden Staatsräte, welche die Stellung von Ministern hätten, durch den Alleinminister ernannt worden seien. Letzteres ist richtig; unzutreffend ist aber die Ansicht, daß die Staatsräte den Ministern gleichstünden. Das geht aus der Geschäftsordnung für das Staatsministerium vom 22. April 1929 deutlich hervor. Nach ihren einleitenden Worten soll sie gelten, solange das Staatsministerium nur aus einem Staatsminister besteht. Nach § 1 trifft allein der Staatsminister Entscheidungen; die Aufgabe der beiden Staatsräte ist es dagegen, den Minister in allen wichtigen, in seinen Dienstbereich fallenden Angelegenheiten zu beraten. Einzelne wichtige Angelegenheiten im Sinne dieser Bestimmung sind in § 3 aufgeführt. In solchen wichtigen Angelegenheiten ist der Staatsminister verpflichtet, sich vor seiner Entscheidung durch die Staatsräte beraten zu lassen (§ 1). Er ist ferner auf Antrag eines Staatsrats verpflichtet, einen bestimmten Gegenstand auf die Tagesordnung der nächsten oder übernächsten Staatsministerialsitzung zu setzen (§ 5). Die Befugnisse eines Ministers sind den Staatsräten nur hinsichtlich der Einsicht von Akten und des Rechts, von den Beamten der Staatsbehörden jederzeit Auskunft zu verlangen, verliehen worden (§ 4). Sie üben ihre Tätigkeit ehrenamtlich gegen eine Aufwandsentschädigung von 400 RM. monatlich aus (§§ 2, 6). Hieraus ergibt sich nichts dafür, daß die Staatsräte dem Minister gleichstünden und deshalb von dem Landtagspräsidenten zu ernennen gewesen wären.

Auch sonst fehlt es für eine solche Annahme an einem genügenden Anhalt. Im Protokoll über die Sitzung von Mitgliedern des Landtags vom 28. März 1929 und ebenso in der Erklärung der Sozialdemokratischen Partei heißt es zwar, daß die beiden parlamentarischen Staatsräte dazu berufen seien, zusammen mit dem Minister die

Regierung des Landes zu führen; aber es liegt nichts dafür vor, daß hierbei an eine andere Art der Regierungsführung gedacht sein könnte, als sie sich aus der Geschäftsordnung für das Staatsministerium ergibt. Die Landtagsverhandlungen vom 16. April 1929 geben für die Auffassung der Antragstellerin von der rechtlichen Stellung der Staatsräte nichts her. Sie beruft sich unter anderem auf eine Äußerung des sozialdemokratischen Abgeordneten Bartosch in der Landtagssitzung vom 17. April 1929, Protokolle Sp. 1108: „Es ist auch richtig, was ich ausdrücklich hier im Namen der Regierungsparteien zu erklären habe, daß die gestern vom Landtag gewählten Staatsräte die Stellung des Ministers haben. Das hat mit dem Staatsministerium zunächst einmal nichts zu tun; sie haben die Befugnisse des Ministers, und wir sind uns vollständig darüber klar, daß nach außenhin der Minister von Reibnitz, verfassungsrechtlich gesehen, allein der Verantwortliche ist," und auf die darauf folgende Erklärung des Staatsministers Dr. Freiherr von Reibnitz: „Meine Herren, die Frage der Stellung der Staatsräte ist staats- und verfassungsrechtlich schon seit Monaten, auch mit anderen Staatsrechtskennern, durchgeprüft worden, und ich kann nur sagen, daß die Stellung der Staatsräte nicht dem § 24 des Landesgrundgesetzes widerspricht." Allein die Äußerung des Abgeordneten Bartosch ist für die Regierungsparteien, nicht für die Regierung, abgegeben worden, und die Erklärung des Staatsministers Freiherr von Reibnitz läßt klar erkennen, daß er die Staatsräte nicht als Staatsminister im Sinne des § 24 der Verfassung angesehen hat. Der Umstand, daß sich der Staatsminister Freiherr von Reibnitz während seines Urlaubs im Frühjahr 1929 durch die beiden Staatsräte hat vertreten lassen, beweist nichts für deren Gleichstellung mit dem Minister. Gleiches gilt, wenn der Minister die Anweisung gegeben haben sollte, über seine Stellvertretung nichts in die Öffentlichkeit gelangen zu lassen. Verfehlt ist es weiterhin, wenn die Antragstellerin glaubt, für ihre Ansicht schon die Tatsache verwerten zu können, daß eine Geschäftsordnung für das Staatsministerium überhaupt erlassen worden sei, weil eine solche auch dann, insbesondere für die Beamten des Ministeriums, einen guten Sinn hat, wenn die Staatsräte dem Minister nicht gleichstehen. Das endlich, was die Antragstellerin in der mündlichen Verhandlung neu vorgebracht hat, die Äußerung des Abgeordneten

Bartosch im Rechtsausschuß des Landtags, die Äußerung des Staatsministers Dr. Freiherr von Reibnitz, daß die Staatsräte seine „Kollegen" seien, und der Bericht in der Landeszeitung Nr. 35 vom 11. Februar 1930, gestattet keinen Schluß auf die rechtliche Stellung der Staatsräte.

Nun hat allerdings die Antragstellerin noch Zeugenbeweis dafür angetreten, daß die Staatsräte die Befugnisse des Ministers hätten und daß die Geschäftsordnung demgemäß nicht den tatsächlichen Verhältnissen entspreche. Aber auch hiermit kann sie nicht zum Ziele kommen. Denn entscheidend ist nicht die tatsächliche Übung, sondern die Rechtslage. Wenn daher selbst nachgewiesen werden sollte, daß bei den Beratungen des Staatsministers mit den Staatsräten Abstimmungen stattfinden und daß sich der Staatsminister, wenn er überstimmt wird, dem Willen der Staatsräte fügt, so würde dies doch daran nichts zu ändern vermögen, daß er staatsrechtlich allein die Verantwortung trägt.

Parlamentarische Staatsräte, deren wesentliche Tätigkeit auf eine Beratung der Minister beschränkt ist, sind zwar in der Verfassung nicht vorgesehen; die Verfassung schließt sie aber auch nicht aus. Ebensowenig bestehen Bedenken dagegen, daß Mecklenburg-Strelitz nur einen Staatsminister hat. Denn diesen Fall sieht die Verfassung, wie sich aus § 24 Abs. 1 Satz 1 und 2 und aus § 29 Satz 2 ergibt, als zulässig vor.

Hiernach ist § 24 der Verfassung von Mecklenburg-Strelitz nicht verletzt.

2. Als verletzt bezeichnet die Antragstellerin ferner § 38 Abs. 2 Satz 1 der Verfassung von Mecklenburg-Strelitz, der lautet: „Die Beamten werden auf Lebenszeit angestellt, soweit nicht durch Gesetz etwas anderes bestimmt ist." Diese Vorschrift hat den gleichen Inhalt mit Art. 129 Abs. 1 Satz 1 RVerf.: „Die Anstellung der Beamten erfolgt auf Lebenszeit, soweit nicht durch Gesetz etwas anderes bestimmt ist."

Es erhebt sich deshalb die Frage, ob der erwähnten Vorschrift der Landesverfassung überhaupt eine selbständige Bedeutung innewohnt, sodaß sich an sie eine Verfassungsstreitigkeit im Sinne des Art. 19 RVerf. anzuknüpfen vermag.

Das ursprüngliche Landesgrundgesetz von Mecklenburg-Strelitz ist unter dem 29. Januar 1919 ergangen (Mecklenburg-Strelitzer Anzeiger 1919 S. 147), also vor Erlaß der Reichsverfassung. Es enthielt keine dem § 38 Abs. 2 Satz 1 der geltenden Verfassung entsprechende Vorschrift. Dieser Satz ist erst bei der Neufassung des Landesgrundgesetzes im Jahre 1923 eingefügt worden. Im Gesetzentwurf (Drucks. Nr. 585 des 2. ordentlichen Landtags 1920/23 2. Tagung) lautete § 38 Abs. 2 Satz 1: „Die Beamten werden auf Lebenszeit angestellt." Die Begründung hierzu unter „Verwaltung" ergibt für den vorliegenden Fall nichts. Der allgemeinen Begründung läßt sich nur so viel entnehmen, daß das Landesgrundgesetz mit der Reichsverfassung in Einklang gebracht werden sollte. Dem entspricht auch die Rede des Staatsministers Dr. Freiherr von Reibnitz, mit der dieser die erste Lesung des Gesetzentwurfs eingeleitet hat (Verh. d. 2. Landtags 1920/1923 Bd. 7 Sp. 3617). Auf Vorschlag des verstärkten Geschäftsordnungsausschusses ist dann noch der Nebensatz hinzugefügt worden: „soweit nicht durch Gesetz etwas anderes bestimmt ist" (Drucks. Nr. 683 a. a. O.). Begründet wurde dieser Zusatz damit, daß er sowohl der Reichsverfassung wie auch dem tatsächlichen Bedürfnis entspreche (Berichterstatter von Waldow in Verh. des 2. Landtags 1920/1923 Bd. 7 Sp. 3784). Hiernach liegt nichts dafür vor, daß § 38 Abs. 2 Satz 1 der Verfassung von Mecklenburg-Strelitz eine weitergehende Bedeutung hat als Art. 129 Abs. 1 Satz 1 RVerf.

Art. 129 Abs. 1 Satz 1 RVerf. gilt unmittelbar auch für die Landesbeamten (Anschütz RVerf. 11. Aufl. Art. 10, 11 A. 5, Art. 129 A. 1). Er ist erlassen auf Grund des Art. 10 Nr. 3 RVerf., wonach das Reich im Wege der Gesetzgebung Grundsätze aufstellen kann für das Recht der Beamten aller öffentlichen Körperschaften, einer Vorschrift, die nach der herrschenden Ansicht das Reich auch dazu ermächtigte, die von ihm aufgestellten Grundsätze mit unmittelbarer Rechtsverbindlichkeit auszustatten (Anschütz a. a. O. Art. 10, 11 A. 7).

Nach Art. 13 Abs. 1 RVerf. bricht Reichsrecht Landesrecht. Es wird gelehrt, daß hiernach durch den Erlaß eines Reichsgesetzes, wie es auch Art. 129 Abs. 1 Satz 1 RVerf. ist, nicht nur alles dessen Gegenstand betreffende Landesrecht aufgehoben, sondern auch die Entstehung neuen Landesrechts über denselben Gegenstand ausgeschlossen werde. Dies soll auch für solche Landesgesetze gelten, die mit dem Reichsgesetz inhaltlich übereinstimmen. (So Anschütz a. a. O. Art. 13 A. 3 und 3b, 3d; Giese RVerf. 7. Aufl. Art. 13 Erl. II 1; Falck Die Justiz Bd. 4 S. 552 und in Zeitschrift für Völkerrecht und Bundesstaatsrecht Bd. 4 S. 31 flg. für die alte Reichsverfassung.) Danach wäre die Bestimmung der Verfassung von Mecklenburg-Strelitz unzulässig und deshalb als nicht vorhanden zu betrachten. Ob dem zuzustimmen ist, kann indessen dahingestellt bleiben. Denn in diesem Falle wäre anzunehmen, daß die Antragstellerin die Unvereinbarkeit der Bestellung der Staatsräte mit Art. 129 Abs. 1 Satz 1 RVerf. festgestellt sehen will. Dadurch würde aber weder die Zuständigkeit des Staatsgerichtshofs fortfallen, da diese Vorschrift Landesverfassungsrecht enthält, noch in der Sache selbst eine andere Beurteilung gerechtfertigt werden.

Art. 129 Abs. 1 Satz 1 RVerf. — und demgemäß auch § 38 Abs. 2 Satz 1 des Landesgrundgesetzes von Mecklenburg-Strelitz, der nach dem Gesagten nur die Bestimmung der Reichsverfassung wiederholt, ohne einen weitergehenden Inhalt zu haben — ist auf die parlamentarischen Staatsräte nicht anwendbar, weil er nur das Berufsbeamtentum schützen will, nicht aber Beamte im Ehrenamt, wie es die Staatsräte sind. Daß der Sinn dieser Vorschrift gegenüber ihrem Wortlaut dahin eingeschränkt werden muß, liegt in der Natur der Sache. Man hat bei Erlaß der Reichsverfassung offenbar nicht die Absicht gehabt, auch für Ehrenbeamte lebenslängliche Anstellung vorzuschreiben. Dafür bieten die Verhandlungen nicht den geringsten Anhalt. Aus ihnen läßt sich nur entnehmen, daß die Beamtenrechte in der Verfassung verankert worden sind, weil man für das Berufsbeamtentum Befürchtungen hegte. In diesem Sinne hat sich der Abgeordnete Dr. Preuß in der 59. Sitzung der Nationalversammlung (sten. Bericht S. 1632) ausgesprochen. Für die Berufsbeamten allein bestand auch ein Bedürfnis nach der Regelung ihrer Anstellung in der Verfassung. Demgemäß hat das Reichsgericht den Art. 129 RVerf. stets dahin ausgelegt, daß dadurch das Berufsbeamtentum geschützt werden solle, und zwar ist dies nicht nur für Abs. 1 Satz 3, die wohlerworbenen Rechte (RGZ. Bd. 104 S. 61, Bd. 109 S. 121, Bd. 114 S. 225, Bd. 120 S. 397), sondern für den ganzen Artikel angenommen worden (RGZ. Bd. 122 S. 15). Hierfür spricht auch

Art. 129 Abs. 4 Satz 1, wodurch den Berufssoldaten gewisse Rechte gewährleistet werden.

Hiernach ist weder Art. 129 Abs. 1 Satz 1 RVerf. noch § 38 Abs. 2 Satz 1 des Mecklenburg-Strelitzschen Landesgrundgesetzes verletzt; es braucht nicht untersucht zu werden, welche Bedeutung dem Worte „Gesetz" in beiden Vorschriften zukommt.

3. Endlich ist auch § 8 Abs. 3 des Landesgrundgesetzes nicht verletzt, weil die beiden Abgeordneten nach dem oben unter 1 Ausgeführten nicht zu Staatsministern gewählt worden sind, sondern eine wesentlich andere Stellung bekleiden.

Demgemäß muß der gestellte Antrag zurückgewiesen werden.

Register.

Die Zahlen bedeuten die Seiten.

A. Sachregister.

B

G

H

J

K

P

R

S

V

W

B. Gesetzesregister.

1. Reichsrecht.

2. Landesrecht.

Bayern.

Braunschweig.

Mecklenburg-Strelitz.

Preußen.

a) Allgemeines Landrecht.

b) Einzelne Gesetze und Verordnungen.

Sachsen.

Württemberg.

C. Zusammenstellung der Entscheidungen nach der Zeitfolge.

Entscheidungen des Staatsgerichtshofs.

Zusammenstellung
der
im 127. Bande
mitgeteilten Entscheidungen
nach
Oberlandesgerichtsbezirken.

(Die Zahlen bezeichnen die Nummern der Entscheidungen.)

Berlin	9. 12. 13. 26. 28. 30. 37. 38. 39. 42. 47. 49. 50. 56. 60. 63. 64. 65. 66. 69.
Braunschweig	10. 21.
Breslau	16. 22. 35. 54. 70.
Celle	19. 23.
Dresden	11. 17.
Düsseldorf	7. 18. 41. 51. 62.
Frankfurt a. M.	4. 52. 57.
Hamburg	5. 34. 53.
Hamm	8. 44. 61. 68. 71.
Jena	48.
Kassel	40. 55.
Kiel	24.
Köln	33. 59.
Königsberg	45.
München	67.
Naumburg a. S.	3. 14. 20. 25. 32. 43. 46.
Stettin	2.

Landgericht I Berlin	31.
Landgericht Düsseldorf	6.
Landgericht Elbing	29.
Landgericht Flensburg	1.
Landgericht Gleiwitz	58.
Landgericht Koblenz	15.
Landgericht Rostock	27.
Reichspatentamt	36.
Staatsgerichtshof. Anhang	1. 2. 3.

Berichtigungen.

Hundertundsiebenzehnter Band.

S. 138 Z. 2 v. u. und S. 143 Z. 5 v. o. statt „§ 30" lies: „§ 20".

Hundertsechsundzwanzigster Band.

S. 207 Z. 9 v. u. statt „Daß" lies: „Inwieweit".

Hundertsiebenundzwanzigster Band.

S. 88 Z. 16 v. u. statt „263" lies: 2632".

FSC
www.fsc.org
MIX
Papier | Fördert
gute Waldnutzung
FSC® C083411

Kolibri 360 GmbH
Ferdinand-Jühlke-Straße 7
99095 Erfurt, Deutschland
produktsicherheit@kolibri360.de